高等学校心理学专业课程教材

普通心理学

（第2版）

主　编　游旭群
副主编　李　瑛　王延松　王勇慧

中国教育出版传媒集团
高等教育出版社·北京

内容提要

本书为“十二五”普通高等教育本科国家级规划教材。“普通心理学”是心理学专业入门的基础课程。它涉及心理学的基本概念、基本原理和基本理论，是有助于学习者获得心理学基本知识、了解心理学研究方法、把握当代心理学发展趋势的重要知识体系，也是学生进一步学习心理学其他分支学科所必须夯实的专业基础。本书主要包括以下内容：心理学概述、心理的生理机制、感觉、知觉、意识和注意、记忆、思维、语言、情绪和情感、动机、能力、人格、心理健康与心理障碍、社会心理。本书在内容选择上注重让学生带着问题去学习，引导学生解决生活实际问题，倡导学生主动阅读和广泛阅读，注重新科研成果的介绍。

本书可作为高等院校心理学、应用心理学、教育学、人力资源管理等专业的教材，也可作为高等院校其他相关专业学生学习心理学的通识教材。

图书在版编目（CIP）数据

普通心理学/游旭群主编．--2 版．--北京：高等教育出版社，2023.11（2025.7 重印）

ISBN 978-7-04-061376-6

Ⅰ.①普… Ⅱ.①游… Ⅲ.①普通心理学-高等学校-教材 Ⅳ.①B84

中国国家版本馆 CIP 数据核字（2023）第 204104 号

普通心理学（第 2 版）

Putong Xinlixue

策划编辑 陈 容　责任编辑 魏延娜　封面设计 李小璐　版式设计 李彩丽
责任绘图 裴一丹　责任校对 胡美萍　责任印制 刁 毅

出版发行 高等教育出版社
社　　址 北京市西城区德外大街 4 号
邮政编码 100120
印　　刷 北京市大天乐投资管理有限公司
开　　本 787 mm×1092 mm 1/16
印　　张 26.75
字　　数 600 千字
购书热线 010-58581118
咨询电话 400-810-0598
网　　址 http://www.hep.edu.cn
　　　　 http://www.hep.com.cn
网上订购 http://www.hepmall.com.cn
　　　　 http://www.hepmall.com
　　　　 http://www.hepmall.cn
版　　次 2011 年 2 月第 1 版
　　　　 2023 年 11 月第 2 版
印　　次 2025 年 7 月第 2 次印刷
定　　价 59.00 元

物 料 号 61376-00

前　言

习近平总书记在党的二十大报告中强调，“加快建设教育强国、科技强国、人才强国，坚持为党育人、为国育才，全面提高人才自主培养质量”。高质量的教材是提高人才自主培养质量的有力保障。作为重要的基础学科之一，心理学对于推动国家科技发展、实现国家治理体系和治理能力现代化、保障社会健康发展具有重要作用。当前，把马克思主义基本原理同中国具体实际相结合、同中华优秀传统文化相结合，建设具有中国特色的心理学学科，是构建中国特色哲学社会科学学科体系、学术体系、话语体系的重要内容之一。因此，自主培养高质量心理学创新人才，是心理学落实立德树人根本任务的现实要求，对国家教育发展战略具有举足轻重的影响作用。

要自主培养高质量心理学创新人才，离不开具有中国特色的心理学教材体系。教材是学生获取心理学系统知识和基本理论的主要来源，是心理学学科框架和知识体系的完整展示，也是训练学生心理学科学思维和研究方法的核心工具。在心理学的诸多分支学科中，普通心理学具有绝对的核心地位。普通心理学研究心理学的基本原理和心理现象的一般规律，凝练了有史以来人类对心理现象认识的最一般的原理精华，荟萃了各个心理学分支学科、各大心理学流派的研究成果。因此，普通心理学教材是心理学中最基本也最重要的基础教材之一，它既是学生学习心理学知识的入门教材，又是为心理学的学习打下良好基础的重要工具，是实现自主培养高质量心理学创新人才的关键资源。

本教材自 2011 年出版以来，作为本科生“普通心理学”课程的教材，已经在许多学校经过了十余年的使用和检验，积累了一些经验，也发现了一些问题。在这十余年里，学科建设、教材建设与时代发展、国家战略同频共振：第一，中国特色社会主义进入新时代，我国将迈上全面建设社会主义现代化国家的新征程，大众对心理学的需求发生了很大变化，党的二十大对我国当下的心理学发展提出了新要求。第二，国家对教材建设和管理的重视程度不断加强，习近平总书记多次强调教材是国家事权，并就教材工作发表重要讲话、作出重要指示批示和回信，对推进教材建设提出了一系列重要论述和要求。“加强教材建设和管理”也被写入了党的二十大报告。用心打造培根铸魂、启智增慧的精品教材，成为教材建设的永恒追求。第三，心理学研究得到了迅猛发展，心理学知识体系得到了更新，新的理论和前沿成果层出不穷。第四，随着信息技术的发展，教育信息化实现跨越式发展，“互联网+教育”正在构建新的教育教学形态，对教材建设提出了新要求。在这样的背景下，我们对《普通心理学》进行修订，旨在将它打造成一本高质量的新形态教材。

与第1版相比，本次修订主要从以下方面进行：一是以马克思主义理论为指导，贯彻落实习近平新时代中国特色社会主义思想和党的二十大精神进教材。教材修订以习近平新时代中国特色社会主义思想为指导，融入马克思主义心理学思想，坚持把马克思主义基本原理同中国具体实际相结合、同中华优秀传统文化相结合，提出构建中国风格的心理学理论体系的思想，并在对具体心理现象的阐述中予以结合。二是充分反映了国家有关政策和指导性文件的精神，如体现《“健康中国2030”规划纲要》《全面加强和改进新时代学生心理健康工作专项行动计划（2023—2025年）》等文件精神。三是对全书的内容结构进行调整，优化了每章内容的逻辑体系和呈现方式，增加了国内外学者的一些新的研究成果，充分反映了相关领域研究的新进展，并且特别关照了心理学初学者的学习需求，从举例及研究资料表述的易懂性等方面进行了修订。四是用二维码关联了可读性较强的拓展阅读材料，旨在拓宽学习者的学术视野，如增加了航空心理学等应用领域的研究成果。

本教材凝聚了诸位作者多年的学术积累，不仅较好地保持和发扬了普通心理学经典教材的优点，而且在教材体系、内容、形式等方面都有新的突破，较好地反映了国内外普通心理学研究的全貌和新进展。同时，本教材充分考虑了教学实践的需要，提高了教学适用性。具体来说，本教材具有以下特色：

1. 在教材体系上突出科学性和创新性

长期以来，国内外普通心理学教材缺乏统一的体系，在反思多年教学实践的基础上，我们对教材体系作了一定创新，以简洁清晰的体系阐述心理的主要方面。第一章阐述心理学的研究对象、研究方法、历史与现状，并结合党的二十大报告中提到的“两个结合”，展望了我国心理学的未来发展道路；第二章着重讨论了心理的生理机制等问题；第三章至第八章阐述人的认知过程，包括感觉、知觉、意识和注意、记忆、思维、语言六个方面；第九章为情绪和情感；第十章介绍了动机；第十一章和第十二章为个性心理特征，包括能力和人格；第十三章和第十四章为心理健康和社会心理，阐述心理健康、心理障碍和社会心理等同现实联系非常紧密的内容。这种结构体系对普通心理学研究的基本问题进行了科学的划分，较好地反映了普通心理学研究的全貌，避免了教学上由于体系混乱造成的概念不清、学生难以把握等问题，有利于教师的教和学生的学。

2. 在教材内容上突出丰富性和专业性

教材内容是教材的灵魂所在。在借鉴国内已有教材成功经验的基础上，本教材进一步突出内容丰富、专业性强的特点。普通心理学是心理学的一门基础学科，其内容既要包括各个分支学科的研究成果并提取出心理学中最一般的规律，又要为各个分支学科提供理论支撑。基于这一原则，本教材在内容的选取上，大量吸收国内外心理学各个分支学科丰富的理论研究成果，并对此进行科学提炼和总结，使教材更具专业性。在教材内容的编写上尽量做到概念准确、表述清晰、适宜教学。本教材在内容的选择上，既保留了以往普通心理学教材的基本知识、基本理论，又增加了反映心理学学科发展前沿的内容，特别是20世纪90年代以来一些重要的研究成果，如认知神经科学方面的研究等，这使得教材内容随心理学学科的发展不断得到丰富和更新。

3. 在教材形式上突出新颖性和多样性

在教材形式上，我们借鉴了国内外教材编写的经验，对教材的体例做了重要的调整。首先，每章前面设置了一些思考问题和一段引言，帮助学生带着问题去学习，做好学习准备；其次，正文中设置“专栏”“原理应用”等板块，用二维码关联了“拓展阅读”资源，介绍心理学领域的著名人物、补充知识和一些有启发性的问题，让学生了解更多的心理学知识，开阔学生的视野，提高学生的学习兴趣；再次，在每章的末尾都有复习与思考和推荐阅读，帮助学生把握全章重要的知识点和进一步拓展学习；最后，教材中使用了许多插图和表格，既丰富了内容，又便于学生理解。这些形式上的创新，一方面能帮助学生较好地掌握知识，激发学生的学习兴趣和学习动机，另一方面也体现出如何将心理学知识应用于教材编写过程中。

4. 在教材应用上突出应用性和综合性

本教材主要面向心理学、应用心理学专业的学生，同时也可供教育学、人力资源管理等相关专业的学生学习普通心理学知识。此外，随着现代心理学的发展，理论、方法、实践三者结合已经成为一种趋势。因此，本教材相应地增加了应用性的内容，介绍了教育心理学、社会心理学、咨询心理学、医学心理学、司法心理学、航空心理学等应用领域的一些研究成果，增强了理论与实践的结合，有助于学生学以致用。同时，在知识的深度和广度上，教材内容与相关专业的教学要求相符合；在提供学术性与应用性心理学基础知识的同时，坚持心理学理论与社会实践相结合，选择日常生活中的一些典型事例，运用心理学原理加以分析，以提高学生思考与解决实际问题的能力。

本教材是由多位从事心理学教学和科研的同仁通力合作完成的。第1版负责各章编写工作的是：游旭群，第一章；张明，第二章；宋晓蕾，第三章、第四章；关荐，第五章；徐胡燕、葛明贵，第六章；连榕，第七章；桑标，第八章；苏彦捷，第九章；郑林科，第十章；王晓钧，第十一章；佐斌，第十二章；叶茂林，第十三章；周爱保，第十四章。第1版统稿工作由游旭群、宋晓蕾和王延松负责。本次修订工作由游旭群、李瑛、王延松和王勇慧负责。罗扬眉参与了全书的审校工作。真诚地感谢各位作者的合作与努力！

在本教材即将付梓之际，衷心感谢黄希庭教授、林崇德教授、沈德立教授、杨治良教授等前辈为本书的编写提出了非常宝贵的指导。在编写和修订过程中，我们参考了大量国内外同类教材与相关研究文献，高等教育出版社的编辑为本教材的最终出版付出了辛勤的劳动，在此一并致谢。

时代在发展，心理学的研究成果不断涌现，教材内容和形式也在不断变化。虽然全体作者在本教材的体系框架设计、具体内容选择以及体例编排上竭尽全力，但仍难免有一些疏漏或不妥之处，恳请广大读者、同行及前辈不吝赐教并给予斧正，以便我们今后做好进一步的修订工作。

游旭群

2023 年 9 月于西安

目　　录

第一章　心理学概述

学习本章内容，将有助于你对以下问题的理解与思考：

- 什么是心理学？为什么要学习心理学？
- 为什么说心理学是既古老又年轻的学科？
- 心理学主要的研究领域有哪些？
- 科学的方法在心理学中怎样得到运用？
- 心理学是如何发展起来的？
- 心理学现在的研究状况如何？未来的心理学将如何发展？
- 中国未来的心理学将如何发展？

我们在生活、学习和工作中，总是在不断地体验和追问：我们如何才能做得更好？我们为什么会这样做？我们是如何思考的？在全面建设社会主义现代化国家、全面推进中华民族伟大复兴的时代，我们如何成长为自信自立、守正创新的时代新人？如何进一步帮助人们提高获得感、幸福感、安全感……

要回答这些问题，我们需要一门生活中的科学。这门科学有助于人们更好地认识自己，挖掘内在潜力，帮助人们树立正确的价值观；能指导教育和教学；能指导各类企业、事业单位培训和考核员工；能指导人们开展消费心理调查、传媒市场调查、广告市场调查等有针对性的市场研究；还能回答有关人与机器之间的关系的问题，例如司机在开车时打电话会不会影响安全驾驶，汽车里的刹车、油门、喇叭、仪表盘等装置该如何设计；等等。心理学就是这样的一门科学，它探究人的心理活动，为人们了解自我和自我与客体之间的关系提供科学的理论和依据。

进入21世纪以来，随着我国社会经济的发展，人们越来越关注自己的心理，越来越关注怎样才能更好地体现自己的价值。在人民健康被放在优先发展的战略地位的今天，健康中国建设不断凸显出中国心理学的学科价值和社会使命。许多人认为心理学很神秘，认为它具有超乎想象的神奇力量！那么到底什么是心理学呢？心理学的世界是什么样子呢？让我们共同来掀开它神秘的面纱。也许你通过本书只能初步地了解心理学的基础知识，但它却是一个起点，帮助你明确这门学科的意义！揭开你心中的“心理迷雾”！

□□□ 第一节 心理学的研究对象

任何学科都有其特定的研究对象，心理学也不例外。在当下的现实生活中，尽管“心理学”已不再是令大众感到陌生的概念，但却常常被人误解。究其原因，可能与心理学特殊的研究对象有关。心理现象与物理、化学等现象不同，它没有具体的形象，是人的内部世界的精神生活，他人无法直接进行观察。心理学可以说是一门渊源数千年却只有百余年历史的学科，它的思想源于古代哲学，古希腊时期的西方哲学家苏格拉底（Socrates）、柏拉图（Plato）、亚里士多德（Aristotle）等人，我国古代的思想家孔子、孟子、荀子、王阳明等人，都直接或间接地对“心”的问题进行了探讨。到19世纪末，在生物学、物理学等自然科学发展的影响下，心理学逐渐脱离哲学，成为一门独立的科学。从长期隶属于哲学到开始被视为科学，心理学的研究内容都只涉及人类的精神或心理方面的问题。在20世纪20年代至60年代的一段时间里，由于行为的外显性特征更容易被观测和研究，心理学又被认为是研究人的行为的科学。但从发生机制来说，行为只是心理活动的衍生品，心理与行为之间不是单纯的唯一性因果关系。到20世纪70年代，心理学被视作研究心理与行为规律的科学，并延续至今。

一、心理学的概念

心理学（psychology）是研究心理现象的事实、机制、规律和本质的科学。由于心理活动是内在的，无法直接观察和测量，只能通过行为表现出来，所以心理学通过行为来研究人的心理。**行为**（behavior）是个体对所处情境的一种反应系统，由一系列反应动作和活动构成。这种反应有生理性的（如肌肉运动、心血管活动、腺体分泌等）和心理性的（如言语、表情等）。在日常生活中，人的行为是很复杂的。心理学研究外显行为，即可以观察到的行为和反应，包括一些活动强度不是很大的生理活动，如大脑皮质的电活动。同时心理学也研究内隐行为，比如思考和记忆等内部心理活动过程。

行为总是在一定的刺激情境中产生的。引起个体行为的内、外情境因素称为**刺激**（stimulus）。刺激可以来自外部环境，也可能源于机体内部。例如，外界的声音、光线、温度、气味，他人讲话的内容、动作、面部表情，以及机体内的腺体分泌或血液中化学成分的变化，大脑中浮现的思想观念、欲望等都可以成为引发个体反应的刺激。

从外部行为推测内部心理过程是心理学研究的一条基本法则。遵循透过行为研究心理的法则，客观、科学地收集行为资料、搜寻实验证据是理解心理过程的主要方法。我们可以通过对行为的观察，实现对内部心理活动规律的认识；通过把握心理与行为活动的规律，对人的行为加以解释、预测和调控。人们基于经验得出的观点可能是不对的，例如，人们曾经认为，“比空气重的飞行器是不可能飞起来的”“收音机没有前途”“用X射线检查人体纯属骗局”“计算机没有价值”等，这些说法最终都被证明是错误的。因此，心理学特别看重实验证据，也就是那些可以通过直接观察得到的，并具有可验证性的信息。心理学家通过对行为进行观察并收集数据，以得出科学的结论。举一个例子，有一句俗话说“人多力量大”，为了验证这句话，心理学家会创设一种实验情境：三组人两两进行拔河比赛，每组的人数分别为1人、2人和10人，用拉力检测器对每组的拉力进行测量，根据测量结果再下结论。实证主义的核心可以用一个词概括：眼见为实。

行为与心理不完全相同，但两者又密切联系，心理支配和调节着行为，又通过行为表现出来。外显行为与心理现象之间被证实了的关系，在心理学中往往用心理学理论来阐述。理论是用描述性的术语和概念对事物间的关系所作的简明陈述。通过理论，我们可以进行推论、作出解释和预测。科学的心理学理论能够帮助我们更好地预测行为。如果观察结果不能由现有理论圆满地解释或预测，那么我们就应该重新寻找证据，或者考虑对这一理论进行修正甚至重构。

二、心理现象概述

心理学是通过研究人的行为和生理特点来研究人的心理现象及其规律的科学。心理现象具有内隐性，行为和相应的生理特点是其指标，所以，提起心理现象，人们往往有一种神秘感。其实，无论是在清醒状态，还是处于睡梦之中；是从事社会实践活动，还是自发的本能活动；都会产生这样或那样的精神活动和意识。这种精神活动就是人们特别熟悉、关心并不断加以探讨和解释的心理现象之一。

心理现象（mental phenomena）是心理活动的表现形式。心理现象体现在我们日常生活的方方面面，虽然复杂，但也有规律可循，可以进行归纳和概括。对于心理现象的划分，有两种常见的划分方式：一种方式是按照信息加工模块的思想，将心理现象分为人的信息加工过程、行为调节和控制以及人的心理特性三大模块。信息加工过程模块包括人的感觉、知觉、注意、记忆、思维和语言等；行为调节和控制模块包括情绪和情感、需要、动机等；人的心理特性模块包括能力和人格。另一种方式是按照心理现象的共性和差异性思想，将心理现象分为两大类：心理过程与个性心理。本教材采用了第二种划分方式。

（一）心理过程

心理过程（mental process）是指人脑对客观事物不同方面及其相互关系的反映过程，它往往与“心理活动”作为同义语来使用。通常把认知过程、情感过程和意志过程视为最基本的心理过程。

1. 认知过程

认知过程是指人在认识客观事物的过程中，为弄清客观事物的性质和规律而产生的心理现象，是人最基本的心理过程。生活中种种客观事物作用于我们的感觉器官，我们便看到它们的颜色、形状，听到各种声音，嗅到各种气味；我们能把自己感知过的事物记在脑子里，对它们进行比较、思考；我们的大脑不仅能够再现过去事物的形象，而且还能在此基础上创造新事物的形象。

感觉、知觉、记忆、思维、想象等使人获得知识的心理过程，都属于认知过程。人类还有一个特殊的功能，就是用言语活动把认识活动的成果与他人交流，并接受他人的经验。人类的语言活动，包括语言的理解和生成，也属于认知过程。

2. 情感过程

情感过程是人在认识客观事物时产生的带有某种态度的体验或感受，如喜、怒、哀、乐、爱、恶、惧等。人对客观事物的认识不是呆板、冷漠的，而是具有独特的态度体验，带有鲜明的感情色彩。同时，人产生情感时一般都具有某种动机，而动机的倾向性特征又有助于人产生强烈的情绪和情感。我们对锦绣河山的赞美、对灾难遇害者的同情、对艺术作品的热爱、取得好成绩时的喜悦心情等，都属于情感过程。

3. 意志过程

意志过程是人在活动中为了实现某一目的，对自己行为的自觉组织和自我调节，是人有意识地克服内心障碍与外部困难而坚持实现目标的过程。意志过程是人的意识能动性的集中表现。

认知过程、情感过程和意志过程在日常生活中简称为知、情、意，都有其自身发生和发展的机制，但是，它们不是彼此独立的过程。情感过程和意志过程都含有认知的成分，它们都是以认知过程为基础的；情感过程与意志过程又对认知过程发生影响，它们是统一的心理活动的不同方面。认知过程、情感过程、意志过程作为心理学研究对象的一部分，统称为心理过程。

（二）个性心理

个性心理是具有一定倾向性的各种心理特征的总和。个性心理是每个个体所具有的稳定的心理现象。它包括个性倾向性和个性心理特征两个方面。

1. 个性倾向性

个性倾向性是个体活动的基本倾向和动力，是具有一定动力性和稳定性的心理成分，它包括需要、动机、兴趣、理想、信念、价值观和世界观等内容。个性倾向性使每个人有目的、有选择地对客观现实作出反应。例如，在解决学习上的问题时，不同的学生会有不同的反应：有些处于迟疑状态，有些处于积极努力的状态，有些处于灵感来临的状态，等等。

个性倾向性是个性心理的重要组成部分，它对相关的心理活动起着支配和控制的作用。

2. 个性心理特征

个性心理特征是个体身上经常表现出来的本质的、稳定的心理特征。例如，有的人仔细、认真，有的人则粗枝大叶；有的人情绪稳定，表现得四平八稳，有的人则情绪易波动，表现得暴躁；有的人意志坚忍，有的人则事事逃避；等等。而个体的多种心理特征有机整合所显示出来的独特的精神面貌和行为，在心理学上称为人格。个性心理特征主要包括能力、气质和性格。其中，气质和性格是人格结构的主要组成部分。

需要指出的是，心理学既研究人的心理现象，又研究动物的心理现象；既研究个体的心理现象，又研究群体的社会心理现象；既研究健康心理的一般特点，又研究异常心理及其治疗。心理学家感兴趣的课题很广泛，包括：神经系统、感觉和知觉、学习和记忆、智力、语言、思维、想象、成长和发展、人格、压力和健康、心理异常及其治疗、性行为，以及诸如群体、组织等社会环境下的人类行为等。

三、心理学的学科性质

评价心理学的学科性质，其本质问题是回答心理学是否是一门严格意义上的科学。一种知识体系是否可以称为科学，与其本身的性质并无必然联系，只要建构知识体系时所采用的方法与研究目的合乎科学，那就是科学。因此，我们谈论心理学的学科性质时，应根据心理学知识的获取方法和研究结果的客观性来判断，绝不能存在偏见。实际上，在现代科学体系的学科分类中，许多学科的性质和学科归属问题都存在学术争论。

心理学自诞生之日起，先后有自然科学归属论、社会科学归属论、人文科学归属论及边缘科学归属论等。心理学关注的对象是人，以探讨心理过程的变化规律为任务，并把这种原理、原则推广到一般的情形，努力做到能在事先预测和控制。就知识储备而言，心理学的学习者应当广泛涉猎包括自然科学和社会科学在内的各个学科领域。举例来说，物理学、化学、生物学、生理学、神经科学、遗传学、生态学、数学、统计学、计算机科学、哲学、社会学、教育学、人类学、文化学、语言学、历史学等学科知识都是深入学习和理解心理学知识的重要基础。马克思主义心理学认为，人的本质属性不仅是心理属性，还是生物、心理、文化、社会和政治等各种属性的复合体。人的本质在其现实性上，是一切社会关系的总和。我们只有从人是社会关系的总和的角度来分析和探索，才能真正把握人在现实生活条件中的各种表现，才能系统、全面地了解和认识个体的心理现象。总之，人类心理行为活动的复杂性决定了心理学这门学科的复杂性和广博性。可以说，心理学所研究的那些有关心理现象的规律，贯穿人的生命活动始终，体现在人的社会实践的各个领域和每门科学发展的各个方面。所以，凯达洛夫等人把心理学定位于他们绘制的“科学三角形”的中心，而三角形的三个顶角分别是自然科学、社会科学和思维科学（包括逻辑学和哲学）。

现代科学研究的特点是多学科交叉、融合，多学科的多元化思维是正确有效地解决问题所需要的。特别是目前人类所拥有的全部知识都是经人类主观认知建构的，从这一层意义上说，心理学的知识和效能已渗透到各个学科当中。由于心理现象具有特殊的质的规定性，因而心理学也具有相应的特殊性质。它是一门介于自然科学和社会科学之间的科学。这是因为从心理现象发生的主体上看，人是自然属性和社会属性的统一；从心理现象产生的器官上看，人脑固有的自然属性是在人的社会生活方式的影响下变化和发展起来的，其机能也是自然与社会的统一；从心理现象的内容上看，人所反映的客观现实是社会存在和自然现实的统一；从心理现象的形式上看，人的心理过程具有人类的共同性，表现出更多的自然制约性，而人的个性心理则具有人类的个别性（其中包括社会历史性、阶级性、民族性等），表现出更多的社会制约性，因而两者也反映了自然制约性和社会制约性的统一；从心理现象的实质上看，人的心理是社会的产物，也是自然的产物，“心理是人脑对客观现实的反映”这一科学命题本身就蕴含了自然和社会的统一。

［拓展阅读］心理学应用研究领域——航空心理学

四、心理学的研究领域

心理学的研究领域非常广泛，这有两个方面的原因：一方面是由于实际生活的需求。在现代化生产、商业、交通、企事业管理工作中，人的心理因素的重要作用越来越为人们所重视；智力开发、人才培养引起了社会各界的普遍关注；心理异常带来的个人健康问题和社会问题也要求人们采取对策。另一方面是由于邻近学科（如生物学、生理学、逻辑学、社会学、教育学和计算机科学等）的发展及其与心理学的相互影响，在心理学与这些学科的交界处形成了许多新兴的分支学科。例如，成立于 1892 年的美国心理学会（American Psychological Association，APA）目前设定心理学有 54 个分支学科；创建于 1921 年的中国心理学会（Chinese Psychological Society，CPS）现下设 41 个专业委员会，代表着不同的分支学科，每个分支学科都有其广阔的发展前景。下面就从心理学的基础研究和应用研究两方面简单介绍一下心理学的主要研究领域。

（一）基础研究领域

基础研究领域主要研究心理现象发生、发展的基本规律，包括普通心理学、发展心理学、实验心理学、生理心理学、社会心理学、比较心理学、变态心理学等分支学科。

普通心理学（general psychology）是研究心理学的基本原理和心理现象的一般规律的分支学科，在心理学中处于基础学科的地位，也是学习心理学的入门学科。普通心理学研究心理过程的发生、发展和个性心理特征形成的最一般的理论和规律，建立心理学研究最一般的方法论原则和具体方法。普通心理学既包括过去研究中已经有定论的、为科学实践所证实并为科学家所公认的理论和规律，又包括虽不一定为大家所公认，但却有重要影响的学派的理论和学说，还包括处于科学发展前沿的新成果和新发现。因此，普通心理学的内容不是一成不变的。在它业已形成的理论体系的基础上，不断地充实着新的内容。

发展心理学（developmental psychology）在狭义上指个体发展心理学，是研究个体从受精卵开始到出生、成熟直至衰老的生命全程中心理发生、发展规律的分支学科。发展中的个体，无论处于发展的哪一阶段之中，其心理发展既涉及心理现象的各个过程及各个特征，又包括各阶段特有的发展维度和主要矛盾。在全面发展的基础上，每一阶段的主要矛盾得到解决，并向下一阶段过渡。发展心理学主要研究个体心理发展各个阶段、各方面的矛盾与变化。发展心理学可进一步分为儿童心理学、青年心理学、成年心理学、老年心理学等分支学科。发展心理学既是心理学理论体系的重要组成部分，又是对发展中的个体进行教育、教养的理论根据。

实验心理学（experimental psychology）是以实验方法来研究心理和行为规律的分支学科，为探索心理现象的因果关系提供实证性资料。心理学之所以能从哲学中分离出来并成为一门独立的科学，就是因为引进了实验法。实验心理学与专门研究某一领域的心理现象，如学习心理学等略有不同，它更多的是一种心理学研究的方法学，主要研究心理学领域中进行实验研究的原理、设计、方法、仪器、技术和资料处理等问题。

生理心理学（physiological psychology）是以身心关系为基本命题，以脑的形态和功能参数为自变量，观察分析不同生理状态下行为与心理活动的生理机制的分支学科，是心理学基础研究的重要组成部分。生理心理学在现代脑科学研究成果和现代技术方法的基础上，揭示各种心理现象在脑的解剖定位及脑活动的规律。

社会心理学（social psychology）是研究个体和群体的社会心理与社会行为的产生、发展与变化规律的心理学分支学科。个体社会心理与社会行为是指受他人和群体制约的个体的思想、感情和行为，如人际知觉、人际吸引、社会促进和社会抑制、顺从等。群体社会心理与社会行为是指群体本身特有的心理特征，如群体凝聚力、社会心理气氛、群体决策等。社会心理学研究个体如何受群体的影响，以及群体中个体之间的相互影响，主要研究社会认知、社会动机、社会态度、社会情感、群体心理以及时尚、风俗、舆论、流言等社会心理现象的特点及其发展规律。

比较心理学（comparative psychology）是研究动物心理并与人类心理进行比较以探求人类心理如何演化而来的心理学分支学科。比较心理学以不同进化阶段上的动物的行为为研究对象，侧重于跨物种的比较分析。比较心理学一般采用野外方法和实验室方法搜集研究材料。

变态心理学（abnormal psychology）是研究心理与行为异常表现的心理学分支学科，又称病理心理学。它用心理学的原理和方法研究异常心理或病态行为的表现形式、发生原因和机制及其发展规律，探讨鉴别评定的方法及矫治与预防的措施。

（二）应用研究领域

只要有人的活动，就会有心理学的应用。心理学的应用分支主要有教育心理学、管理心理学、医学心理学、工程心理学、军事心理学、司法心理学、运动心理学等。

教育心理学（educational psychology）创建于20世纪初，是最早出现的应用心理学分支学科之一。它以教育教学过程中师生的各种心理现象和行为为研究对象，旨在揭示学校教育情境中学与教的基本心理规律。教育心理学研究的主要内容包括学习心理、知识掌握心理、技能形成心理、品德形成心理、个体差异与因材施教、学习的测量与评定和教师心理等。

管理心理学（management psychology）是研究各种管理活动中管理者和被管理者的心理现象和规律的分支学科。它主要研究管理者和被管理者的心理活动及其特点，内容上又可细分为行政管理心理学、企业管理心理学、学校管理心理学等。

医学心理学（medical psychology）研究疾病的诊断、治疗、护理、预防中的心理学问题。包括病理心理学、临床心理学、药理心理学、护理心理学、心理健康咨询学、心理治疗学等分支学科。

工程心理学（engineering psychology）是研究人与机器、环境相互作用中的心理活动及其规律的分支学科。其目的是使机器设备和工作环境的设计适合人体的各种要求，通过人、机、环境三者之间的合理配合，提高工作效率，提升工作和生活的质量，维持和增进人体健康、安全和工作、生活的舒适感。

军事心理学（military psychology）是研究军事活动中人的心理活动规律的学科。主要研究战斗时人的行动、指挥员与下属的相互关系、士气，以及掌握军事技术等方面的心理学问题，为提高部队的战斗力服务。它包括指挥员心理学、战士心理学、军事工程心理学等分支学科。

司法心理学（forensic psychology）是专门研究人们在司法活动过程中的心理活动及

其规律的分支学科群的总称。广义的司法心理学有时被理解为法律心理学的同义语，或者包括犯罪心理学与被害人心理学。狭义的司法心理学可分为刑事司法心理学和民事司法心理学。前者包括侦查心理学、预审心理学、公诉心理学、刑事审判心理学等分支学科；后者亦称民事诉讼心理学，分化出民事审判心理学、民事调解心理学和民诉代理人心理学等分支学科。

运动心理学（sport psychology）也称体育心理学，是研究人体体育运动中一切心理活动规律的分支学科。主要研究个体及团体在从事体育锻炼和运动竞技过程中，表现出的心理过程和个性心理特征，为体育、教育、教学和运动训练、竞赛的合理方法提供心理科学依据。

事实上，心理学的研究领域远非上面十几门学科所能尽述。随着新分支学科的不断兴起和学科之间的相互交错及再分化，迄今为止心理学领域的分支学科多达百门以上。

五、研究和学习心理学的意义

心理学从诞生起即担负着解决人类自身问题的使命，从根本上说，心理学的研究任务在于揭示心理现象的本质及其发生、发展的规律，对心理现象进行客观描述、正确解释、科学预测和控制。新时代的心理学研究更要关注社会现实问题，关注人类福祉，以助力实现人类文明的发展进步。因此，探索人类心理活动的规律具有重要的理论意义和实践意义。

（一）理论意义

首先，建立中国马克思主义心理学研究的概念、理论和指标体系，是构建中国特色哲学社会科学体系的必然要求。2016 年 5 月，习近平在哲学社会科学工作座谈会上的讲话中明确指出：“坚持以马克思主义为指导，是当代中国哲学社会科学区别于其他哲学社会科学的根本标志，必须旗帜鲜明加以坚持。”新时代对中国心理学提出了更高的要求，迫切需要心理学为推进国家治理体系和治理能力现代化提供强有力的学理支撑，需要心理学为丰富中国智慧、凝聚中国力量、彰显中国价值提供智力支持。

其次，心理学的研究对邻近的社会科学，如文学、艺术、法学、政治学、经济学等也有一定的理论意义。因为这些学科和心理学一样都要研究人、研究人的心理，只不过研究的侧面有所不同。心理学的研究成果必然有助于它们深入地认识各自的研究对象，同时也衍生出很多新的交叉学科。

最后，心理学的研究对破除迷信、形成科学的世界观和人生观也具有重要意义。早在远古时代，人们就知道了世界上不仅存在物质现象，而且存在精神现象，先哲们尝试着对精神现象、心理现象的本质进行各种解释。例如，关于灵魂的说法、对梦境的各种无根据的解释等，都是受限于当时低下的生产力发展水平和匮乏的科学知识所产生的迷信与偏见。这也说明正确描述和解释人心理现象的实质和起源并非易事。心理学研究已经用科学手段揭示了睡眠和梦的发展进程，证明了睡眠和梦的本质，也证明了心理现象对物质现象（神经活动、环境刺激等）的依存关系。所有这些研究成果都为科学、正确地解释心理现象，摆脱迷信和偏见束缚，形成科学的世界观和人生观提供了基础。

（二）实践意义

任何实践活动都是人的实践活动，都是在人的心理的调节下完成的。心理学的研究成果能使人们运用已发现的心理规律去预测和控制心理现象的发生和发展，提高各种实践活动的效率。这样心理学就可以直接参与到极为广泛的实践活动中，为实践领域服务。心理学的实践意义可以简要概括为以下三个方面：

第一，心理学研究有助于提高劳动效率。心理学的知识可以广泛应用于生产劳动中。例如，人们可以根据感知过程的特点，改进对劳动工具、劳动对象和产品的设计，保障安全生产，以提高工作效率和产品质量；也可以根据技能形成和发展过程的规律优化劳动者的技能培训，使劳动者尽快掌握新技术，提高劳动者的技术水平；等等。目前，在交通运输效率与安全、航天员选拔、运动员训练及竞赛、人工智能研发等诸多领域都能看到心理学研究成果的应用。心理学的知识在未来会有更广阔的应用前景。

第二，心理学研究有助于科学育人。在教育教学领域中，心理学的知识特别重要。例如，教师可以根据知觉的发展规律培养学生的观察力；根据注意的发展规律组织教学，使学生上课时专心听讲；根据思维的发展规律使学生正确地理解概念和教材的内容；根据记忆的规律，指导学生正确地进行复习，牢固地掌握知识和技能；根据学生个性形成和发展的规律进行教育引导，促进学生德智体美劳全面发展和人格成长，做到用心育人。

第三，心理学研究有助于个体身心健康。心理学研究证明，认知缺陷、消极情绪、不良个性等都是威胁个体身心健康的因素。心理学的知识有助于个体科学地理解心理现象，正视自己的心理问题；有助于改进自己的学习方法，科学用脑；有助于认识自己个性品质的优缺点，自觉发展积极的个性品质，克服消极的个性品质；有助于认识自己的不良情绪，并进行有效调节；等等。

综上，心理学的应用已扩展到人类社会实践的许多领域。恩格斯曾把“思维着的精神”称为“地球上最美的花朵”。可以预见，以“思维着的精神”作为研究对象的心理学，必将随着“最美的花朵”的繁荣怒放而愈益发挥出它的作用。

□□□ 第二节 心理学的研究方法

我们该如何研究心理呢？毫无疑问，科学的态度和科学的方法是非常重要的。19世纪以前，当心理学还处在哲学襁褓中的时候，哲学家和心理学家大多用思辨的方法研究心理问题，这是心理学发展长期落后于其他学科的重要原因之一。由于心理现象是一种极其复杂的现象，所以用科学的态度去研究心理学问题就显得尤为重要。人的心理现象的复杂性意味着心理学研究与纯粹的自然科学研究不尽相同，需要借用一些人类学、社会学等学科的研究方法。无论采用何种方法去揭示心理的实质、规律和机制，都须遵循一些基本原则。

一、心理学研究的基本原则

（一）客观性原则

客观性原则即实事求是的原则，是指研究者要尊重客观事实，按照事物的本来面貌去反映事物。这是任何一门科学都必须遵循的重要原则。正如恩格斯所说，“唯物主义自然观只是按照自然界的本来面目质朴地理解自然界，不添加任何外来的东西”。对心理学研究来说，就是要从心理活动所依存的客观条件及其机制来解释和预测心理的发生和发展。心理就其映像的性质而言是主观存在的，但作为一种反映过程，是在外部条件与内部因素的制约下，在大脑中产生、变化、发展并以言行等方式表现出来的历程，它不以个人意志为转移，是有规律可循的，因此完全可以作为科学的对象被人客观地加以研究。

有些人或许会认为心理既然是主观存在的，那么就只能通过内省法（自我观察）来加以探测，这是不正确的。将内省法所提供的陈述作为客观研究的参考材料或据此提出某些假设是有价值的，但仅依据个人的内省得出一般的结论就容易歪曲事实，并落入主观主义的误区。人的心理活动是通过一系列的生理变化而实现的人脑对客观现实的反映。所以在心理学研究中必须坚持客观性原则，依据可以观察并加以检验的客观现实考察心理活动，通过心理活动产生所依存的客观过程去揭示心理发生、发展的规律。在下结论时，要根据客观的资料和事实来判断，而不能凭主观臆测来肯定或否定某种结论。实践是检验真理的唯一标准。心理学研究的成果和结论必须在社会实践中经受检验，在社会实践中发展。

（二）发展性原则

发展性原则是指要在发展过程中研究心理现象，用发展变化的眼光去观察心理现象。辩证唯物主义认为，客观事物永远处于不断的运动和变化之中，作为人脑对客观现实反映的心理活动，当然也不是固定的、静止的。人类的心理和意识是由低级到高级、经过长期的进化发展形成的；个体从出生到成年，其心理活动也经历着从简单到复杂、从低级到高级的发展过程。这就要求我们把心理看作一个发展变化的过程，在发展中研究心理活动。也就是要研究个体在不同年龄、不同发展阶段上心理的发生、发展。在研究中，不仅要注意那些已经形成的心理品质，而且要注意刚刚产生的新的心理特点；不仅要看到心理发展的现状，还要看到心理发展的前景。如果没有发展的观点，而是以静止不变的眼光看待问题，就无法揭示心理现象的本来面目，发现其客观规律。

（三）系统性原则

系统性原则是指在对人的心理现象进行研究时，必须考虑各种内、外因素相互之间的关系和制约作用，把某一心理现象放在多层次、多因素和多维度的系统中进行观察分析。这是因为人的心理是一个极其复杂的、动态的系统，在它内部的各因素之间、心理系统与外部环境之间均存在着密切的联系。只有系统研究这些关系，才能真正把握心理现象的活动规律。早在 20 世纪 60 年代，朱智贤就明确指出，应该全面系统地研究个体的心理发展问题，否则就会陷入片面性。

（四）教育性原则

教育性原则是指在进行心理学研究时，心理学工作者应坚守职业道德，尊重、关怀研究个体，从有利于个体身心健康的角度来设计和实施研究。对于未成年人的研究，这一原则尤为重要。应该清楚，研究学生心理是为了更好地教育引导学生，而不是为了研究而研究。因此，在进行研究时不仅要在研究问题的选择上考虑对研究对象的正向引导价值，而且要在研究方案的设计和实施过程中考虑对研究对象有良好的教育影响，不能做有损学生身心健康发展的事。

二、心理学研究面临的挑战

（一）心理学研究的伦理道德问题

心理学的研究对象是人和动物的心理与行为，承载这些心理与行为现象的有机体称为**被试**（subject）。由于研究对象的特殊性，在从事心理学研究时，一定要认真评估研究是否会对被试造成伤害，被试的权利是否得到充分尊重。人类被试须在签署知情同意书后方能进行心理学实验。被试还有“随时退出”研究的权利，在未得到被试允许的情况下，不能公开其在研究中的表现和实验数据，不能泄露被试的个人信息等。如果在实验中必须有意误导被试（前提是保证不能对被试产生不良影响），实验者事后还要认真向被试解释欺骗的理由。

心理学研究还会采用动物作为被试。为了得出更科学的结论，需要对实验进行更强的控制，这时无法对人类开展研究，就可以用与人类在生物学特征上较接近的动物，如用灵长类动物进行替代。例如，为了能更便捷、高效地了解生命全程的发展规律及老龄化问题，会使用平均寿命较短的动物，如白鼠做被试。采用动物被试进行研究也有严格的规范和要求，要尽可能保护实验动物在研究过程中的舒适性和健康，确保其得到人道待遇等。

除了上面提到的伦理道德问题外，在心理学研究的所有程序和环节上均要恪守诚信原则，杜绝数据造假和学术欺诈。严禁抄袭他人的学术成果，对他人研究成果的引用要做到严谨、规范，研究结果的投稿、发表均需遵循学术规范。

（二）研究对象的要素化

众所周知，心理学是一门以人为研究对象的学科，这是该学科诞生时的初衷，也是该学科至今存在的意义。但现实是，当今心理学通常不以人的整体为研究对象，而是以人的要素为主要研究对象。心理学研究倾向于将人的某种能力或心理过程作为实体性的结构性存在进行研究，如智力、创造力、焦虑、兴趣、内部动机等。然后将这些概念加以量化表述，使用数值表示，这非常容易形成误导。原因在于将人定义为各种心理变量的总和本身就是一种简单、粗暴的考察或评价方式，它甚至不符合人是作为整体适应社会环境的基本原则（Magnusson，2001）。以人的要素为研究对象，只在特定的情境中具有一定的意义。而脱离个体的整体性和其所赖以生存的社会环境来考察某种心理要素的确定数值，无异于是将人从真实的社会生存环境中剥离出来，其可信度必将遭受质疑（戴耘，2022）。马克思主义哲学明确指出，整体大于部分之和，通过要素研究难以完全理解人的整体特性，不能用算术和的方式认识人、理解人。心理学的要素研究必然忽略且无法认识与把握人的整体性。

（三）心理机制简单化为物质

人的心理过程必然有脑与神经生理等物质维度的参与。研究个体心理的确需要研究人的脑与神经，这有助于人们对心理过程的物质基础有更为全面的认识。但是，人的心理不能简单地还原成神经信号冲动等物质。例如，对于爱情这种复杂的心理，就不能简单地还原成最基本的神经冲动。反过来，产生类似的神经生理过程，并不一定就是产生爱情这种心理活动。神经信号冲动的产生，归根结底取决于外在刺激的性质。然而，当今的心理学呈现出一种把认知神经科学当作唯一的科学范式的趋向，直接把心理的生理机制当作心理发生的机制与本质。事实上，这仅代表心理发生的物质维度，而不能涵盖人的心理过程的全部。人的心理异常复杂，除了物质维度外，还与现实的社会情境、社会文化有着重要的关联。因此，人的心理是不能简单化为生理信号的。

（四）心理学研究的生态效度问题

变量的控制与选择目前仍然是决定心理学研究客观性和科学性的重要手段。然而，崇尚控制性的实验室研究范式的结果，表现出严重缺乏系统的生态性，常常受到生态效度低的质疑。**生态效度**（ecological validity）是指心理学理论或实验研究结果能推广到真实生活情境中的程度，反映了实验结果的普遍代表性和适用性。实验室研究范式对个体变量的控制或考虑不周，要么试图剥离，要么可以强化个体的社会属性，而且这种研究范式试图通过变量控制来消除个体经验的差异性。实验室研究范式不仅脱离了研究对象的现实属性，而且在真正的研究过程中也是根本无法实现的。在这种范式下的研究，其研究结果的可重复性极低，出现了可重复性危机。2015 年，《科学》杂志上的一项研究对发表在心理学旗帜性期刊上的 100 篇心理学实证研究进行了重复验证，结果有 64 个重复实验未能得到显著结果，心理学研究结果的可重复性只有 36%。这种可重复性危机不仅与实验操纵、实验程序、实验环境等有关，还与无法从根本上控制或消除个体的现实属性等心理学方法论有关。一方面，人的心理是复杂多变的，在某一个时间某一个情境的心理不等同于另一个时间另一个情境的心理。另一方面，在实验室研究中，可以将个体的受教育程度、年龄、性别等外显变量严格控制起来，视为“同质组”，但个体间在家庭、文化、成长经历和主观经验等许多内隐变量方面所存在的巨大差异却很难得到真正有效的控制。这两个方面是心理学研究可重复性极低的主要原因。因此，心理学研究只有主动将人置于一个系统的、生态的整体社会现实情境中，才能提高研究的可重复性，彻底解决目前的可重复性危机。

三、心理学研究的基本变量

在心理学研究中，经常会提到变量的概念。所谓**变量**（variable）是指任何在量上或质上可以有变异的因素或特征。按其性质可以分为三大类：刺激变量、机体变量和反应变量。**刺激变量**（stimulus variable，S 变量）是指能够引起机体反应的一切事物。它可以是来自外界环境的，如声、光、电、温度、气味等物理化学物质，也可以是如关怀、嫌弃、期许、疑惑等言语、表情、动作这类具有社会意义的刺激。**机体变量**（organismic variable，O 变量）是指个体自身的特征。如个体的性别、身高、体重、血型、相貌、种族、健康状况等生物性特征，以及学历、经历、智力水平、性格、需要、动机、价值观和自我概念等心理特征。**反应变量**（response variable，R 变量）是指由刺激引起的在行为上发生变化的反应类型和特征。人的反应变量可分为言语反应、动作反应和生理反应，常用的分析指标有反应时、反应速度、反应正确性、反应难度等。

在实验研究中，为了建构变量间精确的因果关系，即证明“果”的变化确实是由“因”的变化引起的，又可以将变量分为自变量、因变量和额外变量三类。**自变量**（independent vabiable），又称独立变量，它可以是实验者直接操纵的刺激变量，如噪声强度、字体大小、物体颜色等；也可以是实验者选择的机体变量，如性别、年龄、智力等。**因变量**（dependent vabiable），是指实验者需要测定的行为和心理活动，如反应时的长短、分类的次数或准确性等，又称为依变量或者反应变量。**额外变量**（extraneous vabiable），是指实验中除自变量外，还可能对因变量的变化产生影响的因素，它们与实验目的无关但会带来实验误差，也称为**无关变量**（irrelevant vabiable）。例如，要研究记忆材料的性质对记忆效果的影响，不同性质的记忆材料（文字、图片、无意义字符等）是实验中要操纵的自变量，记忆的保持量是要观测的因变量，但是被试的性别、疲劳程度、实验室环境中的干扰等额外变量也可能影响实验的结果。为了说明记忆保持量上的差别确实是由记忆材料的不同造成的，设法控制这些额外变量是十分必要的。

需要注意的是，以变量为核心孤立地看待个体心理及行为也有其缺点。批判心理学的马克思主义取向批评了西方主流心理学所热衷的“变量研究范式”，认为该种研究范式实际上割裂了心理学研究对象的属性与社会人的属性之间的必然关联。维果茨基（L. Vygotsky）曾批判西方心理学忽视了人的心理与行为的社会文化历史特性，他认为心理学应该研究具体的人，而非脱离社会历史环境的抽象的人。霍尔茨坎普（K. Holzkamp）提出，对心理现象的分析，必须在文化历史过程中分析心理是怎样被语词建构的，这些建构又受到哪些文化历史因素的影响。心理学的个体主义取向将个体的心理与行为从其生活的环境中剥离出来，进行所谓操作性实验研究，而社会文化历史则被视作额外变量，根本不纳入考虑。现实中的人，其心理活动都是主动的、动态的、发展的，是具有自我价值判断的，能够积极主动发挥作用的。所以，忽视人具有的成长性、整体性、情境性、社会性、主动适应性等主要心理特征，必然会给心理学带来一定的危机。

四、心理学主要的研究方法

科学研究需要科学推理，科学推理通常可划分为两种形式或过程。一种是**假设演绎法**，即科学家从一种理论开始，依据这一理论推导出一些具体的结论（假设），然后用这些结论（假设）去说明和解释具体现象的科学方法。简单概括其过程即提出需要解决的问题，根据已有理论通过推理和想象提出解释问题的假设，再通过实验检验假设的正确性。如果实验结果符合预期，则假设得到验证。另一种是**归纳法**，即科学家从收集到的许多个别和特殊的资料中得出一般性的规律或观点的科学方法。心理学同时采用了这两种研究方法。早期心理学家大量使用归纳法，经常使用自省或自我分析法。20 世纪上半叶，心理学在行为主义的影响下经历了戏剧性的革命。当时，人们不希望心理学家研究人类或动物行为以外的任何东西，而且只希望他们使用假设演绎法。行为主义心理学家认为，至少在心理学领域，归纳法是不科学的。之后，心理学摆脱了行为主义的控制，心理学家又重新开始研究思维和人类体验的其他方面，归纳法也开始在一些领域发挥作用。例如，心理学研究中使用的质性研究方法就是以归纳法为基础的。实际上，对于大部分的研究过程而言，并不局限于归纳或演绎其中一种形式，而可能是两者交替进行。

自然科学及其研究对象——物质世界，与心理科学及其研究对象——精神世界存在着很大不同。对于自然科学来说，不同研究者的研究对象（物）是相同的；但对于心理学研究，不同时代、不同文化背景下的人的心理特征存在很大差异，且人具有自我意识，同一被试面对不同主试，其行为表现完全可能大相径庭。精神世界的特点决定了心理学不太可能像物理学等自然科学一样，具有统一的研究范式或研究方法，其方法论只能是多样化与多元化的，既应该包括科学实证主义，又应该包括唯物辩证法、精神分析学说、现象学、解释学、建构主义或历史主义等。心理学方法的多样化具有潜在的建设性意义，对心理学的发展利大于弊。

鉴于心理学研究对象的特殊性和复杂性，心理学的研究方法有很多，大致可以分为描述法、相关法、实验法和定性研究法四类。我们可以通过观察来描述行为，通过寻找相关来预测行为，通过实验来解释行为，从而检验假设并修正理论。

（一）描述法

科学起源于描述，描述是理解和感知事物的基础。在日常生活中，我们都在观察和描述他人，以分析他人行动的原因。**描述**（description）是心理学研究开始的第一步，是对心理与行为进行详细的描述，以确定某种心理现象在质和量上的特点。观察法、测验法、调查法等都属于描述研究。

1. 观察法

观察法（observational method）是科学研究中应用最广泛的方法，又称自然观察法，是指在自然条件下，对被观察者的外部行为活动表现进行有系统、有计划的观察，从中推断、分析心理现象产生和发展规律的方法。例如，在丛林中观察猩猩，在一所国际学校里观察不同文化中父母与儿童间的互动方式，观察学生在餐厅的就座模式，观察学生的言语活动，等等。

根据研究者在观察过程中扮演的角色，又可以将观察法分为参与观察和非参与观察两种。所谓参与观察，指研究者深入到研究对象的生活中，不暴露研究者的真实身份，在实际参与研究对象日常社会生活的过程中进行的隐蔽性观察。例如，要了解员工的工作满意度情况，研究者自己假扮为新入职的员工，参与员工的所有工作、生活，在更加自然的状态下观察员工的日常言行、情绪、态度等。非参与观察，指研究者置身于观察对象之外，以旁观者的身份进行现场观察。例如，观察学生在课堂上的表现，观察行人穿越马路的行为等。无论采取哪种观察方式，原则上是不使被观察者发现自己的活动正在被他人观察。

观察法一般可在下列情况下使用：① 对所研究的对象无法进行控制；② 在控制条件下，可能影响某种行为的出现；③ 由于伦理道德的要求，不能对某种现象进行控制。

观察法是对被观察者的行为进行直接的了解，因而能收集到第一手资料。由于观察法是在自然条件下进行的，不为被观察者所知，他们的行为和心理活动较少或没有受到外来的干扰，因此应用这种方法有可能了解到现象的真实情况。但如何避免研究者的主观臆测和偏颇是使用观察法时的关键问题。为了在观察时获得正确的资料，研究者应该遵守以下四条规则：① 每次只观察一种行为，如观察幼儿团体游戏时可选定只观察幼儿之间的攻击行为；② 对于所观察的行为特征，事先应该有明确的界定，如“攻击行为”包括哪些具体可见的行为表现；③ 观察时要善于捕捉和记录，如果有可能的话，最好利用录音、录像等手段，以便获得更客观的资料；④ 采用时间取样的方式进行观察，每次以较短的时间，对同一类行为作多次重复观察，如观察家庭育儿方式，绝不能只选取每天固定的一段时间去观察，而应该在家庭生活中选取不同时间段进行多次观察。观察法的成功取决于观察的目的与任务、观察和记录的手段，以及观察者的毅力和态度。

观察法的主要缺陷是：① 在自然条件下，事件很难按严格相同的方式重复出现，因此，对某种现象难以进行重复观察，而观察的结果也难以进行检验；② 在自然条件下，影响某种心理活动的因素是多方面的，因此，用观察法得到的结果往往难以得到精确的分析；③ 由于对条件未加控制，观察时可能出现不需要研究的现象，而要研究的现象却没有出现；④ 观察容易“各取所需”，即观察的结果容易受到研究者本人的兴趣、愿望、知识经验和观察技能的影响。

2. 测验法

测验法（measurement method）是指用一套预先经过标准化的问题（即测验）来测量某种心理品质的方法。心理测验要注意两个基本要求：即测验的信度和效度。**信度**（reliability）是指一个测验的可靠程度。如果一个测验的可靠程度高，那么，同一个人在一段时间内多次接受这个测验时，就应得到相同或大致相同的成绩。以社交焦虑为例，如果没有其他因素的干扰，一个学生间隔两个月接受两次测验，得到的分数大致相等，那么该测验的信度就较高；如果一次得了 45 分（满分 50 分），另一次得了 20 分，那么该测验的信度就可能较低。**效度**（validity）是指一个测验能有效测量所欲测量的心理品质的程度。它可以通过对行为的预测程度来表示。例如，社交焦虑测验是为了测量人们的社交焦虑水平，一个学生在该测验上得了高分，现实生活中他的社交满意度就可能较低；而另一个学生得了低分，他的社交满意度就可能很高。如果结果符合这一规律，就说明社交焦虑量表具有较好的行为预测作用，即它的效度较高。否则，它的效度可能较低。

为了保证心理测验的信度与效度，一方面，要对其关注的心理品质进行深入的研究。了解得越深入，相应的测验项目就会越完善。另一方面，在编制心理测验时要注意严谨性和科学性。只有按科学程序严谨地编制出来的心理测验，才可能有效而可靠地测量出人们的心理品质。

在心理学研究中有许多不同类型的心理测验，如智力测验、成就测验、人格测验等。智力测验主要是了解不同年龄被试的智力发展水平，成就测验主要是了解被试某些特殊能力的水平，人格测验主要是了解被试各种心理特征和行为特点的综合表现。

3. 调查法

调查法（investigation method or survey method）是就某一（或某些）问题要求被调查者回答自己的个人想法或做法，以此来分析、推测团体的心理趋向的研究方法。调查法一般包括**问卷法**和**访谈法**两种。**问卷法**（questionnaire）也称书面调查，是采用预先拟定好的问题，通过了解被调查者对问题的回答情况，分析其心理特点的方法。由于问卷法可以借助邮寄、网络在线填写的方式收集信息，既节省人力、物力，又可以使调查范围扩大，所以这种方法一直是心理学和教育学研究者常用的方法之一。**访谈法**（interview）也称口头调查，是和被调查者进行有目的、有计划的面对面谈话，从而了解其某些心理特点的方法。根据访谈时是否有具体的访谈构架，是否可以将访谈结果进行量化分析，又可以将访谈法分为结构性访谈和非结构性访谈两类。结构性访谈也称标准化访谈，往往有预定的问题和回答选项，与问卷法类似，只是通过面对面谈话的方式获得答案。非结构性访谈又称非标准化访谈，没有预先设定的问题和答案选项，一般是根据研究兴趣和目的进行开放式的交流，从而试图深入地了解受访者的态度、观点或经验等信息。

采用问卷调查时需要注意以下两个方面的问题：第一，如果问卷的回收率较低，可能会影响结果的准确性；第二，如果被调查者不认真合作，可能会影响回答的真实性。就科学研究的方法论而言，问卷法还不是一种很严密的科学方法，尽管其在心理学研究中被广泛采用，但只是作为对问题初步了解的手段，所得到的结果一般是作为进一步研究的线索。如果单从问卷所得到的资料进行分析，一般是无法探究因果关系的，因为研究者不能将被调查者的卷面答案和其活动或行为联系起来。访谈法由于是在研究者和被调查者面对面的情况下进行的，故效果好于问卷法，但研究对象数量有限，花费时间较多，不容易实施。另外，访谈时被调查者是口头回答问题，往往受主观因素和客观因素的影响，也有不真实的可能。因此，只凭谈话所取得的信息对个体某种心理状态下结论是不可靠的。访谈法要与其他方法结合进行，使所得的信息相互补充和验证，从而得出较为准确的结论。

4. 个案法

个案法（case method）是搜集某个（或某些）被研究者的各方面资料，分析其心理活动特征的方法，也是通常用于描述性研究的方法。个案法要求对某个个体进行深入而详尽的观察与研究，以发现影响其某种行为和心理现象的原因。这种研究搜集资料的时间一般比较长，有时需要追踪几年甚至更长时间。搜集的资料包括个人的生活史、家庭关系、生活环境和人际关系等方面的材料，根据需要也常常在被研究者的亲友中间了解情况，或对被研究者的书信、日记、自传，以及他人撰写的与被研究者有关的文字材料（如传记、病例）进行分析。这种方法在儿童心理学研究、教育心理学研究以及临床心理学研究中使用较多。

个案法的优点是能够加深对特定的某个（或某些）被研究者的了解。不足之处是限于使用少数案例，研究的结果可能只适合于个别情况。例如，个人撰写的日记和自传往往由于自我防御机制而降低了真实性；他人为被研究者撰写的有关资料也会因为记忆误差和情感上的好恶而与真实情况有一定的出入。因此，在运用这些结果或得出更概括的结论时，必须持谨慎的态度。一般来说，个案法常用于提出理论或假设。要进一步检验理论或假设，则有赖于其他方法的帮助。

需要指出的是，有些研究者认为，个案法并不仅限于用来进行描述性研究，它也可以用于相关研究和因果研究。也就是说，研究者可以对个案进行观察，也可以让个案完成一系列心理测验并分析不同测验结果间的关联，还可以对其进行实验研究。比如，20世纪末，有研究者（Boatman et al., 1997）通过对5名癫痫患者进行植入电极干扰的实验，证明了辅音和元音感知在本质上的差异。最近，研究者以5名自愿参与研究的癫痫患者为被试，通过植入电极记录其脑电活动，证明了海马等大脑结构具有基于睡眠的记忆存储增强功能（Creery et al., 2022）。尽管研究被试很少，但由于被试都表现出非常相似的记忆改善和电活动模式，因此可以支持研究者得出结论。当然，由于个案本身的特殊性，将个案研究中得到的结果做更一般概括性的推论时需要非常谨慎。

（二）相关法

描述行为是预测行为的第一步。如果通过观察、调查、测验等方法发现某种行为或特质常伴随另一种行为或特质出现，两者之间就有可能存在相关，考察它们之间相关程度的方法称为**相关法**（correlational method）。相关法是一种探索两个或两个以上变量之间相互联系的性质与紧密程度的方法，由此而展开的研究称为相关研究。相关系数是描述这种关系的统计量，用字母 r 表示。相关系数的取值介于-1～+1之间，大于0表示正相关，小于0表示负相关，等于0表示无相关，绝对值越接近于1表示相关程度越大。如某研究表明，自尊和抑郁的相关系数为-0.65，表明自尊和抑郁之间存在负相关，即在自尊量表上得分低的人在抑郁量表上倾向于得高分。虽然相关研究能揭示两个变量间的关系，但不能据此预测个体的行为。例如，父母对子女的虐待行为和子女为人父母后的虐待行为之间存在相关，但这并不表明大多数被虐待的儿童都会变成施虐者。相关只是表明变量间的共变关系。

相关系数高说明如果变量 *A* 发生，那么相关变量 *B* 发生的可能性大。虽然相关研究有助于我们进行预测，并避免那些容易引发错误的行为，但是相关关系不是因果关系。举个例子，学习的努力程度与好的学习成绩之间有较强的正相关，但我们不能预测如果某个学生学习很努力，那么他就会取得较好的成绩。学习努力的学生并不必然会取得好成绩，一个学生的好成绩也可能与其某些遗传倾向、学习方法、家庭教育、同伴激励等诸多因素有关。而且，学习努力可能是取得好成绩的结果，但也有可能是取得好成绩的结果，即某次取得的好成绩促使学生去学习努力。总之，相关研究不能提供变量间的因果关系信息。如果要寻找事物间的因果关系，就必须通过实验法。

（三）实验法

心理学家要想寻找心理现象间的因果关系，就需要进行实验研究。在控制条件下对某种心理现象进行观察的方法称为**实验法**（experimental method）。与观察法相比，在实验研究中研究者可以积极干预被研究者的活动，创造某种条件使某种心理现象产生并重复出现。由于实验法不但要求明确所研究的问题“是什么”，而且还要进一步探究问题的根源，即回答“为什么”，因此，实验法是心理学研究中的一种主要研究方法。在心理学的发展历程中，科学心理学的诞生就是以实验法的应用为主要标志的。

实验法分两种：自然实验法和实验室实验法。自然实验法是在自然情境下，由实验者创设或改变一些条件，以引起被试某些心理活动来进行研究的方法。在自然实验情境下，一方面实验者可以控制和改变某些条件，另一方面又尽可能保持日常的自然情境状态，可以使被试摆脱紧张情绪而处于自然状态中，因此，研究的结果比较切合实际。但是，在自然实验时，由于实验情境不易严格控制，可能会影响实验结论的可靠性，在许多情况下还需要由实验室实验来加以验证和补充。因此，自然实验法也通常被认为是**准实验设计**（quasi-experimental design）。

实验室实验法是借助专门的实验仪器，在严格控制实验条件的情况下，对被试的心理活动进行研究的方法。心理学的许多课题都可以在实验室中进行研究，尤其是心理过程和心理的生理机制方面的研究。由于实验室实验对实验条件控制严格，运用这种方法有助于发现事件间的因果联系，并可以对实验结果进行反复验证。但也正是因为严格控制的实验条件，使实验情境带有极大的人为性质，被试处在这样的情境中，又意识到正在接受实验，就有可能影响实验结果的客观性，并影响将实验结果应用于日常生活之中的可行性，受到生态效度问题的挑战。

上述研究方法中除了一些形式的观察法和访谈法外，都是可以对要研究的心理现象进行测量并进行统计分析的，并在此基础上检验假设是否成立。这类研究遵循了前文提到的假设演绎法，因此也被称为**定量研究法**（quantitative research method）。

但心理学研究除了要检验心理现象间的相关关系或因果关系外，还要探讨心理现象或行为背后的意义和价值。在这方面，以归纳推理为基础的定性研究法就更有优势。

（四）定性研究法

定性研究法（qualitative research method）也称质性研究法，是通过对个体或团体特定的心理现象、行为进行深入系统的观察、资料收集、分析理解，从而获得对这些心理现象或行为特征及其发展脉络的一般性认识的方法。该方法通常是以具体的事实经验为依据，并将其提升为一般性的理论。前面提到的参与观察法、非结构性访谈法等均属于定性研究方法。

[拓展阅读]
定性研究的主要策略

虽然定性研究和定量研究遵循的科学论证方式（归纳法和演绎法）不同，但它们对于揭示心理现象及其规律都是有价值的，两者各有优势和劣势。究竟采用何种类型的研究，主要依据实际研究问题来确定。为了使研究结论更加可靠，有时还需要整合定性和定量两种研究的优势。

[拓展阅读]
新兴研究技术——经颅直流电刺激技术(tDCS)

20世纪后期，随着神经科学、影像学、计算机科学技术的迅猛发展，许多新的研究技术和手段已经应用到了心理学研究中，推动心理学发展。比如，探讨脑神经机制的各种脑成像实验技术和电生理技术等。脑成像是无创探测脑内高级神经活动的技术，包括正电子发射断层扫描术（positron emission tomography，PET）、功能性磁共振成像术（functional magnetic resonance imaging，fMRI）、脑磁图描记术（magnetoencephalography，MEG）和功能性近红外光谱成像技术（functional near-infrared spectroscopy，fNIRS）等。这些技术各有优劣势，其适用性依研究问题而定。心理学研究中最常用的电生理技术是脑电波记录，包括在头皮表面记录到的自发节律性电活动，即脑电图（electroencephalogram，EEG），和与刺激、反应出现有关的电位变化，即事件相关电位（event-related potential，ERPs）。

总之，不同的研究方法各有其适用领域，也各有其优缺点。对于心理学而言，不存在唯一正确的研究方法，方法的正确性必须结合研究的问题去理解。比如，实证主义科学方法适合研究大脑皮质的神经电反应，而定性研究法适合研究人们的心理体验，马克思主义心理学可以对实证或质性分析的结果进行理论归纳与批判。科学哲学家库恩（T. S. Kuhn）指出：心理学当下正需要进行或已经在进行一场“范式革命”，这首先要求我们破除经典自然科学方法论的迷思。因为这种方法论并非唯一正确，也非唯一的“科学”方法论。它只适合牛顿时代的经典自然科学，而并不适合爱因斯坦时代及之后的现当代自然科学，更不用说其对社会人文科学的适应性了。因此，我们要在具体的研究中根据研究内容、研究目的和研究条件使用最恰当的研究方法。如果能根据研究课题的需要，合理地选用几种方法兼而用之、取长补短，就会取得更佳的研究成果。

第三节 心理学的历史与现状

心理学是一门古老而又年轻的学科。心理学一词来源于两个希腊文词根 psyche（灵魂）和 logos（学问），意思是关于灵魂的科学。一直以来，有关“知识”“观念”“心”“心灵”“意识”“人性”等概念的心理学问题，是古代哲学家、教育家、文学艺术家和医生们共同关心的问题。直到 19 世纪初，德国哲学家、教育学家赫尔巴特（J. F. Herbart）才首次提出心理学是一门科学。在此之前，心理学、教育学都同属于哲学的范畴，后来才各自从哲学的襁褓中分离出来。本节将对心理学的思想渊源和发展过程作简要说明。

一、科学心理学产生的历史背景

（一）科学心理学产生的哲学思想准备

人类对自身心理现象的探究，从有人类文明以来就开始了。两千多年前，我国思想家孔子、孟子的著作，以及《黄帝内经》等古籍中，已蕴含着丰富的心理学思想。在西方古代的哲学思想中，对心理学发展影响最大的首推两千多年前古希腊的哲学家亚里士多德。他的思想中已讨论到人类本性、知识的由来、感官的运用以及记忆功能等问题。但科学心理学诞生于19世纪中后期，17—19世纪欧洲各国的哲学思想，尤其是法国17世纪的唯理论和英国17—18世纪的经验论，是心理学产生的主要思想准备。

唯理论以法国著名哲学家、杰出的自然科学家笛卡儿（R. Descartes）的思想最有代表性。笛卡儿提倡先天观念说，认为人生而具备足以产生感官经验的心理功能，人的身体是由物质实体构成的，而灵魂是由精神实体构成的，身体和灵魂这两个实体互相作用、互为因果，这就是所谓的“心身交感论”。他还用**反射**（reflex）的概念来解释动物的行为和人的某些无意识的简单行为，为科学心理学的发展作出了巨大贡献。但他认为，用身体的原因不足以解释全部的心理活动，为了引起心理活动，还必须有灵魂的参与。这样笛卡儿就把统一的心理现象分成了两个方面，其中一方面依赖身体组织，而另一方面是独立于身体组织之外的，因而陷入了二元论。笛卡儿关于身心关系的思想推动了对动物和人体的解剖学和生理学研究，这对现代心理学的诞生有直接的影响。他对理性和天赋观念的重视也影响到现代心理学的理论发展。笛卡儿只相信理性的真实性，认为只有理性才是真理的唯一尺度，后人称他的哲学为唯理论哲学。此外，笛卡儿还专门写了《情绪论》一书，对情绪的本质、类型和机制做了研究。

经验主义起源于17世纪的英国，霍布斯（T. Hobbs）被认为是经验主义的先驱，洛克（J. Locke）则被认为是经验主义的奠基人。

洛克反对笛卡儿的“天赋观念”说，强调人类的一切知识均来自后天经验。在他看来，人的心灵最初像一张白板，一切知识和观念都是后天从经验中获得的。洛克把经验分成外部经验与内部经验两种：外部经验称为感觉，是物质世界的属性或特性作用于外部感官产生的；内部经验称为反省，是人们对自己的内部活动的观察。洛克重视外部经验，承认客观的物质世界是感觉的源泉，这是唯物的；但他同时承认反省和感觉一样，是观念的独立源泉，摇摆在唯物主义和唯心主义之间。

到18世纪，英国经验主义循着两个对立的方向继续发展。英国哲学家哈特莱（D. Hartley）和法国哲学家孔狄亚克（E. B. de Condillac）发展了洛克思想中的唯物主义方面，他们强调感觉在认识世界中的作用，并且认为它的源泉是客观世界。英国哲学家贝克莱（G. Berkeley）和休谟（D. Hume）则继承和发展了洛克思想中的唯心主义方面。贝克莱认为“存在就是被感知”，只承认感知觉经验的实在性，否认客观世界的存在。在他看来，不仅观念是感觉的复合，而且物体也是感觉的复合。离开了感知觉经验，离开了感知的主体，物体和它们的种种性质也就不存在了。

到18、19世纪，詹姆士·穆勒（James Mill）、约翰·穆勒（John Mill）、培因（A. Bain）等人吸取经验主义的思想，形成了**联想主义**（associationism）的思潮。他们认为人的一切复杂的观念都是由简单观念借助联想而形成的。例如，砖头的观念借助联想而形成墙的观念；泥灰的观念借助联想而形成地面的观念；玻璃、木条的观念借助联想而形成窗户的观念；而墙壁、地面和窗户的观念借助联想而形成房屋的观念；等等。在他们看来，人的心理“大厦”就是由观念按上述原则建构起来的，联想原则是解释全部心理活动的基本原则。

理性主义和经验主义的哲学主张，对科学心理学的产生有极大的影响。唯理论与经验论的斗争仍体现在现代心理学各种理论派别的争论中。举例来说，在个体发展的问题上存在遗传决定论和环境决定论的争论，这种争论实际上反映了唯理论与经验论的斗争。同样，联想主义对现代的学习、记忆和思维理论也产生了深远的影响。巴甫洛夫的条件反射学说、华生的行为主义都直接受到了联想主义的影响。20 世纪 80 年代中期产生的新联结主义也和联想主义有着密切的关系。

（二）科学心理学产生的科学方法准备

西方近代哲学为科学心理学的诞生提供了理论基础和思想准备，而 19 世纪生物学和生理学的发展，特别是实验生理学的发展，为科学心理学的产生提供了方法上的可能。

英国生物学家达尔文（C. R. Darwin）在其划时代的著作《物种起源》一书中提出了进化论的观点，促使生物学研究的水平不断提高。当时，德国在生物科学领域的研究处于世界领先地位，出现了一批用实验方法研究相关心理问题的人物，如米勒、费希纳（G. T. Fechner）、亥姆霍兹（H. L. F. Helmholtz）、韦伯（E. H. Weber）等，虽然他们不是以心理学家的身份而进行研究的，但是他们的研究成果为以后的实验心理学打下了基础。

19 世纪中叶，生理学已成为一门独立的实验科学。生理学的发展，特别是神经系统生理学和感官生理学的发展，对心理学走上独立发展的道路产生了重要的影响。19 世纪初，英国人贝尔（C. Bell）和法国人马戎第（F. Magendie）首次发现了脊髓运动神经与感觉神经的区别。1840 年，德国人雷蒙（D. B. Reymond）发现了神经冲动的电现象。1850 年，亥姆霍兹用蛙的运动神经测量了神经的传导速度，这项研究为生理学和心理学中反应时的测量奠定了基础。1861 年，法国医生布罗卡（P. Broca）从尸体解剖中发现，严重的失语症与左侧额叶部分组织的病变有关，从而确定了言语运动中枢（布罗卡区）的位置。1869 年，英国神经学家杰克逊（H. Jackson）提出了大脑皮质的基本机能界线：中央沟前负责运动，中央沟后负责感觉。1870 年，德国人弗里奇（G. Fritsch）与希齐格（E. Hitzig）用电刺激法研究大脑功能，发现动物的运动性行为是由大脑额叶的某些区域支配的。这些研究不仅加深了人们对大脑机能分区的认识，而且为研究心理现象和行为的生理机制开辟了广阔的前景。

19 世纪生理学和物理学在感官生理学方面的一系列重要发现，也为心理学用实验方法研究感知觉问题奠定了基础。德国生理学家韦伯首先确立了感觉的差别阈限定律。稍后，费希纳发展了韦伯的研究，运用心理物理法确定了外界物理刺激和心理现象之间的函数关系。他们的研究方法成为科学心理学研究的典范。

图 1-1 冯特

在这一背景下，德国生理学家、心理学家、哲学家冯特（W. M. Wundt）（图 1-1）创建了心理学实验室，并用实证主义的观点研究心理学。冯特被公认为科学心理学的创始人，其对心理学的贡献主要在以下方面：1862 年，冯特首次提出“实验心理学”一词；1864 年，他开始了“自然科学的心理学”讲座，1867 年更名为“生理心理学”讲座；1874 年，他撰写的《生理心理学原理》一书出版，这是心理学史上第一本专门以心理学为内容的教材，也被誉为“心理学独立的宣言书”；1879 年，冯特在莱比锡大学创建了世界上第一个心理学实验室，这标志着科学心理学的诞生；1881 年，他创办了第一本专业的实验心理学杂志《哲学研究》。冯特反对用哲学思辨的方式探讨心理现象，坚持用观察、实验和数理统计等自然科学的方法揭示心理过程的规律；他把实验法引入心理学，确定了实验内省法，取得了丰硕的研究成果；他还培养了来自世界各地的学生。

（三）实验法对心理学研究的深远影响

在冯特之前，部分从事生理学研究的人开始尝试用实验的方法探讨与心理有关的问题，如米勒、韦伯、费希纳等，他们的研究成果为冯特所继承，特别是费希纳的工作。费希纳是德国哲学家、物理学家，因其心理物理学研究而闻名。费希纳在韦伯工作的基础上，发展了费希纳定律：$S=K\log R$。其中，S 是感觉量，R 是刺激量，K 是常数。这是一种对数关系，因为感觉量是以算术级数增加，而刺激量则是以几何级数增加。由于费希纳的成果，科学家才第一次能够测量精神。费希纳在此基础上发展出了三种科学而又严谨的心理物理学方法：均差法、恒定刺激法和极限法。费希纳的《心理物理学纲要》一书于 1860 年出版，该书被认为对心理学的科学发展具有创造性的贡献。后来，把心理物理学发展成为实验心理学的冯特也承认这部著作对他工作的重要性。艾宾浩斯（H. Ebbinghaus）也是从这部著作中受到启发，把实验方法用于记忆和学习领域的研究之中，作出了巨大的贡献。

从冯特创建第一个心理实验室并以实验的方法系统研究心理学问题以来，“科学的”和“实验的”这两个词便成为“心理学”的核心内涵。冯特创立实验心理学的伟大意义之一是将心理学变成一门实证科学。冯特的心理实验主要采用实验内省法。实验内省法是对古代哲学思辨方法的实证性改造，其观察已不再是“安乐椅”式的逻辑思辨的观察，而是运用仪器的、系统的实证性观察。

科学区别于哲学的一个重要特性是具有严密的可重复的实证性。为了证明一个理论的正确性，必须进行比较系统的精确实验。心理学若要从“安乐椅”式的哲学逻辑思辨中挣脱出来，必须具有实证性的科学特性。

实验法的运用在心理学从哲学中独立出来并成为一门实证科学上发挥了重要作用，但另一方面也对整个心理学的进步起了不利的、使之偏离方向的作用。因为这种对研究方法的自我局限实际上缩小了心理学的研究范围及心理学家的视野，这种所谓“科学方法的帝国主义”正是造成心理学深陷危机的原因之一。如果只强调实验法，心理学可能会忽视人们在现实生活中的社会实践，陷入象牙塔。所以，潘菽认为，对心理学的研究方法不能看得太死，要让实验法与观察法相得益彰，也不宜完全否定内省法的价值，数学方法在心理学研究中也可以得到适当的应用，但最为关键的是要在现场、在发展中研究人的心理。

二、心理学发展过程中的主要派别

冯特的实验心理学研究取向明显受到当时以实验为研究基础的化学与物理学的影响，特别是化学研究。冯特试图通过类似化学研究中的元素分析与合成的方法来探究人的心理实质，分析人的心理结构。冯特的这一思想体系奠定了科学心理学诞生后的第一个思想学派——构造主义的基础。但冯特的主张也受到了诸多心理学家的反对，反对者的主张各有不同，进而演变成了百家争鸣、学派林立的局面。但凡一门独立科学的形成，都要经过一段不同思想认识之间的争论才能逐步达到统一。

（一）构造主义心理学

冯特创立的心理学实验室，使心理学作为一门独立的学科从哲学中分离出来，也使心理学得到空前的发展。冯特主张采用内省实验法研究人的直接经验，即意识。他认为意识过程可以像化学元素那样分解成不同的心理元素。感觉、意象和激情是三种最基本的心理元素，其中，感觉是知觉的元素，意象是观念的元素，而激情是情绪的元素。所有复杂的心理现象都是由这些元素综合而成。冯特的心理学理论体系在心理学史上被称为**构造主义**（structuralism）。后为其学生铁钦纳（E. B. Titchener）（图 1-2）所继承和发展，并将其命名为**构造心理学**（structural psychology）。铁钦纳的构造心理学虽然在一些具体看法上与冯特不尽相同，但两者在研究对象、研究方法和研究问题上基本相似。构造主义的理论与 17 世纪欧洲理性主义哲学思想有关，理性主义哲学主张人的心智具有先天的结构。由于构造主义学派所从事的“纯内省”“纯科学”的分析严重脱离实际，因此随着 20 世纪 20 年代铁钦纳的去世而逐渐衰落。

（二）机能主义心理学

机能主义（functionalism）心理学由美国心理学家詹姆斯（W. James）（图 1-3）和杜威（J. Dewey）等人在 20 世纪初创立。詹姆斯受达尔文进化论思想的影响，提出任何物种的特性必定是为某种目的服务的，人类的意识是人类最重要的一个特性，只有通过研究它的功能才能了解它。因此，心理学应该研究意识的功能和目的，而不是它的结构。机能主义主张意识是连续的整体，是流动的东西，称为意识流；主张意识的作用是指引有机体适应环境，心理学的研究对象是具有适应性的心理活动；强调意识活动在人类机体的需要与环境之间起重要的中介作用。

图 1-2　铁钦纳

图 1-3　詹姆斯

（三）格式塔心理学

1912 年，德国出现了一个新的心理学派别——**格式塔心理学**（gestalt psychology）或完形心理学，其主要代表人物有韦特海默（M. Wertheimer）（图 1-4）、苛勒（W. Kohler）和考夫卡（K. Koffka）。

“格式塔”是德文 gestalt 的音译，意为完形样式结构组织。格式塔心理学的代表人韦特海默通过对似动现象的研究提出了完形主义的观点，认为人对事物的认识具有整体性，每一种心理现象都是一个格式塔，都是一个被分离的整体。整体不是由若干元素简单组合而成的，而是整体大于部分的总和。因此，构造主义把心理活动分割成一个个独立的元素进行研究并不合理。

韦特海默把格式塔心理学原理应用于人类的创造性思维研究，并著有《创造性思维》一书。他通过大量研究发现，创造性思维就是打破旧的完形而发现新的完形的过程。韦特海默认为，学生在解决问题时之所以产生困惑，是因为没有把问题的细节与问题的整个情境结构联系起来考虑；一旦学生将问题看成一个有意义的整体，就会产生顿悟，问题也就迎刃而解了。格式塔心理学在知觉、学习、思维等方面开展了大量的实验研究，许多研究成果至今仍广泛地应用于心理学研究和教育教学的各个领域。

（四）行为主义心理学

1913 年，美国心理学家华生（J. B. Watson）（图 1-5）在《心理学评论》上发表了一篇题为“一个行为主义者眼中的心理学”的论文，宣告了**行为主义心理学**（behaviorism psychology）的诞生。行为主义心理学的诞生从根本上改变了心理学的发展进程。

图 1-4　韦特海默

图 1-5　华生

华生认为，心理学应该是行为的科学，而不是意识的科学。行为主义心理学反对研究意识，认为意识带有主观的性质，是看不见、摸不着的，无法对它进行可重复的、客观的研究；主张科学心理学应当研究可观察的外显行为，应当把人的意识当作一个黑箱，不管里面装的是什么，只需考察在刺激影响下的反应活动，行为就是由这些反应活动构成的。华生主张只有研究可观察到的刺激和反应，心理学才能成为像生物学、物理学、化学那样的自然科学。华生认为，心理学的研究目的在于确定刺激与反应之间的规律，以便人们在已知刺激后能预测将会发生怎样的反应，或者已知反应后能够指出有效刺激的性质。他提出了著名的刺激—反应（S—R）模式。

行为主义心理学主张科学实验的研究取向，有助于心理学摆脱思辨的性质，对心理学走上客观研究的科学道路起到了积极作用。但是，行为主义心理学否认人的主观世界，以生理反应代替心理现象，把人和动物都看成“有机的机器”，过分强调环境的决定作用，将环境与教育看作儿童行为发展的唯一条件，这些观点显然是错误的。

（五）精神分析学说

精神分析学说（psychoanalysis）又称**精神动力学**（psychodynamics），由奥地利精神病医生弗洛伊德（S. Freud）（图 1-6）于 19 世纪末、20 世纪初创立。弗洛伊德的代表作有《梦的解析》（1900）、《精神分析引论》（1917）、《精神分析引论新编》（1933）、《精神分析纲要》（1949）等。他是从治疗精神病的需要出发，从变态心理的角度研究正常人的心理。弗洛伊德认为，人格是由本我、自我和超我三部分构成的系统；意识仅是人的整个精神活动中位于表层的一个很小的部分，潜意识才是人的精神活动的主体；潜意识处于心理的深层，是正在被压抑的或从未变成意识的本能冲动，它对人的精神和行为有着重要的影响；人格的动力是性本能；应当用精神分析的方法来治疗精神病患者。

图 1-6 弗洛伊德

弗洛伊德对精神病学和临床心理学的影响是深远的。精神分析学说不仅是当时心理学领域中影响最大的理论之一，也是 20 世纪对人类文化产生最大影响的理论之一，对哲学、文学和其他社会科学都产生了重要影响。直到现在，精神分析在临床和文艺创作中仍相当流行。

（六）人本主义心理学

人本主义心理学（humanistic psychology）是美国心理学家马斯洛（A. H. Maslow）（图 1-7）和罗杰斯（C. R. Rogers）（图 1-8）在 20 世纪 50 年代创立的。人本主义心理学反对精神分析学说本能的生物决定论和行为主义心理学机械的环境决定论，强调心理学应该研究人的本性、潜能、尊严和价值，研究对个人和社会进步富有意义的现实问题。因为人本主义心理学兴起于精神分析学说与行为主义之后，故而被称为现代心理学中的“第三势力”。

马斯洛的自然人性说和自我实现的需要层次理论，以及罗杰斯基于尊重、真诚、悦纳的“完人”教育观，都从人性的角度启示我们重新审视儿童的本性与潜能、需要与自我实现，以及教育活动的开展等问题，给人的心理本质作出了新的描绘，为教育心理学、管理心理学、心理咨询和治疗领域提出了新的理论和方法。但人本主义理论不能用实验加以证明，理论体系不够严谨，忽视社会环境和后天教育对人成长的影响和制约，一些概念描述得也很模糊，这些是人本主义心理学的不足之处。

图 1-7 马斯洛

图 1-8 罗杰斯

（七）认知心理学

认知心理学（cognitive psychology）是 20 世纪 50 年代中期在西方兴起的一种心理学思潮，20 世纪 70 年代开始成为西方心理学一个主要研究方向。1967 年，美国心理学家奈瑟尔（U. Neisser）（图 1-9）将当时的各种研究成果加以总结，撰写了《认知心理学》一书，这标志着认知心理学已成为一个独立的学派。

图 1-9 奈瑟尔

认知心理学研究人的高级心理过程，主要是认知过程，如注意、知觉、表象、记忆、思维和言语等。认知心理学有广义、狭义之分。广义的认知心理学包括以皮亚杰（J. Piaget）为代表的建构主义认知心理学和信息加工心理学等，狭义的认知心理学就是指信息加工心理学，它以信息加工的观点和术语，通过与计算机类比、模拟、验证等方法来研究人的认知过程。

用信息加工的观点来研究人类心理过程和结构是认知心理学的基本观点。这个观点将人看作一个信息加工系统，认知过程就是信息加工的过程，包括信息输入、编码、存储和提取的全过程。认知心理学认为，认知可以分解为一系列阶段，每个阶段都是一个对输入的信息进行某些特定操作的单元，而反应则是这一系列阶段和操作的产物。

不仅普通心理学各个领域的问题，如情绪、动机、个性等，都可以用认知心理学的观点进行研究和说明，而且认知心理学的研究还进一步延伸到了教育心理学、社会心理学、发展心理学、生理心理学、工程心理学和认知神经心理学等领域。

三、当代心理学的研究取向

心理学成为独立的学科以后，学派纷争的局面持续时间并不很长。大约从 20 世纪 30 年代以后，各学派间出现了互相吸收、互相融合的新局面。第二次世界大战后，心理学迅速发展，某些占统治地位的传统理论（如行为主义、精神分析）受到了日益猛烈的抨击，而新的心理学思潮相继产生。这些思潮不是以学派的形式出现，而是作为一种范式、一种潮流、一种发展方向影响了心理学的各个领域。学派间的对峙局面缓和下来，心理学学科的整合趋势加强。我们把这种能影响学科发展方向的研究范式称为研究取向。

（一）生物学研究取向

生物学研究取向用生理心理学的观点和方法，着重从生物、生理、遗传基因的角度研究心理现象和行为。持这种取向的心理学家认为，所有的高级功能都与生理功能，特别是脑功能有密切的关系。

生理心理学的研究方法包括：临床法、局部切除法、电刺激法、电生理法、脑成像法等。事件相关电位技术就是记录头皮上与刺激和反应出现相关联的电位变化信息的神经电生理技术。该技术具有高时间分辨率，能准确地反映大脑活动的动态过程。功能性磁共振成像术是当前认知神经科学领域使用较广的脑成像技术之一。它是利用磁共振原理通过探测在认知活动时大脑局部血氧水平的变化，来推测相应认知活动的神经机制。该技术具有高空间分辨率，能对心理与行为的相关脑组织进行精确定位。近年来，各种脑成像和电生理技术已被广泛应用到心理学研究中，在揭示心理与行为的脑机制上发挥了巨大的作用。

（二）认知论研究取向

用信息加工的观点研究人类心理过程和结构仍然是当前心理学研究的取向之一。认知心理学除了使用心理学的一般研究方法外，还发展了一些特有的研究方法，如反应时记录法、口语报告法、计算机模拟等。近年来，认知心理学的一个重要发展是与神经科学结合，产生了**认知神经科学**（cognitive neuroscience）的研究取向。认知神经科学是新兴的交叉学科，旨在阐明认知活动的脑机制，它在揭示神经系统尤其是大脑的结构和功能与认知过程的关系上取得了丰硕的研究成果，业已成为当前心理学发展的主流。

（三）人本论研究取向

人本主义心理学是在批评精神分析学派和行为主义学派观点的基础上发展起来的。人本主义心理学强调研究健康人的心理或者健康的人格；强调研究人类中出类拔萃的精英；强调人的潜能和价值，认为人性美好；强调环境和个体自我概念对行为的作用，强调人的意志作用。人本主义心理学的两大特征是：以人的需要为出发点去研究人性；冲淡了心理学纯科学的色彩。这是当今心理学发展的趋势之一。

人本主义心理学发展的主要成果体现在积极心理学研究中。**积极心理学**（positive psychology）对第二次世界大战以后西方心理学中悲观、消极的研究取向提出了尖锐的批评，其理论建构和研究主要承继了人本主义和科学主义心理学的诸多合理成分。

积极心理学反对人是机器或动物的隐喻；反对心理的本能决定论或环境决定论，以及由此带来的悲观主义人性观和消极心理学；认为消极心理学这种研究取向背离了心理学研究的本意，因而也将难以实现心理学研究的应有价值，完成心理学研究的社会使命。心理学的目的并不仅在于解决人的心理或行为上的问题，还要帮助人形成良好的心理和行为模式。没有问题的人并不意味着一定是个健康、幸福的人，同样，去除心理或行为上的问题也并不意味着人就能自然形成一种良好的心理或行为模式。

（四）行为论研究取向

20 世纪 50 年代以后，行为主义作为一个学派已接近销声匿迹了，但是，作为一种研究取向，它的思想和研究方法仍活跃在心理学的某些应用研究领域。行为论研究取向强调，人是在和环境的交互作用中逐渐成熟的，正是学习和经验决定了一个人成为什么样的人。行为论研究取向主要探讨在什么条件下某种行为会发生，不同刺激对行为可能有什么作用，行为的结果又怎样影响随后的行为，等等。但新行为主义者已不再无视有机体的内部过程，他们在传统的刺激—反应模式的基础上，提出了“中介变量”的概念，关注在刺激和反应之间个体动机和认知的作用。

20 世纪 50 年代以后，行为论的研究取向在某些应用领域产生了较大的影响。

1. 程序学习

新行为主义者斯金纳（B. F. Skinner）将行为主义的学习理论应用于学习情境，提出了基于自我学习的程序学习系统。斯金纳认为，应该将学习材料分解成一些小的片段，让学习者按顺序一步一步地学习这些材料，对学习结果给予及时的强化，学习者在成功地学会了一个片段之后，再继续学习下一个片段。按照这种方法，学习者就能成功地学习到某种知识，形成某种行为。程序学习在 20 世纪 60 年代曾风行了一个时期，之后由于计算机的普及，程序学习的思想已经和计算机教学结合在一起，成为个体学习的一种有效途径。

2. 行为治疗

将行为主义的学习理论应用于临床上对有心理障碍的儿童或成人进行治疗，帮助他们改变或消除不需要的行为或不适应性行为，代之以需要的或适应性行为，这就是行为治疗或行为改善。例如，病人对某种东西产生了无缘无故的恐惧，为了消除这种恐惧，行为治疗师可以先让病人处于一种放松状态，然后按小步子逐渐介绍让他恐惧的东西，直到他能忍受该物体而不再产生恐惧。这种方法就是著名的系统脱敏法，在行为治疗中普遍使用。

3. 生物反馈

通过训练，个体可以自行控制自己的身体过程，如心率、血压、体温等。这种训练通常借助生物反馈仪来进行。个体从仪器上可以读到自己的心率、血压等指数。如果个体的血压太高，可以通过放松训练，让自己的血压一点点地降下来，最后达到控制血压、治疗高血压的目的。

（五）心理动力学研究取向

同行为主义的理论一样，早期的精神分析理论如弗洛伊德的理论，也遭到来自各方面的批评。但是，心理动力学的研究取向仍存在于心理学的某些研究领域。

20 世纪 30 年代以后，一批后弗洛伊德主义者将精神分析的理论应用于对动机和人格的研究。与弗洛伊德不同的是：后弗洛伊德主义者更关心儿童青少年人格的正常发展，而不像弗洛伊德那样，主要以精神异常的成年人为研究对象；他们强调意识和自我的重要性，而不像弗洛伊德那样，只重视对无意识的研究；他们把青年期看成力比多活动的高潮时期，而不像弗洛伊德那样，过分强调力比多在儿童时期的作用。

（六）文化论研究取向

文化是指不同社会及群体在价值体系、思维方式、信仰和行为方面表现出的一定的结构化模式，具有相对稳定性，但随不同的社会发展阶段、民族传统而改变。文化论研究取向关注文化在人的心理和行为中的重要性，关注行为的原因和结果的跨文化差异。

四、中国心理学的发展历程

中国是一个有五千年文明历史的国家，在世界科学发展史上发挥了重要的作用。尽管中国的科学心理学研究是在西方心理学思想和研究方法传入后才逐步形成和发展起来的。但在中国悠久的历史文化中，许多思想家都曾对人类的心理现象作过深入的论述，使中国成为世界心理学思想最早的发源地之一。中国心理学的发展主要经历了以下三个阶段。

（一）中国古代的心理学思想

中国具有悠久的历史和灿烂的文化，虽然古代没有心理学的专著，但有丰富的心理学思想。在先秦时期，儒、墨、道、法等各派著名思想家有过许多关于心理问题的论述，对天人关系、身心关系、知行关系，以及人性的本质和发展等提出过一些重要的思想。例如，《尚书·洪范》论述了认知的过程，目明耳聪属感知，思睿即思虑；《易经》中有对意志品质特征的描述；《荀子·天论》中提出“形具而神生”，认为精神现象是依赖形体而存在的，主张人性“恶”，充分肯定了环境和教育在人性改变中的作用；《论语·子罕》中有“三军可夺帅也，匹夫不可夺志也”，重视人的意志品质的重要作用；荀子对人的情绪进行了分类，“好、恶、喜、怒、哀、乐谓之情”。

到秦、汉和魏晋南北朝时期，思想家们继续围绕“天人关系”和“神形关系”展开对人的心理的探讨，即对人与自然界的关系、精神与身体的关系展开论述。董仲舒从唯心主义的立场出发，认为天与人之间有一种神秘的关系，人的情感、计虑、道德和行为都必须与天数相符，化天数而成。从现代科学来看，这种主张是不正确的。王充就“神形关系”提出了“形朽神亡”的主张，认为精神依存于肉体，离开肉体精神就不复存在。刘劭在《人物志》中对“才”和“性”的关系进行了论述，并对人的才能和性格进行了系统的分类，提出人的才性可以通过九种外部表现来诊断。《人物志》是我国最早提出从人的心理角度进行人才评定和人才选拔的著作。

到唐代，柳宗元、刘禹锡等人则从唯物主义的立场出发分析“天人关系”，并对感知和思维两种认识活动进行了论述。宋朝之后，理学在思想界占统治地位。虽然理学家在天人关系和心物关系上坚持了不正确的观点，但在教育和学习心理方面提出了许多有价值的主张。如朱熹提倡“胎教”，认为母亲怀胎以后的言行举止会对胎儿有直接影响。到明清时期，医学领域的学者对脑及其功能有了更深入的认识。清代著名学者刘智认为，脑的不同部位有不同的功能，“百体之知觉运动”都依赖于脑。王清任是清代的一位医生，他根据自己的解剖经验，认为人的感觉和记忆是脑的功能，而不是心脏的功能。王清任所处的时代和布罗卡的时代很相近，王清任提出的“脑髓说”对科学地认识人的心理活动有重要意义。

（二）心理学在中国的早期传播

前面我们提到，中国古代有丰富的心理学思想，但没有独立的心理学著作。心理学作为一门独立的科学，是在西方国家产生和最初发展的。19 世纪末，一批留美和留日的中国学者对传播心理学起了重要的桥梁作用。举例说，留美学者颜永京在上海圣约翰书院开设了心理学课程，他的译著《心灵学》于 1889 年出版。近代著名学者王国维于 1903—1904 年间在师范院校教授心理学课，1907 年他翻译的丹麦学者海甫定（H. Hoffding）所著的《心理学概论》一书出版，该书论述了心理学的对象及研究方法、基本知识等内容，介绍“用实验法研究在生理学与心理学之间产生的一种新科学——精神生物学或实验心理学”，明确提出“心理学必须是一门独立的学科，而不可成为哲学的一部分”。

1905 年，陈榥参考日本的心理学著作并结合中国实例，编写了《心理易解》，这是中国人自己编写的第一本心理学教材。辛亥革命以后，心理学在我国得到进一步传播。现代著名教育家蔡元培于 19 世纪初在德国莱比锡大学学习，曾听过冯特的心理学课，回国后出任国民政府首任教育总长。蔡元培主张把心理学的实验法应用于教育学，认为“从前心理学附入哲学，而现在用实验法应列入理科”，他对应用物理方法、生理方法研究心理学极为重视。这种思想对后来中国心理学的发展有深远的影响。在蔡元培任北京大学校长期间，在其支持下，北京大学哲学系于 1917 年建立了我国第一个心理学实验室，陈大齐是负责人。该实验室的建立标志着中国现代心理学的正式诞生。一批留学海外的心理学学者，如陈大齐、陈鹤琴、廖世承、张耀翔、唐钺、陆志韦等在回国后对我国心理学的早期发展作出了重要贡献。1918 年，陈大齐编写完成了《心理学大纲》一书，该书比较全面地介绍了当时西方心理学丰富的研究内容和成就，包括普通心理学、生理心理学、实验心理学、变态心理学、差异心理学、儿童心理学、动物心理学、民族心理学和审判心理学等。1920 年，南京高等师范学校（后改为东南大学）建立了中国第一个心理学系。1921 年，中华心理学会在南京正式成立。1922 年，中国第一种心理学杂志——《心理》由张耀翔创办。这一切都标志着中国有了自己的心理学组织，并开始培养心理学专业人才。

20 世纪二三十年代，在“民主”与“科学”的口号下，心理学在中国得到了进一步发展。留学归国专门从事心理学研究的人逐渐多了起来。他们主要从事心理学教学和著作翻译工作，介绍西方心理学各学派的理论。诸多大学也建立了心理学系或教育心理学系，成立心理学研究机构和心理学学术组织，进行多种形式的学术交流，并创办心理学刊物。中国心理学学者陆续完成了一些重要的研究，如哺乳动物和鸟类胚胎行为发生和发展的研究（郭任远，1930）；汉字心理的研究（艾伟，1924；周先庚，1929）；阅读中文时的眼动分析（ 沈有乾，1925，1927）；比奈-西蒙智力测验的修订（陆志韦，1924，1936）等。其中一些研究在国际心理学界产生了一定影响。20 世纪 30 年代，我

[拓展阅读] 中国心理学的百年发展

国心理学家刘泽如（1939）坚持运用马克思主义的辩证唯物主义观点批驳了行为主义的机械论，成为以马克思主义理论研究心理学问题的倡导者。新中国成立前，刘泽如发表了《神经系统怎样运动——机械的还是辩证的》《神经生理的矛盾运动和意识反映的矛盾过程》等多篇有重要影响论文。刘泽如为马克思主义心理学研究工作奠定了坚实的基础，在心理学、教育学的理论研究方面构筑了鲜明的马克思主义丰碑。

（三）新中国成立后的中国心理学

新中国的成立标志着中国心理学进入了一个新的发展时期。新中国成立初期，随着社会政治和经济的变革，为满足经济建设和科学事业发展的需要，我国迅速将全国心理学工作者团结组织起来，以介绍和引进苏联的心理学为主，学习辩证唯物论哲学、巴甫洛夫学说和苏联心理学，并试图改造西方的心理学。心理学家以极高的热情投入了这场学习改造运动，从心理学基本理论、生理心理学和实验心理学等方面展开了研究。在基本理论方面，探讨了心理活动与高级神经活动的关系；应用辩证唯物主义观点对心理学的几个主要流派，如构造主义心理学、实用主义心理学、行为主义心理学、格式塔心理学等展开批判。在生理心理学方面，对狗和猿猴进行了复杂运动的反射实验，开展了动物与儿童高级神经活动类型的研究等。在实验心理学方面，对运动知觉阈限和速度判断，以及似动现象进行了研究。在这个阶段，我国心理学的发展主要体现在：正式成立了中国心理学会；经过院系调整，北京大学哲学系开设了心理学专业；成立了中国科学院心理研究所，出版了大量的心理学刊物和心理学译著。但心理学批判运动和“文化大革命”，全面否定了中国心理学界过去的工作，心理学被当成伪科学受到批判，心理学专业人才培养也被迫中断。“文化大革命”结束之后，中国心理学经过恢复又重新走上发展的道路。

20 世纪 80 年代以来，随着改革开放的不断深化，中国心理学进入了高速发展的新时期。在国家改革开放政策的指引下，一批中国心理学工作者被派往国外学习和进修，一批国外优秀的心理学家被邀请来中国进行访问，这对于中国心理学研究者迅速了解世界心理学的发展趋势，使中国心理学踏上世界心理学发展的舞台，起到了十分重要的作用。中国心理学家在许多重要领域开展了系统研究：在视觉领域，中国心理学家提出了视觉早期加工的拓扑学理论；在语言信息加工研究中，中国心理学家结合汉字和汉语的特点，探讨了汉语词汇表征和加工的特点；在儿童发展研究中，中国心理学家结合我国儿童的特点进行了以思维和智力发展为主要内容的研究；在教育心理学研究中，中国心理学家适应国家教育改革的需要，探讨了教育、教学中的一系列心理学问题，提出了不少有价值的教育改革实验方案；此外，中国心理学家在心理测量学、工程心理学、医学心理学、社会心理学、生理心理学、认知神经科学等领域均进行了大量有价值的研究。心理学作为重要的基础学科之一，被列入国家重点发展的学科。中国心理学家与世界各国心理学家建立了广泛的合作和联系，中国心理学会 1980 年正式加入了国际心理科学联合会。

21 世纪以来，中国心理学家在注意、认知控制、知觉学习、记忆、情绪、决策、创造性思维等领域都取得了国际一流的研究成果。新时代，中国心理学家满怀信心，不断在国际心理学舞台上展示中国科学家的风采。

五、心理学的发展现状与展望

当前心理学以理解人的**心智**（mind）和**行为**（behavior）为研究核心，通过对人类及动物被试的实验研究、计算机建模、模拟实验、大数据分析等研究人的心智和行为的状态，以预测人的行为、改善人的行为、理解人的行为。

（一）心理学的发展现状

经过140余年的发展，心理学已成为整个人类知识体系不可或缺的组成部分。2002年，美国心理学家卡尼曼（D. Kahneman）获得诺贝尔经济学奖更体现了科学界对心理学的重视以及心理学研究所获得的成就。2014年诺贝尔生理学或医学奖授予美国神经科学家约翰·奥基夫（John O'Keefe）和挪威心理学家、神经科学家梅-布里特·莫索尔（May-Britt Moser）、爱德华·莫索尔（Edvard Moser）夫妇，他们解决了一个困扰科学家和哲学家几个世纪的问题——大脑如何基于我们生活的环境构建地图并为我们导航。换言之，他们发现了构建大脑定位系统的细胞，即内部的GPS，从而使人类能够在空间中定位自我。由于心理学研究的本源性，以及人类对理解自身精神活动的渴求、对预测和改善自身行为的广大需求，心理学发展迅猛。2005年，《科学》杂志在创刊125周年之际提出了最具挑战的125个科学问题，其中最重要的前25个问题中，与心理学相关的问题就占了3个：生物学基础问题（第2个问题），记忆如何存储和恢复（第15个问题），人类合作行为如何发展（第16个问题）。随着科学的不断突破，2021年，上海交通大学携手《科学》杂志发布了“新125个科学问题”，其中人类的情感起源等问题被视作人类当前与未来面对的重大科学问题。

从国际上看，大多数国际领先的大学都建有高水平的心理学系（院）。欧洲一些国家更是建有众多的国立心理学研究机构。随着脑功能成像技术和分子遗传学技术的应用，发达国家已经形成了一股研究人的行为和意识机制的潮流，众多生物学和其他相关学科的科学家正积极参与到心理学研究中来。心理学的应用也越来越广泛，在军事活动、人力资源水平的提升、人口素质的提高、心理健康的维护、工业生产的组织和产品可用性的提高、社会稳定等方面发挥了重要作用。

在我国，自改革开放以来，随着社会和经济的发展，心理学的发展也非常迅猛。开设心理学专业的高校数量不断增加，心理学专业方向设置不断丰富；国家教育主管部门将心理学升为一级学科；国家科学技术部将心理学确定为需要优先发展的学科，部署了心理学国家重点实验室，并在各类基金中设立了心理学的专门板块，还启动了一批针对心理学研究的重大项目。心理学知识在工业组织、国防建设、竞技运动、教育教学、身心健康、社会稳定、灾后重建等领域得到了越来越多的应用。20世纪90年代以来，以各种脑成像技术（结构成像和功能成像）为代表的认知神经科学研究方法被引入我国的心理学研究领域，使得心理学研究发生了巨大变化。脑诱发电位、生物遗传技术、生物化学技术的采用使得人们对心理活动的时间进程、心理的起源、应激反应、嗅觉心理等方面有了更精细的分析和新的认识。在国家重大项目的支持下，我国心理学研究者开展了国民重要心理特征调查和中国儿童青少年发展特征研究，建立了大型心理学数据库及中国儿童青少年心理发展特征常模，为基础研究和应用提供了数据平台。2021 年，随着科技创新 2023——“脑科学与类脑研究”重大项目的发布，围绕“一体两翼”的中国脑计划也正式启动实施。所谓“一体”，就是研究脑认知的神经原理为主体；“两翼”是指研发脑重大疾病诊治新手段和脑机智能新技术。

习近平在党的二十大报告中强调，要重视心理健康和精神卫生。我国心理学工作者需要更加关注在经济快速发展、世界局势瞬息万变的背景下，国民的心理适应和心理冲突，探寻与之相关的心理学问题，充分运用中国特色的心理学研究成果，建设中国特色的社会心理服务体系，为促进国民心理健康、提升国家凝聚力，为国家发展、社会进步和人民幸福做出心理学人的贡献。

（二）我国心理学发展的展望

我国心理学界始终坚持运用马克思主义指导心理学研究的优良传统。潘菽、朱智贤、陈大柔、杨恩寰、于光远、王极盛、黄希庭、林崇德、沈德立、杨治良等一大批心理学家不断维护、坚持、深化、加强了马克思主义心理学在中国的蓬勃发展。例如，潘菽（1987）曾提出，在我们社会主义国家中，我们所要研究的能有效地为我们的社会主义现代化建设服务的心理学，更迫切需要建立在马克思的哲学辩证唯物论的思想基础之上。

如何将马克思主义基本原理同中国具体实际相结合、同中华优秀传统文化相结合，已经成为构建中国特色哲学社会科学的时代之问。在指导思想、学科体系、学术体系、话语体系等方面充分体现中国特色、中国风格、中国气派是中国心理学发展的大势所趋。回顾心理学发展历程及其在现实问题解决中的作用，不难发现，西方心理学研究范式的还原论、机械论无法准确描述具有生物、心理、文化、社会和政治各种属性的人的心理活动。在建设具有中国特色、中国风格、中国气派的心理学学科体系的过程中，我们要坚持习近平所强调的构建中国特色哲学社会科学的三项原则：体现继承性、民族性；体现原创性、时代性；体现系统性、专业性。习近平指出：“马克思主义基本原理是普遍真理，具有永恒的思想价值，但马克思主义经典作家并没有穷尽真理，而是不断为寻求真理和发展真理开辟道路。”马克思主义的中国化、马克思主义怎样继续指导中国现代化进程、马克思主义怎样指导心理学的理论发展等问题，是我们要不断探讨和加强的重要方面。中华优秀传统文化博大精深，与中国新时代发展理念一脉相承。“科学对待文化传统。不忘历史才能开辟未来，善于继承才能善于创新……这就要求人们在学习、研究、应用传统文化时坚持古为今用、推陈出新，结合新的实践和时代要求进行正确取舍，而不能一股脑儿都拿到今天来照套照用。”（习近平，2014）怎样科学运用中华优秀传统文化帮助构建中国马克思主义心理学理论并促进其发展等问题，是我们在“两个结合”思想指导下要不断探讨的重要问题。

毋庸讳言，我国的心理学研究尚不能满足当代中国发展的期望，主要表现为：一是具有中国特色的心理学理论体系尚未得到有效构建；二是中国心理学学术解读的中国实践尚不充分。新时代对中国心理学提出了更高的要求，迫切需要心理学为推进国家治理体系和治理能力现代化提供强有力的学理支撑，为丰富中国智慧、凝聚中国力量、彰显中国价值提供智力支持。只有以“两个结合”精神为指引，才能真正建立中国马克思主义心理学研究的概念、理论和指标体系。中国心理学的体系建设应始终坚持和发展马克思主义，运用马克思主义实践观、唯物辩证观、社会历史观和整体观，运用中华优秀传统文化，服务国家和人民，关注中国人民对美好生活的向往，坚持全心全意为人民服务，探索、解决世界问题。为此，我们只有准确、全面、冷静地认识当前心理学研究中存在的不足和挑战，勇于推进在中国特色社会主义新时代以实践为基础的理论创新，才有可能在建设马克思主义心理学理论体系方面发生历史性变革、取得历史性成就。

□ 原理应用

心理学专业的职业发展方向

心理学专业毕业生可以从事哪些工作呢？心理咨询师、教师、科研人员等都是心理学专业毕业生可选的职业方向，但心理学专业的职业发展方向远不止于此。学习心理学专业，你可以从事以下职业：

1. 高校教师：在高校从事心理学教学、科研或管理工作。
2. 心理咨询师：运用心理学理论与方法帮助来访者解决心理问题。
3. 用户体验工程师：研究如何改进产品设计，以提高用户使用的效率、满意度，满足用户的情感诉求。
4. 市场研究员：通过研究设计，收集和分析数据进行市场研究，为企业提供决策咨询服务。
5. 中小学心理教师：在中小学校从事心理健康教育工作。
6. 生涯规划师：通过科学的方法帮助来访者客观认识自己，确定合理的职业目标，制订职业发展规划。
7. 人力资源管理者：在组织中负责员工招聘、培训、绩效考核等工作。
8. 管理咨询员：研究并揭示组织在文化、经营、管理方面存在的问题，并提出有针对性的解决方案。
9. 司法心理学家：在司法活动中提供心理学支持，研究人们在司法活动中的各种心理特点和活动规律，并运用心理学的基本原理去揭露犯罪、改造罪犯、提高司法人员心理素质。

……

心理学研究人的心理现象，各行各业都离不开人，因此，心理学专业的职业发展方向也是多种多样的。除了上述职业发展方向之外，你还了解哪些与心理学相关的职业？你在毕业之后希望从事什么职业？

□ 复习与思考

1. 你是怎样认识心理学这门学科的？
2. 心理学研究哪些问题？研究这些问题对人的生活和工作有什么意义？
3. 心理学是怎样分类的？
4. 心理学作为一门科学是怎样形成的？
5. 心理学有哪些主要的研究方法？如何认识“心理学是一门实验科学”？
6. 现代心理学有哪些主要派别？
7. 现代心理学的主要研究取向是什么？
8. 心理学发展的现状和趋势是什么？
9. 回忆本章内容，画出本章核心内容的概念图，与同伴进行分享后，加以完善。

□ 推荐阅读

[1] 黄希庭，2021. 心理学导论 [M]. 重庆：西南大学出版社.

[2] 霍克，2020. 改变心理学的 40 项研究：第 7 版 [M]. 白学军，等译. 北京：人民邮电出版社.

[3] 彭聃龄，2019. 普通心理学 [M]. 5 版. 北京：北京师范大学出版社.

[4] 叶浩生，2023. 心理学史 [M]. 3 版. 北京：高等教育出版社.

[5] 白学军，章鹏，杨海波，2023-02-16 (7). 新时代中国心理学的新使命 [N]. 中国社会科学报.

第二章 心理的生理机制

学习本章内容，将有助于你对以下问题的理解与思考：

- 什么是神经元？它的基本功能是什么？
- 简要说明神经冲动传导的基本方式。什么是电传导和化学传导？
- 如何解释大脑皮质的功能？如何理解大脑在人类心理和行为中的重要意义？
- 什么是机能系统学说？三个机能系统的关系如何？
- 各种内分泌腺对人类行为有哪些影响？

通过第一章的学习，我们了解了心理学的研究对象，作为研究对象的心理现象是如何产生的呢？我国现代心理学的奠基人之一潘菽（1985）指出，心理活动是一定类型的物质的高级运动形式，是人体，尤其是人脑这样高度复杂、高度组织起来的有机物质体的一种高级机能。人的心理活动最主要的物质载体就是大脑。对于大脑是如何产生心理现象的，潘菽认为，心理学的研究对象看起来是主观的，但却与客观物质世界密切联系，具体表现在两个方面：一方面是对客观世界的认识活动，另一方面是影响客观世界以致改变客观世界的动作活动。

这就指出了心理的实质：心理是大脑对客观现实的反映，大脑是心理活动的器官，客观现实是心理活动的内容和源泉。大脑对客观现实的反映并非机械的投影或简单的复制，而是通过人和客观现实的相互作用，对客观现实进行积极、能动的反映，人不仅可以认识和反映客观现实，还可以有目的、有计划地改造客观现实。

在辩证唯物主义认识论看来，人的心理和意识是客观世界的反映，且以实践活动为中介，并伴随着实践活动的开展而不断发展。这种辩证关系还体现在人对外部世界的映像的真实性必须在实践活动中得到检验。正如列宁所说："物存在于我们之外。我们的知觉和表象是物的映像。实践检验这些映像，区分它们的正确和错误。"因此，人的所有心理现象都是在各种实践活动中，在人与环境互动的过程中产生和发展起来的。

心理是如何产生的？这就是本章讨论的主题——心理的神经生理机制。

□□□ 第一节　神经元

我们早已在初中生物课中学过细胞这个概念，**神经元**（neuron）也是细胞的一种，它是神经系统结构和功能的基本单位，是大脑的联络专家，它能使信息传入和传出中枢神经系统，并在中枢神经系统内部进行传导。神经元分布在占大脑细胞 90%的神经胶质细胞当中。

[拓展阅读]
镜像神经元

一、神经元和神经胶质细胞

大脑由 1 万亿细胞组成，可分为神经元和神经胶质细胞两类。

（一）神经元

1. 神经元的结构与功能

作为神经系统基本单位的神经元，是由**胞体**（cell body）、**树突**（dendrites）和**轴突**（axon）三部分构成的（见图 2-1）。

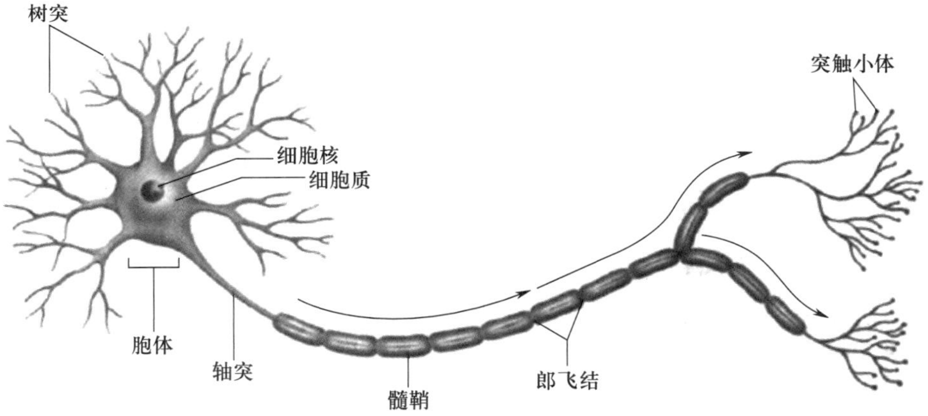

图 2-1　神经元的结构
（资料来源：格里格等，2003）

胞体最外层是细胞膜，被细胞膜包裹着的是细胞核和细胞质。细胞质具有复杂的结构，其中神经元纤维和尼氏体是神经元特有的结构。胞体能决定神经元是否应该传导神经冲动，即根据其他神经元传递来的信息决定是否将一个信息传递给别的神经元。

树突呈树枝状，它像触角一样，能接收多达 10 000 个其他神经元的信息，然后将这些外部信息传入胞体，并对其进行某些初步加工。浓密的树突纤维作用类似于电视的接收天线，负责接收信息，将神经冲动传向胞体，并沿着轴突传递到其他的神经元、肌肉或腺体。

与短的树突不同，轴突很长，且每个神经元只有一根轴突，其作用是将外界信息传到邻近的神经元、肌肉或腺体。髓鞘是一层脂肪组织，包裹在某些神经元的轴突外，具有绝缘作用并能提高冲动的传导速度。髓鞘功能退化会导致向肌肉传导信息的速度减慢，并最终失去对肌肉的控制，多发性硬化就是一种髓鞘功能退化的疾病。

2. 神经元的形态

根据突起的数目，神经元可以分成单极神经元（又称假单极神经元）、双极神经元和多极神经元；根据功能可以分成传入神经元（感觉神经元）、传出神经元（运动神经元）和中间神经元。传入神经元收集和传导身体内、外刺激，使其到达脊髓和大脑；传出神经元将脊髓和大脑发出的信息传到肌肉和腺体，支配效应器官的活动。中间神经元介于传入神经元和传出神经元之间，起联络作用。中间神经元的连接形成了中枢神经系统的微回路，这是大脑进行信息加工的主要场所。

（二）神经胶质细胞

神经元之间存在大量神经胶质细胞。早期人们认为神经胶质细胞仅为那些更为重要和活跃的神经元提供活动的平台，不过之后的研究发现，神经胶质细胞在大脑的生长和活动中也起着非常重要的作用。

首先，神经胶质细胞不仅为早期神经元的生长提供了线路，类似葡萄架引导着葡萄藤的生长一样，在神经元发育后期，神经胶质细胞还为神经元提供支持，并在脑细胞受到损伤时，帮助其恢复。其次，神经胶质细胞在神经元周围形成髓鞘，髓鞘是由某些特异化的神经胶质细胞组成的，它具有绝缘作用，能防止神经冲动从一根轴突扩散到另一根轴突。在个体发育过程中，神经纤维的髓鞘化是行为分化的重要条件。最后，神经胶质细胞给神经元输送营养，清除神经元间过多的神经递质。

二、神经冲动的传递

（一）什么是神经冲动

我们来回忆早期战争片里的一个场景：电报员通过每一次敲击使消息沿着电报线传到下一个电报站，以此来传递信息。当神经元传递信息时，随着一个神经元对另一个神经元的“敲击”，信息便沿着此神经元的轴突传导到下一个神经元。例如，当你抬头望向窗外欣赏风景时，数以百计的“敲击”导入你的颈椎，并告诉你的肌肉在什么时候伸缩以及如何保持活动。通过改变“敲击”的速度和步调，神经元所要表达的信息可以变化。当刺激作用于神经元时，神经元就会由相对静息的状态转化为相对活跃的状态，这就是**神经冲动**（nerve impulse）。

形象地说，神经元好像是在一个用鸡蛋内膜做的半透膜里面装着盐水的“盐水袋”中游浮着的物质。鸡蛋内膜即细胞膜，它把两种液体分开并允许液体有少量的互相渗透。两种液体均包含着钠离子、氯离子和钾离子。当神经元在静息状态时，钾离子的膜内浓度高于膜外，而钠离子的膜外浓度高于膜内。为保持膜内外离子浓度的平衡，细胞膜为钾离子开启了通道，允许钾离子从膜内向膜外排出，而这个通道让钠离子的渗入变得很困难。于是形成了膜内负电荷、膜外正电荷的电位差（见图 2-2），膜内外电压相差 70 mV（理论值），这就是膜的极化现象。形成的这种电位差称为**静息电位**（resting potential），即钾离子的平衡电位。但实际上它不是静息的，而是处于立即能够放电的准备状态。

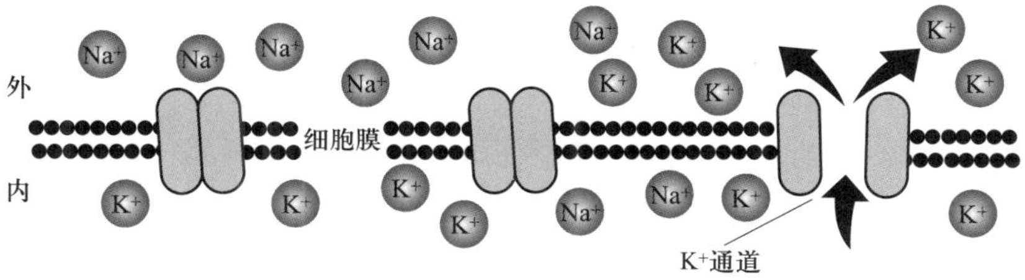

图 2-2 静息电位

当神经元的胞体和树突受到足够强的刺激时，细胞膜的电离子通透性发生改变，钠离子通道开启，于是钠离子迅速进入膜内，使膜内负电位消失，即去极化过程。去极化过程形成了膜内正电荷、膜外负电荷的变化（见图 2-3），神经元由相对的静息状态进入活动状态，形成了神经冲动，这种神经冲动通过轴突传输时所产生的电流变化称为**动作电位**（active potential），即钠离子的平衡电位。动作电位持续的时间很短，大约为 1 毫秒。由于神经冲动沿着轴突一段一段地跳跃式传导，膜上电位差的变化是连续进行的，于是就形成了电脉冲，这就是神经冲动。正是这种神经冲动负载着有关刺激的信息。

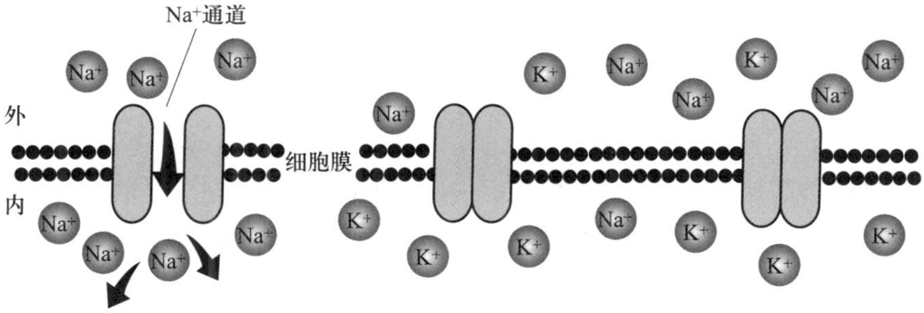

图 2-3 动作电位的产生
（资料来源：寺沢宏次，2007）

（二）神经冲动的传导

1. 神经冲动的电传导

神经冲动在同一细胞内的传导称为神经冲动的电传导。神经冲动在神经元内部的运动与电流在导线内的运动不同。电流按光速运动，速度为 30 万 km/s，而人体内神经兴奋运行的速度只有 32～320 km/h。

神经冲动的传导与动作电位的产生是密不可分的。当动作电位产生时，神经纤维某一局部就会发生电位变化，细胞膜表面由正电位变为负电位，而膜内由负电位变为正电位，即由“外正内负”变为“外负内正”。但是，邻近未受刺激的部位，膜外仍为正电，膜内仍为负电。这样在细胞表面，兴奋部位与静息部位之间便出现电位差，于是就产生了由静息部位的正电荷向兴奋部位的负电荷传导的电流。同样，膜内兴奋部位与静息部位间也出现了电位差，产生了相反方向的电流，构成一个电流的回路，称为局部电流。这种局部电流使邻近未兴奋部位的细胞膜的通透性发生了变化，并产生动作电位。这种作用反复进行下去，就使兴奋从一处传向另一处（见图 2-4）。神经冲动的这种传导称为电传导。

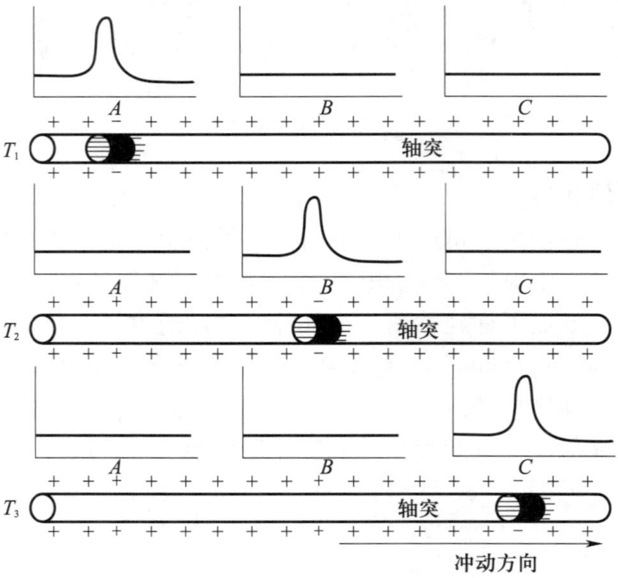

图 2-4 神经冲动的电传导

（资料来源：Carlson，1986）

神经冲动的传导服从**全或无法则**（all-or-none law）。神经元反应的强弱并不随外界刺激的强弱而发生改变。这一过程就像点燃鞭炮的引火线，鞭炮会一段一段燃烧下去，不会因为点火的火柴大小而影响火力的大小一样。这种特性使信息在传递途中不会变得越来越微弱。

2. 神经冲动的化学传导

神经冲动的传导是一种电化学过程，因此，除了电传导外，神经冲动还有化学传导，主要是指神经元之间的传导。然而，对于脊椎动物来说，神经元之间在结构上没有细胞质相连，仅互相接触，因此，在传导过程中**突触**（synapse）——一个神经元与另一个神经元彼此接触的部位——起着至关重要的作用。

（1）突触的结构

突触在结构上分为突触前膜、突触间隙、突触后膜。神经元轴突末梢膨大呈球状的部分为突触小体，突触小体内有许多突触小泡，小泡内部存有神经递质。突触小体与另一个神经元的树突或细胞体相联系。但这种联系不是两个细胞的直接连接，它们之间存在着一个微小的物理间隙，这就是突触间隙。突触间隙两边的细胞各有一层膜。突触小体这一边的膜称为突触前膜；另一边树突或细胞体的膜称为突触后膜。突触后膜里含有特殊的化学物质，称为**受体**（receptor），受体专门对突触前膜中的神经化学递质起反应。在突触间隙部位，神经冲动是以神经化学递质为媒介而进行沟通的。

（2）神经冲动在神经元间的化学传导

神经冲动在突触间传递时借助**神经递质**（neurotransmitter）来完成。当神经冲动到达轴突末梢时，有些突触小泡破裂，并通过突触前膜的张口处将存储的神经递质释放出去。神经递质通过突触间隙后，迅速作用于突触后膜，并激发突触后神经元内的分子受体，从而打开或关掉膜内的某些离子通道，改变膜的通透性，并引起突触后神经元的电位变化，实现神经兴奋的传递。神经递质在使用后并未被破坏，它借助膜的离子通道从受体中排出，又回到轴突末梢，重新成为突触小泡，重复利用。

突触分兴奋性突触和抑制性突触两种。兴奋性突触是指突触前神经元兴奋时，由突触小泡释放出具有兴奋作用的神经递质，使突触后神经元产生兴奋；而抑制性突触则是在突触前神经元兴奋时，释放出具有抑制作用的神经递质，使突触后膜“超极化”，从而显示抑制性的效应。生理学家发现了100种以上的神经递质，但是只有一小部分得到了明晰的认识（见表2-1）。

表2-1　几种重要的神经递质及其作用

神经递质	作用
乙酰胆碱	广泛分布在包括觉醒、注意、记忆、动机和运动的整个中枢神经系统。通过神经肌肉连接参与肌肉运动。生成乙酰胆碱的神经元的衰退与阿尔茨海默病有关。乙酰胆碱过多导致痉挛和震颤；过少则导致瘫痪或麻痹
多巴胺	参与不同的行为和情绪，包括愉快感。与精神分裂症和帕金森病有关
5-羟色胺	调节睡眠、做梦、情绪、饮食、疼痛和攻击性行为，用于抑郁症的治疗
去甲肾上腺素	影响觉醒、失眠、学习、记忆和情绪
内啡肽	抑制疼痛，在紧张活动时释放出来，可能与“高度兴奋”有关
谷氨酸	参与长时记忆和对疼痛的知觉
γ-氨基丁酸	广泛分布在中枢神经系统的一种抑制性神经递质，影响睡眠和饮食障碍，伽马氨基丁酸的缺乏与极度焦虑有关
甘氨酸	主要负责脊髓和脑干的抑制

三、神经回路

由于神经系统由众多的神经元组成，神经元与神经元又通过突触建立联系，而每个神经元又有大量的突触，于是便构成了极端复杂的信息传递与加工的**神经回路**（nerve circuit）。单个神经元极少单独地执行某种功能，神经回路是大脑内信息处理的基本单位。

最简单的神经回路就是**反射弧**（reflex arc），它一般由感受器、传入神经、中枢、传出神经和效应器五个基本部分组成（见图2-5）。

一定的刺激作用于感受器，使感受器产生兴奋，并以神经冲动的方式经传入神经、传向神经中枢，经过神经中枢处理加工后，又沿着传出神经到达效应器，并支配效应器

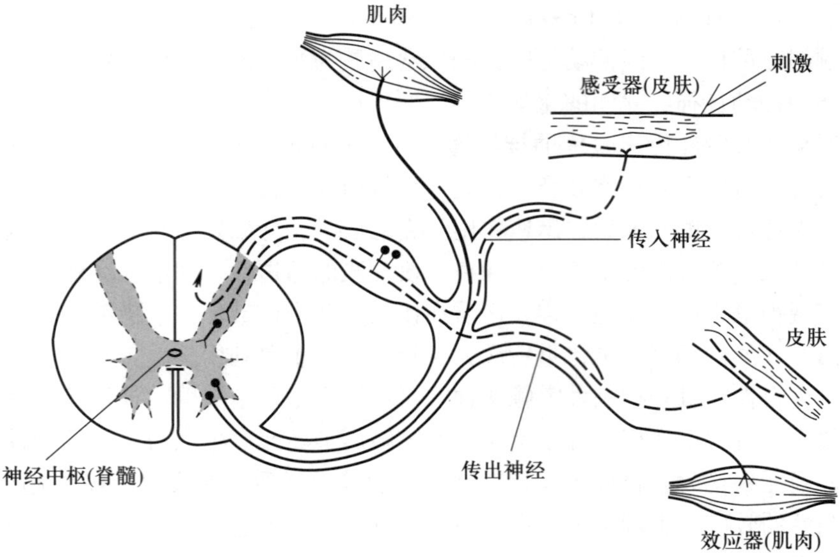

图 2-5 反射弧

（资料来源：希尔加德，1987）

做出反应。但是神经元的连接方式远不止于此，除了一对一的连接之外，还有发散式、聚合式、环式等，这使得神经冲动能够以各种方式传导。

□□□ 第二节 神经系统

莎士比亚（W. Shakespeare）称大脑为“灵魂的脆弱居所”。事实上，大脑更像一栋由许多壁橱和通道构成的房子中的主房间，这里的“房子”即作为整体的**神经系统**（nervous system）。

人类的神经系统是由数亿个相互连接的神经元组成的集合体，就像是地球上极为庞杂的物质有机地整合在一起。1 立方厘米的人脑就包含了超过 5 000 万个神经元，这些神经元在神经网络中彼此联系，收集和加工信息，对刺激做出反应以及对不同细胞的工作进行整合，这样的信息加工网络让最为精细复杂的计算机也相形见绌。然而这个绝对一流的系统并非杂乱无章，它是非常整齐有序地组织起来的（见图 2-6）。

- 神经系统
  - 中枢神经系统
    - 脊髓
    - 脑(脑干、间脑、小脑、边缘系统、大脑)
  - 周围神经系统
    - 脑神经
    - 脊神经

- 周围神经系统
  - 躯体神经系统
    - 脊神经
    - 脑神经
  - 自主神经系统
    - 交感神经系统
    - 副交感神经系统

图 2-6 神经系统的主要组成部分

接下来让我们一起来参观这个有着许多壁橱和通道的“房子”，进一步了解这个“超级计算机”。

一、中枢神经系统

中枢神经系统（central nervous system，CNS）包括脊髓和脑，通过其复杂的运作，人们能够思维、产生情感和做出行为。

（一）脊髓

脊髓是中枢神经系统的低级中枢。从横断面来看，脊髓中间是H形的灰质，灰质外面是白质。灰质的主要成分是神经元的胞体，白质的主要成分是聚集的神经纤维。脊髓的活动受高级神经中枢的调节，它的主要作用有两个：一是将脑和外周神经联系起来，像高速公路一样传递着周围神经系统和脑之间交流的信息；二是可对一部分躯体运动进行调节，使人们能够完成一些简单的反射活动。

（二）脑

脑是中枢神经系统最重要的组成部分，是人体的“司令部”，它指挥着人体的活动。脑位于颅腔内，其表面布满了沟回，密密麻麻地分布着不计其数的神经细胞和神经纤维。脑的主要结构如图2-7所示。

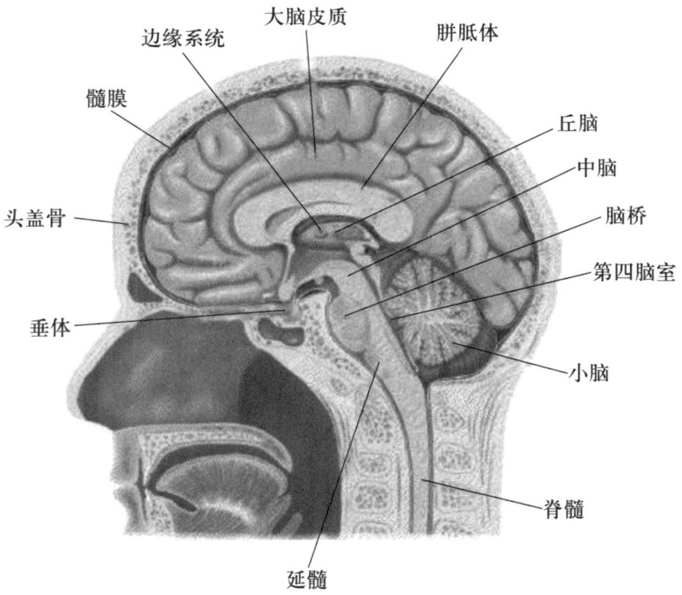

图2-7 脑的主要结构

（资料来源：尼尔，2001）

神奇的是，无论是人类祖先的进化还是个体胎儿的形成，都是按照从低级到高级的脑结构顺序进行的。让我们从脑干开始，逐步向上探索这个令人惊异的器官。

1. 脑干

脑干（brain stem）是大脑底部最古老、最深层的区域，它主要决定着人的觉醒状态，控制着人的基本生存机能，例如呼吸、心跳和血压等。脑干自下而上由延髓、脑桥和中脑三部分组成。

延髓（medulla）居于脑的最下部，与脊髓相连，主要控制心跳、呼吸中枢，被人们喻为“生命中枢”。除此之外，延髓还能够控制使人们维持直立状态的反射活动。

脑桥（pons）连接了延髓和中脑，它包含了大量与睡眠、觉醒有关的纤维束。

在小脑的上部，脑干扩展形成了**中脑**（mesencephalon）。中脑包含了大量连接上下结构的上行纤维和下行纤维，它负责视觉和听觉的神经传导。

在人的脑干内还存在着一个类似手指形状的神经元网络，这就是**网状结构**（reticular formation）。几乎所有来自外周的传入纤维，都有末支或侧支进入网状结构，而网状结构又直接或间接与中枢神经系统各部分保持密切联系，影响中枢神经系统各部分的活动。网状结构参与机体的感觉、运动、内环境稳定（如内分泌、体温）及生命活动节律的调控。

网状结构可分为上行网状结构和下行网状结构。上行网状结构也称上行激活系统，它控制着机体的觉醒或意识状态，与保持大脑皮质的兴奋性、维持注意状态有密切的关系。如果上行网状结构受到破坏，动物将陷入持续的昏迷状态，就不能对刺激做出反应。下行网状结构也称下行激活系统，它对肌肉紧张有易化和抑制两种作用，即加强或减弱肌肉的活动状态。

2. 间脑

间脑（diencephalon）位于脑干上方、大脑两半球的下部，包括丘脑（背侧丘脑）、后丘脑、下丘脑、上丘脑和底丘脑。这里，我们重点介绍丘脑和下丘脑。

丘脑（thalamus）是紧连着脑干上部的卵圆形结构，它是感觉的交换平台和重要的中继站。除了嗅觉外，丘脑接收所有的感觉信息，并将其传送到负责视觉、听觉、嗅觉和触觉的高级脑区域。丘脑的重要性就如同北京在全国交通系统中的地位一样，大多数火车（信息）行驶途中都要经过这样一个四通八达的交通枢纽。除此之外，丘脑也接收一些来自更高级大脑区域的指令，然后将其传达到小脑和脑干，还参与网状结构对睡眠和觉醒状态的调控。

下丘脑（hypothalamus）紧贴着丘脑下面，它负责监控情绪状态和调节应激，还调控着内分泌系统的活动和生命的基本行为（如吃饭、喝水、性），就如同人体内部状态的调节器。下丘脑通过引发前面谈到的自主神经系统的活动来控制和维持机体活动。另外，如果下丘脑的某些特定区域受到刺激，个体就会产生愉悦的感受，因此奥尔兹（1958）称其为“快乐中枢”。

3. 小脑

小脑（cerebellum）是从脑干后部扩展出来的类似于两个褶皱半球的结构，它的主要功能是协调随意运动。当我们写字、弹钢琴或者学习一段新舞蹈时，小脑发挥着重要的作用。如果小脑受损，动作就会变得不协调和不连贯，甚至无法站立。

日本科学家通过实验发现，小脑具有记忆功能。他们让接受实验的志愿者反复学习和记忆使用某种工具的方法，并用类似磁共振诊断仪的仪器拍摄下了这一学习活动在志愿者小脑内引起的变化，结果发现，在最初不熟悉的阶段，志愿者小脑皮质的活动是大范围的，但是，随着他们逐渐掌握了使用方法，小脑的活动就渐渐地局限在了特定的部位，即显示出了“记忆的痕迹”。

4. 边缘系统

边缘系统（limbic system）是大脑皮质下面一些松散连接在一起的结构所组成的网络（见图 2-8），它在人类的记忆和情绪活动中起着重要的作用。边缘系统包括许多组成部分，最重要的两个结构是杏仁核和海马。

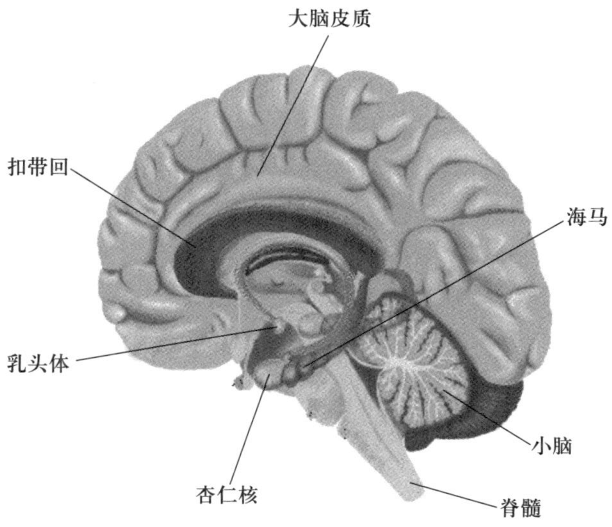

图 2-8　边缘系统主要结构

（资料来源：尼尔，2001）

（1）杏仁核

在边缘系统中，有两个杏仁状的神经核团，称为**杏仁核**（amygdala）。它能够分辨对有机体生存具有重要影响的事物（如适合的食物、配偶以及危险等），从而影响着有机体的攻击行为和恐惧情绪。1939 年，心理学家克卢弗（H. Klüver）和神经外科学家布西（P. Bucy）通过外科手术切除了恒河猴的部分大脑，其中包括杏仁核。结果发现，一向脾气暴躁的猴子变得十分温顺，尽管对其用了很多能够引发强烈反应的刺激，但是它依然保持平静。随后对其他动物的研究也得到了同样的结果。这些实验说明了杏仁核在有机体控制情绪的知觉和表达方面的重要作用。

（2）海马

海马（hippocampus）在记忆的存储过程中有非常特殊和重要的作用。日常生活中的短时记忆都存储在海马中，当一个记忆片段（如一个电话号码或者一个人）在短时间内被重复提及时，海马就会将其转存入大脑皮质，使之成为长时记忆。如果一个人的海马受到大面积的损伤，那么他就无法再保持任何新的记忆。

英国科学家的研究发现，海马受损的人除记忆功能衰退外，想象能力也会变弱。在该研究中，海马受损者被要求想象未来的一次朋友见面或某次晚会，抑或想象自己身处海滩、酒吧，但他们报告说，自己无法在大脑中形成具体形象，取而代之的是一堆分离的图像碎片。研究人员认为，这可能是因为海马具有为大脑提供构建各类形象的环境的作用。

近年来研究发现，成人脑中的海马具有产生新神经元的能力，被称为**神经生成**（neurogenesis）（Balu et al.，2009），这种能力对于学习和记忆有重要影响（Deng et al.，2010；Neves et al.，2008）。神经生成能力可通过日常饮食和身体锻炼增强（Kitamura et al.，2006；Pereira et al.，2007），会因长期失眠而受到削弱（Meerlo et al.，2009）。

5. 大脑

（1）大脑的结构

如果揭开头盖骨，大脑瞬间就暴露在我们面前——一个有点像大核桃的组织。大脑皮质的褶皱表面极大地增加了大脑的表面积，在这个沟回纵裂众多的皮质上大约有着200亿～230亿个神经元，数百万的轴突又将大脑皮质的神经元连接到脑的其他部位的神经元，进而指导和加工最高级的神经机能，如思维和计划等。

每个大脑半球分为四个脑叶。从大脑的前面开始并绕过头顶向后，分别是额叶、顶叶、枕叶和颞叶（见图2-9）。脑叶的分区主要是由大脑表面许多隆起的大脑回和凹陷的大脑沟自然分成，包括中央沟、外侧裂和顶枕裂。每一个脑叶执行多种功能，还有许多功能需要几个脑叶共同完成。

［拓展阅读］额叶

（2）大脑皮质分区与机能

除了在结构上分成四个脑叶之外，大脑皮质还可以根据不同部位的特定功能分为感觉皮质、运动皮质、言语皮质和联合皮质。联合皮质又包括视觉联合皮质、听觉联合皮质以及感觉联合皮质。

① 感觉皮质

感觉皮质包括视觉区、听觉区和机体感觉区。它们分别接收来自眼睛的光刺激、来自耳朵的声音刺激以及来自皮肤表面和内脏的各种刺激等，是接收和加工外界信息的区域。

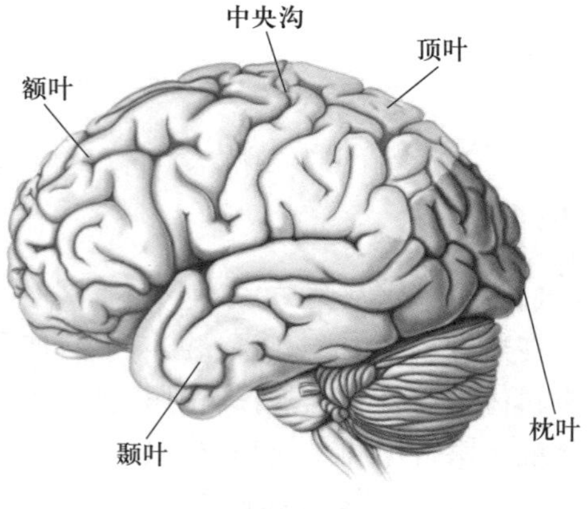

图2-9 脑叶分区示意图

视觉区位于顶枕裂后面的枕叶内，它接收在光刺激的作用下由眼睛输入的神经冲动，产生初级形式的视觉，如对光的觉察等。若大脑两半球的视觉区受到伤害，即使眼睛的功能正常，人也会完全丧失视觉而全盲。

听觉区在颞叶的颞横回处，它接收由耳朵传入的声音的神经冲动，产生初级形式的听觉，如对声音的觉察等。若破坏了大脑两半球的听觉区，即使双耳的功能正常，人也会完全丧失听觉而全聋。

机体感觉区位于中央沟后面的一条狭长区域内，它接收由皮肤、肌肉和内脏器官传入的感觉信号，产生触压觉、温度觉、痛觉、运动觉和内脏感觉等。图2-10是机体感觉区和运动皮质与身体各部分的对应图，可以看到：躯干、四肢在机体感觉区的投射关系是上下倒置的，且身体各部位投射面积的大小取决于其在机能方面的重要程度。

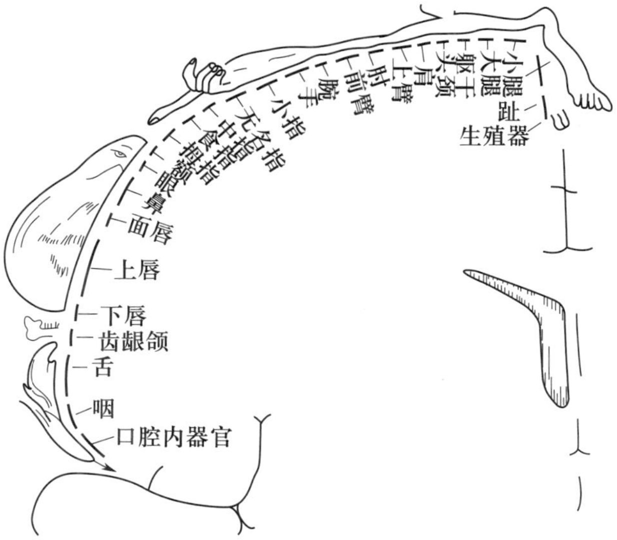

图 2-10 机体感觉区和运动皮质与身体各部分的对应图
（资料来源：左明雪，2003）

② 运动皮质

中央前回和旁中央小叶的前部是运动皮质。它的主要功能是发出动作指令，支配和调节身体的空间位置、姿势及身体各部分的运动。运动皮质与躯干、四肢运动的关系也是左右交叉、上下倒置的，且身体各部位在运动区的投射面积同样不取决于各部位的实际大小，而取决于其在机能方面的重要程度（类似于感觉皮质）。

③ 言语皮质

言语皮质主要位于大脑左半球，它的主要组成部分见图 2-11。

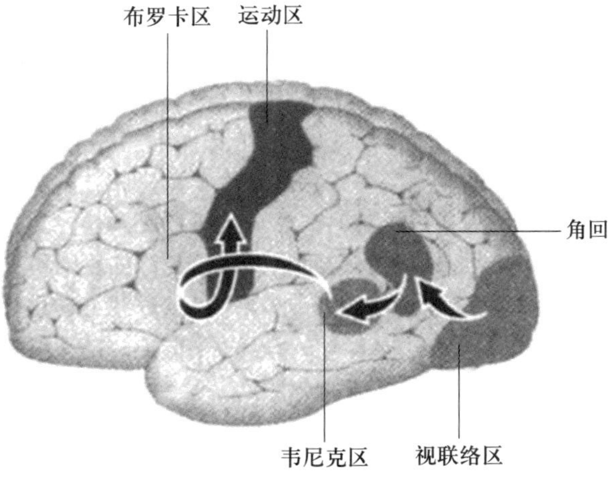

图 2-11 大脑言语皮质的主要组成部分
（资料来源：格里格等，2003）

在左半球额叶的后下方，靠近外侧裂处有一个言语运动区，称为**布罗卡区**（Broca's area），如果这个区域受损就会发生运动性失语症。运动性失语症患者能够阅读和理解其他人的言语，但自己说话和书写极为困难。

在颞叶上方、靠近枕叶处有一个言语听觉中枢，它与理解口头语言有关，称为**韦尼克区**（Wernicke's area）。如果这个区域受损则会引起听觉性失语症。听觉性失语症患者不理解口语单词，不能重复自己刚刚听过的句子，也不能完成听写活动。

在顶枕叶交界处，还有一个言语视觉中枢，称为**角回**（angular gyrus）。这个区域受损就会产生视觉失语症或失读症。失读症患者会出现理解书面语言的障碍，以致看不懂文字材料。

④ 联合皮质

人类大脑皮质除上面机能明显不同的区域外，还有范围广阔、具有整合或联合功能的一些脑区，称为联合皮质。联合皮质不接收任何感受系统的直接输入，也很少直接投射到脊髓支配身体各部分的运动。

人们对皮质联合区功能的认识主要来自一些对脑损伤病人的研究。联合皮质负责对来自各个感觉器官的信息进行综合处理。额叶的联合皮质与思维策略等高级心理能力的发展有关。同时，联合皮质的大小及其所占大脑皮质的比例也标志着人类进化的程度。

大脑皮质功能分区的研究虽然已取得了很多发现，但完整的分区尚未明确，大脑的功能也绝不仅是定位功能的简单相加。已有研究表明，大脑更重要的功能在于它的整合作用，还有对各种生命活动的调节，如对觉醒水平的调节、边缘系统对内外环境协调的控制等。

（3）大脑半球与功能单侧化

我们的大脑是由左、右两个半球组成的，连接两个半球的是大约 8 000 万个轴突组成的厚厚的轴突束，这些轴突被称为**胼胝体**（corpus callosum）。科学家推测胼胝体的主要功能是传递两个半球之间的信息。从表面上来看，人的大脑就像一颗完整的核桃仁，两个半球似乎完全对称，但其实两个半球的功能是有很大差别的。

对于大脑半球功能的差异有很多研究，其中经典的是美国研究者斯佩里（R. W. Sperry）对切断胼胝体的割裂脑患者进行的一系列实验：研究者在患者的面前立一道屏障，将左、右眼分隔开来，分别将不同的物体和图画出示于左、右眼的视野内，然后向患者提问。例如向一个患者的左视野出示苹果后问他："这是什么?"由于左眼得到的信息能够输入右脑，右脑立即判断出是苹果。但是，由于割裂脑患者的左、右大脑是分开的（没有建立联系），所以没有信息输入左脑。尽管右脑具有苹果的视觉形象，可左脑却弄不明白那是什么。这是因为控制言语的中枢在左脑，如果没有信息传递到左脑，患者就无法正确地说出苹果的名字。由于患者被要求必须回答看到了什么，于是，患者只能胡乱回答是"香蕉"，或者"橘子"等。这并不是患者故意说谎，而是左脑弄不清，又不得不尽量做一个回答，就只好从脑内的存储库中随意找个词来回答。

上面的研究表明，大脑右半球负责接收身体左侧传来的信息，而左半球则接收身体右侧传来的信息。图 2-12 所示的是大脑的左、右半球在信息加工上的差异。当然，对于正常人来说，大脑两个半球都能接收这些信息。

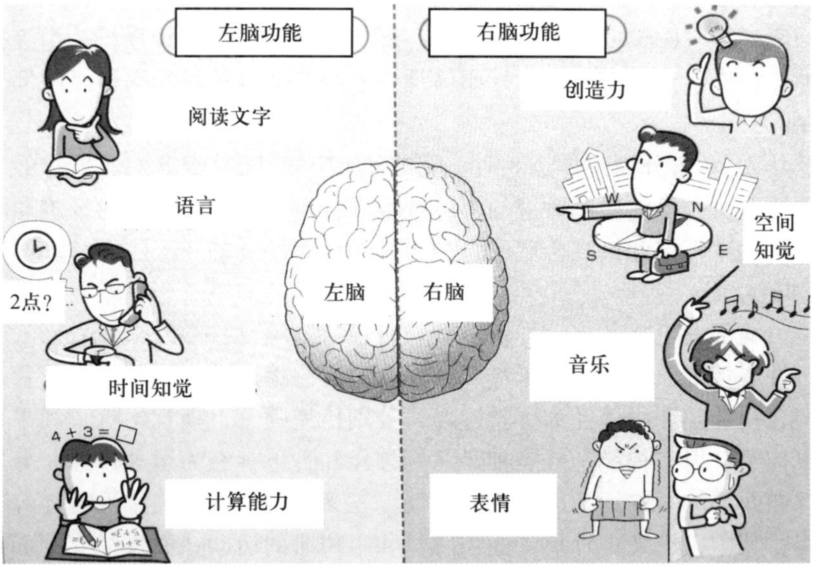

图 2-12　大脑功能单侧化
（资料来源：寺沢宏次，2007）

虽然割裂脑患者无法通过胼胝体使左、右脑之间分享信息，但他们在日常生活中却能够应对自如。这是因为他们能够通过双眼迅速扫描眼前的景象，从而使每侧大脑都能得到几乎完全相同的视觉信息。

此外，研究者提出了左半球优势说。研究者通过电极和大脑扫描技术来测量被试在完成不同任务时大脑两个半球的活动。结果表明，几乎所有的右利手和大多数的左利手被试的言语中枢主要位于左半球，而且左半球在完成一些诸如解决数学问题和理解逻辑、符号及序列任务时更加活跃。

此后又有一批研究者（包括斯佩里）开始为一直以来被忽视的右半球辩护。他们指出，右半球在知觉方面的功能超过了左半球，而且在对模式、面孔和声音的识别上有着重要的作用，在对情绪的识别和表达上右半球占据了主导地位。相对于左半球的理智和善于推理，右半球的认知风格则是直觉与整体的统一。

当然，大脑功能的单侧化并非绝对。例如，右半球也具有一些言语能力，能够阅读快速呈现的单词并理解实验者发出的指令。可以说，在现实中的多数活动中，大脑两半球之间是协调合作的，每一个半球都做出了有意义的贡献。

二、周围神经系统

周围神经系统（peripheral nervous system，PNS）由躯体神经系统和自主神经系统两部分组成，它的功能是将信息传送到中枢神经系统，并且将中枢神经系统关于执行各种肌肉和腺体活动的命令传输出来。

（一）躯体神经系统

躯体神经系统（somatic nervous system，SNS）又称骨骼神经系统，由连接感受器和骨骼肌的神经组成，支配随意运动。躯体神经系统包括脊神经和脑神经两部分。

1. 脊神经

脊神经共 31 对，分为颈神经 8 对、胸神经 12 对、腰神经 5 对、骶神经 5 对和尾神经 1 对。脊神经由脊髓前根和后根的神经纤维混合组成。脊髓前根的纤维属运动性，后根的纤维属感觉性。因此，混合后的脊神经是运动兼感觉的。

2. 脑神经

脑神经由脑部发出，共 12 对，按顺序为：嗅神经、视神经、动眼神经、滑车神经、三叉神经、外展神经、面神经、听神经、舌咽神经、迷走神经、副神经、舌下神经。其中，嗅神经、视神经和听神经为感觉神经，分别传递嗅觉、视觉、听觉和平衡觉的感觉信息。动眼神经、滑车神经、外展神经、副神经和舌下神经为运动神经，分别支配眼球活动、颈部和面部的肌肉活动以及舌的运动。三叉神经、面神经、舌咽神经和迷走神经为混合神经，其中，三叉神经负责面部感觉和咀嚼肌的运动；面神经支配面部表情、舌下腺、泪腺及鼻黏膜腺的分泌，并接收味觉的部分信息；舌咽神经负责味觉和唾腺分泌等；迷走神经支配颈部、躯体脏器的活动，包括咽喉肌肉、内脏平滑肌及心肌的运动，同时还负责一般内脏感觉的输入。

（二）自主神经系统

自主神经系统（autonomic nervous system）分布于内脏器官的肌肉里，有规律地控制内脏肌肉的活动，其主要功能是控制个体的新陈代谢。控制自主神经系统作用的主要是下丘脑，它忙碌地指挥着自主神经系统中相互拮抗的两个部分——**交感神经系统**（sympathetic nervous system）和**副交感神经系统**（parasympathetic nervous system），以兴奋和抑制两种作用牵制与调节着机体的活动。自主神经的分布见图 2-13。

交感神经系统与副交感神经系统的活动有着拮抗作用。交感神经就像汽车的加速器，促使机体进行运动和输出能量，它使人脸红、出汗、深呼吸，还能使人的心率和血压升高。当人们处在战斗、躲避、竞争的情形中时，交感神经系统就会立即对这些情形做出反应。而副交感神经更像汽车的刹车器，它不能阻止生理反应的发生，却能抑制体内各器官的过度兴奋，使其处于平稳、良好的状态。自主神经的主要功能见表 2-2（姚泰，2001）。

自主神经系统的活动还与情绪有着密切的关系。人在情绪状态中，常常伴有明显的甚至能够被意识到的自主反应。当个体愤怒的时候，交感神经系统就会被激活，为有机体提供适宜搏斗的生理状态；当个体悲伤的时候，副交感神经系统就会被激活，使有机体处于沮丧无力的状态。这就是詹姆斯提出的著名的“情绪是有机体变化的知觉”的依据。当然，情绪的机制不仅局限于自主神经的作用，还涉及脑及内分泌系统的活动。

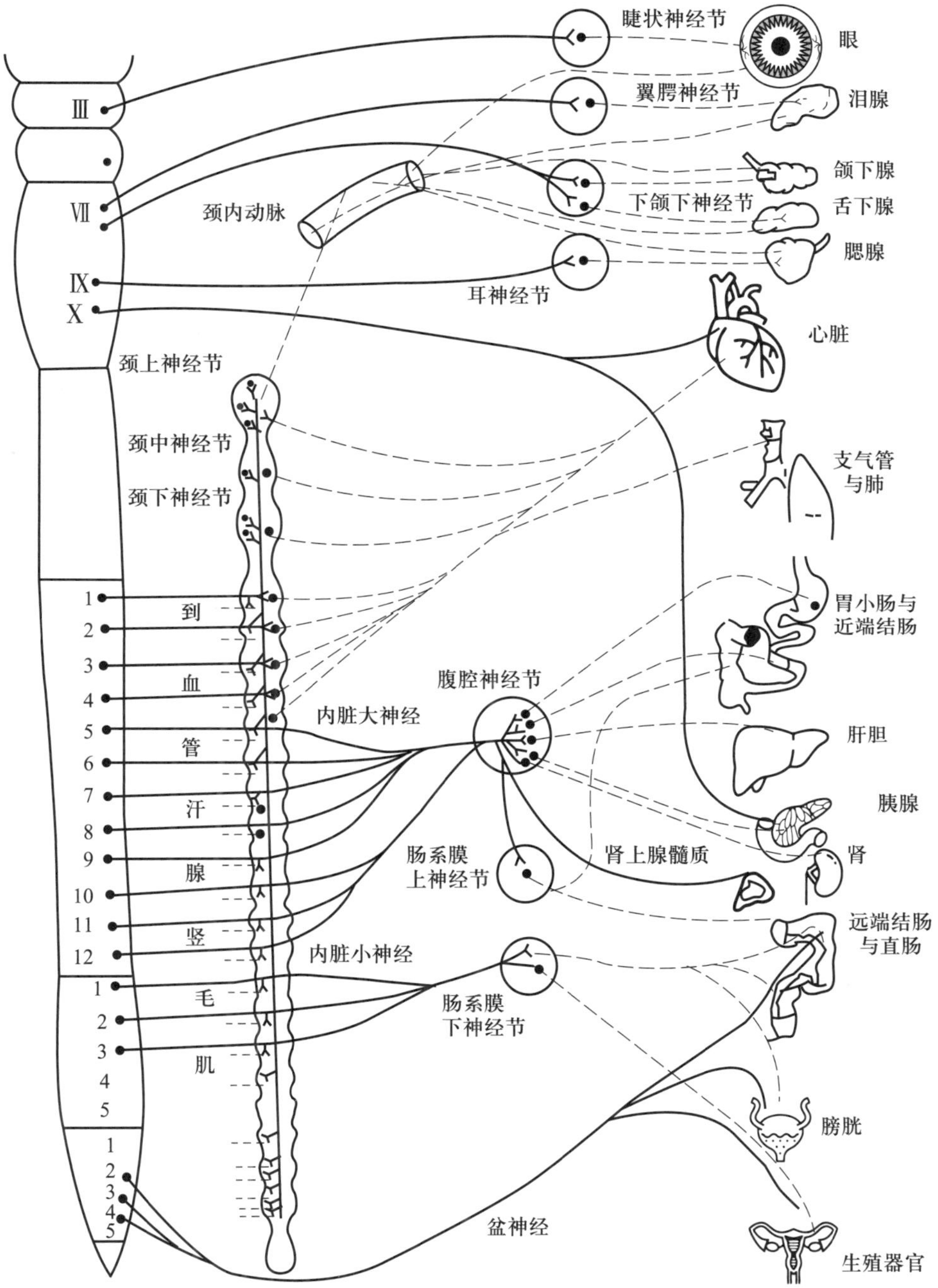

图 2-13 自主神经分布示意图

（资料来源：姚泰，2001）

表 2-2 自主神经的主要功能

器官	交感神经	副交感神经
循环系统	心跳加快、加强；腹腔内脏血管、皮肤血管以及分布于唾腺与外生殖器官的血管均收缩，脾包囊收缩，肌肉血管可以收缩（肾上腺素能）或舒张（胆碱能）	心跳减慢，心房收缩减弱；部分血管（如软脑膜动脉与分布于外生殖器官的血管等）舒张
支气管	支气管平滑肌舒张	支气管平滑肌收缩，黏膜腺分泌
泌尿生殖器官	促进肾小管的重吸收，使逼尿肌舒张和括约肌收缩，使有孕子宫收缩，无孕子宫舒张	使逼尿肌和括约肌舒张，性器官分泌液增加
眼	使虹膜辐射状肌收缩，瞳孔扩大；使睫状体辐射状肌收缩，睫状体环增大；使上眼睑平滑肌收缩	使虹膜环形肌收缩，瞳孔缩小；使睫状体环形肌收缩，睫状体环缩小；促进泪腺分泌
皮肤	竖毛肌收缩，汗腺分泌	

□□□ 第三节 脑功能的各种学说

心理是脑的功能，但是脑究竟是如何产生心理的？心理的实质是什么？科学家经过一个多世纪的研究，形成了一些关于脑功能的学说。

一、脑功能的定位说

简而言之，**定位说**（localization theory）是指大脑的某种功能是由大脑的某一部位负责的。脑功能的定位说经历了以下不同阶段的发展：

1. 颅相说

颅相说（phrenology）是由加尔（F. J. Gall）和斯柏兹姆（J. C. Spurzheim）提出的。加尔检查了颅骨的外部特征，并将这些特征与某些外显行为联系起来。颅骨突出表示下面的皮质发育完好，代表有很好的能力；而颅骨凹陷则表示下面的皮质发育不足，代表能力下降。加尔进行了上千次的观察，提出了 27 种重要的官能，如聪明、探究精神、忠实、竞争性、自爱等，每种官能都有对应的颅骨特征和位置。

当然，颅相说在很多方面缺乏科学性。例如，加尔提出的官能没有精确的定义，也无法进行定义，用颅骨的外部特征来推测发育程度本身就是不准确的，再用其说明人的能力高低更是不准确。但颅相说把人的心理官能与颅骨的外形特征联系起来，试图揭示它们之间的对应关系，因而推动了脑功能定位的研究。

2. 定位说

一般认为，**定位说**始于对失语症病人的临床研究。1825 年，波伊劳德（J. B. Bouilaud）

[拓展阅读]
割裂脑研究的意义

提出语言定位于大脑额叶。由于人们都用右手书写、绘画、击剑，因此波伊劳德认为，控制这些行为的可能是左半球。1861 年，布罗卡（P. Broca）接待了一位失语症病人。这位病人右侧身体瘫痪，只能说 tan，而其他方面的智力正常。1861 年 4 月 17 日，病人去世后，尸检结果表明，病人的左侧额叶受到损伤。1874 年，韦尼克（C. Wernicke）描述了一种新的失语症，这种病人的脑损伤发生在额叶，病人说话流畅，但所说的话没有意义；病人有听觉，但不理解别人的话语。这些发现使人们相信，语言能力是特定脑区的功能。

20 世纪四五十年代，定位说得到进一步发展。在这方面，加拿大医生潘非尔德（W. G. Penfield）做出了巨大的贡献。潘非尔德用电刺激法研究额叶时发现，微弱的电刺激能使病人回忆起童年时的一些事情。这说明记忆可能定位在额叶。另外，科学家发现杏仁核和海马与记忆有关，下丘脑与进食和饮水有关，这些发现也有利于脑功能的定位学说。

二、脑功能的整体说

在定位说被提出的同时，还有一些学者提出了脑功能的**整体说**（wholistic theory）。19 世纪中叶，弗罗伦斯（P. Flourens）用鸡和鸽子等动物进行了一系列实验。实验采用局部毁损法，切除动物脑的一部分，然后观察动物的行为表现。结果发现，在切除小块皮质后，动物开始很少运动，不吃不喝，但随着时间推移，动物能康复到接近正常的情况。弗罗伦斯进行了许多实验，结果都是这样。根据这些发现，他认为不存在大脑皮质功能的定位。功能的丧失与皮质切除的大小有关，而与特定的部位无关。如果所有皮质都被切除，那么各种智力功能都会丧失；如果保留了足够的组织，所有的功能就都可以康复。弗罗伦斯强调脑功能的整体性，对加尔提出的颅相说进行了批评。但他所用的实验动物都没有新皮质，而且他所说的动物智能和加尔所说的人的智能是完全不一样的。

20 世纪初，整体说的代表人物是拉什里（K. S. Lashley），他采取脑毁损技术用白鼠进行了一系列走迷宫的实验。结果发现，在大脑损伤之后，动物习惯形成出现很大障碍，这种障碍与脑损伤的部位无关，而与损伤面积的大小有密切关系。由此，拉什里引申出了两条重要的原理：均势原理和总体活动原理。按照均势原理，大脑皮质的各个部位几乎以均等的程度对学习发生作用；按照总体活动原理，大脑是以总体发生作用的，学习活动的效率与大脑受损伤的面积大小成正比，而与受损伤的部位无关。

三、脑功能的机能系统说

机能系统说的基本观点是：人的心理活动是复杂的机能系统，它们不由脑的局部部位所决定，皮质的每个区域和不同层次起着不同的作用。

1. 机能系统说的提出

第二次世界大战期间，鲁利亚（A. M. Luriya）及其同事对战争中脑损伤的病人进行了机能恢复的工作。根据大量的临床观察和对病人的训练，鲁利亚批评了关于大脑机能狭隘定位的错误理论，指出传统的理论把人的心理活动分析为某些分割的机能，并且把这些机能与大脑某一严格限定的部位联系起来，这是非常片面的。鲁利亚从脑损伤的病人身上看到，脑的一定部位的损伤，往往不仅会导致某一孤立的心理机能的丧失，还会引起某种综合征，即引起一系列过程的障碍。可见，某种心理机能的障碍，除受脑损伤部位的直接影响外，还受其他脑区的影响。

在进行机能恢复的训练中，鲁利亚还发现，在大脑皮质某些部位损伤之后，与这些部位相联系的某些基本生理机能难以恢复。但是，借助机能改造的方法，却可以使一些比较复杂的心理机能得到恢复。例如，由枕叶损伤引起的阅读机能障碍可以借助对字母的触摸和描绘而恢复；由颞叶损伤引起的书写机能障碍，也可以通过对要书写的词进行视觉-动觉分析而恢复。

2. 基本机能系统

根据以上研究，鲁利亚认为，脑是一个动态的结构，是一个复杂的动态机能系统。当机能系统的个别环节受到损伤时，高级心理机能确实会受到影响。从这个意义上看，大脑皮质的机能定位是一种动态的和系统的机能定位。鲁利亚把脑分成三个互相紧密联系的基本机能系统：第一机能系统是调节觉醒、紧张状态的机能系统——动力系统；第二机能系统是信息接收、加工、存储的机能系统；第三机能系统是调节复杂活动的机能系统——调节系统。

（1）调节觉醒、紧张状态的机能系统

这一系统由脑干网状结构和边缘系统等组成。它的基本功能是保持大脑皮质的一般觉醒状态，提高它的兴奋性和感受性，并实现对行为的自我调节。第一机能系统并不对某个特定的信息进行加工，却提供了各种活动的背景。当这个系统受到损伤时，大脑的激活水平或兴奋水平将普遍下降，并影响对外界信息的加工和对行为的调节。

（2）信息接收、加工、存储的机能系统

第二机能系统的基本功能是接收来自机体内外的各种刺激，对它们进行加工，并把它们存储下来。

此系统涉及大脑皮质的枕叶-颞叶-顶叶三个感觉区的整合功能，是心理整合的最主要的系统。当枕叶-颞叶-顶叶联合区受损时，个体不能把输入的个别信息整合到统一的结构中去，因而对信息意义的理解产生困难。颞叶是听觉的中枢，颞叶受损导致语音不识症。颞叶受损患者在任务面前表现出茫然不解。由于患者意识不到任务提出的条件，因此不能形成任何意图和计划。

（3）调节复杂活动的机能系统

第三机能系统包括额叶的广大脑区，其主要功能是编制行为程序、调节和控制行为。个体对外界信息不仅简单地予以反应，而且在加工和存储信息的过程中，产生意图、制订计划、执行程序、监督和控制行为，这是人类高级的、有意识的活动。调节机能系统可以下行通过间脑调节网状激活系统，以形成行为的动力图式；此外，额叶与其他皮质部位具有广泛联系，以实现对由意识所支配的行为的调节。因此，额叶不仅对调节皮质紧张度与激活水平起着重要的作用，而且对人的高级思维和决策、问题解决、实现意志行为等意识活动进行调节和控制。有研究证明，前额皮质受到损伤的病人将丧失计划与组织行动的能力，不能将行为的结果与原有计划、目的进行对照，也不能矫正自己的行为。

鲁利亚认为，人的各种行为和心理活动是三个机能系统相互作用、协同活动的结果，每个机能系统又各自起着不同的作用。鲁利亚的研究，特别是关于心理机能定位的研究，丰富和发展了脑功能的理论，引起了各国心理学家和生理学家的普遍重视。

四、脑功能的模块说

脑功能的**模块说**（module theory）是20世纪80年代中期在认知神经科学中出现的一种重要理论。这种学说认为，大脑在结构和功能上是由高度专门化并相对独立的模块组成的。这些模块复杂而巧妙地结合，是实现复杂而精细的认知功能的基础。认知神经科学的许多研究成果都支持了模块学说。例如，在视觉研究的领域，研究者已经发现，猴子的视觉与31个脑区有关；颜色知觉、运动和形状知觉是两个大的功能模块，它们之间的精细分工和合作，是视觉的神经基础；在词的识别的研究中，研究者也发现，词的命名与广大的脑区有关，这些脑区的动力学关系决定了词的识别。

心理的脑机制究竟是怎样的？这个问题虽然没有取得定论，但科学家不会停止前进的脚步。随着人类对大脑的探索逐步深入，答案终将水落石出。

□□□ 第四节　内分泌腺和神经-体液调节

神经调节并不是唯一调节我们人体机能的机制，内分泌系统在调节和整合复杂的心理反应时起着关键性的作用。内分泌系统由一系列的腺体组成，它通过在血液中释放化学物质的方式来调控特定器官的活动。

一、内分泌腺

（一）什么是内分泌腺

人身上的腺体有两类：一类是外分泌腺，其分泌物通过导管流入某种管道或皮肤表面。例如，汗腺将汗液排出体外，胃腺将胃液排至胃腔内，等等。另一类是内分泌腺，其分泌物由腺体细胞直接渗入血液或淋巴，并作用于有机体内的其他细胞。由内分泌腺生成并分泌的高效能生理活性物质被称为**激素**（hormone）。内分泌腺与外分泌腺是存在显著差别的，如表2-3所示。

表2-3　内分泌腺与外分泌腺的比较

比较维度	内分泌腺	外分泌腺
有无导管	无	有
分泌物	激素	唾液、汗液、消化液
传输方式	随着血液循环输送	通过导管输送

（二）激素

1. 激素与心理学

心理学家对激素感兴趣是基于两个原因：第一，在个体发展的某些阶段，激素整合了神经系统和人体组织。例如在青春期，激素猛增引起第二性征的发育，包括女性的乳房，男性浑厚的嗓音以及两性的腋毛。第二，激素激活行为。激素影响警觉或睡眠、兴奋、性行为、集中性注意、攻击性、压力反应，甚至是对友谊的渴望。激素对情绪、情绪性反应、学习能力和抵抗疾病的能力有巨大的影响。某些激素发生根本变化会导致严重的心理障碍，如抑郁症。

2. 激素的种类及其作用机制

（1）种类

人体内激素的种类众多，按其化学结构可分为两大类：一类是含氮类激素，包括肽类（如下丘脑调节肽等）、蛋白质类（如胰岛素、下丘脑和垂体分泌的激素等）和胺类（如肾上腺素、甲状腺激素等）；另一类是类固醇激素，包括肾上腺皮质和性腺分泌的激素，如肾上腺皮质激素和性激素等。

激素的种类虽多，却有着共同的作用，如信息传递作用、生物放大作用以及激素之间的相互作用。

（2）作用机制

激素的作用机制是指激素作为信息物质如何识别靶细胞并影响其功能活动，最终产生细胞生物效应。已有研究指出，根据众多激素化学本质的不同，激素的作用机制可分为两大类。

第一类是含氮类激素（甲状腺激素除外），其作用机制遵循第二信使学说。该学说由美国生物学家萨瑟兰（E. W. Sutherland）提出，认为含氮类激素作为第一信使由内分泌细胞带到靶细胞，并与靶细胞膜上的受体蛋白结合，这一结合激活细胞膜内层的腺苷酸环化酶，催化细胞内的三磷酸腺苷（ATP）转化为环磷酸腺苷（cAMP）。环磷酸腺苷作为第二信使进行进一步的代谢活动，进而影响细胞内许多重要的酶和功能蛋白质的活性，引起细胞各种生物效应。其作用过程见图 2-14。

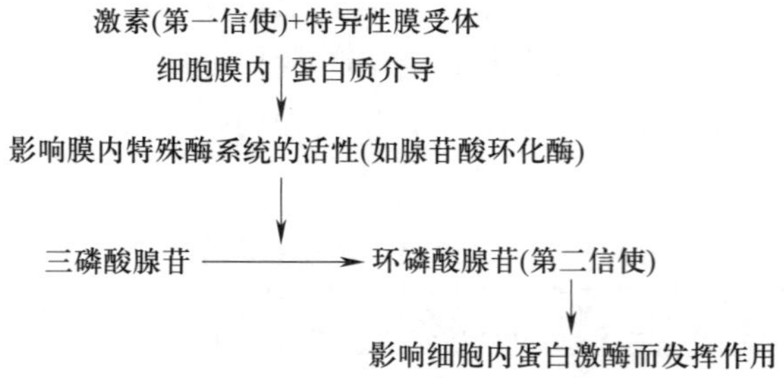

图 2-14 含氮类激素的作用机制

第二类是类固醇激素和甲状腺激素，其作用机制符合基因表达学说。类固醇激素是一类分子量较小的脂溶性物质，可以透过细胞膜进入细胞内。进入细胞后，有的激素先与胞质受体结合，形成激素-受体复合物，复合物通过变构就能透过核膜，再与核内受体相互结合，转变为激素-核受体复合物，促进或抑制特异的核糖核酸合成，再诱导或减少新蛋白质的合成。另外有些激素（如雌激素、雄激素等）进入细胞后，与相应的核受体结合，调节基因表达。

综上所述，含氮类激素通过第二信使传递机制发挥作用，类固醇激素则是通过调控基因表达而发挥作用。不同激素遵循不同的作用机制，起着调节代谢，调节中枢神经系统及自主神经系统的活动，促进组织器官生长、发育与成熟等重要作用。

二、主要的内分泌腺

人体的主要内分泌腺包括脑垂体、甲状腺和甲状旁腺、肾上腺、胰腺、性腺。

（一）脑垂体

脑垂体（hypophysis）是一个像豌豆大小的腺体，位于头颅的深处，由前叶、中叶、后叶三部分组成。它主要控制人体生长和管理其他腺体。因此，脑垂体的前部被认为是腺体的“统帅”，因为它分泌的激素几乎全部用于指导身体其他部位腺体的活动。当然，脑垂体还是要受下丘脑控制的。

（二）甲状腺和甲状旁腺

甲状腺（thyroid gland）位于喉的正下方，它产生一种重要的激素——甲状腺素，用来调节人的新陈代谢的速率，即人的警觉程度和精力水平，以及体型。甲状腺功能亢进会导致许多症状：过于兴奋、失眠、注意广度下降、激动、行为异常、决定突然、注意力下降和难以集中在一项任务上等。甲状腺功能减退则会让人处在另一个极端：嗜睡或者睡了仍感到疲劳。因此，甲状腺疾病易被误诊为抑郁症。

嵌在甲状腺内的是**甲状旁腺**（parathyroid gland），是一个小器官，能够控制和平衡人体内钙与磷酸盐的水平，并相应地影响兴奋性水平。

（三）肾上腺

肾上腺（adrenal gland）位于肾脏上端，左、右各一个，是人体管理心境、精神状态和应激能力的器官。肾上腺分泌的是肾上腺素和去甲肾上腺素，二者都能迅速发挥作用。

肾上腺素通过作用于平滑肌、心跳、胃肠和汗腺帮助人们应对应激状态，还能刺激网状结构，唤醒交感神经系统，维持体内钠离子及水分的正常含量。人体如果缺少肾上腺皮质激素，就会出现和精神萎靡、肌肉无力等症状。去甲肾上腺素的主要作用是使交感神经兴奋，促使血压升高、心率加快、胃肠肌肉松弛、瞳孔放大等，因而对有机体应对突发事件有重要的作用。

（四）胰腺

胰腺（pancreas）位于胃和小肠之间。胰腺通过分泌两种调节性激素，即胰岛素和胰高血糖素，来控制血糖水平。这两种激素作用相反，前者能抑制血糖升高，而后者则起促进作用，二者相互作用以使血糖保持在适当的水平。胰岛素分泌不足会导致糖尿病，糖尿病是以血液和尿液中含糖量高为特征的一种慢性失调疾病，其临床表现为“三多一少”，即多尿、多饮、多食、低体重；胰岛素分泌过多会导致低血糖症，低血糖症表现为血糖显著低于正常生理水平，其与慢性疲劳有紧密联系。

（五）性腺

男性的性腺是**睾丸**（testicle），女性的性腺是**卵巢**（ovary）。性腺可以分泌男性激素（雄激素）和女性激素（雌激素），人体会同时产生两种类型的激素，但是雄激素在男性体内占主导，雌激素在女性体内占主导。雄激素刺激精子的产生，雌激素促使女性的卵巢释放孕激素，使女性受孕成为可能。

表 2-4 总结了人体主要的内分泌腺及其主要功能。

表 2-4 内分泌腺及其主要功能

来源	激素	主要功能
下丘脑	—	释放垂体激素
垂体前叶	促肾上腺皮质激素 促性腺激素 生长激素 促甲状腺激素 生乳激素	控制肾上腺 控制性腺 刺激生长 控制甲状腺 产生母乳
垂体后叶	子宫收缩素 抗利尿素	收缩胎盘与释放母乳 保留水分
甲状腺	甲状腺素	控制代谢速率
甲状旁腺	甲状旁腺素	控制钙质
肾上腺	肾上腺素	对压力做出反应
胰腺	胰岛素	葡萄糖代谢
卵巢/睾丸（性腺）	雌激素/雄激素	受孕/产生精子

三、神经-体液调节

神经调节是指通过神经纤维来传导信息，这一过程一定要通过神经元；体液调节是指内分泌腺向人体内环境（如血液、淋巴液等）释放激素，通过体液来运输激素，从而调节人体的活动。通常神经调节和体液调节是相互反馈的，没有绝对的分别。神经系统通过内分泌腺分泌的激素影响各种效应器官的活动，这就是神经-体液调节。神经-体液调节与神经系统直接支配效应器的活动是不同的，这是因为有的内分泌腺同时受不同神经的支配。例如，甲状腺既受交感神经（颈上交感神经节）的支配，又受副交感神经（迷走神经）的支配。

由于内分泌腺中脑垂体的特殊作用，中枢神经系统调节内分泌腺的活动有两种不同的方式：一种是直接作用，即通过自主神经系统直接支配内分泌腺；另一种是间接作用，即通过下丘脑神经核先影响脑垂体的活动，然后由脑垂体分泌各种激素，再进一步调节其他内分泌腺的活动。下面分别用线路图表示两种不同的调节方式：

（1）感受器→传入纤维→中枢→传出纤维→内分泌腺→血液→效应器。

（2）感受器→传入纤维→中枢→脑垂体传出纤维→垂体激素经血液作用于某内分泌腺→某内分泌腺分泌激素经血液作用于效应器。

□ 原理应用

让大脑从容应对学习

学习久了感到疲劳怎么办？考试时紧张怎么办？如果你按下面的建议让大脑做好准备，就有望在学习和考试（无论是认知方面还是体质方面）中取得好成绩。

动一动。起身活动一下，两分钟就行，原地起跳就不错。如果不愿意原地起跳，那么可以在室内快走几分钟。运动的目的是吸入更多氧气，加快血液流动。运动能增加通过大脑及全身的血液流量，而脑中血量充足对海马——形成长时记忆的区域——有效地发挥功能尤其重要。运动还能触发大脑释放一种对神经系统有益的化学物质，即脑源性神经营养因子。它支持外周神经系统和中枢神经系统某些神经元的存活，能促进新神经元轴突和树突的生长，以及突触的生成和分化，在海马的空间记忆过程中发挥重要作用。研究表明，学校多开展身体活动可以提高学生的学业成绩（Taras，2005）。

吃水果。除了氧气之外，神经元还需要葡萄糖作为能量。水果是葡萄糖的最佳来源，建议每天吃约 50 g 的水果，吃果干（如葡萄干）更为方便。尽量不要喝果汁类饮料，因为这类饮料通常只含有果糖，而果糖不能为神经元直接提供能量。研究表明，在参加实验的青少年中，50 g 葡萄糖就足以使他们的长时记忆的提取成功率提高 35%以上，工作记忆的提取成功率提高 20%以上（Korol et al.，1998）。其他研究也发现了类似的结果（Smith et al.，2011；Sunran-Lea et al.，2008）。

喝水。吃水果时，喝约 237 ml 水，可以使葡萄糖快速进入血液，滋养大脑。

在学习前或学习中采取上述步骤后再等 5 min，这段时间足以让体内的葡萄糖发挥振奋大脑的作用。不过其效果仅能维持 30 min，因此，对于长时间的学习，有必要定时重复上述步骤。

（资料来源：苏泽等，2013）

□ 复习与思考

1. 什么是神经元？它的基本功能是什么？神经冲动是如何传导的？
2. 试说明神经系统的结构。
3. 试说明脑的结构及各部分的主要功能。
4. 解释大脑皮质的功能及其在人类心理和行为中的重要意义。
5. 什么是大脑功能单侧化？有哪些相关的实验证明？

6. 什么是机能系统学说？三个机能系统之间的关系如何？
7. 什么是做神经-体液调节？各种内分泌腺对人类行为有哪些影响？
8. 回忆本章内容，画出本章核心内容的概念图，与同伴交流分享后，加以完善。

□ 推荐阅读

[1] 李新旺，2023. 生理心理学：第 3 版 [M]. 北京：科学出版社 .
[2] 沈政，林庶芝，2016. 生理心理学：第 3 版 [M]. 北京：北京大学出版社 .

第三章 感　　觉

学习本章内容，将有助于你对以下问题的理解与思考：

- 什么是感觉？
- 感觉阈限与感受性之间的关系是怎样的？
- 感觉有哪些基本规律？
- 颜色感觉是如何产生的？
- 什么是听觉系统？它是怎样加工声音使大脑可以听到的？
- 除视觉和听觉外还有哪些感觉？它们各自有何特点？

2021年的东京残奥会上，中国国家男子盲人足球队获得第四名。对于很多不太了解盲人足球这个项目的朋友来说，可能最大的疑惑是：盲人运动员在看不见的情况下，如何踢球？

事实上，这个项目除体力和技术外，也是听力的比拼。

盲人足球使用的球和普通足球不同，球的内部有6组铃铛会在运动时发出声音，这样选手可以通过听声音来判断球的位置，从而争抢球。此外，没有持球的运动员在场上也需要不断发出喊声，既是为了告知队友自己的位置，也是为了提醒对方球员，避免出现碰撞受伤的情况。

在盲人足球比赛中，只有守门员可以由具备正常视力的选手担任，但守门员只能在小范围内活动，不能扑抢对手的脚下球。

除此之外，每队可以有一名引导员站在对方球门后面，通过喊声来指引和指挥进攻。在罚点球时，引导员还可以用敲击门框的方式来提醒队员球门的位置。盲人足球队就是依靠对听觉信息的辨识来完成这项高难度运动的。

个人在丧失某种感觉通道（如视觉）后，往往会通过加强其他感觉通道的感知技能（如听觉和触觉）来适应和补偿这种丧失。例如，有研究发现，盲人比具有正常视力的人能更准确地对声音的来源进行定位，在触觉上也有更强的感知能力（Levanen et al., 2001）。另有研究发现，先天失聪者的听觉皮层可以处理视觉信息（Twomey et al., 2017）。

这一章将介绍我们的感官是如何工作的。首先是对感觉基本概念的一般性介绍；然后是关于视觉的详细介绍和讨论，这也是目前科学家们了解最多的；接着是对听觉、肤觉、嗅觉、味觉，以及其他与运动有关的感觉的介绍。还将给大家解释被我们感官接收的信息如何在大脑中得到加工并且影响我们的行为。

□□□ 第一节　感觉概述

我们处于一个丰富多彩、纷繁复杂且不断变化着的世界。光线明暗交织、景物多彩绚丽，各种声音在耳边回响，花朵散发着各种香味，物体不仅形状各异，而且还有软硬、轻重、冷热等不同特征。我们是如何认识这个世界的？我们的知识是如何得到的？其实，人类认识世界是从感觉开始的。如果一个人没有感觉，他就不能对任何事物作出反应，因为反应需要感觉输入，他也不能学习任何东西。所以说，感觉是所有心理活动的开始，是人类认识世界的开端。

一、感觉的定义

当我们面对一个客体时，会产生种种感觉。例如，教室里的黑板看上去，它是黑色的、方的，然后摸一摸，它是光滑的、硬的。这里的“黑色”“方”“光滑”“硬”就是我们所说的感觉。

感觉（sensation）是指人脑对直接作用于感觉器官的客观事物的个别属性的反映，它是事物的个别属性直接作用于各个人体感受器引起。在上例中，“黑色”和“方”由黑板表面反射的一定波长的光波和黑板的外围轮廓线条作用于眼睛引起；“光滑”由黑板接触皮肤引起；“硬”则由黑板对皮肤的压力引起。客观事物具有许多个别属性，这些个别属性在人脑中的反映就是感觉。例如，我们可以通过眼睛反映物体的颜色，这属于视觉；通过耳朵反映物体发出的声音，这属于听觉；通过鼻子反映物体发出的气味，这属于嗅觉；通过皮肤接触反映物体的温度或软硬程度，这属于肤觉……感觉是最简单的心理过程，是各种复杂的心理过程的基础。

感觉虽然是认识活动最初级和最简单的阶段，但它对其他复杂心理的产生和发展，以及维持个体正常生活和工作具有重要的意义。首先，感觉是人们认识世界的开端，它为人们提供了内外环境的信息。通过感觉，人们既能认识外界事物的颜色、明度、气味、软硬等属性，又能认识自己机体的状态，如饥、渴等，从而有效地进行自我调节。借助感觉获得的信息，人们可以进行更复杂的知觉、记忆、思维等活动，从而更好地反映客观世界。其次，感觉保证了机体与环境的信息平衡，是维持正常心理活动的重要保障。个体通过感觉获得内外环境的信息，由此保证机体与环境的信息平衡。没有感觉提供的各种信息，个体正常的心理活动将不能得到保证，并导致各种心理功能紊乱，甚至产生幻觉。**感觉剥夺**（sensory deprivation）实验（图 3-1 为其实验装置简图）有力地证明了这一点。

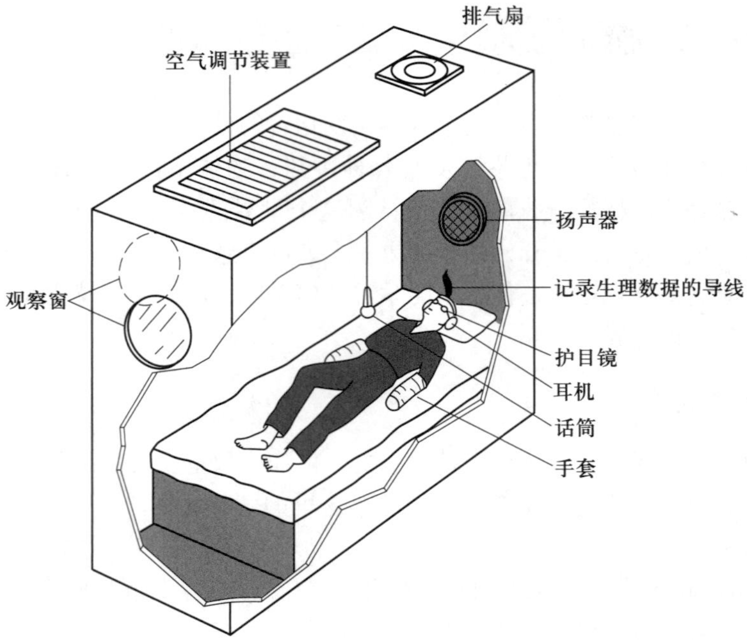

图 3-1 感觉剥夺实验装置简图
（资料来源：Carlson，1984）

专栏 3-1

感觉剥夺实验①

有学者（Bexton et al.，1954）首次报告了感觉剥夺实验结果。在实验中，研究者要求被试安静地躺在实验室内一张舒适的床上，该实验室装有空调设备和一定的控制装置。室内非常安静，听不到一点声音；一片漆黑，看不见任何东西。被试两只手戴上手套，并用纸卡卡住。被试的吃喝都由主试事先安排好了，用不着被试移动手脚。总之，来自外界的刺激几乎都被“剥夺”了。在实验开始的最初两天内，被试大多数时间在睡觉，但之后，被试开始失眠、不耐烦，急切地寻找刺激，他们想唱歌、吹口哨、自言自语，用两只手套互相敲打，或者用它去探索这间小屋。换句话说，被试变得焦躁不安，尝试活动，觉得很不舒服。随着时间的延长，许多被试出现注意力不能集中、不能维持清晰思考、幻觉、神经质、恐惧等心理现象，他们都感到时间过得极慢且难以忍受。而且许多被试在隔离解除后的心理测验

① 彭聃龄. 普通心理学[M]. 5 版. 北京：北京师范大学出版社，2019：85.

中仍表现出不同程度的心理功能紊乱，甚至还会有严重的心理障碍。实验中被试每天可以得到20美元的报酬。实验结果是：多数被试难以坚持3天以上，个体在这种情况下很难生活一周。这个实验说明，来自外界的刺激对维持个体的正常生存是十分重要的。

对感觉剥夺现象的研究，不仅对病理心理问题具有理论意义，而且对特殊环境（如航天、航海、潜水等特殊领域）中的工作人员具有重要的实践意义。有关感觉剥夺的研究日益受到重视。

二、感觉信息的神经加工机制

感觉信息的神经加工主要包括三个环节：对感受器的刺激过程、传入神经的活动和中枢神经系统特别是大脑皮质的活动。

感觉信息加工的第一个环节是对感受器的刺激过程。机体的感受器也是过滤器，它们只对某种类型的刺激作出反应，而对其他类型的刺激完全不作反应。例如，眼睛对光波敏感，对声波不作反应；而耳朵则正相反。对某一感受器来说，感受敏感的那种能量刺激称为适宜刺激。由适宜刺激引起感受器产生相应变化的整个过程称为刺激过程。刺激过程的实质是感受器把刺激的能量（如机械的、物理的、化学的等）转化为神经冲动的过程。不同类型的刺激，如光刺激、声刺激和机械刺激等，由不同的感受器将其转化为神经冲动，并反映刺激的不同性质和强度。

但是，感受器并不是消极的受纳器。在感觉信息加工的过程中，感觉器官不断进行探索，并依据先行的感觉效应对感受器进行反馈调节，这样才使我们获得清晰准确的感觉经验。如果感觉器官不进行探索活动或限制其探索活动，感觉的信息加工就会中止。在一项实验（Cornsweet，1970）中，研究者把一个微型投影器固定在被试的眼球角膜上，使视像随着眼球的转动而转动（见图3-2），无论眼球如何转动，视像始终固定在一定的点上。经过几秒钟，被试就完全看不见这个投影了。这说明，感觉器官的主动探索活动是感觉信息加工的必要条件之一。

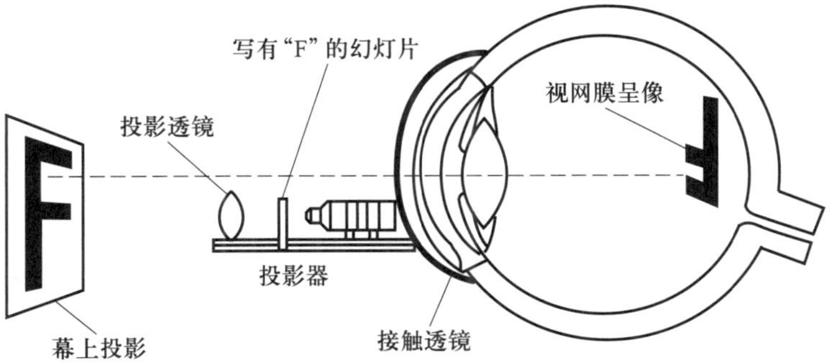

图3-2　视像固定仪装置示意图

感觉信息加工的第二个环节是传入神经的活动，它把神经冲动传递到中枢神经系统。个体内外的信息在传入神经通路中是以单个神经元或一群神经元的电位形式呈现的。神经细胞的电事件以某种方式代表作用于个体身上的刺激，这一过程称为编码。编码包含着一套把信息从一种形式转变为另一种形式的法则。感觉信息可用几种方式的全或无的动作电位来编码。例如，以冲动发放的频率、节奏（如每隔一秒1次或2次）及冲动的串长等来编码。刺激的强度在神经通路中是由一个或多个神经细胞中的冲动发放频率来表示的。不同类型的刺激由不同的感觉通路进行信息加工。由于神经冲动在多个神经元之间的传递主要是借助神经递质来进行的，因此，在传入神经通路中，感觉信息加工既有电编码又有化学编码。

感觉信息加工的最后环节是中枢神经系统特别是大脑皮质的活动。从感受器到达大脑皮质是由一系列神经元连接起来的。感觉信息在到达大脑皮质之前都要经过皮质下中枢的各个中继核。中继核不是一个简单的接力站，它们都有进一步加工信息的作用。在感觉传导系统中，较低水平上的简单信息加工为复杂的皮质水平上的信息加工准备好适当的输入。最后皮质的感觉代表区接受丘脑传来的信息，它按严格配置接收传来的信息，然后又从该区域将信息再输送至联络区进行更高级的加工，这样就产生了感觉经验。

虽然感觉是在脑中发生的，但我们却意识不到感觉是发生在脑中的，相反，我们往往感觉到的是身体表面发生的变化，如手凉、脚痛等。其实这些感觉都是刺激大脑皮质所引起的。感觉的这种投射现象是习惯和过去经验作用的结果。

三、感觉的分类

我们可以根据不同的标准对感觉进行分类。根据感觉刺激是来自有机体外部还是内部，即根据刺激的来源，可将感觉分为外部感觉和内部感觉两大类（见表3-1）。

表3-1 感觉的类型

<table>
<tr><th colspan="3" rowspan="2">感觉的类型</th><th rowspan="2">适宜刺激</th><th colspan="3">分析器</th></tr>
<tr><th>外周感受器</th><th>传入神经</th><th>皮质相应区</th></tr>
<tr><td rowspan="7">外部感觉</td><td colspan="2">视觉</td><td>380～780 nm的光波</td><td>视网膜上的锥体细胞和杆体细胞</td><td>视觉神经</td><td>枕叶区的视觉区</td></tr>
<tr><td colspan="2">听觉</td><td>16～20 000 Hz的声波</td><td>内耳耳蜗的柯蒂氏器</td><td>听觉神经</td><td>颞叶区的听觉区</td></tr>
<tr><td rowspan="4">肤觉</td><td>触压</td><td rowspan="4">物体的机械、温度或点的作用</td><td rowspan="4">皮肤上和外黏膜上的各种专门感受器</td><td rowspan="4">肤觉神经</td><td rowspan="4">皮质上中央沟后回代表点，皮质下区部位有关代表点</td></tr>
<tr><td>冷</td></tr>
<tr><td>温</td></tr>
<tr><td>痛</td></tr>
<tr><td colspan="2">嗅觉</td><td>挥发性气体</td><td>鼻腔上部黏膜中的嗅细胞</td><td>嗅觉神经</td><td>颞叶内部的嗅觉区</td></tr>
</table>

续表

感觉的类型			适宜刺激		分析器		
					外周感受器	传入神经	皮质相应区
外部感觉	味觉	甜	可溶于水的有味道的化学物质	糖	分布在舌面各种乳突内的味蕾	味觉神经	颞叶内部的味觉区
		酸		醋			
		苦		奎宁			
		咸		食盐			
内部感觉	动觉		肌肉收缩程度与四肢位置的变化		肌肉、肌腱、韧带、关节中的专门感受器	动觉神经	皮质中央沟前回
	平衡觉		人体位置所发生的重力、方向上的变化		内耳的前庭器官	静觉神经	颞叶区内的静觉区
	机体觉		有机体内部各器官、各系统活动的改变		位于各脏器壁上	机体觉神经	皮质上的代表点和丘脑

（一）外部感觉

外部感觉是指个体接受体外的适宜刺激，反映外界事物个别属性的感觉。其感受器位于人体表面或接近表面的地方。外部感觉主要包括视觉、听觉、肤觉、嗅觉和味觉五大类，其感官分别是眼、耳、皮肤、鼻、舌。

视觉（vision）是人类感觉系统中最重要的感觉。正常人从外界接收的信息中，有80%以上是通过视觉获得的，视觉是我们认识世界的主导感觉。

听觉（hearing）是仅次于视觉的一种重要感觉，它与言语信息的输入密切相关。听觉器官是内耳的耳蜗部分。耳蜗内基底膜上的柯蒂氏器包含着大量支持细胞和毛细胞，后者是听觉的感受器。

肤觉（skin sensation）是由刺激作用于皮肤引起的各种感觉。其基本形态包括触压觉、冷觉、温觉和痛觉四种。肤觉的感受器在皮肤上呈点状分布，称为触压点、冷点、温点和痛点。身体部位不同，各种点的分布及其数目也不同。

嗅觉（olfaction）由有气味的气体物质引起，其感受器是鼻腔上部黏膜中的嗅细胞。许多动物的嗅觉优于人类，嗅觉最灵敏的是鱼。嗅觉具有多种功能，如分辨、挑选食物，提神、镇静，辨别安危、侦查环境等。

味觉（taste sensation）的适宜刺激是可溶于水的有味道的化学物质，其感受器是分布在舌面各种乳突内的味蕾。人的基本味觉有甜、咸、酸、苦四种，负责它们的味蕾在舌面上的分布是不一样的。舌尖、舌中、舌两侧、舌后分别对甜、咸、酸、苦最敏感。

（二）内部感觉

内部感觉是指反映机体内部状态和内部变化的感觉，包括动觉（运动觉）、平衡觉（静觉）和机体觉（内脏感觉）。

动觉是反映身体运动和位置状态的感觉。其感受器位于肌肉、肌腱和关节中。动觉是随意运动的重要基础，人们通过高度精确的动觉实现动作协调，从而完成各种复杂的运动。同时，动觉对认识世界有重要意义。我们用手触摸物体，结合动觉和肤觉获得有关物体的形状、大小的信息；手提物体时用力的大小告诉我们物体的重量；手在运动时肌肉紧张度的变化让我们知道物体的弹性、硬度、光滑度等属性。

平衡觉由人体做加速或减速的直线运动或旋转运动引起，其感受器是内耳的前庭器官。平衡觉与视觉、机体觉有联系。当前庭器官兴奋时，视野中的物体似乎出现移动，人的消化系统会出现呕吐、恶心等现象。生活中常见的晕车、晕船现象，就是前庭器官受刺激引起的。平衡觉对保持身体平衡有重要作用。

机体觉反映内脏各器官的活动状况，其感受器分布于各脏器壁上。感受器把内脏的活动及其变化的信息传入中枢，引起饥饿、饱胀、便意、恶心、疼痛等感觉。一般情况下，机体觉的信号被外感受器的工作掩蔽，不能被清晰地意识到。只有在十分强烈时，它才能成为鲜明的感觉。

根据刺激能量的性质，可以把感觉分为电磁能的、机械能的、化学能的和热能的四大类。视觉感受器对光波的电磁能发生反应；听觉感受器对声波的机械能发生反应；味觉和嗅觉感受器对化学能发生反应；皮肤上的感受器对触压的机械能和热能发生反应。

临床医学把感觉分为四类：① 特殊感觉，包括视、听、味、嗅和前庭等感觉；② 体表感觉，包括触压觉、温觉、冷觉、痛觉；③ 深部感觉，包括肌肉、肌腱和关节等感觉及深部痛觉和深部压觉；④ 内脏感觉。

□□□ 第二节 感受性及其变化规律

感觉主要由外界刺激引起，刺激的物理量及其变化是感觉产生和变化的重要条件。研究物理量与心理量之间的关系是心理学研究的重要领域之一，许多原理所揭示的心理活动规律在实践领域中起着重要作用。

一、感受性和感觉阈限

感觉是由刺激物直接作用于某一感官引起的，但并不是所有的刺激都能引起感觉。人的感官只对一定范围内的刺激作出反应，这个刺激范围及相应的感觉能力就是我们所说的感觉阈限和感受性。感觉的重要标志是感受性的变化。人的各种感觉器官都有对适宜刺激的感受能力。心理量和物理量之间的关系是用感受性大小来说明的。**感受性**（sensitivity）是指人的各种感觉器官对适宜刺激的感觉能力。不同的人对同一种刺激的感受性是有差异的。感受性作为一种能力，是以感觉阈限的大小来衡量的。**感觉阈限**（sensory threshold）是指能引起感觉的、持续一定时间的刺激量，即人的感觉器官感到某个刺激存在或刺激发生变化所需刺激强度的临界值。

感受性和感觉阈限都包括“绝对”和“差别”两种形式，即绝对感受性和绝对感觉阈限、差别感受性和差别感觉阈限。

（一）绝对感受性和绝对感觉阈限

刺激物只有达到一定强度才能引起感觉。让我们一起来做这样的一个小实验：把闹钟放在桌子上，我们站在较远的地方，这时我们听不见闹钟秒针走动的嘀嗒声。然后我们慢慢走近，当走到某一点时，我们会刚好听到闹钟秒针的嘀嗒声。在这个位置上的声响即听觉的绝对感觉阈限。**绝对感觉阈限**（absolute sensory threshold）就是指刚刚能引起感觉的最小刺激量；而人的感官觉察这种微弱刺激的能力，就是**绝对感受性**（absolute sensitivity）。绝对感受性通过绝对感觉阈限来衡量。绝对感觉阈限越大，即能够引起感觉所需要的刺激量越大，感受性就越小；反之亦然。因此，绝对感受性和绝对感觉阈限在数值上呈反比例关系，即 $E=1/R$（E 代表绝对感受性，R 代表绝对感觉阈限）。

继续上面的实验，保持在刚好能够听到嘀嗒声的位置上，我们会发现声音时强时弱，有时需要再前进一点才能听到，有时则退后一点仍能听到。也就是说，感觉阈限经常改变，它并不是一个固定的强度值。因此心理学规定，在多次实验中有 50%的次数被觉察到的刺激强度为绝对感觉阈限。根据这个规定，心理学家测量了五种主要感觉的绝对阈限值（见表 3-2）。

表 3-2　五种主要感觉的绝对阈限值

感觉的类型	绝对阈限值	感觉的类型	绝对阈限值
视觉	在黑暗而晴朗的夜晚 48.28 km 外一支蜡烛的光亮	嗅觉	一滴香水在三个房间里散发开的气味
听觉	在寂静的条件下 6.10 m 远处一只闹钟的嘀嗒声	触觉	一片苍蝇的翅膀从距离 1 cm 处落到人脸上的压力
味觉	在 7.57 L 水中放一茶匙糖的味道		

（资料来源：Santrock，1986）

阈下知觉（subliminal perception）是指能够觉察到意识水平以下信息的能力。阈下知觉在多大程度上影响我们的行为呢？刺激强度在低于绝对感觉阈限的时候我们会有感觉吗？低于绝对感觉阈限的刺激，虽然我们感觉不到，却能引起一定的生理效应。已有研究表明，人们察觉不到的短暂呈现的刺激能够唤起情绪上的微弱反应。因此，有意识的感觉阈限并不完全等同于生理上的刺激阈限。有些生理上的刺激阈限要低于意识到的感觉阈限，例如当一个人说出“我感觉到它”时，实际上早就产生了一定的生理效应，并伴随着一定的心理效应。在现实社会中，广告设计者就是利用阈下刺激所产生的知觉效应来影响人们的。他们认为，凡是通过大众传媒传播的信息，无论接收者是否有意或无意觉察到，都会或多或少地产生一定的宣传效果。以其实际效果来看，也确实如此。

（二）差别感受性和差别感觉阈限

两个同类的刺激物，其强度上的差异须达到一定的值，才能被人们觉察到存在差异。例如，往两杯同样多的水中加糖，如果所加的量相差不够大，我们就不能品尝出哪杯更甜；一个身高 1. 70 m 的人和一个身高 1. 705 m 的人站在一起，我们可能会觉得他们一样高；安静的夜里我们通常能够听到屋内闹钟的嘀嗒声，而白天却不能。这些现象都是两个刺激之间的差异未达到差别感觉阈限而造成的。

差别感觉阈限（difference threshold）是指刚刚能引起差别感觉的刺激物之间的最小差异量，又称为**最小可觉差**（just noticeable difference，JND）。对这一最小差异量的感觉能力即**差别感受性**（difference sensitivity）。差别感受性与差别感觉阈限在数值上也呈反比例关系，即差别感觉阈限越大，差别感受性越小，反之亦然。

与绝对感觉阈限类似，差别感觉阈限也不是一个固定的值，因而心理学上把最小可觉差规定为多次测量两个同类刺激时有 50%的次数被觉察出差别的差异量。

德国生理学家韦伯（Weber，1834）在研究中发现，对刺激物的差别感觉阈限不取决于一个刺激增加的绝对数量，而取决于刺激物的增量与原刺激量的比值。例如，如果在 60 根蜡烛中添加 1 根蜡烛就可以观察到烛光亮度有所增加，那么对于 120 根蜡烛来说，就需要添加 2 根蜡烛才能觉察出烛光变亮。这个关系用公式表达即：

$$K=\Delta I/I$$

其中，I 为标准刺激（即原有刺激）的强度，ΔI 为引起差别感觉的刺激增量，即最小可觉差，K 为常数，称为韦伯分数。这个公式称为**韦伯定律**（Weber's law）。对不同感觉来说，韦伯分数 K 的数值不同（见表 3-3）。感觉的敏锐程度可根据韦伯分数的大小来判断，韦伯分数越小，感觉越敏锐。

表 3-3　不同感觉的最小韦伯分数

感觉类别	韦伯分数 K	感觉类别	韦伯分数 K
重压（在 400 g 时）	0. 013=1/77	橡皮气味（在 2 000 嗅单位时）	0. 100=1/10
视觉明度（在 100 光量子时）	0. 016=1/63	皮肤压觉（在 5 g/mm^2 时）	0. 143=1/7
举重（在 300 g 时）	0. 019=1/53		
响度（在 1 000 Hz 和 100 dB 时）	0. 091=1/11	咸味（在每千克含 3 g 盐时）	0. 200=1/5

（资料来源：Boring et al.，1939）

需要说明的是，韦伯定律只适用于中等强度的刺激。也就是说，只有对于中等强度的刺激，韦伯分数才是一个常数。刺激过强或过弱，这个值都会发生改变。

总之，了解人的各种感觉阈限和感受性，对于发展人的感觉能力具有重要的意义。各种感受性存在着一定的个体差异，不同职业人员也可能需要不同的感受性。同时还应该注意，绝对感受性和差别感受性之间没有显著相关，二者没有必然的对应关系，即绝对感受性强的人，其差别感受性不一定就强或者弱。

二、感觉的基本规律

感觉的基本规律主要表现为感觉的相互作用。这种相互作用主要包括两种：同一感觉中的相互作用和不同感觉之间的相互作用。了解感觉的基本规律有助于我们发挥感觉的积极作用，克服其消极作用，从而提高认识客观世界的能力。

（一）同一感觉中的相互作用

对于某一个确定的感官来说，对某种刺激的感受性会受到其他刺激的影响。例如，观察黑暗中的一个小光点，如果视野中没有其他的发光点或其他发光点较弱，这个光点就会比较容易被观察者看到；而如果视野中有强光刺激，观察者就难以看到这个光点。日常生活中发现的月明星稀、无月之夜则繁星满天就是此理。同一感觉中的相互作用主要有感觉适应和感觉对比两种。

1. 感觉适应

由于刺激对感受器的持续作用从而使感受性发生变化的现象，称为**感觉适应**。这是在同一感受器中，由于刺激在时间上持续作用，对后续刺激的感受性发生变化的现象。感觉适应可以引起感受性的提高，也可以引起感受性的降低。

适应现象表现在所有的感觉中，但是，在各种感觉中适应的表现和速度是不同的。视觉适应可分为暗适应和明适应。我们从明亮的阳光下进入黑暗的电影院时，开始什么也看不清楚，隔了一段时间之后，就能渐渐地分辨出物体的轮廓来了，这种现象称为暗适应。暗适应是环境刺激由强向弱过渡时，由于一系列相同的弱光刺激，对后续弱光刺激的感受性不断提高：开始的 5～7 min，感受性提高得很快，经过一小时后，感受性可提高 20 万倍。我们从黑暗的电影院走到阳光下，会顿时感到耀眼发眩，什么都看不清楚，但是只要稍过几秒钟，就能清楚地看到周围的事物了，这种现象称为明适应。明适应是环境刺激由弱向强过渡时，由于一系列的强光刺激，对后续强光刺激的感受性迅速降低。在感觉适应过程中，除视网膜的感光细胞发生变化外，还有中枢机制参与。实验证明，在暗适应的情况下，短时间给被试的一只眼睛以亮光刺激，结果另一只眼睛的感受性也受影响。

与视觉适应相比，听觉适应就很不明显。有人认为，一般的声音作用之后，听觉感受性有短时间的降低，而且听觉适应具有选择性，即在一定频率的声音作用下，只降低对该频率（包括邻近频率）声音的感受性，而不降低对其他频率声音的感受性。但也有人认为，即使是一个普通强度的声音的持续作用，也没有听觉的适应现象。如果用较强的、连续的声音，像工厂高音调的机器声持续作用于人，那确实会引起听觉感受性降低的适应现象，甚至出现听觉感受性明显丧失的现象。

触压觉适应很明显。我们安静地坐着时，几乎觉察不到衣服的接触和压力；经常看到有些老年人把眼镜移到自己的额头上却到处寻找眼镜。实验证明，只要经过 3 s 左右，触压觉的感受性就下降到约为原始值的 25%。温觉适应也很明显。例如，我们在游泳池游泳的时候，开始觉得水是冷的，经过三四分钟后，就不再觉得水冷了。类似地，我们在热水中洗澡的时候，起初觉得水很热，但经过三四分钟后，就觉得澡盆中的水不再那么热了。但是，对于特别冷或特别热的刺激，则很难适应或完全不能适应。痛觉适应是很难发生的，即使有，也极为微弱。只要注意力集中到痛处，个体就会马上感到疼痛。正因为痛觉很难适应，它才成为伤害性刺激的信号而具有生物学意义。

“如入芝兰之室，久而不闻其香……如入鲍鱼之肆，久而不闻其臭。”这就是嗅觉适应现象。嗅觉适应速度因刺激的性质而不同。人们对于一般的气味经过 1～2 min 即可适应，对于强烈的气味的适应则要超过 10 min，对于特别强烈的气味（带有痛刺激的气味）会感到厌恶而难以适应，甚至完全不能适应。嗅觉适应带有选择性，即对某种气味适应后，并不影响对其他气味的感受性。厨师由于连续地品尝菜肴，到后来做的菜肴越来越咸，就是味觉适应现象。

适应能力是有机体在长期进化过程中形成的。它对于我们感知外界事物、调节自己的行为具有积极的意义。夜晚的星光下和白天的阳光下，亮度相差达百万倍，如果没有适应能力，人就不能在不断变化的环境中精细地感知外界事物，正确地调节自己的行为。研究适应现象对生产实践有重要意义。例如，在交通运输业中，对夜晚驾驶室的照明与外界亮度的差异的处理，就应考虑视觉的适应问题。

2. 感觉对比

[拓展阅读] 感觉的对比——阿伦森效应

对某种刺激的感受性不仅取决于该刺激的性质，同一感受器接收的其他刺激也会对这一刺激的感受性产生影响。不同的刺激作用于同一感受器而导致感受性发生变化的现象称为**感觉对比**（sensory contrast）。感觉对比分为两类：同时对比和先后对比。

将两个同样的灰色小纸片分别放在一张黑纸和一张白纸的中央，会觉得黑色背景上的要比白色背景上的更亮。这是**同时对比**（simultaneous contrast），即几个刺激物同时作用于同一感受器而产生的对比现象。同时对比在视觉中表现得很明显。视觉对比可分为无彩色对比和彩色对比，前者对比的结果是引起明度感觉的变化，灰色小纸片的例子正说明了这一点，而且在相互连接的边界附近，对比特别明显。马赫带现象就是同时对比的一个典型例子。马赫带现象是指人们在明暗交界处感到明处更亮而暗处更黑的现象（见图 3-3）。产生这一现象的原因是相邻的感受器能够相互抑制神经冲动。在图 3-3 中，当人同时看到明暗相间的区域时，明亮区域对感受细胞的刺激比黑暗区域的刺激强得多，明亮区域的强刺激会抑制与黑暗区域相对应的感受细胞的反应，这就加强了对明暗交界处的反应差别，形成强烈的对比。彩色对比的结果是引起颜色感觉的变化，而且是向着背景色的补色方向变化。例如，两个绿色正方形，一个放在蓝色背景上，另一个放在黄色背景上，结果在蓝色背景上的正方形看上去略带黄色，在黄色背景上的正方形看上去略带蓝色，同时在两色的交界附近，对比也特别明显。

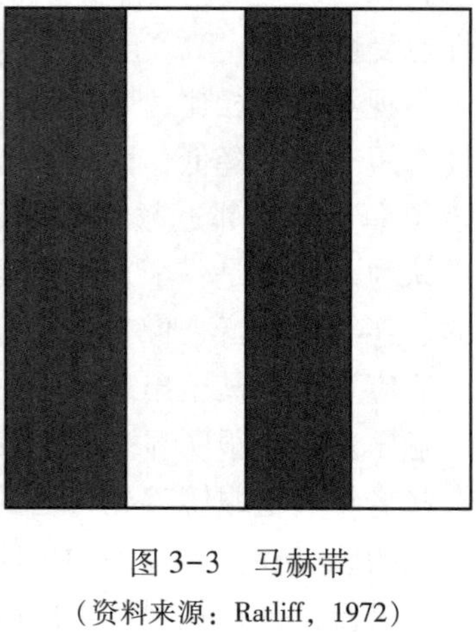

图 3-3 马赫带
（资料来源：Ratliff，1972）

刺激物先后作用于同一感受器产生的对比现象称为**先后对比**（successive contrast）。例如，吃了糖后紧接着吃葡萄会觉得葡萄很酸；喝了苦药后接着喝白开水会觉得白开水有甜味；凝视红色物体之后再看白色物体，会觉得后者有点青绿色。

（二）不同感觉之间的相互作用

对某种刺激的感受性，不仅取决于对该感受器的直接刺激，而且还取决于同时受刺激的其他感受器的机能状态。在一定条件下，各种感受器的机能状态都有可能发生相互影响、相互作用。例如，用刀子沿着玻璃边擦出来的吱吱声，往往会使人的皮肤产生寒冷的感觉；强烈的声音常使牙痛患者痛得更厉害；有时很高的声音或某种难听的声音会使人产生想呕吐的感觉；咬紧嘴唇或握紧拳头，会感到身体某一部位的疼痛似乎减轻了些；举重时，如果有轻音乐伴奏，重物就好像变得轻了些；等等。所有这些现象都是不同感觉间相互作用的结果。

1. 不同感觉间的相互影响

这是指某一感觉器官受到刺激而对其他感觉器官的感受性产生影响的现象。例如，医院为减轻牙科手术中病人的疼痛感，常伴着轻音乐来进行手术；微痛刺激或某些嗅觉刺激可使视觉感受性提高；微光刺激能提高听觉感受性，强光刺激则能降低听觉感受性；冷的糖水似乎比热的糖水甜些……这些现象都属于不同感觉间的相互影响。

不同感觉间相互影响的一般规律是：弱的某种刺激往往能提高另一感觉的感受性，而强的某种刺激则使另一感觉的感受性降低。

2. 不同感觉间的相互补偿

感觉的补偿是指某种感觉系统的机能丧失后，由其他感觉系统的机能来弥补的现象。例如，有视觉障碍的人失去了视觉机能，能学会通过声音来辨别附近的建筑物、地形等，还可以通过触觉来阅读盲文；有听力语言障碍的人能“以目代耳”，学会看话甚至学会“讲话”；等等。

随着科学技术的进步，不同感觉间的相互补偿有了更大的可能性。例如，有一种“阅读仪”能把印刷文字的视觉形象转换成低频的触觉信号，有视觉障碍的人用手拿着这个仪器在书页上移动，能以每分钟 80 个字的速度阅读；还有一种“电眼”能将外界物象转换成作用于有视觉障碍的人的皮肤信号，使有视觉障碍的人能在房间里自由行走；等等。

各种感觉之所以能相互补偿，是因为各种刺激的能量是可以转换的。例如，尽管视觉缺失，但光能可以转化为电能或机械能，这样视觉信息就可以由其他正常的感觉器官来接收。各种感觉系统的机能都能通过练习得到提高。这样一种（或几种）感觉机能的丧失，就有可能由其他经常得到练习的、感受性提高了的感觉系统来加以弥补。

3. 联觉

当某种感觉器官受到刺激时出现另一种感觉器官的感觉和表象，这种现象称为联觉。最常见的是色听联觉，即听到某种声音（如某个音符）时就产生生动鲜明的彩色形象。例如，兰菲尔德（H. S. Langfeld）曾研究过的一个被试在前后 7 年间，其联觉表现都相当稳定，当这个被试听到音符 C 时就看见“红色”，听到音符 D 时就看见“紫色”，等等。还有色味联觉，例如，有的人看见黄色会产生甜的感觉，有的人看见绿色会产生酸的感觉，等等。

比较典型的联觉是色觉联觉，不同的颜色通常会引起不同的冷暖感、远近感和轻重感。例如，穿红色、橙色、黄色可让人觉得温暖，绘画上常采用“近山浓抹，远树轻描”的方法来形成立体感，狭小的房间涂上蓝、青、绿色会使人觉得房间凉爽且宽敞，深色使人觉得沉重、浅色使人感到轻松，等等。

联觉具有某种普遍性。例如，我们经常听到人们说“甜蜜的噪声”“沉重的乐曲”“明快的曲调”“尖酸的气味”等。这些联觉现象是因为我们在日常生活中，各种感觉现象经常自然而然地、有机地联系在一起。

另外，感受性不但会因其他的感觉而起伏变化，还会受到职业、特殊训练等因素的影响。例如，染色工人能辨别40多种浓淡不同的黑色；调酒师的味觉较一般人更灵敏；通过对不懂音乐的人进行训练，可以大大提高其音乐感受性。人的各种感受性有着高度发展的可能性，特别是在生活实践的长期锻炼中，人的感受性可以不断地提高和完善。实践活动是感受性获得发展的途径，感觉的发展依赖人的生活中实践活动所提出的要求。我们应该随时通过各种有关的实践活动发展各种感觉。例如，写生、绘画和其他类似的艺术活动都可以促进我们的视觉技能全面发展；雕刻活动不但可以发展我们的视觉，而且可以发展触压觉；学习音乐可以使我们的音乐听觉得到精细的发展；文艺、诗歌、戏剧等艺术活动可以把我们的语言听觉提高到更高的水平。

□□□ 第三节 视觉

视觉（vision）是人类和其他动物最为复杂、重要和高度发展的感觉。视觉能力好的动物具有极大的进化优势。精细的视觉能力有助于动物觉察到远处的猎物和天敌。人类的视觉使其能意识到物理环境特征的变化，并采取相应的行动。视觉是研究最为广泛的感觉通道，它是人类最重要的一种感觉。在人类获得的外界信息中，有80%以上来自视觉。

一、视觉的适宜刺激

视觉的适宜刺激物是光。光是具有一定频率和波长的电磁辐射。宇宙间充满着各种电磁波，从波长小于几微米的宇宙射线到波长达数千米的无线电波都属于电磁波的范围。在这些波长范围内的电磁波中，只有很少一部分是可见的。视觉的适宜刺激是380～780 nm的电磁振荡，即**可见光谱**（visible spectrum）（见图3-4）。在可见光范围外，还存在着大量看不见的红外线、紫外线、广播发射波、电视发射波和γ射线等。

可见光在电磁波谱中从波长380 nm开始，使人产生紫色感觉。随着波长的增加，依次产生蓝色、绿色、黄色和橙色的感觉。当波长达到780 nm时，使人产生红色的感觉。可见光刺激人的视觉感受器后产生的感觉，即日常生活中所说的颜色。

色调（color hue）是颜色的基本特征，指光谱上各种不同波长的可见光的视觉效应。不同波长的可见光引起不同的色调感觉：波长780 nm看起来为红色，波长580 nm看起来为黄色，波长510 nm看起来为绿色，波长420 nm看起来为紫色。白光是由可见

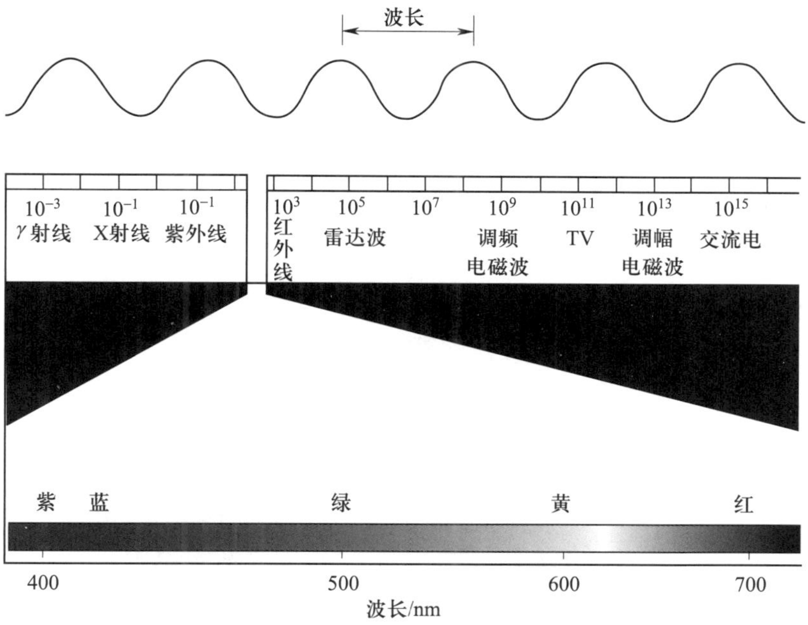

图 3-4 电磁波与可见光谱的关系

光谱上所有波长组成的一种混合光。

与色调同为视觉基本特征的有饱和度和亮度。**饱和度**（saturation）是人眼所见的颜色的纯度或强度，是颜色色调的表现程度，与色调呈正比例变化。例如，紫红色、粉红色、墨绿色、浅绿色都是饱和度较小的彩色，而正红色和鲜绿色则是饱和度较大的彩色。饱和度取决于光线中优势波长的比例。决定色调的优势波长所占比例越大，该色调的饱和度就越大，反之就越小。

亮度（luminance）是指作用于物体表面光线的反射系数，基本上对应光波的物理峰值。有较高峰值的光波是“亮的”，携带更多的能量，并使颜色看起来更亮些或更强些。通常一个强烈的光看上去会比一个较弱的光明亮。但由于某些原因，这种光的物理强度与主观感觉的亮度之间并不总是一样的。

宇宙中能够产生光线的物体称为光源，如太阳和各种人造光源（如电灯、蜡烛等），其中最重要的是太阳。人眼的许多特性主要是长期适应太阳光的特性产生的。太阳光是一种混合光，由不同波长的光线混合而成。在我们周围的环境中，除光源外，大部分物体不能自行发光，它们只能反射来自太阳或人造光源的光线。例如，月亮就是一个不能发光的物体，我们看到的月光，是月球表面反射的太阳光。在正常情况下，因为人眼不会主动朝向光源接受刺激，所以我们接收的光线主要是物体表面反射的光线。

[拓展阅读]
视 觉——电子蛙眼

总之，当我们讲到视觉刺激物——光的特性时，既包括光源的特性，又包括具有反射作用的物体表面的特性。正是这些特性决定了人的视觉特性。

二、视觉的生理机制

光刺激引起视觉的过程是：光线透过眼的折光系统到达视网膜，并在视网膜中形成物像，同时兴奋视网膜的感光细胞，然后冲动沿着视神经传导到大脑皮质的视觉中枢产生视觉。视觉的生理机制包括折光机制、感光机制、传导机制和中枢机制。

（一）视觉的折光机制和感光机制

眼睛是我们的视觉器官，形状近似于一个球，其构造颇似照相机，具有较完善的光学系统及各种使眼球转动并调节光学装置的肌肉组织。眼球由眼球壁和眼球内容物构成。图 3-5 是人类眼球的剖面图。

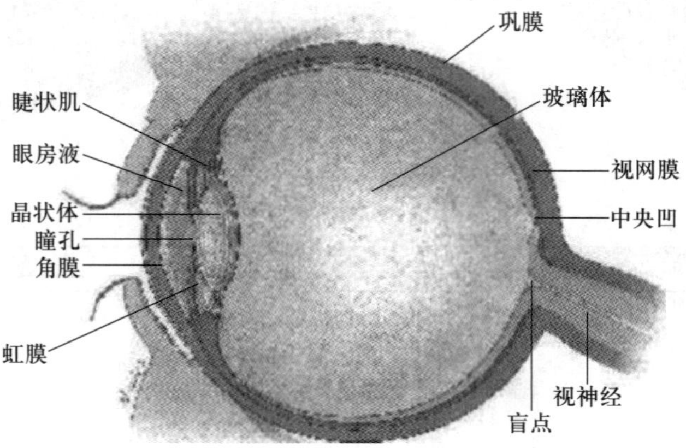

图 3-5　人类眼球的剖面图

人的眼球壁分三层。外层为巩膜和角膜。角膜有折光作用，光线通过角膜发生曲折进入眼内。中层为虹膜、睫状肌和脉络膜。虹膜在角膜后面、晶状体前面，中间有一个孔称为瞳孔。虹膜是一种伺服-控制系统，它随着落在视网膜上光线的多少而调节瞳孔的大小。眼球壁的内层包括视网膜和视神经内段。**视网膜**（retina）为一透明薄膜，是眼球的感光部分，其中有感光细胞：**锥体细胞**（cone cell）和**杆体细胞**（rod cell）。

眼球内容物包括晶状体、眼房液和玻璃体，它们都是折光介质。这些结构加上眼球前端的角膜，组成眼睛的折光系统。晶状体起调节作用。在近视觉时它的曲率半径下降，放大率提高，并进一步增加由角膜造成的折射。当眼睛注视外物时，由物体反射的光线通过角膜、眼房液、晶状体和玻璃体，使物像聚焦在视网膜中央凹部位，形成清晰的物像，这就是眼睛的折光系统。该系统与凸透镜相似，在视网膜上形成的物像是倒置的、左右换位的。由于大脑皮质的调节和习惯的形成，我们仍把外物感知为正立的。

视网膜是眼球的感光层，是眼睛最重要的部分。最外层是锥体细胞和杆体细胞，离光源最远，第二层含有双极细胞和其他细胞，最内层含有神经节细胞。光线到达感光细胞前，必须通过视网膜的各层。人的视网膜上有 1. 2 亿个杆体细胞和 600 万～800 万个锥体细胞，它们在视网膜上的分布不同，功能也不同。在视网膜中央凹，只有锥体细胞，没有杆体细胞，这是视网膜上对光最敏感的区域。离开中央凹，杆体细胞急剧增加，在视网膜边缘只有少量的锥体细胞。杆体细胞是夜视细胞，在昏暗的照明条件下起作用，主要感受物体的明暗；锥体细胞是昼视细胞，在中等和强的照明条件下起作用，主要感受物体的细节和颜色。在中央凹附近，来自视网膜的视神经节细胞的神经纤维聚合成视神经的地方没有感光细胞，被称为生理盲点。当光线作用于视觉感受器时，杆体细胞与锥体细胞中的某些化学物质的分子结构发生变化，所释放的能量能激发感受细胞发放神经冲动，这就是视觉感受器的换能作用。对视觉感受器来说，具有换能作用的物质称为视觉色素。人眼杆体细胞中的视觉色素称为视紫红质，由视黄醛和视蛋白构成。在光的作用下，视黄醛的形状在变化，化学结构也在变化，这个过程称为视紫红质的光化学反应。在视紫红质分解过程的后一阶段出现放能反应，所释放的能量就能激发神经的冲动，即神经电信号。在人眼的锥体细胞中存在着三种不同的视觉色素——感红色素、感绿色素和感蓝色素，它们分别对红、绿、蓝色光最为敏感。

专栏 3-2

发现你的盲点

你的眼睛上有一个正常的盲点，它是一块很小的区域，视觉神经在此处导向大脑。在特殊的条件下，利用图 3-6 可以观察到盲点的存在。双手拿书，伸直手臂，闭上左眼，用右眼注视左边的辣椒，使它出现在你的右眼的左边，然后将书逐渐地拉近，慢慢地移向自己，直到右边的辣椒消失。要找到你左眼的盲点，闭上右眼，盯住右边的辣椒，然后调节书的距离，当左边的辣椒落在你的盲点上时，它就消失了，但是你没有感觉到在你的视野中出现一个洞。相反，你的视觉系统将周围的灰背景填充到这个区域，所以你“看到了”本来不存在的灰色，却看不到本来存在的左边的辣椒。

图 3-6 眼睛的盲点

（资料来源：桑特罗克，2008）

（二）视觉的传导机制

视觉传导通路有三级神经元。视网膜的感光细胞接受刺激后，将冲动传至视网膜双极细胞（第一级神经元），再传至视网膜的神经节细胞（第二级神经元）。神经节细胞的轴突集合成视神经，入颅腔内延续为视交叉。在视交叉处实现交叉，鼻侧束交叉至对侧，和对侧的颞侧束合并，传至丘脑的外侧膝状体。由外侧膝状体起始为第三级神经元，其细胞的轴突组成视放射，最后到达大脑枕叶的纹状区（布罗德曼 17 区）。

视觉的机制不仅把神经兴奋从外周传入中枢，而且对输入信号进行了加工处理，这对各种视觉现象的产生有重要意义。

首先，视网膜上的锥体细胞和杆体细胞的数量远远超过视神经节细胞的数量（100 万）。因此，来自视觉感受器的神经兴奋出现聚合作用，即来自许多锥体细胞和杆体细胞的神经兴奋，汇聚到一个或少数几个视神经节细胞上。由于锥体细胞和杆体细胞的数量不同，它们汇聚到双极细胞和视神经节细胞上的比例也不同，这对视觉信息加工有重要的影响。例如，由于两种感光细胞的汇聚比例不同，杆体细胞对光具有较大的感受性，而使锥体细胞能够清晰地分辨物体的细节。

视觉系统的侧抑制作用也影响到神经信号的加工。侧抑制是指相邻的感受器之间能够相互抑制的现象。当一个感受器受到刺激的时候，由此产生的神经冲动对邻近部位的输入信号产生抑制性的影响。侧抑制是动物感觉系统内普遍存在的一种基本现象。由于侧抑制的作用，一个感受器细胞的信息输出，不仅取决于它本身的输入，而且还取决于邻近细胞对它的影响。

（三）视觉的中枢机制

视觉的直接投射区为大脑枕叶的纹状区（布罗德曼 17 区），这是对视觉信号进行初步分析的地方。视网膜上各个不同的点，在视觉传入通路和皮质视区中是按空间对应原则投射的。来自视网膜中央部分的传入神经纤维投射于枕叶的枕极，来自视网膜周围部分的传入神经纤维投射于枕叶的较前部分，即皮质的内侧面。由于视网膜是点对点地投射在皮质上，所以皮质区的微小损伤就会引起视野对应部分的视盲。当视网膜的兴奋达到皮质后，枕叶区的脑电图便发生变化，α 节律被抑制，产生带有断续频率的振动，这时便产生了视觉。

20 世纪 60 年代以来，休伯（D. Hubel）和威塞尔（T. Wiesel）等对视觉感受野的系统研究，对解释视觉的中枢机制产生了深远的影响。视觉**感受野**（receptive field）是指视网膜上的一定区域或范围。当光刺激到达这个区域时，视觉系统中与这个区域有联系的各层神经细胞便会被激活。视网膜上的这个区域就是这些神经细胞的感受野。

根据感受野的研究，休伯等人认为，视觉系统的高级神经元能够对呈现在视网膜上、具有某种特性的刺激物作出反应。这种高级神经元称为特征觉察器。研究发现，高等哺乳动物和人类的视觉皮质具有边界、直线、运动、方向、角度等特征觉察器，从而可以使机体对环境中提供的视觉信息作出选择性的反应。

（四）视觉的反馈性调节

在视觉过程中各级神经中枢还有传出性的神经支配，对视觉器官进行反馈性调节，如瞳孔的变化、眼朝光源方向转动、晶状体曲度的改变等，以保证在视网膜上形成清晰的物像。视觉不仅依赖视觉感受器的活动，而且依赖中枢对视觉器官的反馈性调节。换言之，由感受器输入的外界信息，经过大脑加工后，将通过传出神经来调节视觉器官，使视觉器官更有效地感知外部世界。

三、颜色视觉理论

（一）三色理论（trichromatic theory）

1807 年，英国科学家托马斯·杨（T. Young）假定，人的视网膜有三种不同的感受器，分别对红、绿、蓝三种波长最敏感。当它们分别受到不同波长的光刺激时，就产生了红、绿、蓝三种不同的颜色经验。1860 年，亥姆霍兹放弃了一种感受器只对一种波长敏感的看法，认为每种感受器都对各种波长的光有反应，但红色感受器对长波更敏感，绿色感受器对中波更敏感，蓝色感受器对短波更敏感。因此，当光刺激作用于眼睛时，将在三种感受器中引起不同程度的兴奋。各种颜色经验是由不同感受器按相应的比例活动而产生的。

这个理论得到一些实验结果的支持。科学家的确发现了三种锥体细胞分别对不同波长的光具有不同的感受性（Marks et al., 1964）。但这个理论也有明显的缺陷，它不能解释红绿色盲。因为红绿色盲患者把光谱中的短波部分都看成蓝色，把长波部分都看成黄色，因而没有红色、绿色经验。但按三色理论，这种患者应该缺乏感红和感绿的锥体细胞。三色理论又假定，黄色是由红、绿混合产生的。因此，缺乏感红和感绿装置的人，不应该具有黄色经验。这种假定和患者的实际色觉经验是不相符的。

（二）拮抗加工理论（opponent-process theory）

1874 年，黑林（E. Hering）反对三原色学说提出了拮抗加工理论。由于黑林的理论认为锥体细胞能感受红、绿、黄、蓝四种颜色，因而也称为四色说。黑林认为，视网膜中存在三对视素：黑-白视素、红-绿视素、黄-蓝视素。它们在光刺激的作用下表现为对抗的过程，黑林将其称为同化作用和异化作用。例如，在有光刺激时，黑-白视素异化，产生白色经验；在没有光刺激时，黑-白视素同化，产生黑色经验。同理，在红光刺激下，红-绿视素异化，产生红色经验；在绿光刺激下，红-绿视素同化，产生绿色经验；在黄光刺激下，黄-蓝视素异化，产生黄色经验；在蓝光刺激下，黄-蓝视素同化，产生蓝色经验。

拮抗加工理论也得到了一些实验证据的支持。那么，哪一种色觉理论是正确的呢？回答是：两种理论都正确。三色理论适用于对视网膜机制的解释。拮抗加工理论解释的是信息在离开眼睛之后视觉通道上所记录的事件。所以说，两种理论各有千秋。大量的研究事实使我们相信，在视网膜上存在着三种锥体细胞，分别对不同波长的光敏感。而在视觉系统更高级的水平上，存在着功能对立的细胞，颜色的信息加工表现为对立的过程。因而，三色理论解释了在有光刺激时，眼睛中发生了什么，拮抗加工理论解释了信息在到达大脑的过程中是如何被分析的，因此，二者的结合能够更好地解释颜色视觉。

四、视觉现象

（一）颜色混合和色觉缺陷

颜色是光波作用于人眼所引起的视觉经验。在日常生活中，有广义和狭义的颜色。广义的颜色包括非彩色（白色、黑色和各种不同程度的灰色）和彩色（如红、绿、黄、蓝等）；狭义的颜色仅指彩色。对于颜色感觉心理现象的系统理论解释，主要有以下两种学说：

1. 颜色混合

在日常生活中，我们看见的几乎都是含有不同波长的混合光。而这种混合效应下所得到的色觉经验，称为**颜色混合**（color mixture）。从牛顿时代起，人们就开始研究颜色的混合并企图找出颜色混合的规律。现已确定的颜色混合规律主要有以下三条：

（1）互补律：每一种颜色都有另一种同它相混合而产生白色或灰色的颜色。这两种颜色称为互补色。例如，红色和浅青绿色、橙黄色和青色、黄色和蓝色、绿色和紫色等，都是互补色。

（2）间色律：混合两种非互补色，便产生一种新的介乎它们之间的中间色。例如，红色与蓝色混合产生紫色，红色与黄色混合产生橙色，等等。

（3）代替律：相混合的两种颜色都可以由不同颜色混合后产生的相同颜色来代替。代替律说明，只要感觉上颜色是相似的，就可以互相代替，得到相同的视觉效果。例如，A 色+B 色=C 色，若 X 色+Y 色=B 色，则混合可以替换为 A 色+（X 色+Y 色）=C 色，替代的视觉效果是相同的。

这里我们所讨论的是不同波长的光在视觉系统中的混合，而不是颜料在调色板上的混合。

颜色混合可分为两种：色光混合和颜料混合。色光混合是将具有不同波长的光混合在一起。如将波长 700 nm 的光与波长 570 nm 的光混合得到橙色光线，将光谱上各种波长的光用透镜聚集起来得到白光等。颜料混合是指颜料在调色板上的混合，或油漆、油墨的混合，如将红色与黄色的颜料混合配成橘红色，把各种颜色的颜料混合得到黑色等。

这两种混合有着本质的区别：前者是一种加法过程，是不同波长的光线同时作用于视网膜，在视觉系统中实现的混合；后者是由于某些波长的光线被吸收而引起的，是一种减法过程，即将两种颜料混合之后作用于视觉系统引起的。

2. 色觉缺陷

色觉缺陷包括色弱和色盲。色觉正常的人可以用三种波长的光来匹配光谱上任何其他波长的光，因而称三色觉者。**色弱**（color weakness）患者虽然也能用三种波长来匹配光谱上任一波长，但他们对三种波长的感受性均低于正常人。在刺激光较弱时，这些人几乎分辨不出任何颜色。色弱患者在男性中占 6%，是一种常见的色觉缺陷。

色盲（color blindness）可分为局部色盲和全色盲两类。局部色盲包括红-绿色盲和蓝-黄色盲。前者是最常见的色盲类型，后者则少见。红-绿色盲的人在光谱上只能看到蓝和黄两种颜色，即把光谱的整个红-橙-黄-绿部分看成黄色，把光谱的青-蓝-紫部分看成蓝色。蓝-黄色盲的人把整个光谱看成红和绿两种颜色。全色盲的人只能看到灰色和白色，丧失了对颜色的感受性。这种病人很少见，在人口中只占 0.001%。

（二）视敏度

视敏度（visual acuity）是指视觉系统对物体形态进行精细辨别的能力，一般以能够辨别两个点或两条平行线之间的最小距离为其衡量标准。视敏度的大小通常用视角大小来表示。所谓视角是指物体的大小与眼球光心所形成的夹角。视角大小取决于物体的大小及物体离眼睛的距离。若视角太小，在视网膜上形成的两点像距太近，人眼就很难区分出来。一般正常人眼能够分辨的最小视角约为 1′。

视敏度即视力，常用来测定视敏度的视标有 C 字形和 E 字形。视力的差异比较大，因人而异，达到 1.5 或 1.5 以上为好的视力，其计算公式是：

$$V=D'/D$$

其中 V 为视力，D' 为标准观察距离（5 m），D 是良好照明条件下能够分辨的视标细节单位与眼睛呈 1′视角时的所在距离。

影响视敏度的因素很多，例如，眼睛的折光能力、光线的强弱等。近视眼、远视眼和散光眼，都表明视敏度低于正常人的眼睛。光线较暗、图形与背景的反差较小也都会影响视敏度。因此在进行视敏度检查时，必须用标准的视敏度表，并确保有足够的亮度。

（三）视觉后象和闪光融合

对感受器的刺激作用停止以后，感觉并不立即消失，还能保留短暂的一段时间。这种在刺激作用停止后暂时保留的感觉印象，称为**后象**（after-image）。后象在视觉中表现特别明显。视觉后象有两种：正后象和负后象。后象的品质与刺激物相同称为正后象；后象的品质与刺激物相反称为负后象。请你在灯前闭上眼睛 2～3 min 后，睁开眼睛注视电灯 3 s，再闭上眼睛，就会看见眼前有一个灯的光亮形象出现在暗的背景上。因为后象和灯一样，都是亮的，即品质相同，所以称为正后象。随着正后象出现以后，如果继续注视，就会看见一个黑色的形象出现在亮的背景上，因为后象和灯光在品质上是相反的，所以称为负后象。彩色视觉也有后象，一般为负后象。例如，注视一个红色的正方形之后，再看一张灰白纸，在这张灰白纸上就可以看到一个蓝绿色的正方形。彩色的负后象是原来注视色的补色。

后象可以使断续的光刺激引起连续的感觉，但是断续的光刺激必须达到一定的频率。刚刚能引起连续感觉的光刺激的最小频率，称为**闪光融合临界频率**或**闪烁临界频率**（critical flicker frequency，CFF）。这时产生的心理效应是闪光融合现象，即当断续的光刺激达到临界频率时，看到的不再是闪光而是融合的、不闪烁的光。例如，当闪电频率不少于 50 Hz、日光灯闪动频率不少于 100 Hz 时，我们是看不出它们在闪烁的。

在中等光强度下，视觉后象保留的时间大约是 0.1 s。因此，一个闪烁的光源频率超过 10 Hz，就会产生闪光融合现象。但是临界闪光频率还要受许多主客观条件的影响。

例如，光的强度、波长、光落入视网膜的位置和机体的生理、心理状态等都会影响临界闪光频率。

□□□ 第四节 听觉

除视觉外，人的另一种重要的感觉就是**听觉**（hearing）。就像光一样，声音也可提供周围环境的信息。如果没有音乐、海洋和大风呼啸的声音，或者家人和朋友的声音，我们的生活将会变成什么样？声音告诉我们有人在后面、一辆汽车正开过来，或者两岁的小孩在淘气……也许最重要的是，声音能使我们通过语言和歌声进行交流。因此，听觉在人类和动物的生存适应行为中十分重要。

一、听觉刺激

声波振动鼓膜产生的感觉就是听觉。声音产生于物理基础上的振动。在弹性媒质中物体振动所激起的纵波称为声波。听觉是对声波物理特征的反映。引起听觉的适宜刺激是频率（发声物体每秒振动的次数）为 16～20 000 Hz 的声波，其中 1 000～4 000 Hz 是人耳最敏感的区域。频率低于 16 Hz 的振动是次声波，高于 20 000 Hz 的振动是超声波，次声波和超声波都是人耳不能接收的。

[拓展阅读]
声音定位

声波的物理性质包括频率、振幅和波形。频率是指发声物体每秒振动的次数，单位是赫兹（Hz）。不同声音的频率不同。成年男性的语音频率低，而女性和儿童语音的频率高。一般情况下，低频率的声音传播的距离远，而高频率的声音传播的距离近。比如我们可能听不到邻村公鸡的打鸣声，却可以听到天上打雷的声音。

振幅是指振动物体偏离起始位置的大小。声波的振幅就是声波的压力，以波的高度表示。发声体振幅大小不一样，它们对空气形成的压力大小也不一样。振幅大、压力大，我们听到的声音就强；振幅小、压力小，我们听到的声音就弱。

波形是指声波的形状。声波最简单的形状是正弦波。由正弦波得到的声音称为纯音。在日常生活中，人们听到的大部分声音不是纯音，而是复合音，是由不同频率和振幅的正弦波叠加而成的。

声波的这些物理特性，决定了听觉的基本特性：音调、响度和音色。

根据发声体的振动是否有周期性，声音还可分成乐音和噪声。乐音是周期性的声波振动，噪声是不规则的、无周期性的声波振动。乐音有益于人体健康，能帮助人消除疲劳、振奋精神、治疗疾病。太强的噪声一般有损于人体健康，使人头晕目眩、注意力分散、工作效率下降。但也有人指出，噪声能提高某些工作的工作效率。

二、听觉的生理机制

（一）耳的构造和功能

人的听觉器官是耳朵。它由外耳、中耳和内耳三部分组成（见图 3-7）。

外耳包括耳郭和外耳道。它的作用主要是收集声音。

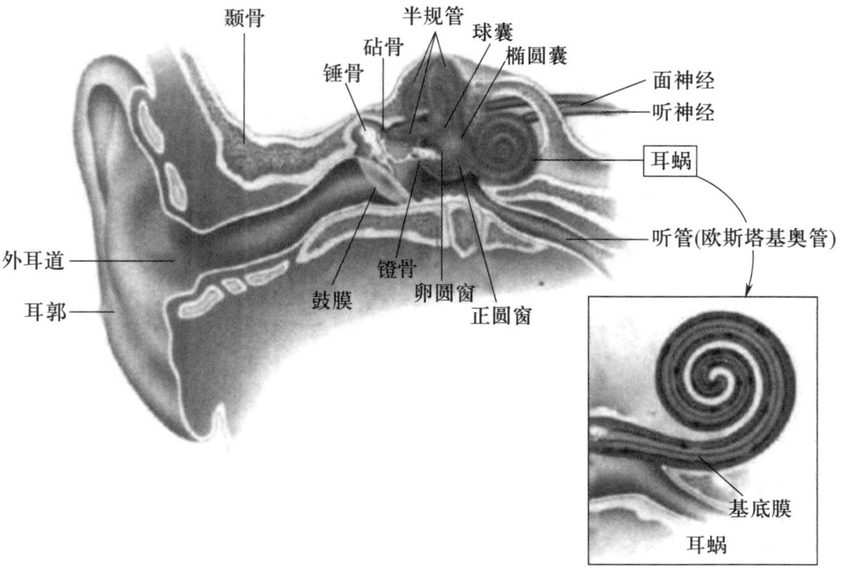

图 3-7 人耳的构造

中耳由鼓膜、三块听小骨（锤骨、砧骨和镫骨）、卵圆窗和正圆窗组成，功能是传导声音。当声音从外耳道传至鼓膜时，引起鼓膜的机械振动，鼓膜的运动带动三块听小骨，把声音传至卵圆窗，引起内耳淋巴液的振动。声音的这条传导途径称为生理性传导。声音的传导途径还有空气传导和骨传导。空气传导是指鼓膜振动引起中耳室内空气振动，然后经由正圆窗将振动传入内耳。骨传导是指声波从颅骨传入内耳。骨传导效率差，却很好地排除了体内各种噪声的干扰。

内耳由前庭器官和耳蜗组成。耳蜗是听觉的感觉器官。耳蜗分为三部分：鼓阶、中阶和前庭阶。位于鼓阶与中阶之间的基底膜上的柯蒂氏器包含大量支持细胞和毛细胞。毛细胞是听觉的感受器。

耳功能的病变即耳聋可以分为传导性耳聋、神经性耳聋和刺激性耳聋三种主要类型。

传导性耳聋（conductive deafness）是由于耳鼓膜到内耳的声音传输障碍造成的。在许多情况下，传导性耳聋患者可以使用助听器，使声音增大和变得清晰。

神经性耳聋（nervous deafness）是由于毛细胞或听神经受到了损害造成的。助听器对神经性耳聋没有帮助，但一种新的人工听觉系统正在使神经性耳聋者听到声音成为可能。这种系统的制造原理就是绕开毛细胞而直接刺激听神经。

刺激性耳聋（stimulative deafness）是神经性耳聋的一个特殊类型，往往是由于特殊的工作、爱好、经历所引起的，即某种非常大的声音损伤了耳蜗中特定区域的毛细胞。如果长期在一个噪声污染环境中工作、开大音量听音乐、喜欢骑摩托车或打猎，就有可能患上刺激性耳聋。

（二）听觉的传导机制和中枢机制

毛细胞的轴突离开耳蜗组成了听神经，即第八对脑神经。毛细胞的兴奋就沿着听神经向大脑传递。听觉传导通路主要由三级神经元组成：第一级神经元是螺旋神经节的双极细胞；由耳蜗神经核起始的是第二级神经元；由内侧膝状体起始的是第三级神经元。

与视觉系统不同，听觉系统为大脑皮质提供了同侧和对侧的输入，以对侧为主。因此在皮质的每个耳蜗神经核中都有双向的表征。

人类听觉的中枢投射区在颞叶的初级听觉区（A1 或称布罗德曼 41 区）和二级听觉区。人类听觉系统的二级听觉区可能对言语声音敏感（Kolb & Whishaw，1996）。

三、听觉的基本现象

（一）音调、响度和音色

1. 音调

音调（pitch）是由声波的频率决定的听觉特性。一般来说，声波振动频率越大，听起来音调越高；反之则音调越低。音乐的音调一般为 50～5 000 Hz，言语的音调一般为 300～5 000 Hz。人的听觉的频率范围为 16～20 000 Hz。其中1 000～4 000 Hz 是人耳最敏感的区域，16 Hz 是人能听到的音调的下阈，20 000 Hz 是人能听到的音调的上阈。当频率约为 1 000 Hz、响度超过 40 dB 时，人耳能觉察到的频率变化范围为 0.3%。也就是说，人耳能够分辨 1 000 Hz 与 1 003 Hz 两种音调的差别，这是音调的差别阈限。

音调是一种心理量。它与声波的物理特性——频率的变化不完全对应。在 1 000 Hz 以上，频率与音调的关系几乎是线性的，音调的上升低于频率的上升；在 1 000 Hz 以下，频率与音调的关系不是线性的，音调的上升快于频率的变化。音调不仅取决于频率的高低，还受到一系列其他因素的影响，如声音的持续时间、声音强度和复合音的音调等。声音刺激都至少要持续一定的时间（低频声音的持续时间要比高频声音的持续时间要长）才能引起听觉。

人耳怎样分析不同频率的声音，产生高低不同的音调？19 世纪以来，科学家们提出了各种不同的学说。

（1）听觉频率理论

听觉频率理论是 1886 年由物理学家罗瑟福德（W. Routherford）提出来的。该理论认为，内耳的基底膜是和镫骨按相同频率运动的。振动的数量与声音的原有频率相适应。如果我们听到一种低频率的声音，连接卵圆窗的镫骨每次振动次数较少，因而基底膜的振动次数也较少；如果声音的频率高，镫骨和基底膜都将发生较快的振动。基底膜与镫骨的这种关系，类似于电话机的送话机和收话机的关系，因而该理论也称电话理论。

但这个理论不能完全解释人耳对声音频率的分析。因为人耳基底膜不能做 1 000 Hz 以上的快速运动。这与人耳能够接受超过 1 000 Hz 以上的声音不相符。

（2）位置理论

这是亥姆霍兹提出的一种理论。他认为，由于基底膜的横纤维长短不一，靠近蜗底较窄、靠近蜗顶较宽，因而就像一部竖琴的琴弦一样，能够对不同频率的声音产生共鸣。短纤维对高频率的声音发生共鸣；长纤维对低频率的声音发生共鸣。人耳的基底膜约有 24 000 条横纤维，它们分别对不同频率的声音产生反应。基底膜神经纤维的振动转化为神经兴奋，传到听觉中枢便产生了不同音调的听觉。

这种理论有一定的依据，但并不充分。人耳能够接受的频率范围为 16～20 000 Hz，最高频率与最低频率之比约为 1 000：1，而基底膜上横纤维的长短之比仅为 10：1。可见，横纤维的长短与频率的高低之间并不对应。

（3）行波理论

20 世纪 40 年代，著名生理学家贝克西（V. Bekesy）发展了亥姆霍兹的位置理论的合理部分，提出了新的位置理论——行波理论。

贝克西认为，声波传入人耳将引起整个基底膜的振动。振动从耳蜗底部开始，逐渐向蜗顶推进，振动幅度也随之逐渐增高。振动运行到基底膜的某一部位，振幅达到最大值，然后停止前进而消失。外来声音频率不同，基底膜最大振幅所在部位也不同。声音频率低，最大振幅接近蜗顶；声音频率高，最大振幅接近蜗底，从而实现了对不同频率的分析。

这种理论正确描述了 500 Hz 以上声音引起的基底膜运动，但难以解释 500 Hz 以下的声音对基底膜的影响。所以，有人认为，声音频率低于 500 Hz，频率理论是对的；声音频率高于 500 Hz，行波理论适用。

（4）神经齐射理论

1949 年，韦弗尔（E. G. Wever）提出了神经齐射理论。这种学说认为，当声音频率低于 400 Hz 时，听神经的个别纤维的发放频率是和声音频率对应的。声音频率提高，个别神经纤维无法单独对它作出反应。在这种情况下，神经纤维将按齐射原则发生作用。个别纤维具有较低的发放频率，它们联合“齐射”就可以对频率较高的声音作出反应。韦弗尔指出，用齐射原则可以对 5 000 Hz 以下的声音进行频率分析。而声音频率超过 5 000 Hz，行波理论是对频率进行编码的唯一基础。

2. 响度

响度（loudness）是指声音的强弱程度，主要由声波的振幅决定。振幅越大，声音的响度越大；振幅越小，声音的响度也越小。测量响度的单位是分贝（dB）。生活中，耳语声的响度是 20 dB，普通谈话的响度是 60 dB，交通繁忙的街道的响度是 80 dB，响雷的响度是 120 dB。长时间处于 85 dB 以上环境中的人会产生听力损伤。当声音的响度超过 140 dB 时，所引起的不再是听觉，而会让人感到耳内不舒适、发痒甚至发痛。

3. 音色

音色（timbre）是指声音的特色，由声波的波形决定。例如，即使胡琴和小提琴发出相同音高、相同响度的声音，听起来还是两种不同的声音，这种差别就是音色的差别。由于声音具有各种不同的特色，我们才可能辨别不同的发音体。

（二）声音的混合

两个声音同时传到同一个耳朵，结果会产生三种情况：

如果两个声音的强度一致而频率略有不同，我们听到的就是两音频率的差数，称为拍音。拍音是一种音响一升一降的起伏音。

如果两个声音强度大而频率也相差较大，如频率的差数在 50 Hz 或 50 Hz 以上时，我们听到的是一种混合音，即在原音之外还能听到一种或几种声音。混合音分为差音与和音两种，前者为两原音频率之差，后者为两原音频率之和。例如，两原音分别为 700 Hz 和 1 200 Hz，所产生的差音为 500 Hz，和音为 1 900 Hz。

如果两个声音的强度相差较大，只能听到其中一个，则称为声音的掩蔽。所谓声音的掩蔽是指由于同时起作用的其他声音的干扰而使一种声音的听觉阈限上升的现象。声音的掩蔽有三种：① 纯音掩蔽纯音；② 噪声掩蔽纯音；③ 纯音和噪声对语音的掩蔽。

声音的掩蔽现象在通信工程、军事及生产中具有重大的实用意义。

□□□ 第五节 其他感觉

除视觉和听觉外，肤觉、嗅觉、味觉和内部感觉对人类的生存适应也很重要。

一、肤觉

刺激作用于皮肤引起的各种各样的感觉称为**肤觉**（skin sensation）。

一般把肤觉分为触压觉、冷觉、温觉和痛觉等。触压觉、冷觉、温觉和痛觉的感受器在皮肤上呈点状分布，称为触压点、冷点、温点和痛点。身体的不同部位，各种感受器的数目也不尽相同。皮肤是人类最大的感觉系统。人的皮肤的表面积约为 2 m^2。

（一）触压觉

由非均匀的压力在皮肤上引起的感觉称为触压觉。触压觉包括触觉和压觉。当机械刺激作用于皮肤表面而未引起皮肤变形时产生的感觉是触觉，如有视觉障碍的人利用触觉，通过盲文来阅读和书写；当机械刺激使皮肤表面变形但未达到疼痛时产生的感觉是压觉。皮肤的不同部位对相同的机械刺激引起的触压觉的敏感性是不同的，额头、眼皮、舌尖、指尖较敏感，手臂、腿次之，胸腹部、躯干的敏感性较低。

（二）温度觉

温度觉是指皮肤对冷、温刺激的感觉。温度觉的适宜刺激是皮肤表面温度的变化。温度觉包括冷觉和温觉两种。冷觉和温觉的划分以生理零度为界限。生理零度是指皮肤的温度，随环境温度的变化而变化。温度刺激高于生理零度，引起温觉；温度刺激低于生理零度，引起冷觉；温度刺激与生理零度相同，则不能引起冷觉和温觉。人体不同部位的生理零度不同，面部为 33 ℃，舌下为 37 ℃，前额为 35 ℃。当温度刺激超过 45 ℃时，会使人产生热甚至烫的感觉，这种感觉是温觉和痛觉的复合。

（三）痛觉

痛觉是由伤害有机体的刺激所引起的感觉。引起痛觉的刺激很多，包括机械的、物理的、化学的、温度的和电的刺激。痛觉对有机体具有保护作用。天生无痛觉的人往往寿命不长，因为他们体会不到因机体受伤或不适而产生的痛觉，因而不会主动去为防止受伤或医治自己的身体而努力。不仅是皮肤，全身各处的损伤或不适都会引起痛觉。因此，痛觉既可以是外部感觉，又可以是内部感觉。痛觉常伴有生理变化和情绪反应。皮肤痛定位准确；肌肉痛、关节痛定位不准确；内脏痛定位不准确且具有弥散性的特点。影响痛觉的因素很多，我们可以通过药物、电刺激、按摩、催眠、放松训练、分散注意力等方法减轻痛觉。我国学者研究表明，人体皮肤对痛觉的敏感性在一年中会经历两次周期性的变化，春秋两季比夏冬两季要迟钝，其原因尚不明了。

二、嗅觉和味觉

（一）嗅觉

某些物质的气体分子作用于鼻腔黏膜时产生的感觉称为**嗅觉**。

引起嗅觉的适宜刺激是有气味的可挥发性物质，接受嗅觉刺激的感受器是鼻腔黏膜的嗅细胞。有气味的气体物质作用于嗅细胞，细胞产生兴奋，经嗅束传至嗅觉的皮质部位（位于皮质侧面的海马回前部），因而引起嗅觉（见图 3-8）。很难对嗅到的气味进行分类。目前常用的分类法是将气味分为芳香味、果酸味和辛酸味。嗅觉阈限受许多因素的影响。作用的气味物质不同，嗅觉的绝对阈限也不同。例如，空气中含 0.000 000 66 mg/L 的乙硫酸（烂白菜味）就能嗅到，而四氯化碳（甜味）则需空气中含 4.533 mg/L 才能嗅到。

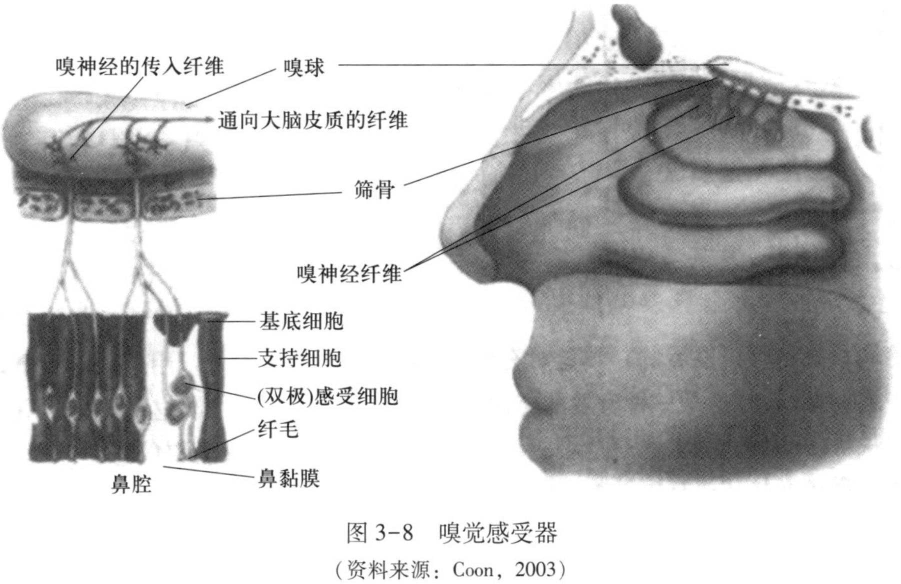

图 3-8　嗅觉感受器

（资料来源：Coon，2003）

许多动物要借助嗅觉来寻找食物、躲避危险、寻求异性。人的嗅觉已退居较次要的地位。例如，德国牧羊犬的嗅觉比人类的嗅觉敏锐 100 万倍。即使是这样，嗅觉仍为人类生存提供了重要的信息。例如，有毒的、腐烂的物质常伴有难闻的气味，这对于想食用它们的人来说是一种警告。人的嗅觉受多种因素的影响，如刺激物的作用时间、机体生理状态、空气的温度和湿度等。温度过高或过低、空气湿度太低、机体感冒等，都会降低嗅觉的敏感性。

研究表明，嗅觉刺激可以唤起人们的记忆和情绪。做词汇练习时闻着巧克力香味的学生，第二天回忆词汇时，再次提供巧克力香味比不提供巧克力香味回忆的词汇要多。芳香的气味可以使人心情好，增强自信，提高工作效率。

（二）味觉

可溶性物质作用于味蕾引起的感觉称为**味觉**。如果用干净的手帕将舌头擦干，然后将冰糖或盐块在舌头上摩擦，这时你感觉不到任何味道，甚至可以把奎宁撒在干舌头上，只要唾液不溶解它，都不会感觉到苦味。引起味觉的适宜刺激是可溶性物质，接受味觉刺激的感受器（见图 3-9）是位于舌表面、咽后部和腭上的味蕾。

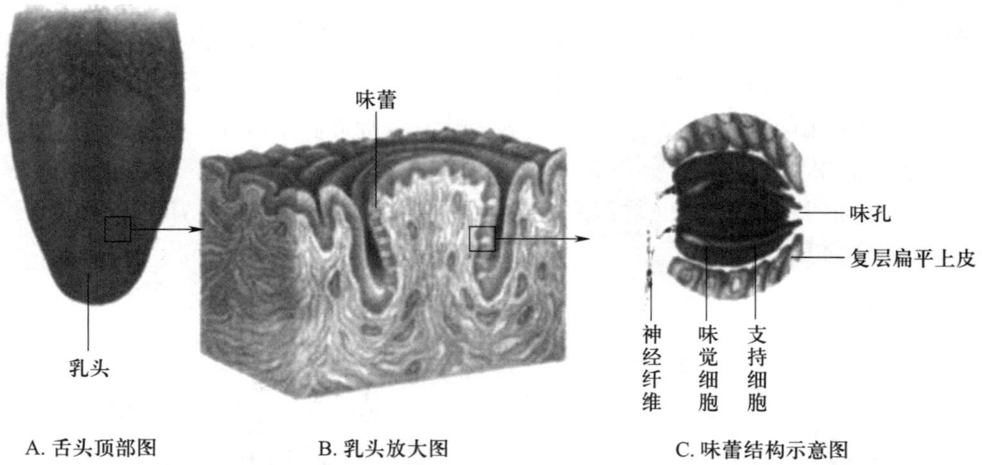

图 3-9　味觉感受器

（资料来源：Gerrig，2002）

味蕾的再生能力很强，所以即使因吃热的食物烫伤了舌头，也不会对味觉有太大影响。但是随着年龄的增长，味蕾的数量会逐渐减少，因此人的味觉敏感性会逐渐降低。吸烟、喝酒会加速味蕾的减少，进而加速味觉敏感性的降低。人的基本味觉有甜、酸、苦、咸四种，其他味觉都是由这四种味觉混合而来的。舌尖对甜味最敏感，舌的两侧对酸味最敏感，舌后部对苦味最敏感，舌中对咸味最敏感。食物的温度对味觉敏感性有影响。一般来说，食物的温度在 20～30 ℃时，味觉敏感性最高。机体状态也会影响味觉敏感性，饥饿的人对甜、咸较敏感，对酸、苦不太敏感。

巴特舒克（Bartoshuk，1993）研究发现，人类因味觉引起的情绪反应是固定的。把甜的或苦的食物放在新生儿的舌头上时，新生儿的舌头和面部反应与成人一致。没有舌头的人仍有味觉，味觉感受器在嘴的后部和顶部。如果舌头的一边失去味觉，我们不会注意到，因为舌头的另一边会对味觉刺激非常敏感。大脑难以对味觉进行定位，虽然舌头中间的味蕾较少，但我们体验到的味觉来自整个舌头。某些有营养的物质不能引起味觉，如脂肪、蛋白质、淀粉及维生素等。

三、内部感觉

内部感觉（internal sensation）是指反映机体内部状态和内部变化的感觉，包括动觉（运动觉）、平衡觉（静觉）和机体觉（内脏感觉）。

（一）动觉

反映身体各部分运动和位置的感觉称为动觉。引起动觉的适宜刺激是身体运动和姿势的变化，接收动觉刺激的感受器位于肌肉、韧带、关节等的神经末梢。凭借动觉，我们可以行走、劳动，还可以进行各种体育活动，完成各种复杂的运动动作；凭借动觉与触觉、压觉等的结合，我们可以认识物体的软硬、弹性、远近、大小、滑涩等特性。

（二）平衡觉

反映头部位置和身体平衡状态的感觉称为平衡觉，也称静觉。引起平衡觉的适宜刺激是身体运动时速度和方向的变化，以及旋转、震颤等，接受平衡觉刺激的感受器位于内耳的前庭器官，即椭圆囊、球囊和三个半规管。平衡觉的作用在于调节机体运动、维持身体平衡。平衡觉与视觉、机体觉有联系，当前庭器官受到刺激时，视野中的物体仿佛在移动，我们会产生眩晕、恶心、呕吐等感觉。因此，从事航空、航海、舞蹈职业的人要先进行平衡觉的检查。

（三）机体觉

机体觉也称内脏感觉，是机体内部器官受到刺激时产生的感觉。引起机体觉的适宜刺激是机体内部器官的活动和变化，接受机体觉刺激的感受器分布于人体各脏器的内壁。机体觉在调节内部器官的活动中具有重要作用，它能及时地反映机体内部环境的变化、内部器官的工作状态。当人体的内部器官处于健康、正常的工作状态时，一般不会产生机体觉。机体觉的表现形式有饥、渴、气闷、恶心、窒息、便意、性、胀、痛等。

□ 原理应用

感觉剥夺的应用

长时间的感觉剥夺会让人难以忍受，甚至产生不同程度的心理功能紊乱。但有研究发现，适度的感觉剥夺可以起到缓解压力的作用。有研究者基于此提出了限制环境刺激疗法（restricted environmental stimulation therapy，REST）。该疗法认为一小时左右的感觉剥夺会让人感到放松、愉悦，并体现在血压、心率、呼吸频率、肌电和肾上腺活动等监控参数的变化上。随后有商家发明了感觉剥夺水箱，这种水箱隔音、隔光，水温接近人的体温，通过在水中加入无色无味的化学物质，使水的密度增大，人可以毫不费力地躺在水面上。人在水箱中可以切断所有感官输入，从而让身体深度放松，体会与世隔绝的感觉。

□ 复习与思考

1. 什么是感觉？感觉在人类的生活和工作中有什么意义？
2. 试分析感觉阈限与感受性之间的相互关系。
3. 感觉有哪些基本规律？试举例说明。
4. 试说明暗适应与明适应的特点及机制，了解视觉适应在生活中有什么重要意义。
5. 简要评述听觉的频率理论和位置理论。
6. 肤觉在人类生活中有什么意义？
7. 除视觉和听觉外，还有哪些感觉？它们各自有何特点？
8. 回忆本章内容，画出本章核心内容的概念图，与同伴进行交流分享后，加以完善。

□ 推荐阅读

[1] 郭秀艳，2019. 实验心理学［M］. 北京：人民教育出版社.

[2] 格里格，津巴多，2016. 心理学与生活：第 19 版［M］. 王垒，等译. 北京：人民邮电出版社.

第四章 知　　觉

学习本章内容，将有助于你对以下问题的理解与思考：

- 什么是知觉？
- 知觉的类型有哪些？
- 知觉有什么重要特性？
- 知觉的对象与背景的关系怎样？
- 双眼视差在空间知觉中起什么作用？
- 影响时间知觉的因素有哪些？
- 似动知觉有哪些？
- 什么是错觉，错觉产生的原因有哪些？

肯基在位于赤道附近一个叫俾格米（Pygmy）的非洲部族中长大，自出生以来就只居住在茂密的热带森林中。有一天，他第一次和人类学家托恩布尔（C. Turnbull）一同乘车穿越一片开阔的平原。后来，托恩布尔这样描述肯基的反应：

“肯基远眺平原上几公里以外一百头左右正在吃草的一群野牛，问我那是哪一种昆虫。我告诉他它们是比他所知道的森林野牛大一倍的野牛。肯基大笑着让我别说这样的蠢话，并再次问我它们是哪一种昆虫。然后他自言自语，试图把那些野牛比作他熟悉的那些甲虫和蚂蚁。当我们坐上汽车向这些野牛吃草的地方行进时，肯基还在作这样的比较。尽管肯基和其他俾格米人一样勇敢，但当他看到那些野牛变得越来越大时，还是离我越来越近，嘴里嘀咕着说一定有什么魔力……终于，当他认识到它们真的是野牛时，他不再害怕了，但仍然感到困惑，为什么刚才它们看起来那么小，是否刚才真是那么小而现在突然变大了，或者是不是有什么骗术?”（Turnbull，1961）

肯基的故事说明了一个人的经历对其知觉的影响。因为肯基出生后只居住在热带森林中，他没有先验的知识来立刻解释到达他眼中的感觉信息——远处物体上反射的光线。在上一章中我们已经了解到，我们所处的环境中充满了光波和声波，但是那并不是我们体验世界的方式。我们看到的不是光波，而是墙上的海报；我们听到的不是声音，而是广播中的音乐。感觉只是“演出”的开始，还需要更多的东西才能使刺激变得有意义和有趣，而最重要的是我们能作出有效的反应。在本章中，你将学习到什么是知觉，自己的知识如何影响你真实知觉外界客观事物；了解知觉的基本特性，包括知觉中对象和背景的关系、整体与部分的关系、理解在知觉中的作用和知觉的恒常性等；学习到空间知觉、时间知觉、运动知觉的一些基本知识，以及知觉的一种特殊形态——错觉及其成因等内容。

□□□ 第一节　知觉概述

感觉能够将外界输入的信息转换成大脑能理解的信号，但仅凭感觉我们不能对客观世界进行合理解释，还需要大脑对这些感觉信息进一步整合并赋予其意义。我们行走在林荫道上，不仅看到各种颜色、听到各种声音、闻到各种气味，而且可以认识到这是美丽的街心花园，那是汽车在行驶，人群川流不息，即在我们大脑中产生了花园、汽车、人群的整体形象，这就是知觉。知觉和感觉一样，都是刺激物直接作用于感觉器官而引起的，都是我们对现实的感性反映。离开了刺激物对感觉器官的直接作用，人既不能产生感觉，也不能产生知觉。

一、什么是知觉

知觉（perception）是直接作用于感觉器官的事物的整体属性在大脑中的反映，是人对感觉信息进行组织和解释的过程。

知觉是人对感觉信息进行组织的过程。外部世界的大量刺激冲击我们的感官，我们倾向于有选择地输入信息，把感觉信息整合、组织起来，形成稳定、清晰的完整映像。在日常生活中，我们很少意识到孤立的感觉，大脑总是不断地对感觉信息加以组织。例如，听觉刺激是一个复杂的序列，被我们知觉为言语、流水声或汽车声，即组织成有意义的声音。对于其他感觉信息，我们也是将其组织成有意义的事物。这种组织功能主要依靠我们过去的经验。

知觉也是人对感觉信息进行解释的过程。我们在知觉一个客体时总是根据自己的经验把它归为某一类，说出它的名称或赋予它某种意义。知觉的产生以大脑中的感觉信息为前提，并且与感觉同时进行。知觉属于高于感觉的感性认识阶段。

二、感觉和知觉的关系

个体对世界的认识首先要通过感觉和知觉进行。感觉和知觉是个体接受内外刺激信息的通道，其他所有高级的认识活动都要以此为基础。通过感觉和知觉，个体可以积累丰富的感性经验，形成生动的表象，并在此基础上对事物进行一系列心理加工，从而逐渐认识事物的本质及事物之间的规律性联系。同时，感觉和知觉的正常发展还是保证个体心理健康的前提。在日常生活中，感觉和知觉几乎融合在一起同时发生，通常不加以严格区分。在心理学发展史上，研究者曾经对感觉和知觉的区分进行过争论。目前，从感知觉产生的生理心理过程分析，感觉和知觉是两个紧密联系而又不同的心理活动过程。

（一）感觉和知觉的联系

感觉和知觉都是由事物直接作用于感觉器官产生的，一旦客观事物离开感觉器官的所及范围，感觉和知觉就会随即停止。两者所反映的都是具体事物的外在现象或形象，同属于认识活动的初级阶段，即感性认识阶段。

事物的个别属性和事物整体不可分割，因而感觉和知觉也密不可分，纯粹的感觉在现实生活中一般是不存在的。任何一种单独的属性或特性，总是作为一定事物或对象的属性或特性而存在的。例如，红色总是作为苹果的红色、火焰的红色、玫瑰的红色或其他具体事物的红色而存在和被人感知。我们看到红色的同时，也看到了具体事物本身。可以说，感觉是知觉的基础，知觉是感觉的深化。

（二）感觉和知觉的区别

首先，两者所反映的内容不同。感觉反映的是事物的个别属性，知觉反映的则是事物的整体属性。知觉虽然以感觉为基础，但知觉要比感觉复杂得多，它并不是感觉的简单集合。例如，看到一个正方形，获得的感觉信息是四条线段，但并不是将这四条线段的感觉简单相加就可得到正方形的知觉。

其次，感觉是单个分析器作用的结果，知觉则需要多个分析器共同作用。同时，知觉还要受个体已有知识经验的影响。例如，一个从未见过电脑的人面对电脑时不可能知道它是什么；而看到一句非常熟悉的话，就算中间缺了一两个字，我们也依然知道写的是什么。

因此，感觉和知觉是不同的心理过程，两者既有本质的区别，又有密切的联系。

专栏 4-1

感觉和知觉组织的分离

理查德博士是一位受过良好训练和富有经验的心理学家。不幸的是，他的大脑受到了损伤，并改变了他对世界的视觉经验。但幸运的是，脑损伤并没有影响他的大脑语言中枢，因此他能相当清楚地描述脑损伤后不同寻常的视觉经验。总体而言，脑损伤似乎影响了他整合感觉信息的能力。理查德博士说，当视野中有几个人而他看其中的一个时，有时会把这个人的某些部分看成分离的，而不是属于同一个单一的整体。他在把声音和同一个视觉事件结合时也有一定的困难。当看一个人唱歌时，他可以看到嘴在运动并听到声音，但是声音好像来自一部电影中的配音。

要把事件的各部分看成一个整体，理查德博士需要某些起“胶水”作用的东西。例如，当被看成碎片的那个人走动时，其身体的所有部分都往同一个方向运动，理查德博士这时就能把那些碎片知觉成同一个人。即使在这时，知觉“胶水”有时也会产生荒谬的结果。理查德博士常常把空间上分离但具有相同颜色的物体，如香蕉、柠檬、金丝雀等，看成一起的。在人群中穿相同颜色衣服的人看起来会融合到一起。理查德博士的视觉经验被解体、切碎，变得很奇怪，与他的大脑受损之前大不一样（Marcel，1983）。

理查德博士的眼睛和分析刺激物体性质的能力没有任何问题，他能准确地看清物体的部分或性质。确切地讲，他的问题发生在整合，即把感觉信息的碎片结合到一起形成对视觉环境中某一事件的完整和协调的知觉。他的病例是一个明显的感觉和知觉加工分离的例子。这个例子也提醒我们，尽管我们不知道感觉分析和知觉组织的工作方式以及它们是否真的在工作，但这两种过程一直在进行着。

（资料来源：格里格，津巴多，2003）

三、知觉的特性

人的知觉过程并不是感觉材料的简单堆积，而是一个有组织、有规律的过程。想象一下，如果你不能把来自几百万个视网膜感受器输入的有用信息有效地组织起来，这个世界将会多么混乱不堪，就像你见过的万花筒里没有联系的色块在眼前晃动和旋转一样。把感觉信息组织到一起、使你有连续知觉的过程被称为知觉组织过程。个体经过这种知觉组织过程而经验到的东西被称为知觉的对象。知觉的基本特性包括选择性、整体性、理解性和恒常性。

（一）知觉的选择性

个体在知觉过程中通常要接受多种刺激，但我们并不是对所有的信息都进行反映。知觉总是有选择地把少数刺激当成知觉的**对象**（object），而把其他刺激当成知觉的**背景**（background），并进行清晰的反映。这种特性就是知觉的选择性。例如，教师在讲解黑板上的文字时，学生就会以黑板上的字为对象并对其清晰知觉，而教室里的其他事物则成为模糊的背景。正是由于知觉具有选择性，才使得个体在观察时能够把注意力集中到少数主要刺激或刺激的主要方面上，以更有效地认识事物。

知觉的对象和背景并不是固定不变的。在一种情况下作为知觉对象的刺激，会在另一种情况下成为背景，而原来是背景的刺激又会变成知觉的对象。对于两可图形的知觉来说，通过对不同知觉对象的选择，既可以把对象知觉为一种图形，也可以把这个图形知觉为背景。知觉的选择性使人能够在繁杂的刺激信息中迅速形成清晰、准确、丰富而完整的知觉内容。图 4-1 是对象—背景相互转换的两可图。注视图 4-1，我们看到的对象一会儿是花瓶，一会儿是两个面对面的人。看到花瓶时，两边是背景；看到两个人时，中间又成了背景。事实上这个图形在我们的视网膜上的成像是固定不变的，但人的知觉却能在两种可能的图形中灵活转换。

图 4-1 知觉的选择性

（资料来源：Rubin，1915）

知觉的选择性使人能够把知觉对象从知觉背景中分离出来并进行辨别和确认，它在工业生产、广告设计、军事和学生观察力的培养等实践领域具有广泛的应用价值。影响知觉选择性的因素包括客观和主观两个方面。

1. 客观因素

① 对象与背景之间的差别。对象与背景之间的差别越大，对象就越容易从背景中分离；反之则越困难。教师通常用红笔批改学生的作业，就是为了使学生较容易地将教师的批改从学生作业的背景中区分出来；书刊中的重要文句采用黑体字、大号字或加着重号，也是此道理。

② 对象的强度。相对强烈的刺激通常更容易被选择，因此，教师讲课的声音应保持一定的响度以维持学生的知觉。

③ 对象的活动性和新颖性。活动的、新颖独特的对象比静止的、单调的对象更容易被选择。例如，电影、幻灯片等活动的教具比黑板等静止的教具更容易被学生知觉，教师讲解理论时伴随生动的例证比单纯的理论灌输更易被学生接受。

2. 主观因素

个体自身的一些因素会影响其对知觉对象的选择，主要包括个体的需要、动机、兴趣、态度、定势和情绪状态、已有知识经验、观察和分析能力以及个体有无明确目的等。因此，教师应在了解学生特点的前提下开展教学活动。

知觉的选择性有助于进行直观教学和培养学生的观察力。通过长期的练习和经验的积累，个体可以提高对某一类对象的知觉分辨能力，而且这种知觉选择能力还可以迁移到其他的知觉辨认任务上。

（二）知觉的整体性

知觉系统倾向于把个别属性、个别部分综合成整体，即具有整体性。知觉的整体性是指人利用已有的经验，把直接作用于感觉器官的客观事物的属性、部分整合为一个整体加以识别的过程。人接受的客观事物的感觉信息是单一的、零散的，人可以通过知觉对这些感觉信息进行整合并从整体上把握该事物的特征。个体由此产生的知觉经验并不等于对各种感觉信息的简单相加，因为它具有各部分没有的新意义。知觉的整体性是将客观事物的各个部分、各种属性有机结合起来组成整体并体现新意义的过程，因此，整体大于部分之和。如图 4-2 所示，我们并不是将其知觉为一些零散的短线段、孤立的小圆点或随意放置的线条，而是一开始就将其看成由虚线构成的圆形、由三个小圆点组成的三角形以及单词 HELLO。

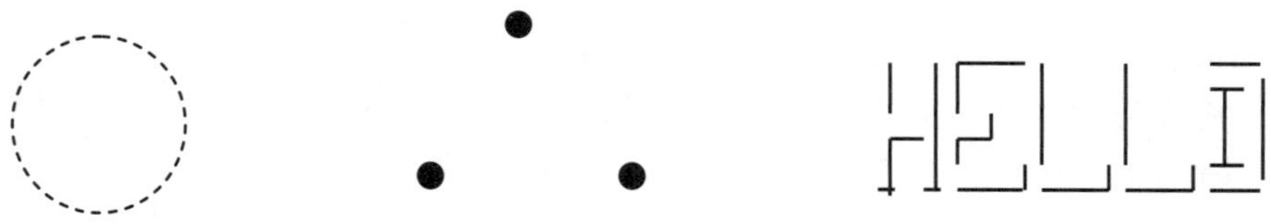

图 4-2 知觉的整体性

人之所以能够把具有不同属性的事物组成整体，是因为这些事物的属性或部分本来是结合在一起的，是一个复合刺激物。不论在什么情况下，复合刺激物的各种属性总是以统一的、整体的面貌出现的。由于客观事物是具有多种属性或特征的综合体，因此，当它们对人发生作用时，其各个部分、各种属性总是同时或先后作用于人的感觉器官。在知觉过程中，人们已有的知识经验对知觉对象客观上的缺失进行了主观上的弥补或填充，使知觉对象在主观上能够被全面地知觉，成为一个有意义而且合乎逻辑的整体。如图 4-3 所示，初看之下，图中是一些不规则的黑色碎片和白色线条，但经过仔细观察之后，人们一般都倾向于把它们看成一些黑色圆盘和一个白色立方体。实际上，图中既没有黑色圆盘，也不存在白色立方体，只是知觉者在主观上把三块黑色无规则的碎片整合成一个黑色圆盘加以解释和理解。知觉者把许多白色不相连的线条闭合成一个白色立方体，这种“主观轮廓”的知觉充分体现了知觉的整体性。

图 4-3　知觉的整体性

知觉的整体性具有一定组织规则，格式塔学派将其归纳为四个方面：① 接近律，在空间、时间上接近的客体容易被知觉为一个整体；② 相似律，物理属性（如强度、颜色、大小、形状等）相似的客体容易被知觉为一个整体；③ 连续律，具有连续性或共同运动方向等特点的客体容易被知觉为一个整体；④ 闭合律，客体中彼此连续成形象的，即使其间无连续关系，也倾向于组合在一起，成为一个整体。

除了刺激物的性质之外，个体的知识经验也会影响知觉的整体性。一个不熟悉英语单词的人，对单词的知觉只能是一个个单独的字母，只有熟悉的人才能将其知觉为一个完整的单词。

知觉的整体性体现了知觉的积极性和主动性，有助于提高个体的知觉能力。用速示器快速呈现一个熟悉的汉字和组成这个汉字的个别笔画，辨认两者所需的时间几乎相同。但是，也正是知觉的整体性使得人们在知觉时常会忽略部分或细节的特征。例如，学生在检查作文时，由于对整个文句的感知，有时难以发现其中个别的漏字或错字。

（三）知觉的理解性

在知觉的过程中，人不是被动地把知觉对象的属性登记下来，而是试图以过去的知识经验为依据，对知觉对象作出某种解释，使其具有一定的意义。知觉的这种特性叫作理解性。如图 4-4 所示，你最初看到的无非是一些无规律的斑点。如果提示你图中所绘的就是我们比较熟悉的动物，你能够分辨出它们吗？如果提示你注意看图的右半部分，你是否发现低头觅食的动物？你可能就会根据自己的知识经验将其理解为狗的形象。这就是过去经验参与知觉对象理解的结果。

知觉的理解性主要受到个人知识经验、言语指导、活动任务和个人兴趣等多方面因素的影响。

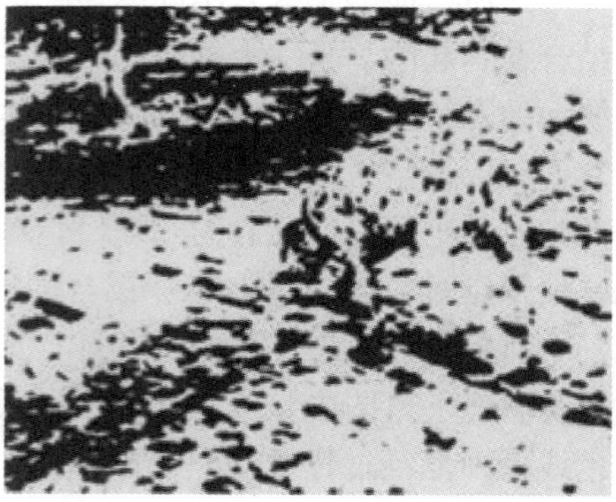

图 4-4 知觉的理解性
（资料来源：Goldstein，1980）

对于同一个事物，由于知识经验的差异，不同的人会获得不同的知觉内容，其理解程度也不同。例如，仰望星空，文学家看到的是星光灿烂、诗情画意，天文学家看到的则是各种各样的星云。又如，专业棋手和业余棋手对同一棋局的知觉就有很大差别，业余棋手只掌握棋子的主要布局，而专业棋手能对该棋局把握得更深刻、更精确，既能设置主要布局，又能把握更多细节、步骤以及各个棋子之间的相互关系，这说明不同的知识经验背景和理解力会影响人对同一客观事物的知觉。

心理学家利珀（R. W. Leeper）以图 4-5 所示的 A、B、C 三张图片为材料，研究个人先前的知觉经验对后续知觉理解的影响。A 图为一位年轻女子，C 图为一位老妇人，B 图则同时具有两者的特征，既可以被看成年轻女子，也可以被看成老妇人。结果表明，如果先看 A 图，再看 B 图，100%的被试会把 B 图看成年轻女子；如果先看 C 图，再看 B 图，96%的被试会把 B 图看成老妇人。先前知觉经验的不同导致对同一知觉对象的理解产生如此大的差异，充分表明了人们对刺激信息的理解在很大程度上受到自己已有知识经验的影响，即知觉定势的影响。**知觉定势**（perceptual set）是指由个体因已有知识经验、动机或暗示等形成的某种知觉期望。在日常生活中，人们经常会运用知觉期望对某些事物进行加工处理，结果会出现“认错字”的状况。知觉定势是一个自上而下的信息加工过程。

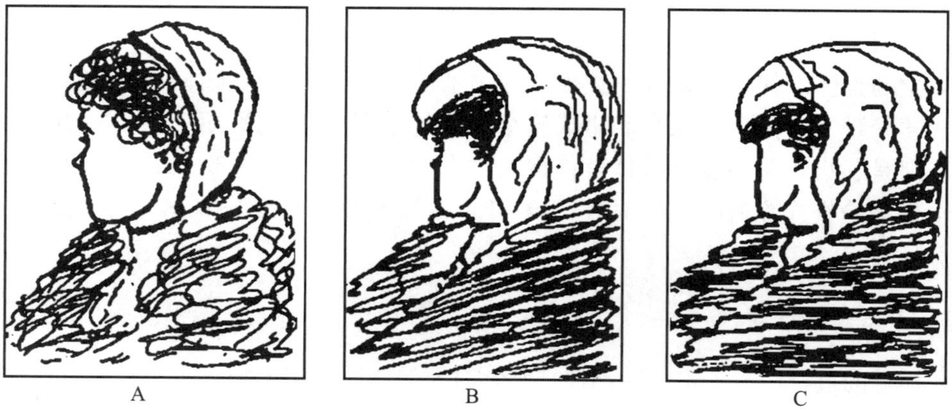

A　　B　　C

图 4-5 先前的知识经验对知觉理解性的影响

知觉的理解性主要有以下特点：

1. 知觉的理解性是以人已有的知识经验为前提对信息进行加工处理

知识经验是知觉理解的基础。正如利珀的研究所表明的那样，不同的人，由于知识经验不同，对同一客观事物的知觉理解程度也会有所差异，从而导致对该事物的不同知觉。个体对某事物的相关知识经验越丰富，对该事物的知觉就会越深刻、越精确。如图 4-6 所示，这看起来像是一个由截面为正方形的长方体所组成的三角形，但两个长方体之间的夹角似乎又是直角。在这种情况下，由于来自视觉的信息与自己大脑中存储的经验发生了矛盾，因此，无法用过去的知识经验对它进行理解和解释，结果是对该图形无法形成明确或合理的知觉经验。这说明知觉的理解性与人已有的知识经验密切相关。

图 4-6　不可能图形

2. 知觉的理解性受言语指导的重要影响

言语指导可以为知觉的理解性指引组织信息的方向。当知觉对象的外部标志不够明显时，通过言语指导，可以唤起人的过去经验，补充知觉的内容，从而增强知觉的理解性。如图 4-7 所示的一组平面图形，初看起来好像是三个图形依次由规则的三角形和逐渐趋于复杂的图形组成，但很难确定三个图形之间存在着什么内在联系，因此难以确定是一套什么图形。但教师若先问学生：大家看这组立体图是什么？学生就会发现这是一组长方体的透视图。学生会借助自己关于长方体的知识经验，很快辨认出这是从不同角度观察长方体的透视图，并形成明确的知觉经验。

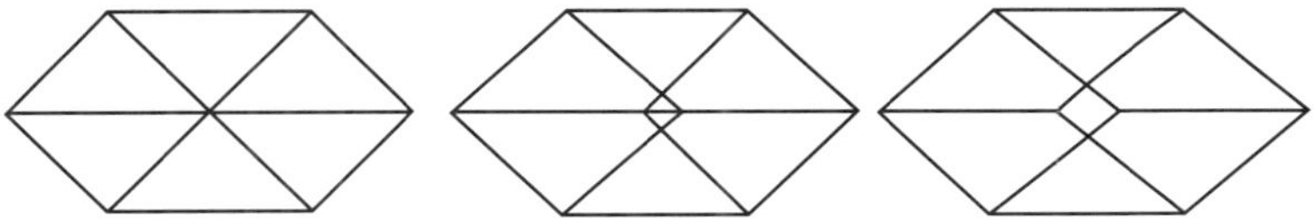

图 4-7　言语指导对知觉理解性的影响

知觉的理解性与知觉的选择性、整体性有密切关系。理解和熟悉的对象往往能被更加清晰、准确、迅速地从背景中分离出来，也更容易被感知为一个整体。

（四）知觉的恒常性

当知觉对象的物理特性在一定范围内发生了变化的时候，知觉形象并不因此发生相应的改变，即为知觉的恒常性。知觉恒常性是个体知觉客观事物的重要知觉特性，它在视知觉中表现得比较明显和普遍。例如，同一个花瓶，在不同的距离、角度和明暗条件下去看，虽然视网膜上的物像各不相同，但观察者仍将其知觉为同一个花瓶。

在知觉过程中，距离、亮度、视角等知觉条件并不是一成不变的。在不同条件下，对相同客体的物理特征或属性（如物体的大小、形状、颜色、亮度等）形成的感觉映像也不是固定不变的。但是，由于客观事物本身具有一定的稳定性，因此，人的知觉只有具备相应的稳定性，才能真实地反映客观事物的本来面貌。一个人已有的知识经验在知觉恒常性的产生过程中扮演着重要角色。人的知觉之所以具有恒常性，在很大程度上是因为人在知觉时会利用已有的知识经验对不同的感觉映像进行解释，反映知觉对象固有的特征或属性，从而能够根据环境中客观事物的实际特征来辨识和适应环境。

个体感知客观事物性质的恒定和稳定，对其生存与发展至关重要。知觉恒常性是人长期实践活动的结果，也是人认识世界的需要。它不仅可以使人在知觉条件变化时仍能获得对该事物的准确知觉，而且能使人更好地适应环境。

在视觉范围内，知觉的恒常性有大小恒常性、形状恒常性、明度恒常性、颜色恒常性等。

1. 大小恒常性

大小恒常性是指在一定范围内，人对物体大小的知觉不完全随距离变化而变化，也不随视网膜上的视像大小变化而变化，其知觉映像仍是物体的实际大小的知觉特性。根据光学原理，同样一个物体在视网膜上成像的大小随观察者距离的变化而改变。距离越远，物体在视网膜上的成像越小，反之，则越大。但是，人在知觉该物体大小的时候，并不完全随视网膜上视像的变化而改变，而是趋于保持该事物的实际大小。例如，同一个人站在离我们 3 m、5 m、15 m 的不同距离处，他在我们视网膜上的视像会因距离不同而改变，但是我们看到这个人的大小却是不变的。这是大小恒常性的典型表现。这说明人在知觉物体时，并不是仅依赖视网膜上视像的大小，而是已经把距离信息考虑在内，并能够把握远方物体的实际大小。

人在知觉物体的大小时，尽管观察距离不同，但形成的知觉大小都与物体的实际大小相近，这主要是由过去经验的作用以及观察者对距离等刺激条件的主观加工造成的，也是学习和实践的结果。在知觉物体大小时，个体学会了把物体与观察的距离因素考虑在内，当自己处于不同距离位置知觉同一物体大小时，知觉的结果经常是一致的。亥姆霍兹认为，大小恒常性是人以物体与感觉器官之间的距离为依据来解释视像大小而获得的，他把这种知觉过程称为无意识推理，即观察者并未觉察到物体的大小—距离关系，或借助它知觉物体大小。实际上，在大小知觉过程中，这个过程是迅速并自动发生的。

人在面对熟悉的物体时，尽管视网膜上的视像变小，但知觉物体的大小不变，这时观察者会把距离知觉为较远，反之亦然。因此，在正常知觉条件下，知觉对象往往都是比较熟悉的事物，人的知觉也具有较好的大小恒常性。但是，当面对陌生物体或缺乏距离信息的时候，大小恒常性就会趋于消失，即失去恒常性。此时，人对物体大小的知觉会更多地依赖视网膜上的视像大小。因此，刺激条件越趋复杂就越表现出恒常性，刺激条件减少则恒常性也减少；距离很远时，大小恒常性便消失；水平观察时，恒常性表现大，而垂直观察时，恒常性则表现小（见图 4-8）。

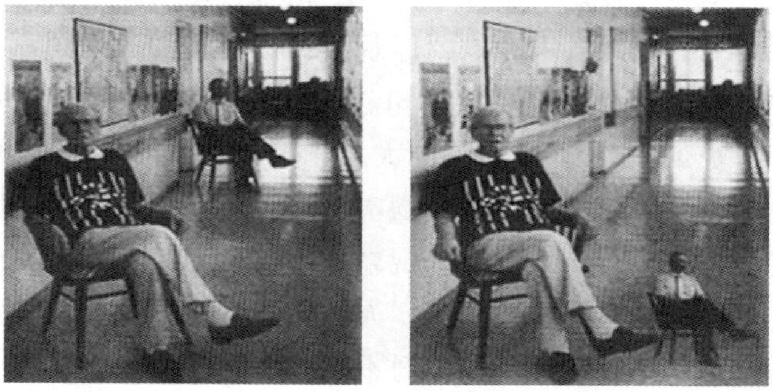

图 4-8 大小恒常性示意图

（资料来源：Gleitman，1999）

2. 形状恒常性

形状恒常性是指人在观察熟悉的物体时，当观察角度发生变化而导致视网膜上的视像发生改变时，物体原本的形状知觉保持相对不变的知觉特性。尽管观察物体的角度发生变化，但我们仍倾向于把它感知为一个标准形状。例如，在观察铁饼时，只有它的平面与视线垂直的时候，它在视网膜上的视像形状才与实际形状完全一样。如果偏离了这个角度，视网膜上的视像形状便或多或少不同于铁饼的实际形状。但是，在后一种情况下，我们大脑中铁饼的形状仍然不变。图 4-9 所示的是从不同角度观察一扇门时，门从完全关闭到逐渐打开的过程，虽然它在视网膜上的视像发生了多种变化，但人对这扇门的形状知觉并不随视网膜上视像的变化而改变，即总是把它知觉为一扇长方形的门。

图 4-9 形状恒常性示意图
（资料来源：Atkinson，1983）

形状恒常性与距离知觉和大小恒常性有关。当物体与观察者的角度发生改变时，物体各个部分与观察者的距离也会有所不同。尽管其与观察者的位置可能在不断变化，但观察者会根据物体各部分相对于眼睛的距离进行判断，并把这些距离信息与视网膜上视像的形状整合起来，对因物体相对位置变化而造成的视像形状改变进行矫正，从而正确地反映出物体的实际形状。由此可见，形状恒常性是建立在人的生活经验与已有知识的基础上的。在日常生活中，人经常从不同角度观察同一个物体，同时常常用触觉来验证自己的视觉印象，经过一段时间后，就在视网膜的视像与触觉以及眼肌动觉之间建立了牢固的暂时神经联系，使人对物体的形状感知保持相对稳定。从幼儿学画也可以看出，他们在刚开始学画时，画处于远近不同的房子时，其门窗都是一样大小的，很少表现出形状恒常性。这说明，形状恒常性的形成在很大程度上依赖人的实践活动。心理学的研究表明，酒精会破坏司机的大小恒常性和形状恒常性，这是酒后驾车事故多发的原因之一。

3. 明度恒常性

明度恒常性是指当照明条件改变时，人知觉到的物体的相对明度保持不变的知觉特性。在强烈的阳光下，煤块反射的光量远大于黄昏时白粉笔反射的光量，但是即使在这种情况下，我们还是把煤块知觉为黑色的，把粉笔知觉为白色的。这表明在物理条件变化的情况下，人对客观事物明度的知觉不仅取决于照明条件，还取决于物体表面的反射系数。因此，明度恒常性是人在考虑了整个环境的照明条件以及在自己视野范围内各个物体反射率的差异后形成的。实验表明，当周围环境的亮度结构发生不正常变化时，人的明度恒常性也会受到影响。

人们对明度恒常性形成的原因有两种解释。一种解释认为，如果个体熟悉知觉对象本身的物理特征，如煤块是黑的、粉笔是白的，那么在对知觉映像进行解释时会更多地凭借自己的知识经验，而较少凭借来自视觉方面的信息。因此，虽然物体的光照条件改变了，但是人仍然把它知觉为原有的亮度。另一种解释认为，明度恒常性是由于客观事物本身对光的反射率保持不变而形成的。无论在亮处还是暗处，粉笔对光的反射率都是高的，煤块对光的反射率都是低的，虽然照明条件不同，但是它们对光的反射率保持不变，因此个体获得的物体亮度知觉也就保持了稳定。

4. 颜色恒常性

颜色恒常性是指对于熟悉的物体，当其颜色由于照明等条件的变化而改变时，人的颜色知觉保持相对不变的知觉特性。例如，人对室内家具在不同色光照明下的颜色知觉保持相对不变。一面红旗，不管在白天还是晚上，在路灯下还是阳光下，在黄光照射下还是蓝光照射下，我们总是把它知觉为红色的。从物理特性和生理角度来看，当色光照射到物体表面时，由于色光混合原理的作用，其色调会发生变化，但人对物体颜色的知觉并不受照射到物体表面的色光的影响，仍把物体知觉为其固有的颜色，这是因为大脑计算的任何物体的光线都是相对于周围物体而得到的。

颜色知觉恒常性与人的生活经验密切相关。一个由于眼疾从未见过红旗的人，痊愈后在光亮中初次见到红旗，可能会确定它是红色的；但如果他在黑暗处初次见到红旗，就不一定能把它知觉为红色的。因此，颜色恒常性是指人对物体颜色的知觉，与人的知识经验以及心理倾向有关，不是指物体本身颜色的恒定不变。

除视知觉外，知觉恒常性还表现在其他知觉领域中。例如，当我们转动头部的时候，虽然声音对听觉器官的作用条件发生了变化，但我们感到声音的方位并没有变化。这是方位知觉恒常性现象。

知觉的恒常性在人的生活实践中具有重大意义。它使人能在不同的情况下按照事物的实际面貌反映事物，从而使人有可能根据对象的实际意义来认识和改造客观世界。如果知觉不具有恒常性，那么人就难以适应瞬息万变的外界环境。

专栏 4-2

人脸识别

人们可以识别出成千上万张人脸，区别不同的表情，从面部特征中轻而易举地判断出年龄和性别。即便是在一定的距离外、在暗淡的灯光下、十几二十年之后，人们也能够认出曾经熟识的人。但是，一旦把人脸颠倒，事情就完全变样了，我们识别人脸的能力就会急剧下降。图 4-10 中的两幅倒过来的照片有什么不妥吗？再倒过来看看！

为什么有关物体识别的一般理论都很难解释人们在人脸识别方面

的表现呢？研究者大多认为，人脸识别与普通物体的识别不同，它并不是基于局部特征的分析，而是基于对人脸整体结构的获取，人脸的构成部分如眼睛、鼻子、嘴巴等之间的空间关系对识别来说非常重要。这种观点有多方面的证据。例如，人在出生 2 小时后即表现出对人脸的偏好；大脑双侧颞叶（少数为右侧单侧颞叶）损伤的病人表现出特异的面孔失认症状，而保持相对完好的物体识别能力；在脑成像（PET、fMRI）研究中，在右侧梭状回面孔区发现了只对正立面孔反应的脑区；在事件相关电位分析中也在右侧颞叶区域发现了一个人脸刺激特异的早期脑电成分 N170。

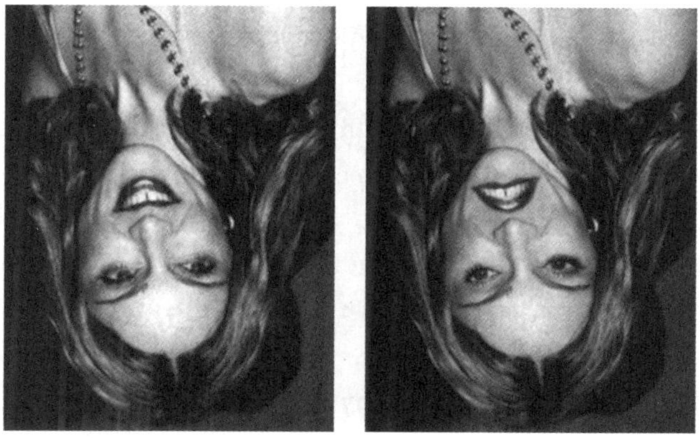

图 4-10 倒过来看看！

（资料来源：Gerrig，2002）

然而，人脸与普通物体的识别过程并非完全没有共同之处。在卡通人物像识别的有关研究中发现，尽管识别卡通人物像和普通线条画的人物像准确率一样高，但是在要求学生说出那些著名人物的面部特征时，对卡通人物像的反应速度要比对普通线条画的人物像快整整一倍，这是由于卡通人物像对这些人物面部的区别性特征进行了夸张。这个实验的结果表明，部分特征确实在人脸识别时起了作用。

因此，人脸识别仍是一个谜。在某些方面，人脸识别与普通物体的识别相似，而在另外一些方面又截然不同。要用统一的理论整合这些看上去矛盾重重的证据并不容易。近年来，专家系统论的观点影响越来越大。该理论认为，人脸之所以呈现出不同于一般物体的识别过程，并不是因为人脸作为一个模式是特殊的，而是因为人脸的识别任务是特殊的——必须在一类物体中进行个体区分，人们在漫长的生长过程中，通过不间断的学习而成为区别人脸的专家。专家与新手的区别，类水平与个体水平上的物体识别的区分，正是人脸识别过程与普通物体识别过程不同的地方。目前，专家系统论的观点已得到了一些研究结果的支持。然而，要统合现有的实验证据，并对人脸识别作出完整的理论解释，还有很长的路要走。

（资料来源：黄希庭，2007）

第二节 空间知觉

根据不同标准可以对知觉进行分类。根据知觉对象是否属于人，可以把知觉分为社会知觉和物体知觉；根据知觉中哪一种感受器的活动占主导地位，可以把知觉分为视知觉、听知觉、嗅知觉、视听知觉和触摸知觉等；根据事物的空间、时间和运动特性，可以把知觉分为空间知觉、时间知觉和运动知觉。本书着重介绍依据事物空间、时间和运动特性的分类，本节主要介绍空间知觉。

人们对自身和周围事物的空间关系的知觉，以及对位置、方位、距离等构成空间关系的要素的觉察叫作**空间知觉**（space perception）。它包括形状知觉、大小知觉、深度知觉与距离知觉、方位知觉与空间定向等。我们生活在三维空间里，必须具有了解自己与空间内事物之间的关系及其变化的能力。视、听、嗅等各种感官为我们提供了来自空间中的各个点的信息，但是如果不能把这些信息组织起来，我们就无法在这个变幻莫测的世界里生存。

空间知觉是人类后天学习的结果。1897年，美国心理学家斯特拉顿（G. M. Straton）做了一项有趣的实验。他将一个两端装有凸透镜的管子牢固地装在自己的右眼上，同时左眼戴着一个不透光的遮眼罩，这样他只能通过装在右眼的管子来看外界。但是物体通过管子在视网膜上的成像是上下颠倒、左右反转的。刚开始的两天，他觉得很混乱，看到的东西总是上下颠倒、左右反转的，并且听到的声音与看到的声源呈相反的方向。经过连续几天的练习，到了第八天，混乱的状况得到了克服，他习惯了戴上管子的方位知觉。此时，他又去掉管子和遮眼罩，发现一切物体又都上下颠倒、左右反转了。再经过一段时间的练习，斯特拉顿才恢复正常。后来，有人重复了这一实验，也得到了相同的结果。这项实验最早证明了物体在视网膜上的像是倒立的、左右反转的。我们平常的方位知觉之所以感到是正的，是视觉和触觉在后天生活中多次结合的结果。这个实验说明空间知觉是人类后天学习的结果。

空间知觉的主要信息来源是视觉和听觉。本节我们将着重讨论视空间知觉和听空间知觉。在讨论这两个问题之前，先讨论空间知觉的参考系。

一、空间知觉的参考系

我们在知觉事物的时候，总是要使用一个标准才能进行判断，这个标准叫知觉的参考系。空间知觉的参考系可分为两类：以知觉者自己为中心的参考系和以知觉者以外的事物所建立的参考系。

在一定的时间和空间里，知觉者总占据着空间的一个位置，其感觉信息往往是以个人为参考系而被接收的。对上下、左右、前后的判断通常是以知觉者自身为参考系而作出的。

在判断自身与物体之间的空间关系以及不同物体之间的空间关系时，知觉者除以自身作为参考系外，还经常以自身以外的事物作为参考系。东、南、西、北的方向是以太阳出没的位置和地磁为参考系所建立的方位。日出处为东，日落处为西，地磁有南、北两极。有了这个参考系，我们就可以在此基础上，以环境中熟悉的物体为参考系进行定向。在特殊的条件下，没有熟悉的地面物作为定向的参考系，也可以用指南针、星象等来定向。对于大小、形状等空间知觉，我们也是使用某种参考系加以判断的。

在辨别空间关系时，人们一般会同时使用上述两类参考系，但也有个体差异。例如，有些人在知觉活动中容易受环境影响，有些人不容易受环境影响。威特金（H. A. Within）设计了一项倾斜小屋实验，让被试坐在一张倾斜的椅子里并要求他的身体保持与地面垂直。被试被安置在本身也倾斜的小屋里。有些被试依小屋的方向这一环境线索保持身体垂直；另一些被试则不依环境线索，而是依自己身体的感受来确定垂直位置。前者为场依存者，后者为场独立者。场依存性说明了个性特征不同的人在运用空间信息上具有差异性。

二、视空间知觉

在视空间知觉的问题上，心理学家一直在探索两个问题：① 我们的视网膜是二维的，同时我们又没有“距离感受器”，那么我们是怎样知觉三维空间，把握客体与客体、客体与主体之间在位置、方向、距离上的各种关系的？② 如果说视空间知觉的获得是双眼协调并用的结果，那么单眼的人为什么还有空间知觉？既有的资料一般用单双眼线索来解释这两个问题。单眼线索主要强调视觉刺激本身的特点，双眼线索则强调双眼协调活动所产生的反馈信息的作用。空间知觉也离不开人过去的经验。

（一）单眼线索

单眼线索（monocular cue）又称为单眼深度线索，是指用一只眼睛观察物体获得立体知觉时的线索。视空间知觉的单眼线索很多，本书主要介绍以下八种：

1. 线条透视

线条透视是指空间的对象在一个平面上的几何投影。同样大小的物体，离我们近，在视角上所占的比例大，视像也大；离我们远，在视角上所占的比例小，视像也小。视角大小的变化会引起线条透视的视觉效应，如图 4-11 所示。线条透视是距离知觉的一个线索。在铁路上你可以看到，近处的两条铁轨间的距离宽些，远处的窄些，更远处则汇合成一点。这便是线条透视的视觉效应。

图 4-11 线条透视

2. 遮挡

如果一个物体被另一个物体遮挡，遮挡物看起来近些，被遮挡物则看起来远些。物体的遮挡是距离知觉的一个线索（见图 4–12）。如果没有物体遮挡，远处物体的距离就难以判断。例如，高空的飞机倘若不与云重叠，就很难看出飞机和云的相对高度。

3. 纹理梯度

纹理梯度又称结构级差，是指视野中的物体在视网膜上的投影大小及投影密度发生的有规律、有层次的递增或递减变化，这种变化产生了远处密集和近处稀疏的视像，为深度知觉提供了线索。例如，你站在一条大理石铺的路上向远处观察，就会看到远处的大理石在视网膜上的投影小、密度大，而近处的大理石在视网膜上的投影大、密度小，物体的这种物理分布在视像密度上的变化为深度知觉提供了线索。在图 4–13 中，上部结构密度较大，下部结构密度较小，于是引起了向远方伸延的距离知觉。

图 4–12 遮挡

（资料来源：Darley et al.，1988）

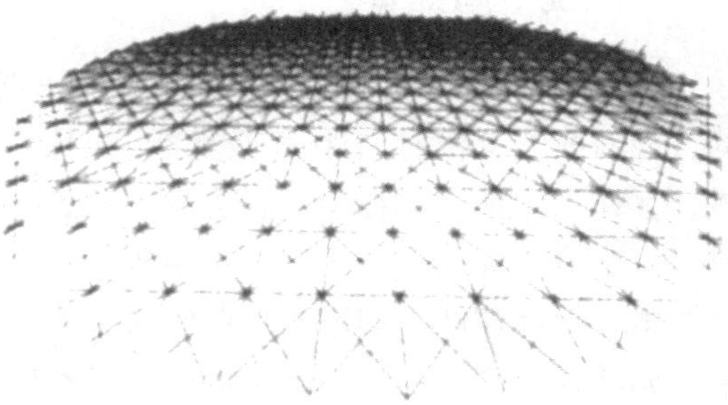

图 4–13 纹理梯度

（资料来源：Gerrig，2002）

4. 空气透视

由于空气层的蓝灰色彩的影响，当我们观看远处物体时就会感受到：物体离我们越远，能看到的细节就越少，物体的边缘越来越不清楚、越来越模糊，物体的颜色变淡，变得苍白、灰蒙蒙、蓝莹莹的。远处物体在细节、形状和色彩上的这些衰减现象称为空气透视。空气透视和天气的好坏有很大的关系（见图 4–14）：天高气爽时，空气透明度大，能看到的物体就觉得近些；阴雾沉沉或风沙弥漫时，空气透明度小，能看到的物体就觉得远些。

5. 明亮和阴影

我们生活在一个充满光与影的世界中，光与影帮助我们感知事物的体积、强度、质感和形状等。黑暗、阴影仿佛后退，离我们远些；明亮和高光部分显得突出，离我们近些（见图 4–15）。在绘画艺术中，运用明暗色调，把远处的部分画得灰暗些，把近处的部分画得色调鲜明些，可以造成远近和立体感的效应。

6. 相对大小

对象的相对大小是距离知觉的线索之一。在图 4–16 中，小长方体好像离我们远些，

图 4-14 空气透视

大长方体好像离我们近些。对于熟悉物体的判断则有所不同。高矮不同的两个熟人，如果现在你看到那个本来矮小的人显得高大些，而那个本来高大的人看起来矮小些，那么你便会觉察到前者离你近些，后者离你远些。

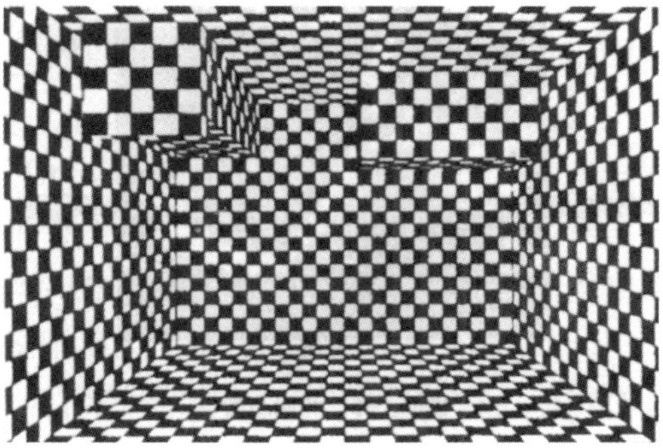

图 4-15 明暗与阴影

（资料来源：Lindzey et al.，1998）

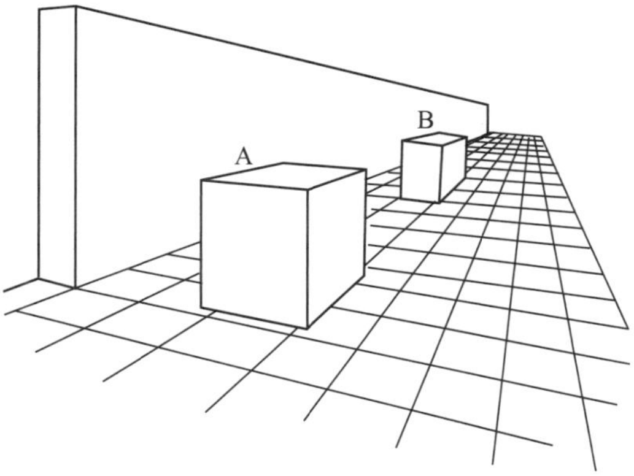

图 4-16 相对大小

7. 相对位置

在其他条件相同的情况下，视野中的两个物体，相对位置较高的物体显得远些，而相对位置较低的物体显得近些。例如，在绘画中，处于画面上部的物体容易被知觉为距离较远。在看照片时，照片上位置较高的元素，容易给人距离较远的感觉（见图 4-17）。

8. 运动视差

头只要稍微一转动，物体与视野的关系就变了。这种由头和身体的活动所引起的视网膜映像上物体关系的变化称为运动视差。坐火车或汽车时，你会立即明白什么是运动视差。我们在向前运行的火车上观看窗外景物，近处的电线杆向后飞驰而过，较远一些的田野、房舍向后移动较慢，最远处的山峦则向着我们相同的运动方向移动。视野中各物体运动速度的差异，是估计它们与我们的相对距离的主要标志（见图 4-18）。

图 4-17 相对位置

（资料来源：谢汉俊，1999）

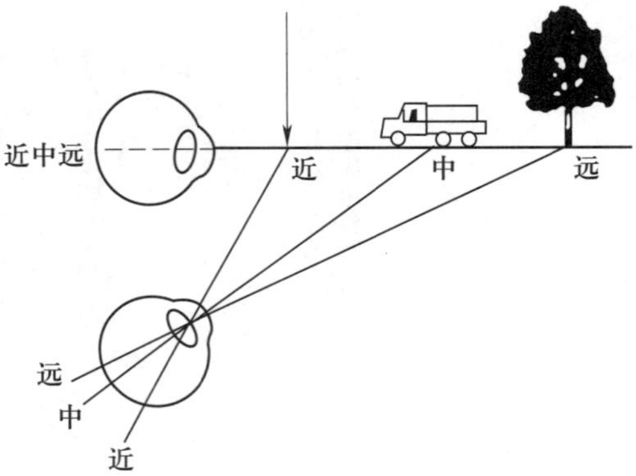

图 4-18 运动视差

以上八种距离知觉的线索对单眼视觉和双眼视觉都起作用。

（二）双眼线索

双眼线索（binocular cue）是深度和距离知觉的主要途径，主要包括双眼视轴辐合和双眼视差。

1. 双眼视轴辐合

双眼视轴辐合是指两眼视线向注视对象合拢。看远处的事物时，双眼视线近似于平行；看近处的事物时，双眼视线向正中聚合对准物体。眼睛的肌肉在控制视轴辐合时产生的动觉给大脑提供了物体远近的线索。不过，辐合作用所提供的距离线索只在几十米的范围内起作用；物体太远，视线趋于平行，人对物体距离的感知则依靠其他线索。

2. 双眼视差

[拓展阅读] 触觉与空间知觉

人的两只眼睛相距约 65 mm。当我们看立体物体的时候，两眼从不同的角度看这一物体，视线便有点差别：右眼看到右边多些，左眼看到左边多些。这样，两条视线落在两个视网膜上的部位便不完全相同，也不完全重合。这就是双眼视差。这种现象很容易演示，在你的面前正中约 30 cm 处立一支铅笔，先闭右眼，只用左眼看它，记住其位置，再闭左眼，只用右眼看它，你会发现铅笔的位置移动了。双眼视差是空间知觉的主要线索。根据双眼视差原理，从不同的角度制作同一物体的两张照片，放在实体镜中观察就可以产生立体知觉。立体电影的制作就是利用了双眼视差原理。在拍摄时，使用两台摄影机在相距几厘米处同时进行拍摄。放映时，把两个影像同时放映在银幕上，观众戴上左右镜片各自滤去一个影像的特制眼镜，使左右两眼的视像落在两眼视网膜上的非对应点上，并产生一定差异，就可以产生立体知觉。

三、听空间知觉

关于空间的感受，除视觉之外还能从听觉器官获得。耳朵不仅接受声音，而且还提供声音的方向和声源远近的线索。视觉线索有单眼和双眼的区别，听觉线索也有单耳和双耳的区别。

（一）单耳线索

一只耳朵聋了，另一只耳朵还能感受声音刺激。依据单耳所获得的线索，人们虽不能有效地判断声源的方位，但能有效地判断声源的距离。我们往往以声音的强弱来判断声源的近远：强觉得近，弱觉得远。特别是熟悉的声音（如汽车、火车等发出的声音），按其强弱来判断声源远近较为准确。

（二）双耳线索

由双耳获得的引起空间知觉的线索称为双耳线索。双耳线索在听空间知觉形成中起着重要作用。由于双耳处于头颅两侧，侧面声源的声波到达两耳时的距离不同，间距约为 27.5 cm，这个距离称为“两耳距离差”。两耳离声源的距离不同造成的两耳感受声音刺激的时间差、强度差和声波相位差，成为人对声源远近和方向定位的主要线索。

时间差是指声源从不同方向传入两耳的时间差别。由于两耳存在距离差，从一侧来的声音，两耳感受到的声音刺激有时间上的差异（即一只耳朵早于另一只耳朵）。这种时间差是声源方向定位的主要线索，声源被定位于先接收刺激的耳朵的一侧。

强度差是指同一声源从不同方向传到两耳时造成的强度差别。声音的强度随传播远近而改变，即越远越弱。与声源同侧的耳朵获得的声音较强，对侧耳朵由于声波被头颅阻挡获得的声音较弱。这样，声源就被定位于较强的一侧。

声波相位差是指同一声源传到两耳时，在两耳造成声波相位上的差别。低频声音因波长较长，头颅的阻挡作用小，两耳听到的强度差也较小。这时，判定方位主要靠两耳感受声音的相位差，即同一频率声波波形的不同部位作用于两耳，因此内耳鼓膜所受声波的压力也就有了差别。虽然这种差别很小，但它是低频声源定位的主要线索。频率高于 3 000 Hz 的声音，两耳强度差较大，易于定位。两耳感受刺激的强度差是高频声音方向定位的主要线索。进行听觉的方向定位时，人经常转动身体和头部，使两耳的距离差不断变化，以便精确地判断声音的方向。这样，即使是一只耳朵，借助头部和身体转动的线索也能确定声音的方位。

在通常情况下，正常人的空间知觉主要依靠视觉和听觉。嗅觉也是一种特殊的器官，由于气味到达两只鼻孔的时间、强度不同，也能使人分辨出气味的来源和位置。在特殊情况下，还可以用其他感官来感受空间关系。例如，在黑暗中靠触觉和动觉来确定周围物体与人之间的方位关系等。

□□□ 第三节 时间知觉

一切存在的基本形式是空间和时间。时间也和空间一样是一种客观存在。在心理学中，对时间的研究可以追溯到 19 世纪 20 年代对人差方程式的测量。但是，20 世纪 60 年代以前，心理学家对人类经验中的时间现象的研究仅限于经典的时间心理学问题，如对时距的知觉、估计、复制以及无差别点经验等问题的研究。20 世纪 60 年代以后，心理学工作者在时间心理学领域进行了广泛的实验研究，掀起了时间知觉研究的高潮。时至今日，时间知觉的大部分研究仍采用认知心理学的理论和方法，主要探讨时间表征、时间信息加工机制和儿童对时间的认知等问题。

一、什么是时间知觉

时间知觉（time perception）是指人对直接作用于感觉器官的客观事物的持续性和顺序性的反映。由于人的实践活动总是在一定时间与空间中展开，客观事物或现象经历着过去与现在、开始与终结、当前与未来等一系列连续性变化，因此，时间知觉为人把握时间进程和规划自己的活动提供了心理依据，对人的实践活动具有重要意义。

时间知觉具有时间分辨、时间确认、持续时间估计和时间预测四种形式。时间分辨是指人能够按照时间顺序区分所从事的各种各样的活动，如早晨起床洗漱后吃早饭、出门上班、晚上下班回家等。时间确认是指人对当前时间状况的觉知，如知道今天是几号、去年是何年等。持续时间估计是指人凭借主观经验对客观事件的顺序性和持续性的认知，如大学四年的学习、毕业已两年等。时间预测是指人对时间顺序进行推论并间接认知未来时间的心理过程，如再过一个月就要过春节、离考试还有两个月等。

时间知觉不同于空间知觉，它们之间的差异表现如下：

① 空间知觉有提供线索的感觉器官，如眼睛、耳朵，但是人类没有专门的时间知觉感受器。因此，时间知觉是视觉、听觉、躯体感觉等多种感觉器官协同活动的结果。

② 空间知觉有确认刺激，如形状知觉由物体轮廓引起，大小知觉由事物在视网膜上的投影引起，而时间知觉并不是由固定刺激引起的。但是，时间知觉和空间知觉之间存在着密切联系。研究表明，空间知觉有时会受时间知觉的影响。在实验中，按等距空间 *A*、*B*、*C* 三点在被试的前臂皮肤上给予刺激，但 *A*、*B* 之间的刺激时距大于 *B*、*C* 之间的刺激时距。结果发现，被试普遍报告 *A*、*B* 之间的空间距离大于 *B*、*C* 之间的空间距离。可见，被试对刺激物空间距离的判断受到刺激时距的影响。有研究表明，海马和颞叶内侧受损的病人，其长时记忆会受到损害，因此在时间估计上会出现严重困难。额叶受损的病人则难以完成包含时间顺序的任务，这说明时间知觉与大脑皮质的广泛区域有关。

③ 空间知觉是人对客观事物的即时反映，如人可以直接看到物体的明度、颜色、大小和形状，听到声音的音调、响度和音色，但时间知觉一般是事后的认知。

二、时间知觉的依据

人对时间的知觉是通过各种媒介间接反映的。时间知觉的媒介主要有自然界和社会中的周期性现象以及人自身的生理状态，它们为时间知觉提供线索，是人形成时间知觉的依据。

（一）自然界的周期性现象

自然界的周期性现象、其他客观自然现象、计时工具是时间知觉的外在标尺，人类以自然界的周期性现象作为媒介知觉时间。太阳的东升西落、月亮的盈亏变化、斗转星移、季节的变化等，都可以成为我们感知、判断时间和调节活动的客观依据。自古至今，自然界的这些周期性现象对人测量时间和调节活动都起过积极的作用。古代人根据自然界的周期性现象计算时间，制定历法，耕耘狩猎。目前我们对时间的一些不严格计量，如上午、下午、一天等概念，就是以太阳的位置变化为参考系来计量的。

（二）计时工具

人类发明了日历和钟表等后，就以此来计量时间和调节活动。较长的时间以年、月、日计量，较短的时间以小时、分钟、秒计量。

（三）生理的节律性信息

时间知觉的内在标尺主要是指人体本身具有的许多节律性和周期性生理活动。科学家已经发现，许多有机体内存在各个时间梯度上的周期性节律，即所谓的**生物钟**（biological clock）。心跳、脉搏、呼吸、消化、排泄等节律性生理变化都为我们提供了时间信息。早在1935年，霍格兰（H. Hoagland）就假设大脑内存在着一个计时器，这个计时器控制着新陈代谢的速度和主观时间的节奏。后来的许多研究表明，有机体的生理活动和行为习性与自然界的节律性变化十分一致。甚至当人被剥夺其他一切信息来源时，有机体的生物钟仍差不多以24 h的时间周期运转着。生理的节律性信息是时间知觉的一个重要线索。

三、时间知觉的特征

时间知觉是人对客观事物的主观映像，从几十秒到几小时，或对更长时间的认知，属于对持续时间的知觉。人们对长时间的估计往往不足，对短时间的估计又往往过长。时间越长，时间估计的误差越大，因此，我们的心理时间与物理时间是不一致的。对时间的知觉受许多主客观因素的影响，主要表现出以下基本特征：

（一）对时间间隔判断的精确性受感觉通道性质的影响

一般而言，分辨两个刺激物之间最小时距的能力，听觉最好，触觉其次，视觉最差。研究表明，当两个声音相隔1/100 s时，人的听觉就能加以精确辨认，其阈限值为10～50 ms。触觉辨认两个刺激物之间的最小时距的精度则为1/40 s。视觉辨认两个刺激物之间的最小时距的精度仅为1/20～1/10 s，其阈限值为113～124 ms。但加强注意可以使不同感觉通道的时间知觉阈限降低。

（二）时间知觉存在较大的误差和个体差异

[拓展阅读] 自由发挥还是按部就班——旅行中的时间知觉

研究表明，人对时间的主观估计与计时工具报出的时间存在很大差异。一般而言，人对1 s左右的时间间隔估计最准确，长于1 s的时间间隔常常会被低估，而短于1 s的时间间隔常常会被高估。时间间隔越长，人对时间估计的误差越大。在一项实验研究中，有的被试甚至把13 s的时间知觉为1 min。由于时间知觉是随着人们的实践活动发展起来的，因此，年龄、职业、专业技术、训练等因素都会导致人们在时间知觉能力方面存在较大的个体差异。例如，有经验的教师比新教师更能准确地估计一节课的时间，从而把握教学进度；专业的体操运动员在比赛中能根据自己精确的时间知觉来展现动作节奏。

（三）时间知觉受特定时间内发生的事件的数量和性质影响

时间知觉存在着较大的个体差异，即使是同一个人，对相同时间间隔的估计也会因为该时间段内发生的事件的数量与性质不同而有差异。一般来说，在一定时间内，发生的事件数量越多、性质越复杂、内容越丰富，人就越倾向于把时间估计得更短些；相反，在一定时间内，发生的事件数量越少、性质越简单、内容越单调，人就越倾向于把时间估计得更长些。例如，一部电影，如果内容丰富，情节跌宕起伏，观众就会兴趣盎然，就会觉得时间过得很快。相反，一场报告，如果内容枯燥乏味，演讲方式单一，听众就会觉得时间过得很慢，从而把很短的时间估长。

（四）时间知觉受人的情绪、动机、兴趣、态度等因素的影响

人的主观因素是造成时间知觉个体差异的重要原因之一。人在积极情绪状态下会觉得时间短暂，在消极情绪状态下则会觉得时间漫长；在期待某事物或某人出现时会觉得时间过得慢，在等待不愿出现的事物或人时会觉得时间过得很快；对于自己感兴趣的事物，会觉得时间历程很短暂，而对于厌恶的或不感兴趣的事物，会觉得时间历程长久难耐。实验表明，不同年龄的个体对"悲伤情绪的时间"会高估，而对"欢乐情绪的时间"和"紧张情绪的时间"会低估，这说明时间估计与人的知识经验紧密相连。

综上所述，关于时间知觉的研究在理论研究领域已经取得了较大进展，已发展成相对固定的时间心理学体系，出现了众多模型、研究范式和研究方法，但在应用领域的研究还不多见。研究者应在开展研究理论的同时，在航空、驾驶、运动等领域广泛开展应用研究，一方面可以直接服务社会，另一方面又可以促进理论的发展。

□□□ 第四节 运动知觉

运动知觉（motion perception）是指人脑对运动物体或自身动作在空间和时间上位移的反映，也是对物体运动的速度、方向和自身运动特性的组织加工过程。客观世界是

不断运动、变化着的，运动知觉对人和动物适应环境具有重要意义。它能帮助我们正确地知觉物体运动的速度与方向，也是人们正常活动与工作的重要能力之一。例如，在横穿马路时，既要知觉来往车辆的方向，又要知觉车辆行驶的速度；运动知觉是保证足球运动员在球场上准确传球或接球的基本条件。

由于物体的运动是在一定时间和空间中进行的，因此，运动知觉与空间知觉、时间知觉联系密切。而且，运动知觉是很复杂的。例如，在火车或地铁里，另一条轨道上的车开动了，在一段时间里本来没有运动的我们却感到自己坐的车开动了。这又如何解释呢？要回答这个问题，就必须涉及运动知觉的参考系。

一、运动知觉的参考系

世界上的任何事物都处在不断运动中。运动和静止，运动速度的快和慢，都是相比较而言的。人在观察某一物体是运动的还是静止的以及运动速度的快慢时，都是与另一物体相比较而言的。这个被比较的物体，就是运动知觉的参考系。例如，我们在公路上看到行人来来往往、汽车南来北去，这种运动知觉是以它的背景（地球）作为参考系的。

地球上的万事万物相对于地球来说，都可以看成知觉对象与背景的关系。生活实践使我们形成了一条基本经验：知觉对象是活动的，而背景是固定的。平时我们就是按照这条基本经验行事的。在火车或地铁里，另一条轨道上的车开动了，我们反而觉得自己坐的车在动。这是因为我们看着窗外，将对面的景物感知为背景，而背景通常是固定不动的；背景的活动反倒使我们感到自己在动。又如，浮云在月亮前飘过，我们会以为是月亮在运动，这是因为我们把浮云看成背景，把月亮作为知觉对象。总之，通常我们是依据一个背景来感知物体运动的，这个背景就是运动知觉的参考系。知觉对象和背景的相互关系为我们提供了物体运动变化的许多信息：① 出现位移时，往往倾向于把知觉对象看作运动的，把背景看作固定的；② 一个小物体在大背景中运动，比起大物体在小背景中运动看起来慢得多；③ 一个物体通过一个平滑不变的背景时看起来显得慢，而通过一个多样化的背景时由于提供了较多的参考点看起来就显得快；④ 靠在一起的两个物体同时发生位移，较小的物体容易被视为在运动；⑤ 明暗各处不尽相同，发生位移时，较暗的物体容易被视为在运动；⑥ 选择的参考系不同，运动知觉也不同，被注视的物体倾向于被视为运动的，不被注视的、模糊不清的部分倾向于被当作固定的背景。

运动知觉可分为真动知觉和似动知觉。

二、真动知觉

真动知觉是人对以一定速度和轨迹发生连续位移的物体运动的知觉，即物体按照一定速度或加速度从某个位置向另一个位置连续位移，由此引起人的知觉的过程。虽然事物都在不断变化，但并不是任何类型的运动变化都能被我们觉察到。有些运动太慢，如钟的时针移动、花的开放等，我们都无法看清。有些运动太快，如电影银幕上画面的变化、白炽灯的闪烁等，我们也不容易看出来。

运动知觉的产生直接依赖物体运动的速度。人们知觉到的物体运动速度是用单位时间内物体运动的视角大小（即角速度）来表示的，其单位为弧度/秒，即 rad/s，表示单位时间内引起的视角的改变量。例如，天空中繁星的运动速度相当快，但人不能直接知觉到它们的运动；从身旁擦肩而过的汽车的运动速度虽然不如星辰运动速度快，但人能知觉到它们在快速运动，这说明运动知觉不仅与物体运动的速度有关，而且与物体和观察者之间的距离有关。眼睛刚刚可以辨认出单位时间内物体运动的最慢运动速度称为运动知觉下阈。运动速度加快超过一定限度后，人看到的是弥漫性的闪烁。这种刚刚能觉察出闪烁时物体运动的最快速度称为运动知觉上阈。据荆其诚等（1957）的测定，在 2 m 距离时，运动知觉下阈为 0.66 mm/s，运动知觉上阈为 605.22 m/s。运动知觉的差别阈限符合韦伯定律，据荆其诚等（1957）的测定，差别阈限（速度为 200～400 mm/s）约为 20%。

运动知觉的阈限受多种因素的影响。例如，目标物的视网膜定位、刺激物的照明和持续时间、视野中有无参考系的存在等。当刺激呈现在视野中央、对象与背景对比明显时，运动知觉的阈限较低。

三、似动知觉

似动知觉是指在一定的条件下，人们把客观上静止的物体看成运动的，或把客观上不连续的位移看成连续运动的心理现象。似动知觉主要有以下四种形式：

（一）动景运动

动景运动（stroboscopic motion）是指视野内不同位置的两个静止刺激物按一定时间间隔相继呈现时，人们将其知觉为一个刺激物向另一个刺激物在空间连续运动的现象。在看弹页动画书、电影、电视时，我们知觉到的物体运动并不真实存在，而是连续呈现的很相似且一个接一个的画面而已。这是由于视觉后象的作用使我们把断续的刺激知觉为一个整体刺激。电影制作、霓虹灯活动广告、灯光照明设计等，都是运用动景运动原理的结果。

如图 4-19 所示，在实验中，在不同位置上的 a、b 两条直线，如果以适当的时间间隔（0.06 s）依次先后呈现，我们会看到直线 a 向直线 b 移动；当时间间隔过短（低于 0.03 s）时，看到的是直线 a、b 同时出现；时间间隔过长（长于 1 s）时，看到的是直线 a、b 先后出现。动景运动主要受到刺激强度、相继呈现的时间间隔和刺激间的空间距离等因素影响。

[拓展阅读]
Φ 现象与 β 运动

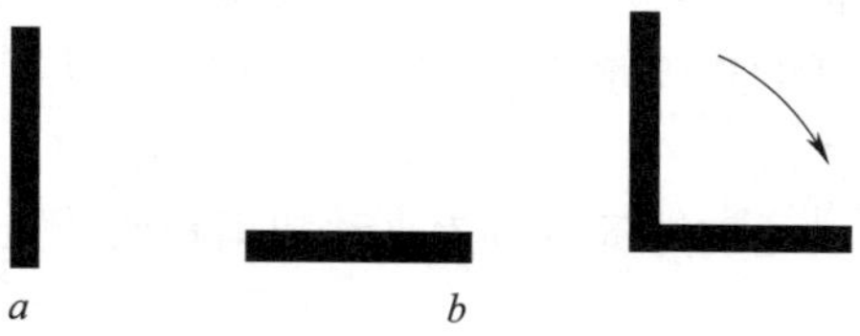

图 4-19 似动现象

（二）自主运动

在一间黑屋子里，你站在屋子的一头，在另一头安排一个亮点（如烟灰缸里一支点燃的香烟，或在一个不透光的盒子里放一个亮着的电灯，在盒子壁上戳一个小孔），注视这个亮点几分钟，亮点会古怪地动荡起来。在没有月光的夜晚，仰视天空的某一个亮点几分钟，这个亮点也会游动起来。自主运动的原因至今尚未弄清楚。一种观点认为，自主运动是由于人总认为看客体时眼睛是固定不动的，但实际上眼睛是不随意地运动着的，即使在注视某一物体时仍有微弱的颤动，眼动信息的输入使人觉得亮点在运动。眼动引起的运动知觉可从图 4-20 中看出，注视这张图时你会看到它在运动。另一种观点认为，自主运动是视野中缺乏参考系之故，因为一旦视野里有某个参考系，自主运动就会立即随之消失。

图 4-20 眼动引起的运动知觉

（三）诱导运动

诱导运动是指当一个静止物体周围的其他物体运动时，该静止物体被知觉为运动的知觉现象。在没有更多参考系的条件下，两个物体中的一个在运动，人可能把它们中的任何一个看成运动的。人坐在桥上，看着桥下的流水，会觉得自己在逆流而上，而水是静止的；当火车停靠在站台时，如果附近铁轨上的火车开动，人们会觉得自己正在运动，而事实上人们是处于静止状态的。一般来说，人会倾向于把较大的客体当作静止的背景，把较小的客体知觉为在运动。因此，较大物体的运动往往会诱导出较小物体运动的知觉。我们可以把月亮看成在云彩后面移动，也可以把云彩看成在月亮前面移动。不过，我们习惯于把月亮看成在云彩后面移动，因为一般说来，较小的对象较之大的背景更容易被看成在运动。其实，相对于人来说，月亮并没有移动，只是运动着的云彩“诱导”出月亮好像在运动。

（四）瀑布效应

大多数运动都会产生朝相反方向的运动后效。在看流水时就会产生这种效应，凝视河水流动，然后再看一个固定处，如看河岸，它仿佛在朝相反的方向流动。这种现象早在亚里士多德时代就有了文字记录，被称作“瀑布效应”或“视觉运动后效”。在日常生活中，我们也可能有这样的经验：螺旋图案在转动时，看起来像是朝外膨胀，停下来又好像朝里收缩；快速旋转的车轮或风扇在某个速度上会产生反转知觉。

□□□ 第五节 错觉

早在两千多年前，《列子·汤问》一书就载有“两小儿辩日”的故事，所谓“日初出大如车盖，及日中则如盘盂”，就是错觉的一例。当错觉产生时，客观事物的长度、方向、位置、运动、弯曲等特征由于受到扭曲而被错误地知觉。研究错觉具有重要的理论和实践意义，不仅有利于揭示人们知觉客观世界的规律，还有助于消除错觉对人类实践活动的不利影响，适当利用某些错觉可以为人类的生产和生活服务。

一、错觉及其类型

错觉（illusion）是指人在特定条件下，对客观事物必然会产生的、具有某种固有倾向的、不符合事物本身特征的歪曲知觉。错觉与幻觉有本质区别，它是在一定条件下必然产生的对客观事物不正确的、歪曲的知觉。幻觉则是无条件的，它是主体脱离客观事物刺激的虚幻的反映。错觉并不是因为观察者的疏忽，而是人在特定条件下必然产生的正常心理活动，不同个体在错觉上只是表现为量的差异。

错觉的类型很多，它可以在各种感觉通道中以及不同感觉通道之间产生，主要有视错觉、听错觉、味错觉、视听错觉、形重错觉等。其中视错觉最为常见，即人凭借眼睛所见而构成的对客观事物失真或歪曲的知觉经验，其中类型最丰富并被研究得最多的是几何图形错觉。这种错觉主要有大小错觉、形状和方向错觉两种。

（一）大小错觉

大小错觉是指由于物体的物理大小与知觉大小不一致而造成的错觉。常见的大小错觉有以下六种：

1. 横竖错觉

两条线段长度相等，一条垂直于另一条的中点，垂直线看起来比水平线长一些（见图 4-21）。研究发现，在主观上要使水平线与垂直线等长，前者须加长 30%。当水平线的长度为 8～50 mm 时，这种错觉现象最明显。

2. 缪勒-莱尔错觉

两条原来等长的线段，因两端箭头的朝向不同而看起来箭头朝内的线段比箭头朝外的线段要短一些（见图 4-22）。根据实验研究，主观上错误估计量比实际线条长 25%～30%。

3. 庞邹错觉

庞邹错觉包括庞邹透视错觉和庞邹大小错觉两种。庞邹透视错觉是指等长的两条平行线，因受到两边纵向斜线的影响，看起来上面一条线更长。庞邹大小错觉是指看同一个角中两个同样大小的圆时，接近角顶端的那个圆看起来比离角顶端远的那个圆大一些（见图 4-23）。

图 4-21　横竖错觉

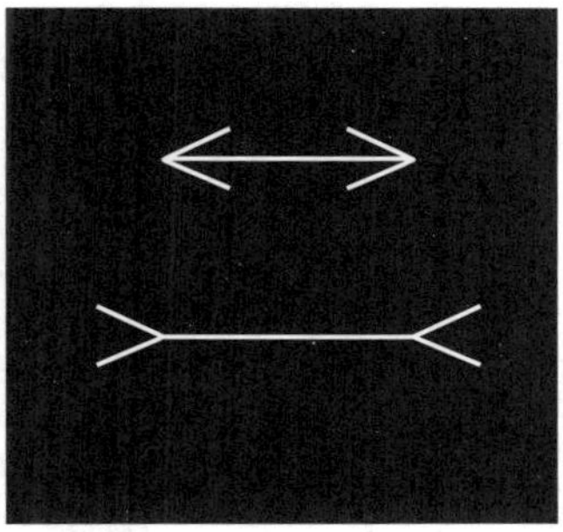

图 4-22　缪勒-莱尔错觉

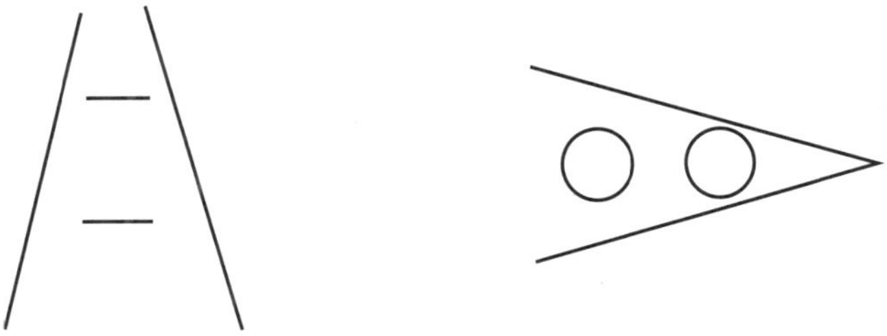

图 4-23　庞邹错觉

4. 德勃夫错觉

德勃夫错觉是指因对比而诱发的一种在面积大小判断上的错觉。实际上，几个面积相等的圆在大小不同的圆的衬托下，看起来面积不相等（见图 4-24）。

5. 贾斯特罗错觉

两个完全一样的扇形环，当按图 4-25 所示上下排列时，因对比而显得上面的扇形环小一些，下面的扇形环大一些的错觉现象。

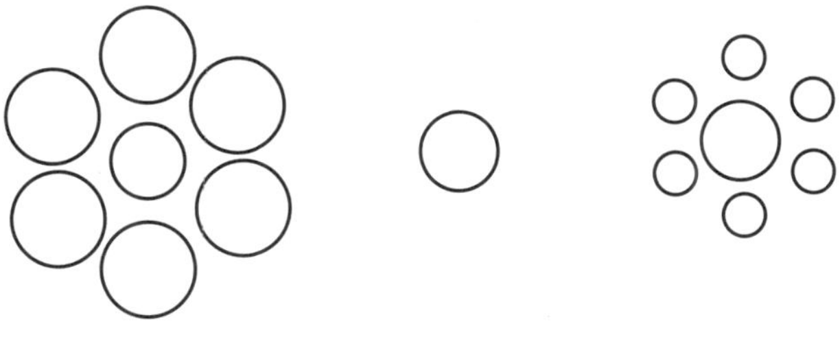

图 4-24　德勃夫错觉

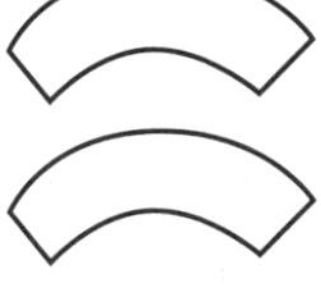

图 4-25　贾斯特罗错觉

6. 月亮错觉

月亮在视网膜上的视像大小相同，但在接近地平线附近时看起来显得大一些，而在头顶上时则显得小一些（见图 4-26）。

（二）形状和方向错觉

形状和方向错觉是指人对几何图形的形状和方向特征的知觉因为某种原因而被扭曲的错误知觉。常见的形状和方向错觉有以下六种：

图 4-26　月亮错觉

1. 松奈错觉

当一组平行线被不同方向的斜线所截时，看起来好像失去了平行线的特征（见图 4-27）。

2. 冯特错觉

两条平行线被多个方向的附加线段所截时，看起来好像失去了平行线的特征，显得向外弯曲（见图 4-28）。

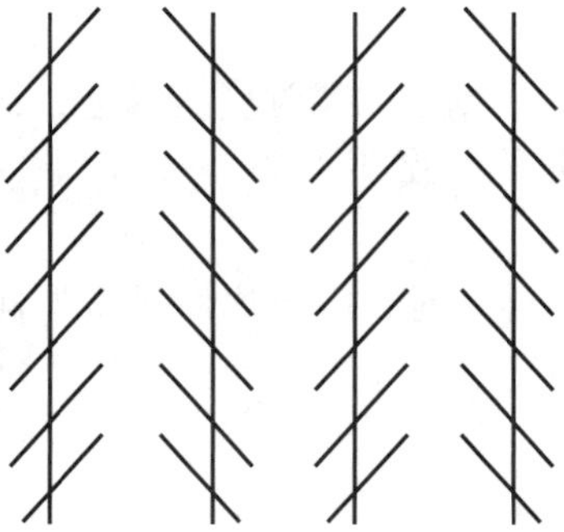

图 4-27　松奈错觉

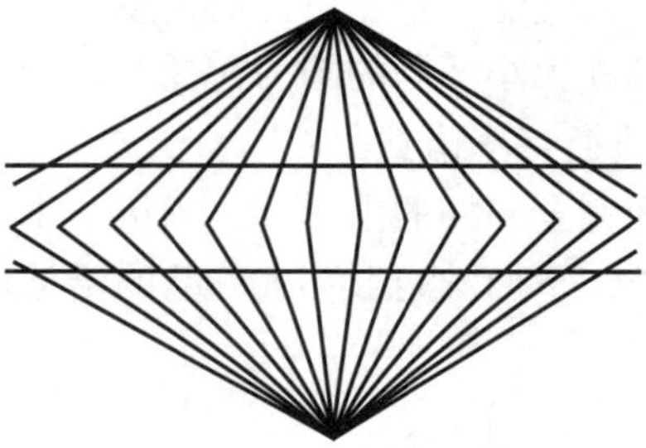

图 4-28　冯特错觉

3. 奥尔比逊错觉

一个正方形和一个圆形，附上相交于一点的数条射线后，看起来正方形并非正方形，圆形并非正圆（见图 4-29）。

4. 波根多夫错觉

一条直线被两条平行线遮断后，看起来被分割成的两条射线不在一条直线上的错觉现象（见图 4-30）。

[拓展阅读]
当“错觉”动起来——动态呈现效果会放大错觉吗？

5. 楼梯错觉

注视如图 4-31 所示的图形几秒后，有时它看起来像正放的楼梯，有时看起来像倒放的楼梯。

6. 格里德火花错觉

用眼睛注视图 4-32 时，会看到在那些交叉点上不断闪烁的黑点。

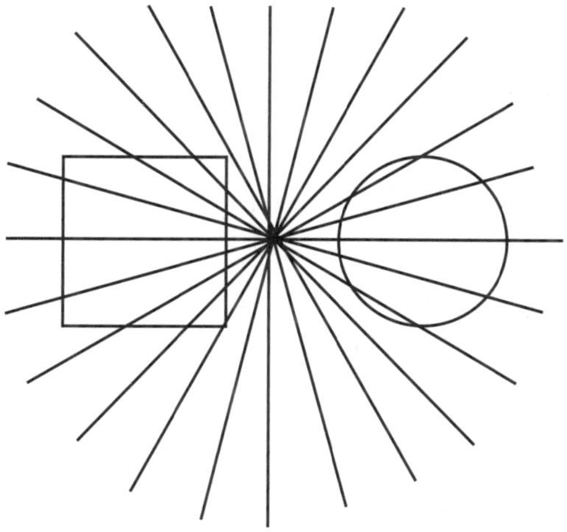

图 4-29 奥尔比逊错觉

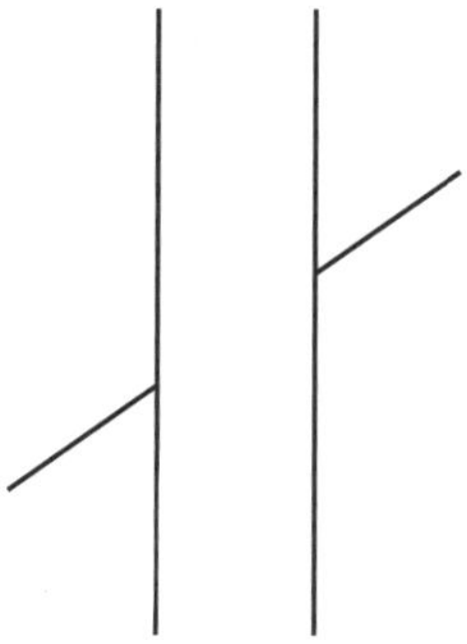

图 4-30 波根多夫错觉

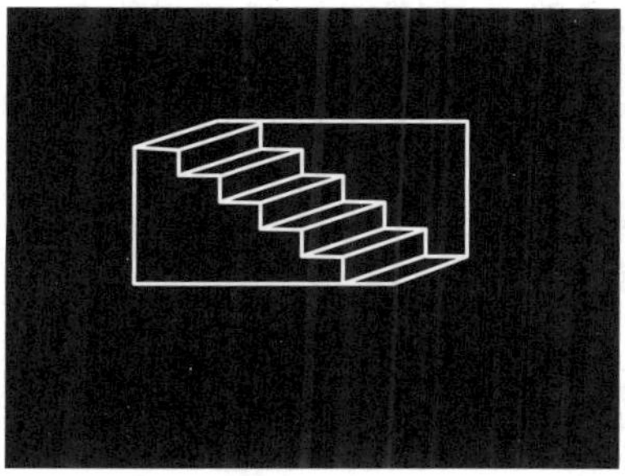

图 4-31 楼梯错觉

图 4-32 格里德火花错觉

除几何图形错觉外，还有四种常见的错觉：① 形重错觉。例如，1 kg 铁同 1 kg 棉花的质量相等，但是，人们用手加以比较时（不用仪器）都会觉得 1 kg 铁比 1 kg 棉花重得多。这是以视觉之“形”而影响到肌肉感觉之“重”的错觉。② 方位错觉。例如，在听报告时，报告人的声音是从扩音器的侧面传来的，但我们却把它感知为从报告人的正面传来。又如，在海上飞行时，海天一色，找不到地标，海上飞行经验不够丰富的飞行员会因为分不清上下方位而产生“倒飞错觉”，造成飞机坠海事故。③ 运动错觉。运动错觉现象通常表现为似动知觉，是指在一定的条件下，人们把客观上静止的物体看作运动的物体，或把客观上不连续的位移看作连续运动的心理现象（详见本章第四节）。④ 时间错觉。时间错觉是对时间的不正确的知觉。由于受各种因素的影响，人们对时间有时长估，有时短估，其影响因素已在本章第三节进行了详细讨论。

二、错觉产生的原因

关于错觉产生的原因虽有多种解释，但迄今都不能完全令人满意。从现象上看，错觉的产生可能既有客观的原因，也有主观的原因。

客观上，错觉大多是在知觉对象所处的客观环境发生了某种变化的情况下产生的。

例如，与周围事物关系的变化、附加成分的变化等干扰了人对知觉对象的正确认识。

主观上，错觉的产生可能与过去经验、情绪等因素有关。人对当前事物的感知总是受到过去经验的影响，错觉的产生也受到过去经验的影响，如掌握透视原理的人不会产生透视错觉。

情绪、态度也会使人产生错觉。例如，时间错觉中焦急地期待、通宵失眠、百无聊赖、无事可干等都会使人感觉时间过得很慢，有“度日如年”“一日三秋”之感。人在全神贯注于自己的事业或有趣的活动时，会感觉时间过得很快，有“光阴似箭”“日月如梭”之感。战败的士兵会因为恐惧情绪而产生“风声鹤唳”“草木皆兵”的错觉等。

错觉也可能是各种感觉相互作用的结果。例如，形重错觉的产生很可能是大脑接收视觉信息多于肌肉动觉的信息引起的，因为正常人从外界接收的信息绝大部分来自视觉。在提同样质量的物体时，根据视觉提供的信息，人便准备用大力气去提大物，用小一点的力气去提小物，结果便觉得较小的物体重些。

总之，产生错觉的原因是多种多样的，也是极其复杂的。既有客观原因，也有主观原因；既有生理原因，也有心理原因。以早有记载的月亮错觉为例（见专栏 4-3），有些错觉现象虽经过多年的研究，仍然难有令人完全满意的解释。错觉研究具有广泛而重要的理论意义和实践意义。研究错觉的成因有助于揭示人正常知觉客观事物的规律，以便更好地理解知觉过程；对错觉的了解，有助于消除错觉对人类实践活动的消极影响，防范事故的发生。此外，某些错觉现象被大量运用于绘画、摄影、建筑、服装、装潢等艺术和生活领域。

专栏 4-3

月亮错觉

这是一种壮观而又迷人的错觉：月亮刚刚在地平线上升起时看起来比在天顶时要大。但实际上我们都知道，月亮还是同一个月亮，它的大小并没有改变，它与地球之间的距离也没有改变。那么，是什么导致了月亮错觉（moon illusion）呢？自古以来人们就试图解释它，但至今仍无定论。

心理学上最具代表性的月亮错觉理论有以下两种：

一是表面距离假说。这是美国心理学家考夫曼等提出的月亮错觉理论。该假说认为，当远近不同的两个物体在视网膜上形成的视像大小相同时，人们就会根据经验判断远者较大、近者较小（远处的牛和近处的羊看来一样高时，即知牛比羊大）。月亮接近地面时，由于空气透视等原因，人在心理上就会觉得它比在当空时要远。于是根据远者较大、近者较小的心理原则，自然就会判断当空的月亮较小。

二是相对体积假说。这是美国心理学家利斯特里提出的月亮错觉理论。该假说认为，人所见到物体体积的大小并不完全以视网膜上的视像为根据，而是要同时参照物体周围环境中其他物体后才能作出判断。除了附近物体的大小外，物体本身所在地周围的空间大小也是重要的参照标准。月亮接近地面时，其周围空间小，就显得月亮特别大（形成对比）；月亮当空时，因为周围空间开阔，就显得月亮相对较小。

（资料来源：黄希庭，2007）

原理应用

如何接住飞行中的球？

你是否有过这样的经历：你正站在左内侧的场地内，清楚地听见了球棒击球的声音，并看到一个棒球或垒球急速地向你飞来，接下来你会做什么？你怎么知道应该跑向哪里去接球？如果你没有在室外玩过棒球或垒球的经历，可能会对其他人精彩的接球而感到吃惊。他或她是如何在恰当的时间到达恰当的位置的呢？

知觉科学家有根据地把接住飞行中的球描述为一件困难的事情：“球的运动模式本质上表现了所有主要的空间位置，而深度线索直到球的路径的最后一部分才会有用。”然而，人们却很擅长追赶飞出的球。研究者的目标是提供一种理论，在计算的复杂性与实际的易用性之间搭起一座桥梁。

哪种视觉线索为你提供了接到球的方式？研究者提出了两种球在运动中不变的线索。一些理论学家提出，接球手在跑动的时候选择其关于球在垂直维度上速度的视觉经验，以保持恒定的路径。另一些理论学家认为，接球手在跑动的时候选择其关于球相对背景的角度以保持恒定的路径。研究者如何检验这些理论呢？典型的方法是发射飞行的球，对接球手试图接球的过程进行录像，然后对接球手的反应进行数学函数的拟合，以便获知他们试图对球飞行的视觉经验的哪些方面保持恒定。

研究发现，大部分接球手经常把接住球分成两个阶段：第一个阶段，努力跑到正确的位置；第二个阶段，减速，也可能完全停下来。在球快速地接近手时，位置线索和深度线索发生作用。接球手用手接住球后，并没有完全完成任务，他们还要尽可能快地把球掷给同伴，以阻止跑垒者前进或得分。因此，接球手经常一边进行接球的复杂知觉过程，一边还要注意环境中其他的重要信息。

（资料来源：格里格，津巴多，2016）

复习与思考

1. 什么是知觉？为什么说知觉是人对感觉信息的组织和解释过程？
2. 知觉有哪些基本特征？试举例说明。
3. 知觉的组织原则有哪些？

4. 用事实分析知觉中整体与部分的关系。

5. 什么是双眼视差？怎样解释它在深度知觉中的作用？

6. 如何看待心理时间和物理时间的不同？

7. 什么是动景运动？它在什么情况下发生？

8. 试分析错觉产生的原因。

9. 回忆本章内容，画出本章核心内容的概念图，与同伴进行交流分享后，加以完善。

□ 推荐阅读

[1] 高湘萍，2011. 知觉心理学［M］. 北京：人民教育出版社 .

[2] 王辉，2020. 特殊儿童感知觉训练［M］. 南京：南京大学出版社 .

[3] 多瑟，吕忠林，2022. 知觉学习：经验如何形成视觉感知［M］. 李川，何军，邓梓烽，等译 . 北京：机械工业出版社 .

第五章 意识和注意

学习本章内容，将有助于你对以下问题的理解与思考：

- 我们能意识到所有的事物吗？无意识会不会支配我们的行为？
- 为什么我们每天都要睡觉？睡眠中我们的大脑还有哪些活动？
- 梦是如何产生的？释梦有没有科学依据？
- 催眠是一种什么样的意识状态？它是否真的有治疗的作用？
- 白日梦会不会影响个体的生活？它有哪些功能？
- 药物是如何影响我们的意识的？
- 什么是注意？注意对心理活动有怎样的作用？

《科学》（*Science*）杂志在创刊125周年之际公布了125个最具挑战性的科学问题，前25个是最突出的重点问题，其中排在第2位的就是“意识的生物学基础是什么”。2018年，《自然》（*Nature*）杂志提出了目前最重大的6个科学问题，其中之一便是“什么是意识”。意识不仅是心理学研究一直关注的问题，也是哲学、认知科学、物理学、神经科学、人工智能等诸多学科研究的关键问题之一。马克思主义哲学揭示了意识的本质，认为意识是高度组织起来的物质即人脑的机能和属性，是社会的人对客观存在的高级心理反映形式。作为中国现代心理学奠基人之一，潘菽认为，意识问题是心理学理论中的根本问题（潘菽，1998）。心理学要成为真正的心理学，要建立完整的科学心理学理论体系，就必须要对意识进行科学研究。

随着脑科学的迅速发展，尤其是各种脑成像技术（如EEG、fMRI等）的广泛应用，出现了大量关于意识的脑科学研究成果，人们对意识的神经相关物和意识的产生机制有了更加深刻的认识。近年来，随着人工智能和机器人学的发展，人们开始思考机器能否具有意识这一问题，这类研究被称为机器意识（machine consciousness，MC）或人工意识（artificial consciousness，AC）。

在心理学的视角下，我们的大脑是如何创造变幻无穷的意识世界的呢？我们该如何理解各种意识状态呢？

第一节　意识概述

意识作为心理学的研究对象，在心理学史上几经起伏。19世纪末，以冯特和铁钦纳为代表的结构主义学派主张研究意识的结构，以詹姆斯和杜威为代表的机能主义学派主张研究其功能。在20世纪初行为主义强调研究对象的可观察性之后，从20年代到50年代，以实验为主流的心理学均把意识打入了“冷宫”。直到60年代人本主义和认知心理学兴起之后，意识才又成为心理学的重要研究对象。但现代心理学对意识的研究，不再像早期结构主义和机能主义那样只重视对意识内容和机能的分析，而是扩展到对意识过程的探讨。

一、意识与无意识

（一）什么是意识

目前心理学家对于如何界定意识仍有分歧，这里界定的**意识**（consciousness）是包含多种概念的集合名词，指个人运用感觉、知觉、思维、记忆等心理活动，对自身状态（内在的）与环境中的人、事、物变化（外在的）的综合觉察与认识（张春兴，1994）。意识就是对外部事件和内部感觉的觉知，包含对自己的知觉以及对个人经验的看法。多数心理学家认为，意识是我们对自己和环境的觉知。清醒时的意识通常包括那个时刻的知觉、思维、情感、表象和愿望——个体正集中注意的所有心理活动。个体既意识到自己正在做的“事情”，也意识到“正在做”这个事实。有时，个体会有意识地认识到他人在对自己正在做的事情进行观察、评价和反应。总之，这些不同的心理活动构成了意识的内容——在特定时刻个体有意识地觉知到的所有经验（Natsoulas，1998）。

[拓展阅读] 意识的信息整合理论：测测你的短时记忆容量

意识可以划分为三个不同水平：① 基本水平，对内部和外部世界的觉知；② 中间水平，对个体所觉知的事物的一个反映；③ 高级水平，对个体作为一个有意识的、会思考的个体的觉知。在基本水平上，意识是个体对正在知觉和可知觉的信息进行反应的觉知。在这个水平上，个体逐渐觉知到背景中钟表的滴答声或感到饿了。在中间水平上，意识依赖将个体从真实客体和现在的事件的局限中解脱出来的符号知识。在这个水平上，个体可以思考和操纵不在眼前的客体，将其想象成新的样子并使用它回忆过去或计划将来。意识的高级水平是**自我觉知**（self-awareness）。自我觉知赋予个体一种个人历史感和认同感。在意识的这个水平上，如果个体体验了一个相当有序的、可预测的世界，逐渐地就可以对它进行预期，而且这种预期使个体具备一种能力，即选择目前最好的行动方式并计划将来。

无意识（nonconscious）是相对于意识而言的，是个体不曾觉察到的心理活动和过程。大部分的心理活动或过程是无意识的，按照弗洛伊德的观点，无意识包括大量的观念、愿望、想法等，这些观念、愿望、想法等因为和社会道德存在冲突而被压抑，不能出现在意识中。如果把人的心理比作一座漂浮在海里的冰山，那么人的意识便是露出水面的冰山顶端，而大量的心理活动均藏在水面以下，不为人们所意识。所以，对意识的探讨，总是和无意识联系在一起的。

当个体无法用意识来解释自己的某些行为时，才会认识到无意识信息的存在。常见的无意识现象有以下三种：

① 无意识行为。有时人的行为，特别是那些已经自动化了的行为，不受意识的控制，如边交谈边织毛衣。在日常生活中，人们的许多小动作都是无意识的动作。

② 对刺激的无意识。人在活动中，有时没有觉察到对他们的行为产生了影响的事件，而实际上，这些事件对他们的行为产生或多或少的影响，如“视而不见”现象。

③ 盲视。有一类对刺激的无意识是由于脑损伤引起的，如有些脑损伤病人，其视野的绝大部分变成了一个大的黑点。尽管病人看不到刺激，却可以对刺激进行一定程度的信息加工。

（二）意识与脑

脑电图（electroencephalogram，EEG）的研究表明，我们可以辨别出意识的一般状态。当我们醒着并且相当清醒的时候，EEG 轨迹很不规律，波幅适中；但是如果我们正在做白日梦或者心情很放松，EEG 的轨迹就会呈现有规律的节奏，这种节奏叫作 α 节律。此时的波幅较高，表现出较大的波峰与波谷，但看起来还是很有规律的。EEG 轨迹还会出现其他表明意识状态的明显不同的模式。例如，如果我们全神贯注于某事物，就会出现另外一种节律，这种节律叫作 δ 节律。如果外部刺激突然改变，吸引了我们的注意力，EEG 的轨迹模式也会突然改变。由此可见，意识与大脑的活动有关。但对于意识，一个尚未解决的重要问题就是关于其对应脑区的问题。意识是否单独存在？还是说它就是大脑固有的功能呢？如果意识存在于大脑中，那么它是存在于一个单独的脑区还是弥散在各个部分中呢？

大多数的神经科学家都认为，不存在可以接收信息并将输入信息转变为我们可以报告出来的意识世界的特定脑区。人们在一个特定的时候知觉到的东西要依赖不同的脑区才能被激活。大脑皮质将感觉、情绪和记忆的信息综合起来才可能产生意识内容。

（三）意识的功能

意识对人类的生存和社会功能的重要作用是多方面的。从生物学的观点看，意识是人类进化的产物，它帮助个体了解环境信息，并在行动中有效地使用信息，所以人类才可以演化、生存。在很多时候，个体会面临感觉信息负荷过大的情况。威廉·詹姆斯描述了大量信息轰击感受器就像“混乱的光亮声音”从各个方面困扰着个体。意识可以通过三种方式来应对这种困扰，帮助个体适应环境。

第一种方式：意识对个体察觉和注意的范围进行限制，从而减少刺激输入的流量。意识的这种限制功能滤掉了多数与个体即刻目标或目的无关的信息。当个体将意识集中在“相关”输入——希望加工和反应的信号——的时候，所有被评价为“无关”的刺激就成为背景噪声。

第二种方式：意识能完成一种选择功能。在所有感觉输入流被知觉加工为少量可识别的模式和范畴时，意识允许个体选择性地存储自己想要分析、解释并对将来起作用的刺激。意识通过选择一些而忽视另外一些，允许个体将事件和经验按照个人的需要分成相关的和无关的。

第三种方式：意识让个体基于过去的知识和对不同后果的想象来终止、考虑不同的方案。这种计划或执行控制的功能使个体能够压抑那些与道德、伦理和实践要求冲突的强烈愿望。没有这种意识，一个人也许会在饿的时候，只要看到苹果就想把它偷来。意识可以帮助个体唤起过去和将来的抽象表征来影响他当前的决策。由于所有这些原因，意识赋予个体极大的潜能，让个体对生活中多变的需求作出灵活适当的反应。

不会有两个人以绝对相同的方式解释一种情境。个体对现实的个人建构是基于个体的一般知识、过去经验、记忆、当前的需要、价值、信念和将来目标等作出的对当前情境的独特解释。因为每个人对现实的个人建构已经从对独特输入的选择中形成，所以会更注意刺激环境中的某些特征。当个体对现实的个人建构保持相对稳定的时候，个体的自我感就具有了连续性。

二、生物节律的周期性与意识状态

人的意识状态的变化与人的身体功能的周期性变化密切相关。对意识状态的理解应该联系其生理机制——**生物节律**（biological rhythm）。生物节律是身体周期性波动，是人体的基本生理活动、生理过程和心理状态的周期性自然变化。这种周期性变化对我们的生活产生了重要的影响。例如，24 h 周期是指睡眠—觉醒周期，以及体温、血压、血糖水平的变化，梦的周期大约为 90 min，女性的月经周期大约为 28 天。大多数人都能意识到自己的精神状态、精力和心情的波动和变化。这些波动和变化与身体内部生理过程的变化有关，如激素分泌、体温、血压等的变化。对多数人来说，这些生理活动在下午或傍晚时达到最高水平，而在凌晨时水平最低。但个体间有很大的差异，不同个体的变化模式是不同的。一般来说，当体温及其他生理指标达到一天的最高水平时，个体的工作效率最高。对于体力劳动来说，这种联系尤其明显，而对于脑力劳动来说，这种联系要弱一些。

所有的生命都受到日—夜这种自然节律的影响。个体的身体受生物节律周期所调节：个体的唤醒水平、新陈代谢、心率、体温和激素活动的变化依照的是个体内部的时钟节奏（Moore-Ede et al.，1982）。这些活动大部分是在白天，通常是在下午达到顶点，而在夜里睡眠的时候落到低谷。研究表明，个体的身体使用的时钟差不多完全与墙上的时钟一致：没有外部的时间线索矫正的话，人类的内部“定时器”设定的周期是 24.18 h（Czeisler et al.，1999）。每天接触阳光有助于个体按 24 h 的周期进行微调。阳光的信息是通过个体的眼睛收集的，但调节生理节律的感受器与眼睛的构造不同：没有杆体细胞和锥体细胞的动物也可以通过某种方式来感受光线，从而保持它们的生物节律（Freedman et al.，1999）。

生物钟和环境钟的失调会影响个体的感觉和行动（Moore-Ede，1993）。最恰当的例子就是乘飞机长途旅行带来的这种失调。当人们进行跨时区飞行的时候，个体会经历时差，在这种情况下，个体会感到疲劳、不可抵抗的嗜睡和随后与平常不同的睡眠。时差的发生是因为内部生物节律与常规的环境时间不协调（Redfem et al.，1994）。例如，个体的身体感受是凌晨2点，许多生理指标处于低谷，但当地时间是正午时分，需要个体从事工作或进餐。我们生命中的大多数时间都处于觉醒的意识状态，这是一种清楚的、有组织的、正常的觉醒意识状态。在正常的觉醒意识状态下，我们觉知到的时间、地点和事件都是真实的、有意义的和熟悉的。由于疲劳、谵妄、精神恍惚、催眠或药物作用等原因，人的意识会与正常状态下的意识明显不同。我们每个人都经历过一些异常意识状态，比如睡眠、做梦和做白日梦等。在各种异常意识状态下，人的心理活动在性质和模式上都会有明显改变。当异常意识状态出现时，大多数人都能够察觉到自己意识状态的改变。同时，我们还应知道，即使在正常的觉醒状态下，我们的意识也是变化的。

□□□ 第二节　几种不同的意识状态

睡眠占用了我们生活中约1/3的时间，比其他任何事情都要多。什么是睡眠？为什么它这么重要？本节将探讨这些问题的答案，并带领大家进入梦的世界。

一、睡眠与梦

在各种不同的意识状态中，与清醒时的意识状态相对应的是**睡眠**（sleep）。虽然睡眠表面看来极为平常，但我们每个人的一生中都会有大约25年的时间是在这种半意识状态中度过的。人们睡眠时并不是完全没有反应。研究显示，如果听到有人叫自己的名字，而不是别人的名字，个体就比较容易醒；当一架喷气式飞机在头顶上轰鸣时，一个熟睡的母亲可能听不见，但如果她的孩子发出轻微的哭声，她能够立刻醒来。由此可知，睡眠并非完全失去意识，睡眠只是意识的一种状态。

（一）睡眠

睡眠过程是非常复杂的意识活动，尽管睡眠时有很多东西不能觉察，但仍有意识活动。例如，睡眠时能做梦，梦醒后能回忆梦中情节，还有人在梦中写文章或思考如何解决问题。

睡眠是人和动物共有的现象。无论人还是动物，在其每天24 h的周期中，都会有睡眠。与其他动物相比，人的睡眠有三个特征：睡眠多在固定地点；睡眠时还要更换衣服，成为人隐私的一部分；人类在睡眠上的个体差异小于动物，一般成人睡眠时间为5～9 h，平均为7.5 h。

1. 睡眠需求

每个人都要睡觉，如果睡眠不足，我们的身体和精神就会运行不佳。如果个体能在较长的一段时间里得到每夜7～8 h的睡眠，那么他的各项功能都会运转良好（Harrison et al.，1996）。

睡眠有以下四个方面的好处：

一是有利于恢复。睡眠是生存的基本机制之一。睡眠可以使工作了一天的大脑和身体得到休息、休整和恢复。睡眠具有恢复精力和消除疲劳的作用，恢复涉及生理和心理两个方面。就生理而言，机体的各种器官和组织在白天持续运转后，需要放松调整，犹如营养消耗以后需要补充一样。大脑在清醒状态时会制造化学腺苷来抑制感到困倦的神经元，而腺苷浓度在睡眠过程中会下降（Heiskanen et al.，1997）。因此，睡眠就像大脑的食物，帮助我们修复身体组织，特别是脑组织。就心理而言，睡眠可以帮助个体完成清醒时尚未结束的心理活动。为什么睡前记忆效果好，可能就是因为学习后立即睡眠，信息处理工作在睡眠时继续进行。

二是有利于适应。根据与生物进化有关的生态学理论的解释，睡眠是人类在生存过程中经过长期演化而形成的，目的是维持生存的需要。睡眠可以使人类和动物避免在夜间消耗能量和受到伤害。在黑夜中进行打猎或采食对我们的祖先来说是很危险的，因此最好的生存办法是夜晚在一个安全的地方睡眠，白天再进行活动。再如，蛙和蛇在寒冬不能出外觅食，但又缺乏候鸟一样的迁徙能力，因此在适应环境的过程中进化出了冬眠能力。

三是有利于发展。睡眠可能在成长过程中也起到很大作用。睡眠对于婴儿和儿童的成长和脑的发育有重要意义。例如，在深度睡眠中，儿童垂体腺释放成长激素。随着人的衰老，垂体腺释放的这种激素减少，并且深度睡眠的时间变少（Pekkanen，1982）。

四是有利于记忆。人们普遍认为，睡眠对存储和维持长时记忆的内容具有重要作用。快速眼动睡眠过程和人们的记忆存在联系（Wagner et al.，2001）。一个可能的解释是，在睡眠阶段，人类的大脑皮质就不再忙于处理感觉输入、知觉内容以及运动技能了。因此，如果个体整夜都在准备下次测验所需的知识，那么个体可能还要重新学习一次。一份研究报告指出，一个好的睡眠可以帮助个体将白天所学的知识进行记忆存储（Stickgold et al.，2000）。如果一个人通过“开夜车”来复习所学的知识，而另一个人每天晚上都享受充足睡眠，那么前者的记忆效果远不及后者。事实上，损失睡眠就等于损失记忆。

2. 睡眠剥夺

如果长期缺乏睡眠或被剥夺了睡眠，人的身心将会发生什么变化呢？研究表明，睡眠缺乏会抑制对抗疾病的免疫系统（Irwin et al.，1994），还会损伤记忆（Yoo et al.，2007）。而且，慢性的睡眠缺乏还可以改变新陈代谢和荷尔蒙的功能，使人过早老化，产生肥胖、高血压和记忆缺失问题（Spiegel et al.，1999）。如在睡眠剥夺实验（Veasey et al.，2002）中，让被试持续 200 h 保持清醒状态，结果发现，只要被试遭受了轻微的睡眠剥夺，就会变得萎靡不振、易怒、不能集中注意力、创造性缺失和逻辑推理能力下降。不过，如果被试接着可以正常入睡，几天就能恢复到睡眠剥夺前的状态。也就是说，这种暂时的睡眠剥夺并不会给大多数人带来永久性后果。但是，睡眠缺乏的确会让人变得急躁、易怒、反应迟钝、身体能力降低和学业成绩下降。另外，假如我们在昏昏欲睡时进行一些日常活动（如驾驶），还会给自己和他人带来危险。

3. 睡眠阶段

在我们睡眠时同样存在一个生物节律，即在 90～100 min 的时间经历一个有五个不同阶段的周期（见图 5-1）。通过脑电图可以精确显示睡眠周期中的脑电活动，从而了解和揭示睡眠的本质。

阶段 1：脑电波变得波幅小并且无规则。此时个体处于浅睡阶段，感觉游离于意识的边缘，很容易被外部刺激惊醒。如果个体在这一阶段被唤醒，可以回忆起某些幻象或一些视觉图像。

阶段 2：脑电波渐呈不规律进行，频率与振幅忽大忽小，偶尔会出现被称为“睡眠锭”的高频、大波幅脑电波，以及被称为“K 结”的低频、很大波幅脑电波。在这一阶段个体很难被轻微的噪声唤醒。

阶段 3：除了出现阶段 2 的“睡眠锭”，大脑还会不时产生一种叫 Δ 波的脑电模式，这种脑电波频率较低，波幅很大。此时个体的呼吸和脉搏变慢，肌肉放松，并且很难被唤醒。

阶段 4：大多数脑电波都开始呈现 Δ 波，脑电波变化很大，频率只有每秒 1～2 周，但振幅增加较大，呈现变化缓慢的曲线。个体进入深度睡眠。这时个体通常需要猛烈的摇晃或很强的噪声才能被唤醒。梦游、梦呓通常都发生在这个阶段。

阶段 5：脑电波迅速改变，出现与清醒状态时的脑电波相似的高频率、低波幅脑电波，但其中会有特点鲜明的锯齿状波。睡眠者通常会有翻身的动作，并很容易惊醒，似乎又进入了阶段 1 的睡眠，但实际上是进入了一个被称为**快速眼动睡眠**（rapid eye movement sleep，REMS）的阶段。在这一阶段，个体除了脑电波的改变之外，眼球会呈现快速跳动现象，大脑异常活跃，而肢体完全放松，因此这一阶段也被称为**异相睡眠**（paradoxical sleep）。如果此时将其唤醒，大部分人会报告说正在做梦。因此，REMS 就成为睡眠阶段 5 的重要特征，也成为心理学家研究做梦的重要根据。

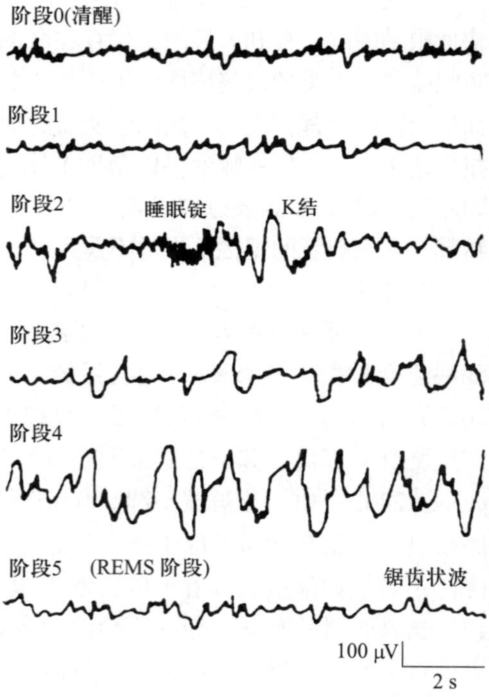

图 5-1 正常睡眠阶段的 EEG 模式
（资料来源：黄希庭，2007）

前四个阶段的睡眠共要经过 60～90 min，而且均不出现眼球快速跳动的现象，故统称为**非快速眼动睡眠**（non-rapid eye movement sleep，NREMS）。在整夜睡眠中，个体会经历 4～6 次这种周期，每个周期里，花在深睡（阶段 3 和阶段 4）的时间会逐渐减少，而花在 REMS 的时间会增加，在最后一个周期里，个体也许会花一个小时在 REMS 上。所以，大多数的梦发生在一夜的后半期。NREMS 占整个睡眠时间的 75%～80%，而 REMS 则占睡眠时间的 20%～25%。

与此同时，睡眠周期会随着时间和年龄而有所改变，例如，新生儿的快速眼动睡眠占的时间最多，约占睡眠时间的一半。一般大学生的睡眠，阶段 2 约占全部睡眠时间的 50%，阶段 4 约占 15%，快速眼动睡眠则约占 25%。老年人一夜中出现快速眼动睡眠的时间在 18%左右。可以据此推论，婴儿睡眠时做梦远比成人要多，老年人睡眠时做梦较少。

4. 睡眠障碍

睡眠质量与生活质量息息相关，长期睡眠不足会严重影响正常的工作与生活。**睡眠障碍**（sleep disorder）是指个人无法自主地控制自己的睡眠，想睡时偏偏无法入睡，不想睡时却又无法维持清醒。每年都有成千上万的人因睡眠不好或睡眠障碍接受治疗。如果总是有良好的睡眠当然是件好事，但不幸的是，许多人患有睡眠障碍，这给个人的生活和事业增加了沉重的负担。异常的睡眠状况甚至会对社会产生影响。从事夜班工作的个体平均在一星期的工作中至少有一次打盹。世界上一些很严重的工业事故都是在深夜发生的，很多事故都是由于关键员工缺乏睡眠，因而不能保持最佳工作状态造成的。在许多学生的生活中，睡眠障碍也是很重要的问题。此外，睡眠障碍会引发机体功能下降，比如记忆力和洞察力比常人明显降低，还容易引起帕金森病（O'Dowd et al., 2017）。

失眠（insomnia）是最常见的睡眠障碍现象。失眠的主要表现是：上床后很难入睡；容易惊醒，醒后很难再度入睡；时睡时醒，无法进入沉睡阶段，即使睡眠后也没有消除疲劳的感觉。失眠的形成原因很复杂，大体可分为四类：第一类是失律性失眠。这是由于生活状况突然改变太大，一时无法调整好睡眠节律所致。如飞行时差造成的睡眠困难就属于失律性失眠。第二类是情境性失眠。这是由于外在情境发生变化，暂时适应困难所致。如失恋引起的睡眠困难就属于情境性失眠。第三类是良性失眠，也叫假性失眠，即这种失眠不是真实的，只是人们在心理上有失眠感而已，而事实上并不缺乏睡眠。这种不一致可能是对自身睡眠状态的解释方式或归因错误导致的。例如，有的学生会觉得自己现在每天只睡 6 h，要少于其他同学，是不正常的，并据此认为是失眠所致。再如，有人把身体衰弱而导致的精神沮丧归因于自己睡眠不足，结果造成失眠感的困扰。第四类是药物性失眠。这是由于经常借助安眠药来使自己睡眠而造成心理上和生理上的药物依赖倾向所致。例如，有人在情绪紧张无法入睡时常吃安眠药以使自己睡眠休息，但通过药物对中枢神经的抑制作用来解除失眠困扰并不是真正的或自然的睡眠，只能有一时之效，并且长期服用易形成药物依赖倾向。因此，日后需服用更多药物才能入睡，这种恶性循环反而会使失眠困扰更为严重。

失眠症患者在睡眠时的脑电图常常出现 α 波，还会伴随其他方面的问题，如精神失调、焦虑、抑郁等。失眠对个体的生理功能和日常生活有一定影响，个体在睡眠不足时记忆力会下降，感到无精打采，脾气也会变坏。人们对付失眠的最常见的办法是服用安眠药和饮酒，但这两种办法会导致失眠问题更严重。因为这两者都会减少快速眼动睡眠，第二天失眠者会更加疲倦。同时，如果依赖安眠药，停药后失眠问题会更加严重。轻微的失眠可以通过良好的睡眠习惯加以控制。对于严重的失眠情况，研究人员正在试验通过光疗法、补充褪黑激素法等来改变人们的生理周期（Cohen, 2002；Kennaway et al., 2002）。

睡眠窒息（sleep apnea）是一种呼吸道睡眠障碍，患者在睡眠时会突然停止呼吸。疾病发作时，血氧水平下降，应激激素分泌加速，致使睡眠者醒来并恢复呼吸。尽管多数人一夜有几次这样的呼吸暂停，但睡眠窒息的患者每夜却有几百次这样的周期。有时这种窒息会使睡眠者感到害怕，但由于它们非常短暂，睡眠者往往不会把积聚的困倦归因于它们（Orr，1997）。睡眠期间的呼吸暂停在婴儿中也经常发生，有时他们需要物理刺激才会再次开始呼吸。由于婴儿呼吸系统还未发展完善，在监控中一定要坚持对他们进行精心的护理，直至问题解决。

睡行症（sleep walking）或称梦游症，发生在深睡阶段。有学者认为梦游症中的个体其实是在将他们的梦境付诸行动，但事实是梦游与做梦无关。因为梦游症一般都发生在睡眠的阶段 3 和阶段 4，这个时期是深度睡眠阶段，一般在夜晚的前半部分，这个时候人们一般是不大可能做梦的（Stein et al.，2001）。梦游多发生在儿童期，年龄为6—12岁，大多数人成年后梦游就不再出现了。

梦呓（sleep talking）也称为说梦话。根据心理学家的研究，梦呓与做梦无关。因为几乎所有说梦话的现象都是在深睡阶段发生的，深睡阶段是不会做梦的。梦呓是另外一种离奇的夜间睡眠行为（Hublin et al.，2001）。尽管梦呓者会和个体交谈，并且前后的语言也会连贯，但事实上，他们是处于睡眠状态中的。

夜惊（night terror）是指在睡眠中突然惊醒，并感受到强烈的恐怖感。这往往会伴随一系列的生理特征，比如心跳和呼吸加快、大声尖叫、出汗以及骚动（Thiedke，2001）。夜惊比起噩梦来要更罕见一些，和噩梦不同，夜惊往往发生在慢波、NREMS 阶段。夜惊的发生次数一般在个体 5—7 岁时达到顶点，以后慢慢减少。

梦魇（nightmare）俗称噩梦，通常发生在黎明前快速眼动睡眠阶段，所以梦魇现象的成因可以确定是做了可怕的噩梦。梦魇和夜惊同样都发生在儿童期，在 3—8 岁的儿童中，约有 1/4 的儿童会有夜惊或梦魇的经验（Hartman，1981）。梦魇发生后，儿童醒来多半能记得梦中的情景。根据心理学家的研究，梦魇现象与儿童日间情绪压力有关。日间压力如不能轻易解除，儿童对早晨起床一事难免形成心理上的焦虑与恐惧（Hartman，1981）。

嗜睡症（hypersomnolence）是指个体感受到睡眠的欲望无法遏制，以至于个体在说话甚至站着的时候也会睡着。嗜睡症的个体会迅速进入 REMS 阶段，而不经历其他四个阶段（Migot，2001；Mignot et al.，2001）。研究人员怀疑嗜睡症具有遗传性。常见的治疗方式是心理咨询，找出其嗜睡的潜在原因。

（二）梦

梦（dream）是一种奇特的现象，几乎每个人都会做梦。那么梦意味着什么呢？个体是否做过被追赶或掉下悬崖的梦呢？梦是在睡眠期某一阶段的意识状态下产生的一种自发性的心象活动。在此心象活动中个体身心变化的整个历程称为做梦。梦是一种奇异现象，其主要特点是无意性、被动性及梦境的离奇与怪诞。梦的实验心理学研究始于美国心理学家阿赛斯基和克莱特曼（Aserinsky et al.，1953）。在生活中每个平常的夜晚，个体都会进入复杂的梦的世界。以往人们大多会从通俗的、预测性的角度对梦的内容加以理解，而现在它已经逐渐成为科学工作者们的一个极其重要的研究领域。许多梦的研究是从睡眠实验室开始的，实验者可以控制睡眠者的 REMS 和 NREMS。

科学家通过观察人睡眠时的脑电波发现，睡眠期中的快速眼动现象是做梦的标志。通过对 REMS 脑电波的观察发现，每个人都会做梦，包括婴儿和那些自我报告从不做梦的人。幼儿每天大概要花两个半小时来做梦，成年人每天约花一个半小时，而 50 岁以上的老年人每天大概花一小时。做梦的时间随年龄的增长而逐渐减少。而且每个人做的每个梦的内容都不一样。有些人梦见了各种动物，有些人梦见了自己熟悉的人，还有些人梦见了一些奇特的事情，比如被怪物追赶等。

为什么人会做各种各样的梦呢？梦里的内容又意味着什么呢？这些问题一直困扰着人们，于是许多人尝试去探讨梦的由来，解析梦的内容，试图揭开梦的神秘面纱。

弗洛伊德是较早对梦进行探讨的心理学家之一。他认为梦与人的无意识有关。梦是无意识过程的显现，是通向无意识过程的最可靠的途径。被压抑的无意识冲动或愿望以改变的形式出现在意识中，主要是人的性本能和攻击本能的反映。这些冲动和愿望在清醒状态下不被社会伦理道德所接受，受到压抑和控制，而在睡眠状态下，由于意识的警惕性放松，这些冲动和愿望就会在梦中表现出来。所以，通过分析精神病人的梦，可以对其进行心理治疗。弗洛伊德把他关于梦的理论都写在了 1900 年出版的《梦的解析》一书中。虽然不同的心理学家对梦的解释各不相同，但归结起来，我们可以认识到，梦是人在睡眠中尤其是在快速眼动睡眠时期神经系统活动的结果。梦也是一种心理活动，是与意识有关的某个层面活动的结果。

不同学派的心理学家对梦的功能有不同的解释，代表性的观点主要有三种：① 精神分析的观点。弗洛伊德和荣格认为，梦是无意识过程的显现，是被压抑的无意识冲动或愿望以改变的形式出现在意识中，这些冲动或愿望主要是人本能的反映。做梦是为了宣泄一些被压抑的能量。② 生理学的观点。霍布森（J. A. Hobson）认为，梦的本质是我们对脑的随机神经活动的主观体验，这些活动是为了维持神经系统的正常。③ 认知的观点。梦担负着一定的认知功能。在睡眠中，认知系统依然对存储的知识进行检索、排序、整合、巩固等，这些活动的一部分会进入意识，成为梦境。

二、催眠

电影、电视或小说中有许多这样的情节：通过催眠，一个人可能被另一个人控制或唆使去做一些事情；一些重大的外科手术通过催眠来止痛；刑事侦查人员用催眠来帮助证人回忆起一些起初他们无法记起的犯罪细节等。催眠到底是什么？它是一种特殊的意识状态，还是正常意识的一种延伸？被催眠后个体会进入一种什么样的状态？催眠具有什么作用？

（一）什么是催眠

催眠（hypnosis）是一种心理状态，或者也可能是一种注意和知觉状态的改变，被催眠的个体很容易被暗示。在催眠状态下，个体的思维、言语和活动均在催眠师的指示下进行。存在一个普遍的误解：被催眠和睡眠的状态非常类似。但事实上，被催眠之后，被催眠者仍然记得在催眠过程中他们的经历，除非催眠师要求他们忘记。有关 EEG 的研究证明，被催眠的个体在催眠过程中，大脑的 α 波和 β 波将占优势，和个体处于清醒的放松状态下的特征相类似。然而，个体在被催眠状态中的大脑活动和他们没有被催眠时的大脑活动是不同的。

催眠师一般让被催眠者处于安静舒适的状态，将外界干扰减少到最小，然后引导被催眠者将注意集中在某件特定的事情上，同时，催眠师用平和的语言引导和暗示被催眠者的感受和体验，使他顺从和接受催眠师的指示，并相信催眠师的描述。由于个体间易受暗示的程度存在差异，所以，有些人容易被催眠，有些人则很难。有 10%～20% 的人很容易被催眠，约 10% 的人完全不能被催眠，剩余的人则处于这二者之间（Hilgard，1965）。

如果个体处于被催眠状态中，催眠师是否可以让个体做一些违背个体意愿的事情呢？在催眠师面前，被催眠者放弃了自己的责任，并且遵从催眠师的指示。但是，他们不可能做出违反道德准则或是危险的行为。

（二）催眠理论

对于什么是催眠以及催眠效果如何产生的问题，学者们提出了很多种解释。当前主要有两种流行的观点，此外还有许多科学家持中立的态度。

1. 意识分离理论

希尔加德（Hilgard，1977，1992）提出，催眠是一种特殊的意识分裂状态，是一个把意识分裂成独立的组成部分的过程，其中一部分意识会遵循催眠师的指示，还有一部分意识会像“隐形观察者”一样进行活动。在一个案例中，希尔加德让一些被催眠者把自己的一只胳膊放到一桶冰冷的水中，并告诉他们，他们不会感到疼痛。但是，这个时候意识的另一部分——那个隐的观察者却知道发生了什么——可以通过另外一只没有被冰水浸泡的手按键来发出疼痛的信号。后来，根据被催眠者的自我报告，他们没有感受到任何痛苦。但是他们那只没有被冰水浸泡的胳膊确实进行了按键活动。并且，他们的胳膊被浸泡的时间越长，他们按键的频率就越高。因此，希尔加德认为，在催眠过程中，意识中隐藏起来的部分仍然保持着和现实的接触，感受到了痛苦，但是意识的另外一部分却感受不到。

2. 社会认知的观点

心理学家通常将催眠视为一种特殊的意识状态，但部分社会心理学家对此持相反的看法，他们尤其反对将催眠与睡眠相提并论。他们认为，睡眠是一种改变了的意识状态，而催眠则不是。持此观点的研究者认为，催眠是社会影响（“社会”的部分）与被催眠者的能力、信念和期望（“认知”的部分）相互作用而产生的。处于催眠状态下的人其实是在扮演某种角色，这种角色与真实生活中的某些角色有相似之处，例如，在日常生活中，我们往往乐于服从父母、教师、医生、治疗师和电视广告为我们提供的建议。

（三）催眠的作用

研究者对人在催眠状态下的很多反应能力进行了检验。虽然有些证据不完全，或者结果不一致，但基本结论如下：

① 催眠能否使人产生超人的力量？从生理意义上说，催眠与一般指导语的作用一样，不会使人产生更大的力量。

② 催眠是否能增强记忆？有证据表明，催眠可以增强记忆，但同时也会增加记忆中的错误。由于这一原因，美国许多州禁止接受过催眠的人在法庭上作证。

③ 催眠是否能消除记忆？如果一个人在被催眠时被告知不要记住听到的某事，之后，他可能会说他不记得那件事了。在某种情况下，这可能是因为人故意不去想某些特定的东西。然而，有研究指出，这种暂时的记忆丧失情况的确存在。

④ 催眠能否止痛？可以止痛。因此，在不能使用化学止痛药或药物不起作用的情况下，可以通过催眠止痛。比如，一些做了截肢手术的人有时感到被截掉的肢体仍在疼痛，这种情况被称为幻肢痛，医生一般使用催眠的方法为患者止痛。

⑤ 催眠能否使人返童？给予适当的指导语，一些被催眠者会出现“回到童年时期”的行为。但大多数理论家认为，有“返童现象”的被催眠者仅仅是在表演暗示给他们的角色。

⑥ 催眠能否使感觉改变？有关感觉的催眠暗示是最有效的。给出适当的指导语，一个人能在闻一瓶氨水时觉得自己在闻上好的香水。催眠还可改变颜色视觉、听觉、时间感、错觉和很多其他感觉反应。

催眠在诱导放松、控制疼痛和进行心理治疗中是一个有用的工具。一般说来，催眠用于改变主观经验效果较好，而用于对吸烟或饮食过量的行为矫正效果差些。催眠是一种有用的技术，但不会有什么神奇的效果。

三、冥想、白日梦与幻想

（一）冥想

冥想（meditation）是一种改变意识的形式，它通过获得深度的宁静状态而增强自我意识和良好的状态。在冥想期间，人们可以调节呼吸，采取某些身体姿势（瑜伽姿势），使外部刺激减至最小，产生特定的心理表象；或什么也不想，使意识远离对外界的关注，寻求获得心理和精神的自我内在关注。

冥想并不是简单的放松。放松只是单纯地使身体和心情放松休息下来；冥想却是有意识地把注意力集中在某一点或想法上，在长时间反复练习下，使大脑进入更高的意识状态。

（二）白日梦和幻想

每个人都有过这样的经历，思想开小差，精力无法集中。如上课的时候，一动不动地盯着黑板，满脑子想的却是昨天晚上电视剧里的精彩情节。临床心理学家辛格通过对几百名成年人进行访问和问卷调查，得出结论称，几乎所有的人每天都会有白日梦或幻想的经历——工作时、休息时、娱乐时——事实上，任何时间、任何地点都有可能发生（Singer，1975）。

白日梦（daydream）和**幻想**（fantasy）是意识的自发漂移，通常表现为漫无目的的遐想。白日梦程度严重，就成了幻想。白日梦不同于睡眠，而是在非睡眠状态下产生的高度自我卷入的幻想活动。白日梦常见于儿童与青少年，这可能与成长期中自我意识的发展有关。传统上，习惯将白日梦视同幻想，并认为幻想是逃避现实的幼稚行为。例如，弗洛伊德就认为，快乐的人从不幻想，幻想只是失意者的行为（Freud，1908）。但是，后来的心理学家对白日梦的看法已经改变，不但认为白日梦是极为普遍的现象，而且认为白日梦对日常生活利多于弊，甚至对于生活适应还有着积极的作用。对于大多数人来说，白日梦和幻想的内容包括：成功和失败，攻击和敌意，性幻想或浪漫奇遇，内疚等。

研究发现，白日梦是人的本能的休息和放松机制。也就是说，白日梦是健康的、安全的，不需要担忧，更不必有意抑制。处在青春期的少男少女，大量出现白日梦更是正常的，做白日梦也有一定的适应意义。有些白日梦可以帮助我们对将来发生的事情做好准备，因为它可以使我们意识到有些任务还没有完成；有助于为即将发生的事情做好计划，如运动员的心象训练、军人的心理准备等；还有助于疏通心理障碍。有趣的是，白日梦能够增强科学家、作家和艺术家的创造力。对儿童来说，富有想象力的白日梦有助于其社会和认知能力的发展（Singer，1986）。只有在白日梦严重干扰日常实际生活时，才需要寻求治疗，这种现象仅占因白日梦而咨询的患者中的少数。要消除白日梦对人的不良影响，抑制并不是好方法，只需要提高生活的丰富性，改变单调枯燥的生活，白日梦的症状就可以得到改善。此外，注意力转移训练也是很好的办法。至于真正成为疾患的白日梦，往往都有幻觉的出现。这时必须检查有无精神药物（包括毒品）的影响，鉴别是否存在癔症或精神分裂症等其他症状。

四、药物与意识

对于药物能够改变意识的说法，是很少有争议的。从古代开始，人们就已经通过药物来改变对现实的知觉了。一杯提神的咖啡、放松心情的啤酒等，都以某种刺激形式改变着人们的意识。

（一）依赖与成瘾

精神促动药物是通过暂时改变对现实的意识觉知来影响心理过程和行为的化学物质。长时间持续服用精神促动药物能够产生耐受性，服药者会体验到神经性适应（大脑对其正常功能遭到破坏的适应）。所以，服药者需要越来越大剂量的药物来达到药物效果。停止服用精神促动药物的个体可能会体验到令人不快的戒断副作用。随着身体对药物缺乏的强烈反应，服药者可能感到身体疼痛难忍和强烈的欲望，表现出对药物的生理依赖。特别是对于那些缓解压力的药物，人们还会形成心理依赖——个体发现自己如此渴望使用药物，或使用药物令人欣快以致出现渴求。耐受性和依赖的后果是成瘾。成瘾在传统意义上是指对某种物质的强烈欲望，并伴随一系列的生理症状如疼痛、恶心和突然断瘾后的痛苦。

（二）精神性药物

精神性药物至少可以分为三类：抑制剂、兴奋剂、致幻剂。

抑制剂或者镇静剂可以使神经活动减弱，抑制身体机能，如酒精、巴比妥酸盐（镇静剂）和鸦片等抑制身体机能的药物。

酒精是一种最先被人类广泛使用的对心理产生影响的物质。在其影响下，一些人变得友好、多话；另一些人变得愚蠢、狂暴、口出恶言；还有一些人变得沮丧。酒精不仅会影响人的判断，还会影响人的记忆。它不会破坏人对刚刚发生事件的短时记忆和已经存在的长时记忆，但会对由近期经验进入长时记忆的加工过程产生破坏作用。所以醉酒后的第二天，重度饮酒者可能回忆不起来他前一天遇到过谁或者他们说了什么、做了什么。这种记忆中断在一定程度上是由于醉酒者无法将醉酒时的记忆转移到清醒状态下所致（Eich，1980）。酒精还会从另一个方面影响意识：降低自我觉知（Hull et al.，1998）。此外，酒精还会使个体关注当前的情境而不考虑任何未来的结果，这可能会强化个体原本可以抗拒的强烈欲望（Steele et al.，1990）。

巴比妥酸盐（镇静剂）和酒精的作用相似。因为能够抑制交感神经系统的活动，所以巴比妥酸盐（镇静剂）有时候会作为处方药来诱发睡眠或者减少焦虑。大剂量服用时，它们会损害记忆和判断能力。

鸦片及其衍生物吗啡和海洛因也能减弱神经活动。服用者会瞳孔收缩，呼吸减慢，变得昏昏欲睡。几个小时内，极度的快感能够替代疼痛和焦虑。但是这种短时的快感需要付出长期的代价，对于海洛因服用者来说，他们会迫切地渴望下次的服用，而且剂量会日益增加，戒断会带来持续数周的生理痛苦，而且对有些人来说，最终的代价是因大剂量服用而致死。

兴奋剂可以暂时使神经活动增强并且唤醒机体功能。最常用的兴奋剂是咖啡因、尼古丁、安非他明和可卡因。强烈的兴奋剂能够使心跳和呼吸频率加快、瞳孔扩大、胃口变小，并且精力和自信也会增强。出于这些原因，人们会服用兴奋剂来保持大脑清醒、减肥，或者提升心绪和竞技表现。就像其他药物一样，好处总是伴随着代价一同而来。当药物的兴奋作用终止后，服用者会感受到一种代偿性的迟钝反应，并且可能感到疲劳、头痛、易怒和沮丧。就像抑制剂一样，兴奋剂包括咖啡和含咖啡因的汽水都能够引起成瘾（Silverman et al.，1992）。

致幻剂可以歪曲知觉并且在没有感觉输入的情况下引发感觉映像。一些致幻剂是天然物质，如轻度致幻剂大麻；另一些是人工合成的，如麦角酰二乙胺（LSD）和摇头丸（亚甲二氧基甲基苯丙胺，MDMA）。

大麻是由大麻植物的叶子和花组成的，人类种植这种植物的历史有 5 000 多年，用以从中获取纤维。大麻最主要的有效成分是四氢大麻酚（THC），无论是通过吸烟还是吃巧克力摄取，THC 都会产生一种使得这种药物难以归类的混合效果。大麻会使人放松，减少抑制，并且可能产生一种欣快的高峰体验。同时大麻还可以使人增强对颜色、声音、味觉和嗅觉的感受性，因此大麻是一种温和的致幻剂。像其他致幻剂一样，大麻服用者的体验也与情境有关。如果个体感到焦虑或者抑郁，那么吸食大麻可能会增强这些感觉。在另外的情境中，服用大麻不但可以产生欣快感，而且还有治疗作用。大麻的治疗作用促使人们为此立法来保证对大麻的合法使用，在医疗机构中推荐使用医疗吸入器来导入 THC。

1943 年，化学家霍夫曼（A. Hofman）在偶然中摄入一些化学药物之后，报告说

“知觉到一系列幻觉图像，极度反常的形状，五花八门的色彩”（Siegel，1984），这种化学药物就是LSD。LSD和其他高强度的致幻剂在化学上都与一种神经递质5-羟色胺的亚型非常相似（Jacobs，1987）。LSD的情绪体验从愉悦变成漠然再到恐慌。就像服用所有的药物一样，个体当前的心境和预期会影响对LSD的体验。但是不管情绪怎样变化，扭曲的知觉与幻觉都具有共同的属性。

摇头丸是MDMA的别名，是安非他明的一种衍生物，它能够引发神经递质多巴胺的释放。但是它最主要的作用是释放存储于血液中的5-羟色胺，并且阻断它的重吸收，让人长时间体验到一种欣快感（Braun，2001）。在20世纪90年代后期，摇头丸变成了一种迅速蔓延的“酒吧药物”，晚上人们经常在酒吧狂欢中服用，并因此而整夜发狂（Landry，2002）。大概从服用摇头丸0.5 h后开始，一直持续到服药后的3～4 h，服用者通常会体验到情绪上的亢奋，并且如果是处于一定的社会情境中，能够感受到自己与周围人的相互联系。摇头丸会给人带来极大的负面影响，它直接导致脱水，并且当与长时间的舞动结合在一起时，可能会引发体温过高、血压升高和死亡的危险。

尽管各种精神性药物之间有所区别，但是这些药物都具有一个共同的特点：这类药物能够改变神经元的运作，进而暂时改变意识。这些物质一旦进入脑中，就会作用于神经元的突触，阻断或激发神经信息。它们能够引发抵消即刻积极效果的消极副作用。这些副作用揭示了一个原理：情绪倾向于产生相反的情绪，后者在最初的情绪消失后会继续存留。随着不断的反复，相反的情绪会变得愈发强烈。这种情绪引发相反情绪的原理和药物引发快感的原理是相似的。

□□□ 第三节 注意概述

在一个大型鸡尾酒会中，觥筹交错，人声嘈杂，很多人在交谈。但是对某一个人来说，其注意力却能集中在特定的会谈中，而不受其他对话的影响。例如，他能清楚地听到自己的名字与熟人的声音或者自己关心的事情，这种现象被称为鸡尾酒会效应。另一份比较正式的观测材料是关于空港调度员所遇到的困难的，他们要同时导引几架飞机的起飞或降落，因此必须频繁地与几位飞行员进行信息沟通交流，这无疑是一件辛苦而紧张的任务。以上两种现象都涉及一个心理学现象，就是注意及注意转换。

一、注意的概念

注意（attention）是心理活动或意识对一定对象的指向和集中。它有两个特点：指向性和集中性。注意的指向性是指人在某一瞬间，其心理活动或意识选择了某个对象，而忽略了另外一些对象。如在戏院看戏、在课堂上听课等都需要注意。指向性不同，人们从外界接收的信息就不同。当心理活动或意识指向某个对象的时候，它们会在这个对象上集中起来，这就是注意的集中性。注意的集中性是指心理活动或意识在某个方向上的活动的强度和紧张度，心理活动或意识的强度越大，紧张度越高，注意也就越集中。人们在高度集中自己的注意时，注意的指向范围会缩小，所以集中性与指向性密不可分。从概念上看，指向性和集中性的内容是统一的，只不过前者强调的是方向，后者强调的是程度。

二、注意与意识的关系

在研究注意之前应该考虑注意与意识的关系。以往人们一直认为，这两个概念大体上是交叉的（甚至是相同的）。但巴尔斯（Barrs，1997）认为，注意不等同于意识。注意是心理活动或“心理动作”，而意识是心理内容或体验。注意决定什么可以成为意识的内容。与意识相比，注意更为主动和易于控制。在人们将注意集中于特定事物或活动，或将一定事物“推”入意识中心时，通常包含了无意识的过程。人们可以有意识地选择所要注意的活动或对象，但在很多情况下，这种选择并不是有意识的，而是由刺激和事件本身引起的，是一个无意识的过程。另一方面，注意和意识密不可分。处于注意状态时，意识水平较高，意识内容比较清晰。注意指向的内容一般处于意识的活动中心。注意可能是有意识的过程，也可能是无意识的过程。总之，在注意条件下，意识与心理活动指向并集中于特定的对象，从而使意识内容或对象清晰明确，意识过程紧张有序，并使个体的行为活动受到意识的控制，而进入注意的具体过程则可能是无意识的，即有时包含了无意识过程。

三、注意的生理指标和外部表现

人在注意时，可以从行为上观察到机体的各种**定向反应**（orienting response），如眼睛和头部朝向刺激物，以及相应的表情动作。注意是一种内部的心理状态，通过人的外部行为表现出来。人在集中注意于某个对象时，常常伴有特定的生理变化和表情动作，可以通过观测注意在集中、分散、转移时的生理变化来认识注意。注意的生理指标有很多，如心跳、血管血流量、呼吸率、内分泌腺的激素分泌量、皮肤电反应、瞳孔大小和脑电的变化等，都可以作为注意的生理指标。

（一）肾上腺素分泌量的变化

儿童在集中注意时，肾上腺素的分泌量会增加。林文娟等（1985）在研究中，比较了正常儿童和注意缺陷与多动障碍儿童在非注意—注意—非注意的状态下肾上腺素分泌量的变化。结果表明，正常儿童在三种状态下，肾上腺素分泌量的变化幅度大；注意状态和测试前后的休息状态相比较，尿内肾上腺素含量有明显差异。而注意缺陷与多动障碍儿童在三种状态下肾上腺素分泌量变化幅度小；注意状态与测试前休息状态比无明显差异，而与测试后休息状态比亦无显著差异。

（二）瞳孔直径的变化

在一个采用双任务范式的研究（Karatekin，2004）中，听觉数字广度任务要求被试记忆以语音呈现的长度为 4、6 或 8 的数字序列。简单视觉反应时任务要求被试在屏幕的任一象限中出现一幅延时图时就进行按键反应。在实验中，被试或不完成任何任务，或只完成单任务，或完成双任务，并测量其瞳孔直径。结果表明，尽管儿童的瞳孔直径的增幅低于成人，但趋势是一致的，即瞳孔直径随着任务难度的增大而线性增大。该研究表明，瞳孔直径的大小可以用来衡量一个人在操作一项任务时使用了多少注意能量。

（三）脑的电活动和血流量变化

关联负变化是一种与心理活动密切相关的脑诱发电位，可分为早、晚两种成分。晚成分在额叶处最显著，会对警告刺激起反应，是期待的表现。早成分在顶叶处最显著，与随意运动密切相关。关联负变化的早成分是注意水平和定向反应的良好生理指标。诱发电位中的 P3a 成分是由新异刺激引起的不随意注意的一个指标（Luck，2005）。可以用事件相关电位、正电子发射成像术和功能性磁共振成像术来探测注意时大脑各区域和各层面的活动情况。

注意的外部行为表现包括：感官朝向某个对象；高度注意时，还可能出现某些表情动作，如托住下颌、凝神远望、目光呆滞等。但是，注意的外部表现和注意的内心状态也有不一致的情况。上课时有的学生貌似注意听讲，实则已陷入白日梦或注意其他事物，有经验的教师对学生“貌似注意”的现象是不难发现的。所以，只用注意的外部行为表现来说明一个人的注意状态，可能会得出错误的结论。

四、注意的功能

［拓展阅读］动作电子游戏与注意的关系

从反映论的角度来看，注意不是一种独立的心理过程，因为注意本身并不反映事物及其属性。当人在注意着什么的时候，也就在感知着什么、记忆着什么、思考着什么。我们平常所说的“注意铃声”“注意灯光”，并不是说注意本身就是独立的反映过程，而是习惯性地把“注意听铃声”“注意看灯光”中的“听”字和“看”字给省略了。注意不同于感知、记忆、思维等具有自己特定反映内容的心理过程。注意不属于心理过程，通常被看作一种心理活动的状态，一种积极状态。注意具有下列功能：

（一）选择信息

对于作用于各种感受器的各种刺激，只有加以注意，才能选出那些有意义的、重要的、符合需要的刺激。如果心理活动没有注意的选择功能，我们就不可能将有关的信息检索出来，意识就会处于混沌状态。

（二）维持的功能

注意能够保持一定的时间延续，维持心理活动的持续进行，对信息进行合理、有序、精细的加工，将其转换成更持久的形式存储在记忆中。如果不加以注意，大脑中的信息就会很快在意识中消失，任何智力操作都无法完成。

（三）监控动作和行为

只有在注意状态下我们才能对自己的行为和活动进行调节和监督。人的生活是有目标的，无论是积极的目标还是消极的目标。通过注意，人才有可能将自己的行为与特定的目标相比较，注意反馈信息，并相应地调节、监督自己的行为，使之与特定的目标相一致。如果行为与目标不一致，就进一步加以调节，在反馈环节中进行不断的调节直至达到目标。

五、注意的类型

注意是一种很复杂的心理倾向，可以从不同的角度对它进行分类。

（一）选择性注意、集中性注意和分配性注意

根据注意的功能，可以把注意分为选择性注意、集中性注意和分配性注意。

选择性注意（selective attention）是指个体在同一时刻只对有限的信息给予注意而忽视其他信息。个体在任何时候都被无数刺激围绕，总是不断地关注某些刺激并作出反应，同时忽视或至少弱化某些刺激，对它们不作出反应。选择性注意使我们把注意指向一项或一些工作和事件，而不是许多工作和事件。

集中性注意（concentrative attention）是指个体的意识不仅指向一定的刺激，而且集中于一定的刺激。集中性注意包含警觉和搜索。**警觉**（vigilance）是指在相对较长的时间内，个体对某种或某些试图检测到的特定刺激保持注意。在警觉的时候，个体警惕地注视、倾听随时可能出现的刺激信号。特别是在特定刺激很少出现而一旦出现就需要立即注意的情况下，就更需要警觉。在执行高风险的警觉任务时，人们最担心的是漏掉有关的信息。警觉是个体被动地等待特定刺激的出现，而**搜索**（searching）则是主动、积极地寻找目标。个体从许多不确定的事物中寻找特定的刺激就需要聚精会神、专心致志地集中注意。例如，试图从琳琅满目的货架上找到个体所要的特定商品。在搜索的时候，人们最担心的是搜索到的信息是否真实。

分配性注意（divided attention）是指个体能对几项不同的任务分别给予关注或能同时操作几项任务。训练有素的驾驶员可以一边驾车一边说话。很多任务通过大量的练习就会变得简单、容易，只需稍加注意就可以同时操作其他任务。

（二）不随意注意、随意注意和随意后注意

根据产生和保持注意时有无目的性和意志努力程度的不同，可以把注意分为不随意注意、随意注意和随意后注意。

不随意注意（involuntary attention）是指事先没有目的，也不需要意志努力的注意。例如，我们正在图书馆里聚精会神地看书，突然从外面闯进来一个人并大声说话，这时看书的人都会不约而同地把视线朝向他。这种注意事先没有准备，没有心理预期，也不需要意志努力，它主要取决于刺激物本身的性质，因而其积极水平较低，是一种消极被动的注意。不随意注意受到两个因素的影响：一个因素是刺激本身的特点，包括刺激的新异性、相对强度和运动变化等；另一个因素是人本身的状态，包括人的需要、期待、情感、兴趣和过去经历等，被称为刺激的意义性。凡是符合人的需要的事物，都容易吸引人们的注意。如地质学家出门时会对所经过的地点的地势、地貌和石头给予更多关注，社会学家旅游时会对当地的风土人情更加注意等。如果对某件事物或活动有直接兴趣，人们会对其自然而然地投入更多的注意，如喜欢小说的人看一部引人入胜的小说，

热衷舞蹈的人观看一场高水平的舞蹈表演，这些自然不需要意志努力。对某件事物或活动有着热烈的情感，人们也肯定会将更多的注意投给它。不随意注意既可以帮助人们对新异事物进行定向，也可能会使人们从正在进行的活动中被动地移开，对当前活动产生干扰，因而具有积极性和消极性两个方面的作用。

随意注意（voluntary attention）是指事先有预定目的、需要一定意志努力的注意。如在阅读时，自觉将注意力指向文章的内容。当遇到困难时，人们通过意志努力，使注意力保持在所要集中和指向的内容上。随意注意是一种积极、主动的注意形式，是注意的一种高级发展形式。随意注意从本质上来说是以内部语言形式实现对行为的调节和控制，因而这种能力会随着年龄的增长而逐渐发展。随意注意受五个因素的影响：注意的目的和任务、兴趣特点、活动的组织性、过去的经验、人格特征。一般来说，对活动的目的与意义认识越明确、对活动本身的兴趣越大、活动组织得越井然有序、活动者拥有越多与活动相关的知识经验，随意注意的程度就越高。活动者的人格越成熟、意志品质越坚强，对任何需要随意注意的活动的注意程度就越高和越持久。随意注意能力是一种重要的心理品质，它对人们成功完成各项活动具有非常重要的价值。

随意后注意（post voluntary attention）兼具不随意注意和随意注意两个方面的特征，是注意的一种特殊形式。一方面，它有一定的目的，与具体的任务相联系，类似于随意注意；另一方面，它又不需要意志的努力，因此又类似于不随意注意。它是在随意注意的基础上发展起来的。随意后注意的通常表现是：喜欢上某件事情，并沉浸其中。因此，对活动本身的直接兴趣是培养随意后注意的关键。

六、注意的品质

注意的品质一般能够反映个体注意的发展状况和所具备的特征，主要包括以下四个方面：

（一）注意的广度

注意的广度即注意的范围，是指在同一时间内一个人能清楚地把握注意对象的数量。注意的广度既存在个体差异，也与对注意对象的熟悉程度和经验有关。例如，富有经验的棋手和缺乏经验的新手在对弈时，有经验的棋手对棋盘的注意广度一般要明显大于新手。扩大注意的范围，可以提高学习和工作的效率。

1830 年哈密顿（W. Hamilton）最先做了示范实验，他在地上撒了一把石子，让被试在一瞬间辨认。结果发现，被试不容易立即看清 6 个以上的石子，或者最多不过看到 7 个石子。这表明，人的注意范围是有限的。扩大注意的广度可以提高工作和学习的效率。在工作中，打字员、汽车驾驶员等都需要有较大的注意广度。

人的注意广度并不是固定不变的，影响注意广度的因素主要包括：① 注意对象的特点：注意对象的组合越集中，排列越有规律，相互之间越能成为有机联系的整体，注意的广度就越大；② 活动的性质和任务：活动任务越复杂，越需要关注细节，注意的广度就越小；③ 个体的知识经验：个体对注意对象的知识经验越丰富，整体知觉能力越强，注意的广度就越大。

（二）注意的稳定性

注意的稳定性是指注意在一定时间内保持在某个客体和活动上，也叫注意的持续性，它是注意的时间特征。注意的稳定性是衡量注意品质的一个重要指标，对人们的工作和学习具有重要意义。影响注意稳定性的因素有：刺激物的强度和持续时间、刺激物在时间和空间上的不确定性、活动的内容和活动方式的多样性、对活动的了解程度和活动者的身体状况。研究表明，提高信号刺激的强度、延长刺激的呈现时间、保持刺激在时间和空间上的稳定性、使活动内容丰富和活动方式多样化、让活动者随时了解活动的结果和提高活动者的身心健康等措施，均能延长注意的持续时间。

注意起伏（也称为注意动摇）是指注意在短时间内起伏波动的现象。注意起伏周期为 8～12 s。研究表明，对于不同的刺激，注意起伏周期的持续时间是不同的，对声音刺激的起伏周期最长，其次是视觉刺激，而触觉刺激的起伏周期最短。注意周期性的短暂变化，我们主观上是觉察不到的，但这并不影响多种活动的效率。注意动摇产生的原因有：① 感觉器官的局部适应，使其对物体的感受性交替而短暂地下降；② 机体的一系列机能活动都具有节律性，注意的动摇是由于机体的这种节律性造成的。

（三）注意的分配

注意的分配是指个体在同一时间内，对两种或两种以上的刺激进行注意，或将注意分配到不同活动中的现象。注意的分配是完成复杂工作的重要条件，例如，教师将注意分配到讲课和注意学生的反应上，司机将注意分配到驾驶操作和道路观察上，等等。人类的许多实践活动都需要几种活动的参与来共同完成，注意的分配具有重要的价值。

影响注意分配的因素有：同时进行的几种活动的熟练或自动化程度，注意者感觉通道被占用的程度，同时进行的几种活动的性质。一般来说，同时进行的几种活动的熟练化程度越高，被占用的感觉通道越多，注意的分配就越容易实现。研究发现，注意的分配在动作技能上比较容易实现，而在智力活动上比较困难。

（四）注意的转移

注意的转移是指根据新任务的要求，主动、及时地把注意从一个对象转移到另一个对象上。它是一种活动合理地为另一种活动所代替，是积极主动的。与之相反的是注意的分散。所谓注意的分散是指由于某种刺激物的干扰或单调刺激物所引起的使注意离开需要注意的对象。与注意的转移相比，注意的分散是消极被动的。注意转移的快慢和难易，依赖原来注意的强度。原来注意的强度越大，注意的转移就越困难、越缓慢。注意转移的快慢和难易，还依赖新的注意对象的特点。新的注意对象越符合人的需要和兴趣，注意的转移就越容易。

□□□ 第四节 注意的认知-神经机制

19世纪末期，实验心理学的建立，促进了人们对注意的重视。许多心理学家把注意当作知觉的一个基本方面加以研究，发表了许多有关注意的论著。20世纪初期，随着行为主义和格式塔心理学派的兴起，意识和注意被从心理学研究对象中排除了。行为主义心理学家认为，心理学只应该研究刺激和反应之间的联系，而注意是内部心理活动，无法被操纵和观测，不应作为研究对象。格式塔心理学用神经系统内部固有的“场”的作用取代了对注意的研究。20世纪五六十年代，随着科学技术的发展，与注意有关的问题又受到了越来越多的关注。认知心理学的兴起重新肯定了意识活动，并强调认知过程的主动性，使注意问题的研究进入了一个新的发展阶段。心理学家提出了许多理论和模型，解释注意发生的机制。

一、注意的认知理论

（一）注意的选择功能

谢里（Cherry，1953）在研究前面提到的鸡尾酒会效应时发现，我们想听的对话与其他对话间存在的物理差异极其重要，这些物理差异包括谈话者的位置、声音强度、性别等。在这项研究中，谢里给双耳同时呈现用同一声音说的两条信息，以消除这些物理差异。结果，被试很难根据信息表达的意思跟随某一条信息而忽略另一条信息。

［拓展阅读］Gorilla 实验和 The“Door” Study

谢里也研究了选择性注意。他让被试大声重复呈现给一只耳朵的听觉信息，忽略呈现给另一只耳朵的信息。随后询问被试，他们通常不能报告未被注意的信息。即使当呈现给非注意耳的信息是用外语说的，被试一般也没有注意到什么异样，但他们确实注意到了呈现给非注意耳的信息的物理特征的变化（如突然插入一个纯音）。

1. 早期选择模型

为了解释谢里的发现，英国心理学家布罗德本特（Broadbent，1958）设计了最早的双耳分听实验，对注意进行了研究，并据此提出注意的早期选择模型——**过滤器模型**（filter model）。该模型认为：注意是一个瓶颈或过滤器，当信息通过各种感觉通道进入神经系统时，要先经过这一过滤机制。只有一部分信息可以通过这一机制，并接受进一步的加工，其他信息则被完全阻断在外。

早期选择模型理论认为，人的高级认知加工能力是极有限的，于是在信息加工的某一阶段就出现了瓶颈。为了避免系统超载，就需要过滤器加以调节，选择一些信息进入高级分析阶段，通过过滤器的信息受到进一步的加工而被识别或存储，而其余的信息则迅速衰退。这种加工机制按“全或无”的方式进行，一个通道通过信息的同时就关闭其他通道。当环境需要的时候，过滤器又转换到另一个通道，使有关信息通过，同时阻断其他通道。布罗德本特认为，过滤器位于语义分析（知觉）之前（见图5-2），对输入信息的通过或拒绝完全是由刺激的物理属性决定的，不需要信息加工系统的高级分析阶段参与活动，即不需要已有知识经验对输入信息的作用。

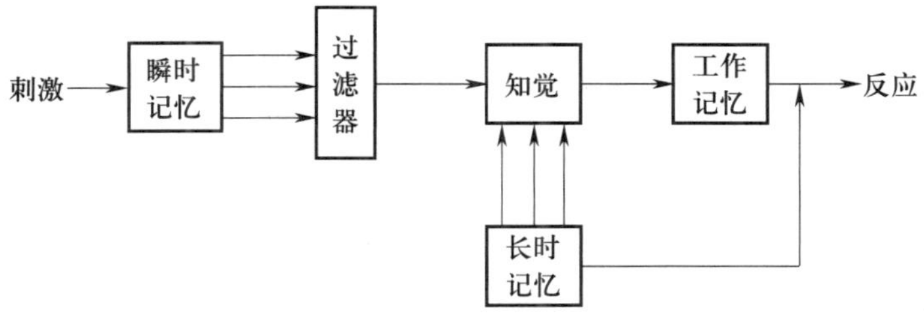

图 5–2　早期选择模型

（资料来源：黄希庭，2001）

这种早期选择模型很快就遇到了困难。它无法解释人对有意义材料的信息加工和分配性注意等现象。例如，在双耳分听实验中，事先规定被试只对一只耳朵（如左耳）的输入信息进行追述（追随耳），而不追述另一只耳朵（非追随耳）的输入信息。结果，被试对追随耳的信息能很好地识别，对非追随耳的信息常常不能识别，对特别有意义的信息（如被试的名字）却能够识别。显然，布罗德本特的过滤器模型是无法解释通过非追随耳的特别有意义的信息为什么能得到识别这个问题的。因为布罗德本特的过滤器是按“全或无”原则进行工作的，是依据刺激的物理属性来选择信息的，同时输入的信息也不与已有的知识经验相互作用。

2. 中期选择模型（衰减模型）

特雷斯曼（Treisman，1964）对双耳分听技术进行改进，设计了追随耳实验，提出的**衰减模型**（attenuation model）解决了布罗德本特过滤器理论中存在的一些问题。这一理论认为，有机体总的加工能力是有限的，在信息加工系统中存在着某种过滤器。但是，她认为过滤器不是按“全或无”的原则工作，而是按衰减的方式工作，并认为许多通道都能对信息进行不同程度的加工。至于过滤器在信息加工系统中的位置问题，特雷斯曼认为有两种情况：一是在语义分析之前，称为外周过滤器；二是在语义分析之后，称为中枢过滤器。前一种过滤器对刺激的特点进行级差性选择，即对输入的感觉信息给予不同程度的衰减，而不是完全阻断感觉输入。她假定长时记忆中已存储的项目具有不同的激活阈值。当输入的信息（追随耳的）通过过滤器未发生衰减时，能顺利激活长时记忆中有关的项目而得到识别；当输入的信息（非追随耳的）通过过滤器产生衰减时，由于强度减弱，通常不能激活长时记忆中相应的项目，因而不能被识别。但特别有意义的项目（如自己的名字）的激活阈值较低，因而能够被激活、被识别。因此，选择注意不仅取决于感觉信息的特征，而且取决于中枢过滤器的作用。中枢过滤器在信息选择中起积极作用，它是根据在回答反应的组织中起巨大作用的范畴、语义特征进行选择的。由于强调了中枢过滤器的作用，人们把它称为中期选择模型（见图 5–3）。

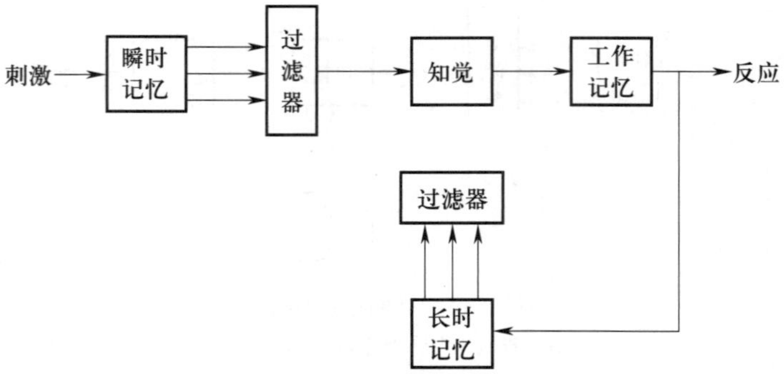

图 5-3 中期选择模型

（资料来源：黄希庭，2001）

3. 晚期选择模型

追随耳实验的设计遭到了一些批评，批评者认为，注意选择所在的位置可能并不在信息加工的早期，也不在中期，而是在晚期。**晚期选择模型**（late selective model）首先由多伊奇（Deutsch，1963）提出，后来由诺曼（Norman，1968）加以修订。该模型认为，所有的选择注意都发生在信息加工的晚期，过滤器位于知觉和工作记忆之间（见图 5-4）。注意的选择以知觉的强度和意义为转移。事实上，该模型假定信息到达了长时记忆，并激活其中的项目，然后竞争工作记忆的加工。这个模型强调了中枢控制过程，选择注意就是加工系统中这个控制的一部分。通过它，某些信息的编码被选择出来进行进一步的系列加工。诺曼把这个机制称为“相关机制”，即对相关刺激作出反应。选择性注意就是这个控制机制使人集中加工特定信息的结果，是一种主动的过程。这个模型能很好地解释注意的分配现象，因为输入的所有信息都得到了加工，也能很好地解释特别有意义的信息为什么易引起人的注意，因为存储在长时记忆中的这些项目的激活阈值是很低的。但是，这个模型看来是不经济的，因为它假设所有的输入信息都被中枢加工，这就不能很好地解释早期选择现象。

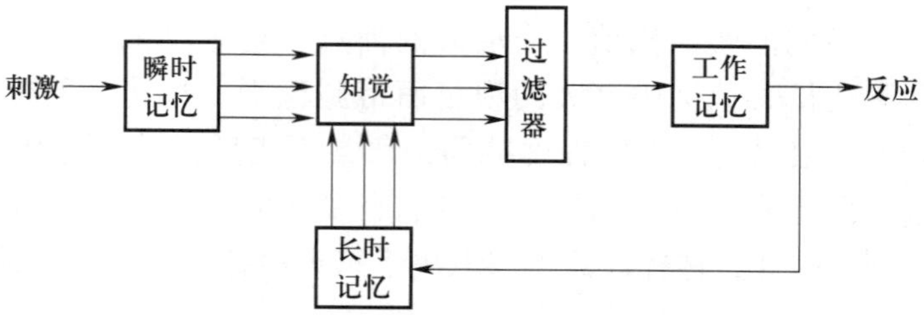

图 5-4 晚期选择模型

（资料来源：黄希庭，2001）

对注意选择的位置到底是在早期还是在晚期是有争论的，而中期选择模型则是一个折中的理论，因此要在两类理论中说出哪一个正确，是很困难的，因为很可能两者都并不完全正确。根据注意的可塑性，约翰逊和海因斯（Johnson et al.，1978）认为，“瓶颈”的位置是由人们根据作业的情况来确定的，从早期的选择（知觉前选择）到后期的选择（知觉和工作记忆之间），是一个连续变化的范围。在这个范围内，“瓶颈”的位置是变化着的。或者说，根据作业的要求不同，人们可以采取适应这一作业所需要的注意方式。

（二）注意与认知资源的分配

前面三个模型讨论了注意时信息阻断或信息衰减发生的位置。这些模型的共同出发点是，人的信息加工系统的容量是有限的，因此必须由某种过滤器装置加以调节。但是，从20世纪70年代以来，瓶颈理论受到了不少批评，心理学家开始转向对认知容量的研究。

认知资源理论（cognitive resource theory）从另外一个角度进行解释，即把注意看作一组对刺激进行归类和识别的认知资源或认知能力。认知资源理论是由卡内曼（Kahneman，1973）最初提出的。卡内曼在《注意与努力》一书中提出了**容量模型**（capacity model）。这个模型假定，人们在完成一项心理作业时，他们的资源或认知资源是有限的，这种限度使人们必须把有限的资源有控制地分配到不同的活动或同一活动的不同方面去。一般来说，简单的活动对资源的要求较低，复杂的活动对资源的要求较高。例如，在宽阔无人的高速公路上，熟练的汽车司机可以一边开车一边和车内的人说话。他之所以能够同时进行两种或两种以上的活动，是因为这些活动没有超过他的信息加工的总容量。相反，如果在行人拥挤的街道上行车，由于来自视觉和听觉的大量刺激占用了他的认知资源，他就没有能力再与别人聊天了。也就是说，对刺激的识别需要认知资源，刺激越复杂，占用的认知资源就越多。当认知资源完全被占用时，新的刺激就得不到加工，因此就未被注意。

有研究者在认知资源理论的基础上，把认知加工分为两类，即自动化加工和受意识控制的加工，称为双加工理论。前者不受认知资源的限制，不需要注意，是自动进行加工的，一旦形成很难改变。意识控制的加工经过大量练习可以转化为自动化加工。后者受认知资源的限制，需要注意的参与，可以随环境的变化而调整。双加工理论可以解释人们能够同时做好几件事的现象。

二、注意的神经机制

注意和其他心理活动一样，是由神经系统不同层次、不同脑区的协同活动来完成的。注意的典型神经机制是定向反射。巴甫洛夫认为，注意就其产生的方式来说，是有机体的一种定向反射。所谓定向反射，是指每当新异刺激出现时，有机体便将感受器朝向新异刺激的方向，以便更好地感受这一刺激。注意的中枢机制是神经过程的负诱导。负诱导是指大脑皮质某一部位的兴奋能引起其周围区域抑制的现象。负诱导的产生使大脑皮质某一部位的活动特别活跃，这一部位被称为优势兴奋中心，其周围部位则处于相对的抑制状态。尽管每一时刻都有无数刺激作用于感官，但只有那些落到优势兴奋中心的少数刺激才能引起注意，落在其周围处于抑制状态的刺激不引起注意。因此，当注意集中于某事物时，对其他事物就会出现“视而不见”“听而不闻”等现象。注意的生理机制决定了注意的指向性和集中性两个特点。

拉贝奇（LaBerge，1997）提出，对某一对象的注意需要三个脑区的协同活动，这三个脑区分别是：① 认知对象或认知活动的大脑功能区；② 能提高脑的激活水平的丘脑神经元；③ 大脑前额叶的控制区，负责选择注意对象、提高激活水平，并使激活维持一定的程度和时间。这三个脑区通过三角环路的形式结合起来，是产生注意现象的生理基础。在注意的过程中，起重要作用的脑区是脑干网状结构和边缘系统。脑干网状结构是位于脊髓上端到丘脑之间的一种弥散性神经网络。网状结构的神经细胞形状很复杂，大小也不等，轴突较长，侧枝较多，一个神经元可以与许多神经元形成突触，一处受到刺激就可以引起周围细胞的广泛兴奋。网状结构不传递环境中的特定信息，但对维持大脑一般性激活水平、保证大脑有效加工信息具有重要意义。边缘系统是由“边缘叶”的概念衍生出来的，大致分为三个部分：额叶内侧边缘系统结构，包括海马、杏仁核、扣带回和嗅周皮质；丘脑内侧核团，包括内侧背核和前部核团；额叶的腹内侧部分，包括眶额皮质、前额叶内侧。边缘系统具有调节皮质紧张性、对新旧刺激物进行选择等功能。研究表明，在边缘系统中存在着大量的神经元，它们不对特殊通道的刺激作反应，而对刺激的每一变化作反应。这些部位受到轻度损伤，可使患者出现分心现象；受到严重损伤，将造成精神错乱和虚构现象，意识的组织性和选择性将消失。

大脑皮质是产生注意的最高级部位，它调节、控制皮质下组织，并主动调节行动，对信息进行选择。大脑额叶严重损伤的病人不能将注意集中在所接受的言语指令上，也不能抑制对任何附加刺激物的反应。大脑额叶直接参与由言语指示所引起的激活状态。它通过与边缘系统和网状结构的下行联系，不仅能够维持网状结构的紧张度，而且能够对外周感受器产生抑制性的影响。大脑额叶损伤的病人表现出对新异刺激和环境干扰过分敏感，这可能与额叶丧失了对皮质下组织的抑制作用有关。

□ 原理应用

课堂上怎样组织教学才能促进学生的注意力发展?

在教学中，过分要求学生依靠随意注意来学习，易引起疲劳和注意涣散；但如果只让学生依靠不随意注意来学习，则不利于他们的主动性及与困难作斗争的意志力的发展，不利于学生完成学习任务。因此，在教学过程中，教师应当考虑使学生的随意注意和不随意注意有节奏地交替轮换。一般说来，上课之初，学生的注意还停留在上一节课或课间活动的有趣对象或其他操心的问题上，因此教师需要通过组织教学去引起他们对开始上课的随意注意。一些有经验的教师，一上课就进行三分钟的测验，以使学生的注意迅速转移到课堂上来。接着，就要让学生对新课题或新内容产生兴趣，产生不随意注意。当逐步进入教材的重点与难点时，又应当设法使学生加强随意注意，认真思考与理解。在紧张而努力的随意注意之后，通过教学方式的改变，如适当运用直观材料或趣味性的谈话等，使学生转入不随意注意……下课之前，学生的注意最易涣散，所以教师在布置作业时也要求学生保持一定的随意注意，必要时可以采取事先向学生提出复述作业等要求的办法。当然，使学生的注意产生节奏性的变化并没有固定模式，这需要教师围绕教学的中心任务来完成，依据教学内容的难度、学生注意力的发展水平与表现情况巧妙安排，并对学生的注意力进行培养。

□ 复习与思考

1. 什么是意识？什么是无意识？
2. 意识与生物节律之间有什么关系？
3. 一个睡眠周期包括哪几个阶段？各个阶段有什么特征？
4. 如何认识催眠现象？
5. 意识和注意之间有哪些区别和联系？
6. 注意的生理指标有哪些？
7. 认知理论是如何解释注意的？
8. 回忆本章内容，画出本章核心内容的概念图，与同伴进行交流分享后，加以完善。

□ 推荐阅读

[1] 郭秀艳，2019. 实验心理学［M］. 2 版. 北京：人民教育出版社.

[2] 黄希庭，2021. 心理学导论［M］. 重庆：西南大学出版社.

[3] 迈尔斯，2019. 心理学导论：上册：生物、发展与认知心理学：第 9 版［M］. 黄希庭，等译. 北京：商务印书馆.

[4] 索尔所，麦克林 O H，麦克林 M K，2019. 认知心理学：第 8 版［M］. 邵志芳，李林，徐媛，等译. 上海：上海人民出版社.

第六章 记　　忆

学习本章内容，将有助于你对以下问题的理解与思考：

- 什么是记忆？
- 人的记忆信息加工过程是什么？
- 短时记忆和长时记忆的神经生理机制是什么？
- 如何将短时记忆信息转入长时记忆？
- 什么样的材料容易被记住且保持得长久？
- 遗忘的原因和规律是什么？
- 怎样组织复习才能提高学习效率？
- 什么是内隐记忆？

记忆是一种重要而有趣的心理现象。例如，大家可能都知道这样一种现象：当你数两叠钞票，在数到第二叠的一半时，有人插进来和你说话，干扰了你的数数，这时你可能还记得第一叠钞票有多少张，而忘记了第二叠数到了哪里。你不得不重新开始数。为什么我们对前后两个数的记忆会有这样大的差异呢？现代心理学认为，这是因为第一叠的钞票数已经进入了你的长时记忆，而第二叠的钞票数还在短时记忆中。而两种记忆在遗忘的速度上是不一样的。再如，我们进商店逛了一圈回来，当时并没有有意识地记住自己看到的东西，但是事后当朋友提起某种货物时，你可能对它产生更多的好感，这是内隐记忆在起作用，即一种没有意识到的过去经验影响了当前的行为。内隐记忆对某些疾病的诊断有重要意义，因而引起了研究者的重视。本章首先讨论什么是记忆、记忆有什么作用；接着简要介绍记忆的神经生理机制，包括记忆在大脑中的机能定位、记忆的细胞和分子生物学机制等。然后讨论几种不同的记忆系统：感觉记忆、短时记忆和长时记忆。最后介绍内隐记忆和外显记忆。

第一节　记忆概述

记忆是人脑对过去经历过的事物的反映。按照现代信息加工的观点，记忆是一个结构性的信息加工系统。记忆由三个不同的子系统构成：感觉记忆、短时记忆和长时记忆。编码、存储和提取是记忆信息加工的基本过程。

一、什么是记忆

记忆（memory）是在大脑中积累和保存个体经验的心理过程，用信息加工的术语讲，就是人脑对外界输入的信息进行编码、存储和提取的过程。例如，即使分别多年的老朋友不在我们面前，我们也能想起他的容貌、言谈举止，当再次见到他时还能认得出来。不仅感知过的事物能保持在人们的大脑中，而且思考过的问题、体验过的情感或从事过的活动，都会在人们的大脑中留下不同程度的印象，其中有一部分作为经验能保留相当长的时间，在一定条件下还能恢复，这些都是记忆。

记忆与感知觉不同。感知觉是人脑对当前作用于感觉器官的事物的反映，相当于信息的输入，离开了当前的客观事物，感知觉就不复存在；而记忆是对过去经历过的事物的反映，记忆总是指向过去，是在感知觉之后出现的，是对信息的编码、存储和提取。记忆的内容丰富多样，从静态来看，可以是人们曾感知过的事物、思考过的问题、体验过的情感和做过的动作；从动态来看，也包括当时感知的过程、思考的过程、体验的过程和动作的过程。即记忆的内容不仅包括心理活动的结果，也包括心理活动的过程。

记忆的心理过程包括识记、保持、回忆或再认三个基本环节。识记是主体获得知识和经验的过程，是信息的输入和编码过程；保持是主体获得的知识经验在大脑中得到巩固的过程，是信息的存储和继续编码的过程；回忆或再认是从大脑中提取和输出信息的过程。回忆是感知过的事物不在面前，我们大脑中再现出来的过程。再认是指感知过的事物重新出现在面前，我们能认出来是以前感知过的。既不能回忆也不能再认的现象叫遗忘，它是保持的对立面。这三个环节相互影响、相互依存，有着密切的联系。识记是保持和回忆的前提，保持是记忆的关键，回忆或再认是对识记和保持结果的表现，三者缺一不可。可见，记是忆的前提和基础，忆是记的目的和检查的指标，也是巩固记的一种方式。

二、记忆的作用

记忆是人的心理活动的基础，是反映功能的基本方面。由于记忆，人才能保持对过去的反映，使当前的反映在从前反映的基础上进行，使反映更全面、更深入。例如，在知觉中，人的过去经验有重要的作用，没有记忆的参与，人就不能分辨和确认周围的事物。在解决复杂问题时，由记忆提供的知识经验起着更大的作用。有了记忆，才能积累经验、扩大经验。凭借记忆，才能获得知识与技能，不断增长自己的才干；凭借记忆，才能准确地表达各种情感、语言和动作，完成各种精彩的艺术表演。离开了记忆，个体

[拓展阅读] 神奇的蔡加尼克记忆效应

就什么也学不会，行为只能由本能来决定。正如俄国生理学家谢切诺夫（Sechenov，1863）所说：离开了记忆，任何现实的动作都是不可思议的，因为任何心理活动，即使是最简单的心理活动，都必须以保留它的每一个当前的要素为前提，从而把它与随后的要素“联结起来”。没有这种“联结”的能力，发展是不可能的，人便会永远处于新生儿的状态。学生的学习活动尤其与记忆紧密联系，大量知识的接受、保存和提取正是以这一心理活动为基础的。

记忆是形成个体心理特征的重要条件。记忆是心理活动在时间上的持续，有了记忆，先后的经验才能联系起来，使心理活动成为一个发展的过程，使一个人的心理活动成为统一的过程，并形成其心理特征。一个人某种能力的出现，一种好的或坏的习惯的养成，一种良好的行为方式和人格特质的养成，也都是以记忆活动为前提的。

专栏 6-1

最著名的失忆者——亨利·莫莱森

亨利·莫莱森（Henry Molaison）是记忆研究史上最有名的研究对象（Corkin et al.，1997；Squire，2009）。他在27岁时因严重的癫痫接受了两侧颞叶切除手术（包括海马系统），术后智力、感知力和表达能力都正常，但无法记住新的东西。

他记得手术前经历过的大部分事情，包括家人的信息、全世界发生过的大事，但对于当下发生的事情，他大概只能记得约20 s的内容。

他会拿着一本杂志反反复复翻看好几遍，每一次阅读对他来说都是新鲜的。他也可以跟人就两三个问题聊上10 min，一直在重复讲过的内容，因为他会忘记刚刚已经讲过了。

他作为被试接受了数不胜数的各类测试，出现在将近12 000篇论文中，成为神经科学领域被研究次数最多的案例之一。通过对亨利的研究，神经科学家们揭示了更多关于人脑记忆的奥秘。

三、记忆的分类

记忆可以从不同的角度分为不同的类别。

（一）陈述性记忆和程序性记忆

依据记忆的内容，可以将记忆分为陈述性记忆和程序性记忆。

陈述性记忆（declarative memory）处理陈述性知识，即事实类信息，包括字词、定义、人名、时间、事件、概念和观念。陈述性记忆的内容可以用言语表达，它可以通过语言传授而一次性获得，它的提取往往需要意识的参与，如我们在课堂上学习的各种课本知识和日常的生活常识都属于这类记忆。

程序性记忆（procedural memory）又称技能记忆、记忆程序性知识，如怎样做事情或如何掌握技能，通常包含一系列复杂的动作过程，既有多个动作间的序列联系，也包括在同一瞬间同时进行的动作间的横向联系，这两方面共同构成的复合体是无法用语言清楚表达的。例如打篮球，你所知道的规则和方法是存储在陈述性记忆中的，但如果你擅长助攻或远投，这些运动技巧则存储在程序性记忆中。

（二）情景记忆和语义记忆

随着记忆研究的日益深入，到了 20 世纪 80 年代后期，图尔文（Tulving，1972）又将陈述性记忆进一步区分为情景记忆和语义记忆。

情景记忆（episodic memory）是指人们根据时空关系对某个事件的记忆。由于情景记忆受一定时间和空间的限制，信息的存储容易受到各种因素的干扰，因此记忆不够稳定，也不够确定。

语义记忆（semantic memory）是指人们对一般知识和规律的记忆，与特殊的地点、时间无关。它表现在单词、符号、公式、规则、概念这样的形式中，如记住化学公式、乘法规则等都是语义记忆。语义记忆受一般规则、知识、概念和词的制约，很少受外界因素的干扰，因而比较稳定。

（三）瞬时记忆、短时记忆和长时记忆

按记忆保留的时间长短和信息的多少，可将记忆分为瞬时记忆、短时记忆和长时记忆。

当客观刺激停止作用后，感觉信息在一个极短的时间内保存下来，这就是**瞬时记忆**（immediate memory），也叫感觉登记。瞬时记忆是记忆系统的开始阶段，以物理特性的编码和形象编码为主，存储时间是 0. 25～0. 5 s，容量比较大。

短时记忆（short-term memory）是瞬时记忆和长时记忆的中间阶段，是当前一刻能够意识到的记忆，包括工作记忆和直接记忆。短时记忆以声音编码为主，同时有视觉或语义编码，保持时间为 5 s～2 min，记忆容量为 7±2 个组块。

信息经过充分和有一定深度的加工后，在大脑中长时间存储的记忆叫**长时记忆**（long-term memory）。它保持的时间长，容量没有限度，以语义编码为主。

（四）内隐记忆和外显记忆

按意识参与的程度，可将记忆分为内隐记忆和外显记忆。

内隐记忆（implicit memory）一般没有意识的参与。它具有自动的和无意识的特点，其形成和提取不依赖有意识的认知过程，一般不能用言语表达。

外显记忆（explicit memory）是有意识的记忆过程，它的形成一般有评估、比较和演绎等认知过程的参与，能随意地提取记忆的信息，能对记忆的信息进行较准确的语言描述。

四、记忆系统及其加工过程

（一）记忆的三阶段模型

按照现代信息加工的观点，记忆是一个结构性的信息加工系统。所谓结构性是指记忆在内容、特征和组织上有明显的差异。为了解释记忆存储在持久性上的差别，心理学家提出过各种模型。当前得到公认的是记忆的**三阶段模型**（three-stage model of memory）。该模型认为，记忆加工有三个不同的阶段，它们分别是瞬时记忆、短时记忆和长时记忆，如图 6-1 所示。

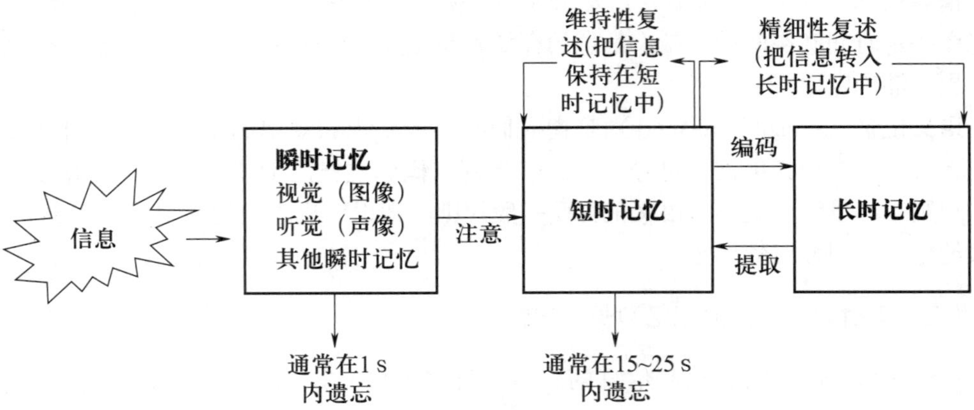

图 6-1 记忆的三阶段模型
（资料来源：Atkinson et al.，1968）

信息首先进入瞬时记忆，那些引起个体注意的感觉信息才会进入短时记忆，在短时记忆中存储的信息经过选择性编码再存储到长时记忆中，而这些保存在长时记忆中的信息在需要时又会被提取到短时记忆中（Klatzky，1980）。

（二）记忆的信息加工过程

记忆的信息加工过程包括编码、存储和提取三个基本过程。任何外界信息只有经过这些过程，才能成为个体可以保持和利用的经验。

1. 编码

编码（encoding）是记忆的第一个基本过程，它把来自感觉器官的信息变成记忆系统能够接收和使用的形式。编码有不同层次或水平，而且是以不同形式存在着的，如视觉编码、听觉编码和语义编码等。一般说来，我们通过各种感觉器官获取的外界信息，首先要转换成各种不同的记忆代码，即形成客观物理刺激的心理表征。编码过程需要注意的参与。注意使编码有不同的加工水平，或采取不同的表现形式。例如对于一个汉字，你可以注意它的字形结构、发音或含义，形成视觉代码、声音代码或语义代码。总之，如何对信息进行编码直接影响到记忆的存储和以后的提取。一般情况下，对信息采用多种方式进行编码会收到更好的记忆效果。

2. 存储

存储（storage）是把感知过的事物、体验过的情感、做过的动作、思考过的问题等以一定的形式保持在大脑中。知识的存储有时也叫知识的表征，这里所说的知识可以是事物的图像，也可以是一系列概念或命题。存储是信息编码和提取的中间环节，它在记忆过程中有着重要的作用，没有信息的存储就没有记忆。

3. 提取

保存在记忆中的信息，只有能被提取出来并加以应用才是有意义的。**提取**（retrieval）包括两种方式：回忆和再认。

五、记忆的神经生理机制

长期以来，人们对记忆的生理机制进行了许多研究，提出了许多假设。较早的研究认为，记忆是“痕迹”的保持。后来，俄国心理学家巴甫洛夫用条件反射学说来解释记忆的生理机制，认为记忆是暂时神经联系的形成、巩固和再活动。现代神经生理心理学关于记忆的神经生理机制的研究，主要集中于记忆在大脑中的功能定位、记忆的脑细胞和生物化学机制、短时记忆和长时记忆的生理基础等问题。

（一）记忆的脑学说

记忆是否和脑的某些特定部位有关呢？心理学家对此有许多不同的看法。

1. 整合说

美国心理学家拉什里（Lashley，1929）最早提出了记忆的非定位理论，或称为整合论。他认为，记忆是整个大脑皮质活动的结果，它和脑的各个部分都有关系，而不是皮质上某个特殊部位的功能。他用实验方法破坏动物大脑皮质的不同区域，并检查手术对记忆保持的影响，发现大脑皮质破坏的区域越大，记忆的丧失就越严重。因此，他认为记忆的保持不依赖大脑皮质的精细结构定位，而是整个大脑皮质的机能。

2. 定位说

记忆的定位说认为，记忆是由大脑的特定部位产生的。对动物进行脑切除手术的结果表明，大脑前、后联合区与记忆有密切关系；当动物大脑的海马部位受损伤后，将难以形成新的短时记忆，不能学习新的技能。研究还表明，记忆与额叶和颞叶的某些部位有关（Penfield，1963）；也与某些皮质下组织有关（Luria，1972），当海马、乳头体和边缘系统受损伤后，病人的短时记忆会出现明显的障碍。总之，海马、乳头体、丘脑背内侧核可能是短时记忆的特定部位，而两侧颞叶可能是存储长时记忆的重要部位。

心理学家还发现，人类的陈述性记忆和程序性记忆的脑功能区可能有差异。他们让一些海马损伤的病人学习从镜子中阅读单词，病人在三天内就学会了。也就是说，病人可以形成新的程序性记忆——即怎样完成某一活动或任务的长时记忆。但是病人却不记得他们曾经学习过这一任务，也就是说，他们不能形成新的陈述性记忆——关于一些事实的长时记忆。这说明，程序性记忆的生理机制可能不是海马而是别的脑组织，如小脑（Cohen et al.，1980）。

3. SPI 理论

记忆有两个重要的概念：记忆系统和记忆过程。前面我们介绍过的各种不同的记忆分属于记忆的不同系统；而编码、存储和提取分属于记忆的不同过程。图尔文（Tulving，1995）提出的 SPI 理论，试图将记忆系统和记忆过程的概念统一到一个更综合的框架中。

根据记忆研究中已有的成果，SPI 理论假定存在五种主要的记忆或记忆系统：程序记忆系统、知觉表征系统、语义记忆系统、初级记忆系统和情景记忆系统。这五种记忆系统在种系发生和个体发展上都存在一定的顺序，它们在加工过程中也存在一定的联系。该理论还假定：① 这些系统的编码是串行的（serial，S），表示信息以串行的方式在系统中得到编码。或者说，一个系统的输出提供了另一个系统的输入，信息只有在前一个系统中得到成功的加工，才能在下一个系统中进行编码。② 存储是并行的（parallel，P），即一次编码的事件会在多个记忆系统中产生效应，并保存在不同的脑区。③ 提取是独立的（independent，I），也就是说，从一个记忆系统中提取信息可以不受其他记忆系统的影响。

SPI 理论系统地总结了记忆研究的大量成果，并且提出了一种整合记忆过程和记忆系统的方式，这对推进记忆的研究具有重要的理论意义，对解释已有的许多实验结果也有重要的作用。但这个理论还只是一个抽象的模型，它没有说明不同记忆系统的神经解剖和神经生理基础。

（二）记忆的脑细胞机制

1. 反响回路

对脑电现象和神经结构的研究发现，反响回路可能是短时记忆的生理基础。**反响回路**（reverberatory circuit）是指在神经系统中皮质和皮质下组织之间存在的某种闭合的神经环路。当外界刺激作用于神经环路的某一部分时，回路便产生神经冲动。当刺激停止后，这种冲动并不立即停止，而是继续在回路中往返传递并持续短暂的一段时间。人们认为反响回路是短时记忆的生理基础。心理学家通过实验证明了这种看法。根据我国生理学家的实验观察，从感受器传入的神经冲动沿特殊通路传到丘脑的低级感觉中枢，再上传到大脑皮质；接着又会由皮质下传到丘脑。神经冲动可以这样上下循环多次，然后逐渐停止。这种现象叫作“反响效应”，它的传递途径就称为“反响回路”。

2. 突触结构

现代神经生理学家普遍接受的一种观点是：人类长时记忆的神经基础包含着神经突触的持久性改变，这种变化往往是由特异的神经冲动导致的（Lynch，1986）。由于涉及结构的改变，因此其发生的过程较慢，并需要不断地巩固。这种突触变化一旦发生，记忆痕迹就会深刻地存储到大脑中。

研究表明，神经元突触结构的改变是短时记忆向长时记忆过渡的生理机制。这种改变包括相邻神经元突触结构的变化、神经元胶质细胞的增加和神经元之间突触连接数量的增加。

研究表明，学习是促进突触生长的重要因素。研究者将刚出生不久的白鼠分成两组：一组生活在有转轮、梯子、滑梯和各种玩具的笼子中，即生活在具有丰富刺激并能积极进行各种动作的环境中；另一组则生活在除了食物和水无其他事物的笼子里，即生活在外界刺激贫乏的环境中。一段时间后，解剖两组白鼠的脑发现，前者的大脑皮质要比后者厚而重。他们认为，前者的皮质较厚是由于轴突末梢增长、树突增多、突触间隙变窄，使相邻的神经元更易于相互作用。这种突触结构的变化是由学习和记忆促成的（Rosenzweig et al.，1972）。

3. 长时程增强作用

长时程增强作用是指突触的传递效率会在某种特定的条件下出现长时程增强现象。波利斯和勒蒙（Bliss et al.，1973）在研究中发现，海马的神经元具有形成长时记忆所需要的塑造能力。在海马内的一种神经通路中，存在着一系列短暂的高频动作电位，能使该通路的突触强度增加，他们将这种强化称为长时程增强作用。在大脑新皮质也同样存在这种长时程增强现象。也就是说，如果某种刺激能使神经元之间突触传递的效率长时程增强，这种刺激的痕迹也能以神经活动增强的形式保留下来，这就是记忆。人们已经逐渐形成一种共识，长时程增强是我们学习和记忆的基础。在这一过程中，钙和神经递质谷氨酸可能起着关键作用，使得海马的接收神经元对下一个传入信号更敏感（Lisman et al.，2012）。

□□□ 第二节 记忆的加工过程

从信息加工的过程来看，记忆可以分为感觉记忆、短时记忆和长时记忆。感觉信息在刺激作用停止后的瞬间保留，被称为瞬时记忆，感觉记忆为进一步信息加工提供了可能性。被注意到的瞬时记忆信息进入短时记忆，信息在短时记忆保持时间为 1 min 左右。进入长时记忆的信息能够保持 1 min 以上直至终身。

一、瞬时记忆

瞬时记忆也叫感觉登记，是记忆系统在对外界信息进行进一步加工之前的暂时登记。其编码形式主要依赖信息的物理特征，因此具有鲜明的形象性。瞬时记忆保存的时间短暂，但在外界刺激的直接作用消失之后，它为进一步的信息加工提供了可能性。瞬时记忆有较大的容量，其中大部分信息因为来不及加工而迅速消退，只有一部分信息由于注意而得到进一步加工，并进入短时记忆。

（一）瞬时记忆的编码

外界物理刺激引起感觉，它留下的痕迹就叫瞬时记忆。当视觉刺激停止后，视觉系统对信息的瞬间保持叫图像记忆。图像记忆的存在是由斯帕林（Sperling，1960）的首创性实验确定的。开始时，他用速示器以 50 ms 的极短时间向被试呈现一套符号（字母或数字），要求被试把看到的符号尽量多地报告出来（全部报告法），结果被试仅能回忆出 4～5 个符号。后来，斯帕林修改了实验程序：给被试呈现 12 个符号，排成 3 行，每行 4 个符号，仍以 50 ms 的时间加以呈现，但在视觉呈现终止后，向被试发出 3 个不同音中的1个，被试根据音的不同只需回忆其中一行：高音表示要回忆上面1行，中音表示要回忆中间1行，低音表示要回忆下面1行。这种实验程序叫部分报告法。当符号呈现停止后，立即响起声音，被试回忆出的项目几乎完全正确。但回忆开始时间稍微延迟一点就会严重影响回忆成绩。根据这个实验结果，斯帕林认为，人的记忆系统有一个感觉存储阶段。输入的信息这时是以感觉痕迹的形式被登记下来的。视觉图像是瞬时记忆的一种主要编码形式。

听觉系统对刺激信息的瞬间保持叫声像记忆。声像记忆的存在是由莫瑞等人（Moray et al.，1965）仿照斯帕林的部分报告法实验程序而确定的。实验也采取了整体报告法和局部报告法，结果表明，局部报告法的成绩要优于整体报告法，这说明听觉系统中也存在瞬时记忆。听觉的瞬时记忆编码形式被称为声像记忆。

（二）瞬时记忆的保持

为了研究瞬时记忆保持的时间，斯帕林变化了刺激项目与声音信号之间的时间间隔。结果发现：在即时声音信号情况下的回忆率为80%；当声音信号延迟到150 ms后才发出时，回忆率下降到75%；当声音信号延迟到300 ms后才发出时，回忆率下降到55%；当声音信号延迟超过0.5 s之后，部分报告法的成绩就与整体报告法的成绩相同了。实验表明，视觉器官保存图像信息有相当大的容量，但是保持的时间相当短，当超过250 ms时，遗忘就开始了。

另外，达文等人（Darwin et al.，1972）对声像记忆的性质进行了研究，发现声像记忆的容量要比图像记忆小，平均只有5个；声像记忆的保持时间要比图像记忆长，可以达到4 s之久。

（三）瞬时记忆向短时记忆的转换

当外界刺激输入之后，其能量首先被转换成各种感觉信息，之后这些感觉信息经过组织获得一定的意义，成为被识别的某种模式。研究表明，瞬时记忆中只有能够引起个体注意并被及时识别的信息，才有机会进入短时记忆。相反，那些与长时记忆无关或者没有受到注意的信息，由于没有转换到短时记忆，很快就消失了。

二、短时记忆

短时记忆是信息从瞬时记忆到长时记忆之间的一个过渡环节。短时记忆包括两个部分：一个是直接记忆，即输入的信息没有经过进一步的加工。直接记忆的容量相当有限，编码方式以言语听觉形式为主，也存在视觉和语义编码。另一个是工作记忆，即输入信息经过再编码，使其容量扩大。由于与长时记忆中已经存储的信息发生了意义上的联系，编码后的信息进入了长时记忆，必要时还能将存储在长时记忆中的信息提取出来解决面临的问题。短时记忆中存储的是正在使用的信息，在人的心理活动中具有十分重要的作用。

[拓展阅读] 测测你的短时记忆容量

(一)短时记忆的特点

1. 短时记忆的编码

短时记忆中的信息主要以听觉编码的形式存储。康拉德(Conrad, 1964)的经典性研究是一个很好的证明。他选用 B、C、P、T、V、F、M、N、S、X 共 10 个字母为材料,从中随机取出 6 个组成字母序列,用视觉方式一个个地呈现给被试,要求他们记住。然后让被试严格地按字母呈现的顺序进行回忆,并对回忆中出现的差错进行分析。结果表明,回忆时出现的差错主要表现为声音混淆。即发音近似的字母混淆程度较高,如将 B 误为 P,将 V 误为 B,而发音不相似的字母之间则较少发生混淆。这一结果表明,即使刺激以无声的视觉形式呈现,短时记忆的信息编码仍然具有听觉的性质。人们看到的视觉形象必须转换成声音代码,才能在记忆中更好地保存下来。在日常生活中,当我们记笔记时,有时把一些字错写成与之发音相近的字,这种错误与短时记忆的听觉编码特点密切相关。

除了听觉编码以外,人们在短时记忆中还有视觉编码和语义编码。但一般说来,在短时记忆中,听觉编码占主导地位,尤其对言语信息来说更是如此。

莫雷(1986)的实验表明,汉字的短时记忆以形状编码为主。对于绘画、脸和身体动作以及视觉观察事件所属范畴的短时记忆,倾向于使用视觉编码和语义编码。因此,短时记忆的编码方式似乎是随着记忆材料的变化而变化的。

2. 短时记忆的容量

短时记忆的信息容量可用**组块**(chunk)作为单位来测量。所谓组块是指人们由于过去的经验而对其相当熟悉的一个刺激独立体,如一个字母、一个单词、一个数字、一个成语等。米勒(Miller, 1956)认为,短时记忆的信息容量为7±2个组块,这个数量是相对恒定的,这就是短时记忆的组块理论。可以用下面的小实验来验证这个理论。请你读一遍下面的一行随机数字,然后合上书,按照原来的顺序尽可能多地默写出来:

7 1 8 6 3 9 4 5 2 8 4

现在再读一遍下列随机字母,然后用相同的方法来测试自己的记忆:

H J M R O S F L B T W

假如你的短时记忆像一般人那样,你可能回忆出 7 个数字或字母,至少回忆出 5 个,最多回忆出 9 个,即 7±2 个。

许多研究支持米勒提出的组块理论。例如,西蒙(Simon, 1974)的研究表明,以英语为母语的人阅读一些无关联的词后能正确回忆 5～7 个词,而与词的音节无关;以短语和句子为组块的记忆容量略小于词的记忆容量。视听通道的短时记忆容量有差异,总体来看,视觉比听觉的短时记忆容量大。组块的大小、复杂性和熟悉性是因人而异的。例如,记数字 748539 ,你可能按 74-85-39 记忆,他可能按 748-539 记忆;看一幅图片,我可以以地点关系为组块,你可以以色彩的特点为组块。但不论人们存储的组块是什么,短时记忆的容量均为 7±2 个组块。

3. 短时记忆的加工

信息在短时记忆中的主要加工方式是组块化和复述,从而使其有限的记忆容量增加,保持时间延长,并使更多的信息转入长时记忆。

如上所述，组块是信息的一种意义单位。一个组块可以是一个字母或数字、一组字母或其他材料，甚至一组词或一个句子。**组块化**（chunking）就是根据个人的经验将孤立的项目连接成更大单元的过程。例如，这样一列数字：185119211839193719491935，如果把它看成孤立的数字来记是 24 个组块，就超过了短时记忆的容量，但如果将它组块化为 1851、1921、1839、1937、1949、1935，把它看成中国近代史上的重要年代，则只有 6 个组块，就容易记住。这样就扩大了短时记忆的容量。每个人都可以根据自己的经验把输入的信息组块化。如也可以通过将上述一列数字看成朋友的年龄、门牌号码或电话号码而加以组块化。

复述（rehearsal）是使信息保存的必要条件，它对信息的短时保持乃至长时存储都具有十分重要的作用。复述分两种：保持性复述和精细复述。**保持性复述**（maintenance rehearsal）是指一遍遍地重复识记材料。例如，在打电话时，查到一个电话号码以后先默念几遍，就可以将信息在短时记忆中保持一段时间，使之处于活动状态。但这不一定能够将信息编入长时记忆永久保存。**精细复述**（elaborative rehearsal）是指将识记的材料与长时记忆中存储的信息建立起联系。假如要记某个电话号码时，稍加思考，将它与已有的某些知识，如重大历史事件的时间、亲人的生日或某项运动记录等数字建立起联系，便可以长期保存，到需要时比较容易回忆起来。如要记住的电话号码为 67011997，只要记住香港回归的日期，就可以记住这个电话号码。再如，很多人设定密码时总用自己的重要纪念日或纪念日的某种变式。

4. 短时记忆的遗忘

短时记忆的容量有限，存储的时间也很短暂。在没有复述的情况下，短时记忆可以保持信息 15～30 s。皮特森等人（Peterson et al.，1959）在实验中要求被试记住以听觉形式呈现的 3 个字母。为了阻止被试进行复述，在呈现字母后马上让被试对一个数字进行连减 3 的计算，直到主试发出信号再回忆刚才呈现的 3 个字母。结果发现，被试回忆的正确率是从字母呈现到开始回忆之间的时间间隔的递减函数（见图 6-2）。当时间间隔为 3 s 时，被试回忆的正确率达到 80%；当时间间隔延长到 6 s 时，正确率迅速下降到 55%；而当时间间隔延长到 18 s 时，正确率就只有 10% 了。这个实验说明，短时记忆信息存储的时间很短，如得不到复述，将会迅速遗忘。

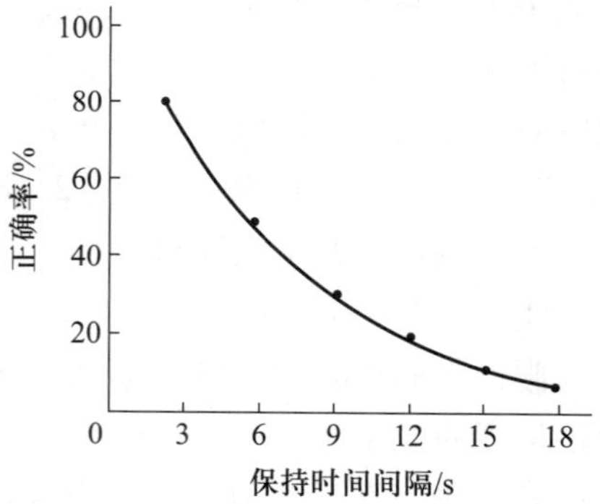

图 6-2 阻止复述后的短时记忆正确率

（资料来源：Peterson，1959）

短时记忆的信息在得不到复述的情况下会很快遗忘。那么是什么原因导致了遗忘呢？一种观点认为，短时记忆的遗忘是由于信息痕迹的自然消退；另一种观点则认为，遗忘是由于短时记忆中的信息受到其他无关信息的干扰。由于加入干扰信息需要时间，因此分离这两个因素的作用是非常困难的。沃和诺尔曼（Waugh et al.，1965）利用一个设计巧妙的实验解决了这个问题。他们让被试听由若干个数字组成的数字序列，在数字序列呈现完毕后，伴随着一个声音信号将呈现一个探测数字，这个探测数字曾经在前面出现过一次，被试的任务就是回忆在探测数字后边是什么数字。从数字序列的第一个数字到探测数字之间所呈现的数字是间隔数字，呈现这些间隔数字所需要的时间为间隔时间。在实验中，沃等人采用了两种速度来呈现数字：一种是快速的，为每秒 4 个；另一种是慢速的，为每秒 1 个。这样就可以在间隔数字不变的情况下改变间隔时间，也可以在间隔时间不变的情况下改变间隔数字，从而使时间和干扰信息这两种因素分离开来。结果发现，在快、慢两种呈现速度下，被试回忆的正确率都随着间隔数字的增加而减少，并且不受间隔时间的影响。这一结果支持了干扰说，说明短时记忆的遗忘主要是由干扰信息引起的。

5. 短时记忆的信息提取

人们是怎样从短时记忆中提取信息的？斯滕伯格（Sternberg，1969）认为，在短时记忆的信息提取中，被试可能有三种检索项目的方式：第一种是平行扫描，同时对短时记忆中保持的所有项目进行检索；第二种是自动停止系列扫描，对项目逐个进行检索，一旦发现目标就停止扫描；第三种是完全系列扫描，对全部项目进行完全检索，然后作出判断。他根据检索时间的特征发现，短时记忆信息的提取采取的是完全系列扫描方式。

（二）工作记忆

1. 工作记忆及其模型

工作记忆（working memory）这一术语最早是由英国心理学家巴德利和希奇（Baddeley et al.，1974）针对多存储模型的不足而提出的。巴德利（Baddeley，2001）将工作记忆定义为：在执行认知任务的过程中，对信息进行暂时存储与加工的有限的资源系统。

工作记忆由三个部分组成（见图 6-3）：① 中央执行系统，主管工作记忆中信息的流动方式，从其他记忆系统如长时记忆中提取信息，对工作记忆中的信息进行较精细的加工和存储。这是工作记忆的核心，起着注意系统的作用，其认知加工的资源是有限的。② 语音回路，主要以串行加工的方式，把言语信息转化为听觉编码并通过语音回路对它进行加工和存储。它在学习阅读、理解语言、获得词汇中扮演着重要的角色。③ 视觉空间模板，主要以心象的形式对视觉和空间信息进行加工和存储。语音回路和视觉空间模板是从属系统，具有信息特异性。外界输入的信息要经过工作记忆激活才能进入长时记忆而存储，长时记忆中的信息只有被提取到工作记忆中才能被再次利用。在信息加工过程中，工作记忆的内容在不断变化，但工作要求又使工作记忆具有连续性和系统性。工作记忆是个体认知活动的工作空间，包含从外界接收的信息和从长时记忆中提取的信息，以及对这些信息进行的操作。

工作记忆有助于解决实验室外的实际问题（Baddeley，2012）。例如，对工作记忆的深入认识，有助于识别出学业成绩欠佳的学生，并提高他们的记忆力（Dumontheil et al.，2012；Gathercole et al.，2008）。再如，对工作记忆的测评也有助于阿尔茨海默病的早期检测（Kobylecki et al.，2018）。

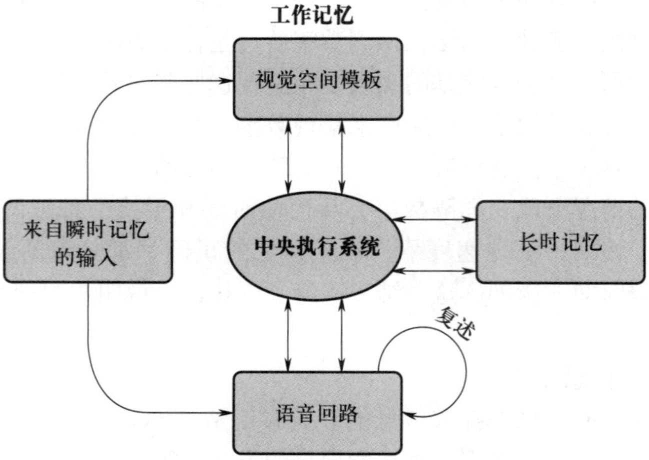

图 6-3 工作记忆模式图

2. 工作记忆与短时记忆

工作记忆与短时记忆有什么关系呢？巴德利（Baddeley，1992）关于工作记忆的观点是对短时记忆观点的一种深化，而不是与之相对立的。现在短时记忆已不再被视为一种被动的、暂时的、容量有限的储藏室，巴德利等学者所研究的工作记忆强调的是工作记忆扮演着主动的角色，而不是信息的短暂存储。例如，把视觉信息转化为听觉编码、形成组块、通过复述以保持对所需记忆材料的注意，以及对信息的精细加工、从长时记忆提取与输入信息有关的知识的过程中，都包含了工作记忆。因此，工作记忆这一术语所表达的远不只是短暂存储的含义。相反，它意指这样的一个工作场所，人们在此进行主动的心理努力去关注材料，并且常常是改变材料。还有学者认为，短时记忆与工作记忆是有区别的：短时记忆可以视为未经主动加工的信息，甚至可能来自目前被激活的长时记忆的信息；工作记忆则包含这些活跃的记忆痕迹，同时还包含用于保持这些激活状态并使人将注意集中于手头正在做的首要认知任务的注意过程（Kail et al.，2001）。

三、长时记忆

自 19 世纪德国心理学家艾宾浩斯（Ebbinghaus，1885）首先系统地研究记忆以来，长时记忆一直是心理学家关注的焦点。

长时记忆是指存储时间在一分钟以上的记忆。长时记忆的信息在大脑中存储的时间长，容量没有限制。信息的来源大部分是对短时记忆内容的加工，也有一些由于印象深刻而一次获得的。长时记忆中的信息是有组织的知识系统。这种有组织的知识系统对人的学习和行为决策有重要意义。它使人能够有效地对新信息进行编码，以更好地识记，也能使人迅速有效地从大脑中提取有用的信息，以解决当前的问题。

（一）长时记忆的信息编码

长时记忆的信息编码就是把新的信息纳入已有的知识框架内，或把一些分散的信息单元组合成一个新的知识框架。一般来说，一切信息都是通过短时记忆才转换到长时记忆中去的。为了将信息转入长时记忆，一条重要的有效途径是进行精细的复述，也就是将当前的信息和已有的知识联系起来，赋予它一定的意义，并对信息进行组织。对材料进行组织可以使输入信息有效地进入长时记忆。长时记忆的编码形式主要有以下三种：

1. 按语义类别编码

在记忆一系列语词概念材料时，人们总是倾向于把它们按语义的关系组成一定的系统，并进行归类。例如，鲍斯菲尔德等人（Bousfild et al.，1972）让被试学习 60 个单词，如长颈鹿、小萝卜、斑马、潜水员、拜伦、顾客、菠菜、面包师、土拨鼠、舞蹈演员、黄鼠狼、阿莫斯、南瓜、打字员等。当被试按语义关系将这些单词分别纳入动物、植物、人名、职业四个类别中时，记忆的效果会明显提高。在学习中，人们对材料进行归类并形成一定的系统，有助于信息进入长时记忆。

2. 以语言的特点为中介进行编码

借助语言的某些特点，如语义、发音、字形等，对当前输入的某些信息进行编码，使它成为可以存储的东西。这种编码方式，在记忆无意义音节时经常被使用。无意义音节由两个辅音加一个元音组成，本身不具有意义，如 wel。当人们记忆这个音节时，可以根据发音的近似性，把它当成 welfare（福利）或 welcome（欢迎）的一部分来识记，从而提高记忆的效率。

利用语言的音韵和节律等特点，也能对记忆材料进行编码。例如，在记忆阴历 24 个节气时，可以把它组成有音韵、有节律的口诀：春雨惊春清谷天，夏满芒夏暑相连，秋处露秋寒霜降，冬雪雪冬小大寒。将 24 个节气用音韵组成四句话，每一句都包括 6 个节气，这样就好记了。在记忆乘法、珠算口诀时，人们也常使用这种编码方式。

3. 运用组织策略进行编码

学习无关联的材料时，如果不能分类也没有联想意义上的联系，则个体会倾向于采取一定的组织策略进行编码，其中主观组织就是一种策略。有研究发现，让被试进行自由回忆实验时，在被试反复多次的回忆中，有以相同顺序回忆单词的倾向，表明被试在大脑中把词表中的项目进行了主观组织。这种主观组织将分离的项目构成一个有联系的整体，从而提高了记忆效率。

（二）长时记忆的信息存储

在长时记忆中，信息存储的形式是多种多样的，有陈述性记忆和程序性记忆、情景记忆和语义记忆，此外还有形象记忆和情绪记忆。长时记忆信息存储模型主要有层次网络模型、集合论模型和特征比较模型。

长时记忆中信息的存储是一个动态过程。在存储阶段，已保持的经验会发生变化。这种变化表现在质和量两个方面：质的方面的变化表现为记忆的内容的变化；量的方面的变化最明显的表现是遗忘和记忆恢复现象。

1. 记忆内容的变化

由于每个人的知识和经验不同，加工、组织经验的方式不同，人们存储的经验会出现不同形式的变化：① 内容简略和概括，不重要的细节将逐渐消失；② 内容变得更加完整、合理和有意义；③ 内容变得更加具体，或者更为夸张和突出。

卡密克尔（Carmickael，1932）的一个实验证实了上述变化的存在。他给被试看 12 个刺激图形（图 6-4 中的中间一列为其中一部分），然后将被试分为两组，其中一组被试听到左边一列物体的名称，另一组被试听到右边一列物体的名称。接着要求两组被试回忆并画出图形。结果表明，被试所画的图形与原来呈现的图形相比有很大差别，大约有 3/4 的图形被歪曲了，而且歪曲的图形都与他们听过名称的事物的形状相似。

巴特莱特（Bartlett，1932）的实验（见图6-5）也说明了这种变化。他给第一个被试呈现一张图画，要求他根据自己的记忆画出来，然后将这张图画交给第二个被试看，并让第二个被试根据自己的记忆画下来，再交给第三个被试……这样依次进行下去，直到第 18 个被试。这时，被试凭借自己的记忆所画出的图片与原图片相比发生了很大的变化。

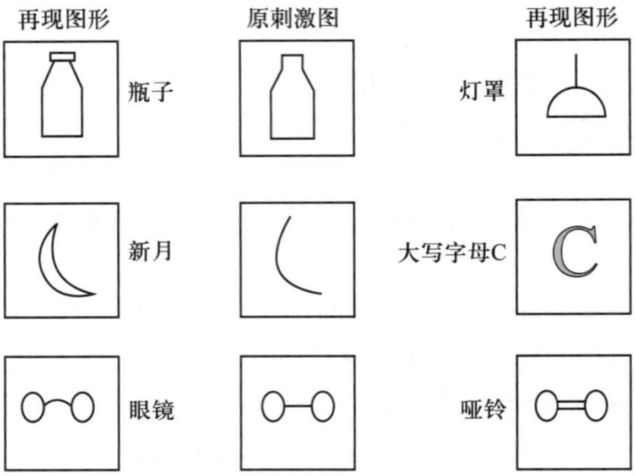

图 6-4 卡密克尔实验部分图形
（资料来源：Carmickael，1932）

图 6-5 记忆过程中图形的变化
（资料来源：Bartlett，1932）

从上述研究可以看出，记忆内容的变化，有的在开始识记时就已发生；有的是由于知识经验或偏见的影响，在保持阶段发生了变化；还有的是在再现时发生了变化，即当记忆变得模糊了，再现时会使记忆发生变化。

2. 记忆恢复现象

记忆恢复（reminiscence）是指学习某种材料后，间隔一段时间所测量到的保持量比学习后立即测量到的保持量要高。巴拉德（Ballard，1913）曾要求一些 12 岁左右的学生用 15 min 学习一首诗，学习后让他们写下所记忆的内容（即时回忆），随后连续几天继续测量所记忆的内容。结果表明，第二、三天的保持量都比第一天的回忆量（设为 100）高（见图 6-6）。这种现象在儿童期比较普遍，但随着年龄的增长逐渐消失。

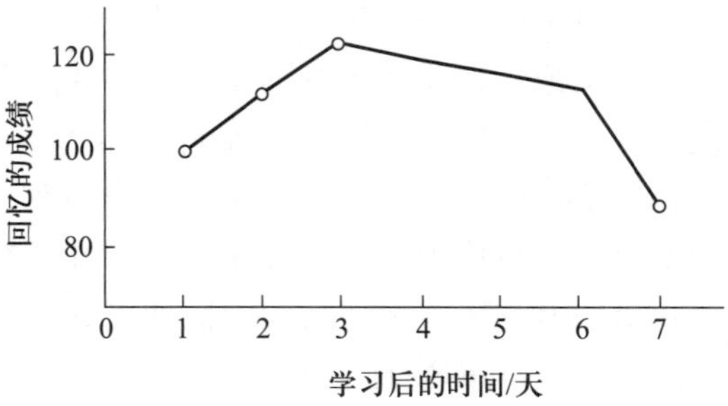

图 6-6 记忆的恢复
（资料来源：Ballard，1913）

（三）长时记忆的信息提取

长时记忆的信息提取有两种基本形式，即再认和回忆。

1. 再认

再认（recognition）是指对于感知过、思考过或体验过的事物，当它再度呈现时，人们仍能认识的心理过程。

再认有感知和思维两种水平，并表现为压缩的和开展的两种形式。感知水平的再认往往以压缩的形式表现出来，它的发生是迅速而直接的。例如，对一首熟悉的歌曲，只要听见几段旋律就能立即确认无疑。思维水平的再认是以开展的形式进行的，它依赖某些再认的线索，并包含回忆、比较和推理等思维活动。

再认有时会出现错误，对熟悉的事物不能再认或认错对象。发生错误的原因是多方面的，如：接收的信息不准确；对相似的对象不能区分；情绪过于紧张或患有疾病；等等。

影响再认的因素有：① 原有经验的巩固程度。如果过去的经验保持得很清晰，当事物再次出现时，一般能准确、迅速地再认。反之，就容易发生错误。② 原有事物与重新出现的事物的相似程度。相似程度高，再认就迅速、准确；反之则缓慢、困难。③ 个性特征。人的个性特征不同，其心理活动和行为反应的快慢也不同。心理学实验证实，独立性强与依赖性强的人在再认方面存在明显差异。

2. 回忆

回忆（recall）是指过去经历过的事物不在面前时，在大脑中重新出现该事物并加以确认的过程。

根据回忆是否有预定目的，可把回忆分为有意回忆和无意回忆。有意回忆是指有预定目的并常常需要意志努力的回忆，如考试中提取有关知识。无意回忆是指没有预定目的、不需要意志努力的回忆，如“触景生情”“睹物思人”等。

根据回忆时是否需要中介性联想，可将回忆划分为直接回忆和间接回忆。直接回忆是指回忆时不需要中介性联想的参与，其条件是对回忆的事物非常熟悉。间接回忆是指在中介性联想参与下的回忆。间接回忆有时需要很大的意志努力和积极的思维活动才能实现，这种回忆被称为“追忆”。

在回忆过程中，人们所采取的策略将直接影响回忆的进程和效果。

（1）运用联想

由一事物想到另一事物的心理活动叫联想，具体包括接近联想、相似联想、对比联想、因果联想等。在回忆某一事物时运用联想就会连带地回忆起其他有关事物。

（2）双重提取法

在回忆过程中，借助表象和词语双重线索可以提高回忆的完整性和准确性。因此，我们在记忆外语单词时，一边读出音来一边想象其形象，就会有助于提取。

（3）利用线索

在回忆比较复杂的材料时，呈现与回忆内容有关的上下文线索有助于材料的迅速恢复。线索作为提取过程的启动器，促进提取过程的展开。线索可以是外部的，如某种视觉刺激或某人的谈话；线索也可以是内部的，如饥饿感使人想起还没有吃饭。出现在提取开始时的线索可以被加工，产生进一步的线索。线索直接影响提取的速度和效果。

（4）克服干扰

在回忆过程中，经常会出现提取信息困难的情况，这可能是由干扰所引起的。例如，考试时，有人明知考题的答案，但是由于当时情绪紧张而一时想不起来。这种明明知道而当时又回忆不起来的现象叫“舌尖现象”，即话到嘴边又说不出来。克服这种现象的简便方法是当时停止回忆，经过一段时间后再进行回忆，要回忆的事物便可能油然而生。

（四）长时记忆中信息的遗忘

1. 遗忘的一般概念

遗忘是指识记过的材料不能被回忆或再认，或者发生错误的回忆或再认的现象。根据信息加工的观点，遗忘过程在记忆的不同阶段都存在。遗忘可分为永久性遗忘和暂时性遗忘。永久性遗忘是指不经过重新学习记忆便不能恢复的遗忘；暂时性遗忘是指暂时不能回忆或再认，经过一段时间，在适宜条件下，记忆又能恢复的遗忘。根据遗忘的多少，遗忘可分为部分遗忘和全部遗忘。

2. 遗忘的原因

（1）衰退说

衰退理论认为，遗忘是记忆痕迹得不到强化而逐渐减弱，以致最后消退的结果。这种说法易为人们所接受。因为一些物理的、化学的痕迹有随时间而衰退甚至消失的现象。

在瞬时记忆和短时记忆中，未经注意或重复的学习材料，可能由于痕迹衰退而遗忘。但衰退说很难用实验证实，因为在一段时间内保持量的下降，可能是由于其他材料的干扰，而不是痕迹衰退的结果。有些实验已证明，即使在短时记忆中，干扰也是造成遗忘的重要原因。

（2）干扰说

干扰理论认为，遗忘是因为在学习和回忆之间受到其他刺激的干扰所致。一旦干扰被排除，记忆就能恢复，而记忆痕迹并未发生任何变化。干扰说可用前摄抑制和倒摄抑制来说明。

前摄抑制是指先学习的材料对后学习的材料产生干扰作用的现象。前摄抑制的实验设计模式如下：

实验组：学习材料 B→学习材料 A→回忆材料 A。

控制组：休息→学习材料 A→回忆材料 A。

实验组、控制组都学习和回忆材料 A，但实验组在这之前学习了材料 B，而控制组休息。结果控制组对材料 A 记得比实验组多，说明实验组受到材料 B 的干扰，即产生前摄抑制。安德伍德（Underwood，1949）在实验中要求两组被试学习字表：第一组被试在学习前进行了大量的类似学习和练习；第二组被试没有进行这种练习。结果第一组被试记住了字表的 25%，第二组被试记住了字表的 70%。实验还表明，前摄抑制随先前学习材料数量的增加而增加，也随保持时间的延长而增加，在无意义材料和较难材料的学习中，前摄抑制更明显。

倒摄抑制是指后学习的材料对先前学习材料产生干扰的现象。倒摄抑制的实验设计模式如下：

实验组：学习材料 A→学习材料 B→回忆材料 A。

控制组：学习材料 A→休息→回忆材料 A。

实验组和控制组都学习和回忆材料 A，但实验组又进行了材料 B 的内插学习。实验表明，实验组比控制组回忆得少，这说明产生了倒摄抑制。缪勒和皮尔扎克（Muler et al.，1900）让被试识记无意义音节后休息五分钟再进行回忆，结果回忆率为 56%；如果被试在识记和回忆之间从事其他活动，回忆率则只有 26%。

（3）压抑说

压抑说认为，遗忘是由于情绪或动机的压抑作用而引起的，如果这种压抑被解除，记忆就能恢复。这一理论是弗洛伊德在临床试验中发现的，他认为那些给人带来不愉快、痛苦、忧愁的体验常常会发生动机性遗忘。这种理论能有效解释与情绪有关的暂时性遗忘。

3. 遗忘进程

艾宾浩斯以自己为被试，用无意义音节作为识记的材料，用节省法计算保持和遗忘的量，结果见表 6-1。用表内数据制成的一条曲线称为艾宾浩斯遗忘曲线（见图 6-7）。

表 6-1 遗忘的进程

次序	时距/h	保持的百分数/%	遗忘的百分数/%
1	0.33	58.2	41.8
2	1	44.2	55.8
3	8.8	35.8	64.2
4	24	33.7	66.3
5	48	27.8	72.2
6	144	25.4	74.6
7	744	21.1	78.9

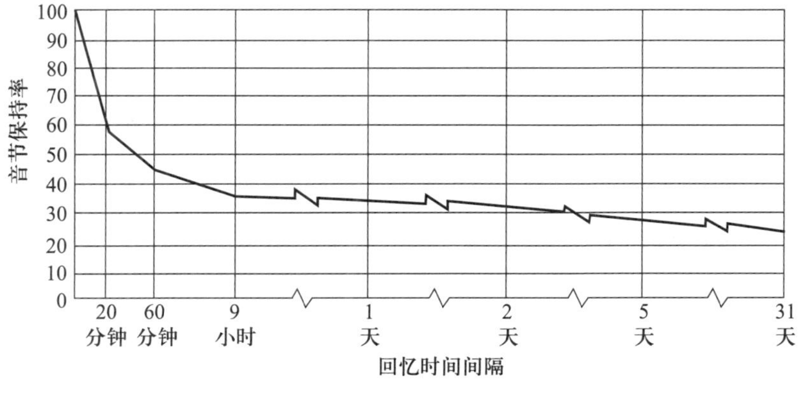

图 6-7 艾宾浩斯遗忘曲线

（资料来源：查普林，克拉威克，1983）

艾宾浩斯遗忘曲线表明，遗忘的进程是不均衡的，在识记后的最初阶段，遗忘的速度很快，以后逐渐减慢，到了一定时间后，几乎就不再遗忘。这就是遗忘的规律，即遗忘的进程是先快后慢。

影响遗忘进程的因素有：① 材料的意义与作用。识记材料符合个体的需要，能激起个体强烈的情绪，在个体的学习、工作中具有重要意义，一般不易遗忘；反之，遗忘得快。② 材料的性质。一般来说，熟悉的动作遗忘得最慢，形象材料次之，言语材料遗忘得较快，无意义的材料遗忘得更快。③ 材料的数量。一般来说，要达到同样的识记水平，材料越多，平均花费的时间或朗诵的次数就越多。④ 学习程度。学习一种材料，被试一次完全正确地背诵，学习程度定为 100%。学习程度超过 100%后继续学习，叫过度学习。学习一种材料 1 h，学习程度达到 100%；如果再学习 30 min，学习程度为 150%；如果再学习 1 h，学习程度就达到 200%。一般来说，学习程度为 150%时，记忆效果最好。如果学习程度超过 150%，效果并不随之显著提高。⑤ 材料的序列位置。一般来说，材料的首尾容易记住、不易遗忘，而中间部分识记困难、容易遗忘。这种识记材料的系列位置不同、识记效果和遗忘速度也不同的现象，称为系列位置效应。这是因为首尾材料只受到倒摄抑制或前摄抑制的影响，而中间的材料既受到前摄抑制又受到倒摄抑制的影响。许多研究表明，记忆效果最差的不是中间的材料，而是中间稍偏后的材料。

4. 有效复习的策略

识记材料能否得到有效的保持和提取，取决于复习的策略。有效复习是提高记忆效果的关键。

（1）及时复习

根据艾宾浩斯遗忘曲线，遗忘的进程是先快后慢，因此对新学习的材料的复习必须及时，即在大规模遗忘之前就进行复习。一般认为，在学习后的 6 h、一天、三天、一周、一月各复习一次效果较好。

（2）集中复习与分散复习相结合

连续进行的复习叫集中复习。复习之间间隔一段时间的复习叫分散复习。通常来讲，分散复习的效果优于集中复习，但也不完全是这样，要看具体情况。一般来说，比较容易的、个体感兴趣的、有强烈学习动机的材料，集中复习效果会好一些；反之，较难的、无意义的、枯燥的材料，分散复习效果会好一些。一般来说，分散复习的时间间隔一般开始时短些，以后随着巩固程度的提高，时间间隔逐渐加长，即先密后疏。

（3）尝试回忆与反复阅读相结合

在复习过程中，采取尝试回忆和反复阅读相结合的方式可以提高复习效果。尝试回忆能提高学习者的积极性、进取心和探索精神，能使学习者认识到问题和错误，有利于及时进行纠正。盖茨（Gates，1917）的实验证明，在识记无意义音节和传记文章时，各用 9 min，其中一部分时间用于尝试回忆，阅读和尝试回忆的时间分配比例不同，记忆效果有显著差异。其结果如表 6-2 所示。盖茨认为，时间分配的最好比例是 80%的时间用于尝试回忆，20%的时间用于阅读。

表 6-2 阅读与尝试回忆的效果

时间分配	16 个无意义音节回忆的百分数/%		5 段传记文章回忆百分数/%	
	立即	4 h 后	立即	4 h 后
全部时间阅读	35	15	35	16
20%时间用于尝试回忆	50	26	37	19
40%时间用于尝试回忆	54	28	41	25
60%时间用于尝试回忆	57	37	42	26
80%时间用于尝试回忆	74	48	42	26

（4）注意排除前后材料的相互影响

注意材料的序列位置效应，对材料的中间部分要加强复习。

（5）采用多样化的复习形式

复习形式单调，容易产生消极情绪和疲劳，不利于个体把学习材料很好地纳入已有的知识结构中。采用多样化的复习形式，如编写提纲、列表、同学间相互提问等，都可以提高复习效果。

（6）利用外部记忆手段

外部记忆手段可以帮助个体更好地记忆，如俗话说“好记性不如烂笔头”，上课时记笔记、读书时制作卡片等都是很好的提高记忆的方式。

□□□ 第三节 内隐记忆

早在艾宾浩斯利用重学节省法对记忆的遗忘规律进行研究时，就已经接触到了内隐记忆现象。但是，对内隐记忆的广泛研究还是在 20 世纪 70 年代之后的事。尤其是进入 80 年代之后，许多研究证明了过去的经验可以在无意识的情况下影响人的行为。内隐记忆的研究不仅扩充、丰富了记忆研究的方法、技术和内容，而且使我们对人类记忆的本质有了更加深入的认识。另外，内隐记忆的研究在社会认知、问题解决、认知发展以及教育和临床领域都有重要的应用价值。

一、内隐记忆的一般概念

心理学对记忆的研究是沿着两条路线展开的：一条是传统的研究——注重对外显的、有意识的记忆进行研究；另一条是对内隐记忆进行研究，这一条是当前记忆研究的热点，代表记忆研究的最新动向。将内隐记忆从外显记忆中分离出来，是当代记忆心理学研究的一个重要突破。相对于内隐记忆，外显记忆则是指过去经验对个体当前活动的一种有意识的影响。个体有意识地收集有关经验，用以完成当前任务，这时的记忆就是外显记忆，也可称为受意识控制的记忆。

内隐记忆（implicit memory）是指未意识到其存在又无意识提取的记忆。这一概念强调的是信息提取过程的无意识性，而不管信息识记过程是否有意识。也就是说，个体在内隐记忆时，没有意识到提取信息这个环节，也没有意识到所提取的信息内容是什么，而只是通过完成某项任务才能证实个体保持有某种信息。正因为如此，对这类记忆进行测量研究时，不要求被试有意识地去回忆所识记的内容，而是要求被试去完成某项操作任务，被试在完成任务的过程中不知不觉地反映出他曾识记过的内容的保持状况。早期对内隐记忆的研究大多使用任务分离的方法。这种方法虽然可以间接证明内隐记忆现象的存在，但由于无法区分实验过程中意识和无意识对记忆任务的贡献，使得研究者无法进行更深入的研究。加考比（Jacoby，1991）首先提出了加工分离程序（process dissociation procedure，PDP），该方法是在曼德勒（Mandler）的再认记忆双加工模型的基础上发展而来的。郭力平、杨治良用具体图形为实验材料，采用布赫纳等人提出的加工分离说的修正模型研究内隐记忆和外显记忆的发展特点。近年来随着认知神经科学的发展，研究者试图借助一些无创伤的观察方法来探索内隐记忆发生过程中的脑生理机制。

有学者（Warrington et al.，1968，1974）在对遗忘症患者的记忆研究中发现，他们虽不能有意识地保持学习内容，在再认测验中不能辨别出先前学习阶段呈现过的单词，但在补笔测验中却不知不觉地表现出了对这些单词有一定的保持效果。这一发现激起人们对这类记忆现象的研究兴趣。后来，许多研究都发现了这种记忆现象，心理学家称之为内隐记忆，即过去经验对个体当前活动的一种无意识的影响。由于这种记忆对行为的影响是自动发生的，个体无法意识到，因此又可称为自动的、无意识的记忆。

将内隐记忆从外显记忆中分离出来，是当代记忆心理学研究的一个重要突破。相对于内隐记忆，外显记忆则是指过去经验对个体当前活动的一种有意识的影响。个体有意识地收集有关经验，用以完成当前任务，这时的记忆就是外显记忆，也可称为受意识控制的记忆。

二、内隐记忆与外显记忆的关系

内隐记忆和外显记忆之间有许多不同之处，具体体现在六个方面。

（一）加工深度的影响不同

在一项研究（Craf et al.，1984）中，先将被试分成四组，被试都看同一张单词表，但分别完成四种不同的实验任务：① 评定对单词的喜爱程度，不要求记忆；② 评定对单词的喜爱程度并记忆；③ 检索包含某个特定字母的单词，不要求记忆；④ 检索包含某个特定字母的单词并进行记忆。很显然，单词喜爱程度的评定和字母检索相比，要求被试对项目有更深层次的加工。实验最后要求有识记任务的被试组以每个词的前三个字母为提示，再认出刚才学过的词，目的在于测验被试的外显记忆；而对没有识记任务的被试则要求以每个词的前三个字母为提示写出其第一个想到的词，目的在于测验被试的内隐记忆。结果发现，被试的内隐记忆并未受到任务类型的影响，而外显记忆则明显受到了影响。

（二）保持时间不同

在外显记忆的研究中，人们发现回忆量会随着学习和测验之间时间间隔的延长而逐渐减少。但是，内隐记忆在这方面则表现出完全不同的特点。图尔文等人（Turving et al., 1982）在一项研究中利用再认和词干补笔，对外显记忆和内隐记忆的保持特点进行了对比研究。词干补笔作业是一种用来测量内隐记忆的方法，通常是：在学习阶段要求被试学习一些项目，如 cognition，在测验阶段不要求被试回忆刚才学过的项目，而是给出学过项目的词干，如“cog __”，并要求被试用心里想到的第一个词来完成填空，然后观察被试在学习阶段获得的信息是否会影响这一任务的成绩。结果发现，在一周之后，被试的再认成绩出现了显著的下降，而词干补笔作业的成绩前后没有显著的变化，这表明内隐记忆能够保持较长的时间。

（三）记忆负荷量的变化产生的影响不同

记忆的项目越多，越不容易记住，这是记忆的一种普遍现象。但是研究表明，这一规律仅适用于外显记忆，而内隐记忆则不然。罗德格等人（Roediger et al., 1993）研究了记忆负荷量对内隐记忆和外显记忆的不同影响。结果发现，用再认作业测量的外显记忆成绩随着所学词汇数目的增加而逐渐下降，而用知觉辨认测量的内隐记忆成绩并没有受到词汇数目增加的影响。

（四）呈现方式的影响不同

加考比等人（Jacoby et al., 1981）在研究中发现，以听觉形式呈现刺激而以视觉形式进行测验时，这种感觉通道的改变会严重影响内隐记忆的作业成绩，而对外显记忆的效果没有影响。

（五）干扰因素的影响不同

外显记忆很容易受到其他无关信息的干扰，前摄抑制和倒摄抑制现象的存在很好地说明了这一点。但是，内隐记忆的情况则有所不同。

陈世平和杨治良（1991）利用汉字进行的一项实验研究发现，内隐记忆不易受到干扰。在实验中先让被试进行词对联想学习，同时利用干扰词对该词对进行干扰。之后分别利用线索回忆作业来测量外显记忆的成绩，而利用词对补全作业来测量内隐记忆的成绩。结果发现，干扰词对外显记忆的成绩影响较大，而对内隐记忆的成绩影响较小。

（六）情绪状态不同

外显记忆过程中被试需要开动脑筋、冥思苦想，极易受内外各种因素的影响，常常会产生焦虑、紧张、烦躁等情绪反应。而在内隐记忆过程中则很少有这种现象发生，被试的情绪波动很小。杨治良（1993）用信号检测论的方法研究被试在内隐记忆过程中的心理偏向问题，结果发现，在内隐记忆过程中，被试的心理状态波动甚微。

□ 原理应用

案件审判中的目击者证言——法律中的记忆问题

在法庭对案件的审判中，法官和陪审团在许多情况下，都是依照目击证人的证词来进行判断的。大家普遍相信目击证人的证词是正确和可靠的。但是，闵斯特伯格(Münsterberg) 发现，对同一件事情，不同的目击者会有不同的描述，由此他对案件中证人证词的可信度表示了忧虑。有关的研究证实了他的担忧，研究发现，目击者对事件的回忆会因为提问方式的不同而有很大差异。例如，在一项研究 (Loftus et al., 1991) 中，让被试看一段关于一起撞车事故的影片，然后要求被试对事故中车辆的行驶速度作出判断。结果发现，当问题是“车辆在冲撞时的速度是多少”时，被试对车速的判断是超过 65 km/h；而当问题是“车辆在接触时的速度是多少”时，被试对车速的判断只有 50 km/h。一周之后，主试要求被试回忆在事故中车窗玻璃是否被撞碎了，而事实上在影片中，车窗玻璃并没有被撞碎。结果是，以“冲撞”字眼被提问的被试中有 33% 的人回忆说车窗玻璃被撞碎了，而在以“接触”字眼被提问的被试中，这一比例只有 14%。显然，在提问时不同的字眼改变了被试对目击事件的记忆。

在心理学家看来，这个研究可以帮助我们进一步深入了解人类的行为；而在司法人员看来，它会对目击证人证词的法律效力提出疑问，并进而对司法公正问题产生深远的影响。

□ 复习与思考

1. 什么是记忆？记忆的信息加工过程是什么？
2. 短时记忆和长时记忆的神经生理机制是什么？
3. 瞬时记忆有哪些特征？
4. 短时记忆转入长时记忆的有效途径是什么？
5. 遗忘的原因和进程是什么？
6. 简述有效回忆策略。
7. 简述有效复习策略。
8. 什么是内隐记忆？研究内隐记忆有什么意义？
9. 回忆本章内容，画出本章核心内容的概念图，与同伴进行交流分享后，加以完善。

□ 推荐阅读

[1] 杨治良，孙连荣，唐菁华，2012. 记忆心理学 [M]. 3 版. 上海：华东师范大学出版社.

[2] 艾宾浩斯，2017. 记忆力心理学 [M]. 常春藤国际教育联盟，译. 北京：现代出版社.

第七章 思　　维

学习本章内容，将有助于你对以下问题的理解与思考：

- 什么是思维？思维的基本特征是什么？什么是思维过程？思维有哪几种？
- 什么是表象？表象的基本特征是什么？表象有哪几种？表象对思维有什么作用？
- 什么是想象？想象有什么功能？想象有哪几种？想象的过程有哪些？
- 什么是概念？概念有哪几种？特征表理论和原型理论怎么解释构成概念的因素？概念是如何形成的？
- 什么是推理？推理可以分为哪几种？影响推理的因素有哪些？
- 什么是问题？什么是问题解决？大脑的额叶与问题解决有何关系？问题解决的过程是什么样的？哪些策略有助于问题解决？影响问题解决的因素有哪些？

影视艺术作品中常常会出现这样的情节：一个科学怪人偶然发明了比人类更聪明的机器人，慢慢地，机器人开始产生统治人类的欲望，导致整个世界陷于人类和机器人的战争中……随着人工智能的发展，越来越多的人担心会被机器取代。这种看似天方夜谭的故事在现实中越来越引起人们的好奇：人工智能能否超越人类的智慧并统治人类呢？要解决这个问题，我们必须了解什么是思维，了解思维这种心理过程到底有什么独特之处。

第一节 思维概述

动物也能像我们一样思考问题吗？幼儿的思维能力与成人的思维能力相同吗？人类为什么能凭借思维成为地球上最聪明的物种？相信你和我们一样对这些问题感兴趣。因为具有思考、解决问题、创造新观念的迷人能力，人类不仅能了解事物的表面特点，而且能把握肉眼看不到的事物的本质特征和发展规律。思维是人类存在的最本质的特征。正如笛卡儿所言：我思故我在。

一、思维的概念和基本特征

（一）什么是思维

思维（thinking）是认知的高级形式，是借助语言、表象或动作实现而产生的对客观事物的概括的与间接的认识。同感知觉一样，思维也是人脑对客观事物的反映。但感知觉是对客观事物的直接反映，反映的是客观事物的个别属性和外部现象，属于感性认识；思维则是对客观事物的概括、间接反映，可以反映事物的本质属性及其规律性联系，属于理性认识。

[拓展阅读]
思维和脑

专栏 7-1

动物也有思维吗？

对这个问题的回答涉及如何定义思维。如果说只要有概括性和间接性的认识就是思维，那么动物就有思维；如果说只有逻辑思维（达到完全概括）才算思维，那么只有人有思维，动物没有思维。

科勒（Kohler，1917）进行了一个很著名的实验：黑猩猩能够把两个箱子摞起来取高处的食物，而且会用笼子代替箱子。这表明已有概括的、间接的知识，即在摞箱子以前就能预见摞箱子以后的情况。但这种概括是知觉水平的，最多只是表象阶段的概括：第一，箱子只有出现在面前时，黑猩猩才会把箱子摞起来，如果箱子不在面前，黑猩猩就不会想到从别处去找箱子；第二，黑猩猩可以将两个箱子摞起来，据说也可以将三个甚至四个箱子摞起来，但不是很整齐，有时一爬上去箱子就会倒下来；第三，黑猩猩只能用和箱子大小差不多的笼子去代替箱子，而绝对不会用比箱子小得多的砖头去砌台子。这说明黑猩猩的思维同人的思维不是一回事。

（资料来源：张述祖，等，2008）

（二）思维的基本特征

思维具有概括性和间接性两个基本特征。

1. 思维的概括性

[拓展阅读] 眼动在表象加工中起功能性作用

思维的概括性包含两层含义：

第一，思维的概括性是指在大量感性经验的基础上，抽取一类事物的共同特征，加以概括，形成对事物的概括性认识。

例如，我们在感知各种各样的笔（钢笔、铅笔、圆珠笔等）的基础上，能抽取各种各样的笔的本质属性（写字的工具）并概括出来。又如，许多物体以数量表征其存在形式，如2个瓶子、5把椅子、3张桌子等，虽然种类不同，但都具有数量这一特征。这个抽取特征并加以概括的过程，就体现了思维的概括性。

第二，思维不仅能形成对事物的概括性认识，揭示一类事物的共同特征，而且可以揭示事物之间的本质联系即规律。

借助思维，人们可以认识情绪与身心健康之间的关系，可以认识可持续发展的重要性，等等。思维的概括性使人的认识摆脱了具体事物的局限性，摆脱了对具体事物的直接依赖性，它加深了人对事物的认识与了解，拓宽了人的认识范围。

概括是人们形成概念的前提，也是思维活动能迅速迁移的基础。概括随人们的认识水平提高而不断发展，人们的认识水平越高，其对事物的概括水平就越高。

2. 思维的间接性

思维的间接性是指思维活动以个体已有的知识经验为基础，借助语言、表象、动作等媒介，对客观事物进行间接的认识。

思维不是简单地反映直接作用于人的感官的客观事物的属性。由于客观事物的本质属性和规律并不总是表露在外，而是蕴含在事物内部，因此，只有通过间接的方式才能被认识。例如，经济学家通过物价、失业率等来判断社会的经济运行状况；气象工作者根据已有的气象资料来预测一段时间内的天气变化情况；我们不能感知某人的内心世界，但是可以通过其言谈举止，做出一些推断。正是由于思维的间接性，才使得人们可以超越感知觉提供的信息，认识当前感知不到的东西，也可以预测未来可能发生的事情，拓宽认识领域。

思维的间接性以人对事物的概括性认知为前提。例如，经济学家之所以能通过物价、失业率等来判断社会的经济运行状况，是因为他们知道这些因素和社会经济运行状况之间的因果关系，而这种认识正是通过思维的概括性所获得的。因此，思维的概括性和间接性密不可分。

二、思维的过程

思维的过程也称**思维操作**（operation of thinking），指的是大脑中的一系列复杂的认知操作。人通过分析与综合、比较与归类、抽象与概括、系统化与具体化等认知操作，对来自感知觉的客观事物的信息进行加工，通过概念、判断、推理等思维形式，揭露客观事物的本质特征和内部联系。

（一）分析与综合

分析与综合贯穿整个思维活动，是思维的基本过程，其他认知操作过程都是在分析与综合的基础上进行的。

1. 分析

分析是指在思想上把事物的整体分解为各个部分、各种特性的思维过程。人们对于事物的分析往往是从分析事物的特征和属性开始的。例如，把动物分为头、躯体、四肢三部分进行分析；又如，对一个学生从德、智、体、美、劳等方面进行分析等。

分析有过滤式分析和综合式分析两种形式：过滤式分析是通过尝试的方法，对问题情境进行初步分析，尝试性地解决问题，淘汰各种无效方法，寻找解决问题的有效方法；综合式分析是把问题的条件和要求综合起来进行深入探讨，发现事物之间的内在联系，找出解决问题的方法，带有指向性，是分析的主要方法。

分析是在知识经验的指导下有意识地进行的。因此，一个人的知识经验越丰富，其分析能力就越强。

2. 综合

综合与分析相反，指的是在大脑中把对象的各个组成部分、特征、属性、要素等按一定关系联系起来，组成一个整体的过程。如通过观察未知动物身体的各部分特征，最后综合起来，得到关于这个动物的整体概念。只有把事物的部分、特征、属性、要素等综合起来，才能把握事物之间的联系，抓住事物的本质。

综合有联想性综合和创造性综合两种形式：联想性综合一般以联想为基础，把客观事物的各个组成部分和个别特征结合在一起；创造性综合则是在客观事物的各种属性之间建立新的联系。

分析与综合在同一思维过程中，既是相反的活动，又是紧密联系、不可分割的两个方面，是思维最基本的过程。人的思维过程包含三个基本环节：综合—分析—再综合。对某个新的事物，开始只有初步的、大体的感性认识，之后经过分析，了解到事物各个部分的特征和内在关系，最后将分析的各个部分综合起来，才能对该事物形成整体而深刻的理性认识。

（二）比较与归类

1. 比较

比较是把同类的或不同类但具有相互关系的事物和现象进行对比，确定它们的异同点及之间关系的重要思维过程。

根据指向对象的不同，比较可以分为两种类型：一种是对同类事物的比较，即通过这种比较来区分出对象的本质特征与非本质特征，从而形成或获得概念；另一种是对非同类事物进行比较，根据这种比较来把握客观事物之间的异同点和相互关系。比较在日常生活、学习和研究中起着极其重要的作用。通过比较，人们能辨别事物的真假，从而对要探索的科学问题得出恰当的论断。

2. 归类

归类是在比较的基础上，在大脑中根据客观事物的异同点把客观事物区分为不同种类的思维过程。例如，根据注意的目的性和意志努力程度，把注意分为不随意注意和随意注意，这就是一种归类。

比较是归类的基础，人们通过比较找到客观事物的相同点和不同点：根据相同点可以把客观事物归为某种类别；根据不同点可以把客观事物归为更小的类别。

（三）抽象与概括

1. 抽象

抽象是在大脑中抽取各种事物共有的本质特征，并舍弃其个别特征的思维过程。如抽取钢笔、铅笔、圆珠笔等共有的本质特征——写字的工具，而忽略外形、颜色等个别特征。

2. 概括

概括是在大脑中把抽象出来的客观事物所共有的本质特征综合起来，形成概念或理论系统的思维过程。如在抽象的基础上，把各种各样的笔的本质特征概括为：笔是用来写字的工具。

概括有初级概括和高级概括两种水平：初级概括是指感知觉、表象水平上的概括，是经验概括，如从形状上把苹果、皮球、橘子分为一类，把香蕉、口琴分为一类等，即在感知水平上进行的较低层次的概括。高级概括则是指在把握客观事物本质特征的基础上的概括，是科学概括。所有的科学概念、公式、定理等都是高级概括的结果。

（四）系统化与具体化

1. 系统化

系统化是在大脑中将知识的各个要素分门别类地构成一个有机的、层次分明的整体的思维过程，是在比较与归类的基础上进行的。如生物学中把动物分为脊椎动物和无脊椎动物，脊椎动物分为鱼类、两栖类、爬行类、鸟类、哺乳类等，无脊椎动物分为原生动物、海绵动物、腔肠动物、扁形动物、线形动物、环节动物、软体动物、节肢动物等，这样就把动物的知识要素系统化了。

2. 具体化

具体化是把抽象概括出的一般原理应用到具体对象上的思维过程。如举例说明并阐述某个定理、定律，用一般原理解答问题等，都是思维的具体化过程。具体化使一般的、抽象的知识与直观的、感性的事物联系起来，从而使人们更容易理解客观事物的本质特征。

在思维过程中，分析与综合、比较与归类、抽象与概括、系统化与具体化是紧密联系、相互作用的，并且在问题解决的实际过程中，人们总是将其结合起来使用。合理地组织和运用思维活动的具体过程，是个体顺利完成各项任务的基本保证。

三、思维的类型

思维可以从不同角度进行分类。

（一）动作思维、形象思维和逻辑思维

按思维活动的性质、内容和解决问题时的媒介物，思维可以分为动作思维、形象思维和逻辑思维。就思维的起源和发展而言，思维发生和发展的次序也是动作思维—形象思维—逻辑思维，三种思维最后都可能达到高度的发展。

1. 动作思维

动作思维也称操作思维或实践思维，是指个体凭借直接的感知活动，通过实际动作来解决问题的思维。动作思维的基本特点是思维与动作不可分：思维在动作中展开，当动作停止时，关于对象的思维活动也随之停止。动作思维是通过动作而直接获得某种知识的思维。

动作思维是个体发展早期具有的一种思维形式。3 岁以前儿童的思维基本属于动作思维。他们的思维活动离不开触摸、摆弄物体的活动，只能在动作中思考并解决问题。成人有时也出现动作思维。例如，体操运动员一边进行运动操作，一边进行思维，也属于动作思维；维修人员修理电器时，动作就是他们解决问题的重要方式。但是，成人的直观动作思维是建立在实践经验的基础之上的，并且在整个动作思维过程中由词语进行调节和控制，与没有完全掌握语言的婴幼儿的动作思维不同。

2. 形象思维

形象思维是指以大脑中对事物的具体形象和表象为支柱的思维。例如，人在考虑沿哪条路走可以更快地到达目的地时，在大脑中会出现若干条通向目的地的道路，运用其形象进行分析比较，最后选择一条最短、最方便的路线，这种思维即形象思维。依据人的思维发展水平，形象思维在 3—7 岁的儿童身上表现得更明显。成人虽以抽象思维为主，但不可能完全脱离形象思维，特别是在解决比较复杂的问题时，鲜明生动的形象有助于思维过程的顺利进行。画家、作家等的文艺创作更多地运用了形象思维。不过，成人的形象思维与儿童不同，是一种概括的形象思维，带有强烈的创造性与情感色彩。

3. 逻辑思维

逻辑思维又称抽象逻辑思维或抽象思维，是揭示事物本质和基本规律的思维，是利用抽象的概念、判断、推理等形式进行的思维。例如，学生运用数学符号和概念进行数学运算或推导，科学工作者根据实验材料进行某种推理、判断等都是逻辑思维。逻辑思维是人类特有的思维形式，是个体思维发展的最高阶段。

以上三种思维形式在划分上是相对的，往往需要结合起来使用。一般来说，在知识经验缺乏时，动作思维和形象思维可能用得较多。从个体发展角度看，动作思维和形象思维发展得较早。但对于成人而言，三种思维方式是相互联系、相互补充的，共同参与问题解决过程。

（二）聚合思维和发散思维

根据探索问题答案的方向，思维可以分为聚合思维和发散思维。

1. 聚合思维

聚合思维又称会聚思维、辐合思维、收敛思维、求同思维，指的是收集各种信息后进行思考，朝着同一个方向而得出一个正确答案的思维，即利用已有的知识经验或常用的方法来解决问题的某种有方向、有范围、有组织、条理性强的思维。求同是聚合思维的主要特点。例如，学生根据书本上已有的解题方法得到某种解决问题的答案，研究人员根据收集到的文献资料归纳出一个明确的结论等。

2. 发散思维

发散思维又称分散思维、求异思维，是指为探求多种、独特的答案，而从一个目标出发，沿着各种途径去思考的思维。发散思维有三个重要特征，即思维的流畅性（短时间内表达出较多观念的能力）、变通性（随机应变和触类旁通的能力）和独特性（做出不同寻常反应的能力）。数学练习中的“一题多解”和作文练习中的“一事多写”都是发散思维的具体运用。发散思维没有规定方向、没有限定范围，不是墨守成规，而是一种由已知探索未知的思维。

（三）直觉思维和分析思维

根据思维的结果是否有明确的思考步骤，以及对思考过程是否有清楚、明确的意识，思维可以分为直觉思维和分析思维。

1. 直觉思维

直觉思维是直接领悟，即非逻辑思维，并没有经过严密的逻辑分析，而是直接根据客观事物的现象及其变化做出判断。古希腊学者阿基米德在浴缸中洗澡时突然发现浮力定律，警察在追捕犯人时的决策、反应等，都是直觉思维的典型例证。直觉思维有敏捷性、跳跃性、简缩性、直接性等特征。

2. 分析思维

分析思维即逻辑思维，指的是严格遵循逻辑规律而对问题进行逐步分析、推导，最后得出合理结论或合乎逻辑的答案的思维。例如，学生通过多步推理和论证解决数学难题，科学家提出科学理论等都需要分析思维。

（四）常规性思维和创造性思维

根据问题解决时思维的创新程度，思维可以分为常规性思维和创造性思维。

1. 常规性思维

常规性思维也称再造性思维，是指人们运用已获得的知识经验，按现成的方案和程序解决问题的思维活动。例如，学前儿童凭借他们的经验，根据“果实是可食用的植物”“鸟是会飞的动物”来判断“苹果是可以食用的”“麻雀是会飞的”；又如，工人按设计好的图纸建造房屋等，都是常规性思维的具体表现。常规性思维的创造性水平低，不需要对已有知识进行明显的重组，也没有创造出新的思维成果。

2. 创造性思维

创造性思维是指可以创造出新的思维成果的思维活动，是人们重新组织已有的知识经验，提出新的方案或程序的思维。科学研究、发明创造、文艺创作、技术革新等都是通过创造性思维实现的。创造性思维是多种思维的综合表现，既是聚合思维与发散思维的结合，又是直觉思维与分析思维的结合。

创造性思维往往与创造性活动联系在一起，它是人类思维的高级活动过程，与直觉思维、分析思维相结合，尤其会出现“灵感”现象。创造性思维是一种连续的而不是“有或无”的思维活动，每个正常人包括儿童都具有创造性思维及其潜能。

（五）经验思维和理论思维

根据思维凭借的知识经验，思维可以分为经验思维和理论思维。

1. 经验思维

经验思维是人们凭借日常生活经验而进行的思维活动。例如，当看到一个人紧锁双眉时，我们可能会认为他碰到了烦心事；而当看到一个人兴高采烈时，我们会推测他可能遇到了高兴、愉快的事情。这都是凭借日常生活经验而进行判断的过程。但是，由于这种思维凭借的是日常生活经验，因此个体有时会由于经验不足而得出片面甚至错误的结论。

2. 理论思维

理论思维是以科学的原理、定理、定律等理论为依据，对问题进行分析、判断的思维活动。这种思维往往能抓住事物的本质，顺利地解决问题。例如，根据“凡是绿色植物都可以进行光合作用”的一般原理，判断某一种绿色植物可以进行光合作用。

□□□ 第二节 表象与想象

表象是在大脑中形成的对感知过的事物的具体形象。表象仍然属于感性认识，不是思维，但比感知觉前进了一大步，即可以离开刺激物对感官的直接作用，在大脑中保持稳定的形象。这不仅为人们从感性认识过渡到理性认识创造了前提条件，而且通过对表象中形象的加工，人们可以进行想象，获得未曾感知过的新形象。

一、表象

图7-1（1）和图7-1（2）描述的都是“乌龟在桌子上”这一命题，但是，图7-1（1）看上去比较舒服，图7-1（2）则会令人产生不舒服的感觉，因为图中的乌龟看起来要翻倒了。人们习惯在大脑中对图7-1（2）的表象进行操作，把倾斜的乌龟旋转到平稳的位置，可见表象影响了人们的思维。

（一）什么是表象

表象（image）是指事物不在面前时，大脑中出现的关于该事物的形象。

例如，游览了“鸟巢”“水立方”之后，其雄伟壮观的建筑形象仍在脑海中浮现，观看完电影后，影片中的很多镜头仍在脑海中浮现，这些都是表象的反映。一些著名的

(1) (2)

图 7-1

发现也是在表象的基础上获得的。例如，德国化学家凯库勒（F. A. Kekulé）关于苯环的发现据说是在梦中获得的：他曾经梦见一条像蛇一样的碳原子链咬住自己的尾巴，形成了一个环，于是在这个表象的基础上，他发现了苯的化学结构。

表象以感知觉提供的材料为基础，因此没有对客观事物的感知，表象就无法形成。但表象并不是对感知觉进行简单的翻版和重复，而是感知觉痕迹经信息加工后再作用的产物。表象是可以存储、编码和加工的。

（二）表象的基本特征

表象具有直观性、概括性、可操作性三个基本特征。

1. 直观性

表象以生动具体的形象在大脑中出现，但与感知觉的直接性不同的是，它反映的是客观事物的大体轮廓和主要特征，不如感知觉鲜明、完整和稳定。

表象的直观性与感知觉的差异主要表现在：① 表象没有直接感知的形象鲜明、具体和生动，具有暗淡性和模糊性；② 表象不如直接感知的形象稳定，具有不稳定性和可变性；③ 表象没有直接感知的形象完整，具有片段性和零碎性。例如，在电视中看到奥运会开幕式的形象是具体的、完整的和稳定的，而回忆这些影像时，脑中出现的形象就比较模糊、不稳定，而且常常是不完整的。

然而在一些特殊条件下，表象也可以呈现感知觉的细节。例如，有些儿童可以产生一种**遗觉象**（eidetic image）。给儿童呈现一张内容复杂的图片，30 s 后把图片拿开，使其目光投向一个灰色的屏幕，他们会在屏幕上"看见"同样一张清晰的图片。这些儿童可以根据当时产生的印象准确地描述图片中的细节，同时他们也清楚地意识到其实图片并没有真在屏幕上。遗觉象很少在成人身上出现，一般在儿童身上出现。林传鼎等人研究表明，我国儿童遗觉象的出现频率约为 22%。有遗觉象的人是很少的，在严格控制的实验条件下，有遗觉象的儿童也只有一般的短时记忆的容量。据此，西蒙（H. A. Simon）认为遗觉象是一种实时记忆，是大脑对信息进行系列加工的结果。通常，遗觉象大多是视觉遗象，但也存在听觉遗象、触觉遗象、味觉遗象等。

2. 概括性

表象是多次感知觉概括的结果，它有感知觉的原型，但不限于某个原型。因此，表象具有概括性，是对某一类对象的感知觉形象的概括性反映。

表象的概括有一定限度。对于复杂的事物和关系，表象是难以概括的。例如，上述产生遗觉象的事例，如果是表征一个故事，那么关于整个故事的前因后果、人物关系相互作用的来龙去脉则不可能在表象中完整地呈现，此时就要依靠思维。表象的概括性与思维不同，主要表现在：① 表象是形象概括，而思维是用概念和语词进行概括；② 表象的概括始终具有形象性特点，属于感性认识范畴，而思维的概括具有抽象性特点，属于理性认识范畴；③ 在表象的概括中，混杂着客观事物的本质特征和非本质特征，而思维揭示的是客观事物的本质特征，舍弃了非本质特征。

表象是感知觉与思维之间的一种过渡形式。表象摆脱了感知觉的局限，打破了人的认识受当前事物直接作用的制约，为概念的形成奠定了感性基础。从表象的概括性来看，表象又和思维相似，是大脑中知识的一种重要的表征形式。研究表明，运用表象训练能更好地挖掘人的潜能，发展智力。表象作为一种信息表征，在学习和记忆以及问题解决、创造活动中具有重要作用。研究表明，许多学习成绩差的学生，表现为缺乏必要的观察力，大脑中存储的表象太少。因此，教师应帮助学生储备丰富的表象，以提高教学效果和学生的学习成绩。

3. 可操作性

由于表象是感知觉的类似物，因此人们可以在大脑中对表象进行操作，这种操作就像人们通过外部动作控制和操作客观事物一样。

表象的可操作性可以用**心理旋转**（mental rotation）的经典实验来说明。库珀等人（Cooper et al., 1973）在一项研究中，每次给被试呈现一个旋转角度不同的字母 R，要求被试鉴别出现的字母是正像的 R 还是 R 的镜像（见图7-2）。结果发现，字符从垂直方向旋转的角度越大，判断需要的时间就越长；当字符处于垂直 0°位置时，不管是正像还是镜像，判断需要的时间都较少；而当字符旋转 180°时，判断需要的时间最多。实验结果见图 7-3。

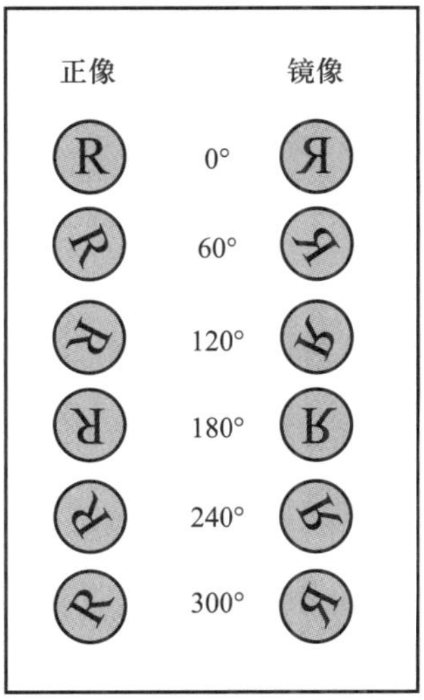

图 7-2 心理旋转实验中的材料

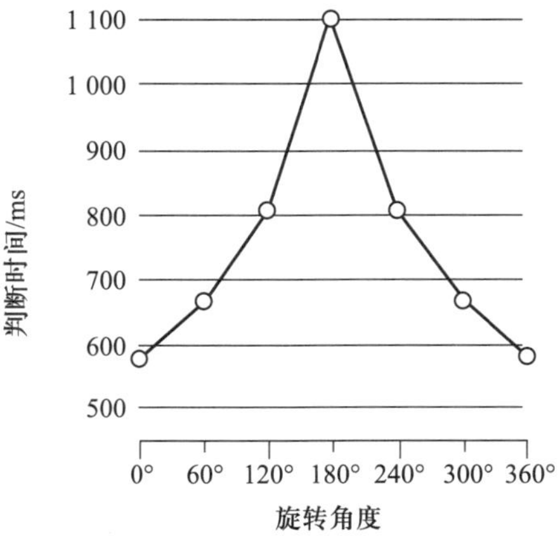

图 7-3 字母旋转角度与被试的判断时间
（资料来源：梁宁建，2004）

心理旋转实验说明心理旋转具有连续性。被试在完成任务时，对表象进行了心理操作，即他们倾向于把倾斜的字母在大脑中旋转到直立的位置，然后再做出判断。实验还说明，人们在完成某种作业时，确实可以借助表象进行形象思维。

（三）表象的类型

1. 与视觉、听觉、动觉、嗅觉、味觉和触觉等相对应的表象

根据表象产生的主要感觉通道的不同，表象可以分为视觉表象、听觉表象、动觉表象、嗅觉表象、味觉表象和触觉表象等。

视觉表象是指在大脑中出现的个体感知过的具有视觉特征（颜色、形状、大小等）的形象，一般比较鲜明，是经常发生、比较鲜明的表象形式。听觉表象是指大脑中出现的个体感知过的具有听觉特征（音调、响度、音色等）的形象，其中言语听觉表象和音乐听觉表象最为鲜明突出。动觉表象是指在大脑中出现的有关动作方面的形象，可以是视觉的，如各种动作姿势；也可以是动觉的，如使用力气或动作幅度的大小的表象。嗅觉、味觉和触觉等也都具有与其感知相对应的表象。

表象往往是综合起作用的。一般而言，表象带有混合的性质，因为个体在感知某事物时，往往同时运用各种感觉器官。例如，舞蹈家能随着音乐翩翩起舞，离不开听觉表象和动觉表象等的综合作用。由于人们从事的社会实践活动不同，各种表象所起的作用会有所侧重。例如，侦察员具有较好的视觉表象，作曲家具有较好的听觉表象。

2. 记忆表象和想象表象

根据表象创造程度的不同，表象可以分为记忆表象和想象表象。

记忆表象是指在记忆中保持的客观事物的形象。想象表象则是指在大脑中对记忆形象进行加工改造形成的新形象，这种新形象既可以是现实世界中存在但自己没有感知过的，也可以是现实世界中尚未存在甚至永远也不会出现的事物。但是，想象表象仍源于客观世界，是人脑对客观事物的特殊形式的反映。记忆表象和想象表象二者互为补充，只有从记忆表象中提取素材，想象表象才能得以进行，记忆表象也会在某种程度上为想象表象作补充。

3. 个别表象和一般表象

根据表象的概括程度的不同，表象可以分为个别表象和一般表象。个别表象是指对某个具体事物形成的表象。一般表象则是指人感知某一类事物后加以概括，形成反映某类事物的表象。个别表象反映具体事物的特征，一般表象反映一类事物共同的、概括化的特征。一般表象在个别表象的基础上产生，由许多个别表象概括而成，是经过取舍之后对个别表象特征的反映。例如，个体看到某棵树的形象是具体的，但大脑中出现的“树”的表象，则是感知了各种各样的树后加以概括了的形象。一般而言，表象总是沿着从个别表象到一般表象的方向不断发展。

（四）表象对思维的作用

表象对思维的作用，主要表现在以下三个方面：

1. 表象为概念的形成提供感性基础

表象是认知过程的一个重要环节，既有直观性，又有概括性：从直观性看，表象接近感知觉；从概括性看，表象接近思维。表象离开了具体事物，摆脱了感知觉的局限性，为概念的形成提供感性基础。例如，对“水果”这个概念，儿童经常用苹果、香蕉等具体形象来说明。表象在概念的理解和形成过程中起重要作用。

2. 表象有利于对事物进行概括

在一项研究中，研究者要求二年级小学生概括课文的中心思想。学生分为三组，第一组阅读课文后直接进行概括；第二组在阅读课文的同时看一张有关的图片；第三组阅读后用口头语言描述每段故事的情节，也就是运用语言在大脑中形成有关情节的表象，然后进行概括。结果表明：第三组的成绩最好；第二组由于受到图片的影响，概括具有较大的局限性；第一组的成绩最差，概括的内容与中心思想不一致。这一结果说明第三组在大脑中形成的表象有利于概括，而第一、二组缺乏表象，出现了概括上的困难。

3. 表象促进问题解决

表象在问题解决中有重要作用。例如，形象思维就是凭借表象进行的思维操作。前文所述的心理旋转实验就是一项有力的证据。另外，表象是进行词语思维操作的支柱。例如，几何学运算在很大程度上依赖图形操作，图形操作是几何运算的必要支柱。

（五）表象的个体差异

表象的个体差异很大，究竟这种差异是先天的还是后天的，至今未有定论。各种感觉通道在不同人的表象中所起的作用大小不同。例如，画家的视觉表象占优势，可能是由于其先天具有良好的视觉表象，也可能是其后天长期训练的结果，还可能是先天和后天的共同作用。如果一个人的视觉表象很好，那么他学习画画就会更容易一些，加上后天的刻苦训练，他成为画家的可能性也就更大了。

二、想象

现在请你解决下面的一个问题：一天日出时，一个人开始沿着盘旋的山路爬山，其目的地是山顶。山路狭窄，只有一两步宽。这个人爬山时快时慢，一路上多次停下来休息。他在日落前不久到达山顶。在山顶停留几天后开始沿原路返回，也是日出时起程，以变化的速度前进，在路上休息多次。当然，他下山的平均速度要比上山时快一些。试证明他在往返途中将于一天中的同一时刻经过某一地点（Adams，1974）。

对于这个问题，许多人开始时想列方程式解答，但是很快便觉得步入歧途，难以解答。而如果运用想象来解这个问题，就容易得多。只要想象出：有两个人同时启程，一个人从山脚向上爬，另一个人从山顶往下走（见图 7-4）。无论他们的行走速度如何，都会在途中的某一时刻、某一地点相遇。因而路途中必然有一个地点是这个人往返途中在一天中的同一时刻经过的（注意，这个问题并没有要求你回答这个地点在哪里）。

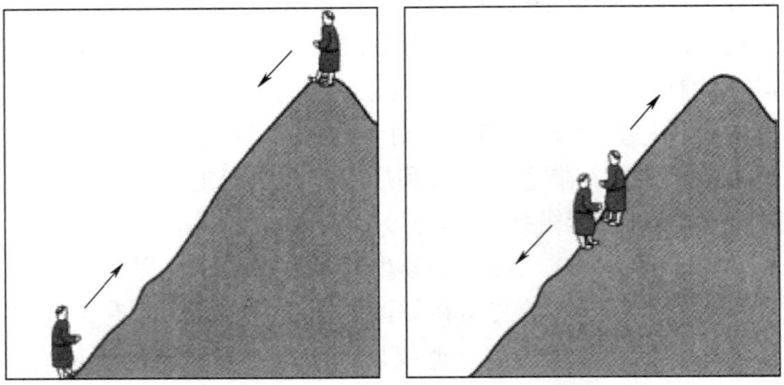

(1) (2)

图 7-4 爬山难题的证明

（一）什么是想象

想象（imagination）是人脑对已有表象进行加工改造而形成新形象的过程。想象是一种特殊的思维活动。人们不仅能够回忆起曾经感知过的事物形象，而且能够利用已有的表象想象出从未感知过的事物形象。例如，根据他人的口头或文字描述，一个从未看到过雪的人，可以想象冬天千里冰封、万里雪飘的北国风光；神话故事中的孙悟空、猪八戒等形象也可以通过想象在大脑中创造出来。想象也不同于表象，属于高级认知过程。当人们遇到疑难问题时，可以运用想象来解决问题。

形象性和新颖性是想象最基本的特点。想象的形象性是指想象处理的主要是直观生动的图像信息，而不是词和符号。想象的新颖性是指想象产生的新形象不同于个体亲身感知过的、简单再现于人脑中的记忆表象，它可以是个体从未亲身经历过的、现实中尚未存在或者根本不可能存在的事物形象。例如，发明家在设计新机器时，可以在大脑中创造出尚未存在的新产品的形象，科幻电影导演也要在大脑中设计大量的在现实中不存在的情节和形象。

（二）想象的功能

想象在人们的生活实践中十分重要。想象主要具有四种功能。

1. 预见功能

“未雨绸缪”“居安思危”等都是想象预见功能的表现，指的是想象能对客观现实进行超前的反映。人类进行实践活动，总是先在大脑中形成未来活动过程和期望结果的形象，并利用它们指导和调节自己的活动，实现预定目的和计划。科学家的发明、工程师的设计、作家的人物塑造、雕塑家的雕塑作品等，都体现了想象的预见功能。

2. 补充功能

想象具有补充知识经验的作用，能弥补认识活动的局限性。在实际生活中，有许多事物是人们不能直接感知的，但凭借想象的补充功能，人们可以实现对客观世界充分而全面的认识。

3. 代替功能

想象还有代替功能。当人们的某些需要不能得到实际满足时，可以利用想象得到满足或实现。如在角色扮演游戏中，儿童借助想象满足其模仿成人某些行为（如当警察）的需要，实现自己参与社会活动的愿望。日常生活中的“望梅止渴”“画饼充饥”等，都是通过想象的代替功能来缓解心理压力的。

4. 调节功能

想象对机体的生理活动过程有调节功能。生物反馈研究证明了想象的调节功能。对一位有鲜明想象的人进行研究发现，只要这个人说出他在想象什么事物，就可以观察到他的机体发生了奇异变化。当他说“看见右手放在炉边，左手在握冰”时，就可以观察到他右手的温度升高 2 ℃，左手的温度降低 1.5 ℃；当他说“看见自己跟着电车奔跑”时，他的心跳就会加快；当他说“看见自己安静地躺在床上”时，他的心跳就会减慢。

（三）想象的类型

根据想象活动是否具有目的性，想象可以分为无意想象和有意想象。

1. 无意想象

无意想象又称不随意想象，是指没有预定目的、不自觉地进行的想象。例如，人在听故事时，不由自主地想象主人公的形象、故事的场景。无意想象是一种简单的、初级形式的想象。

无意想象的特殊形式是梦。梦是人在睡眠中出现的一种正常的心理活动。梦不仅对人无害，还对人有益。做梦有助于恢复大脑细胞的功能，调节人的心理平衡，还有助于问题的解决。

2. 有意想象

有意想象又称随意想象，指根据预定目的自觉进行的想象。例如，文学艺术家构思人物形象、工程师设计建筑物蓝图等，都是有意想象。

根据有意想象的新颖性、独立性和创造性程度的不同，有意想象可以分为再造想象、创造想象和幻想。

（1）再造想象

再造想象是指根据语言的描述或图形符号的示意，在大脑中形成相应新形象的过程。例如，读小说时根据语言文字的描述，脑中浮现出小说中的人物形象，就属于再造想象。再造想象有一定程度的创造性，但其创造性水平较低。

形成正确的再造想象，必须具备两个条件：一是正确理解语言和实物标志的意义。例如，不懂外语的人，无法在大脑中形成外语原版作品中所描绘的生动的人物与场景的形象。二是要有丰富的表象储备。表象是想象的基本材料，正确反映客观事物的表象储备越丰富，再造想象就越准确和充实。

（2）创造想象

创造想象是一种比再造想象更复杂的智力活动，是指在创造活动中，根据一定的目的和任务，不依据现成的描述，在大脑中独立地创造出某种新形象的过程。如作家在大脑中塑造新的人物形象，工程师发明新机器等，都属于创造想象。创造想象是人们一切创造性活动必不可少的重要组成部分。独立性、首创性、新颖性是创造想象的特征。

创造想象的产生，除了丰富的知识和表象储备之外，还依赖以下三个条件：一是要有创造欲望和动机。这是创造想象的首要条件。二是原型启发。起启发作用的事物就是原型，原型越多，越有利于创造。三是积极的思维活动。只有在思维积极参与的情况下，对原有表象进行分析、综合、加工改造，才能创造出符合客观规律的新形象。

（3）幻想

幻想是指与个人生活愿望相联系，并指向未来的想象，是想象的一种特殊形式。幻想不同于再造想象，因为它比再造想象有更多的创造成分。它也不同于创造想象，两者的区别在于：一是幻想的形象往往是个人追求、向往和憧憬的事物，而创造想象则不一定；二是幻想不与当前的创造性活动发生直接联系，不一定产生现实的创造性成果，而创造想象与创造活动密不可分。

幻想可分为积极幻想和消极幻想两种。积极幻想又称理想，是指符合事物客观发展规律的幻想，指向未来。消极幻想又称空想或白日梦，是指不符合或违背事物发展规律、无实现可能性的幻想，是一种毫无意义的想象。

（四）想象的过程

想象作为对大脑已有表象进行加工、改造的过程，主要有黏合、夸张与强调、缩小、拟人化、典型化等过程。

1. 黏合

黏合是把不同事物的某些方面和特征在大脑中结合在一起而形成新形象的过程。神话故事中的孙悟空、猪八戒等形象就是黏合的结果。黏合是想象的几种过程中最简单的，多用于艺术创作和科技发明，如孙悟空就是人和猴黏合的结果，手风琴则是钢琴和风琴黏合的结果。

2. 夸张与强调

夸张与强调是改变客观事物的正常特征，对事物的某一部分或某一特性加以夸大和突出，从而在大脑中形成新形象的过程。例如，人们创造的“千手观音”“九头鸟”“千里眼”“顺风耳”等形象，以及一些人物漫画，就是艺术家们根据人物特点并对其进行夸张或强调而形成的。

3. 缩小

缩小与夸张相对，就是对事物具有的某一部分或特性加以缩小，从而建立起一种新的形象。如《格列佛游记》里的“小人国”就是这样创造出来的。在科学创造中，这一方法也得到了广泛的应用，如手表就是钟缩小的形象。

4. 拟人化

拟人化是把人类的形象和特征加在外界客观事物上，从而使之人格化的过程。例如，《西游记》《聊斋志异》等古典名著中的许多形象都采用了拟人化的创作手法。拟人化是文学和其他艺术创作的一种重要手段。

5. 典型化

典型化就是根据一类事物共同的、典型的特征创造新形象的过程，是一种在文学艺术创作中普遍采用的重要方式。例如，鲁迅在谈文学创作时说过，人物模特没有专门用过一个人，往往嘴在浙江、脸在北京、衣服在山西，是一个拼凑起来的角色。典型化使作家和艺术家创造出来的形象更逼真、更感人。如阿 Q、祥林嫂的形象，都是鲁迅综合某些人物的特点之后创造出来的。

□□□ 第三节 概念与推理

我们通过学习掌握了许多概念，如整数、名词、氧化、蒸发等。概念作为人类一切认知活动的基础，是思维最基本的单元。个体对概念的理解直接影响到其对相应知识的掌握和问题的解决。正确掌握概念有助于人们透过事物的表面现象认识事物的本质。

一、概念

（一）什么是概念

概念（concept）是对客观事物本质特征的反映。任何事物都具有多种属性，有的属性反映事物的本质特征，即区别于其他事物的标志，有的则反映事物的非本质特征。例如，性别、肤色、年龄和国籍等都是“人”的属性，但不能反映“人”的本质特征；社会性才是“人”的本质属性，通过这一属性才能将人与动物区别开来。

每个概念都有内涵和外延两个方面。内涵是指概念的内容，反映事物的本质特征；外延则指概念的范围，是概念所表示的事物的总和。“人”的概念内涵较小，它的范围包括男人、女人，中国人、外国人，未成年人、成年人等。而“黄皮肤黑眼睛的中国人”内涵比较丰富，但其外延缩小了。可见，概念的内涵和外延成反比关系，内涵越大、越丰富，外延就越小。

（二）概念的类型

从不同的角度，可以把概念分为不同的类型。

根据研究的需要，概念可以分为人工概念和自然概念。研究者为了探索概念形成的条件和影响因素，在实验室中模拟自然概念而人为设计的一类概念称为人工概念，如数学中的三角形、函数、数列等。“心理学”也是一个人工概念。人类历史发展过程中自然形成的概念为自然概念，如声、光、电、分子和原子等概念。自然概念又可根据反映客观事物属性的抽象和概括程度，分为具体概念和抽象概念。具体概念是指反映客观事物外部的具体物理特征或属性的概念。抽象概念是指反映客观事物的内在本质特征的概念。

根据概念反映客观事物属性的数量及其相互关系，概念可以分为关系概念、合取概念和析取概念。关系概念是指反映客观事物之间相互关系的概念，如美丑、是非、胖瘦、大小等。合取概念是把事物两个或两个以上的属性维度叠加起来形成的概念，这些属性必须同时存在。例如“红葡萄”是将“红色”“葡萄”两个属性叠加形成的。合取概念是最普通的概念，如蔬菜、植物和动物等都属于这类概念。析取概念是指反映客观事物的一个属性或多个属性的概念。例如“好孩子”这个概念，可以是“有礼貌”“乐于助人”“帮助妈妈做家务”等其中一个属性，也可以是同时都具有这些属性。

（三）概念结构的理论

构成概念的因素有哪些，这些因素之间是什么样的关系呢？许多研究者对此进行了大量的研究，并提出了概念结构的理论。最主要的理论是特征表理论和原型理论。

1. 特征表理论

伯恩等人（Bourne et al.，1979）提出特征表理论，认为概念是由定义性特征和概念规则两个因素构成的。概念的定义性特征是一个概念必须具有的本质特征。如“单身汉”具有男性、未婚、成年等三个定义性特征，这三个特征缺一个都不是“单身汉”。概念规则用以确定这些定义性特征之间的关系。概念规则包括肯定、否定、关系、合取、析取等。概念规则的抽象程度比定义性特征更高，也就更难理解和学习，在概念结构中起着非常重要的作用。定义性特征和概念规则两者有机结合可以构成不同的概念。例如，“好学生”是采用析取规则整合“上课认真听讲”“团结同学”“积极思考问题”等定义性特征形成的，学生只要符合上述其中一个特征就是“好学生”。又如，采用合取规则整合“用毛制作”“写字工具”两个定义性特征形成“毛笔”的概念，两个特征都符合才是“毛笔”。特征表理论可以很好地解释有明确定义性特征的人工概念，却很难解释定义界限很模糊的自然概念。

2. 原型理论

罗施（Rosch，1975）针对特征表理论的不足，提出原型理论，认为概念是由**原型**（prototype）和范畴成员的代表性程度两个因素构成的。原型代表概念的典型特征。如燕子比企鹅、鸵鸟更能代表“鸟”，是“鸟”的原型，因此在提到“鸟”的概念时，我们往往会想到燕子。范畴成员的代表性程度指属于同一概念的同类个体可容许的变异性，也就是其他实例偏离原型的容许距离。如鸵鸟、企鹅与燕子尽管都属于鸟类，但燕子的特征更像鸟，代表性程度要高于鸵鸟和企鹅。

图 7-5 中的四个工具，你认为哪个更可能是“钳子”呢？一般可能很快判断出第四个是钳子，而对前三个的判断速度较慢。这是因为当事物的特征和熟悉的原型不相符时，人们很难对其进行归类。原型理论强调原型的作用，对自然概念的解释很有说服力，但也存在不足，因为有些概念很难确定原型。

图 7-5 钳子的原型

（四）概念的形成

概念的形成是人们按照一定的原则对事物进行正确的分类。各种概念都是在人类社会历史发展过程中形成的，并在人们的实践活动中不断得到丰富和发展。心理学家采用实验手段对概念的形成进行了一系列的研究，形成了自己的理论观点。

美国心理学家布鲁纳（J. S. Bruner）设计了 81 张卡片，每张卡片都具有 4 个维度：形状、颜色、图形数目和边框数目。每个维度都有三个属性值：形状分为圆形、方形和十字形；颜色有绿色、黑色和红色；图形数目分别是 1 个、2 个和 3 个；边框数目分别为 1 条、2 条和 3 条（见图 7-6）。实验中事先向被试说明卡片具有的属性以及怎么将卡片结合成概念，并规定一个维度上的一个属性值或几个维度上的几个属性值是某个人工概念的特有属性。被试根据这些属性判断卡片是否属于这个人工概念。每次给被试呈现一张卡片，并要求被试判断该卡片是否属于实验者事先确定的概念。

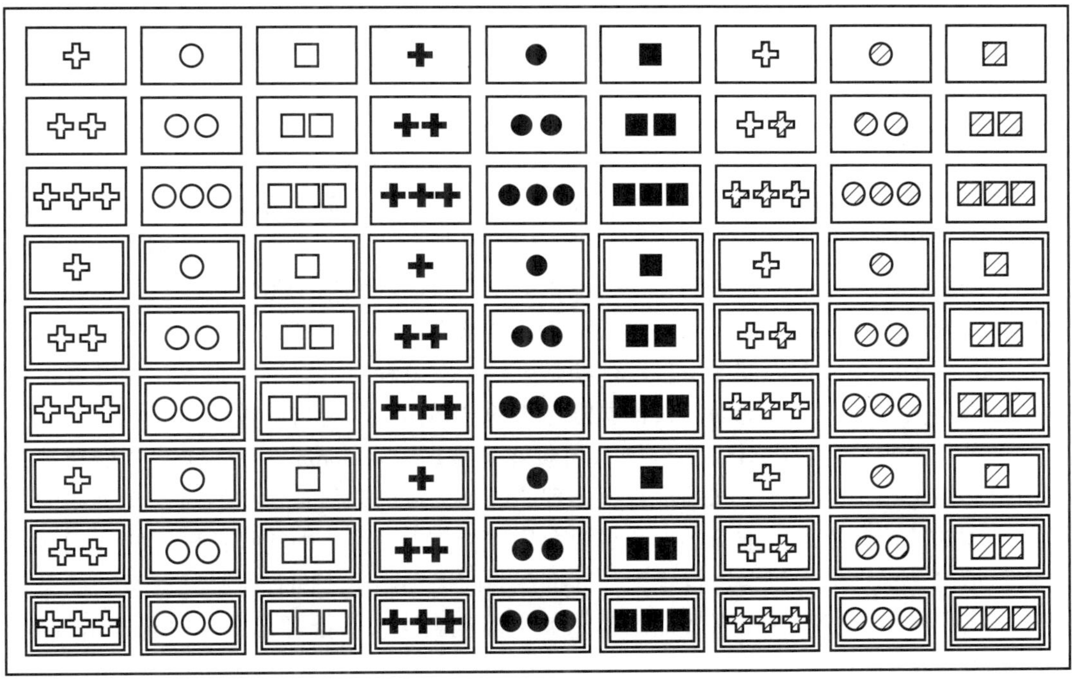

图 7-6　布鲁纳人工概念实验的材料

注：空白代表绿色，涂黑代表黑色，斜纹代表红色（资料来源：Bruner et al.，1956）

布鲁纳等人经过长达 5 年的实验研究，提出了经典的概念形成的假设检验说：个体在概念形成过程中，利用现在获得的和已经存储的知识信息主动提出概念形成的一些可能假设，这些假设组成一个假设库。在对呈现的刺激作出反应前，个体从自己的假设库中取出一个或几个假设，并进行检验。如果得到正反馈，就会继续使用这个或这些假设，否则将从假设库中取出新的假设进行检验，直到概念形成为止。简而言之，概念形成是一个不断提出假设、验证假设的过程。

罗施等人批判了假设检验说，认为自然概念的形成是以样例学习为主的。人脑中的自然概念不是一个或几个关键特征，而是对概念样例的记忆。记忆中有代表性的一个或几个样例就是概念的存在形式。例如，小时候，大人总是告诉我们猴子、牛、马等是动物，久而久之，我们记忆中的“动物”就是猴子、牛、马等形象。

假设检验说以人工概念的研究为基础，虽然可以很好地解释人工概念，但是难以说明自然概念。自然概念没有人工概念那么准确的定义，其内涵和外延都比较模糊，在样例特征上没有人工概念那样明确。样例学习理论也不能很好地解释自然概念的形成。有研究指出，成人在某些情况下会使用假设检验来形成自然概念。研究者在实验中让被试（大学生）对一些脸谱进行分类，并告诉他们，脸谱中没有哪个或哪些特征可以作为分类的决定性依据。结果却发现被试对脸谱的具体特征进行了分析和归类，即采用了假设检验的策略。因此，分析概念的形成时应综合考虑以上两种理论。

二、推理

思维是一个高级的认知过程。人们掌握概念后，还需通过推理来扩大、加深对事物的认识，获得新知识。

（一）什么是推理

古代，有个国王把三个犯人分别关到三间牢房。牢房的玻璃很厚，三个人只能看见对方，不能听到对方说话的声音。有一天，国王给他们每个人都戴了一顶帽子，告诉他们帽子的颜色不是白的就是黑的，但是不告诉他们自己所戴帽子是什么颜色的，并不准他们做任何动作。在这种情况下，国王宣布两个条件：谁能看到其他两个犯人戴的都是白帽子，就可以释放谁；谁知道自己戴的是黑帽子，就释放谁。三个犯人互相盯着不说话。可是不久，其中一个聪明的人根据国王给的已知信息认定自己戴的是黑帽子。

这种从已知信息得出对未知事物的判断就是**推理**（reasoning）。任何一个推理都包含前提和结论两个部分。已知的信息是推理的前提，从已知信息得出的对未知事物的判断是推理的结论。正确的推理必须满足两个条件：前提真实，即前提正确反映客观事物的实际情况；推理形式符合逻辑规则，即推理的前提和结论之间具有必然联系。如果前提不真实，必然不能推导出真实的结论；如果前提真实，但推理形式不符合逻辑规则，也不能得出正确的结论。

（二）推理的类型

推理主要分为演绎推理和归纳推理两种。

演绎推理（deductive reasoning）是根据一般性知识推导出特殊性知识的结论，是从一般到特殊的推理。例如，从“所有的金属都导电”“铁是金属”，推导出“铁导电”的结论。演绎推理的结论一般不超过前提所断定的范围，其前提与结论之间具有必然联系。前提为真，通常可以得出正确的结论。

归纳推理（inductive reasoning）是从具体事物或现象中归纳出一般规律，是从特殊到一般的推理。例如，直角三角形的内角和是180°，锐角三角形的内角和是180°，钝角三角形的内角和是180°，直角三角形、锐角三角形和钝角三角形是全部的三角形，因此可以归纳出三角形的内角和都是180°的结论。归纳推理的结论一般会超出前提所确定的范围，能够增加知识的网络。但是，归纳推理具有冒险性，即使前提为真，结论也可能为假。归纳推理是一种非常重要的思维形式，是衡量一个人认知发展和智力水平的重要指标。但是在心理学中，关于归纳推理的研究并不多。斯滕伯格（Sternberg，1986）也不无遗憾地说，长期以来，推理这一领域从认知心理学的其他领域中孤立出来……这种孤立是一种错误：没有一种任务只需要推理，也几乎没有什么任务不需要推理。随着认知神经科学的发展，关于归纳推理的研究渐渐增多。

（三）影响推理的因素

人们的推理不一定遵循严格的逻辑规则，经常会产生错误的推论。影响推理的因素主要有以下三种：

1. 前提的形式

在推理中，前提所采取的形式会影响人们对结论所采取的形式的预期。人们容易接受和前提包含同一术语（所有、有些、没有和不等）的结论。如果前提为肯定，人们则倾向于接受肯定的结论；如果前提为否定，人们则倾向于接受否定的结论：心理学中称为**气氛效应**（atmosphere effect）。例如，所有的鱼都生活在水里，鲸鱼生活在水里，由于前提形式的影响，人们很可能得出“鲸鱼是鱼”的错误结论。伍德沃思和赛尔斯（Woodworth et al.，1935）设计的一个实验验证了气氛效应。

2. 推理任务的性质

推理任务的具体程度影响推理的正确性。推理的任务越具体、越熟悉，推理越容易，正确率越高；推理的任务越抽象，正确率越低。美国心理学家沃森（Wason，1968）在“四卡片选择作业”实验中，向被试呈现四张卡片。每张卡片的一面为字母，另一面为数字（见图7-7）。研究者告诉被试要证实卡片的规则：“若卡片的一面为元音字母，另一面则为偶数。”被试必须决定翻转哪些卡片才能推断规则是否正确。正确的做法应是翻看卡片“E”和“7”，因为卡片“4”的背面不论是元音还是辅音，都不会使这一命题失效。结果却发现只有约4%的被试选择正确，有46%的被试翻看了“E”和“4”。格瑞格斯（Griggs，1982）对沃森的实验进行了一些改动：其实验仍是使用4张卡片，但是卡片上的内容见图7-8，要求被试证实的规则是：“如果有人要喝啤酒，那么此人一定超过了19岁。”结果发现被试的判断有了明显的改进，高达74.1%的被试选择正确。可见，如果推理任务与人们的某种具体活动情景相联系，是具体而详细的，那么就会大大提高推断的正确性。

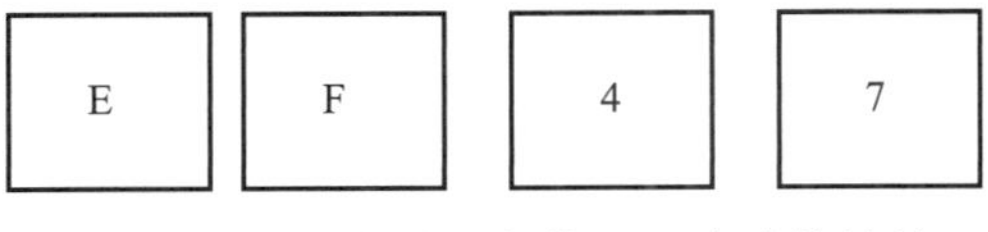

图7-7　“四卡片选择作业”实验的材料

图7-8　格瑞格斯的实验材料

（资料来源：彭聃龄，2005）

3. 知识经验

前提 1：所有有发动机的东西都需要油。

前提 2：汽车需要油。

结论：汽车有发动机。

如果根据逻辑规则来判断，那么上面的结论是错误的，因为一些没有发动机的东西也需要油，前提 1 不能排除这种可能性。然而，在现实生活中，人们关于汽车的知识使他们难以发现上述结论是错误的。如果把“汽车”换成“A”，人们就更倾向于判断它是错的。心理学称这种现象为“信念偏见效应”。

第四节 问题解决

你能解决图 7-9 中的问题吗？

在图 7-9（1）中，有三根柱子，在 X 柱上有自上而下逐渐增大的几个圆盘。怎样利用 Y 柱把圆盘从 X 柱移到 Z 柱，使之仍保持原来的顺序？要求一次只能移动一个圆盘，大盘不能放在小盘上。

在图 7-9（2）中，棋盘上本来有黑方格和白方格共 64 个，现在棋盘被切掉了两个角，剩下 62 个方格。你有 31 张多米诺骨牌，每张骨牌可以占两个方格，你怎样用这些骨牌摆满 62 个方格呢？

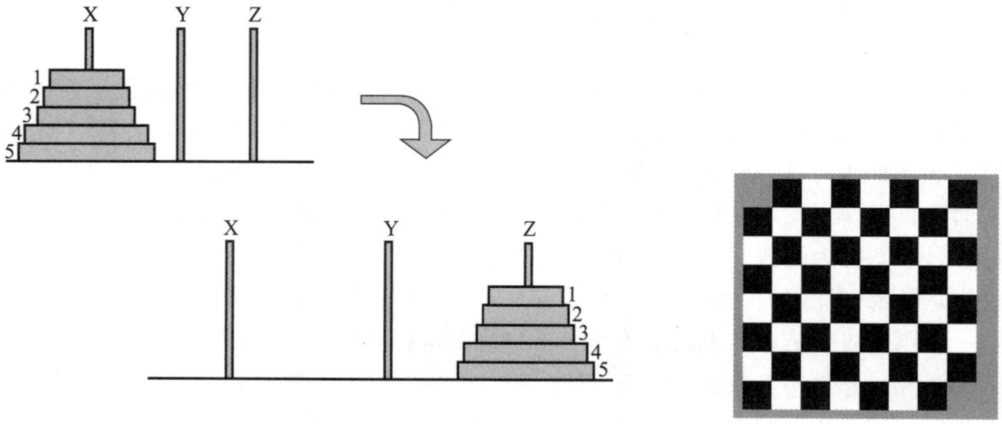

(1) (2)

图 7-9

（资料来源：彭聃龄，等，2004）

人类的思维总是与问题解决密不可分。思维产生于试图解决面临的问题，问题解决离不开思维的直接参与。

一、问题与问题解决

（一）什么是问题

要理解问题解决，就要先了解什么是**问题**（problem）。在日常工作、生活和学习中，人们经常需要解决各种各样的问题：学生需要提高学业成绩，刑警需要在有限的时间里破案，等等。这些问题之所以是问题，是因为它们包含任何问题都必须具有的初始状态、目标状态和操作三个主要成分。

初始状态是关于问题已知条件的描述。例如，学生现有的成绩就是提高成绩问题的初始状态。目标状态即问题的答案，是关于问题结论的描述。例如，刑警抓住真正的凶手就是破案的目标状态。操作是从这一问题的初始状态向目标状态转化所需要的一系列步骤。例如，图 7-9（1）中的问题，初始状态是圆盘在 X 柱上，目标状态是把圆盘放在 Z 柱上，操作就是把圆盘从 X 柱移到 Z 柱的一系列步骤。

（二）什么是问题解决

问题解决（problem solving）是由一定的问题情境引起，经过一系列具有目标指向性的认知操作，使问题得以解决的心理历程。这个定义包含以下三层含义：

1. 目标指向性

问题解决具有明确的目标，最终要达到一个特定的目标状态。做白日梦不是问题解决，虽然它需要进行复杂的心理活动，但是缺乏明确的目标。

2. 操作系列性

问题解决从初始状态向目标状态的转化必须经过一系列的认知操作，只有单一的认知操作不能构成问题解决。例如别人问你："你叫什么名字?"虽然有明确的目标，但只是一个简单的回忆过程。

3. 操作认知性

问题解决必须进行认知操作。有些活动（如穿衣服、拖地板）虽然含有明确的目标和一系列操作，但是这些活动几乎不需要认知成分的参与，所以不属于问题解决活动。

二、问题解决的脑机制

问题解决是一个复杂的思维过程，涉及的活动范围十分广泛，包括注意信息、选择策略、评定结果等。大脑皮质不同区域的损伤会抑制问题解决的能力。

大脑的额叶对问题解决起决定性的作用。额叶是大脑最高级别的联合皮质。大脑皮质其他区域加工过的信息都要传递到额叶进行更复杂的加工和分析。额叶损伤的患者常常意识不到问题中的条件，往往只抓住问题的一个片段，没有任何意图和计划，常表现为直接就问题的某些特点冲动地得出简单答案，不会把答案和条件进行比较，也不能对答案进行评估和调整。鲁利亚（Luria，1966，1973）认为，额叶的中间部分受损会影响一个人的"集中注意"，即无法自动注意一个刺激并集中于这个刺激。额叶侧面区域受损的患者不能运用策略，也不能完整地解决问题。密尔纳（Milner，1971）发现，当额叶的背外侧区域受损时，问题解决能力丧失最严重。问题解决还与顶-枕叶和顶-枕-颞叶部关系密切。顶-枕叶受损时，个体会产生空间认知障碍；顶-枕-颞叶部受损时，个体无法对个别信息进行综合，进而很难理解信息的意义，使问题无法顺利解决。

□□□ 专栏 7-2

问题解决的脑机制研究

随着认知神经科学的发展，研究者采用先进的实验仪器、无创伤技术等对问题解决进行了深入的研究，取得了丰富的成果。Goel 等（2000）对 57 名右前额受损的男性建筑师进行研究，要求他们完成一项真实的建筑设计任务，即设计一间新的实验室。结果发现，与年龄、知识水平等都相当的正常建筑师相比，右前额损伤的男性建筑师虽然也能巧妙运用已有的丰富的建筑学知识设计初步方案，但是这些方案是独立、无进展的片段，他们也不能开始实施设计好的方案。Utterrainer 等（2004）采用功能性磁共振成像术考察正确的和错误的问题解决过程中的神经机制，发现与正确的问题解决过程相比，错误的问题解决过程中，个体的双侧前额叶皮质和左下顶叶激活更强烈。

三、问题的类型

人们在解决问题的过程中往往需要明确问题的类型。问题的类型很多，从不同的角度可以对问题进行不同的分类。

（一）界定清晰的问题和界定含糊的问题

界定清晰的问题和界定含糊的问题是根据问题的明确程度来划分的。界定清晰的问题是指问题本身包含了解决它所需要的所有信息：问题的初始状态、目标状态和解决问题要进行的所有操作。比如要解决图 7-9（1）中的问题，你只要采用合适的方法就能保证把 X 柱上的圆盘移到 Z 柱上。心理学实验中研究的许多问题都属于此类问题。界定含糊的问题虽然包含初始状态或目标状态或操作，但是没有明确说明问题的初始状态或者目标状态，还可能没有“正确答案”。比如如何提高学习成绩？如何建立良好的人际关系？毕业后如何找到一份好工作？

（二）语义丰富的问题和语义贫乏的问题

语义丰富的问题和语义贫乏的问题是根据解决问题者已有的、用来解决问题的知识的多少来划分的。语义丰富的问题是指问题解决者拥有解决问题所需要的特定领域的知识较多，而语义贫乏的问题则相反。一个人在第一次下象棋时没有下棋经验，下象棋对于他来讲是语义贫乏的问题。如果他经过长时间的训练，成为一位专业棋手，具备整个象棋比赛方面的丰富知识和经验，下象棋对他来讲则是语义丰富的问题。

（三）常规问题和非常规问题

根据问题解决者是否以一种预知的、系统的方式解决问题，可以将问题分为常规问题和非常规问题。常规问题只要使用现成方法就可以解决，比如使用简便方法进行四个两位数的加法运算时，只要运用数字运算的结合律就可以解决了。而非常规问题则需要问题解决者采用新的方法或运用一种并不十分了解的程序来解决。

（四）对抗性问题和非对抗性问题

对抗性问题和非对抗性问题是根据问题解决者是否有对手来划分的。对抗性问题涉及两个或更多人之间的竞争，人们不仅要考虑自己如何解决问题，还要考虑竞争对手如何解决问题。例如，下棋时，走每一步棋都要充分考虑双方的战术和战略。由于对手的参与，问题变得复杂。非对抗性问题则没有对手参与，比如写一篇论文、做一道数学题等。

问题类型的划分不是绝对的。有的问题可能同时是界定清晰的问题和对抗性问题，有的问题也可以从一种问题转化为另一种问题，比如掌握新方法解决非常规问题后，非常规问题就成了常规问题。

四、问题解决的过程

斯滕伯格（R. J. Sternberg）等用问题解决循环对人类解决问题的过程进行了详细的描述。他们认为，问题解决过程大致可以分为七个步骤（见图 7-10）：确定问题、定义问题、形成策略、组织信息、分配资源、监控和评估。

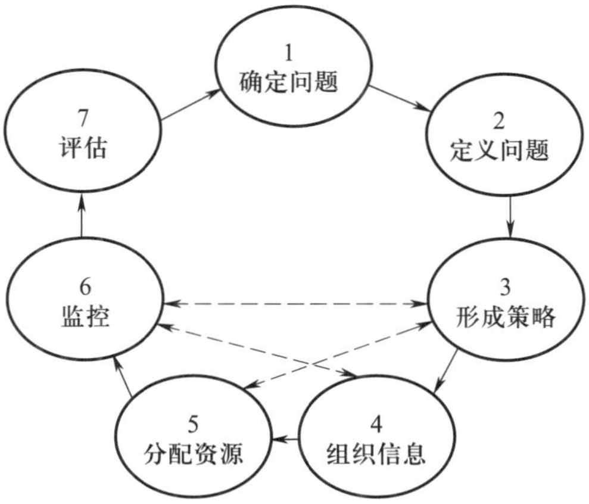

图 7-10 问题解决循环

（资料来源：黄希庭，2007）

（一）确定问题

只有意识到问题的存在，才能去解决问题。有时人们并没有意识到面临的问题，比如，有的学生没有意识到马上要期末考试了，还没有备考。能否确定问题，取决于个体的态度、兴趣和知识经验等多方面的因素。态度认真、兴趣广泛、知识经验丰富的个体往往更容易确定问题。

（二）定义问题

意识到存在问题后要对问题进行定义和表征，即存在的问题是什么。这一步是解决问题的关键。如果没有正确定义问题，就会影响到问题的解决。例如你准备参加学校的英语演讲比赛，你就必须定好演讲的主题。

（三）形成策略

定义问题后，要形成策略来解决问题。人们解决问题并不是盲目、随意的，总会使用某种策略。使用合适的策略可以有效地解决问题，相反，策略使用不当则会阻碍问题的顺利解决。

（四）组织信息

组织信息是指把收集到的解决问题的有关资料组织起来。个体在整个问题解决过程中都在了解、组织有关信息。这一步骤比较有针对性，所组织的信息是为了找到一条实现已形成策略的最佳途径。如果你的问题是毕业后成为一名心理咨询师，那么你组织有效信息的形式可以是制订一张时间表，规定特定时期你应该完成的事情。这一步并不是必需的，有时可以跳过，直接进入分配资源。

（五）分配资源

分配资源是指对解决问题所需要的时间、精力、金钱等资源进行分配。有的问题比较简单，不需要太多资源，也不需要考虑资源的分配，因此可以跳过这一步。有的问题比较复杂，需要充分考虑各种资源的分配，以合理地使用资源，提高问题解决的效率。写作优秀的学生和写作困难的学生在资源分配上不同，前者在总体计划上花费更多时间，而后者却将时间集中花费在细节上。

（六）监控

监控是指个体对自己在问题解决各个阶段所做的工作进行检查，判断自己是否在一步步地接近目标状态。有时选择的策略反而会扩大问题的初始状态与目标状态之间的差异，有时组织的信息会不完善，资源分配会不合理。监控能及时发现这些错误，使个体及时调整自己的行为。

（七）评估

最后要对问题的答案进行评估。如果答案合理，就可以确定问题被成功解决了，否则必须重新返回到前面的步骤开始新一轮的循环。事实上，有经验的问题解决者并不需要到最后才进行评估，而是在整个问题解决的过程中不断进行评估——评估问题定义的合理性、选择策略的有效性、组织信息的充分性等，并及时进行修改和完善。

以上七个步骤的顺序并非一成不变，随着问题情境的变化，有时可以改变其顺序，甚至可以跳过某些步骤，正如图 7-10 中用虚线箭头所表示的。

五、问题解决的策略

人们在问题解决过程中经常会采用各种策略，合适的策略有利于提高问题解决的效率。问题解决过程中所用的各种策略大致分为两大类：算法和启发法。

（一）算法

算法是指按照逻辑，尝试所有可能解决问题的方法，最终找到正确解决问题的方法。算法可以使特定的问题得到精确的解决。例如你手上有一串钥匙，其中只有一把钥匙可以打开房门，问题是你不知道是哪一把钥匙，你只好一把一把地试。这时你采用的策略就是算法策略，它能保证你最终打开房门。但是试想一下，如果有 1 000 把钥匙，你要花多少时间？由此可知算法策略存在不足，虽能保证解决问题，但费时费力。而且有些问题比较复杂，没有现成的算法或还没有发现其算法，不适合采用算法策略。

（二）启发法

启发法是指按照一定的经验来解决问题的方法。人们往往依靠启发法，虽然它不能完全保证解决问题，但是比算法更快捷。比如上例中的开锁问题，你可以观察钥匙和锁的特征，凭经验挑选钥匙来开门，这样可以大大减少尝试的次数。下面介绍四种常用的启发法。

[拓展阅读]
可用性启发法

1. 手段-目的分析

手段-目的分析是将需要解决的问题分成若干个小问题，通过实现一系列小问题的子目标，最终达到总目标。首先，问题解决者要确认问题的初始状态和目标状态之间的差别，然后找出消灭差别达到目标状态必须实现的子目标，通过使用一系列方法实现子目标，最终达到总的目标状态。当问题可以分成若干个有目标的小问题时，人们往往使用手段-目的分析策略。例如，图 7-9（1）的问题就需要使用手段-目的分析策略。

2. 爬山法

爬山法是手段-目的分析的一种变式，以渐进方法逐步缩小初始状态与目标状态间的距离，从而解决问题。爬山法可以对每一步是否接近目标进行评定。医生一般通过比较药剂量的增减与病人的健康改善状况，为慢性病患者寻找最佳用药量。学生在做多项选择题时，首先会剔除那些明显错误的选项。“爬山”的意思就是向目标状态靠近，是一种纯粹的“向前”工作，不能“向后”进行。然而，在解决问题过程中，有时为了达到目的，不得不暂时扩大初始状态与目标状态之间的差异，爬山法有时也并不能完全解决问题。

3. 逆向搜索

有些问题比较复杂，无从下手。这时你不妨从问题的目标状态开始进行逆推。这种从问题的目标状态出发、逐步接近初始状态的方法就是逆向搜索。首先，问题解决者需要将问题解决的目标状态分解成若干个子目标，然后按照逆推的方法使子目标和初始状态直接联系起来。逆向搜索比较适用于解决那些从初始状态到目标状态只有少数途径的问题，如一些几何问题（见图 7-11）。

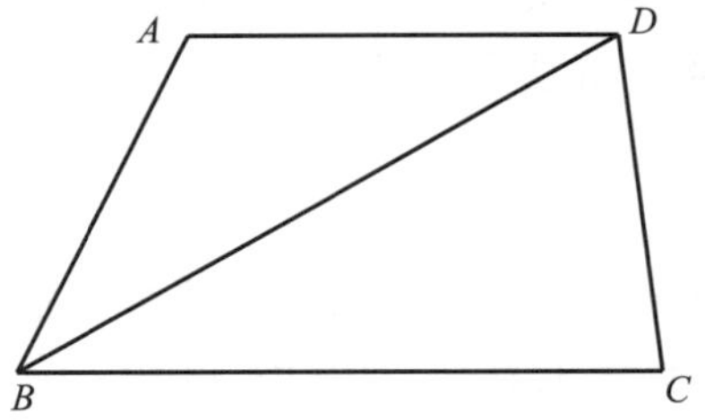

已知：如左图，$AD // BC$，BD平分$\angle ABC$。
求证：$AB=AD$。
要证明$AB=AD$，就需要证明$\angle ABD=\angle ADB$，
即要证明$\angle ABD=\angle DBC$和$\angle ADB=\angle DBC$。
因为BD平分$\angle ABC$，$AD // BC$，所以以上条件都能满足，
即$AB=AD$

图 7-11 用逆向搜索策略解几何问题
（资料来源：梁宁建，2007）

4. 类比迁移

如果你发现要解决的新问题与以往解决过的问题具有相似性（比如要达到的目标、可利用的资源、解决问题的策略、受到限制和制约的条件等），那么你或许可以采用以前使用的方法来解决这个问题。运用以前解决问题的经验解决新问题的策略叫作类比迁移。先前的经验称为“源”，当前的新问题称为“靶”。现实中有许多通过源的启示得到靶的事例（见表 7-1）。

表 7-1 类比迁移的创造性应用

源	靶	类比者
附在狗皮上的毛	“威扣”（Velcro）尼龙搭扣	梅斯特拉尔
坐在电车里想象车外的钟塔以光的速度向后退	相对论	爱因斯坦
人耳骨通过薄而纤细的薄膜来工作	电话	贝尔
水泵	心脏	哈维

（资料来源：Robertson，2004）

人们可以采用不同的策略解决不同的问题，也可以采用许多策略解决同一个问题，但不是所有的策略对每个问题都有同样的效果，应该根据问题的性质和内容来选择合适的策略。

六、影响问题解决的因素

采用一系列有效的策略可以成功地解决问题，不过人们在现实中也会经常面临令人头疼的障碍，陷入困境。成功解决问题受到许多因素的影响，除了问题解决的策略外，主要还有以下几种。

（一）问题表征

问题表征（problem representation）是指以一种较为抽象的符号来代表原来事物的心理过程。同一问题可以有不同的表征形式，表征是否适宜直接影响问题解决的效果。例

如，用四条首尾相连的直线将图 7-12 中的九个圆点连起来。人们常常在知觉上把九个点表征为一个封闭的四边，总是在这个形状中连线，因此难以找到解决问题的方法。如果在连线前告知可以延伸到九个点构成的区域之外，人们就可以突破知觉形状的限制。

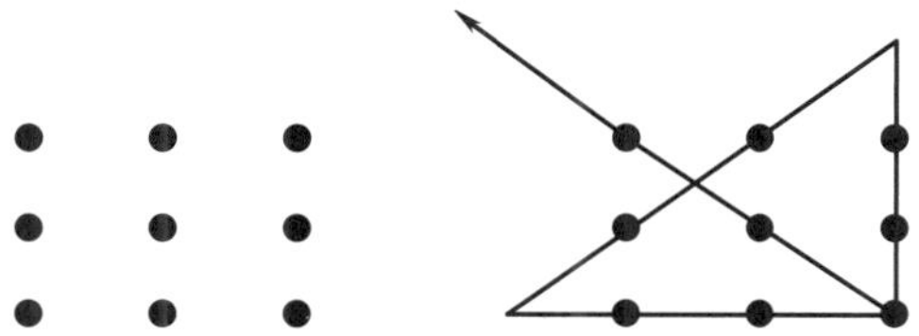

图 7-12　九点连线图

（资料来源：孟昭兰，2003）

（二）思维定势

思维定势（set of thinking）是指人们习惯采用以往解决问题的策略来解决相似的新问题。如果新问题和以前的问题具有相同的本质，思维定势可以促进问题的解决；相反则会妨碍问题的解决。

陆钦斯（Luchins，1942）设计了一个量水实验来证明思维定势对问题解决的妨碍作用。在实验中，要求被试用三个大小不同的杯子量出一定量的水，用数字计算。被试分为实验组和控制组。实验组完成全部的序列 2～9，控制组只完成序列 7～9（见表 7-2）。主试先以序列 1 为例讲解做法：将 A 装满，然后倒出 3 份 B 中的水，A 中剩下的水刚好是 D 要求的水量。以数字计算就是 $29-3-3-3=20$，如果用代数式表示就是 $D=A-3B$。学习例题后，主试要求被试按照例题的方式采用代数式解答其他序列。结果发现，81%的实验组被试通过序列1～6的计算，形成了利用 $B-A-2C$ 的定势，也采用同样方法解答序列 7～9。而控制组采用了简单方法 $A-C$ 或 $A+C$ 来解决序列 7～9。

表 7-2　陆钦斯的量水问题实验序列

课题序列	容器的容量/mL			要求量出的容量/mL
	A	*B*	*C*	*D*
1	29	3		20
2	21	127	3	100
3	14	123	5	99
4	18	43	10	5
5	9	42	6	21
6	20	59	4	31
7	23	49	3	20
8	15	39	3	18
9	28	59	3	25

（资料来源：刘爱伦，2002）

（三）功能固着

功能固着（functional fixedness）是指人们在解决问题过程中，将某种物体的功能固定化的心理倾向。功能固着使人们只看到物体的常用功能，而忽略了它的其他功能，影响解决问题的灵活性。

梅尔（Maier，1931）设计了一个“两绳问题”的实验：在一个房间里只有一把椅子、一盒火柴、一把钳子和其他的东西，天花板上吊着两根绳子，两根绳子相隔很远，被试无法同时抓住，被试的任务就是把两根绳子系住（见图 7-13）。结果发现，大多数被试认为钳子只有剪断铁丝之类的功能，没有意识到可以把钳子作为重物系在一根绳子上，使绳子形成单摆运动，当两根绳子靠得很近时，抓住另外一根绳子，从而把两根绳子系起来。要克服功能固着，人们需要掌握丰富的知识，进行发散思维，灵活地看待物体的功能。

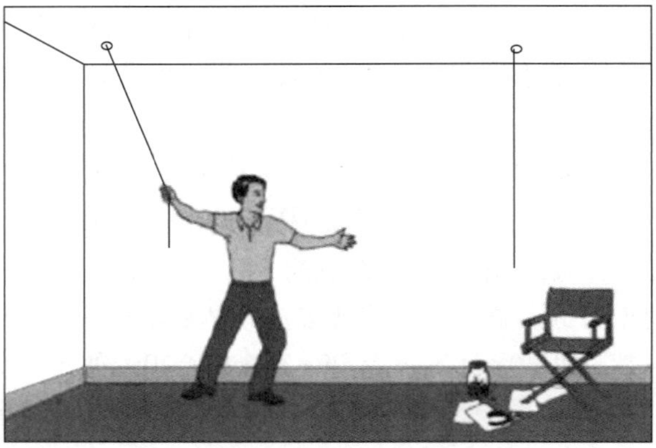

图 7-13 两绳问题
（资料来源：彭聃龄，等，2004）

（四）知识和经验

知识和经验是解决问题所必需的前提。拥有某一领域丰富的知识经验有利于解决相应的问题。专家往往比新手能更好地解决问题。德格鲁特（De Groot，1965）以国际象棋专家和普通棋手为被试，给他们呈现一个实际比赛的棋局 5 s，然后打乱棋子的位置，要求他们把棋局恢复原样。结果发现，专家能正确恢复 20～25 个棋子，而普通棋手平均只能恢复 6 个。

人们过去解决问题的成败经验影响当前的问题解决。如果过去解决问题的成功率高，人们就有信心解决当前问题，积极思考探究解决问题的方法。相反，如果总是失败，有的人会觉得自己无能，产生消极情绪，为了避免再次失败，干脆采取回避行为。

（五）动机和情绪

不同强度的动机对问题解决具有不同的影响。动机强度与问题解决效率之间呈倒 U

形关系。在一定范围内，动机越强，问题解决的效率越高。动机太弱或太强都不利于问题解决。情绪也会影响问题解决。耶克斯和多德森（Yerkers et al., 1908）认为，解决不同难度的问题存在一个最佳的情绪激动水平。较低激动水平最有利于解决复杂问题，处于中间的激动水平最有利于解决中等难度的问题，较高的激动水平最有利于解决比较简单的问题。

七、创造性

我国将创新作为第一动力，深入实施科教兴国战略、人才强国战略、创新驱动发展战略，开辟发展新领域新赛道，不断塑造发展新动能新优势。这就对人的创造性提出了更高的要求。创造性是一种高水平的复杂心理活动，是一种具有创新意义的问题解决途径。

（一）什么是创造性

创造性（creativity）也称创造力，是指个体采用新的方式解决问题，产生某种新颖、独特、具有社会价值或个人价值的产品的心理过程。产品既可以是一项新技术、新作品，也可以是一种新理论、新设想。产品的新颖性、独特性和价值性是衡量创造性的标准，缺一不可。如果一个人设计出新颖独特的产品，却没有实用价值，那么他的产品也不具有创造性。

吉尔福特（J. P. Guilford）最早对创造性进行了系统研究，他认为创造性主要包括发散思维和聚合思维两种成分，发散思维是创造性的核心。创造性思维具有流畅性、灵活性、独创性等特点。

（二）创造性的测量

目前，公务员选拔和培养、人才招聘、职业选择、工作绩效评估等都非常重视个体的创造性。因此，如何有效和准确地对创造性进行测量显得尤为重要。

托兰斯（E. P. Torrance）于1966年编制了《托兰斯创造性思维测验》（torrance test of creative thinking，TTCT），这是目前应用最广泛、影响最大的一种创造性测验，主要测量思维的流畅性、灵活性、独创性、精确性等。《托兰斯创造性思维测验》由言语测验、图画测验以及声音和词测验构成。

《托兰斯创造性思维测验》主要测量的是被试的发散思维，但是发散思维并不等于创造性，创造性还包括聚合思维。此外，发散思维测验的预测效度不高。

对个体的作品进行定量、定性分析可以测量他的创造性。作品分析法就是让被试提供体现其创造性的作品，然后按照这类作品适合的分析维度对其进行客观的分析，得出作品的创造性程度。西蒙顿（D. Simonton）曾经对15 000首音乐作品进行创造性分析。他利用音乐旋律由7个基本音符构成的特点，把每首乐曲的前6个音符中的每个音符与其后的音符进行配对，每首音乐就有6对双音符变调。把这些双音符变调按编号输入计算机。如果2个音符与它们之间的音程在所有变调中是罕见的，则计1分。按照每首乐曲的罕见性总分进行排序，得出其独创性程度。作品分析法相对客观，但是有些领域很难确定合适的分析维度，无法进行定量的数学分析。

美国哈佛大学教授阿马比尔（T. Amabile）于 20 世纪 90 年代提出了创造力同感评估技术（又称主观评价法）。他认为，人们特别是同一领域的专家对同一作品的创造性看法基本一致。创造力同感评估技术正是以此观点为基础，通过评估个体的创造性产品来评定其创造性水平。具体操作步骤如下：首先挑选熟悉评价作品相关领域的成员组成评价小组，然后告诉评价者要对作品进行评价的范围，最后由评价者根据自己对创造性的定义对所有被试的产品或反应做出独立评价。创造力同感评估技术克服了《托兰斯创造性思维测验》的不足，考虑到了产品的适宜性和开放性，具有更好的生态效度，越来越得到人们的认可和推广。

□ 原理应用

如何进行概念学习

尽量不要死记硬背，多找一些正例和反例，形成概念的原型，通过对例子的归类加深对概念的理解。

找一些与自身有关的例子学习概念，并在实践中应用概念，这样能进一步丰富、深化概念，更全面地理解概念。

学会区分概念的定义性特征和特异性特征。有研究者（Saltz，Medow，1971）曾经做过一个实验：给儿童呈现问题“爸爸上班去了，傍晚下班后，去酒吧喝酒喝醉了，他还是爸爸吗?”结果发现，大多数儿童都认为喝醉酒的爸爸不是自己的爸爸。显然，许多儿童认为“好的”才是爸爸，事实上“好的”只是爸爸的一个特异性特征。

建立概念与概念之间有意义的联系，形成概念网络，使知识系统化。

采用图表、地图等视觉材料来描述概念、记忆概念。

□ 复习与思考

1. 什么是思维？思维与感觉、知觉有哪些区别和联系？
2. 简述思维的过程。
3. 什么是表象？什么是想象？它们有哪些区别和联系？
4. 表象的基本特征有哪些？试述表象在思维中的作用。
5. 想象有哪些功能？试举例说明。
6. 简述概念结构的两种理论。
7. 哪些因素会影响推理？
8. 什么是问题解决？问题解决过程中可以运用哪些策略？
9. 举例论述影响问题解决的因素。
10. 试述什么是创造性，它有哪些测量方法？

□ 推荐阅读

[1] 胡竹菁，2000. 演绎推理的心理学研究 [M]. 北京：人民教育出版社.

[2] 张庆林，邱江，2007. 思维心理学 [M]. 重庆：西南师范大学出版社.

[3] 德克森，2022. 怎样有效学习：创造一流学习体验 [M]. 阎佳，译. 北京：中国人民大学出版社.

第八章 语　　言

学习本章内容，将有助于你对理解与思考以下问题：

- 大脑中与语言有关的区域有哪些？
- 大脑左、右半球在语言加工上有什么区别？
- 语言由哪些基本单位构成？
- 人们如何理解带有歧义的语言信息？
- 生成语言时的口误有什么特点？
- 儿童的语言发展分为哪几个阶段？
- 语言习得的理论有哪些？
- 动物有语言吗？

"在教小孩讲话的过程中，成人对小孩进行强化所依照的准则起初非常宽松，任何接近该社会的语言规范的行为反应都得到强化。随着这些行为出现频次的增加，儿童的言语行为也越来越接近规范。如此，就可以完成复杂的言语行为反应的塑造。"（斯金纳，1957）

语言（language）是一套有意义的符号系统，它以语音为载体，以词为基本单位，以语法为构建规则。语言包括口头语言、书面语言和手势语。语言是人们彼此交流和传递思想的基本工具，并且语言很可能会影响思维。曾有两位学者提出了比较激进的语言决定论观点，即萨皮尔-沃夫假设（Sapir-Whorf hypothesis）。这一假设认为：在不同的语言背景下，人们的语言结构存在很大差异，而这种语言结构强烈影响人们感知和推理世界的方式。尽管语言决定思维这一观点得到部分研究证据的支持，但是多数研究者持比较温和的看法，认为语言可能会在一定程度上影响思维（Hardin et al., 1993）。

针对语言的心理学研究称为心理语言学（psycholinguistics），它主要关注三个方面的过程：语言理解，即人们如何感知和理解口头语言和书面语言；语言生成，即从思想到完成的句子，人们如何建构完整的话语；语言习得，即儿童如何习得语言。

□□□ 第一节 语言概述

语言是一种社会现象，它是组成社会的一个不可缺少的因素，维持着人与人之间的联系。语言是人类所独有的一种能力，掌握和使用语言是人类区别于其他动物的一个重要特征。语言让人们能够表达思想、进行交流，是人类最重要的交际工具。

一、语言的概念与特征

语言是人类最重要的交际工具，也是正常人进行思维的工具。语言是人类通过高度结构化的声音组合，或通过书写符号、手势等构成的一种符号系统，同时又是运用这种符号系统来交流思想的一种行为。语言包括语音系统、词汇系统和语法系统，据统计，世界上的语言有5000多种，如汉语、英语、俄语、法语、日语等。从表面上看，各种语言差异甚大：它们的发音不同，而且还有不同的语法规则。但是在这些表面差异的背后，所有的语言都具有创造性、结构性、意义性、指代性和社会性与个体性等基本特征。

语言的创造性也称为语言的产生性，具体表现为：人们使用有限数量的词语和合并这些词语的规则，便能产生或理解无限量的语句，这些语句是他们以前从未说过或听到过的。语言的创造性将人类语言和动物的交流系统区别开来。动物的交流系统只由少数几个离散符号构成，而人类的语言是开放的交流系统，可以根据需要创造新的词汇，还能够将已有单词进行新的组合。

语言的结构性具体表现为：语言受到一定规则的约束，只有符合一定规则的语言，才是人们在交往时可以接受的语言。语言有其特定的语法结构，只有符合语法结构的句子，才能表达一个确定的意义，如“我骑车”能表达一个确定的意义，而“车骑我”或“我车骑”则不符合汉语语法，因而成为没有意义的词汇组合。不同语言的具体结构规则是不同的。

语言的意义性具体表现为：语言活动受大脑中枢的控制，总是围绕着一定的目的展开。语言中的一个词或一句话都有一定的含义，这种意义性使得人们能够相互理解、相互交流。尽管语言符号与其所代表的意义之间没有必然的、逻辑上的联系，但是不能传达任何意义的语言都是不正常的语言。

语言的指代性具体表现为：语言的各种成分都指代一定的事物或者抽象的概念。例如，它可以指代客观存在的事物（如花、鸟）、动作（如读、写）、性质（如甜、红）或者抽象概念（如道德、公正）。正是由于语言具有一定的指代性，人们才能理解抽象符号所代表的意义。

语言的社会性与个体性具体表现为：语言是个体运用语言符号进行交际的活动，离不开社会和群体，因而具有社会性。但是语言行为又是一种个体行为，它与个体生存和发展的具体条件分不开，所以又具有个体性。每个人的讲话方式、写作风格等都是语言个体性的表现。总之，语言活动是社会性与个体性的统一。

□□□ 专栏 8–1

语言是其他动物和人类之间无法逾越的鸿沟

人类祖先在长期维持生存的劳动活动中锻炼了自己的大脑，改造了发音器官，具备了说话的能力；而在共同劳动中人类又有了交流思想的需要，于是产生了语言。这是人类和其他动物“分道扬镳”的最重要的标志。人类和动物界最后分家的伙伴是黑猩猩，大概只有一千万年的历史。由于黑猩猩和人类在生物进化的过程中有很长的共同经历，所以相互之间有很多共同的地方。例如，黑猩猩牙齿的种类和数目与人类相似，脑的结构和神经系统也跟人类最相像，血细胞的构造有99%以上跟人一样。与人类如此接近的黑猩猩能不能学会人类语言?

从 20 世纪 30 年代开始，很多学者设想黑猩猩也许可以学会人类的语言。60 年代以后，不断有人在这方面进行实验，想了各种办法教黑猩猩说话，但成效甚微。曾有一位美国人把一只小黑猩猩和婴儿放在一起照料。起初，小黑猩猩比婴儿能干，会跑，能拿东西，抢着出门，很淘气，而婴儿多半时间都是躺着，活动能力很小。过了一年多，情况发生了根本性的变化，婴儿逐渐学会说话，开始懂事，反观小黑猩猩，不管花多大精力，都无法使它说出话来，直到最后，它能听懂的语词也没有超过十个。有人认为，这个实验还不能最终证明黑猩猩掌握不了语言，因为在发展过程中，人的口腔和黑猩猩的口腔走上了两条不同的道路，要黑猩猩像人类那样发音是不合理的。于是，他们改变了训练方法，教黑猩猩学习类似聋哑人所使用的手势语，效果稍好一些，可以在几个月的时间内使黑猩猩学会一百多个用手势表示的语词。有的人教黑猩猩排列表示不同意思的、不同形状的塑料片来“造句”，有的人教黑猩猩按计算机的按钮来表示自己的意思。所有这些训练方法收到的效果也都十分有限，到了一定程度就无法使黑猩猩继续前进。经过这些实验，现在绝大多数科学家都断言，像人类语言这样复杂的交际工具是黑猩猩无法掌握的。

（资料来源：叶蜚声，等，1997）

我们一般所说的语言，指的是用于交际的所有语言，包括各种具体语言及这些语言的变体，如汉语是一种具体语言，而普通话、上海话、广东话等则是它的变体。

二、语言的结构

语言有一些基本的构成单位。首先，语言有一套基本的语音系统，称作**音素**（phoneme）。例如，英语单词 cat，包含 c，a 和 t 三个音素。音素是发音的最小单位，通常不带有含义。在英语中，大约有 40 个音素；其他语言的音素数量不等，少则十几个，多则近百个（Akmajian et al.，1984）。

语言的第二套基本单位是**词素**（morpheme），它是传递意义的最小语言单位。在英语中，有些词素本身就是单词，例如 cat；而有些词素只是单词的一部分，需要两个或多个词素才能构成单词，例如 strangers 由 strange，er 和 s 三个词素构成。从词素与音素的关系来看，有些词素同时也是音素，例如第一人称代词 I；不过，大多数词素是由两个或多个音素构成的。词素可以分为**自由词素**（free morpheme）和**绑定词素**（bound morpheme）。自由词素独立成词，例如 bath。绑定词素尽管也表示一定的语义，但它本身并不是词，例如，通常在名词后面的 s 表示复数，在动词后面的 ed 表示过去时，一些名词后面加上 ful 可转换为形容词，动词后面加 ing 表示现在进行时，等等。这些 s，ed，ful，ing 都属于绑定词素。像 hopeful 这样的词就是一个自由词素（hope）与一个绑定词素（ful）的组合。自由词素与绑定词素的组合能够产生大量的单词。

语言的第三套构成单位是**语法**（grammar），是一套让人们与他人相互交流的规则系统。语法包括词法和句法。**词法**（morphology）是从词素、词汇和句子中引申出含义的规则。例如前述的 ing，ed 等绑定词素加在自由词素的后面所代表的含义（现在进行时、过去时），就是由词法规则所决定的。**句法**（syntax）是用来连词成句的一套规则。英语句法要求形容词通常出现在名词之前，例如 yellow ball。

在英语中，音素有 40 多个，它们组合成 10 万多个词素，这些词素又生成大量单词，牛津词典收录了 290 500 个单词（Myers，2006），这些单词又可以构成无数个句子。正是由于语言的基本构成单位——音素只有几十个，并且人们掌握的是各自语言中的词法和句法这样一些有限的规则，人们才能掌握大量的单词、短语和句子。

20 世纪 50 年代末，著名语言学家乔姆斯基（N. Chomsky）提出了转换生成语法理论（Chomsky，1957，1965）。其中一对重要概念是表层结构和深层结构。表层结构是指我们所看到或听到的语句形式，或说出的声音、写出的书面语句；深层结构是指表达者所要传递的意思。表层结构决定语句的形式，深层结构决定语义。每个表层结构都对应一个深层结构，而一个深层结构可以有几个不同的表层结构。请看下面两个句子：

老师表扬了小王。

小王被老师表扬了。

这两个句子看上去不同，但讲的是相同的意思。它们的表层结构不同，但深层结构相同。深层结构向表层结构的转换需要通过一系列的转换规则实现。如果一个表层结构对应多个深层结构，则会出现歧义。

三、语言的形式

心理学一般把语言活动分为两大类：外部语言和内部语言。外部语言又包括口头语言、书面语言和手势语。

（一）外部语言

1. 口头语言

口头语言（oral language）是指人凭借发音器官发出语音，来表达自己的思想和情感的言语。它具有以下特点：第一，词和句的发音必须在一定的时间里进行。每个语音一般经过不到一秒钟，就要为另一个语音所代替。这样才能组成整个的词。词的个别部分过于延长，句子中发音的间歇或迟滞不适当，都会使个体在识别和理解时感到困难。第二，在说出整个句子前，必须对全句的结构进行综合，选出恰当的词连贯地加以表达。第三，句与句之间的联系要在较短的时间内进行预先考虑，使语言连贯流畅地进行。第四，语言的听觉反馈对口头语言的进行起着重要的作用。如果语言听觉反馈受阻或有意加以延迟，人就会产生口吃、说话不清楚等现象。生而聋者，虽然发音器官正常，但因为语言听觉反馈受阻，因此失去了说话能力。

口头语言又可以分为对话语言和独白语言两种形式，它们也各有不同的特征。

对话语言（dialogue language）是指两个或两个以上的个体直接进行交际时的语言活动，如聊天、辩论、座谈、质疑等。一般来说，对话语言具有情景性、简略性、直接性、反应性等特征。

独白语言（monologue language）是个体在没有语言支撑者的情境下独自进行的语言活动，通常为讲演、报告、讲课等形式。独白语言是一种较高水平的语言活动，一般是一种叙述思想情感的长而连贯的语言形式。独白语言具有以下特征：

① 独白语言是说话者独自进行的语言活动。

② 独白语言所使用的是一种比较严谨的语言。

③ 独白语言是一种有计划的语言活动。

2. 书面语言

书面语言（written language）是一个人用文字来表达思想、情感，或通过阅读接受他人语言的活动。书面语言的产生晚于口头言语。它具有独白语言的性质，但又不同于独白语言。首先，书面语言无法借助表情和动作来加强其表现力。作者的情感是以充分展开的形式和适当的修辞来表达的，读者必须从整个上下文中才能体会到。其次，口头语言中的每一个词紧紧相连，在发出后面的一个词的声音时，发言者和听众就不能再感知前面的词。但在书面语言中，作者和读者都可以重新返回到已经感知过的文字进行细致的琢磨和推敲，从而使表达和感知更为精确。

3. 手势语

手势语（sign language）以视觉或空间形式传递信息，是通过可见的手势，同时配合手、手臂或身体的形状、朝向、动作以及面部表情来传递信息的一种语言形式。手势语具有象形性和任意性等特征。

（二）内部语言

内部语言是一种自问自答或不出声的语言活动。内部语言的最大特点是语音的隐蔽性。我们在默默思考时，听不到发音器官发出的声音，但言语器官的肌肉仍在活动着。这时，言语器官的动觉冲动执行着和出声说话时相同的信号功能，不断向大脑皮质发送信息。实验证明，当被试出声地或不出声地解答简单的数学题和背诵诗篇时，用微电极从发音器官上记录到的动作电流的节律是相同的。这说明，默默思考和出声思考都有言语器官的活动，并且性质是相同的。

内部语言的另一个特征是片段性和压缩性，也可以称为简略性。个体在进行内部语言活动时，思想可以用一个词或一个短词组（它们只是一个主语或一个谓语）就代替了一系列完整的句子。

内部语言是在外部语言的基础上形成的。外部语言向内部语言的转化称为内化。这种转化可以在3岁左右的儿童身上看到。在这一阶段，儿童开始对自己说话，这种自己对自己说话既有外部语言的交际功能，又有内部语言的自我调节功能。随着儿童年龄的增长，这种自言自语的自我调节功能逐渐被内部语言所代替。内部语言向外部语言的转化称为外化。儿童在进行内部语言活动时，思想对于他本人来说是明白的，但他不一定能清楚地向别人讲述自己的思想。这是因为内部语言是片段的、压缩的，而外部语言则是展开的，且文法和逻辑结构较严谨。因此，如果没有经过必要的训练，外化就会遇到困难。在教学中，教师应既让学生默读课文又让学生朗读课文，既布置口头回答又布置书面作业，这样可以促进学生外化技能的形成。

□□□ 第二节 语言的神经基础

语言活动与一系列复杂的认知加工相联系，语言的神经机制涉及广泛的脑区。神经生理学家和认知神经心理学家通过神经解剖学和功能成像技术等手段，揭示了语言的神经基础。

一、布罗卡区

早在1861年，法国外科医生布罗卡就研究了事故或卒中之后言语表达出现障碍的病人。例如，他的一个病人只能发出tan的音，但其言语理解能力相对正常。这位病人去世后，布罗卡在对病人进行尸检时发现，他的大脑左侧额下回靠近外侧裂的区域有所损伤。后续的研究证实，这个区域与言语生成有关，它被命名为布罗卡区（Broca's area）。

布罗卡区损伤会引起**运动性失语症**（motor aphasia），或称**表达性失语症**（expressive aphasia）。患有这种失语症的病人，在阅读和理解上相对正常，但是言语表达有较大问题，严重程度与其损伤的区域和程度有关。当一个运动性失语症的病人试图陈述他去医院做牙科手术的情况时，他的表达是这样的："是的……啊……星期一……嗯……爸爸和彼得（他自己的名字）……和爸爸……嗯……医院……啊……星期三……星期三，九点钟……和哦……星期四……十点钟，啊，医生……两个……医生……嗯……牙齿……是的（Yes… ah… Monday… er… Dad and Peter H (his own name)… and Dad… er… hospital… and ah… Wednesday… Wednesday, nine o'clock… and oh… Thursday… ten o'clock, ah doctors… two… doctors… and er… teeth… yah）。"（Goodglass et al., 1976）另外，通常情况下，这些病人在书写上的障碍与他们在语言上的障碍相似，名词和动词的使用一般不受影响，而语法、冠词、连词等的使用通常存在障碍。因此，表达性失语症的主要特点是表达语法关系的能力受损，包括书面语言和口头语言。

二、韦尼克区

1874年，一位名叫韦尼克的德国外科医生发现了另一种失语症。这种失语症是由于接近听觉皮质的左侧颞叶的一个区域受损所引起的，所以又称作**听觉性失语症**（auditory aphasia）或**接受性失语症**（receptive aphasia）。接受性失语症病人言语流畅，但是其中没有什么有价值的信息。因此，病人可能说话滔滔不绝，但别人却无法理解，就像是一种难以听懂的胡言乱语。另外，接受性失语症病人的主要障碍是理解受损，他们的语音知觉与正常人类似，但是对语义和语法的理解存在障碍。

1972年，美国学者杰斯克温得（N. Geschwind）在总结了关于各种失语症的研究发现后，提出了大脑中加工言语信息的模型，这个模型包括：布罗卡区、韦尼克区、弓状束（连接布罗卡区和韦尼克区的神经纤维）、角回、皮质感觉区、皮质运动区。当我们看到书上的某些内容，并出声阅读时，经历如下过程：首先经由眼睛进入的视觉信息到达皮质的视觉区，然后到达角回，在角回中，转换为听觉信息；接下来，信息传到韦尼克区，形成有意义的语言单元序列，然后通过弓状束达到布罗卡区；在布罗卡区，信息转换为运动指令，传递到运动皮质，指挥发音器官发出声音（见图8-1）。布罗卡区受损会导致言语声音模式无法传到运动皮质，造成病人的言语犹豫和不合语法，而语言理解相对完好。如果韦尼克区受损，那么病人的语言理解就会出现障碍，但是能够流利地说话，然而言语中的信息空虚。如果连接韦尼克区和布罗卡区的弓状束受损，那么病人就会表现为在他所听到的信息和他应该说的内容之间缺乏联系，称为**传导性失语症**（conduction aphasia）。

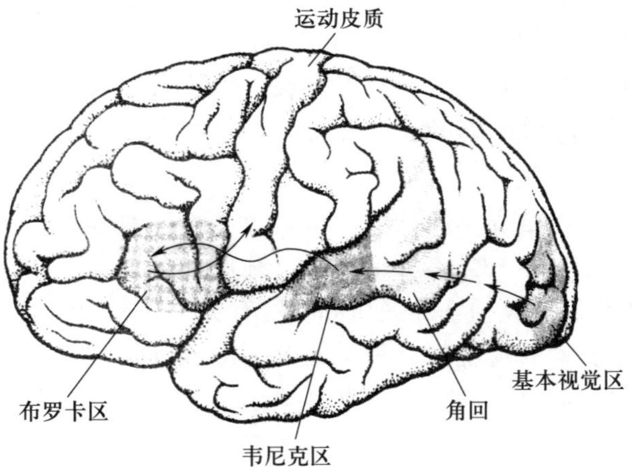

图8-1 大脑皮质语言区
（资料来源：Goodglass et al.，1976）

三、语言单侧优势

大脑半球功能单侧化（lateralization of function）是指某种心理功能主要由大脑的一个半球执行，另一个半球不能完成这一功能，或执行这一功能的能力较弱。布罗卡和韦尼克等学者发现的失语症患者，大多为大脑左半球的局部区域受损，而右半球的对应区域受损并未出现类似障碍。20 世纪中期出现的一种手术方式，为研究大脑半球功能单侧化提供了特殊的机遇。当时，为了减轻癫痫发作，一些外科医生给癫痫患者实施胼胝体切开术，这样就切断了两个大脑半球之间的联系。这种病人被称为割裂脑（split brain）病人。这种手术的确缓解了部分病人的癫痫发作，而且病人在术后并未出现明显的人格和智力改变，日常生活也相对正常。

最早利用割裂脑病人进行大脑半球功能单侧化研究的是斯佩里（Sperry，1961），后来加扎尼加（Gazzaniga，1961）加入了这一研究行列。斯佩里最初用猫、猴子和猩猩进行割裂脑实验（1952—1961 年），这为他后来研究割裂脑病人打下了基础。随后，斯佩里和加扎尼加又利用人类神经系统的特殊构造进行研究。首先，人类的神经系统是对侧投射的，这意味着左脑控制右半边身体、右脑控制左半边身体；其次，眼睛左视野的信息投射到大脑右半球，右视野的信息投射到大脑左半球。在一个实验中，主试给割裂脑病人的左视野呈现一根香烟的图片，问他看到了什么。病人回答说什么都没看到，或者说只看到了一道闪光。然后，主试又让病人用左手从一张隔板后面触摸多个物品，从中选出他看见的物品，病人能够正确地拿出一根香烟；而如果让病人用右手去触摸和拿物品，他的成绩则处于随机水平（Sperry，1968）。我们可以用大脑两半球接收的信息以及功能单侧化来解释这些结果。当刺激呈现在左视野时，大脑右半球接收到这一信息，但是由于言语主要由大脑左半球控制，病人不能用言语描述他所看到的物品。然而，大脑右半球却可以指挥他的左手去找到正确的物品。在另一项实验中，主试让病人盯住屏幕中央的注视点，在左视野和右视野分别呈现 HE 和 ART，这样一来，HE 会传到右半球，而 ART 会传到左半球。当主试询问病人看到什么时，病人报告说看到了 ART；但是当让病人用左手指出他看到的单词时，他的左手指向 HE（Gazzaniga，1967）。从这些结果可见，言语活动主要是大脑左半球的功能。

对于两半球没有分割开的正常脑，也有一些证据证实了大脑左半球在语言功能上的优势。有研究者采用功能性磁共振成像术，考察右利手的大学生在阅读理解一些句子时激活的脑区（Just et al.，1996）。他们采用的实验材料包括三种：不包含嵌入从句的并列句（例如“The reporter attacked the senator and admitted the error.”）、主语关系从句（例如“The reporter that attacked the senator admitted the error.”）、宾语关系从句（例如“The reporter that the senator attacked admitted the error.”）。这三类句子表面上看起来很相似，而实际上在结构上的复杂性有所不同：不包含嵌入从句的并列句最简单，主语关系从句次之，宾语关系从句最复杂。研究结果表明，被试在理解三种句子时，大脑左半球的布罗卡区和韦尼克区以及右半球的对应区域均被激活，但是右半球对应区域的激活量只有韦尼克区的 26%、布罗卡区的 22%。另外，从理解三种句子的脑区激活量来看，理解句子所需要的计算量越大，激活的脑区越大：不包含嵌入从句的并列句的激活量最小，主语关系从句的激活量居中，宾语关系从句的激活量最大。此外，左半球的前颞叶也应该被包括在语言网络中，作为第三个主要中枢，在语言理解中发挥着关键作用，特别是对表示具体实体的单词的理解（Ardila et al.，2016）。另有学者采用原理上类似分视野呈现的双耳分听任务，即同时向双耳呈现不同的刺激，考察双耳和两半球的区别

(Kimura，1961)。从右耳传入的信息不仅投射到大脑左半球，还投射到大脑右半球；左耳也是如此。但是，有一种看法认为，对侧听觉通路比同侧听觉通路更有效（Kimura，1961)。并且，双耳分听实验发现，如果呈现言语材料例如数字，右耳优势的被试人数（15 人）多于左耳优势的被试人数（3 人）；如果呈现非言语材料例如音乐旋律，左耳优势的被试人数（16 人）多于右耳优势的被试人数（2 人）(Kimura，1964)。

上面对割裂脑病人和正常人的研究得出了一致的结论：大脑左半球在语言加工上存在优势。不过，有研究表明：大脑左半球加工语言的优势只出现在外显测量任务中；在内隐测量任务中，两个大脑半球的语言加工是均衡的（Fecteau et al.，2004)。齐克特等人（Zickert et al.，2021）进行了语言生成任务和心理旋转任务的测验，结果发现单侧化强度对语言任务表现的影响不显著，但在心理旋转任务中发现了这种关系的一些证据，这表明单侧化与绩效之间的关联可能是表现在特定任务上的。

多数研究发现，利手与语言功能单侧化之间存在显著正相关，即利手系数越高（越趋于右利手)，其语言功能左半球单侧化的程度越高。

在普通人中，大约 90%的人是右利手者，大约 10%的人是左利手者。研究显示，95%的右利手者主要用左脑进行语言加工，左脑的语言优势略大于右脑；而左利手者比较复杂，一半以上的左利手者也用左脑进行语言加工，18. 8%的左利手者用右脑进行语言加工，还有 19. 8%的左利手者用两半球同时加工语言（Taylor et al.，1990)。早期脑半球损伤病人的语言功能会通过对侧半球来获得代偿性发展，但并非所有病人都会发展出右半球代偿性的语言功能（王潇，等，2020)。另有研究表明，与听觉正常的人用大脑左半球加工口语信息一样，聋人也使用大脑左半球理解手势语；不过该研究中没有发现语言生成的半球不对称性（Corina et al.，1992)。有研究者考察了大脑左半球或右半球卒中的聋人。他们发现，如果大脑左半球受到卒中损伤，聋人语言功能的受损情况与失语症病人类似，但是非语言的空间技能不受影响；如果大脑右半球受卒中损伤，那么非语言的空间技能严重受损，而手势语保持完好。并且，大脑左半球上与使用手势语有关的区域受损后，病人出现的状况也与一般言语区域受损后病人出现的状况类似，布罗卡区卒中的病人做出吞吞吐吐、语法缺失的手势动作，而韦尼克区受损的病人则理解手势语有困难（Poizner et al.，1987)。

[拓展阅读] 手语属于语言吗?

大脑功能单侧化被认为是进化的结果，语言等功能的单侧化有利于减少两个半球通过胼胝体进行交流的需求。这将允许更快的处理速度和决策，避免耗时（Zickert，et al.，2021)。两半球的语言功能单侧化是在什么时候出现的呢？研究发现，如果儿童在言语出现之前遭受脑损伤，那么言语发展的速度通常会比较缓慢，但是可以经历语言发展的正常阶段；另外，在 2 岁之前，大脑右半球损伤会和左半球损伤带来同样的言语发展障碍（Basser，1962)。在另一个病例中，一名 20 岁的女性在 3 岁时大脑左半球因染病坏死而被切除，但是这名女性在所有语言任务上的成绩都和智商与其匹配的控制组相当(Mariotti et al.，1998)。可见，在早年大脑左半球损伤或被切除后，大脑右半球可以发展出言语功能。从这些研究结果看，语言功能单侧化似乎不是在一出生时就存在的。但是，有一些学者反对这一看法，他们提供了另外的证据。尽管在早年切除大脑左半球，病人不会表现出重大的语言缺陷，但是他们在比较精细的语言能力上仍有缺陷。在一项研究中，被试是三名在出生后五个月内被切除一侧脑半球的儿童，他们接受研究时的年龄在9—10岁，其中一个被试被切除右半球，两个被试被切除左半球（Dennis et al., 1976）。这项研究发现，尽管三名儿童的言语能力类似，但是大脑左半球被切除的两名儿童确实有细微的言语缺陷。实验中采用的材料之一是这样三个句子：（1）"I paid the money by the man."；（2）"I was paid the money to the lady."；（3）"I was paid the money by the boy."。在判断这些句子时，大脑右半球被切除的儿童能够指出句子（1）和（2）的语法是不正确的，而（3）是可以接受的；然而，大脑左半球被切除的儿童无法区分这些。这说明大脑右半球在句法分析上的能力比大脑左半球差。在另一项研究中，研究者对两名分别在4岁和5岁8个月接受大脑半球切除术的女孩进行了5年的追踪研究（Stark et al., 1997）。结果发现，尽管两名女孩在语言行为上不比正常年龄匹配组差，但是大脑左半球被切除的女孩在形态句法任务上的成绩比正常组差，而大脑右半球被切除的女孩的成绩则在正常组范围内。另外，双耳分听、诱发电位和解剖研究的结果表明：2岁的幼儿就表现出典型的右耳言语优势（Springer et al., 1998）；出生一周至一个月的婴儿就对言语刺激表现出较大振幅的大脑左半球诱发电位反应（Molfese et al., 1988）。总体而言，语言功能单侧化是否在出生时就已经存在，仍然具有争议。

第三节　语言理解和生成

语言理解（language comprehension）是人们借助视觉或听觉语言材料，在大脑中主动建构意义的过程，包括对语言材料的感知过程和对材料的加工过程。语言的生成（language production）也称语言表达，是指人们通过发音器官或手的活动，把所要表达的思想说出或写出来或比画出来的心理过程，包括口语产生、书写产生和手势语三种形式。

一、语言理解

语言理解包括从知觉到不同水平语言加工的过程。

（一）语言的知觉

语言的知觉包括言语知觉和书面语言的知觉。

言语知觉是对语音信息加工的过程，将声学信号转换为言语信号。这一加工过程非常复杂，会受各种因素的影响：首先，言语信号通常会受语言环境的干扰，其他听觉信号的同时存在会干扰言语信号的保真度，视觉信号往往也会成为干扰源；其次，言语信号本身存在变异性，说话者的发音特点（如重音、语调、语速等）、语音环境等会影响最终传入的听觉刺激。言语知觉加工包括听觉水平、语音水平和音系水平的加工：听觉水平的加工是对所有声音知觉共同特征的加工，语音水平的加工是语言所独有的，音系水平的加工属于某一特定语言。对连续语言中音段的感知可能是语言加工过程中同时进行多层级分析水平交互作用的结果。

[拓展阅读]
萨皮尔－沃夫假设

书面语言的知觉主要是指阅读过程中视觉语言的加工过程，包括三种加工水平：特征、字母和词。在特征的加工水平上，刺激是根据构成字母或文字的物理特点来进行描述的，包括某个字母的构成部件；在字母的加工水平上，视觉刺激是脱离了物理特征的更为抽象的特性予以描述的某个字母，不管是手写体还是印刷体，都能被识别为同一个字母；在词的加工水平上，一系列特征及字母会被识别为一个熟识的词，从而利用其所包含的各种属性，如拼写、发音、意义等。

（二）词的理解

在词的理解中，必须区分词的信息在记忆中的存储与提取过程，就像词中包含的词信息，以及我们如何找到该信息（即通过什么方式检索）。心理语言学家把词在长时记忆中的表征称为内部词典，即心理词典。

关于内部词典的组织，目前的主要观点认为它是以语义网络的形式建立起来的，语义网络由相互连接的要素组成，这些要素就是概念和节点，它们通过各种关系彼此连接起来。对于这些要素的连接方式则存在不同的观点。

1. 层级网络模型

层级网络模型认为，内部词典是按不同层级组织起来的，某些要素在网络中其他要素的上一层级或下一层级。如图 8-2 所示，柯林斯和奎利安认为，在词要素相关的分类及属性关系的网络中，类似词的概念被表征为不同节点（Collins et al.，1969，1970，1972）。分类关系涉及上位、下位和并列关系。而属性或特性关系表示网络中不同水平上的项目具有什么特征。他们假设存储语义信息的空间是有限的，所以信息最好只存储在网络中的一个地方，而且只存储在可能的最高节点。

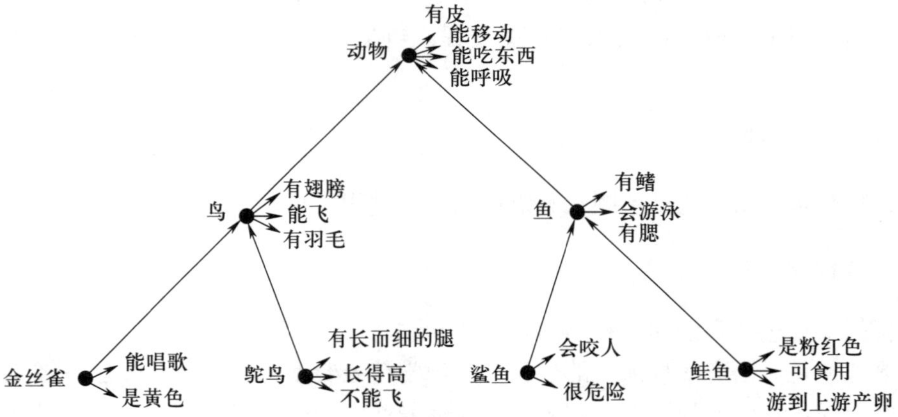

图 8-2 与动物相关的语义信息的层级网络模型
（资料来源：卡罗尔，2007）

2. 扩散激活模型

扩散激活模型在保留网络思想的同时，修正了层级网络模型的假设。柯林斯等人（Collins et al., 1975）假设内部词典中的词是在网络中被表征的，但其组织不是严格的层级，而是类似一个由相互连接的节点组成的网，节点间的距离是由结构特征所决定的，比如分类关系、是否具有典型特征、关联程度等。这一模型保持了层级网络模型中的某些观点，比如概念是相互联系的存储思想的节点，修正了所有关系都是平等的这一观点，认为使用频率、典型性等因素会影响节点的通达。在提取语义信息的过程中，这一模型认为，信息提取过程是由扩散激活引起的，激活从一个节点开始，平行扩散到网络中的每个角落，这种激活随着距离的增大而减弱，所以，关系密切的概念比关系较远的概念更容易被激活，在图 8-3 中，“交通工具”更容易激活的是“巴士”，而不是“消防车”。

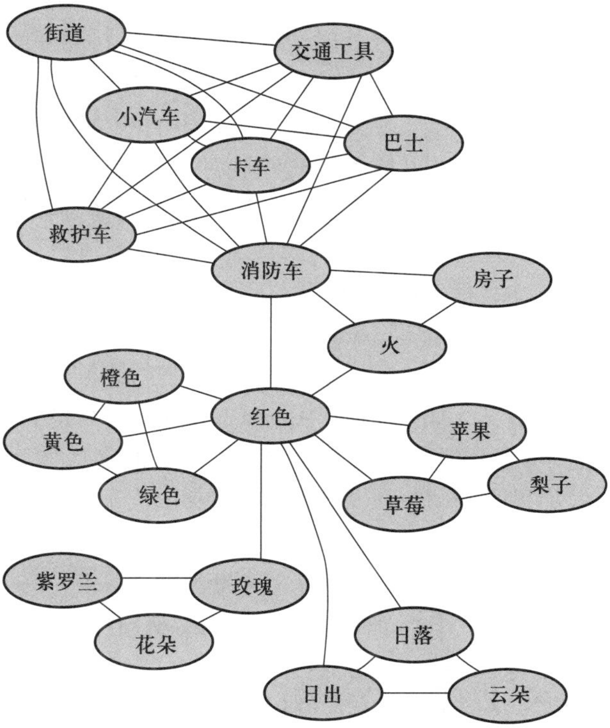

图 8-3　语义知识的扩散激活模型

（资料来源：卡罗尔，2007）

（三）句子理解

句子理解的第一步是语法分析，建立句法结构。对于句法加工在语言理解中的地位，存在两种不同的观点：模块化理论和交互作用理论。

模块化理论认为，语法分析最初是由句法模块执行的，句法模块不受上层情境变量如句子的意义或一般常识的影响。在句子理解过程中，句法加工是独立于语义和语境等加工过程的。

交互作用理论认为，在理解过程中句法和语义存在交互作用。其中，具有代表性的是基于制约的模型，该模型认为，在对句子进行语法分析的最初阶段，人们就会同时利用所有可获得的信息，包括句法信息、词汇信息、语篇信息，以及非言语信息和情境信息等（Tanenhaus et al.，1995）。在句子加工中，句法结构的建构是各种信息相互作用、相互制约与满足的结果。

（四）语篇理解

语篇理解是更贴近实际生活的主题，在现实中，句子一般不会单独存在，而是在语篇中出现，单句离开了语篇的语境往往是有歧义的和模糊的。语篇理解是在词语和句子理解的基础上，运用推理、整合等方式揭示篇章意义的过程。

通过推理，人们能够在语篇已有信息的基础上增加信息，或在语篇的不同成分间建立联结，激活并整合存储在工作记忆或长时记忆中的信息，帮助理解。语境对信息整合也十分重要，能够使读者把已有信息与当前信息相结合，从而促进理解。

语篇理解还需要有效使用图式。图式是语义记忆中的一个结构，它规定了一组信息及期望的排列方式。研究发现，当故事按图式组成时，人们较易理解。如果将故事的图式打乱，比如，将故事的主题放在情节后，被试读完故事的情节和结局后才能知道故事的主题，那么他们对故事的理解就会困难一些（鲁忠义，彭聃龄，1990）。语言理解中的一个重要问题是消除歧义。很多英语单词具有多重含义，我们如何得知该词在某个语句中代表什么意义？例如，英文单词 bank 的一个意思是“河岸”，另一个意思是“银行”；再比如，ball 的一个意思是“球”，另一个意思是“舞会”。当句子中出现这类单词时，听者需要消除词汇歧义。如果听到“He came from the bank.”这句话，怎么知道这里的 bank 代表什么？听者会根据上下文的语境来消除歧义，比如，刚才正在谈论的是“河”还是“钱”？如果听到“Jenny watched the ball.”这句话，这里的 ball 代表什么？同样，需要从上下文的语境中获得线索。例如，在“She catered the ball.”这句话中，动词 catered 帮助确定了这里的 ball 的适合意思为舞会——“她筹办了这场舞会”；在“The baby watched the ball.”这句话中，主语 baby 帮助提示，这里的 ball 的意思为球——“小婴儿盯着这个球”（Vu et al.，1998）。关于“The father of the girl and the boy will sing at the ceremony.”这个句子，存在结构歧义。你可以把它理解为“The father of the girl”和“the boy”将在典礼上演唱，也就是说，“The father of the girl”作为一个名词短语，“the boy”作为一个名词短语，二者又组成一个名词短语，作为整个句子的主语。另一种理解方式是“the girl and the boy”的爸爸将在典礼上演唱，也就是说，“of the girl and the boy”作为一个介词短语，修饰“father”。消除结构歧义同样需要利用上下文的语境。

二、语言生成

对于语言生成，研究者采用不同方法进行考察：一些研究者对自然状态下发生的语言生成失误进行细致和系统化的分析；另一些研究者在实验室条件下给予说话者或多或少关于说什么的具体指导（Carroll，2004）。有研究者将语言生成分为四个阶段：首先，将打算交流的信息概念化；其次，将这些思想形成语言计划；再次，通过语言系统中的肌肉执行语言计划；最后，对言语进行监控，评估它是否是我们打算表达的内容以及我们是如何表述它的（Levelt，1989）。

人们在说话时经常会出现口误，不少研究者利用口误来研究语言单位在语言生成中的作用（Fromkin，1980）。牛津大学曾有一位叫斯本内（W. A. Spooner）的博士，曾因说过很多类似这样的话而闻名："You have hissed all my mystery lectures. You have tasted a whole worm. Please leave Oxford on the next town drain.（你在我每节神话课上都发出嘘嘘声。你已经吃了整条虫子。请从城市的下水道里离开牛津吧。）"这段话是他向一个不听话的学生说的，其实他本来想说的是："You have missed all my history lectures. You have wasted a whole term. Please leave Oxford on the next down train.（我的历史课你总是缺席。你已经浪费了整个学期。请坐下一趟下行车离开牛津吧。）"这类口误被称作斯本内现象或首音误置，即一个短语或句子中两个或更多个词首音的互换。例如把"Come and look out of the window."说成"Come and wook out of the lindow."。这类似人们在汉语中把"枫叶红了"说成"红叶枫（疯）了"。大多数人都曾犯过类似的错误。当人们感觉到紧张不安或有压力时，就容易出现口误，例如在电视台表演节目时。另外，当人们感觉到疲倦、焦虑或醉酒的时候，也就更容易出现口误。

研究者通过考察口误，理解了说话者在产生语言时所作的计划。研究发现，说话者需要在多个不同水平上计划将要说的话，而口误可以出现在任一水平（Bock et al., 1994）。这些水平包括词汇选择、位置加工、音位编码等。在产生语言时，说话者必须选择最符合他们思想的内容词汇，如果他们想到两个意义相近的词，就可能发生混合错误。例如，如果说话者想到 stiff（艰难的）和 tough（艰苦的）这两个词，就可能会发生像 stough 这样的混合错误。说话者还必须把所选的词放在话语中正确的位置上。由于说话者在产生语言时会计划话语的全部单位，因此内容词有时会发生错位。例如把"You ended up ordering some fish dish."（你最终点了鱼。）说成"You ordered up ending some fish dish."。最后，说话者必须填满声音，这些声音组成他们想说的词。同样的，由于要事先计划，说话者有时会出现声音的错位。例如把"Go and take a shower."（去冲个澡）说成"Go and shake a tower."。

需要注意的是，口误的出现并不是随机的，而是有其内在规律和意义，是按照高度规则化的形式出现的。有研究者总结了关于口误的四个特征（Garrett，1975）：第一，互相影响的语言成分往往发生在类似的环境中，包括位置上的相似和发音的相似。例如："So while you do the cooking，Bill snovels show，does he?"（snovels show 应为 shovels snow）。在这里，词首的音段与其他词的词首音段发生了互换。通常，词的中部或结尾处的音段也容易和对应位置的音段发生互换。并且，当这些位置之前或之后的音段彼此之间在发音上比较相似时，互换更容易发生。第二，互相影响的那些成分在某些方面彼此相似，特别是，辅音总是和其他辅音而不会和元音发生互换，反之亦然。从已发表的研究报告来看，这个规律几乎没有例外。第三，即便口误产生了新的语言项目，这些新项目也是大致符合发音规范的。几乎每项口误研究都会指出，人们出现的错误表达极少违背所在语言系统中语音次序的约束。例如，在英语口误中，很少出现像 sd 或 sg 这样不合语言规则的词首。并且，当口误仍然导致了真词时，更容易发生互换现象。例如，与说 dart board 的口误（说成 bart doard）相比，说 darn bore 的口误（说成 barn door）更容易出现。因此，即使你的语言发生了错误，你的认知过程仍然在监督，让你不要说出不符合语言规则的词。第四，在口误中，发生相互作用的两个音节在重音上是相似的，例如，二者都是重读音节或二者都是非重读音节。

根据列维特（W. J. M. Levelt）的理论，语言生成分为四个阶段：第一阶段，将打算交流的信息概念化；第二阶段，将这些思想形成语言计划；第三阶段，通过语言系统中的肌肉执行语言计划；第四阶段，对言语进行监控，评估它是否是我们打算要表达的内容以及我们如何表述它（Levelt，1989）。

第一阶段和第二阶段负责形成思想并将思想转化成语言形式，对于形成语言计划的过程，存在两种不同的观点。第一种是弗罗姆金（Fromkin，1971，1973）和盖勒特（Garrett，1988）通过实验研究提出的序列模型，语言计划过程可被看作一系列阶段，每个阶段代表着语言计划的一种水平。与序列模型相对应的是并行模型，该模型假定在语言产生过程中，言语处理的各个层面是同时动作的（Bock et al.，1994；Dell，1985，1986，1988）。

第三阶段和第四阶段完成语言计划的执行和监控，从大脑传递到言语系统的肌肉，通过动作完成语言过程，在执行语言计划的过程中，如果察觉到失误，就中断言语并对自己进行修正。

□□□ 第四节 语言的发展

婴儿刚出生的时候是无法使用语言的。但是，如果我们与婴儿待在一起，就会发现他（她）经常发出各种声音。在语言出现之前，婴儿与成人的交流属于**前语言交流**（prelinguistic communication）。前语言交流是指通过声音、面部表情、手势、模仿和其他非言语的方式进行交流。例如，5 个月的婴儿会因拿不到一个球而哭泣，父母听到后会把球递给他；9 个月的婴儿在面临类似情境时，会向球的方向伸出手臂，父母就很容易理解他想要什么。

一、牙牙学语

在三四个月时，婴儿开始**牙牙学语**（babbling），即发出类似言语但是又没有意义的声音，大约持续到 1 岁。婴儿的牙牙学语是一种普遍存在的现象，所有文化下的儿童都会牙牙学语。而且，婴儿发出的声音并不是在模仿周围的成人说话，而是包含各种语言中的声音元素，包括从未在婴儿周围出现的声音。因此，仅从婴儿牙牙学语的声音，无法分辨这个婴儿是哪个国家的人。并且，即使是聋儿也会表现出牙牙学语，只不过他们是以反复打类似音节的手势来表达的。可见，在后天教育影响人类的言语之前，天性赋予我们发出广泛的、可能发出音素的能力。这些牙牙学语经常是元音的重复，例如以不同的音高重复 e-e-e；一段时间后，牙牙学语扩展到辅音和元音的组合，例如 ma-ma、da-da。

逐渐地，婴儿的牙牙学语开始与本文化特有的语音和语调相类似。大约 6 个月的时候，婴儿的牙牙学语开始反映出其所处文化的发声情况（Blake et al.，1992）。这个时候，发声差异非常明显，即便是没有受过专门训练的人，也能区分开不同文化下牙牙学语的婴儿（Oller et al.，1997）。并且，一方面，婴儿母语之外的音素在其发声中逐渐消失；另一方面，婴儿也逐渐丧失了辨别从未听过的声音的能力。研究表明，随着婴儿接触某一种具体语言，从听觉上区分非母语音节的能力迅速下降，直到最终只能区分来自母语的音节。在一项实验中，说印第安语的成人和 6 个月的出生于英语家庭的婴儿，都能轻易地分辨出印第安语中有而英语中没有的两个 t 音；但是，在大约 12 个月时，来自英语家庭的婴儿逐渐丧失了分辨二者的能力（Werker et al.，1993）。因此，如果不接触其他语言，人们就会对母语之外的其他语言中的话语语音产生功能性失聪（Pallier et al.，2001）。因而，在成年前只说英语的人无法分辨日语中的某些音素；类似地，没有受过英语训练的日本人也不能分辨出英语中 r 和 l 这两个音素的区别。

二、单词语阶段

在 1 岁左右时，婴儿开始进入**单词语阶段**（one-word stage）。不过，关于如何确定婴儿发出了第一个单词，研究者看法不一。一些人认为，当婴儿清楚地理解了单词，并能发出与成人所说的单词类似的声音时，就可以算作发出了第一个单词。例如婴儿用 mama 代表所有他想要的东西。但是，另一些研究者的看法更严格一些。他们认为，只有当婴儿对人、事件或物体进行了清晰和一致的命名时，才真正算是发出了第一个单词。例如，当婴儿跨越情境、一致地把 mama 这个词用在母亲身上而不是其他人身上时，才算是发出了第一个单词（Hollich et al.，2000）。无论如何，在婴儿发出第一个单词之后，词汇量会飞速增长。并且，婴儿在 12—19 个月时，会出现一次发展上的转变，其获得单词的速度从每周大约 2 个单词飞跃到每天将近 9 个单词（Hollich et al.，2000）。

三、双词语阶段

在 18 个月—2 岁时，婴儿进入**双词语阶段**（two-word stage）。这个时候，婴儿开始说由两个词组成的句子。婴儿在使用双词组合时，倾向于遵循特定的顺序，与本文化中成人构建句子的方式类似。例如“mama come”“big box”等。这个时期的语言有**电报式言语**（telegraphic speech）的特点，即语言如同电报一样简洁，省略了信息中不太重要的词语。在儿童语言发展中，似乎不存在三词语阶段。儿童一旦跨过了双词语阶段，在语言中就会很快出现较长的短语。这些短语尽管依然简洁，但是遵守语法规则。

儿童在这个时期的言语还有其他一些有别于成人言语的特点。一种表现是**泛化不足**（underextension），即用词过分局限，经常发生在刚刚掌握口头语言的儿童身上。例如，一名儿童把自己喜欢的一条毯子叫作 blankie，而不肯叫其他的毯子 blankie。这名儿童认为一个词只代表某个概念的一个特例，而不是指代该概念的所有实例，这就是泛化不足现象（Caplan et al.，1989）。

当儿童发展到能比较熟练地使用语言时，又会出现相反的情况——**过度泛化**（overextension），即过于宽泛地使用词语，过度推广了它们本身的含义。例如，一名儿童可能把卡车、公共汽车、火车等所有有轮子的物体都叫作小汽车。

四、语言习得理论

根据行为主义学者斯金纳的观点，语言与其他行为一样，是通过条件反射、强化、模仿等过程习得的。当儿童发出声音时，父母通过微笑、拥抱和回答，对那些很像单词的声音进行强化；晚些时候，当儿童说对了一些句式时，父母给予强化。儿童也可以通过模仿来迅速获得复杂的表达方式，说出符合词法和句法的短语和句子。强化和模仿也经常结合在一起来促进语言学习。

尽管儿童在语言学习中确实有强化和模仿的作用，但语言发展的很多现象难以用学习理论的规律来解释。例如，儿童可以非常迅速地获得语言规则，而且能够生成新的词组、句子和句法结构，但他们之前可能从未在周围环境中听到过这些。例如，一名儿童可能说“I hate you，daddy.”，这样的句子应该不是从父母处学会的。而且，儿童犯的许多错误都是由于过分归纳和沿袭语法规则，例如“My teacher holded the baby rabbits and we petted them.”。

语言学家乔姆斯基支持**先天论观点**（nativist approach），认为语言发展是由一种受遗传决定的、与生俱来的机制所引导的。根据乔姆斯基的看法，人们生来就具有学习语言的能力，这种能力随着人们发育成熟而自然地出现。他认为，语言发展与性成熟非常类似，只要给予足够的营养，它就会在儿童身上发生。乔姆斯基进一步认为，所有的人类语言都具有相同的语法建构模块，例如名词和动词、主语和谓语、否定句和疑问句等。即使是手势语，无论使用它的是中国的还是美国的听力语言障碍儿童，其在结构上也是相同的。乔姆斯基将所有语言中相似的内部结构称为**普遍语法**（universal grammar）。相应地，人脑中有一个被称作**语言获得装置**（language acquisition device，LAD）的神经系统，它既能让人们理解语言结构，又提供了一套用于学习儿童所处环境中语言的特定特征的策略和技术。正是由于有了先天的普遍语法，人们才能学会所听到的任何一种语言的**特定语法**（specific grammar）。乔姆斯基强调，人的语言习得能力如同一只箱子，这只箱子装有语言习得装备，儿童一旦接收和体验到语言，箱子里的语法开关就会立即打开。

像布罗卡区和韦尼克区这样的大脑语言区，以及大脑左半球是语言优势半球，都被看作对语言获得装置的支持。然而，人出生时的大脑似乎并不是完全偏侧化的，它有很大的可塑性：如果大脑左半球受到损伤，其他区域将接管语言功能。一项双胞胎研究发现，基因在决定儿童的语言学习速度上起着一定的作用（Plomin et al.，2000）；另一项研究表明，一种突变基因使得某个大家族中一半成员的语言学习能力受损（Lai et al.，2001）。这两项发现支持了乔姆斯基认为人脑中先天就植入了语言程序的观点。

[拓展阅读] 乔姆斯基语言天赋论的旁证

总之，乔姆斯基的先天论观点有一定的合理性，人类具有获得语言的独特生物倾向这一点已被人们普遍接受。但是，他的语言获得装置的生物基础还没有完全确定下来，并且儿童语言发展的很多现象无法很好地用语言获得装置来解释。

还有观点强调基因决定的内在倾向与帮助语言学习的环境之间的交互作用，称为**交互作用观点**（interactionist perspective）。现存的多种交互作用理论之间的共同点是：既接受先天因素对语言发展总体框架的塑造作用，又强调影响语言发展的社会环境。根据这些观点，天生的能力、与他人交往的强烈愿望以及丰富的语言和社会环境，共同帮助儿童建立了一套交流系统。儿童从与他人的社会交往中逐渐发现语言的规则和功能，并促成语言的出现和语言能力的提高。另外，基因和环境的相对贡献在儿童之间有所不同，交互作用观点认为语言习得也存在个体差异（Chapman，2000）。

五、语言习得的关键期

语言习得是否需要正常的语言环境？这种语言环境是否必须出现在特定的时间之内？对**野生儿童**（feral children）和**被隔离的儿童**（isolated children）的研究发现，在某个年龄段脱离正常的语言环境，之后即使经过专门训练，也很难获得正常的语言能力（Lane，1976；Curtiss，1981）。

□□□ 专栏 8-2

野生儿童和被隔离的儿童

野生儿童是指在荒野里长大的儿童，曾有一些研究者发现了与狼等野生动物一起长大的儿童。这些儿童往往没有言语，并且表现出很多动物习性。1797 年，人们在法国一处森林中发现一名男孩，人们把他带回文明社会，为他取名威克特（Victor）。威克特被发现时大约 12 岁，虽然他的听力正常并会发出某些声音，但是他没有言语。一名医生伊塔德一直希望把他训练成社会化的人并教会他使用语言，对他进行了长达五年的训练。在经过大量努力后，威克特学会把特定名称与特定物体关联起来。但是，他的语言能力进展得很慢。一些学者认为，威克特在被发现时已经错过了语言习得的关键期；要使语言正常发展，必须在一定的年龄之内接触语言。

被隔离的儿童是在与人类接触极其有限的条件下长大的儿童。一个著名的例子是一名叫珍妮（Genie）的女孩。从 20 个月开始，她就被亲生父亲捆在一个小房间里，被人们发现的时候已经 13 岁多了。在这十几年里，她的父亲从不跟她说话，房间里也没有电视和收音机，只要她发出一点声音，父亲就会暴打她。当人们发现珍妮的时候，她严重营养不良，完全不具备语言能力。在经过几年的专门训练之后，珍妮学会了大量单词，也能较好地理解会话，但是语法和交流技能仍然很有限。另一个被隔离的儿童叫伊莎贝拉（Isabella），她从小就被听力语言障碍的母亲剥夺了与人接触的机会，没人和她说话。伊莎贝拉被发现的时候大约 6 岁，智力水平却只相当于 2 岁儿童，也不会说话。经过一年多的训练，她的语言能力恢复得比较成功。

一些学者提出了**关键期假设**（critical period hypothesis），用于解释这类研究结果。这种假设认为，为了达到正常的语言发展水平，儿童必须在生命早期接触语言。在生命早期专门为习得语言准备的时期称为关键期。如果过了关键期，儿童获得语言的能力就会大大下降。很多研究者认为，随着发展，大脑中会出现一些神经变化，导致习得语言的能力减弱。通常的看法是这些变化发生在接近青春期时。

尽管不少研究者对关键期假设感兴趣，但检验这个假设的实证研究并不是很多。一些研究考察了人们学习第二语言的情况。在一项研究中，考察母语是韩语和汉语的被试，他们在 3—39 岁移民去美国，参加测试时在美国的生活时间为 3～26 年；另外，研究还安排了一组母语为英语的被试作为对照组（Johnson et al.，1989）。研究者给被试呈现一系列符合语法或不符合语法的英语句子，要求他们回答句子是否符合语法。结果表明，测试成绩与到达美国时的年龄有关：到达美国时年龄小的被试成绩优于到达美国时年龄大的被试（且这一效应与居住时间长短、动机、对美国人的认同等因素无关），如图 8-4 所示。在 3—7 岁到达美国的被试，成绩好于到达美国时年龄较大的被试，并且前者的英语水平与母语为英语的美国人没什么区别。到达美国时的年龄与语法测试成绩的相关数据表明：在 0—16 岁到达美国的被试，到达年龄与语法成绩之间有显著的负相关，相关系数为-0.87，即到达得越晚，成绩越差；而在 16—40 岁到达美国的被试，到达年龄与语法成绩之间没有相关。这一结果支持语言获得的关键期假设，表明关键期假设也适用于第二语言获得。

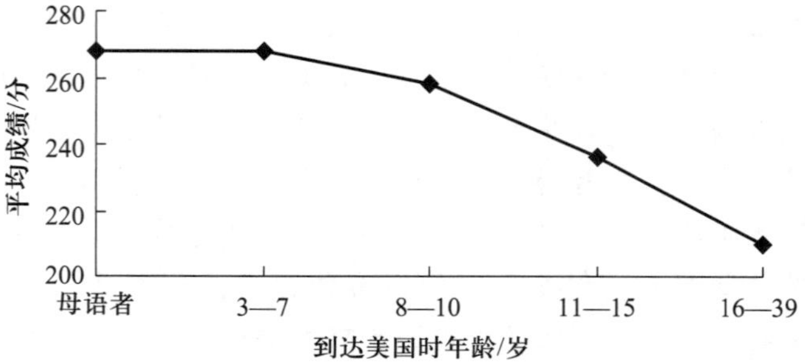

图 8-4 到美国时的年龄与英语语法测试成绩

（资料来源：Johnson et al.，1989）

不过，并非所有研究者都支持语言习得中有一个关键期的观点。尽管多数人赞成：年龄越大，学习一门新语言就越困难。但是，人们主要的分歧在于与年龄有关的语言和第二语言习得的衰退是逐渐发生的还是突然发生的。在一项研究中，研究者分析了美国人口普查数据，选择在美国至少居住了 10 年的来自非英语国家的移民作为研究对象（Hakuta et al.，2003）。人口普查表格要求人们按照从“完全不会”到“非常好”的等级来评估自己的英语能力。根据关键期假设的预测，如果以第二语言成绩为因变量、移居年龄为自变量进行回归分析，那么在关键年龄点两侧的回归线应该显著不同。这项研究的结果表明，随着移居年龄从婴儿期到儿童期再到成年期，其英语的熟练程度明显下降。但是，在 15 岁前后并没有明显的突变，下降是逐渐的。可见，获得第二语言的能力并非在某个年龄点后急剧下降，而是逐步下降。

六、汉语儿童语言获得规律

自 1955 年起，我国学者许政援就开始采用录音、录像等方法，对 3 岁前儿童的语言发展进行追踪研究。其研究结果表明，3 岁前儿童的语言发展是一个连续的、有次序的和有规律的过程，可以分为六个阶段（许政援，1996）：① 简单发音阶段（从出生到 3 个月），发出 a、ai、ou 等音；② 重复连续音节阶段（4 个月到 8 个月），发出

da-da-da、a-ma-ma-ma 等音节；③ 不同连续音节阶段——学话准备期（9 个月到 1 岁），发出 a-jue-lu-bi 等音节；④ 单词句阶段——正式开始学话（1 岁到 1 岁半）；⑤ 简单句阶段——掌握最初的语言（1 岁半到 2 岁）；⑥ 复合句开始发展的阶段——掌握最基本的语言（2 岁到 3 岁）。另外，从儿童掌握词的过程以及词类变化和抽象词类的过程可见，汉语儿童语言的发展是从具体到抽象的发展过程（许政援等，1992）。例如，从儿童掌握人称代词的规律来看，他们最初在成人使用代词的语境中，总是使用直称（名字、身份称呼等）来指代自己和他人（1 岁半左右之前），这只需要具体的表象水平；而掌握代词“我”“你”“他”（1 岁半到 3 岁半期间逐渐掌握），则依次需要更高的抽象概括水平。并且，儿童掌握这些代词的顺序都是从“我”、“你”到“他”。

许政援将对汉语儿童语言发展的多次研究结果进行比较，并与国外心理学家对英语儿童语言发展的研究结果作比较，发现这些研究结果基本上是一致的：儿童在 1 岁前都是前语言的语音发展阶段；都是在 1 岁左右掌握最初的词；1 岁半左右处于简单句阶段；3 岁前掌握本民族最基本的语言（许政援，1994）。可见，儿童语言的获得具有普遍性。但是，儿童语言的获得与发展存在一些差异，即特殊性。这主要表现在语言获得时间的早晚和语言发展水平的高低上。例如，儿童掌握第一个词的时间有一定的个体差异，早晚可能相差几个月。综合分析儿童语言获得的研究资料，许政援（1994，1996）提出了影响儿童语言获得普遍性（共性）和特殊性（差异）的四个因素：第一个因素是语言本身。语言是一种符号，是反映客观世界的一种工具。人们所处的地区、社会虽然不同，但世界上的客观事物及其相互联系、人与人和人与物之间的关系，都有共同之处。因此，作为它们的反映的语言都有共性。这决定了儿童语言获得具有普遍性。但是，不同的语言之间存在着个别差异，即特殊性，如词汇变化和语法、句法上的差异等。第二个因素是人类所特有的大脑和言语器官。大脑中有关言语的区域以及人的言语器官都具有共性，影响并决定儿童语言获得的普遍性。但是，儿童言语器官的发育和认知的发展都有早有晚，二者在发展速度的匹配上也有所不同。第三个因素是儿童的认知发展。儿童获得语言需要以一定的经验和认知发展为基础，并且要有一定的抽象概括水平。儿童的认知是从具体到抽象不断地发展的，因而语言获得也是先具体后抽象，一步一步地发展起来的。但是，儿童的认知发展也存在某些个体差异，它们能促进或限制儿童语言的获得与发展。第四个因素是成人对儿童的言语教授和儿童相应的选择、模仿、学习，以及儿童本身在语言获得与发展过程中的抽象概括能力，即儿童的积极主动性和创造性。

□ 原理应用

关于语言的研究对学好语篇有怎样的启示?

在教学情境中，经常出现这样的情况：学生并不总是能够记住语篇最重要的要点。即使做了很大努力，有些学生仍然不能理解一些建构得不错的语篇。如果理解差，一般记忆也就差。他们记住的仅是一些孤立的细节，而且还不是重要的细节；这些细节和其他有内在联系的部分又不能连接起来。对语篇理解的研究表明，有助于我们提高理解和记忆的策略有以下五种：

(1) 语篇的主动加工。主动加工包括一系列认知活动，如将新信息与永久性记忆里的信息联系起来，就材料提出问题，写摘要和提纲，等等。如果被动地阅读和倾听材料，个体往往保存不了太多信息。

(2) 连接语篇中的命题。语篇的一个内在特征是句子内容的重叠和用已知信息引入新信息。学习语篇有序列的依赖性，如果没有完全理解（不是模糊理解）已知信息就试图去理解新信息，其结果必然不理想。所以个体在学习教材和讲义时，要寻找各个概念和命题之间的联系以提高加工水平，从而促进对命题的保存。

(3) 辨认要点。注意语篇的局部结构有助于理解和记忆，需要省略一些多余的信息，这样能促进对语篇的理解。

(4) 建立整体结构。在辨认和掌握要点的同时，个体还必须能够找出那些并没有明显标志的要点，并归纳出作者的图式。检验个体是否能成功地归纳出图式的好方法是写出语篇的摘要。这要求我们选择一些特定命题作为要点，并把某些个别命题归纳成一个更概括的陈述。把我们写的摘要和作者写的摘要相比较，我们就能知道自己所摘出的要点和作者的接近程度。当我们的能力不断提高时，就可以采取一些更为全局性的处理策略。

(5) 使理解活动和检测相适应。当个体学习语篇的方式和在检测时对语篇进行编码的方式相一致的时候，存储效果最好。

□ 复习与思考

1. 什么是语言？语言有哪些特征？
2. 语言的基本构成单位有哪些？
3. 什么是转换生成语法理论？
4. 语言的神经基础是什么？
5. 语言发展的关键期假设的内容是什么？你赞成这一假设吗？请简要陈述理由。
6. 试述在读出一段书上的文字的过程中，大脑皮质中发生活动的情况。
7. 语言生成的规律是什么？
8. 儿童的语言发展经历哪些阶段？哪种理论可以解释语言习得的规律？
9. 回忆本章内容，画出本章核心内容的概念图，与同伴进行交流分享后，加以完善。

□ 推荐阅读

［1］杨玉芳，2015. 心理语言学［M］. 北京：科学出版社 .

［2］齐沪扬，陈昌来，2020. 应用语言学纲要［M］. 陈昌来，殷祯岑，修订 .3 版 . 北京：中国人民大学出版社 .

第九章 情绪和情感

学习本章内容，将有助于你对以下问题的理解与思考：

- 什么是情绪？
- 情绪和情感有什么区别和联系？
- 人类到底拥有多少种情绪？情绪是怎样进行分类的？
- 情绪和情感在人类生活中具有哪些功能，扮演着什么样的角色？
- 海马、前扣带回、杏仁核、下丘脑在情绪的发生和整合中分别具有什么作用？
- 情绪的外周神经机制是什么？它们在情绪的产生中具有什么作用？
- 什么是表情？表情有哪些形式？
- 情绪的外周理论是什么？
- 情绪的认知-评价理论是什么？
- 试评述伊扎德等人的动机-分化理论。
- 请阐述情绪调节的类型和基本过程。
- 不同的情绪调节方式对个体身心健康有什么不同的影响？

我爱这土地

艾青

假如我是一只鸟，
我也应该用嘶哑的喉咙歌唱：
这被暴风雨所打击着的土地，
这永远汹涌着我们的悲愤的河流，
这无止息的吹刮着的激怒的风，
和那来自林间的无比温柔的黎明……
——然后我死了，
连羽毛也腐烂在土地里面。

为什么我的眼里常含泪水？
因为我对这土地爱得深沉……

这首诗是艾青在抗日战争时期写的，充满了对祖国深沉的情感。

情绪和情感时刻伴随着我们——个体自身的身心状态，生活中发生的事件，个体所处的环境，阅读的文学作品，欣赏的艺术和影视作品等，都可能唤起我们某种情绪和情感体验。情绪和情感是我们对客观现实的一种特殊的反应形式，它以个体的愿望和需要为中介，是个体对客观现实的态度体验和相应的行为方式。《我爱这土地》中所体现的爱国情感，正是人世间最深层、最持久的情感。情绪和情感无论是在人的生活中，还是在心理学的知识体系中都占有重要的地位。情绪和情感的发生有其独特的神经基础和生理表现，也是研究者进行理论和应用研究的热点之一。

□□□ 第一节 情绪和情感概述

情绪和情感在人的生活中无处不在，不仅影响着人的认知和意志过程，还塑造和改变着人的个性。

一、情绪和情感的含义

情绪和情感到底是什么呢？从 19 世纪以来，心理学家对此进行了长期而深入的研究，对情绪的实质提出了各种不同的看法。例如，机能主义把情绪定义为：情绪是个体与环境中的有意义事件之间互相作用的心理现象（Campos，1983）。阿诺德（Arnold，1960）和拉扎鲁斯（Lazarus，1960）认为情绪和认知评价是紧密联系在一起的，是对趋向知觉为有益的、离开知觉为有害的事物的一种体验倾向。这种体验倾向伴随着一种相应的接近或退避的生理变化模式。但是，由于情绪和情感的极端复杂性，研究者至今还没有得出一致的结论。当前采用较多的一种定义是，情绪和情感是有机体反映客观事物与主体需要之间关系的态度体验。情绪和情感由某种刺激（外在的刺激或内在的身体状况）作用于有机体而引起。也就是说，情绪和情感是以个体需要和愿望为中介的一种心理活动。当客观事物或者情境符合个体的需要和愿望时，就会引起积极的情绪和情感，如得到朋友的支持时会感到幸福和满足等。而当客观事物或情境不符合个体的需要和愿望时，就会引起消极的情绪和情感，如失去亲人时会感到悲痛，遭遇挫折时会产生愤怒，做错事情时会感到羞愧和内疚。我国的情绪心理学家孟昭兰（1987）在整合多种情绪理论的基础上指出，情绪是一种多成分、多维度、多水平整合的复杂的心理过程。情绪和情感的发生融合着生理和心理、本能和习惯、自然和社会等多种因素的综合作用。

当情绪和情感发生时，个体会出现什么样的变化呢？以愤怒为例，当感到愤怒时，个体会体验到独特的愤怒的主观感受，同时，个体会感到自己的心跳和呼吸加速、嘴唇发干、肌肉紧张，甚至会发抖。除这些明显的变化之外，身体还在发生一系列不易察觉的生理变化。所有这些反应都是为了动员躯体对引起情绪的来源做出反应。同时，内在的体验还会通过面孔、身体姿势和语音语调等多种途径表现出来，即通过表情进行外化。由此可见，情绪是一种多成分的复合过程，包括主观感受、表情、生理唤醒三种成分。

二、情绪和情感的区别和联系

在现实生活中，情绪和情感是紧密联系在一起的，但二者之间存在一些差异。

1. 从需要的层次来看

情绪更多地是与人的物质或生理需要相联系的态度体验。如当人的饥渴需要得到满足时会感到高兴，当人的生命安全受到威胁时会感到恐惧，这些都是人的情绪反应。而情感更多地与人的精神或社会需要相联系，如归属感和成就感就属于情感，当人对一个团队认同和信赖时会产生归属感，当人获得成功时会产生成就感。

2. 从反应特点的角度来看

情绪和情感的发生会伴随个体不同的反应特点。情绪具有情境性、暂时性、表面性与外显性，如当我们遇到危险时会极度恐惧，但危险过后恐惧会消失。而情感则是相对稳定、持久和深刻的，而且更加内隐。如父母对下一代殷切的期望和深沉的爱，一个人对另一个人产生的爱情，都是不容易受到具体情境的影响而发生变化的，体现了情感的稳定性、持久性、深刻性与内隐性。

3. 从个体发展来看

从发展的角度来看，情绪发生的时间早，而情感产生得比较晚。个体在出生时就有情绪反应，但没有情感。随着个体的发展和社会化，个体会逐渐具有更加深刻和内隐的情感，如道德感、成就感和美感等。

4. 从物种来看

有研究指出，快乐、愤怒、厌恶、恐惧、悲伤和惊讶这六种基本的情绪是人与动物所共有的（Ekman et al.，1982），而情感则是人所特有的，目前还没有证据表明动物具有归属感、道德感和美感等情感。

尽管存在一定的差异，情绪和情感之间还是彼此依存、相互交融的。稳定的情感是在情绪的基础上形成和发展起来的，没有情绪，就不会有情感；同时，不管多么深沉和内隐的情感都要通过情绪来表达。情感是情绪的进一步深化，情绪变化往往也反映了情感的深度，而且这个过程常常包含着情感。

三、情绪维度的理论

情绪的维度是指情绪所固有的某些特征，在不同的学者看来，情绪的基本特征是不同的，因而形成了不同的情绪维度理论。这些特征的变化具有两极性，情绪的每一个特征从一极到另一极是两种对立的状态。

（一）三维理论

冯特（Wundt，1896）提出的三维理论是最早的情绪维度理论。他指出，情绪由三个维度组成：愉快—不愉快、激动—平静、紧张—松弛。每一种具体的情绪都分布在这三个维度的两极之间的不同位置上。他的这种观点为情绪的维度理论奠定了基础。

普拉切克（Plutchik，1970）指出，情绪具有强度、相似性和两极性三个维度，并用一个倒锥体模型来说明三个维度之间的关系。如图 9-1 所示，这个倒锥体的顶部是八种最强烈的基本情绪——悲恸、惊愕、恐惧、倾慕、狂喜、警觉、大怒、极其厌恶；相邻的情绪是相似的，对角位置的情绪是对立的；每一类情绪中都有一些性质相似、强度依次递减的情绪，分别用不同深浅的颜色来表示，如强度略低于大怒的情绪有愤怒和恼怒。

（二）四维理论

美国心理学家伊扎德（Izard，1977）提出了情绪的四维理论，认为情绪有愉快度、激动度、紧张度和确信度四个维度。

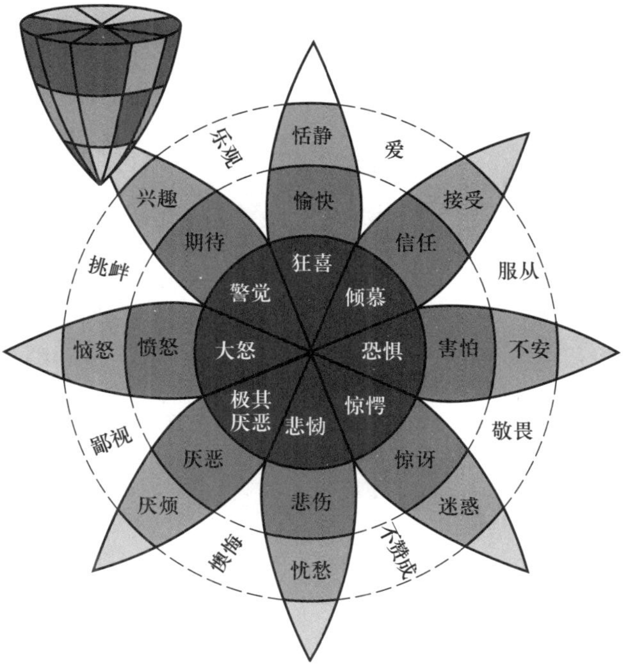

图 9-1　普拉切克的情绪维度理论

情绪的愉快度即一种理想的享乐状态，用于评估个体主观上所体验到的快乐。

情绪的激动度也称冲动程度，反映情绪体验的突然性，即个体对给定的情绪状态缺乏预期或准备的程度。

情绪的紧张度表示情绪的生理激活水平，表现为个体肌肉紧张和动作抑制等成分的激活水平，即肌肉紧张的程度（从紧张到放松）。情绪的紧张度还在语义和行为上反映了诸如肌肉张力增加和抑制情绪表达等现象。

情绪的确信度又称自信程度，表示个体胜任、承受感情的程度。在认知水平上，个体能报告对情绪的理解程度；在行为水平上，个体能报告自身动作对情境适宜的程度。

（三）二维理论

罗素（Russell，1980）使用情绪词评定的方法进行研究，指出情绪包含两个基本的维度：效价和唤醒。效价指的是情绪的愉悦度，即一种情绪给人带来的感受是愉快的还是不愉快的。唤醒指的是情绪的强度。不同类型的情绪和情感围绕着这两个维度分布在一个环形的情感空间中，形成情绪环形结构（见图 9-2）。根据这两个维度可以建立情绪两极模型（见图 9-3），得到四种不同类型的情绪：高强度的愉快情绪、低强度的愉快情绪、高强度的不愉快情绪和低强度的不愉快情绪。

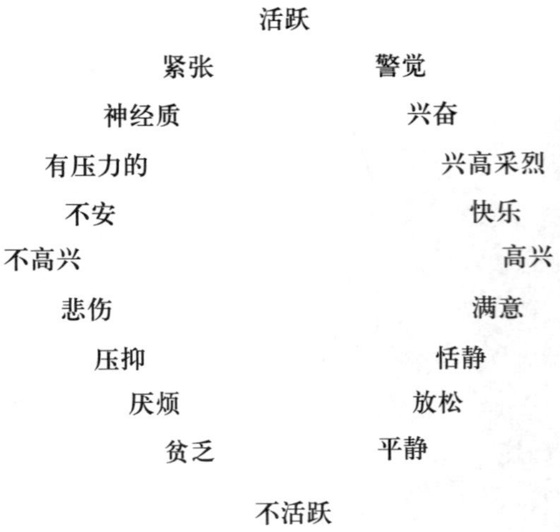

图 9-2 情绪环形结构

（资料来源：Barrett et al.，1999；Russell，1980）

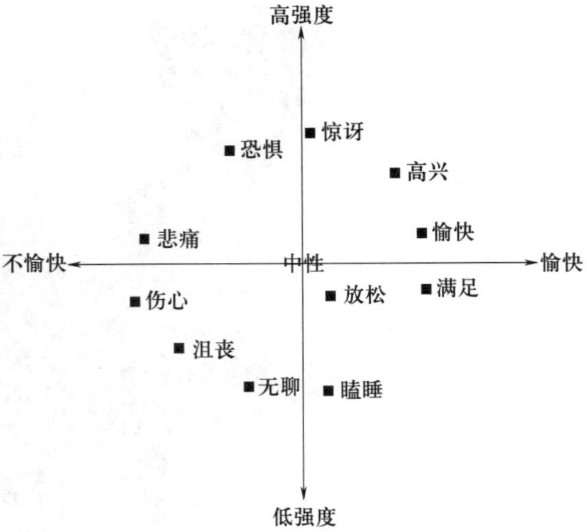

图 9-3 情绪两极模型

华生和特勒根（Watson & Tellegen，1985）提出积极情绪与消极情绪的双变量模型，指出积极情绪和消极情绪是两个不同的变量，彼此独立，就像“重量”和“身高”是两个不同维度一样，每个变量都可以不受另一个变量的影响，单独经历从“无”到“有”再到“最强”的各种水平。根据他们的理论，个体可以同时感受到积极情绪和消极情绪，如当面对不可预期的挑战时，个体就会同时体验到希望和恐惧两种不同性质的情绪。

四、情绪和情感的类型

（一）情绪的分类

情绪本身是非常复杂的，要对情绪进行准确的分类显得尤为困难。尽管心理学家提出了许多种情绪的分类体系，但是直到现在也没有任何一种方法能够为大家所普遍接受。总的来说，已有研究主要从以下两个角度对情绪进行分类。

1. 积极情绪和消极情绪

从情绪体验的性质和对人的活动的影响来看，情绪可以分为积极情绪和消极情绪两类。积极情绪是指个体由于来自体内外的刺激、事件满足了自己的需要而产生的伴有愉快感受的情绪，愉悦、高兴、爱等都属于积极情绪；消极情绪是指个体由于来自体内外的刺激、事件没有满足甚至伤害了自己的需要而产生的伴有不愉快感受的情绪，愤怒、厌恶等都属于消极情绪。有研究发现，大多数人一般情况下都处于比较积极的情绪状态之下（Diener et al.，1996），且人类的记忆具有一种积极偏差，当人们回忆过去的时候，会更多地回忆比较愉快的事情（Walker et al.，2003）。

2. 基本情绪和复合情绪

人类具有六种基本情绪：快乐、愤怒、厌恶、恐惧、悲伤和惊讶（Ekman et al.，

1982)。从演化的角度来看，这些情绪是人和动物所共有的，并且在发生上具有共同的模式，因此这六种情绪通常被看作基本情绪或者原始情绪。快乐是一种追求并达到目的时所产生的满足而舒畅的体验和感受，是具有正性享乐色调的情绪，会使人产生超越感、自由感和接纳感。愤怒是由于受到干扰而使人不能达到目标时所产生的挫折和不满的体验，当人们意识到某些不合理的或充满恶意的因素存在时，愤怒的情绪就会骤然发生。厌恶是一种反感的情绪，不仅耳闻、目睹、味觉、嗅觉、触觉或者想象会导致厌恶感，人的外表、行为甚至思想也会导致同样的结果。恐惧是企图摆脱、逃避某种危险情境时所产生的体验，引起恐惧的重要原因是个体缺乏处理可怕情境的能力与方法。悲伤是在失去心爱的对象或愿望破灭、理想不能实现时所产生的情绪体验，悲伤情绪体验的程度取决于对象、愿望、理想的重要性与价值。惊讶主要由事件的意外性引起。

在以上六种基本情绪的基础之上，可以派生、组合出众多的复合情绪，如乐观、爱、失望、懊悔等（见表9-1）。

表9-1 复合情绪及其构成

复合情绪	由哪几种简单情绪构成	相反的复合情绪	由哪几种简单情绪构成
乐观	期待+快乐	失望	惊讶+悲伤
爱	快乐+接受	懊悔	悲伤+厌恶
谦恭	接受+恐惧	轻蔑	厌恶+愤怒
敬畏	恐惧+惊讶	攻击	愤怒+期待

（二）情绪状态的分类

对于个体来说，情绪的表现形式就是情绪状态。依据情绪发生的强度、速度、紧张度、持续性等指标，可将情绪状态分为心境、激情和应激。

1. 心境

心境是一种具有感染性的、平稳而持久的情绪状态。

心境具有弥散性和感染性的特点。当一个人处于某种心境时，就会抱着同样的情绪看待周围的事物，似乎周围的事物都晕染上了这样的情绪色彩。当一个人心情愉快时，会觉得身边的人和物似乎都更加可爱；而当一个人处于悲伤之中时，则会出现“感时花溅泪，恨别鸟惊心”的感觉。总之，心境体现了“忧者见之则忧，喜者见之则喜”的弥散性和感染性特点。

心境往往不是特别强烈的情绪，而是一些强度比较低且比较平稳的情绪。一般来说，强烈的情绪往往在时间上不会特别持久，如狂喜和狂怒。但是在经历了一些强烈的刺激之后，个体往往会经历一段较长时间的低强度的情绪，即心境。心境可持续几个小时、几周或几个月，甚至一年以上。如经历了重要的成功之后，个体会长时间处于一种成就和愉快的心境当中，而亲人的亡故、离婚或者重大的失败会使个体在长时间内处于悲伤的心境当中。

2. 激情

激情是一种爆发快、强度大且时间短的情绪体验。在突如其来的外界刺激的作用下，人会产生欣喜若狂、勃然大怒、暴跳如雷等情绪反应。在这样的激情状态下，人的外部行为表现比较明显，生理的唤醒程度也较高，因而容易失去理智，甚至出现不顾一切的鲁莽行为。因此，在激情状态下，个体要注意调控自己的情绪，以避免冲动性行为。

3. 应激

[拓展阅读] 应激的阶段

应激是指在意外的紧急情况下所产生的适应性反应。当人面临危险或突发事件时，身心会处于高度紧张的状态，引发一系列生理反应，如肌肉紧张、心率加快、呼吸变快、血压升高、血糖增高等。例如，当遭遇抢劫或猛兽袭击时，人就可能会产生上述生理反应，从而积聚力量进行反抗。但应激的状态不能维持过久，因为这样会大量消耗人的体力和心理能量。若长时间处于应激状态，可能会因过度消耗而导致疾病的发生。

（三）情感的分类

道德感、美感、理智感被认为是高级的社会性情感，因为这些情感包含人类独有的社会意义，反映人们个体生活和社会生活的一致性以及人们的精神面貌，调节人们的社会行为。

1. 道德感

道德感（moral feeling）是根据一定的道德标准在评价人的思想、意图和行为时所产生的主观体验。如对符合道德准则的行为感到敬佩、赞赏或自豪，对不道德的行为感到厌恶、愤恨或内疚等。道德感具有明显的社会历史性和阶级性，不同的时代、不同的社会制度、不同的民族、不同的阶级，具有不同的道德规范和道德标准，因而其道德感是不同的。在我国，道德感是与现阶段社会主义的道德规范和标准相联系的，是与社会主义核心价值观相联系的，是与中华传统美德相联系的，体现为对国家、对民族的崇高使命感和强烈责任感。

2. 美感

美感（aesthetic feeling）是根据一定的审美标准评价事物时所产生的情感体验，包括自然美感、艺术美感和社会美感。美存在于大自然之中，辽阔的海洋、壮丽的河山、蔚蓝的天空、秀丽的田园，等等，都有自然之美。美又存在于艺术作品之中，引人入胜的绘画、巧夺天工的雕塑、匠心独具的建筑、动人心弦的乐章，都蕴含着艺术之美。美还存在于人类自身之中，秀丽的相貌、轻盈的体态、高尚的品德、模范的行为，都体现着人类自身的美。美感来源于现实，是对客观现实美的反映。

美感的成分非常复杂。但从主观体验来看，它具有两个明显的特点：① 美感是一种愉悦的体验。大自然的美景使人心旷神怡，高尚的行为使人在震惊中享受美的愉悦，喜剧艺术使人在笑声中享受美的欢乐，悲剧艺术使人在悲哀、痛苦，甚至流泪的同时享受美的感受。② 美感是一种倾向性的体验。美感表现为人对美好事物的肯定，促使人一而再、再而三地去欣赏它，对它感到迷恋。

美感受多方面因素的制约。如果一个人对某种事物缺乏必要的审美能力，即使这个事物很美，他也不会产生深刻的美的体验。美感既有共同性，又有差异性。不同的历史时期、不同的地区、不同的民族、不同的阶级，有着不同的审美标准，因而对同一事物也有着不同的美的体验。中华优秀传统文化是培育中华美育精神的沃土，在锻造人们的心灵情感方面具有独特的优势。扎根时代生活，充分挖掘中华优秀传统文化中的美，增强文化自信自强，是新时代我国社会的美感源泉。

3. 理智感

理智感（rational feeling）是在智力活动中，在认识和评价事物时所产生的情感体验，它总是与人的求知欲望、认识兴趣、对解决问题的需要、对真理的追求相联系。理智感体现着人对自己智力活动过程中出现的新现象、新成果而产生的欣喜感、求知欲、好奇、迟疑、惊讶等。在智力活动中发生、发展起来的理智感，对人的智力活动也是一种新的动力。对知识的热爱、对自己专业的热爱，可以促使人去克服智力活动中的各种困难和障碍，锲而不舍，并从中体验到真正的幸福感、成功感。

五、情绪和情感的功能

试想一下，如果人类只有认知能力，而没有喜怒哀乐等情绪和情感，生活会变成什么样子。为什么我们会有情绪？情绪对我们究竟有什么作用？下面将介绍情绪和情感的功能。

（一）情绪和情感是适应环境的心理工具

情绪和情感是生物生存适应的一种重要方式。在漫长的物种演化历程中，情绪和情感已经成为不同物种适应环境的重要工具。例如，消极情绪对个体提高生存适应性有直接的意义，厌恶让个体远离那些腐败和有毒的食物，恐惧让个体对天敌产生快速的逃避反应，等等。积极情绪在物种的联盟、亲子的照顾关系中发挥着重要的作用。

情绪和情感同时也是个体发展过程中不可替代的适应环境的方式，尤其是人在早期发展阶段赖以生存的手段。婴儿出生时，既没有独立生存的能力，也不能使用语言，只能以情绪来传递信息，与成人进行交流，表达自己的需要。成人也正是通过婴儿的情绪反应，为婴儿提供各种生活条件。即使是成人，有时也需要用情绪来表达自己的生存状况，如通过愉快表示处境良好，用痛苦表示处境困难。

（二）情绪和情感的动机和唤醒作用

情绪和情感是动机的源泉。例如，如果没有积极情绪，我们将没有兴趣做任何事情。如果没有恐惧的情绪，我们就不会奋力求生；如果没有对成功的期待，我们就不会努力付出。情绪和情感为我们的行为提供动机，并使我们处于一定的唤醒水平中。情绪和情感的动机和唤醒作用表现在以下两个方面：

一是，情绪和情感能够放大生理内驱力的信号，驱动人们的行为。日常生活中，像饥饿、干渴、呼吸、性欲等所引起的紧迫感，是驱动个体行为的动力。如人在缺少食物的情况下会产生摄食的生理需要，这种生理驱力可能没有足够大的力量去发动和维持觅食的行为。但是，这时人们产生的恐慌和急迫的情绪会放大和增强内驱力，使之成为个体觅食行动的强大动力。

二是，适当的情绪和情感的唤醒是人从事一定活动的必要条件，可以使人的身心处于活动的最佳状态。赫布（Hebb，1955）指出，情绪唤醒水平和工作绩效之间存在倒U形曲线的关系。根据这一曲线，情绪和情感的唤醒水平过低或者过高都会损害工作绩效。如果个体的唤醒水平过低，就会感到慵懒，没有动力去做出某种行为；而如果个体的唤醒水平过高，则会对认知产生瓦解和破坏的作用，进而影响工作绩效。

（三）情绪和情感对认知的作用

已有研究证明，情绪状态可以影响注意、学习、记忆、社会判断、推理和创造力等多种认知过程。有研究者发现，人们会有选择性地提取和加工与当前情绪一致的信息。处于愉快的情绪状态下，个体更容易回忆起令自己愉快的事情，更倾向于注意积极的环境信息，对事物做出更加乐观的判断和选择；处于消极的情绪状态下，个体更容易回忆起那些令自己不开心的事情，更倾向于关注消极的环境信息，并做出悲观的判断和选择（Johnson et al.，1983；Eysenck，1992；Raghunathan et al.，1999；Lerner et al.，2000；朱诗敏，等，2009）。

情绪和情感还影响认知策略和风格。在积极的情绪和情感状态下，个体倾向于使用启发式的加工策略，较少注意加工对象的细节，并倾向于付出较少的认知努力；而在消极的情绪和情感状态下，个体倾向于使用系统的加工策略，更关注细节（Hertel et al.，2000）。

除此之外，研究者越来越重视积极情绪的作用。积极情绪使个体产生接近或趋近的倾向，从而促进活动的连续性。在积极情绪状态下，个体会产生趋近和探索新事物的倾向，主动与环境保持互动和联系（郭小艳，等，2007）。有研究者（陈晓宇，等，2022）发现，积极情绪可以提高被试的场景学习能力，进而促进对全新场景的学习。积极情绪还可以增强个体认知灵活性、提高言语流畅性，有助于克服功能固着并优化问题解决的策略。弗雷德里克森提出的积极情绪扩展和建设理论指出，诸如快乐、兴趣、满意等积极情绪能扩展个体的注意和思维活动的范围（Fredrickson，2001；Fredrickson et al.，2005）。一般来说，消极情绪会缩小个体注意和思维的范围，让个体在特定的情境下只产生某些特定的行为，动员个体的身体能量应对特定的环境挑战；积极情绪能在一般条件下促使个体冲破一定的限制而产生更多的思想，扩大个体的注意范围，增强认知灵活性，更新和扩展个体的认知地图。

（四）情绪和情感的社会功能

情绪在社会活动中具有非常重要的功能，时时刻刻都在调节着人际关系。其作用可以概括为两个方面：

一是，情绪和情感是人际信号。例如，情绪通过表情表现出来，能够在人们之间发挥传递信息和沟通思想的功能，如微笑代表接纳，而愤怒往往代表攻击和拒绝。个体往往能够通过他人的表情决定自己的社会行为。

二是，情绪和情感调节着人与人之间的亲疏远近。例如，爱和愉快等情绪和情感会拉近个体和他人的距离，而厌恶和恐惧等情绪和情感则会使个体对某些人避而远之。

（五）情绪和情感调节和影响健康的功能

科学研究证明，积极的情绪和情感使交感神经系统开始活动，肾上腺素和去甲肾上腺素分泌增多，使个体心率加快、血压升高、肌体充满活力，个体处于整装待发的状态。如果出现的是恐惧、焦虑等消极情绪，个体消化腺的活动和肠胃蠕动会受到抑制，从而导致消化不良、食欲不振等。长期的紧张和恐惧情绪会使个体的自主神经错乱，引发神经症；影响肛肠系统，出现腹泻、便秘；影响心脏血管，出现心跳加速、血压升高、呼吸困难等。由此可见，情绪状态紧密地关乎个人健康。

□□□ 第二节　情绪与脑

大量研究表明，情绪是由大脑中的回路控制的，这些中枢整合加工情绪信息，并产生情绪行为。随着神经成像技术的快速发展，包括以电信号为基础的方法，如脑电（EEG）、事件相关电位（ERP），还有以功能成像为基础的方法，如正电子断层扫描术（PET）、功能性磁共振成像术等，研究者将这些技术广泛应用于各种心理行为机制的研究中，不仅能更准确地测量大脑的结构，还能更精确地了解大脑处理信息的过程。这些技术的发展，也催生了当代情绪研究的一门前沿学科——情感神经科学（affective neuroscience）（马庆霞，等，2003）。

一、情绪的脑中枢机制

情绪是一个古老的系统，其发生的核心部位主要位于大脑皮质下面。但是，情绪的发生和整合离不开整个大脑皮质的调节和控制。包括杏仁核、海马、前扣带回和下丘脑在内的边缘系统，以及网状结构和大脑皮质，都会参与情绪的整合和加工。

（一）边缘系统

边缘系统指的是边缘叶以及与其有密切组织学联系并位于附近的神经核团，包括前扣带回、眶回、胼胝体下回、梨状区、海马、杏仁核、隔区、下丘脑、乳头体等脑区和神经核团。边缘系统的功能非常复杂，除嗅觉功能外，主要参与摄食行为、性行为、情绪反应、学习记忆及内脏活动等的调节。自帕佩兹（J. W. Papez）提出以边缘系统为中心的情绪神经环路——Papez 环路以来，人们开始认识到边缘系统对情绪的重要性。麦克林（P. D. Maclean）发展了帕佩兹的情绪学说，系统地提出了边缘系统的概念。

海马是边缘系统的重要组成部分，在情绪调节中非常关键。那些患有创伤后应激障碍和抑郁症的病人海马体积显著减小（Rusch et al.，2001）。戴维森（Davidson，2000）等人提出，海马在情绪行为的情境调节中起关键作用。海马受损伤的个体常常在某些情境中表现出不适当的情绪行为。

前扣带回在情绪反应中也具有重要的作用。布罗迪（Brody，2001）等人在使用 PET 技术进行的研究中发现，焦虑症状的减轻与腹侧前扣带回的激活水平降低有关，心理疾病症状的改善与背侧前扣带回的激活水平提高有关。米勒和科恩（Miller & Cohen, 2001）强调了前扣带回在冲突监控中的作用。

杏仁核对于消极情绪的体验和评估具有重要的作用，特别是对于识别威胁或危险线索是非常重要的。给正常被试呈现消极的面部表情照片或者令人厌恶的嗅觉和味觉刺激也会激活杏仁核。杏仁核损伤的病人不能识别恐惧的面部表情，也不能识别恐惧和愤怒的声音，他们对厌恶刺激的反应也存在异常。

下丘脑也是边缘系统的组成部分之一，且在情绪的发生中起着重要的作用，表现在两个方面。第一，下丘脑是愤怒情绪产生和整合的关键部位。心理学家坎农（Cannon, 1925）发现，切除猫的大脑皮质后，猫会表现出怒吼的攻击性行为。这种不伴有情绪体验、与环境不相符的愤怒的表情行为表现称为**假怒**（sham rage）。许多实验证明，只要破坏边缘系统皮质以及大脑皮质与下丘脑之间的联系，使下丘脑脱离大脑皮质的抑制性调节，个体就会出现过度的情绪反应。电刺激下丘脑前区，也会导致假怒现象。第二，奥尔兹（Olds, 1954）使用“自我刺激”的方法，发现在下丘脑、边缘系统和丘脑的许多地方都存在着“快乐中枢”和“痛苦中枢”，其中以下丘脑最为明显。实验者在大鼠的下丘脑背侧埋上电极，另一端与电源开关相连接。对于一些部位，大鼠按一下杠杆、脑内就受到一次短暂的电刺激。大鼠似乎在追求这种脑内的电刺激，一旦它偶然按下杠杆、脑内受到一次短暂的电刺激后，就会不断地反复按压杠杆，甚至不吃不喝，连续数小时，最高可达 5 000 次/h。这些部位被称为“快乐中枢”。而对于另一些部位，大鼠则会通过按压杠杆去阻止这种电刺激，这些部位被称为“痛苦中枢”。研究发现，在人类的大脑中也存在“快乐中枢”和“痛苦中枢”。

（二）网状结构

第二章对网状结构做了介绍，它位于脑干、两耳之间，对维持大脑皮质兴奋水平、保证人处于清醒状态有重要作用。

网状结构在情绪的产生中起着兴奋和激活的作用。林斯里（Lindsley, 1951）在其情绪激活学说中突出强调了网状结构的作用。他指出，从外周感官和内脏组织传导而来的感觉冲动通过传入神经纤维的旁支进入网状结构，在下丘脑被整合并扩散，使间脑兴奋，从而激活大脑皮质。激活的作用包括一般的警醒和注意、促进行为和反应，也包括使情绪激活和突出。

有人推论，某些情绪障碍可能是由网状结构的失常引起的。例如，抑郁症患者情绪低沉、淡漠，对一切都无兴趣，内心体验极为贫乏；在行为表现上，他们面无表情，沉默不语，不吃、不喝、不动等。这些表现可能和网状结构的机能减弱或破坏有关。

（三）大脑皮质

20 世纪 60 年代以来，心理学家越来越倾向于接受大脑皮质是情绪的最高控制机构的观点，情绪不是某一个脑区单独活动的结果，而是不同脑区协同活动的结果。

研究者发现，对情绪和大脑皮质的研究成果首先表现在大脑的左右两半球具有不对称的情绪功能：大脑的左半球在积极情绪活动中占优势，左半球受损的病人会表现出持续和过多的哭泣行为；大脑的右半球在消极情绪活动中占优势，右半球受损的病人会表现出更多的愉快情绪（Davidson，1982）。

研究者还发现前额叶皮质在情绪的发生和整合中具有重要作用。米勒和科恩（Miller et al.，2001）提出了一个综合的前额叶机能理论，指出前额皮质能够帮助个体维持目标，并制订达到目标的手段和方法。灵长类动物的前额皮质可分为三个部分：背侧前额叶、腹内侧前额叶、眶额皮质。腹内侧前额叶与对未来积极情感结果和消极情感结果的预测有关，该部位损伤的病人不能预测当前的事件会带来积极的结果还是消极的结果（Bechara et al.，1994）。

二、情绪的外周神经机制

情绪产生时会伴随一系列的生理反应，它主要由自主神经系统和内分泌系统活动的改变而引起（Hamm et al.，2003；孟昭兰，1989）。

（一）自主神经系统的情绪生理反应

自主神经系统的活动会导致个体心血管、皮肤电、肠胃和瞳孔的活动发生变化（Cacioppo et al.，2000）。自主神经系统包括交感神经系统和副交感神经系统，二者的功能是互相抗争的。一般来说，交感神经系统倾向于增强生理唤醒，使有机体为下一步的活动作好准备；而副交感神经系统则抑制个体的活动，使有机体重新回到平衡状态。自主神经系统在情绪活动中起着重要作用。在大多数情况下，情绪的生理反应表现为交感神经系统活动的相对亢进。例如，在动物发动防御反应时，可出现骨骼肌血管舒张、皮肤和内脏血管收缩、血压升高和心率加快等交感活动的改变。这些变化可使各器官的血流量得到重新分配，使骨骼肌获得充足的血液供应。在某些情况下，情绪的生理反应也可表现为副交感神经系统活动的相对亢进，如食物性刺激可增强消化液分泌和胃肠道运动，性兴奋时生殖器官血管舒张，悲伤时则表现为流泪等。

（二）内分泌系统的情绪生理反应

情绪发生和维持的过程中会涉及多种激素的反应（Maier et al.，1998）。例如，在由创伤、疼痛等原因引起的痛苦、恐惧和焦虑等的情绪生理反应中，血液中的促肾上腺皮质激素和肾上腺皮质激素浓度明显升高，肾上腺素、去甲肾上腺素、甲状腺激素、生长激素和催乳素等浓度也升高；又如情绪波动时，往往出现性激素分泌紊乱，并引起育龄期女性月经失调和性周期紊乱。

[拓展阅读]
消化性溃疡的成因与情绪

三、情绪的唤醒模式

任何情绪都伴随着自主神经系统的反应，即具有一定的唤醒模式。当情绪发生时，个体的心电、指脉、皮肤电、呼吸等生理指标的变化存在一定的普遍性和规律性，可以作为情绪唤醒水平的指标。但是研究者在不同情绪是否对应特定反应模式的问题上一直争论不休。以詹姆斯为代表的研究者认为，情绪的唤醒模式是特异性的，每一种情绪都有自己独特的唤醒模式；而以坎农为代表的研究者认为，不同情绪的生理激活模式是一样的。对这个问题进行了大量研究后，持不同观点的研究者似乎都能找到支持性的证据。不同情绪的唤醒模式有很多相似之处，同时又有各自的特点。

无论是愉快情绪还是不愉快情绪都会比中性情绪引起更多的皮肤电反应（Hamm et al., 2003）。艾克曼（Ekman，1978）用表情反馈的方法诱发了被试的愉快、愤怒、惊讶、恐惧、悲伤和厌恶情绪，发现不同情绪的生理反应既有共同点也有不同点。愤怒和恐惧会使得被试的心跳加速，但是当个体处于愤怒的情绪时，个体的皮肤温度会升高，而个体处于恐惧的情绪时，个体的皮肤温度会下降，同时恐惧比愤怒会引起更多的心血管收缩。

研究者还试图用神经化学的方法来证明自己的观点。有研究发现，自主神经系统的神经节中的受体似乎除对乙酰胆碱敏感外，对别的物质也很敏感，这似乎说明自主神经系统可能对大量的情绪性的神经递质产生反应（乔建中，2003）。

□□□ 第三节 情绪的外部表现——表情

情绪体验是通过**表情**（emotional expression）体现出来的，而且我们的表情无时无刻不在透露我们内心情绪的秘密。当情绪发生的时候，人的面部表情、声音声调、身体姿态都会发生一系列变化，或捶胸顿足，或面红耳赤，或喜笑颜开，或目光闪躲……这些就是人类的表情。

一、表情的形式

表情是情绪活动的外部表现，包括面部表情、姿态表情、语调表情三种基本的形式，同时也有研究者将人际距离看作一种特殊的表情。

（一）面部表情

[拓展阅读]
我能读懂你的面部表情

面部表情（facial expression）是当情绪和情感发生时，面部肌肉变化所组合成的形式，包括眼部肌肉、颜面部肌肉和口唇部肌肉。面部表情反映了个体内心的情绪体验，如人们能通过眼神表达赞成或反对，而用“咬牙切齿”等表情表达内心的憎恨等。

现代情绪研究指出，有些情绪具有特异化的表情模式，如高兴时额眉平展、面颊上提、嘴角上翘等。人脸的不同部位具有不同的表情作用，如眼睛对表达忧伤、口部对表达快乐和厌恶很重要；愉快、感兴趣等积极情绪能够增加面部肌肉的活动，发怒、沮丧等消极情绪主要引起前额区和眉间的活动；真笑时，面颊肌肉上升，眼周围肌肉堆起，大脑左半球脑电活动增加；假笑时，仅嘴唇肌肉活动，左半球的电活动没有明显变化。甚至许多表情有特异的表情肌运动，如当个体体验悲伤情绪时，能够在其皱眉肌处记录到肌肉电流（Lang et al., 1993），而提唇肌上提则是厌恶表情最具有代表性的肌肉活动（Chapman et al., 2009）。面部表情模式能够精细地表达不同性质的情绪和情感，是鉴别情绪的主要标志。艾克曼（P. Ekman）是著名的表情研究者之一，他的表情编码系统能够区分 80 块面部肌肉，为定义面部表情提供了精确的方法和非常有用的工具。

面部表情是与生俱来的，还是后天习得的呢？艾克曼发现，对于所有人来说，表情的意义是一致的。研究人员将快乐、恐惧、惊讶、愤怒、恶心和悲伤的图片展示给世界各地不同文化背景下的被试，发现来自10个不同国家的人对30张表情图片的辨认和理解呈现出高度一致性。艾克曼的研究验证了达尔文关于表情的早期假设，即生活在不同文化下的所有人都拥有大体相同的表情。

（二）姿态表情

姿态表情是指面部以外身体其他部分的表情动作，包括手势和身体姿势等，也称为**肢体语言**（body language）。人的姿态表情在情绪的表达中也具有重要的作用。例如，人在痛苦的时候捶胸顿足，愤怒的时候摩拳擦掌，得意的时候手舞足蹈，沮丧的时候垂头丧气，等等。手势的加强通常反映一种强调的心态，而身体某一部位不停地摆动则通常反映紧张的情绪。相对于面部表情和语调表情而言，姿态表情变化的规律性较难获取。但由于人的姿态变化会使情感表述更加生动，因而研究者依然对姿态表情的测量给予了强烈的关注。

（三）语调表情

语调也是情绪表达的一种重要形式。**语调表情**（intonation expression）指的是言语的声调、节奏和速度等方面的特点和变化。语调表情通过语音的高低、强弱、抑扬顿挫来表达说话人的情感。在人际交往中，语言是人们最直接的交流通道。通过语音和语调（如特殊的语气词、语调发生变化等），一个人很容易感受到对方情感的变化，就像“你真行”这句话，既可以表示真诚的赞赏，也可能是表示讽刺或妒忌的反语。情感语音研究目前主要侧重对情感的声学特征进行分析。语音中的情感特征往往通过语音韵律的变化表现出来（如当一个人发怒时，讲话的速率可能变快、音量变大、音调变高等），但也可同时通过一些音素特征（如共振峰、声道截面函数等）表现出来。

（四）人际距离

和上述三种表情一样，人与人之间在面对面的情境中不自觉地保持的距离，也包含了丰富的情绪信息，有的研究者将人际距离看作一种特殊的表情（张春兴，2009）。在个体周围似乎有一个气泡将人围在里面，这个气泡代表了个体设定的自己和他人之间必须保持的空间距离，即人际距离，它综合地反映了个体和他人之间的关系、个体的心理状态，也反映出个体所处的文化的特点。例如，在饭店吃饭时，如果有外人加入，会让人产生厌恶感和警戒心。如果你向某个人慢慢靠近，在靠近至某一点时，会让对方感到很不舒服，甚至会无意识地后退。有研究者（Kaleidoscope，1987）用摄像机拍摄下了他人侵入个体的人际距离的瞬间——身体发生颤抖，眼睛也出现一些细微的变化。这说明他人侵入个体的人际距离，会给个体造成心理上的压迫感。

霍尔（E. T. Hall）是人际距离研究领域的重要代表人物，长期以来他致力于研究人们如何利用空间和距离来表达思想和传递信息。他根据人际间的亲昵和疏远程度，提出了五种不同的人际距离，分别是：

① 亲近距离，指亲密朋友、父母、子女及情侣之间的人际距离，一般为0～45 cm。在这个距离范围内，交往的双方允许彼此身体接触，相互之间能嗅到彼此的气味、感觉到彼此身体的温度，并能轻声耳语。

② 个人距离，这是由亲昵关系向一般社会关系过渡的人际距离，一般为 45～120 cm。在这一距离内，交往双方允许彼此相互触摸，彼此可详细审视对方面部的细微表情。

③ 社会距离，这是一般的社会交往，如谈生意时常常保持的距离，通常为 1.2～3.6 m。这个距离也被称为礼貌距离，或者“非亲近距离”“安全距离”“外交距离”。

④ 公共距离，这是正式场合的交际距离，一般为 3.6～7.6 m。在此距离内交际，人们已嗅不到彼此的气味，也不能轻声耳语，要大声讲话。

⑤ 远距离，这是公众场合的交际距离，通常为 7.6 m 以上。常见于公众演讲等场合。

人际距离受到文化的影响，几乎所有文化都界定了对于不同关系的人来说，什么样的距离是恰当的（寸红彬，2004）。不同的文化，人们对人际距离的重视程度不同。德国人在公共场合为彼此留出的私人空间要比美国人的小。人们习惯了较小的身体距离，认为彼此挨得很近是很正常的事情。人际距离是跨文化交际研究的一个重要领域。不同国家的人们在交谈时，对双方坚持多大距离才适宜有不一样的看法，交谈双方身体接触的次数多少也因文化不同而各异。如果对不同文化中的人际距离理解错误，则会引起人际交往的障碍。在跨文化交际中，由于文化差异而造成的障碍是影响人际交往的最高层障碍，而语言差异只构成影响人际交往的最低层障碍。

二、情绪体验中感觉反馈的作用

当我们产生情绪体验的时候，会自然而然地产生相应的表情。那么，反过来，如果我们人为地做出某种面部表情是否会影响我们内心的主观情绪体验？这就涉及身体的感觉反馈活动和情绪体验之间的关系问题，这也是情绪研究者关注的热点问题之一。感觉反馈包括多种不同的形式，如面部反馈、声音反馈、言语反馈和行为反馈等（Hatfield et al.，2009）。

做出特定的面部表情能强化个体相应的情绪体验。艾森克及其同事（1983）要求被试模仿表情图片做出六种不同的面部表情——惊讶、厌恶、悲伤、愤怒、恐惧和快乐。当被试做出这样的面部表情时，他们也报告产生了相应的情绪。在另一个经典而有趣的研究中（Andréasson et al.，2008），研究者让被试用牙齿咬住小木棍，做出愉快的表情，或者用嘴唇衔住小木棍，做出不高兴的表情，结果在前一种情况下，被试报告了更多的积极情绪（见图 9-4）。

发出特定情绪模式下的声音也能够影响一个人的主观情绪体验。基本情绪和特定的音调模式、声音质量、节奏和停顿是紧密联系的。一般来说，和不高兴时相比，高兴时人们的声音波幅较小、振幅较大、速度较快。海特菲尔德（Hatfield，1995）假装测试

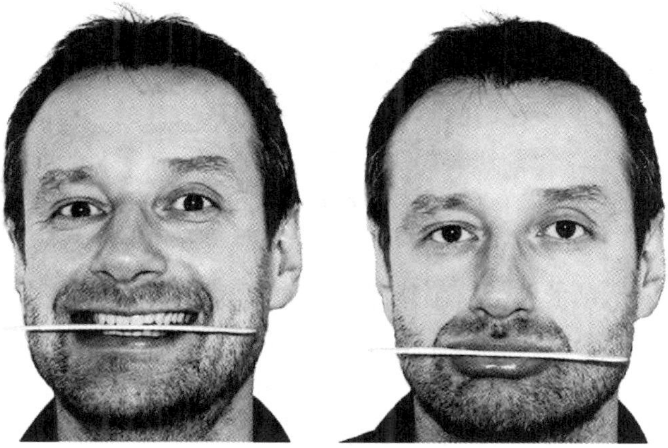

图 9-4　积极情绪和消极情绪的面部反馈
（资料来源：Andréasson et al.，2008）

电话的保真性能，要求被试模仿六种不同情绪状态下的声音（高兴、温柔、悲伤、恐惧、愤怒、中性），结果发现，模仿特定情绪状态下的声音将会导致被试报告更多的该情绪体验。

我们时时刻刻会通过一些细微的动作来表达我们的情绪。斯蒂帕尔（Stepper，1993）发现，坐直写字的被试报告有骄傲情感的比例更高，这是身体姿势反馈的典型例子。

第四节　情绪理论

情绪研究的历史和心理学的历史一样长。研究者从不同的角度出发，采取不同的切入点，选择不同的研究方法，使用不同的术语，形成了对情绪本质的不同认识。因此，不同学派的情绪心理学家创立了各自独特的情绪理论，情绪研究的领域出现了众多的争论和分歧。

一、情绪的外周理论

心理学史上最早对情绪进行系统理论解释的人，当推 19 世纪末美国心理学先驱——詹姆斯（W. James）。差不多在同一时期，丹麦生理学家兰格（C. G. Lange）提出了与詹姆斯类似的情绪理论。这两种理论都认为情绪是人们知觉到身体的变化所导致的，他们的理论后来合称为**詹姆斯-兰格情绪理论**（James-Lange theory of emotion）。

[拓展阅读]
情绪的测量

正如詹姆斯（1884）所说："身体的变化是我们知觉到的事件引起的，当这些事情发生的时候我们感受到的变化就是情绪……常识告诉我们，我们失去财产，觉得难过并哭泣；我们碰上一只熊，觉得害怕而逃跑；我们受到一个敌手的污辱，觉得发怒而与之打斗。但是有一点必须要说明：这样的顺序是不对的，某一种心理状态不是直接由另一状态引起的，事实上生理反应是两种不同状态的中介。因此，并不是因为我们难过而哭泣、发怒而打人、发抖而害怕。更合理的说法是：我们觉得难过是因为我们哭泣；我们发怒是因为我们打人；我们感到害怕是因为我们发抖。如果我们不能知觉到我们的生理状态，那么我们的感受就是纯粹的认知性的，是苍白无色、缺少情绪温度的。于是，我们或许会看到熊而决定最好是逃跑，受了侮辱而认为应该去攻击对手，但我们并不真正觉得害怕或发怒。”在詹姆斯看来，情绪就是个体对外周机体变化的觉知。

兰格认为，血管运动的混乱、血管容量的改变以及与此同时各个器官中血液量的改变，才是情绪发生的真正原因。当神经的支配作用加强时，血管容量扩张会导致愉快情绪的产生；当神经的支配作用减弱时，血管收缩和气管肌肉痉挛则会产生恐惧。兰格举例说：假如去除恐惧的人的身体症状，让他的脉搏平稳、眼光坚定、脸色正常、动作迅速而稳定、语气强而有力、思想清晰，那么，他的恐惧还剩下什么呢？在詹姆斯和兰格看来，情绪就是对有机体状态变化的意识，只不过詹姆斯更加看重骨骼肌肉系统的活动，而兰格更加看重血液及内脏系统的变化。

詹姆斯-兰格的情绪理论提出之后，很多研究者都通过实验研究来检验和考察这一理论。这些研究表明，来自身体的反馈对于情绪体验是非常重要的，并从三个方面支持了詹姆斯-兰格的情绪理论。

① 不同的情绪具有特异化的生理唤醒模式。例如，愤怒的生理反应模式不同于恐惧的生理反应模式。愤怒和恐惧虽然都导致心率加快，但愤怒时手脚血流量增多，恐惧时手脚血流量减少。当个体从不同的情绪体验中恢复过来的时候，自主神经系统的生理反应也不相同（Ekman et al.，1983）。

② 剥夺个体的外周生理反馈，个体体验到的情绪会受到影响。有研究者通过对脊髓受损伤的士兵进行研究考察了这一问题。脊髓被截断后，损伤点以下部位的感觉就不能传递到脑。因此，脊髓损伤部位越高，感觉反馈就越少。脊髓高位损伤的那些病人说，他们能做出情绪行为，但感觉不到情绪（Hohman，1966）。这一结果说明，没有外周生理反应的反馈，情绪体验的强度会受到很大影响。

③ 如果能够有意识地控制外周生理反应，个体就能够操纵相应的情绪。有关面部反馈的研究为这个假设提供了一定的支持。艾克曼等人（Ekman et al.，1983）要求职业演员改变特定的面部肌肉或五官位置，研究结果发现，面部肌肉的不同运动模式会导致和正常情绪反应相似的自主神经系统的生理反应，并且会导致不同的反应模式。在另一项研究中，90%的非演员被试也报告他们体验到与面部表情相应的情绪。有趣的是，惧怕、愤怒、厌恶、悲伤的表情起作用，而笑容并不产生这种效应。或许是因为人们平时经常把笑容作为社会交往的工具，与其他表情相比，笑容较少和情绪体验相联系（Ekman et al.，1985）。

但也有一些研究者对这一理论产生怀疑，他们指出上述结果看起来是支持詹姆斯-兰格理论的，但是，面部表情总是和以往的情绪体验相联系，这些结果很可能是通过记忆的激活来唤醒与此表情相联系的情绪的。

二、情绪的丘脑学说

坎农针对詹姆斯-兰格理论提出了如下质疑：① 生理变化的发生相对缓慢，不足以说明情绪迅速发生、瞬息变化的事实；② 不同的情绪状态可能会有相同或者类似的内脏器官活动变化模式，因此，难以根据生理变化的模式来分辨各种不同的情绪；③ 切断动物内脏器官与中枢神经系统的联系，情绪反应并不会完全消失；④ 用药物人为地引起与某种情绪有联系的身体变化，却并不能使个体产生真正的情绪体验。根据这些事实，坎农认为，情绪并非外周变化的必然结果，情绪的产生不在外周神经系统，而在中枢神经系统的丘脑，并于20世纪二三十年代提出了情绪的丘脑学说。坎农认为，当刺激引起的感觉信息传到大脑皮质时，释放了处于抑制状态的丘脑中枢，导致特定模式的情绪产生。丘脑同时向大脑皮质和身体的其他部分输送冲动，神经冲动向上传至大脑皮质产生情绪的主观体验，向下传至交感神经引起机体的生理变化，所以身体变化和情绪体验同时发生。

坎农的丘脑学说强调情绪产生于丘脑，丘脑是情绪特定的大脑中枢，因此比詹姆斯-兰格理论前进了一步。但是，丘脑学说忽略了外因变化的意义以及大脑皮质对情绪发生的作用。

三、情绪的认知理论

1. 认知-评价理论

情绪的认知-评价理论是20世纪50年代美国心理学家阿诺德提出的，后来拉扎鲁斯进一步扩展了此理论。该理论也称认知-评估理论或情绪的评估-兴奋学说，强调认知评价在情绪中的作用。

阿诺德（1950）认为，我们总是直接地、自动地并且几乎是不由自主地对遇到的任何事物进行评价，情绪就是一种趋向评价为好（喜欢）的东西或离开评价为坏（不喜欢）的东西的感受倾向。她认为，评价补充着知觉并产生去做某件事情的倾向，任何评价都带有感情体验的成分。其中，记忆是评价的基础，对任何新的事物的评价都是按照过去的体验进行的；想象是评价的重要环节。在开始行动之前，当前的情境和有关的感情记忆使我们推测未来。整个评价的复杂过程几乎是在瞬间发生的。

拉扎鲁斯（1968）进一步把阿诺德的评价扩展为评价、再评价过程。这一过程包括筛选信息、评价、应付冲动、交替活动、身体反应的反馈、对活动后果的知觉等成分。只要事物被评价为与个体生活有重要联系，个体就会产生情绪体验。每一种情绪均包括生理的、行为的和认知的三种成分。它们在每种特定的情绪中起着不同的作用，却又相互作用、互为因果。这三种成分的不同组合构成各种具体情绪模式的特定标志。拉扎鲁斯还强调，个性心理结构（如信仰、态度、人格特征等）是认知因素的一个决定性条件。他认为，文化对情绪的影响是复杂的，文化会通过影响个体对情绪刺激的理解、个体对社会关系的判断或者通过高度礼仪化的行为等方式，直接影响表情。

2. 情绪三因素理论

沙赫特和辛格认为，伴随情绪而产生的生理唤醒是决定情绪感受强度的必要条件，但它不能确定情绪的类型。他们假设，所有情绪诱发的是相似的生理反应，个体并非仅通过观察身体反应来确定情绪感觉，而是基于自身所掌握的有关情境的信息来决定产生哪种具体情绪，即一种情绪和另一种情绪的区别在于认知评价，而非来自生理感受。为了验证这一观点，沙赫特和辛格开展了一项实验，他们先诱发被试的生理唤起，并操纵他们对生理状态的认知，随后把他们置于不同的情境中，观察他们的情绪反应。如果是生理变化导致了情绪体验，那么无论身处何种情境，所有被试都应该产生相同的情绪体验；如果是情境因素影响了情绪体验，那么无论被试是否处于生理唤起状态，在相同情境下体验到的情绪应该是相同的。实验结果发现，人们对自身唤醒的情绪解释受到情境的轻微影响，被试对唤醒的预期会减少情绪体验与情境之间的联系。沙赫特和辛格认为，个体认知的参与以及认知对环境和生理唤醒的评价过程是情绪产生的重要机制。在情绪产生过程中，认知起着至关重要的作用，个体对刺激信息引起一定生理唤醒的解释，导致情绪的产生。

专栏 9-1

沙赫特和辛格的实验与发展

在实验中，沙赫特和辛格给一组被试注射肾上腺素，以增加其交感神经系统活动；另一组被试接受不含任何药物的安慰剂注射。接受肾上腺素注射的一半被试被告知注射会使心率加快、出汗，另一半被试未被告知。

随后，注射药物告知组、未告知组，以及注射安慰剂的被试各有一半进入“快乐”情境，一半进入“愤怒”情境。快乐情境中，被试会与一个扮演快乐角色的实验助手共处，这个实验助手会十分快乐地游戏，并试图拉被试加入。愤怒情境中，被试被要求填写一个很长的问卷，问卷充满了隐私的、无礼的、冒犯性的问题，情境中有一个扮演愤怒角色的实验助手，会在填写问卷时表现出极大不满，最后撕掉问卷，摔门而去。

实验发现，注射药物未告知组的被试会随着情境的不同而表现出快乐或愤怒；注射药物被告知组的被试在两种情境下均未表现出与情境相对应的情绪反应。

基于沙赫特和辛格的理论，有研究者开展了一项实验，招募了一些青年男被试参加“风景吸引力对创造性的影响”研究。被试被带到一座桥边，要求他们过桥。过桥途中他们会被一个有魅力的年轻女主试拦下来，让他们观看一些图片。结束时，主试在不同情境下给每位被试留下电话号码，以便被试想了解实验情况时联系。其中，一半被试在高出河面 3 m 的宽而结实的桥上与主试对话，另一半被试则在一个高出河谷 70 m 的窄且摇晃的桥上与主试对话。研究者假设，在摇晃桥上的被试会体验到更高的生理唤起。结果表明，站在摇晃桥上的被试，有 39%给主试打了电话，而站在结实桥上的被试，只有 9%给主试打了电话。这一结果表明，如果情境中的某个因素诱发了生理唤起，那么个体会将情境中的其他因素也与这种唤起联系起来，并解释这种生理唤起。

和之前的理论不同，情绪的认知理论将环境影响的重点从客观刺激转向认知评价，将生理影响的重点从自主神经系统的唤醒活动转向大脑皮质的高级认知活动。该理论认为，客观刺激本身并不是有效的情绪刺激，它只有经过人自身的认知评价，才能成为引发特定情绪的刺激。

总之，阿诺德-拉扎鲁斯的认知评价情绪理论既承认情绪的生物因素，具有进化适应的价值，也承认情绪受社会文化情境的制约，受个体经验和人格特征的制约，而这一切又随时发生在对任何事物的认知评价中。这种理论把现象学的研究、认知理论和情绪生理学的研究结合起来考虑，有助于推进情绪及情绪与认知关系的研究。

四、情绪的动机-分化理论

汤姆金斯（S. Tomkins）和伊扎德都认为情绪具有重要的动机性和适应性功能。汤姆金斯认为，情绪就是动机，他否定了把动机归结为内驱力的看法，着重指出内驱力信号需要一种放大的媒介才能激发有机体去行动，起这种放大作用的正是情绪过程；而且情绪是比内驱力更加灵活和强有力的驱动因素，它本身可以离开内驱力信号而起到动机作用。

伊扎德的动机论则容纳了更加复杂的内涵。他提出，情绪是一种基本的动机系统，他从整个人格系统出发，建立了情绪-动机体系。伊扎德提出人格具有六个子系统：内稳态、内驱力、情绪、知觉、认知、动作。六个人格子系统组合成四种类型的动机结构：内驱力、情绪、情绪-认知相互作用、情绪-认知结构。在这庞大的动机系统中，情绪是核心，无论是与内驱力相联系的情绪，或是同知觉、认知相联系的情绪，又或是蕴含在人格结构中的情绪特质，都起着重要的动机作用。伊扎德进一步指出，情绪的主观成分——情绪体验正是起动机作用的心理成分，各种情绪体验是驱动有机体采取行动的动机力量。

伊扎德的情绪理论更具完整性。例如，他还从进化的观点出发，提出大脑新皮质体积的增长和功能的分化同面部骨骼肌肉系统的分化以及情绪的分化是平行的、同步的；多种情绪的分化是进化过程的产物，正因为如此，情绪才具有灵活多样的适应功能，才在有机体的适应和生存上起着核心的作用。每种具体的情绪都有其发生的渊源及特定的适应功能。

汤姆金斯和伊扎德继承并发展了达尔文关于表情的学说，从情绪的分化观出发，十分强调面部表情的重要性。他们指出，人类基本情绪的面部表情是先天程序化的模式，而且先天的面部表情参与到情绪发生的整个机制之中，面部运动的感觉反馈激活了情绪体验。伊扎德详细阐述了这一过程，描述了外界刺激事件引起感觉皮质和边缘系统的兴奋，激活在下丘脑或杏仁核内贮存的先天情绪模式，从而在面孔上显露为一种具体情绪的表情。这一表情活动向脑内传送的感觉反馈引起皮质的整合活动，从而产生情绪体验。这也就是前面提及的表情的“面部反馈”功能。

在对情绪性质的阐述上，动机-分化理论既说明了情绪的产生根源，又说明了情绪的功能，为情绪在心理现象中确立了相对独立的地位，尤其是动机-分化理论对人类婴儿情绪的发生和功能进行了创新性的阐释。但是动机-分化理论也有不足之处，该理论对情绪与认知的联系缺乏具体的论证和阐述。

总之，情绪现象极其复杂，心理学家从情绪的各个不同侧面进行研究，如情绪行为、情绪的生理基础、情绪认知、情绪表现和情绪识别等，提出了各自的理论解释。当代情绪研究的总趋势是，力图将各种研究成果加以综合，形成一个完整的情绪理论。例如，伊扎德（Izard，1977）认为，情绪这一概念必须包括情绪体验、脑和神经系统的活动以及面部表情三个方面，情绪为个性整合提供动机作用。布克（Buck，1985）研究了认知和情绪的相互作用，提出了情绪的启动模型。鲍尔（Bower，1981）研究了心境与认知系统相互作用的各个方面，提出了情绪网络模型等。

□□□ 第五节 情绪的调节

我们无法改变天气，却可以改变心情；我们无法控制别人，但可以掌握自己。人们无时无刻不处在这样或者那样的情绪当中，这些情绪有时候和个体的生活环境是协调一致的，有时候则会与生活环境、社会交往产生冲突和矛盾。情绪到底是陪伴我们一生的朋友，还是关键时刻的绊脚石？这个问题的答案取决于我们是否具备调节情绪的能力。情绪调节能力有助于维持我们的身心健康，同时也帮助我们维持良性的人际关系，避免人际矛盾失控。

一、什么是情绪调节

[拓展阅读]
情绪调节与社会行为

情绪调节是个体对“具有什么样的情绪、什么时候产生这些情绪、如何对这些情绪进行体验或表达”施加影响的过程，也就是说，情绪调节是个体对情绪发生、体验与表达施加影响的过程。情绪调节包括对消极情绪和积极情绪的增强、保持、减弱等多个方面（Gross，1998）。

科尔（Cole，2004）等人指出，情绪调节既包括使用情绪来调节其他的心理过程，也包括通过其他多种心理过程来调节情绪，即**域内调节过程**（intradomain regulation process）和**域间调节过程**（interdomain regulation process），前者指的是个体系统内部的调节，如情绪对认知过程的调节；后者指的是系统之间的互相调节，如人际互动。

二、情绪调节的类型

情绪调节是一个十分复杂的过程，包括对主观体验的调节、对表情和生理过程的调节，同时还涉及个体和外在关系的调节、调节过程中的动力关系和结果。因此，我们可以从不同的角度来理解情绪调节，从而划分不同的情绪调节类型。

1. 以问题为中心的情绪调节和以情绪为中心的情绪调节

拉扎鲁斯等人（Lazarus et al.，1984；Biggs et al.，2017）针对儿童情绪调节发展的计划性和复杂性，根据情绪调节的目标，将情绪调节分为两种类型：以**问题为中心的情绪调节**（problem-focused coping）和**以情绪为中心的情绪调节**（emotion-focused coping）。以问题为中心的情绪调节指的是，个体通过使用问题解决策略试图改变情境或解除引起紧张的威胁，如重新定义问题、考虑替代解决方案、衡量不同选择的重要性等，即个体面对问题情境，经过努力后使问题获得解决，从而降低个体的情绪紧张程度或压力。以情绪为中心的情绪调节指的是，个体为了降低情绪压力，采用行为或认知调节策略，如行动上回避、转移注意力、换个角度看问题等，个体主要关注其自身的情绪调节，而不关注实际问题的状况。

2. 减弱调节、维持调节和增强调节

根据情绪调节的目标和方向，可以将情绪调节分为减弱调节、维持调节和增强调节。当人们处于过高的情绪唤醒时，尤其是当消极情绪的唤醒程度过高时，需要对情绪进行调整、修正，以降低情绪的强度，这是减弱调节。维持调节是指将情绪控制在一定的程度和范围之内。增强调节指的是提升个体的唤醒程度，增强某些情绪的强度，如我们提起精神参加某项活动。增强调节还被应用于临床对抑郁症或者情绪冷漠症患者的诊疗当中。

3. 认知重评、表达抑制、转移和合理宣泄

根据情绪调节的不同策略，可以把情绪调节归为四种不同的类型：认知重评、表达抑制、转移和合理宣泄。认知重评是从认知上改变个体对情绪事件的理解，从而改变其情绪体验，属于先行关注的情绪调节策略，也就是人们常说的“换个角度想问题”。表达抑制是指对将要发生或正在发生的情绪表达进行抑制，该策略调动了个体的自我控制能力，但仅仅控制了情绪的表达，改变了外部情绪表现，情绪体验并没有因此改变，属于反应关注的情绪调节策略（Gross，1998）。人们常说的“忍”就是表达抑制型的情绪调节策略。转移指的是当某一情境或事件给个体带来压力的时候，个体可以转移注意力，用另一个事件和物体作为替代品，用简捷的方式来缓解情绪压力。合理宣泄是指将不良情绪通过一定的方式发泄出来，如大哭可以缓解抑郁的情绪（刘海燕，2005）。

□□□ 专栏 9-2

正念与情绪调节

正念可调节个体的负性情绪，促进个体的正性情绪，对于身心疾病具有显著的干预效果。认知神经科学的研究发现，正念冥想可促进左侧前额叶脑区激活增强，涉及的脑区主要包括背外侧前额叶皮质和背内侧前额叶皮质。研究者进一步发现，正念特质是通过改善前额叶对边缘系统反应的调节实现对情绪的调节作用。而且，这种调节作用

还有可能体现为通过冥想训练分离联结在一起的两种自我参照神经机制，从而加强体验性神经机制。另外，研究者还发现，正念冥想训练还可以改变与情绪加工相关的大脑结构（陈语等，2011）。

那么，什么是正念？如何练习正念呢？

正念是一种集中现在时刻意识的心理状态，同时冷静地认识并接受自己的感受、想法和身体感觉。它常常与冥想和瑜伽等实践有关。

要练习正念，可以尝试以下五种方法：

① 专注于呼吸：关注呼吸进出的感觉。

② 关注自己的想法：不加评判地观察自己的想法，只需要承认它们并让它们过去。

③ 激发自己的感官：花一点时间专注于观察所看到的、听到的、闻到的、品尝的和触摸的东西。

④ 练习不加评判：尽量不评判自己和他人，以开放和好奇的心态面对不同的情况。

⑤ 腾出时间用于正念：每天留出一段时间来练习正念，无论是通过冥想、瑜伽、深呼吸还是其他活动。

三、情绪调节的基本过程

格罗斯（Gross，1998）指出情绪调节产生于情绪发生的过程之中，并提出了著名的情绪调节过程模型（见图 9–5）。格罗斯认为情绪调节是在情绪发生过程中展开的，主要包括选择情境、修正情境、注意分配、认知改变、反应调整等五个方面。在情绪发生的不同阶段，有不同的情绪调节。根据情绪调节发生在情绪反应之前或情绪反应之后，可以把情绪调节分为先行关注情绪调节和反应关注情绪调节。其中情境选择、情境修正、注意分配、认知改变是在情绪反应趋势形成之前进行的，属于先行关注情绪调节；反应调整是在情绪反应趋势形成之后进行的，属于反应关注情绪调节。

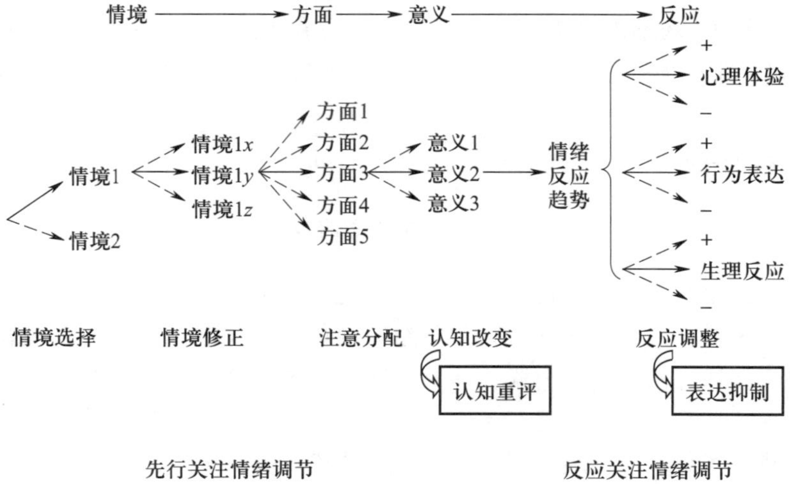

图 9–5 情绪调节过程模型

格罗斯的情绪调节过程模型认为，情绪调节在情绪产生过程的不同阶段进行，既有消极情绪调节，也有积极情绪调节，强调一般情绪调节过程对心理健康的影响。另外，该模型涉及调节情绪体验到调节情绪表现，在关注内部环境的同时，强调情绪调节通过影响个体与外部环境的关系对个体的心理健康产生影响。

然而，该模型也有一定的局限性（王振宏，等，2003）。首先，情绪调节策略是多样化的，该模型只关注了认知重评和反应抑制两个方面。其次，格罗斯主要关注不良情绪反应的降低，而没有重视对消极情绪进行适当的表达。寻求积极情绪和消极情绪的适当表达，尤其是替代性表达，有利于提高个体的情绪调节能力和社会适应能力。长期抑制消极情绪表达会导致个体出现各种心理问题。

四、情绪调节中的个体差异

人和人之间在情绪调节能力、倾向以及使用方法等方面都存在巨大的差异。戴维森等人（Davidson，1998；Davidson et al.，2000）指出，情绪调节中的个体差异是情感风格的重要组成部分。格罗斯（2000）指出，情绪调节中的个体差异可以表现在三个方面：第一，情绪调节目标的差异；第二，情绪调节努力程度的差异；第三，情绪调节频率的差异。

作为一种基本的个体差异，情绪调节的性别差异备受研究者关注。研究者发现，与女孩相比，男孩更多考虑怎样使自己心里更舒服，在产生消极情绪时，更倾向于选择愤怒的反应方式（Saarin et al.，1998）。情绪调节的性别差异可能主要受社会文化尤其是家庭教养方式的影响，如有研究者（Malstesta，1982）发现，母亲常对女婴表现出来的愤怒作出严厉的反应，而对男婴的愤怒情绪则较少做出这样的反应。

此外，具有不同人格特质的个体，其情绪调节方式也存在着很大的差异。情绪是人格系统的核心动力组织者（Izard et al.，1993），人格特质可以影响情绪调节的方式。那些具有神经质人格特点的个体在日常生活中往往体验到更多的消极情绪，而具有外倾性人格特质的个体则倾向于体验到更多的积极情绪（Costa et al.，1980）。同时，人格特质还会影响个体对不同情绪调节方式的使用，如高外倾性个体对积极情绪更多使用重视和宣泄的调节方式，较少使用抑制的方式，对消极情绪较少使用重视的方式；高神经质个体对消极情绪更多使用重视和宣泄的调节方式，对积极情绪较少使用重视的方式（黄敏儿，等，2002）。

情绪调节还可以发展为一种能力，这就是“情绪智力”。我国学者郑显亮、顾海根和竺培梁（2009）运用因素分析的方法，指出情绪智力包含四个方面，即对情绪的感知、自我调控情绪、调控他人情绪和运用情绪。

五、情绪调节与身心健康

情绪调节对于个体的身心健康都有着重要的影响。良好的情绪调节方式能够促进身心健康，而不良的情绪调节方式则会给身心健康带来隐患，甚至给社会带来危害。研究发现，在负性情绪状态下，暴力犯会为了调节情绪而实施攻击（刘宇平，等，2022）。

首先，情绪调节会影响个体的身体健康。正如本章第二节所谈及的，情绪的产生会伴随一系列生理反应，其中，对不愉快情绪比较典型的生理反应包括肌肉紧张、心跳增强、干渴、出汗、想吐、尿频等，如果不能实现良好的情绪调节，这些生理反应长期存在，就会影响身体健康。例如，长期生活在恐惧等情绪中则会引发胃溃疡（Weiss，1972）；长期压抑悲伤和哭泣容易引起呼吸系统的疾病；长期抑制爱等积极情绪会引起支气管疾病或者癌症，并加速癌症的恶化；长期抑制愤怒与心血管疾病、高血压的发病有着密切的联系（Gross，1989）。过于强烈的情绪体验甚至会导致眩晕或猝死，经过强烈的情绪反应后，副交感神经系统有时会反应过度，如把血压降得太低，因此，人在受到惊吓后可能感到眩晕，如果这种过度反应十分严重，则有可能引起突然死亡。

其次，情绪调节对心理健康有重大影响。情绪调节不良和儿童的问题行为有着密切的关系（Eisenberg et al.，2001），与成年人的抑郁、酗酒和焦虑等问题也具有相关性（Gross，1999）。同时，不同的情绪调节方式对个体的心理健康产生的影响是不同的。有研究发现，过多使用以情绪为中心的情绪调节方式的个体，表现出较高的抑郁水平；过多使用以问题为中心的调节方式的个体，在任务不可控制的情况下，会表现出较高的焦虑水平。和表达抑制相比，认知重评是更加有效的情绪调节方式。那些善于使用认知重评策略的个体，其幸福感和满意度等反映心理健康水平的指标都比较积极（Gross et al.，2002）；而使用表达抑制的个体，其心理健康水平较低。进一步研究还发现，表达抑制会增强个体的消极情绪体验，抑制积极情绪表达会降低积极情绪体验（Gross et al.，2003）。表达抑制需要耗费认知资源，从而对其他认知活动产生消极影响，并导致社会交往目标难以有效达成，可能因此破坏个体的社会关系，从而对个体的心理健康产生消极影响。内部和外部双重的消极影响使得使用表达抑制的个体心理健康水平较低。而认知重评策略发生在情绪产生之前，不需要持续的调节，从而较少占用认知资源，因此，几乎不影响认知任务的完成（侯瑞鹤，等，2006）。

□ 原理应用

一种预防抑郁和焦虑的有效策略——体育锻炼

研究表明，体育锻炼是预防抑郁和焦虑的有效策略之一。但需要注意，只有长期坚持参加体育锻炼，才能获得相应的益处，偶尔锻炼一次并不能达到预期效果。

为什么长期稳定的中等强度的锻炼可以改善心境呢？可能的机制如下：第一，锻炼可以作为分心任务之一，帮助个体脱离应激源；第二，锻炼能够提升总体健康水平，身体状况好的个体比身体状况差的个体在面对应激事件时会表现出更少的紧张和交感神经系统活动；第三，所有应激源都会让身体紧张起来做好战斗或逃跑准备，长期锻炼可以使个体的身体处于良好的准备状态；第四，神经递质内啡肽会在体育锻炼中变得更活跃，从而促进心境的改善。

□ 复习与思考

1. 认知与情绪之间有着怎样的相互影响？请结合事例进行阐述。
2. 结合实例分析，情绪有哪些功能。
3. 简述情绪的理论。
4. 试述情绪的神经机制。
5. 请评述格罗斯情绪调节的两阶段过程模型。
6. 回忆本章内容，画出本章核心内容的概念图，与同伴进行交流分享后，加以完善。

□ 推荐阅读

[1] 傅小兰，2023. 情绪心理学：研究与应用［M］. 上海：华东师范大学出版社.

[2] 希奥塔，卡拉特，2021. 情绪心理学：第3版［M］. 周仁来，等译. 北京：中国轻工业出版社.

第十章 动　　机

学习本章内容，将有助于你对以下问题的理解与思考：

- 什么是需要？什么是动机？需要和动机有什么关系？
- 动机和效果、效率有什么关系？
- 关于动机的理论有哪些？
- 动机是“拉力”和动机是“推力”的观点在实际应用中有何启示？
- 动机的类型有哪些？
- 什么是意志？动机和意志有什么关系？
- 意志行动的基本过程是什么？如何增强挫折承受力？

需要、动机、价值观都属于个性倾向性，需要是动机产生的基础，价值观对动机起调节和控制作用。本章以动机为主线，阐述需要、价值观与动机的关系，以及动机的类型和动机理论。

在动机形成的过程中，往往会出现动机冲突，由动机激发的指向特定目标的行为，在执行时可能会遇到困难，这些都体现出个体的意志特征。因此，本章还将讨论意志与意志行动。

□□□ 第一节 需要与动机概述

需要和动机都属于心理行为的动力系统。需要是一切行为产生的源泉，而需要只有转化为动机才能成为推动和维持个体行为的内部动力。

一、需要

（一）什么是需要

1. 需要的本质

需要（need）具有“缺乏”的含义，原指有机体内部的一种不平衡的状态。马克思和恩格斯在《德意志意识形态》中提出“他们的需要即他们的本性”，马克思认为需要的发展是“人的本质力量的新的证明和人的本质的新的充实”。可见需要的本质是人脑对其生理需求、心理需求和社会需求的反映，是有机体对内部环境或外部条件的一种稳定的要求，是有机体活动的源泉。

需要产生于生理和心理的不平衡状态，如：血液中缺少水分，会产生喝水的需要；血糖下降，会产生饥饿感和进食需要；社会动荡不安，会产生危险感和安全需要；失去亲朋好友，会产生疏离感和爱的需要；受到不公待遇，会产生羞辱感和尊重需要；对事物茫然无知，会产生困惑感和求知需要；受成就目标驱动，会产生充分发挥潜能的自我实现的需要；等等。旧的需要满足后，又会产生新的需要。

2. 需要的满足

需要总是指向能满足某种需要的具有特定价值的客体或对象，如食物能够满足饥饿的需要，饮水能够满足口渴的需要，学习能够满足成才的需要，交友能够满足归属与爱的需要，赞赏能够满足尊重的需要，勤奋努力能够满足自我实现的需要等。有需要才能追求，追求总是指向某种客体，某种客体能够满足某种需要。

需要是个体活动和行为的基本动力。人类活动和行为，从饥择食、渴择饮，到物质资料生产、文学艺术创作、科学技术发明，都是在需要的推动下进行的。需要的动力性不会因暂时满足而终止。需要具有周期性，如饮食和睡眠的需要；需要也具有激发性，低级需要满足后会产生高级需要，生理需要满足后会产生心理需要和社会需要。需要推动人类不断创新和追求，使社会不断前进发展，使生活不断丰富多彩。

（二）需要的类型

1. 自然需要和社会需要

自然需要也称生物学需要，包括进食、运动、休息、排泄、求偶等。这些需要对有机体维持生命、延续后代有重要意义。人的自然需要可以通过自然物得到满足，更重要的是通过生产劳动得到满足。人的自然需要受社会需要的制约，如人在进食时，受机体饥饿状态的支配（如饥不择食），还要考虑社会习俗礼仪（如饮食文化）。社会需要是人类特有的需要，如劳动需要、交往需要、成就需要、赞许需要、求知需要等。这些需要反映人类社会的要求，维系人类的社会生活。

2. 物质需要与精神需要

物质需要是指对社会物质产品的需要，如对工作和劳动条件的需要，对日常生活必需品的需要，对住房和交通条件的需要等。精神需要是指对社会的各种精神产品的需要，如对文艺作品的需要，欣赏美的需要，阅读报纸、杂志和观看电视、电影的需要，等等。物质需要与精神需要有着密切的关系。人们在追求美好的物质产品时，同样追求某种精神需要，如向往整洁、雅静的住房，时尚的衣着，外观美丽的形象，等等。精神需要的满足也离不开一定的物质产品，如满足阅读需要不能没有报纸、杂志、书籍、网络等物质条件。

专栏 10-1

心理学家小传：马斯洛

马斯洛（A. H. Maslow，1908—1970）（见图10-1），人本主义心理学之父，心理学第三势力的领导人，当代著名的心理学家。1926 年入康奈尔大学，三年后转至威斯康星大学攻读心理学，在著名心理学家哈洛的指导下，1934 年获得博士学位，之后留校任教，1935 年在哥伦比亚大学任桑代克学习心理研究工作助理，1937 年任纽约布鲁克林学院副教授，第二次世界大战后于 1951 年转到布兰代斯大学任心理学教授兼系主任，开始对健康人格或自我实现者的心理特征进行研究。1967—1970 年任美国心理学会主席，是《人本主义心理学》和《超个人心理学》两本杂志的首任编辑。主要著作有《动机与人格》(1954)、《存在心理学探索》(1968)、《科学心理学》(1966)、《人性能达到的境界》(1971) 等。其理论核心是人通过“自我实现”，满足多层次需要，达到“高峰体验”，重新找回被技术排斥的人的价值，实现完美人格。他认为，人具有多种动机和需要，包括生理的需要、

图 10-1 马斯洛

安全的需要、归属与爱的需要、尊重的需要、认知需要、审美需要和自我实现的需要。其中自我实现的需要是超越性的，追求真、善、美，并最终导向完美人格的塑造，高峰体验代表了人的这种最佳状态。有人评价说：正是由于马斯洛的存在，做人才被看成一件有希望的好事情。在这个纷乱动荡的世界里，他看到了光明与前途，他把这一切与我们一起分享。弗洛伊德为我们提供了心理学病态的一半，而马斯洛则将健康的那一半补充完整。

（资料来源：马斯洛，2013）

（三）需要的结构

马斯洛（1968）共列举出七种相互关联的人类需要，如图 10-2 所示。

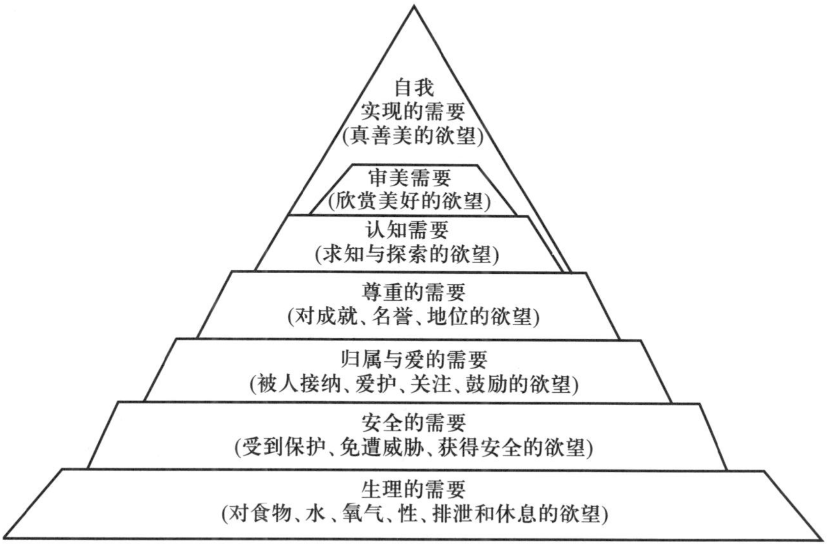

图 10-2　马斯洛的需要层次论

生理的需要（physiological need）包括人对食物、水、氧气、性、排泄和休息的需要等，是人们最原始、最基本的需要。若生理的需要得不到满足，则有生命危险。

安全的需要（safety need）表现为人们要求受到保护、免遭威胁和获得安全的需要等。婴幼儿由于无力应对环境中不安全因素的威胁，他们的安全需要就显得尤为强烈。安全的需要比生理的需要高一级，当生理需要得到满足以后就要保障这种需要。

归属与爱的需要（belongingness and love need）也叫社交需要，是指个人渴望得到家庭、团体、朋友、同事的关怀、爱护和理解，是对友情、信任、温暖、爱情的需要。归属感的需要指渴望归属于某个组织或群体，成为其中一员并与其他人建立感情联系；爱的需要指渴望结交朋友，获得友爱，得到爱情，相互照顾，相互关心。

尊重的需要（esteem need）包括自尊和受到他人的尊重。基于这种需要，人们愿意把工作做得更好，希望受到他人重视，希望有成长的机会、有出头的可能。一般来说，尊重的需要很少能够得到完全的满足，但基本上的满足就可以产生推动力。这种需要一旦成为推动力，将会产生持久的作用。

认知需要（need to know and to understand）是以好奇心为基础，对神秘和未知事物进行认知、理解和探索的欲望。在满足了对生存、安全、归属和爱、尊重的需要以后，个体开始试图认识外面的世界。

审美需要（aesthetic need）是一种高级需要，是欣赏美好事物并希望周遭事物有秩序、有结构、顺自然、循真理的心理需要，包括对秩序、结构、对称性、规律性和行为完美等方面的需要。审美是人的本性，不仅在现代人身上存在，甚至在古代洞穴人身上也存在。美有助于人更健康地发展。

自我实现的需要（self-actualization need）是指个体特有潜能的极度发挥，个人价值的完满实现，做有意义、有价值的事情。马斯洛认为，自我实现是个性发展的最高理想目标。如音乐家必须演奏音乐，画家必须绘画，只有这样，他们才能感到最大满足。自我实现者大都是心理发展比较成熟的人，但自我实现者只是少数，绝大多数人会在其他不同层次上度过自己的一生。

马斯洛认为，这七种需要是天生的、与生俱来的，它们构成了不同的等级或水平，并成为激励和指引个体行为的力量。

需要的层次越低，它的力量越强，潜力越大。随着需要层次的上升，需要的力量相应减弱。在高级需要出现之前，必须先满足低级需要。一般情况下，只有在低级需要得到满足或部分得到满足以后，高级需要才有可能出现。如当一个人饥肠辘辘或为自己的安全而感到恐惧时，他是不会追求归属和爱的需要的。因此，在从动物到人的进化中，高级需要出现得较晚。所有生物都需要食物与水，但只有人类才有自我实现的需要。

婴儿有生理的需要和安全的需要，但自我实现的需要则要在成人后才出现。低级需要直接关系到个体的生存，因而也叫基本需要或缺失性需要、匮乏需要，这种需要一旦得不到满足将直接危及个体生命。高级需要不是维持个体生存所绝对必需的，这种需要的满足可以稍作延迟。但是，高级需要的满足反过来能使人健康、长寿、精力旺盛，因此也叫成长需要或心理需要。高级需要比低级需要复杂，满足高级需要须具备较好的外部条件，如社会条件、经济条件和政治条件等。

二、动机

（一）什么是动机

1. 动机的概念

[拓展阅读]
动机与动物实验数据

无论是本能行为，还是社会行为，都离不开动机。动机是一种普遍的心理现象。对于什么是动机，心理学家有着不同的看法，如：动机是启动和指导行为的因素，以及决定行为的强度和持久性的东西（Houston，1985）；动机是为实现一个特定目的而行动的原因（《简明不列颠百科全书》）；动机是一种由需要所推动的、达到一定目标的行为动力，它起着激起、调节、维持和停止行动的作用（林传鼎等，1986）；等等。这些观点都从不同侧面揭示了动机的本质含义。概括地说，**动机**（motivation）是由一定的目标引导和激发个体行为的原动力。

2. 动机的研究

早在古希腊时期，哲学家亚里士多德就提出“四因说”。他认为，事物的原因有四种：质料因、形式因、动力因和目的因。其中，动力因是原始因，目的因是终极因（高觉敷，1992），这是对动机的最早探索。伊壁鸠鲁认为，人类具有趋乐避苦的倾向，一切行为动机都是为了追求快乐。笛卡儿认为，人类的动机由精神激发，本能由身体激发。洛克认为，动机通过观念形成的联结而习得。当代心理学家认为，动机是一种由目标或对象引导、激发和维持个体活动的内在心理过程或内部动力（Pintrich et al., 1996）。通过任务选择，可知个体动机的方向和目标；通过努力程度，可知个体动机的强弱和大小。在动机认知理论中，还有归因论、效能感、控制感等研究成果。

（二）动机的功能

1. 唤醒功能

唤醒功能即引发性功能。个体的行为活动都是由一定的动机唤醒的。当个体由静态转向活动时，一定涉及动机。如饥饿引发觅食行为，孤独引发交友行为，优异成绩引发勤奋行为，职业生涯引发就业行为，爱情婚姻引发择偶行为，成就引发奉献行为等。一般来说，与动机水平低的个体相比，动机水平高的个体的情绪和意识处于较高的唤醒状态。

2. 维持功能

维持功能即坚持性功能。动机所激发的活动能否坚持下去，也要受动机的调节和支配。当活动指向个体所追求的目标时，这种活动就会在相应动机的维持中继续下去；当活动背离个体目标时，这种活动的积极性就会降低或完全停止下来。在成功机会较小的情况下，坚持行为多与长远信念的驱动有关。

3. 指向功能

指向功能即方向性功能。动机不仅能激发行为，而且能将行为指向一定的对象或目标。如饥饿动机指引个体寻找食物，而不是其他非食物的东西；学习动机指引学生去教室听课学习或去图书馆看书、查资料；娱乐动机指引个体去电影院看电影或去公园等娱乐场所游玩；成就动机指引个体主动选择承担和完成具有挑战性或高价值性的工作任务等。因此，动机不同，个体行为的方向和追求目标也就不同。沃尔福克（Woolfolk，2001）把学习动机定义为“寻求学习活动的意义并努力从这些活动中获得益处的倾向”。

4. 激励功能

激励功能即强化性功能，表现为对行为加强作用。动机的激活程度，是由动机的性质和强度决定的。一般认为，高级动机比低级动机、强度大的动机比强度小的动机对行为的激励作用更大。

（三）动机与效果、效率的关系

1. 动机与效果

（1）动机与效果的常态关系

在常态情况下，动机和效果呈正相关。良好动机会产生良好的行为效果；反之，不良动机则产生不良的社会效果。这就是动机与效果的统一，我们平常所说的“有一分耕耘，就有一分收获”“功夫不负有心人”“善有善报，恶有恶报”“心态决定成败”（积极心态即良好动机引导行为成功，消极心态即不良动机导致行为失败）等，都反映了这种统一。

（2）动机与效果的冲突关系

在实际生活中，动机与效果也有不统一的情况。“有心栽花花不开”，说明有此动机的行为未产生预期的效果；“无心插柳柳成荫”，说明无此动机的行为却有意外的收获。生活中“无意效果”或“意外效果”也不少见。泰戈尔诗言：“我寻求那得不到的东西，我得到我所没有寻求的东西。”由此可见，动机与行为的关系是异常复杂的。但无论如何，只有了解动机，才能准确解释其行为，并对行为做出较准确的控制与预测。

2. 动机与效率

（1）动机与效率的关系

动机强度与工作效率呈现何种关系？实验表明，当任务难度在一般程度时，动机强度与工作效率之间并非线性关系（二元一次方程），而是倒U形曲线关系（二元二次方程）：中等强度的动机最有利于任务的完成，动机过高或过低，均使工作效率降低。当动机强度最低或最高时，工作效率都处于最低水平。如果动机太高，急于求成，会产生焦虑情绪而干扰活动的进行；如果动机太低，也会无心做事。

（2）耶基斯-多德森定律

心理学家耶基斯和多德森（Yerkes & Dodson，1908）的研究表明，各种活动都存在一个最佳的动机水平；动机不足或过分强烈，都会使工作效率下降。研究还发现，动机的最佳水平随任务性质的不同而出现差异：从事比较容易的任务，工作效率随动机的提高而上升，即在难度较小的任务中，较高的动机水平有利于任务的完成；随着任务难度的增加，动机的最佳水平有逐渐下降的趋势，即在难度较大的任务中，较低的动机水平有利于任务的完成。但不论任务比较困难、容易还是一般（如上所述），动机最高或最低时，工作效率均会最低。这就是著名的**耶基斯-多德森定律**（Yerkes-Dodson theory）（见图10-3）。

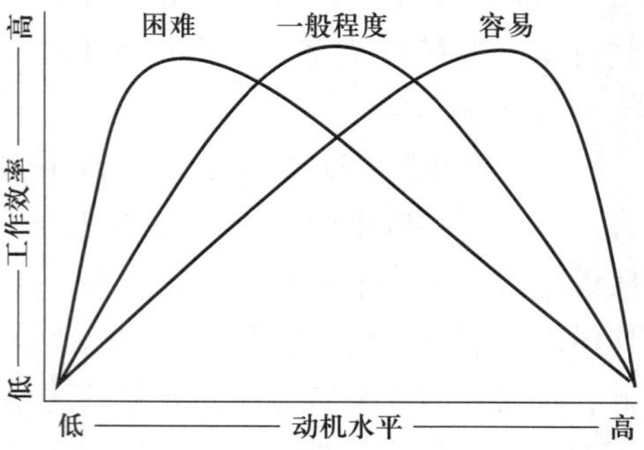

图10-3 耶基斯-多德森定律

（资料来源：Yerkes et al.，1908）

（四）动机与价值观

1. 价值观的本质

价值观（values）是指主体按照客观事物对其自身及社会意义进行评价与选择的原则、信念和标准。价值观是个人用以辨别是非、判断善恶、审视美丑、比较损益、区分好坏，从而决定行为取舍时所持的一种综合性信念。价值观是个人思想意识的核心，对其思想和行为具有导向或调节作用。凡是符合价值观的事物和行为，都被认为是有价值的，否则就是无价值的。个人价值观影响个体对各种观念、事物和行为的判断，使之发现其中的意义，以确定奋斗目标和激发行为。

2. 价值观与动机

价值观对动机的调节和控制有直接影响：个体把目标价值看得越高，由目标激发的动机就越强，在活动中发挥的作用就越大；相反，如果个体认为目标价值不高，由目标激发的动机就弱，在活动中发挥的作用就小。动机是个体行为调节系统的一个组成部分，其中价值观起着核心作用。价值观决定着动机的性质、方向和强度。如利他价值观促使个体产生助人的动机和行为。价值观的差异性，源于个体经验的差异性及其生活环境的差异性，如我国计划经济条件下的择业价值观是“干一行爱一行”，而我国市场经济条件下的择业价值观则是“爱一行干一行”。当前，我国的社会主义核心价值体系的内核体现为社会主义核心价值观：富强、民主、文明、和谐，自由、平等、公正、法治，爱国、敬业、诚信、友善。其中，富强、民主、文明、和谐是国家层面的价值目标，自由、平等、公正、法治是社会层面的价值取向，爱国、敬业、诚信、友善是公民个人层面的价值准则。

3. 价值观的类型

德国心理学家斯普朗格（E. Spranger）根据社会文化生活方式把人的价值观区分为六种：① 经济价值观，以谋求利益为最高价值，有此价值观者喜欢用经济观点看待事物，其生活目标是获得财富，如实业家；② 理论价值观，以发现事物本质为最高价值，有此价值观者对批判观点或思想感兴趣，如哲学家和科学家；③ 审美价值观，以感受事物的美为最高价值，有此价值观者致力于使事物变得更有魅力，如艺术家和文学家；④ 社会价值观，崇尚人的交往和帮助他人，有此价值观者致力于增进社会福利，如社会活动家和管理家；⑤ 政治价值观，以掌握权力为最高价值，有此价值观者拼命追求权力且喜欢支配和控制他人，如政治家；⑥ 宗教价值观，是以超脱现实生活为最高价值，有此价值观者的兴趣在于创造最高和绝对满意的境界和体验，如宗教信仰者。

罗克奇（Rokeach，1973）根据“工具—目标”维度，把价值观分为工具性价值观和终极性价值观。工具性价值观以个体的行为方式为工具，目的是获取“社会认可”；终极性价值观是个体以一种行为方式谋求许多终极目的（见表 10-1）。

表 10-1 罗克奇的价值观分类

分类	内容
工具性价值观	有抱负的、心胸开阔的、有能力的、欢愉的、干净的、有勇气的、宽容的、乐于助人的、诚实的、富于想象的、独立的、知识的、有逻辑的、有爱心的、服从的、礼貌的、负责的、有自制能力的
终极性价值观	舒适自在的生活、令人兴奋的生活、有成就感、和平的世界、美丽的世界、平等、家庭安全、自由、幸福、内心的和谐、成人的爱、国家安全、快感、得救、自我尊重、社会认可、真正的友谊、智慧

4. 价值观的形式

价值观的主要形式有兴趣、信念和理想等。价值观通过这些形式对个体行为产生影响。

兴趣是人对事物的一种认识倾向，是价值观的初级形式，伴随着积极的情绪体验，对个体活动特别是个体的认知活动有巨大的推动力。兴趣会逐渐发展成个体活动的内在动机。

信念是坚信某种观点、思想或知识的正确性，并调节控制自己行动的人格倾向性。信念是认知和情感的升华，也是认识转化为行动的中介，它通过调控个体需要实现对动机行为的影响。例如，“生命诚可贵”（生存需要），“爱情价更高”（爱的需要），“若为自由故”（崇高信念），“二者皆可抛”（信念调节）。

理想是个体对未来可能实现的奋斗目标的向往和追求。它与信念紧密相连，是信念指向的未来形象，比信念更具体、更丰富、更确定、更具有感染力。理想与目标相联系，它通过目标来激发和影响人的行为。

（五）需要与动机

1. 需要是产生动机的基础

需要是个体内在的缺失或不足所引起的一种紧张状态，主观上体验为“意向”和“愿望”：个体模糊地意识到的未分化的需要叫意向；个体明确地意识到并欲求实现的需要叫愿望。只有当意向或愿望激起个体进行活动并维持活动时，需要才成为动机。动机是激发和维持个体进行活动，并导致该活动朝向某一目标的心理倾向或动力。

2. 诱因是动机产生的条件

存在需要，动机产生仅是一种可能；有了诱因，动机产生才会变成现实。诱因是指能满足个体需要的外部刺激物，如饥饿使个体有想吃东西的需要，有了食物诱因才有觅食动机。当需要推动个体去活动，并把活动引向某一诱因目标时，需要就成为动机。如饥饿时寻找食物，炎热时寻找凉爽的地方，口渴时寻找水等。这时，需要就成为个体活动的动机。需要作为人的积极性的重要源泉，是激发人们进行各种活动的内部动力。

□□□ 第二节 动机理论

无论是中国古代的哲学思想，还是西方的哲学思想，都存在对动机的不同解释。随着心理学从哲学中独立出来，心理学研究者对动机的研究也存在不同的观点，对动机的产生和作用机制形成了不同的理论。

一、经典的机械动机理论

（一）本能理论

动机最早是由本能概念引入心理学的。19 世纪末 20 世纪初，受达尔文生物进化论的影响，心理学家大都相信，人的部分行为是由本能控制的。**本能**（instinct）是在进化过程中形成并由遗传固定下来的，一种不学而能的行为模式，是人类行为的原动力。美国心理学家詹姆斯提出，人的行为依赖本能的指引，此外，人还具有社会本能，如爱、社交、同情、诚实等。麦独孤（W. McDougall）认为，所有的行为都是本能行为，包括知、情、意三大成分，认知是满足本能的意识方式，情感是唤醒本能的情绪方式，意志是通过努力达到本能的目标。他认为人类有 18 种本能，如逃避、拒绝、好奇心、好斗、获取、自信、生殖、合群性、自卑、建设等。

20 世纪 20 年代末起，本能论受到人们的怀疑与批评，但仍在两个领域占统治地位：一是精神分析理论，认为人类最基本的本能是生的本能与死的本能，它们是人类行为的两种基本动力；二是需要层次理论，认为人类行为是由生来固有的自我实现的潜能决定的，人类的行为使这种潜能不断发展和完善。此后，本能论的再度兴起又以“习性学”为标志。20 世纪 50 年代以后，欧洲一批习性学家再度对本能行为的研究产生兴趣，他们主要探讨控制本能行为的重要因素，如感觉输入机制、特定刺激、学习作用和中枢机制等，试图揭示影响动物行为的生理因素与环境因素的关系。**印刻**（imprinting）是习性学家实验研究的一大发现。

□□□ 专栏 10-2

印 刻

早在 19 世纪末 20 世纪初，达尔文的进化论就强调人类是从动物进化而来的，人和动物具有很大的相似性。在这种思想的影响下，心理学家为了探索人的行为和动机，就从研究动物着手。习性学家洛伦茨（K. Z. Lorenz）用孵化器孵化了一堆鹅蛋，小鹅孵化出来后，第一眼见到的活动对象是洛伦茨，以后就总跟在洛伦茨的身后。洛伦茨走到哪里，小鹅就跟到哪里；在见到它们的母亲时，也不理不睬；在受到惊吓时，就向洛伦茨跑去（见图 10-4）。小鹅出生后对洛伦茨的“依恋”现象，人们称为印刻。印刻是动物的一种本能，以后人们在许多动物中都发现了印刻现象。

图 10-4 洛伦茨身后跟随着一队小鹅

（资料来源：马森，等，1991）

（二）驱力理论

1. 行为驱力论

本能论在解释人类行为时遇到了困难，因此在20世纪20年代，美国心理学家、哥伦比亚机能心理学代表、动力心理学之父伍德沃斯（R. S. Woodworth）提出了行为因果机制驱力概念，以代替本能概念。**驱力**（drive）是个体由生理需要（如食物需要、性的需要、逃避痛苦的需要）所引起的一种紧张状态，它能激发或驱动个体产生行为以满足需要、消除紧张，从而恢复机体的平衡状态。

2. 驱力减少论

赫尔（Hull，1943）在20世纪40年代提出了驱力减少论：假定个体生存便会有需要，有需要就会产生驱力。驱力是一种动机结构，它供给机体能量，使需要得到满足，进而驱力减少。这一理论适用于解释生物机能，如吃、喝、睡眠和性行为等。赫尔强调经验和学习在驱力形成中的作用：驱力为行为提供能量，习惯决定行为方向。有些驱力来自内部刺激，无须习得，因此称为“原始驱力”；有些驱力来自外部刺激，通过学习得到，因此称为“习得驱力”。赫尔认为，驱力（D）、习惯强度（H）和抑制（I）共同决定个体有效行为潜能（P），其相互关系表示为：$P=D\times H-I$。

（三）唤醒理论

1. 唤醒理论的观点

人类活动不是为了减少驱力，而是要增加驱力，如努力探究新的环境，参加惊险竞技比赛等。赫布（Hebb，1949）和柏林（Berlyne，1960）的唤醒理论认为，人们总是被唤醒，并维持着生理激活的一种最佳水平。这种水平既不是太高，也不是太低。对唤醒水平的偏好是决定个体行为的一个因素。一般来讲，个体偏好中等强度的刺激，因为它能引起最佳唤醒水平，但对强度过低或过高的刺激，个体是不喜欢的。

2. 唤醒实验

实验表明，当被试进入感觉剥夺状态，如蒙眼塞听、不能移动或进入单调情境时，就会变得烦躁和渴望刺激；但在强光或噪声作用下，被试会降低到低唤醒水平上（Bexton et al.，1954）。例如，人们在日常生活中，安静学习了一天，就想听听音乐以寻求刺激；忙碌工作了一天，就想安静休息以减少刺激。唤醒和刺激之间存在某种函数关系，人们偏好最佳的唤醒水平：每个人都有自己的最佳唤醒水平，高于这个水平时就需要减少刺激，低于这个水平时就需要增加刺激。刺激水平和偏好程度之间的关系是一条倒U形曲线（见图10-5）。

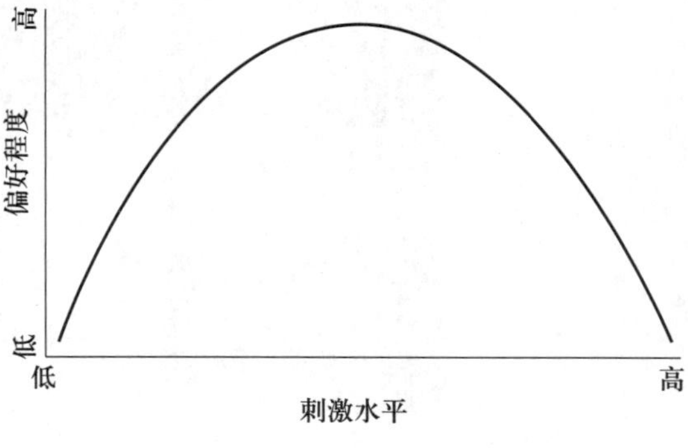

图10-5 刺激水平与偏好程度的关系

（资料来源：Arkes et al.，1982）

（四）诱因理论

1. 诱因理论的观点

驱力理论强调个体的活动来自内在动力，但忽略了外在环境在引发行为上的作用。为弥补此缺陷，诱因理论应运而生。**诱因**（inducement）是指能满足个体需要的刺激物，它具有激发或诱使个体朝向目标的作用。诱因可以是物质的，也可以是精神的；有积极的诱因（如有吸引力的刺激物），也有消极的诱因（如个体回避的刺激物，痛苦、贫困、失败等）。

2. 诱因功能

赫尔接受了诱因这一变量，把它作为行为的决定因素之一，他修改了自己的公式，在其中增加了诱因动机（K）：$P=D\times H\times K-I$。诱因是个体行为的一种能源，它促使个体去追求目标。诱因与驱力是分不开的，诱因是由外在目标所激发的，只有当它变成个体的内在需要时，才能驱动个体行为，并具有持久的推动力。

二、现代的认知动机理论

（一）期待价值论

期待价值论是早期的一种动机认知理论，它将达到目标的**期待**（expectancy）作为行为的决定因素，由新行为主义者托尔曼（E. C. Tolman）在动物实验的基础上提出：行为产生不是由于强化，而是由于个体对目标的期待。托尔曼将期待定义为刺激与刺激的联系（S_1-S_2）或反应与刺激的联系（S_1-R-S_2）。如看见闪电（S_1），就期待雷声（S_2），这是由刺激引起的期待；平时努力学习（S_1-R），就会期待在考试中取得好成绩（S_2），这是由反应引起的期待。期待是重要的，它能帮助个体获得目标。

（二）动机归因论

动机归因论从行为结果中寻求行为动力因素。海德（F. Heider）指出，当人们在工作和学习中体验到成功或失败时，会寻找成功或失败的原因。一般来说，人们会把行为的原因归结为内部原因（如能力、努力、兴趣、态度等）和外部原因（如任务难度、外部的奖励与惩罚、运气等）。海德还提出了**控制点**（locus of control）概念：内控型的人认为成败是由自身原因造成的，外控型的人则认为成败是由外部因素造成的（Rotter，1966）。韦纳（B. Weiner）认为，成功和失败的归因是成就活动过程的中心要素，成就行为不仅归因于内部的和外部的，还有稳定的和不稳定的，如能力和任务难度是稳定的，努力和运气是不稳定的。从这个维度，韦纳（Weiner，1972）提出了归因模式，见表 10-2。

表 10-2　韦纳的归因模式

	内部的	外部的
稳定的	能力	任务难度
不稳定的	努力	运气

（资料来源：Arkes et al.，1982）

（三）自我效能论

班杜拉（A. Bandura）的自我效能论也是一种动机认知理论。他认为，人对行为决策是主动的，人的认知变量如期待、注意和评价等，在行为的决策中起着重要的作用。其中，期待是决定行为的先行因素，强化的效果存在于期待的奖赏或惩罚之中，是一种期待强化。班杜拉把期待分为结果期待和效果期待：前者是指个体对自己行为结果的估计或强化，如相信"耕耘就会有收获"；后者是指个体对自己是否有能力来完成某一行为的推测和判断，即**自我效能感**（self-efficacy），如确信自己有能力完成某一任务，属于高自我效能感，否则就是低自我效能感。班杜拉认为，自我效能感直接决定个体进行某种活动的动机水平。自我效能感与成败经验、正负情绪有关：成功经验和积极情绪会提高自我效能感，失败经验和消极情绪则会降低自我效能感，从而决定动机水平。由此可见，自我效能感是成就动机的一个重要维度。

（四）成就目标论

目标是个体要努力达到的、具体的成绩标准和结果（Locke et al., 1994；Bandura et al., 1981），如学生提出期末考试的成绩要达到优秀标准是学习目标，工人提出年终要超额完成生产任务是生产目标。埃利奥特和德韦克（Elliott et al., 1988）的成就目标理论认为，不同个体对自己的能力有不同的看法，这种对能力的认识会直接影响到个体对成就目标的选择。有些个体会将成就情境看作提高自身能力的机会，并把掌握新知识、新技能和发展能力作为自己追求的目标；而另一些个体则将成就情境看作对自身能力的一种检验，他们关心怎样去证明自己的能力，而避免得到低的成绩（Dweck et al., 1988）。

（五）自我决定论

自我决定论是美国心理学家德西（E. L. Deci）和瑞安（R. M. Ryan）等人在 20 世纪 80 年代提出的人类自我决定行为的动机过程理论，他们认为人是积极的有机体，具有先天的心理成长和发展的潜能。自我决定就是一种关于经验选择的潜能，是在充分认识个人需要和环境信息的基础上，个体对行动所作出的自由选择。自我决定的潜能可以引导人们从事感兴趣的、有益于能力发展的行为，这种对自我决定的追求构成了人类行为的内在动机。自我决定论已形成一套较完善的关于人类动机和人格的理论体系，包含四个分支理论：一是基本心理需要理论，阐释基本心理需要（自主需要、能力需要和归属需要）和主观幸福感的关系；二是认知评价理论，探讨内在动机的影响因素，尤其是社会环境因素对内在动机的影响；三是有机整合理论，探讨外在动机的类型和促进外在动机内化的条件；四是因果定向理论，认为个体具有对有利于自我决定的环境进行定向的发展倾向。

三、动机的综合探索研究

（一）哲学心理学的探索

动机普遍存在于人类和动物的行为活动之中。有机体为何会产生行为？人类与动物的行为为何不同？人与人的行为为何存在差异？自古以来，哲学家和心理学家都在思考此类“动机”问题。在动机研究的第一历史时期，出现的主要是从古希腊罗马时期到近代哲学家的研究成果。如亚里士多德的“四因论”、伊壁鸠鲁的“趋乐避苦说”、笛卡儿的“二元论”、达尔文的“进化论”，这些思想都是动机探索的古典理论。在动机研究的第二历史时期，出现的主要是自20世纪30年代以来的心理学家的研究成果，如上所述，有本能理论、驱力理论、唤醒理论、诱因理论、期待价值论、动机归因论、自我效能论、成就目标论、自我决定论等。在这一时期，动机研究的侧重点逐步发生变化，从关注生物本能到关注社会因素，从关注外部诱因到关注内在激励以至强调自我的调节。这一变化体现了动机理论对社会因素、个体主动性的日益重视，体现了动机研究从机械观到理性观的进步。但这些研究都各持己见，缺少综合。为此，动机研究成果亟待系统整合和建构统一理论。

（二）四种方式的动机观

西方学者多用四种方式探索人类的需要和动机——乐观主义、悲观主义、中性主义、多样性主义，他们围绕人的本质、人类生活的好坏、人类对幸福或痛苦的体验以及人类受理性与非理性支配等问题而展开探索。

1. 行为是理性主导的：乐观主义动机观

乐观主义动机观认为，人类是有理性的，人类想要的东西是对自己有利的，且对大多数人也是有帮助的。人类相信自己能合理地评价自己的生活境况，以便做出合理的行为决定，人类行为主要受其理性来主导，人类有理性思考的能力，更有创造性和探索性的思维能力。乐观主义动机观认为，人类的一切劳动和创造活动，以至科学技术的创造成果，都是源于人类为了生活得更美好或造福于人类的崇高理性或动机。

2. 行为是非理性驱动的：悲观主义动机观

悲观主义动机观主张，男性和女性生来都是有缺陷的、是冲突的，甚至是罪恶的，即人在本质上都是“罪人”。人类是受非理性力量驱动的，因而理性不能控制人类行为。20世纪，人类动机的悲观主义研究取向中最有影响的是弗洛伊德。根据他的心理动力学，所有行为都是由人不能控制的力量决定的；这些力量不断产生冲突，这是人不断焦虑的原因；这些决定人的行为的力量和冲突是无意识的。与进化论一样，心理动力学强调本能的力量是人类行为的主要能量提供者，强调潜意识对行为的影响作用。

3. 行为是被环境塑造的：中性主义动机观

中性主义动机观认为，人类既不好也不坏，既不幸福也不痛苦，既不是理性的也不是非理性的。从根本上来说，人类是空白的和无形的。用洛克的话来说，人类出生时心理是一块白板或“空白记录”，人类的动机是被环境塑造的。好的、有利的环境会创造出好的、幸福的、理性的和社会性的人，他们以与生活期望和生活价值相称的方式去行事；而坏的、难以忍受的或混乱的环境会滋生不幸福、冲突和堕落。在这一观点看来，人之所以成为现在的样子，是因为世界的塑造。洛克的“白板说”后来被行为主义创始人华生发展为环境决定论和教育万能论，即人的一切后天行为都是受环境被动影响的，但都可以通过教育的力量来主动塑造成人所期望的样子。

4. 多样性主义动机观

多样性主义动机观强调个体的差异性。根据这一观点，人也许不能决定他的基本动机是什么、人本质是好的还是坏的、人生来是幸福还是痛苦的。然而，人所知道的是人与人各不相同，不同的人会有不同的行为方式。因此，不同的人可能会有不同的需要，也就有不同的动机，这种不同既可能是强度上的，也可能是类型上的。因此，人的动机是多样的，人与人的动机是有差异的，动机理论的研究是多取向的。

（三）两个隐喻的动机论

动机理论的发展可追溯到笛卡儿和达尔文的贡献。笛卡儿认为动物是机器，达尔文证实人也是机器。这两个隐喻，诞生了西方世界关于动机是“推力”和动机是“拉力”的著名观点。

1. 人是机器的隐喻：动机是行为被动受驱的“推力”

1920—1955 年，动机研究领域一直由心理分析论和驱力论支配着，体内平衡观成为动机论的重要部分，如弗洛伊德的精神分析理论、威尔逊的社会生物学，以及赫尔的驱力理论、勒温的场论和海德的平衡理论。这些理论均接受人是机器的隐喻，他们强调人类存在的生物或身体方面，把动机看作“推力”（Weiner，1995），内隐地将人类与不同种类的机器相比较，把人理解为遵循物理和生理规律的复杂生物机制，认为人跟其他动物一样，必须面对不断出现的饥渴的需要，而且必须经受疼痛、厌倦及身体衰竭的难以预测的变化。

2. 人是上帝的隐喻：动机是行为主动前进的“拉力”

这一隐喻强调了一个事实，即人类具有无与伦比的心理能力，这是人类高于其他一切动物的主要特征。这些能力使人类能够考虑自己的生物基础，能够考虑自己的成败，并做出行为决定；能意识到自己的处境，能实质性地考虑任何事情，而不是受其生物本能及外部诱因的控制。这一隐喻认为，人不仅是一架机器，可以说人还是神或上帝（Weiner，1992），它强调人类存在的认知或心理方面，把动机看作“拉力”（Weiner，1995），人类前进的动机是理性的，这与理想化的神相似。

相比之下，人是上帝的隐喻比人是机器的隐喻使动机理论前进了一大步。虽然人是机器的隐喻曾在动机心理学中占据主导地位，但到 20 世纪 50 年代末期，心理学发展到认知的和精神的时期，把人当作机器已成为对人类的蔑视而退出历史舞台，毕竟人是有理性的，行为是理性决定的，人能够估计目标期望，并确定达到所选目标的可能性。所以，人是上帝的隐喻捍卫了动机的理性地位。对于人类，动机的“拉力”和“推力”都在其行为活动中发挥作用，理性因素的“拉力”作用占据主要地位。如处于马斯洛的生理的需要和安全的需要的层次上，人们的行为可能较多受制于生活所迫的“推力”作用，但“穷则思变”的愿望“拉力”也会使人产生更强烈的改变现状和追求美好生活的创造行为。一旦到了更高的尊重的需要和自我实现的需要的层次上，动机就会产生更强大的“拉力”作用。但对于动物的行为而言，“鸟为食亡”可能主要受驱于生物本能的“推力”。

（四）动机研究的前瞻性

从以上分析可见，动机研究领域非常复杂，多种观点、多种比喻、多种取向都在探索同一个主题。因此，动机研究领域可以用“多元性而非包罗万象的理论”来描述（Weiner，1995）。但心理学家正在寻找一种普遍的动机理论，试图把人是机器的隐喻与人是上帝的隐喻相结合，既注重人的身体方面又注重人的心理方面，既注重外在诱因和社会环境的影响又注重个体自身的内在原因，既注重人的认知又注重人的情感，总之是要寻求一条整合动机理论的途径（张爱卿，1999）。为此，韦纳总结了建构普遍动机理论应遵循的八条原则（Weiner，1995）：动机理论必须建立可靠的可重复的经验关系；必须建立在普遍法则而不是建立在个体差异的基础上；必须包括自我；必须包括认知过程的整个领域；必须包括整个情感领域；必须包括序列的或历史的因果关系；必须能够解释成就追求和交往目标；必须思考一些附加的常识性概念。遵循这些原则，整合动机理论的研究将会有更明晰的思路。

□□□ 第三节 动机的类型

动机主要可以分为两大类：生理性动机和社会性动机。

一、生理性动机

生理性动机也叫原始动机，它以生物需要为基础，亦称为“内驱力”，如饥渴、母性、性欲、睡眠、排泄等动机。生理性动机推动人们去活动，从而满足这种需要。人是社会实体，其生物需要以及满足生物需要的手段，都受到人类社会生活的影响。因此，生理性动机也必然有社会生活的烙印。如母性动机是一种生理性动机，但也源于母亲的社会责任与义务。

（一）饥饿动机

1. 饥饿动机的生理意义

“鸟为食亡”“民以食为天”，这说明了食物对生命有机体的重要性。动物为何觅食，人为何要吃饭？都因饥饿所致。“觅食因为饥饿”表达的就是饥饿动机。饥饿动机是有机体最基本的生理性动机，每天它都以节律性变化支配着动物觅食和人类进餐，从而维持机体的生存、发育和生长，同时还提供给机体活动的能量。

［拓展阅读］
动机状态

2. 饥饿动机的生理基础

生理心理学家发现，机体内有控制饱或饿的生理机制，它维持着机体营养的平衡与不平衡。这种机制有短期和长期两种。短期调节的机制是：在机体大脑中枢的下丘脑部位含有葡萄糖接收器，它感知、监视和调节着血糖的水平，从而产生饥饿和进食信号。长期控制的机制是：有机体依靠控制脂肪维持正常的体重，控制进食量的大小；当身材发胖超过平时体重时，脂肪细胞会释放出一种叫作抑脂酶的物质，通过血液循环进入大脑，告诉大脑要少吃。

3. 饥饿动机的影响因素

饥饿动机除受机体生理机理调节外，还受个体食物偏好的影响，即对食物的喜爱与厌恶。研究发现，有些偏好是动物或人天生就具有的，如婴儿生来就厌恶苦味；有些偏好则是后天习得的，如人学会食用苦瓜。饥饿动机还受到进食方式和习惯的影响，如肥胖者对食物的外部线索（如食物味道）比体型正常者更敏感，而体型正常者对自己的内部状态（如饥饿状态）比较敏感。

（二）渴的动机

1. 渴的动机的本质

渴是有机体的一种基本的生理动机，机体新陈代谢需要水，没有水，生命就不能维持。局部理论认为，渴的产生是因为舌头和消化道的干燥。坎农提出，当身体水供应减少、唾液减少、喉咙发干时，喝水即可解除。综合理论认为，渴是由于机体的血液中缺乏水，从而刺激整个血管系统产生的一种不舒适感，喝水可缓解这种不舒适感。血液渗透理论认为，血液中的水比体细胞多，渗透压会使水从血液进入体细胞；反之，若体细胞中水分多，水就从体细胞进入血液。渴与不渴即源于此理。

2. 渴的动机的控制

第一，下丘脑后部和前部组成“渗透压感受器”系统，前部控制水的保存，它的活动不引起喝水；后部控制获取水，这个区域的活动引起喝水。第二，控制摄入水量的系统，这个系统有两部分。当血液中缺少水分时，肾脏释放肾素和血管紧张素来维持体内的钠，促进内分泌活动，保持体内的水平衡和引起喝水的行为；心脏和大静脉感受器会觉察血液量的变化，从而控制水量的摄入。由此可见，血液浓度或血液量的变化能说明渴的程度，同时激素在控制渴的复杂过程中也扮演着重要的角色。

（三）睡眠动机

1. 睡眠动机的意义

由于机体疲劳或困倦产生睡眠需要而引起的动机叫作睡眠动机或睡眠驱力。睡眠是人生存的一种重要方式，人的一生中有 1/3 时间是在睡眠中度过的，睡眠动机是一种强本能。

2. 睡眠的生理机制

20 世纪 60 年代，研究发现，下丘脑控制觉醒睡眠，网状结构也在其中扮演着重要角色。探索睡眠脑电波的研究发现，睡眠过程中交替出现两种模式：**慢波睡眠**（slow wave sleep，SWS）和**快波睡眠**（fast wave sleep，FWS）。慢波睡眠的脑电波分为四个阶段，睡眠深度从第一阶段开始逐步加深，到第四阶段达到最深程度。个体进入慢波睡眠第一阶段，呈现 α 波（8～13 周/s），脑电波振幅较低；接着进入慢波睡眠的第二阶段，呈现纺锤波（12～14 周/s），振幅增大；进入第三阶段后，呈现 δ 波；当波幅超过 δ 波的振幅一半时，就进入了第四阶段。当慢波睡眠进入最深的第四阶段后，便向第三阶段、第二阶段、第一阶段的反方向回复，然后就进入快波睡眠。快波睡眠一般产生于慢波睡眠之后，快波睡眠的波形与慢波睡眠的第一阶段相似，随着睡眠深度加深，眼球运动变快，脉搏数增加，呼吸深度变浅，且频率不规则。研究表明，在快波睡眠时人正在做梦。从一整夜睡眠来看，人先进入慢波睡眠，后开始快波睡眠。快波睡眠周期为90 min。黎明时，最后进行的快波睡眠时间最长。在整夜睡眠中，前半夜是慢波睡眠，后半夜是交替出现的慢波睡眠与快波睡眠。

3. 睡眠原因的研究

为什么人类需要睡眠呢？第一种观点是“身体恢复原状说”，有人认为，睡眠能使人体从一天的疲劳状态中得到休息或恢复，即睡眠允许机体得到休息，从白天的紧张行为中恢复。但研究发现，当一个人的工作量比平常增加时，他的慢波睡眠并没有增加。还有研究表明，在睡眠期间人体的激素释放水平有增长。第二种观点是“脑恢复原状说”，认为睡眠特别是快波睡眠，对于记忆的巩固有作用。还有人发现，在睡眠期间，人的中枢神经系统的蛋白质有所增加。第三种观点是“睡眠源于进化说”，认为人类睡眠是从动物进化来的一种“钟”，即在人类脆弱的时期感受到一种势不可挡的睡眠需要。因此，人类具有白天和晚上循环的特征。

（四）性动机

1. 性动机的心理本质

性动机是人与动物表现性行为的内在驱力，是一种原始的生理性动机。人类的性动机除具有生理因素之外，还带有相当大的文化色彩。性动机与其他生理性动机不一样，不进食、不饮水就不能生存，而个体没有性功能仍然能生存。同时，进食和饮水能恢复机体的体力或促进发育，而性活动会导致个体体力的消耗。

2. 性动机的生理机制

性动机受下丘脑影响，下丘脑影响脑垂体分泌促性腺激素，这些激素进入血液影响性腺（卵巢和睾丸），性腺分泌激素——由卵巢分泌雌激素和孕激素，由睾丸分泌睾丸激素，这些激素对于最初出现的性行为是关键因素。

3. 性动机的社会因素

人类性动机还受文化的影响，如女性在缺乏正常雌激素和孕激素的情况下也能产生性行为。一般说来，绝经前女性的雌激素水平大大降低，然而其性动机并没有自发减少；摘除卵巢的妇女仍能体验到性高潮。这说明在人类性行为中，经验、习惯和文化因素起着重要作用。文化差异主要表现在性刺激方式的不同、对同性相爱行为的容忍、性行为方式的不同、偏爱性同伴特征的不同等。

二、社会性动机

社会性动机也叫习得动机，它以社会需要为基础。人具有权力需要、社交需要、成就需要、认识需要等，因而产生了相应的动机。社会性动机推动着人们求知、获得社会和他人的赞许、与他人进行交往、参与某种社会团体并获得某种地位等。当这些社会需要获得满足时，社会性动机才会缓解下来。

（一）兴趣与爱好

1. 兴趣的意义

兴趣（interest）是人们探究某种事物或从事某种活动的心理倾向，它以认识或探索外界的需要为基础，是推动人们认识事物、探求真理的重要动机。人对有兴趣的东西会表现出很高的积极性并且产生某种肯定的情绪体验。例如，学生对某一学科有兴趣，就会推动其努力学习，广泛涉猎有关知识并影响其对未来职业的选择；教师对教育工作怀有浓厚兴趣，就会推动他们刻苦钻研业务，废寝忘食地工作。兴趣在个体发育中出现较早，最初表现为个体对环境的探究活动，在定向探究的基础上才逐渐形成。

2. 兴趣与爱好的关系

兴趣是动机的心理指向，爱好是动机的行为投入。当兴趣不是指向某种认识的对象而是指向某种活动时，这种动机叫“爱好”，如对体育、绘画、书法活动的爱好等。兴趣与爱好是和人的积极情绪体验联系在一起的。当人们兴趣盎然地进行某种活动、获得某种认识时，他们常常体验到快乐和满意等积极情绪。

3. 兴趣的品质

兴趣的品质包含四个方面：① 兴趣的广度，指兴趣的范围大小。有人兴趣广泛，有人兴趣狭窄。一般地说，兴趣广泛有利于人们获得较广博的知识。② 兴趣的中心性，指对某个特定领域的事物形成浓厚、强烈的兴趣，它能推动人们较深入地认识和探索客观世界。③ 兴趣的稳定性，指兴趣的持续时间长短。④ 兴趣的效能，指兴趣能积极推动人的活动的程度。

（二）成就动机

1. 成就动机的意义

成就动机是人们希望从事对自身有价值、具有挑战性、能满足自我实现欲望的活动，从而取得优异成绩和超过他人的动机。例如，一个学生希望学习成绩超过他人，名列前茅；一名员工希望自己在工作中做出贡献，能得到奖励；一位作家希望多创作作品，撰写的著作能畅销。成就动机强烈的人有高标准的目标追求和欲望。

2. 成就动机的功能

成就动机对个体的自我实现有重要作用。研究发现，两个人的智商大体相同时，成就动机高的人比成就动机低的人成功的可能性要高，如成就动机高的员工有可能取得较好的成绩。成就动机高低还影响到人对职业的选择，麦克利兰（D. McClelland）发现，低成就动机的人，常选择风险较小的职业；高成就动机的人，喜欢开创性和挑战性的工作。成就动机还推动人们去争取一定的社会政治地位，它和权力动机也有着密切联系。

（三）权力动机

1. 权力动机的意义

权力动机是指个体具有的某种支配和影响他人以及周围环境的内在驱力。受此动机支配，人们表现出积极主动的参政议政行为，期望成为某一群体的领导者。高权力动机者，对世界、国家、民族、社会和他人有浓厚的兴趣，“家事国事天下事，事事关心”，喜欢讨论问题、说服他人、关注群体焦点问题。

2. 权力动机的功能

权力动机分为“个人化权力动机”和“社会化权力动机”。前者的功能是“权欲为私”，他们追求权力和地位，是为了“私欲”，如独裁者和腐败狂；后者的功能是“权欲为公”，他们追求权力和地位，是为了民众和社会，以期对社会做出贡献，如民族英雄和人民领袖等。

（四）交往动机

1. 交往动机的意义

交往动机以交往需要为基础。每个人都愿意归属于某个团体，喜欢与人来往，得到他人的关心、友谊、支持、合作与赞赏。这种需要促使人们结交朋友，寻求支持，归属组织，因而产生交往动机。这种动机的实现，会使人们感到安全、有依靠，增加生活的勇气；相反，人们会因孤独、寂寞而焦虑和痛苦。

2. 交往动机的功能

社会交往使人们分享资源、体验积极情绪，因而有利于建构和维持社会联系，促进人类的生存和发展。交往动机还反映了劳动和人类生活的要求。人要劳动和生活，就必须与他人交往。如果没有交往，人类的社会生活就要解体，人类与自然界斗争也会软弱无力。

□□□ 第四节　意志与意志行动

意志是人的意识能动性的体现，它使人能够根据对客观事物及其规律的认识自觉地改造世界。在社会实践活动中，人不仅能够自觉地确定行动的目的，而且能够有意识地支配和调节自己的行为以达到目的。动机为行为提供了动力，意志为行为提供了方向和坚持的力量。

一、意志的含义及其特征

（一）什么是意志

意志（will）是人自觉地确立目的，并根据目的调节和支配行动、克服困难、实现目的的心理过程。意志是人类特有的心理现象，是人类意识能动性的集中表现。人类在有目的地认识世界和改造世界的过程中，均充满了意志活动。意志是人类特有的高层次动机，并通过行为表现出来。受意志支配的行为被称为意志行动。

意志总是和人的行动相联系，并对人的行动起着调节和控制的作用。意志一方面能推动人们坚持目的，克服困难和完成任务，另一方面能制止和调整与目的不符的愿望与行动。意志具有引发行为的动机作用，但比一般动机更具有选择性和坚持性。

（二）意志的特征

1. 有明确的目的性

自觉地确定目的是人的意志的首要特征。人与动物的根本区别之一，在于人在从事某种活动之前，活动的目的就以观念的形式存在于大脑之中，并能动地调节、支配着人的行为。离开了自觉的目的，意志便失去了存在的前提，就没有意志可言。意志行动的目的越明确、越高尚、越远大，意志水平就越高，行为的盲目性和冲动性也就越小。

2. 与克服困难相联系

克服困难是意志的核心价值所在。目的的确立与实现，通常会遇到各种困难，克服困难的过程就是意志形成的过程。一个人能够克服的困难越大，表明这个人的意志越坚强；反之，表明这个人的意志越薄弱。因此，人在活动中克服困难的难易程度，是衡量其意志强弱的标志之一。

3. 以随意动作为基础

人的行动都是由动作组成的，动作分为不随意动作和随意动作。不随意动作是指不受意识支配的不由自主的运动，如眨眼、吞咽、咳嗽等；随意动作是在不随意动作的基础上，通过有目的的练习形成的，它受人的意志调节和控制，具有一定的目的性。随意动作是意志行动的必要条件。

（三）意志和认识、情绪的关系

1. 意志和认识的关系

意志的产生是以认识为前提的。意志的一个特征是具有自觉的目的性。人的任何目的，都是在认识活动的基础上产生的。目的虽然是主观的，它却源于对客观现实认识的结果。对于目的的选择以及用什么样的方式达到目的，也是在认识活动的基础上产生的。人在确定目的、选择方法和步骤时，要审视客观形势，分析主观条件，回顾过去的经验，设想将来的结果，拟订方案，编制计划，并对这一切进行反复的权衡和斟酌，所有这些都必须通过感知、记忆、思维、想象等认识过程才能实现。由此可见，意志行动离不开认识过程，意志是在认识活动的基础上产生的。

意志对认识也有很大的影响。人在进行各种认识活动时，总会遇到一定的困难，要克服这些困难，就需要做出意志努力。例如，观察的组织、随意注意的维持、追忆的进行、解决问题时思维活动的展开以及想象的形象化进程等，都需要意志的努力。认识活动是在实践活动中进行的，而变革现实的实践活动也离不开意志的支配。没有意志行动，就不可能有认识活动，也就不可能进行有效的各种社会实践活动。人们常说的“有志者事竟成”讲的就是意志对认识过程的积极作用。

2. 意志和情绪的关系

意志和情绪有密切的联系。情绪既可以成为意志行动的动力，也可以成为意志行动的阻力。当某种情绪对人的活动起推动或支持作用时，这种情绪就会成为意志行动的动力，也叫激励作用。例如，巨大的爱国热情和主人翁责任感激励着人们辛勤地劳动，刻苦地学习。当某种情绪对人的活动起阻碍或削弱作用时，这种情绪就会成为意志行动的阻力，也叫干扰作用。例如，对所要达到的目标抱以漠然的态度、畏难情绪、不切实际的骄傲情绪和高度的焦虑情绪等，都会妨碍意志行动的贯彻，动摇以致削弱人的意志。消极的情绪对意志行动的干扰作用，取决于一个人的意志力水平：意志坚强者可以克服这些消极情绪的干扰，把意志行动贯彻到底；意志薄弱者可能会被这些消极情绪所压倒，使行动半途而废。

由此可见，意志可以控制情绪，使情绪服从于理智。在日常生活中对于不利于工作、不利于学习的消极情绪，意志坚强者能用意志力加以控制，使自己的行动服从理智的要求。

总之，认识、情绪和意志是密切联系的。意志过程包含着认识和情绪的成分，认识和情绪也包含着意志的成分。

二、意志的品质

个体最主要的意志品质包括自觉性、果断性、坚持性和自制性。

（一）自觉性

意志的自觉性是指一个人对行动目的和意义有充分的认识，并能随时控制自己的行动，使之符合于目的的意志品质。有自觉性的人，目的明确，行动坚决，能够果断地采取措施，坚决地执行决定，直到最后胜利。与自觉性相反的意志品质是盲目性和独断性。盲目性是指易受外界影响，盲目听信他人的意见，轻易改变行为目的，缺乏原则性。独断性是指既未掌握客观规律，又不听他人忠告，武断地做出决定并一意孤行的倾向。

（二）果断性

意志的果断性是指个体善于适时适地采取决定并执行决定的意志品质。果断性表现在当需要行动时，能“当机立断”，毫不犹豫；当不需要行动时，能“戛然而止”，停止行为；当情况变化时，能“审时度势”，改变决定。果断性以自觉性为前提，以大胆勇敢和深思熟虑为条件。与果断性相反的是优柔寡断和草率从事。优柔寡断的人总是患得患失，瞻前顾后，顾虑重重，犹豫不决，所谓“当断不断，必受其患”。草率从事的人总是一时冲动，仓促决定，鲁莽行事，不顾后果。二者皆为意志薄弱的表现。

（三）坚持性

意志的坚持性是指个体克服困难，百折不挠，对抗压力，意志顽强，实现目的持之以恒的意志品质。具有坚持性的人，在意志行动过程中能长久地保持旺盛的精力和胜利的信心，在困难面前不退缩，在压力面前不屈服，在引诱面前不动摇，锲而不舍，始终如一，矢志不渝。所谓“富贵不能淫，贫贱不能移，威武不能屈”即此优良品质。与坚持性或顽强性相反的是动摇性和顽固性。动摇性是指目标不确定，见异思迁，虎头蛇尾，遇到困难望而却步。顽固性是无视现实，不会变通，一意孤行，固执到底。动摇性和顽固性均属于消极的意志品质。

（四）自制性

意志的自制性是指善于控制和调节自己情绪与言行的意志品质，这是情商的重要因素。具有自制性的人，既善于督促自己去执行经过周密思考的合理决定，又善于抑制与自己目的相违背的情绪和行为，有效抵抗干扰或诱惑。所谓“任凭风浪起，稳坐钓鱼台”“坐怀不乱”都是对此品质的赞美。与自制性相反的是任性和懦弱。任性是放任自我，情绪多变，不加约束，随心所欲；懦弱则是遇事畏缩不前，惊慌失措，不能自控。

三、意志行动的基本过程

（一）意志行动的准备阶段：采取决定

采取决定阶段是意志过程的准备阶段，它是意志行动的先导，决定着意志行动的方向。这个阶段包括动机斗争、确定目的、选择行动方法等。

1. 动机斗争

人的行动总是由一定动机引起并指向一定方向的，但在决定行为方向时，往往存在着动机选择的斗争。同一时间内多种需要不可能同时满足，甚至其间存在相互矛盾。对于动机斗争，需权衡其轻重缓急、利弊得失，考虑社会价值，然后抉择。动机斗争包括了“动机冲突”中所述的双趋冲突、双避冲突、趋避冲突、多重趋避冲突等。

2. 确定目的

通过动机斗争，可以确定行动目的。但行动目的是有层次的，远大目标确定后，要通过一个个近期目的依次实现，才能实现最终目的。一般说来，行动目的的社会价值越高、越明确，对人的激励鞭策作用就越大，实现目的的决心和意志就越强。

3. 选择行动方法

确定行动目的后，还需要选择行动方法。通常实现目的的行动方法不止一种，这就要求反复思考、多方比较，选择最有效、最经济、最优的方法。

（二）意志行动的实施阶段：执行决定

执行决定阶段是使行动按照确定的目的和预定方向进行的过程，它是意志行动的中心环节，是意志努力的集中表现。

1. 意志行动调节

决定一经采取，执行决定便是实现意志行动的关键阶段。在执行决定时，意志对行动的调节作用表现在两个方面：一是发动和激励人们采取积极行动来达到预定目的；二是抑制和制止与达到目的相矛盾的消极行为。

2. 克服内外困难

在执行决定的意志行动中会遇到许多困难，既有内部困难（如能力不胜任、自信心不足），也有外部困难（如条件不充分、任务较艰巨）。千方百计地克服困难，坚决执行决定去实现预定目的，是人的意志努力的最好体现。

3. 经受成败考验

人的目的行为既可能成功，也可能失败，此时需要考验和锻炼意志。当遭受挫折甚至失败时，既要百折不挠，坚持到底；又要冷静分析，总结教训。当处于顺境达到成功时，既能高兴振奋，又能不骄不躁。所谓“胜不骄，败不馁”，方显其意志品质。

四、意志行动的冲突类型

（一）接近-接近型冲突（双趋冲突）

在动机斗争中，受两个或多个目标吸引，但个体只能取其一时，便出现了双趋冲突。在实际生活中，两种目标的吸引力不可能完全相同，因此有了“取其重而舍其轻”的原则，此时冲突就比较容易解决；当两个目标吸引力相当时，解决冲突就比较困难了，故而有了“投硬币以决取舍”的做法。

（二）回避-回避型冲突（双避冲突）

在动机斗争中，当两个或多个目标均不需要，但个体只能回避其一时，就产生了双避冲突。例如，某名儿童生病后，既不想打针——避痛，又不想吃药——避苦，但为了治病只能回避一个时，便产生了双避冲突。此类冲突常因个体接受了其中一种目标而得到解决。

（三）接近-回避型冲突（趋避冲突）

在动机斗争中，同一对象对个体既有吸引力又有排斥力，此时就产生了趋避冲突。在这种情况下，个体既想接近又想回避之，导致个体欲趋则避、欲避则趋。如学生既想打工挣钱，又怕影响学习；既想上五岳一览山川秀美，又怕登不上去或看到万丈悬崖；既想考研，又怕失败；既想就业，又怕失业；等等。

（四）多重接近-回避型冲突（多重趋避冲突）

如果个体面对两个或两个以上目标，而每个目标又分别具有吸引和排斥两方面作用，此时就无法简单地选择一个目标，而回避另一个目标，必须进行多重选择，这就是多重趋避冲突。如在国内考博和去国外留学，均有诸多的好处，也有诸多的不便，两弊相衡取其轻，两利相权取其重，最终的决定取决于利大化和弊小化的考量。解决这种冲突要求人们对各种可能性进行深入的思考，因而要花费较长的时间。

五、意志行动中的挫折

[拓展阅读]
挫折的行为反应

（一）挫折的心理意义

1. 什么是挫折

挫折（frustration）是指个体的意志行为受到无法克服的干扰或阻碍，预定目标不能实现时所产生的情绪挫败反应。挫折包括三个因素：一是挫折情境，即干扰或阻碍意志行为的情境，如高考“名落孙山”；二是挫折认知，即个体对挫折情境的认知、态度和评价，如面对失败“破罐破摔”或“越挫越奋”，这是产生挫折和如何对待挫折的关键；三是挫折反应，即伴随挫折认知而产生的情绪和行为反应，如愤怒和攻击等。当挫折情境、挫折认知和挫折反应同时存在时，便构成典型的心理挫折。但假如个体认知不当，即使不存在挫折情境，只有挫折认知和挫折反应，也可以构成心理挫折。

2. 挫折的原因

挫折情境即产生挫折的原因，任何挫折都与所处情境有关。挫折情境是对目标实现产生阻碍和干扰的因素，概括起来分为两类：一是主观因素，也称内部因素，是个体的生理和心理因素，如生理缺陷或疾病带来的限制、某种人格缺陷所造成的障碍，都可能使人产生挫折；二是客观因素，包括自然环境和社会环境因素，如自然环境恶劣、家庭经济贫困、社会风气不良、政治生活动乱等，会给人造成挫伤甚至灾难。

3. 挫折的功能

挫折犹如“双刃剑”：一方面，它使意志坚强者受到磨砺，将其引向成功的“高峰”，如“失败是成功之母”“逆境催人奋进”；另一方面，它也会将意志薄弱者投向失败的“深渊”，令其不能自拔，哀叹欲绝，使他们放弃奋进与追求。前者是挫折对意志行为的激励作用，后者是挫折对意志行为的干扰作用。

（二）增强挫折承受力

1. 正确对待挫折

挫折是普遍现象和客观存在，在人生中，谁都难免会遇到挫折。遇到挫折，关键是如何认识和对待。首先，要有面对挫折的心理准备，有了挫折不惊慌，面对失败不后退，挑战创伤有勇气，视挫折为进步和成功的代价；其次，要认识到挫折的磨砺性，挫折和磨难使人奋进，能磨炼性格和意志力，能增强创造力和智慧，使人对生活认识得更深刻、更成熟。

2. 改善挫折情境

首先，预防挫折，预测事情的成功与失败，以防范挫折的发生；挫折一旦发生，要分析原因，设法改变、消除或降低其负面影响。其次，改变情境，暂时离开挫折情境，去新环境转换心情，并获得社会和他人的情感支持和帮助。虽然挫折难以避免，但可以应对和改变挫折情境，从而减少挫折。

3. 总结经验教训

从失败和挫折中总结经验教训，是增强挫折承受力的自我调节方法。一方面，从失败中吸取经验和教训，以积极态度分析遭受挫折的主客观原因，找出失败症结，发现自我弱点，从而有针对性地加以改进；另一方面，要发现自己的优点和长处，从而振作精神，鼓起勇气，树立信心，以提高对挫折的承受能力。

4. 调节抱负水平

抱负是指个体预期要达到的成就目标，它是成就行为的动力，能否成功决定于抱负水平是否适合个体能力。抱负水平过低，即使成功也不能产生成就感；抱负水平过高，达不到目标就容易产生挫折感。所以，要想既有成就感又避免挫折感，就要选择适合自己能力的抱负水平。否则就会“希望越大，失望越大”“期望越高，摔得越重”。

5. 建立和谐的人际关系

建立和谐的人际关系对于增强挫折的承受力是有积极作用的。当一个人遭受挫折后，如果有几个在思想上、学习上、生活上志同道合的朋友，向他们倾诉自己的心里话，便能使自己从挫折中解脱出来，内心的紧张也会逐渐减弱。同时，还可以从朋友那里得到鼓励、信任、支持和安慰，重新振作精神，战胜困难和挫折。

□ 原理应用

如何提高自控力？

在日常生活和学习中，我们总会面临各种自控难题：沉迷于社交媒体和在线娱乐不能自拔，每天计划早睡早起却总是熬夜，健身计划总不能如愿实施……这一切都与意志品质相关。自律需要提高自控力。以下是提高自控力的简单方法：

首先，要确立一个清晰的目标，不做漫无目的的自控。这是意志过程中的采取决定阶段，这个目标既不能太容易，也不宜太难。太容易的目标难以激发达成目标之后的成就感，无法产生进一步行动的动机，太难的目标可能让人在行为过程中产生挫折感，从而被放弃。目标的设置要具体可行，要有能够达成的小目标。

其次，在执行决定阶段，要对自己的行为进行监控。可以在设置目标的同时，确立监控方案；用检查表或打卡的方式对自己的行为进行监控，在完成或未完成相应目标时，为自己确定一个恰当的奖惩措施。

最后，要善用社会支持的力量。可以和自己处于相同情境的人共同设定目标，相互支持、相互监督；也可以请关系密切的亲友帮助监督和提醒自己完成设定目标。

□ 复习与思考

1. 什么是需要？简述马斯洛的需要层次理论。
2. 什么是动机？动机的基本功能有哪些？
3. 简述动机与效果、效率的关系，以及耶基斯-多德森定律。
4. 什么是价值观？简述动机与价值观的关系。
5. 动机的经典理论和现代理论分别有哪些观点？四种动机观是什么？
6. 生理性动机和社会性动机有哪些类型？
7. 什么是意志？简述动机与意志的关系。
8. 什么是冲突？动机冲突有哪些类型？
9. 什么是挫折？如何增强挫折承受力？
10. 回忆本章内容，画出本章核心内容的概念图，与同伴进行交流分享后加以完善。

□ 推荐阅读

［1］马斯洛，2021. 动机与人格［M］. 李省时，马淑璇，于诗雯，译. 南京：江苏人民出版社.

［2］迈尔斯，2019. 心理学导论：下册：人格、社会与异常心理学：第9版［M］. 黄希庭，等译. 北京：商务印书馆.

第十一章 能　　力

学习本章内容，将有助于你对以下问题的理解与思考：

- 什么是能力？
- 什么是智力？
- 能力和知识有什么关系？
- 智力理论有哪些？
- 什么是能力的个体差异及其表现？
- 制约能力发展的因素有哪些？

2023 年 5 月 29 日，在神舟十六号载人飞行任务新闻发布会上，中国载人航天工程新闻发言人、中国载人航天工程办公室副主任林西强介绍，经过两年多的刻苦训练，当时我国第三批航天员已完成既定内容的训练，经飞行资格评定，均具备执行飞行任务的能力和条件。众所周知，航天员必须经过科学严格的选拔，再进行科学全面的系统训练，航天员的选拔和训练是为了确保他们具备完成航天飞行任务的能力。那么，什么是能力？能力和智力是什么关系？能力是如何形成的？我们应该如何提高能力呢？

□□□ 第一节 能力概述

能力表现在一个人完成某项活动的效果和效率上，不同于知识和技能，能力可以依据倾向、创造性程度和功能进行分类。

一、什么是能力

能力（ability）是指与人顺利完成某种活动有关的个性心理特征。

能力是影响活动效果的最基本因素。能力的高低会影响个体掌握方法和技能的快慢、难易和巩固程度。一个绘画能力高的人，能较快地掌握绘画的方法和技能；一个音乐能力高的人，学习音乐会比音乐能力较低的人更容易一些。此外，能力的高低也影响个体活动的效果。尽管影响活动效果的因素有很多，如动机水平、知识技能、熟练程度、花费时间、身体状况等，但其中，能力是最基础的影响因素。在其他条件相同的情况下，能力高的人比能力低的人有可能取得更好的效果。

能力高的人之所以会取得较好的活动效果，是因为他的综合心理特征与活动的要求相符合。在人类活动中，无论什么样的活动，都是复杂的和多方面的，它对人的智力方面的能力提出了不同的要求，要求多种能力相结合。例如，学生的学习要求学生具有观察力、记忆力、理解力和抽象概括能力；从事美术学习的学生要具有形象记忆力、颜色分辨力、视觉想象力等多种能力。如果个体能力的某种结合符合活动的要求，那么他便能顺利地、高水平地从事某项活动，表现出更好的活动效果；如果个体不具备活动所要求的能力，他的活动效果就较差。由此可见，能力是与活动要求相符合并影响活动效果的个性心理特征的综合。

二、能力是一种与知识和技能不同的心理行为系统

能力作为符合活动要求并影响活动效果的个性心理特征的综合，它是个体固定下来的概括的心理行为系统，与知识和技能既有联系又相区别。

知识是大脑中的经验系统。例如，哲学是人类最高的知识形式，它是人类经验的概括和总结。而认识能力则是调节认识活动的心理活动的概括化体系。如果说学会一个数学公式，掌握推导这个公式的步骤，以及推导过程中需要的其他公式，这些都属于知识的范畴，那么调节推导过程中的分析、概括、推理等活动的动力性质便属于能力的范畴。

技能是由于练习而巩固了的行为方式。能力不是行为方式巩固的结果，而是借以调节行为的心理过程巩固的结果。如果说技能的形成是通过反复练习而使行为方式巩固下来，那么能力的形成便是调节行为方式的心理过程的概括化，达到从一种活动到另一种活动的迁移，并在个体身上巩固下来。

能力与知识、技能是相互联系、相互转化的。能力是掌握知识、技能的必要前提。没有最起码的感受力、记忆力，感性知识就无法获得；没有一定的比较、抽象和概括能力，理性知识就难以掌握。能力的高低也是影响学习成绩的重要因素，它制约着掌握知

识的快慢、难易、深浅和巩固程度。同时，掌握知识的过程也会促进能力的提高。但能力与知识、技能的发展可能不一致。不同的人可能具有相同水平的知识、技能，但他们的能力却不一定在同一水平上，而具有相同能力水平的人也不一定能获得同等水平的知识、技能。

一般来说，学习成绩好的学生，其智力水平可能高。但是两个学习同样优异的学生，一个可能才能出众，另一个则可能主要依靠刻苦攻读。因此，虽然前一个学生掌握的知识并不少于后一个学生，但教师可能对他的学习成绩并不满意。教师不满意的理由是这个学生还不够努力，按他的能力应该学习成绩更好一些，知识更巩固一些。在有经验的教师看来，同样的学习成绩反映在不同的学生身上，可能有不同的意义。表现在一个认知能力很高的学生身上，说明他的学习努力程度还有待提高，而表现在一个认知能力较低的学生身上，说明他现在的成绩是通过巨大的努力才得到的。

三、能力的类型

能力可以按不同的标准进行分类。

按能力的倾向，可以把能力分为一般能力和特殊能力。一般能力是指符合许多基本活动要求的能力，如逻辑思维能力、推理能力、理解能力、记忆能力、观察力，等等；特殊能力是指符合某种专业活动要求的能力，如数学能力、音乐能力、绘画能力、机械操作能力，等等。

按能力的创造性程度，可以把能力分为再造能力和创造能力。具有再造能力的人能迅速地掌握知识，善于按照要求进行活动，这种能力符合学校学习活动的要求；而具有创造能力的人善于创新，这种能力符合创造活动的要求。

按能力的功能，可以把能力分为认知能力和社交能力。认知能力是指与某种认知任务有关的能力（Carroll，1993）。认知能力有多种形式，包括执行能力、语言能力、学习和记忆能力、空间推理能力等。认知能力较高的个体倾向于主动寻找、获取、思考信息。相比之下，认知能力较低的个体更容易依赖他人（如名人和专家），习惯通过认知启发法或社会比较过程来收集信息（Toplak et al.，2021）。社交能力是指个体与他人进行互动时，对言语和非言语行为的适当使用与调节，是在两个或两个以上的个体间，进行有意识的信息交换，传递情感或思想等（Bishop et al.，2019）。信息交换涉及向他人发送信息和响应他人的信息，这些信息可以是眼神、面部表情、手势等非言语信息，也可以是口语交流中的言语信息，或者两者兼而有之（Assem et al.，2020）。

在现实生活中，每个正常的人都具有一般能力和特殊能力，也都具备一定水平的再造能力和创造能力、认知能力和社交能力，但在程度上存在差异，这种差异称为能力差异。

第二节 智力和智力理论

人们对智力的关注由来已久，但对于什么是智力，智力有哪些构成因素，这些构成因素之间的相互关系是什么，学者们的观点各不相同。

一、什么是智力

智力（intelligence）是能力的一种重要的甚至是核心的表现形式，也称智能。对智力概念的讨论可以追溯到我国古代和西方古希腊时代，科学智力研究也已有百余年的历史，但至今心理学界对智力的定义仍然没有一个一致的说法。

在我国古籍中，早有对智力的论述，如“知有所合谓之智”“言智必及事”“能处事物为智”等（林传鼎，1985），这些都是对智力的直观的、朴素的论述，大体上相当于能力定义中“顺利完成某种活动”的意思。

1921年，美国《教育心理学》杂志邀请13名专家给“智力”下定义，结果每个人下的定义均不相同。20世纪80年代，著名心理学家斯滕伯格在写作《什么是智力?》一书的过程中，邀请140名研究智力的专家给智力下定义，结果他们下了55个不同的定义。可见，智力究竟是什么，心理学界还将继续进行不断的探索。

专栏 11-1

西方心理学对智力的解释

西方心理学对智力主要有以下五种解释：

1. 智力是抽象思维的能力

有些心理学家认为，智力高的人是善于抽象思维的人。美国心理学家推孟（L. M. Terman）认为，个体的智力和他的抽象思维能力成正比。法国心理学家比奈把智力解释为“正确地判断、透彻地理解、适当地推理”的能力，他说：“善于判断、善于理解、善于推理是智力的三种要素。”

2. 智力是学习的能力

有些心理学家认为，智力就是学习的能力，学习成绩代表智力水平。智力高的学生，学习知识快，获取和保存知识多。智力低的学生，学习知识慢，获取和保存知识少。有人认为，智商在105以下的高中生不易考取大学，智商在120～125的高中生可考取理想的大学。智力心理学家亨曼（V. A. Henmon）认为：“智力就是获得知识及保持知识的能力。”伯金汉指出“智力就是学习的能力”。

3. 智力是适应新环境的能力

有些心理学家认为，智力越高，适应新环境的能力越强。德国心理学家斯腾（L. W. Stern）认为：“智力就是有机体充分适应新环境的能力。”美国心理学家桑代克将智力定义为“根据事实或真相作出适当反应的能力”。

4. 智力是智力测验所测的能力

也有一些心理学家认为，智力是抽象的概念，离开智力测验几乎无法理解智力的含义。这是一种操作性定义，因为它并没有对智力的内涵作出规定。

5. 智力是综合的认知能力

心理学家布朗（F. G. Brown）比较全面地概述了智力的概念。他认为，智力是学习能力，是保持知识、推理和应对新情境的能力。弗拉维尔（J. H. Flavell）也提出，应该用广义的认知来代替狭义的智力。他认为，人是一个复杂的认知系统，认知包括一切与人类知识和思想有关的心智过程。

我国许多心理学家认为，智力是指人的认知能力，也就是在认识方面的各种能力的综合。这种观点得到了大多数心理学家的认同。例如，1987 年《美国心理学家》杂志发表了辛德曼和罗斯曼的研究，他们统计了 1 200 多名心理学家对智力下的定义，发现对抽象思维或推理能力、获得知识的能力和解决问题的能力这三种能力特征认同的一致性极高，达到 96.0%～99.2%，对另外七种能力特征的认同一致性也达到中等程度，它们分别是记忆（80.5%）、适应环境的能力（77.2%）、精神运动速度（71.7%）、语言能力（71.0%）、数学能力（69.7%）、一般知识（62.4%）和创造性（59.6%）；而只有不到 25%的学者认为成就动机、目的指向性和感觉敏锐这三种能力特征是智力的主要成分。

（资料来源：艾森克，2000）

二、智力理论

对智力定义的看法不同，会直接导致对智力因素构成的认定不同。智力究竟由哪些心理因素构成，它们呈什么样的组合结构，历来是智力理论研究和应用研究争论的焦点，不同的学者有着不同的看法。从大的分类上看，有因素理论和结构理论之争；从小的分类上看，无论是因素的数量，还是内容结构，都显示出很大的差异，因而形成了各种不同的智力理论。分析智力的构成因素和内容结构，无论对了解智力的本质、设计科学的智力测验、认识智力的发展规律，还是对制订智力培养和教育计划，都是十分重要的。

以下所介绍的智力理论，分为因素理论和结构理论两大范型。在每一个范型下，分别介绍几种在国内外较有影响且观点独到的智力理论。

（一）智力的因素理论

1. 斯皮尔曼的智力二因素理论

二因素理论是英国心理学家斯皮尔曼（C. E. Spearman）（图 11-1）在 20 世纪初提出的智力理论。这一理论认为，人的能力是由两个因素组成的，一个是**一般因素**

（general factor，G 因素），它是所有智力活动的基础。例如，认知能力、理解能力、言语能力、自理能力等一般智力能力。这种能力是人们在遗传过程中都会得到的基本能力。另一个是**特殊因素**（specific factor，S 因素），它是人们在少数活动中显示出来的能力。例如，运动能力、音乐能力、绘画能力等特殊智力能力。这种能力是个体在某方面表现出来的异于他人的能力。一般智力能力和特殊智力能力密切相关。例如，人们在语词和算术中表现出来的特殊智力能力与他们的认知能力、理解能力等一般智力能力密切相关。二因素理论对智力学说最大的贡献在于，它为现代智力测验奠定了理论基础。

图 11-1　斯皮尔曼

2. 桑代克的智力三因素理论

美国心理学家桑代克（图 11-2）是第一个从多因素角度解释智力的学者。他提出，人有三种智力（Thorndike，1911）：

（1）社会智力，即进行人际交往的能力。

（2）具体智力，即处理事物的能力。

（3）抽象智力，包括心智能力，特别是处理语言和数学符号的能力。

桑代克还设计了 CAVD 测验，包括填句（completion，C）、算术推理（arithmetic，A）、词汇（vocabulary，V）和领会指示（direction，D）。这些智力测验主要用来测量抽象智力。

值得注意的是，在桑代克的智力理论中，有一个著名的“社会智力”概念。这一概念首次将智力的范畴引申到了认知以外的领域，大大地扩展了智力的研究范围，并为众多现代智力理论，如多元智力理论、情绪智力理论等的问世提供了直接的启示。

3. 卡特尔的流体智力和晶体智力理论

流体智力和晶体智力理论是由英国心理学家卡特尔（R. B. Cattell）（图 11-3）等人提出的一种与前面两种理论迥然不同的智力理论。卡特尔认为，智力是由两种因素构成的，一种是流体智力，另一种是晶体智力。

图 11-2　桑代克

图 11-3　卡特尔

流体智力（fluid intelligence）主要是先天的能力，是随神经系统的成熟而提高的，如反应时、机械记忆、识别图形关系等不受教育与文化影响的能力。由于这种智力几乎可以转换到一切活动中，所以称为流体智力。

晶体智力（crystallized intelligence）是以习得经验为基础的认知能力，如人类学会的技能、语言文字能力、判断力、联想力等。晶体智力受后天经验的影响较大，主要表现为运用已有知识和技能去吸收新知识和解决新问题的能力。晶体智力与学习能力紧密相关。这种智力是个体经验的结晶，所以称为晶体智力。

通常在任何一种智力活动中都包含这两种智力，二者是很难分开的。其中，流体智力是晶体智力的基础。但是，流体智力和晶体智力的发展是不同的。流体智力随生理成长曲线而变化，在20岁左右时达到顶峰，以后逐渐下降；而晶体智力的水平不仅能够持续保持，而且还会有所增长，衰退也开始得较晚，可能到60岁才开始衰退（见图11-4）。从个体差异上看，流体智力水平的个体差异要比晶体智力水平的个体差异大。

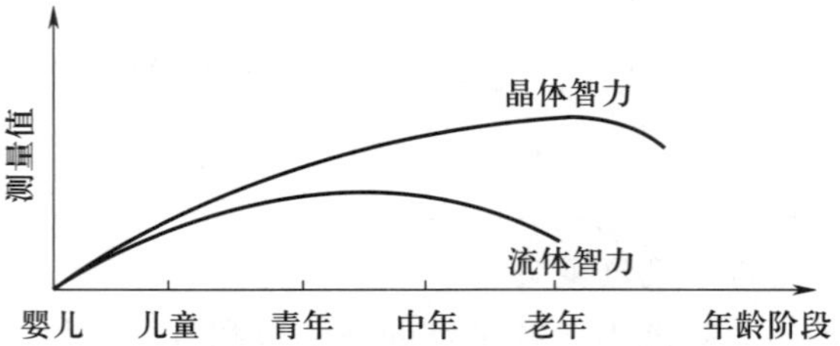

图11-4 流体智力和晶体智力毕生发展图

流体智力和晶体智力都涉及推理、概念的形成与获得、问题解决等过程。区别流体智力和晶体智力最重要的特征，是有助于形成这两种能力的学习的性质。流体智力在很大程度上反映了在有组织的教育和文化影响系统之外的学习的作用，涉及与理解时间、空间、因果关系等概念相关的思维技能的学习。这些学习内容发生于学校教育系统之外，为流体智力的发展提供了基础。晶体智力在很大程度上反映了文化适应学习的作用，即在特定文化中组织的课程，将智力能力转化为适应特定社会文化的、有用的智力形式。这些学习过程通常伴随着奖励和惩罚的激励系统，有助于个体加强或排除某些特征的行为，体现出个体的差异性（Lee et al.，2018）。

流体智力和晶体智力理论对智力研究的贡献在于，它独到地解释了智力研究中的两大问题：一是智力的遗传性和习得性问题，二是智力的发展阶段问题。因此，它是一种有广泛影响的智力理论。

4. 斯滕伯格的智力三元理论

智力三元理论是美国心理学家斯滕伯格（图11-5）提出的智力理论，这是一种强调认知在问题解决过程中的重要性的智力理论。斯滕伯格认为，智力包括成分、经验和情境三大元素，它们分别代表了智力操作的不同方面。因此，他的智力理论也被称为智力三元理论。

图11-5 斯滕伯格

（1）成分智力

成分智力是指个体在问题情境中运用知识分析资料，通过思维、判断、推理以达到问题解决的能力。它包含三种成分：一是元成分，是指个体决定智力问题的性质、选择解决问题的策略，以及分配资源的过程。例如，在阅读时，一个好的阅读者分配在每一段落上的时间是与他要从该段落中吸收的知识相一致的，做出这个决定就是由智力的元成分控制的。二是操作成分，是指个体实际执行任务的过程，如词法存取和工作记忆。三是知识习得成分，是指个体筛选相关信息并对已有知识加以整合从而获得新知识的过程。

（2）经验智力

经验智力是指个体运用已有经验解决新问题时，整合不同观念所形成的创造能力。例如，一个经验智力高的个体能够更有效地适应新的环境；他能够很好地利用自己的经验分析情况并解决问题；在尝试解决从未遇到过的问题时，他能够不假思索地、自动地启动程序来解决该问题。这种能力就称为经验智力。

（3）情境智力

情境智力是指个体在日常生活情境中把习得的知识、积累的经验用于解决实际问题的能力。例如，不同的文化情境对个体解决问题的能力要求不同，个体习得的知识和积累的经验也不同。一个情境智力高的人能够很好地适应情境，并在该情境下顺利地解决问题。

智力三元理论有以下特点：① 智力三元理论特别突出了个体的认知在智力活动中的主导作用；② 传统智力测验中的智商只是智力三元理论中的成分智力，智力三元理论的提出大大扩展了传统智力理论中的智力概念；③ 智力三元理论更贴近生活实际，有助于我们更全面地看待个体的智力状况。

5. 加德纳的多元智力理论

1983 年，美国心理学家加德纳（H. Gardner）在其《智能的结构》（*Frames of Mind*）一书中首次提出了这样一个观点：人类拥有的不是一种智能而是多元智能（Gardner，1983）。每一种智能都被定义为解决特定问题的能力，每一种智能都是相互独立的。因此，同一个人可能在一种智力活动上表现得很强，但在另一种智力活动上又可能表现得很弱（Ferrero et al.，2021）。他通过研究发现，除了传统的智力测验所考察的言语智力和数理-逻辑智力之外，人类还有空间智力、运动和身体协调智力、音乐智力、人际智力、个人内省智力、自然观察智力，另外还有很多目前尚未确定的智力。

加德纳认为，人的智力是多元的，是一种或一组个人解决问题的能力，或创造出在一种或多种文化背景中被认为是有价值的产品的能力。智力是以组合的方式存在的，每个人都是具有多种能力组合的个体。

加德纳认为，人类的智力包括了以下八大因素：

① 言语智力：有效地运用口头或书面语言进行交流的能力。作家、演说家、主持人均为言语智力较高的人。

② 数理-逻辑智力：有效地进行数字运算和推理的能力。在这方面智力高的人，其科学思维、逻辑判断能力较强，如科学家、数学家、侦探等。

③ 空间智力：准确地感知视觉空间并把所感知的内容表现出来的能力。空间智力高的人方位感强，有丰富的想象力，对图形有良好的记忆，如建筑师、雕塑家、棋手等。

④ 运动和身体协调智力：运用整个身体来表达想法和感觉，以及运用双手灵巧地

生产和制造产品的能力。如运动员、舞蹈家等都是运动和身体协调智力较高的人。

⑤ 音乐智力：觉察、辨别、改编和表达音乐的能力。如歌唱家、演奏家、作曲家、指挥家等都是音乐智力较高的人。

⑥ 人际智力：觉察并区分他人的情绪、意向、动机及感觉的能力。人际智力较高的人能全面了解他人，有效地与他人合作，帮助他人解决问题，如医生、教师等。

⑦ 个人内省智力：有自知之明并据此表现出适当行为的能力。个人内省智力较高的人了解自己各方面的能力，能在不同场合发挥自己的长处。

⑧ 自然观察智力：通过观察自然事件或自然形态进行思考，探究自然奥秘的能力。

加德纳认为，如果要了解人的智力，应该在更广泛的生活情境中去观察和评价，传统的智力测验考察的仅是人的智力中的很小一部分。

多元智力理论探讨了人们基于不同的智力组合、以不同的方式学习和处理信息的思维方式。多元智力理论在教育领域中有十分重要的作用，它可以指导教师构建教学过程和创造课堂环境，使教师不仅局限于为学生提供语言讲解或逻辑指导（Abenti，2020）。传统学校教育认为，每个学生都应该用相同的学习方式学习相同的内容。因此学校中的许多孩子未能及时发现自己的天赋或才能（Ferrero et al.，2021）。多元智力理论指出，每个学生的学习方式不必相同，学生可以通过各种符合自己经验的学习方式来提高学习成绩，也可以通过对学习内容进行总结以促进对学习内容的掌握。教师应充分考虑学生的不同偏好和智力优势，实施与学生相适应的教学方式，这样可以显著改善教学效果（Gardner，2011）。

（二）智力的结构理论

1. 智力的三维结构理论

智力的三维结构理论是美国心理学家吉尔福特（图 11-6）提出的一种智力结构理论。这一理论认为，智力因素是由内容、操作和产品三个维度构成的统一的结构，它像一个有长、宽、高三个维度的立方体，每个维度由一些有关的因素组成。

图 11-6 吉尔福特

吉尔福特认为，智力的第一个维度是内容，包括图形、符号、语义和行为四种；智力的第二个维度是操作，包括认知、记忆、发散思维、辐合思维和评价五种；智力的第三个维度是产品，即智力活动的结果，包括单元、分类、关系、系统、转换和蕴含六种。每一维度中的任何一个因素都可以同另外两个维度中的任意因素结合，一共可以得到 4×5×6＝120 种组合，每一种组合代表着一种智力因素（图 11-7）。例如将认知应用到图形上而产生的组合，就是一种智力因素。之后，吉尔福特又对其理论进行修正，最终将智力结构的组成因素扩展至 180 种。吉尔福特的智力结构理论对智力有了更深入的认识，是智力群因素理论的典型代表。

2. 弗农的智力层次结构理论

智力的层次结构理论是英国心理学家弗农（P. E. Vernon）于 1960 年提出的一种智

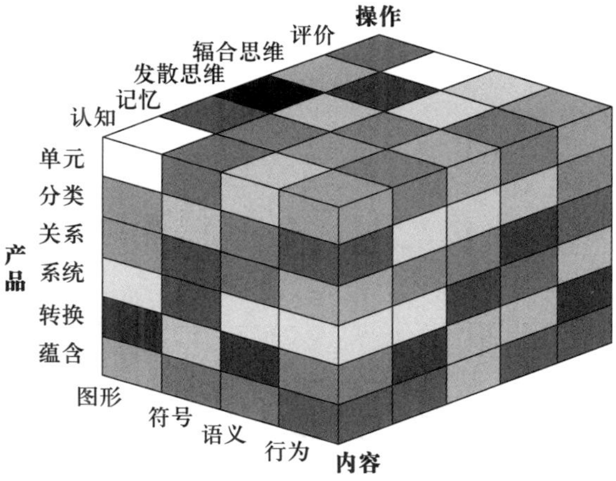

图 11-7 智力三维结构理论

力结构理论。弗农认为，智力结构不应该按照所谓的立方体结构分类，而应该是一种类似层级分布的结构。他吸取了斯皮尔曼理论的宝贵成分，将 G 因素视为智力的第一层结构，即智力的最高层次；第二层为两个大因素群，即言语和教育因素、机械和操作因素；第三层由若干个因素群组成，言语和教育因素由语词、数量、教育等能力因素组成，机械和操作因素由机械、空间和操作等能力因素组成；第四层是更具体的各种特殊因素，也就是斯皮尔曼定义的 S 因素。可见，弗农的智力层次结构理论不仅继承了斯皮尔曼的智力二因素理论的衣钵，还扩展了智力二因素理论的内容，在 G 因素和 S 因素之间增加了两个层次，体现出对智力理论研究的传承（见图 11-8）。

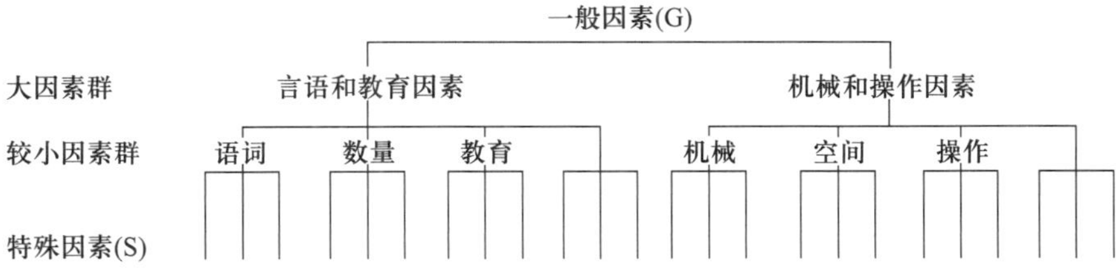

图 11-8 智力层次结构模型

3. 林崇德的三棱智力结构理论

三棱智力结构理论是由我国心理学家林崇德提出的。林崇德认为，智力属于个性的范畴，可以将智力定义为“成功地解决某种问题（或完成任务）且表现出良好适应性的个性心理特征”。智力的核心是思维，思维的品质包括深刻性、灵活性、独创性、批判性、敏捷性等。从这个定义出发，林崇德认为个体之间存在智力差异的根本原因在于其思维结构存在差异。在此基础上，他通过对专家和教师的访谈研究，提出了三棱智力结构理论。该理论包含了思维的监控、思维活动中的非智力因素、思维的品质、思维的过程、思维的目的、思维的材料六个内部因素和一个外部环境因素（见图 11-9）。

该理论有以下六个方面的含义：① 智力的目的。强调智力是人类特有的成功地解决问题的有目的的活动。智力的目的性是智力的根本特点，反映了智力的自觉性、有意

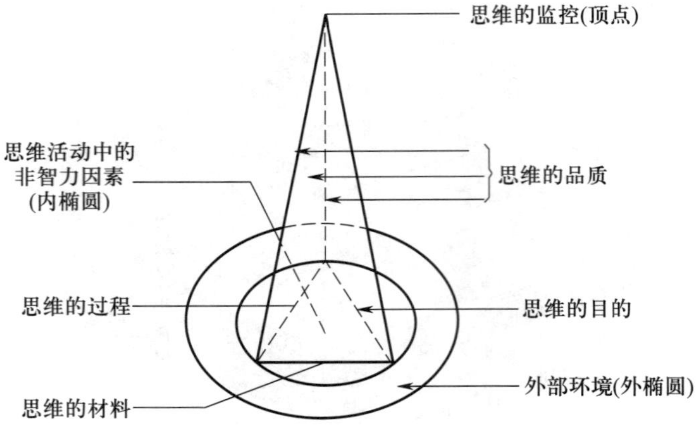

图 11-9 三棱智力结构理论

性、方向性和能动性。② 智力的过程强调智力活动的框架。确定目标—接受信息—加工编码—概括抽象—操作运用—获得成功。③ 智力的材料或内容。强调两种材料或内容，即感性的（感觉、知觉、表象）和理性的（主要指概念，即用语言对数和形的各种状态、组合和特征的概括）。④ 智力的反思或监控。强调智力结构中的监控结构，其实质是智力活动的自我意识。自我监控有三种功能：定向、控制、调节。自我监控是智力结构中的顶点或最高形式。⑤ 智力的品质。表现在知觉上，有选择性、整体性、理解性和恒常性；表现在记忆上，有意识性、理解性、持久性和再现性；表现在思维上，有敏捷性、灵活性、创造性、批判性和深刻性。其中思维品质特别重要，培养思维品质是发展智力的突破口。⑥ 智力中的认知（智力）因素与非认知（非智力）因素之间存在着密切的关系。在人的心理现象大系统中，智力带有浓厚的非认知（非智力）因素的色彩，非认知（非智力）因素具有动力作用、定型作用和补偿作用。

□□□ 第三节 智力测验

研究者总是在一定的质和量的活动范畴内来定义智力。因此，既可以对智力进行定性分析，又可以进行定量分析。智力测验就是运用标准化的测量工具——智力测量量表来评估个体智力水平高低的一种科学方法。智力测验是心理学应用于社会、服务于人类的最好例子，它在因材施教、人才选拔、智力缺陷的早期诊断等方面都具有重要意义。

智力被视作各种不同的、特定的认知能力的组合（例如语言、数字、图形能力）。通常随着时间的推移，个体的智力会逐渐处于高度稳定的状态，这种高度稳定的状态体现出个体认知水平的有效性（Breit et al.，2021）。

智力测验经常被用来支持具有长期影响的干预决策（例如特殊教育项目），因此智力测验所测特征的时间稳定性是一个十分重要的指标，如果一个特征在数月甚至数年内都不够稳定，则不应基于该特征的测验结果给出长期建议（Cronbach et al.，1977）。一般智力被认为是一种高度稳定的特质（Hunt，2010），一般智力测验是心理评估中最常用的和最有效的诊断工具之一（Nisbett et al.，2012），然而一般智力分数并不是唯一可用于指导干预决策的分数（Schneider et al.，2018），多维智力测试也能够根据子测试得分的集合提供一组能力分数，以表示个体在某些方面的特定能力（Breit et al.，2021）。智力测验的类型繁多，根据不同的理论原理，每个测试都包含不同的内容和不同的评价方式（Caemmerer et al.，2020）。

□□□ 专栏 11-2

世界上最早的智力测验

最古老的智力测验当数尧舜时期尧向舜所施的一个迷津测验。据说，当时尧欲测验舜的智力及情绪是否达到了统治国家的水准。于是，有一天，尧命舜在狂风暴雨之中进入山林湖泊，看其怎样应付，结果舜并没有迷失方向，测验合格。自隋朝开始的官方科举制度，在考试内容上就有智力测验的意味。中国古代先哲很早就认识到测验智力的问题了。

(1) 孔子曰："中人以上，可以语上也；中人以下，不可以语上也。""唯上知与下愚不移。"

(2) 孟子曰："权，然后知轻重；度，然后知长短。物皆然，心为甚。"

(3) 刘劭曰："观其感变，以审常度。"

(4) 诸葛亮观人七法：问之以是非而观其志，穷之以辞辩而观其变，咨之以计谋而观其识，告之以祸难而观其勇，醉之以酒而观其性，临之以利而观其廉，期之以事而观其信。前四种属于问答法，又称面谈法，后三种属于情境观察法。

(5) 孔子识人九法：远使之而观其忠，近使之而观其敬，烦使之而观其能，卒然问焉而观其知，急与之期而观其信，委之以财而观其仁，告之以危而观其节，醉之以酒而观其侧，杂之以处而观其色。实为情景模拟测验的精要。

(6) 刘勰设计的"左手画圆，右手画方"，属于注意分配测验。

(7) 北齐颜之推所著《颜氏家训》有周岁试儿"抓周"，流传很广。

(8) 流行于民间的五巧板、七巧板、十五巧板。

(9) 九连环。

(10) 华容道。

(11) 科举考试：帖经（填空）；口义（口试）；墨义（笔试）；策问（政事问答）；诗赋（杂文）。

（资料来源：王晓钧，1998）

应用心理学领域最初的成就之一是智力测验的发展，一些智力测验一直到今天仍在使用。其中最具有代表性并在国际上通用的智力测验首推斯坦福-比奈智力测验和韦克斯勒智力测验。

采用系统而又科学的方法测定智力始于 20 世纪初。1905 年，法国心理学家比奈（A. Binet）（图 11-10）和西蒙（T. Simon）编制了世界上第一个智力测量工具，即比奈-西蒙量表。此量表的出现，标志着科学的智力定量评估方法的诞生。

图 11-10 比奈

一、斯坦福-比奈智力测验

斯坦福-比奈智力测验是美国斯坦福大学心理学教授推孟对比奈-西蒙量表进行修订后形成的智力量表。该量表有如下特点：

（一）以年龄作为计量智力的标尺

规定在某个年龄应该达到的某一智力水平。量表共有 142 个项目，所有题目都按年龄排列。

（二）使用了比率智商的概念

所谓比率智商，就是用心理年龄与实足生理年龄的比值作为计算被试智力的方法，这一比值称为智力商数，简称智商。计算比率智商的公式为：

$$IQ\ (\text{智商}) = MA\ (\text{心理年龄}) / CA\ (\text{实足生理年龄}) \times 100$$

例如，一名儿童的实足生理年龄为 8 岁，其智力测验分数相当于一名 10 岁儿童，那么，他的智商就是 $IQ = 10/8 \times 100 = 125$。从计算智商的公式不难看出，个体的心理年龄如果大于其实足生理年龄，智商就超过 100，表明智力水平较高；如果二者相等，智商就等于 100，表示智力处于中等水平；如果心理年龄低于实足生理年龄，智商就小于 100，说明智力水平较低。

然而，比率智商存在一个严重的不足，就是它忽视了在成人阶段，人的心理年龄并不随生理年龄的增长而增长的事实。这一缺陷使得比率智商在衡量 18 岁以后的成人时，出现年龄越大智商越低的现象，也使得斯坦福-比奈智力测验一直无法在成人中使用。

二、韦克斯勒智力测验

韦克斯勒智力测验最早出现在 1939 年，适用于测量成人的智力。美国心理学家韦克斯勒（D. Wechsler）（图 11-11）不赞成斯坦福-比奈智力测试早期版本中大量使用语言的内容，也不赞成将测试结果作为衡量一个人智力水平的唯一标准（Wechsler，1944）。为了创建韦克斯勒智力量表，韦克斯勒在借鉴其他智力测验的基础上，提出了自己对智力衡量标准的认识（Yerkes，1921）。韦克斯勒提出：我们的目标不是制作一套全新的测试，而是从任何可用的来源中选择最符合成人量表要求的测试组合（Wechsler，1944）。韦克斯勒对智力测验的形式和项目提出了如下要求：（1）要表现出对智力的高度区分；（2）得出具有高可靠性的测验分数；（3）与其他广泛接受的智力测量密切相关；（4）与熟知测验者的人对其智力的主观评分相关（Gibbons et al.，2019）。之后，韦克斯勒在1949年和1967年分别创建了适用于儿童和学龄前幼儿的智力测试。自创建以来，韦克斯勒智力量表已进行多次修订（Kaplan et al.，2017）。

图 11-11 韦克斯勒

韦克斯勒智力测验包含了三个年龄量表，分别是：韦氏成人智力量表（WAIS）、韦氏儿童智力量表（WISC）、韦氏幼儿智力量表（WPPSI）。在韦克斯勒智力测验中，智商已不再是斯坦福-比奈智力测验所使用的比率智商了，而是采用了一套被称为离差智商的计算方法。所谓离差智商，是指以同年龄组被试测量成绩的团体平均分数作为参考分数，来表示某一被试的智力偏离本年龄组平均水平和方向的程度。离差智商的计算公式为：

$$IQ=100+15Z$$

$$式中：Z=(X-M)/S$$

公式中的 Z 代表标准分数，X 代表个体测验分数，M 代表团体平均分数，S 代表团体分数的标准差。离差智商提出的根据是：人的智力测验的分数是正态分布的，大多数人的智力处于平均水平（即 IQ=100），智商分布的标准差为 15，这样个体的智力就可以通过用他的测验分数与同一年龄组的平均测验分数相比较来测量。

[拓展阅读]
音乐技能及其测量

由于离差智商的常模（对照标准）是按年龄组取样和制定的，因此它克服了比率智商无法在成人中使用的缺点。

以上两种智力测验都属于个别测验。由于个别测验不适合大规模的团体测试，因此又出现了一些团体智力测验，如瑞文标准推理测验、学生团体智力测验、军队 α 测验、军队 β 测验等，这些团体测验在实践中也得到了广泛的应用。

三、科学地看待智力测验的结果

智力测验是应现实生活的需要而诞生的，被广泛用于教育、医学等领域，为发现人才、选拔人才、因材施教和临床诊断提供了指导。但是智力测验本身又具有一定的局限性，因此，必须科学地看待智力测验的结果。

（一）智力测验更多测量的是数理逻辑方面的能力

智力测验虽然能在一定程度上反映个体智力发展水平及其分布状况，但是智力测验的结果并不代表个体智力本身，它只是测量了代表个体智力的行为，而且一项测验不可能包含所要测量行为领域的所有可能题目。所以，智力测验所评估的智力并不能代表智力的全部，更多的是测量数理逻辑方面的能力。

（二）智力测验的结果并不是预测个体未来发展的唯一指标

智力测验虽然可以作为了解个体部分智力的工具，但是智力并不是预测个体未来发展的唯一指标，智力与个体的学习、创造力、成才并没有必然的因果关系。个体成功与否，还受动机、人格、意志等非智力因素的影响。所以，我们决不能把智力测验的结果作为预测行为的唯一指标，去预测个体未来事业的成就或者生活的美满程度。

（三）对智力测验结果的解释要体现发展性

智力测验所测的只是个体现在已经具有的智力水平，而任何一种智力测验都不可能百分之百准确，难免会有误差。所以，必须慎重解释智力测验的结果，不能仅凭一次测验就贸然地下结论，要树立智力的培养观和发展观，避免基于智力测验的分数对个体做出不良预期。

总之，我们要用辩证的、一分为二的观点对待智力测验，既要看到智力测验积极的、有用的一面，又要看到其不足，不能过分夸大其作用，甚至滥用智力测验，还要注意把智力测验和其他方法结合起来，从多方面评估个体的智力水平，在实践中不断完善和改进智力测验。

专栏 11-3

学校能不能教授智力?

传统的观点认为，智力是教不会的。训练对能力倾向和智力测验分数很少起作用。但是，短时间的训练没有效果并不能说明智力没有可塑性。越来越多的证据表明，长期的、深入的思维技能训练能提高智力测验的成绩。

以色列心理学家福伊尔斯坦（R. Feuerstein）和他的同事编制出一套称为“工具性强化训练”的教程。学生在指导下进行几百小时的问题解决训练，学习如何避免在思维过程中出现纰漏，从而避免自己在智力测验中丢分。福伊尔斯坦等人认为，这种训练可以提高思维能力，甚至可以提高智商。

认知技能训练是非常费时的。考虑到这个问题，心理学家编写计算机程序，用来教授人们解决问题、有效思维和运用各种智力元素的方法。在计算机的帮助下，随着我们对人类思维的理解不断加深，学校教授智力将变得普遍起来。儿童智商分数高低并非是最重要的，最重要的是通过提高教育和思维训练水平，所有儿童的智力活动能力得到提高。

（资料来源：Coon，2004）

□□□ 第四节 能力的个体差异

人的能力有个体差异，这种差异可以从量、质和发展三方面来分析。从量上来看，有的人能力水平高，有的人能力水平低，这是能力水平的差异。从质上来看，在同一种活动中取得同样的成绩，不同的人可能采取不同的途径或使用不同的能力组合，这是能力类型的差异。从发展上来看，有的人能力发展得早，有的人能力发展得晚，这是能力发展早晚的差异。前两种差异称为一般能力的个体差异，后一种差异称为特殊能力的个体差异。

研究能力的个体差异，有助于教师掌握学生的特点，因材施教。更进一步来看，它为社会和教育提倡全面发展提供了理论基础。

一、能力水平的差异

人的各种能力都存在着水平上的差异，这是不争的事实。一个多种能力都高度发展的人，其知觉往往全面而概括，既准确又迅速；其注意易于集中，稳定、灵活而且范围较广；其记忆通常迅速、准确而且牢固；其与所从事的活动相关的想象也是丰富和新颖的。一般来讲，思维的广度、深度和灵活性是能力水平的主要指标。

[拓展阅读]
体力负荷的评估

在相同的条件下，如果个体在某种活动中取得比其他个体更高的成就，就表示他在这种活动中有较高的能力。不同等级的智商在人口中的分布比例见表 11-1。

表 11-1 不同等级的智商在人口中的分布比例

智商	评价等级	在人口中所占百分比/%	智商	评价等级	在人口中所占百分比/%
139 以上	极优秀	1	80～89	中下	15
130～138	优秀	11	70～79	落后临界	6
110～129	中上	18	70 以下	智力落后	3
90～109	中等	46			

儿童期的高智商能否预测其今后的能力发展？为了证明这个问题，推孟选择了 1 500 名智商在 140 以上的超常儿童进行追踪研究，直至他们长大成人。推孟的研究结果证明，人们对高智商儿童有许多错误的成见。这些误解主要表现在以下五个方面：

误解之一：超常者往往都是奇特的人，社会能力都不行。事实正好相反，推孟发现超常者社会适应良好，而且都具有中等以上的领导才能。

误解之二：“早熟早衰”，超常儿童在成年期往往会失败。推孟观察的超常儿童到成年期后，智商仍然在高分范围内。

误解之三：大脑聪明者通常体质差，身体虚弱。事实上，超常者的平均身高、体重和体质都处于中等水平。

误解之四：越聪明的人越容易得精神病，“天才”都近乎疯狂。事实上，超常者的心理健康记录好于平均水平，他们具有更强的抵抗心理疾病的能力。不过，一些智商超过 180 的儿童确实有可能出现社会行为适应问题。

误解之五：智力与成功没有关系，在实际工作中取得成功不需要高的智力。推孟研究中最惊人的发现就是那些超常儿童在以后所取得的成功。他们念完大学，获得高学位，在工作中得到了高职位。这些超常者后来著书数十部，发表科研论文数千篇，还发表了数百篇短篇小说和其他作品。

但高智商并不是获得成功的保证。智商揭示的只是智力发展的潜能。例如，在罪犯、失业者和适应不良人群中，都存在智商很高的人（Coon，2004）。

与此相反，个体在活动中表现不好，一般说他是一个能力较低的人。智力落后是能力低下的一种特殊情况，一般属于病理的范围。

据统计，智力落后的人约占总人口的 3%。出于治疗或教育的目的，研究者把智力落后分成若干等级：智商在 50～69 的个体，是轻度的或可教育的智力落后者；智商在 35～49 的个体，是中度落后或生活能部分自理者；智商在 20～34 的个体，是重度落后或大部分生活需要他人照顾者；智商在 20 以下的个体，是极其严重的或需监管的智力落后者。表 11-2 为智力落后程度的分类。个体的智商分数有时会有一点上下波动，因此，表中所列出的智商范围只是近似值，供我们对不同程度的智力落后者的智商范围和生活能力情况形成大概印象。我们在使用这些术语时必须慎之又慎，否则将不利于对智力落后者的教育。

表 11-2 智力落后程度的分类

智商范围	智力落后程度	教育分类	需要他人帮助的程度
50～69	轻度落后	可接受教育正常生活	偶尔帮助
35～49	中度落后	可通过训练独立生活	有限帮助
20～34	重度落后	训练后部分依赖他人	大量帮助
低于 20	极度落后	终身依赖他人的照顾	完全帮助

（资料来源：《世界卫生组织残疾评定量表》）

许多关于智力落后儿童心理特点的研究表明：这些儿童知觉速度缓慢，知觉范围也比较狭窄，并且带有内容笼统、贫乏的特点；对词和直观材料的识记都较差，记忆再现会发生大量歪曲和错误，一般缺乏逻辑的意义联系；言语出现迟、发展慢，具有意义含糊、词汇量小、缺乏连贯性等特点；在从事比较和认知活动时，他们缺乏概括力，不能完整地认知客体，难以正确概括材料。这些都说明，智力落后不是某一种心理过程受到破坏，而是多方面心理活动的分析、综合水平低下，表现为缺乏概括能力。智力落后儿童的身体活动和内在动机往往较少，内在动机缺乏会对他们的身心健康、幸福感、社会交往、学业成绩产生负面影响（Behzadnia et al.，2022）。

关于智力落后的原因，医学上分为出生前造成的先天性原因和出生后造成的后天性原因。据研究，二者的比例大致是 8∶2。在先天性原因中，纯属于遗传的并不多，多数源于胎儿期大脑发育障碍。

二、能力类型的差异

人们在知觉、表象、记忆、言语和思维等活动中都会表现出明显的能力类型上的个体差异。例如，一些人的知觉属于综合型，他们的知觉特点是富有概括性和整体性，但是分析力较弱；另一些人的知觉则属于分析型，他们的知觉特点是有较强的分析力，对细节感知清晰，但整体性不够；还有一些人的知觉兼有上面两种类型的特点，属于分析综合型。

在表象活动中，也同样存在着能力类型上的差异，一些人视觉表象占优势，另一些人听觉表象占优势，还有一些人运动表象占优势，也有一些人几乎在同等程度上运用各种表象。与此对应，可以将人的表象划分为视觉型、听觉型、动觉型和混合型四种类型。

记忆的类型差异与表象相似，这种差异表现在人们怎样记忆材料方面。一些人运用视觉的记忆效果较好，另一些人运用听觉的记忆效果较好，还有一些人在有运动觉参与识记时的记忆效果较好，也有一些人综合多种感官的记忆效果较好。与此相应，可以将人的记忆类型划分为四种，即视觉型、听觉型、动觉型和混合型。实验结果证明，多数人属于混合型。

言语和思维也存在类型差异。有些人的言语和思维特点是形象的、情绪的因素占优势，属于生动的言语和思维类型；另一些人的言语和思维特点是概括的、逻辑的因素占优势，属于逻辑联系的言语和思维类型。

能力的类型差异，除了表现在完成同一种活动时，不同的人可能采取不同的途径外，还表现在完成同一种活动时，不同的人可能采取不同的能力组合。例如，对三名音乐成绩较好的学前儿童进行观察发现，第一名儿童的特点是有较强的曲调感和听觉表象能力，而节奏感较弱；第二名儿童的特点是有较强的听觉表象能力和节奏感，而曲调感较弱；第三名儿童的特点是有较强的曲调感和音乐节奏感，而听觉表象能力较弱。

专栏 11-4

智力发展的性别差异

男女两性在智力发展方面存在的差异非常复杂，心理学家基于大量研究得出了两个主要结论。

第一，男女两性的智力从总体发展水平上看具有均衡性，难以判断究竟孰优孰劣。

(1) 从发展变化的年龄倾向上看，在青春期以前，女性智力略优于男性；而青春期开始后男性又优于女性。这说明，尽管在不同年龄阶段，男女智力发展互占优势，但在总体上是平衡的。

(2) 从智力层次分布情况上看，男女两性的平均智商无显著差异。男性智力发展很好和很差的人数较多，两极分化明显；而女性智力分布比较均匀。在学业成就和学习成绩方面，男女两性显示出不同的倾向：男性成绩优异、事业成功者和学习成绩差、无所作为者较多，两极分化明显，而女性以中等者居多。

(3) 男女两性在一般智力测验成绩上没有明显的差异，即使有些方面存在差异，也只是量的问题，而非质的问题，其差异量的统计检验值并未达到显著水平。

第二，男女两性在智力发展的领域上存在不平衡现象，各有其发展的优势领域。

男性在数学推理与空间关系方面优于女性，女性在语言能力方面优于男性，女性获得语言早，语言运用尤其是在词的流畅性方面占优势，而男性在语言推理方面占优势；在空间能力方面，女性的听觉能力、声音辨别和定位能力明显优于男性，男性的空间知觉能力又明显优于女性；在认知活动中，男性更多偏于逻辑思维，理解记忆和抽象记忆能力强，女性则偏于形象思维，机械记忆和形象记忆能力强。当然这些特点并不是绝对的，不能简单地评价和下结论。

（资料来源：郭亨杰，2001）

三、能力表现早晚的差异

人的能力有表现早晚的差异。有些人的优异能力在儿童时期就表现出来了，心理学将其称为早熟型人才。在中国历史上，有关这类人的记载颇多。例如，王勃 10 岁能赋，夏完淳 5 岁读经史，7 岁能诗文，9 岁写出《代乳集》。不仅中国如此，外国也有很多这样的例子：奥地利作曲家莫扎特从 6 岁开始作曲，8 岁写下第一首交响曲，11 岁写下第一部清唱剧，12 岁写下第一部歌剧，14 岁时指挥了该歌剧的 12 场演出。

家庭教育、环境的影响和实践活动是发展能力必不可少的后天条件。儿童刚出生的最初几年，主要受家庭影响，不能认为缺乏早期成就的人将来就不可能发展优异的能力。事实上，有些人的优异能力或天赋表现得较晚。达尔文在年轻时被认为智力低下，后来却提出了进化论；发明家爱迪生在中学时曾被视为学业不良学生。这些能力优异而表现较晚的人被称为大器晚成型人才。

第五节　能力的形成和发展

能力的发展虽然存在个体差异，但是整体上都与个体的年龄、遗传与环境等因素密切相关。目前对能力的发展趋势的研究较多关注一般能力，即智力的发展。无论是能力的发展水平还是发展速度，都受到先天和后天诸多因素的影响，各因素的相互作用使得能力的发展过程异常复杂。

[拓展阅读] 培养教师数字能力，造就拔尖创新人才

一、智力发展的一般趋势

关于智力的发展，心理学家曾提出过许多假设。早在 20 世纪 30 年代，美国心理学家桑代克就绘制过学习能力与年龄的关系曲线图。他认为，人在 23 岁左右学习能力达

到最高峰，直到45岁时，其学习能力仍不低于17岁左右的学生，但到45岁以后，学习能力就显著下降。

美国教育心理学家布卢姆（B. S. Bloom）在1964年曾做过一项研究，他根据自己对1 000名被试的跟踪调查，提出了智力发展假说。他认为，如果将个体17岁时的智力水平视作100%，那么，个体在5岁之前就可以达到50%，在5—8岁又增长30%，剩余的20%是在8—17岁获得的。布卢姆之后的研究也证实了人类智力发展存在非匀速增长的现象。对脑电波的研究表明，儿童脑的发育在5—6岁和13—14岁存在两个加速期（Bloom，1964）。

心理学家贝利（N. Bayley）用三种智力量表，对同一组被试跟踪考察长达36年之久。根据贝利的研究，个体在13岁以前智力是直线上升发展的，之后缓慢发展，到25岁时达到最高峰，26—35岁保持高原水平，35岁开始呈下降趋势。贝利的研究结果被绘制成了智力成长年龄曲线（见图11-12）。

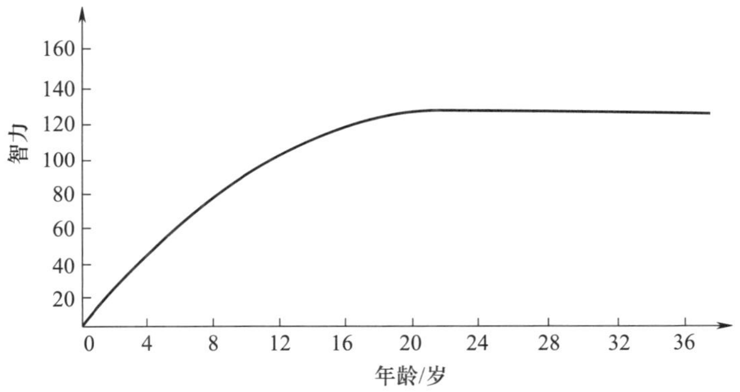

图11-12　智力成长年龄曲线

（资料来源：Bayley，1955）

如果把不同性质的智力分开研究，会发现其衰退的速度是不均衡的。如手眼协调、动手操作以及技术能力一般从33岁开始表现出衰退现象，到66岁衰退速度加快，而写作能力约在65岁之后才开始出现衰退现象。不同年龄阶段的智力变化见表11-3。

表11-3　不同年龄阶段的智力变化

年龄/岁	10—17	18—29	30—49	50—69	70—89
知觉	100	95	93	76	46
记忆	95	100	92	83	55
比较、判断	72	90	100	87	67
动作、反应速度	88	100	97	92	71

表11-3是测量许多人以后计算出来的平均数，其实不同的人其智力衰退是不相同

的。一般来说，智力水平高、受教育程度高的人，智力衰退的年龄会推迟，而且衰退的速度也较为缓慢。

二、影响能力形成和发展的因素

影响能力形成和发展的因素很多，但归纳起来不外乎先天和后天两大方面。先天的因素指素质，后天的因素指对素质产生影响的环境、教育、实践活动等。能力的形成和发展就是这两方面因素相互作用的结果。能力在形成和发展的过程中，也受到其他个性心理特征的影响，这是个性心理特征内部的相互作用。总之，影响能力形成和发展的因素很多，而且这些因素又常交织在一起。

（一）先天素质对能力形成和发展的影响

能力的形成依赖一定的自然基础——素质。素质是有机体天生的某些解剖和生理特征，具体包括个体的感觉器官、运动器官，以及脑的结构形态和生理特点。

素质是能力形成的自然前提，没有这个前提，能力的形成就无从谈起。生来或早期聋哑的人难以发展音乐能力，双目失明者难以发展绘画能力，胎儿期大脑发育障碍所造成的素质缺陷是阻碍智力发展的关键因素。

神经类型是素质的重要组成部分，它影响着能力的形成。神经过程的基本特征如强度、平衡性和灵活性等在很大程度上影响着从事各种活动的顺利程度。根据捷普洛夫实验室的研究，神经过程的强度与感受性有相反的关系，即神经过程弱的人感受性高。捷普洛夫说：如果允许类比的话，可以把弱的神经系统比作非常易于感光的照相底片。神经系统特别敏感的人可能表现出某种素质特点，这种素质特点为发展某些相关能力，如高度感受性、印象丰富鲜明和心灵组织非常细致等提供了有利条件。神经过程类型的特点也影响知觉的广度和解决问题的速度。例如，神经过程强而灵活的人的知觉广度比神经过程弱而不灵活的人要大得多；具有灵活神经过程的人比神经过程不灵活的人，解决问题的速度要快得多。

（二）环境和教育对能力形成和发展的影响

1. 营养状况

胎儿和婴儿的营养状况，影响他们脑细胞的数量和质量，进而影响他们的智力。研究表明，神经系统的生长分为神经细胞数量的增加和神经细胞体积的增大两个阶段。第一阶段大约在出生后一年左右完成，此后，神经细胞的数量就不再增加了。在这个阶段，如果营养不良，就会影响胎儿和婴儿脑细胞的数量，使其低于正常发展的数量。

孕妇和哺乳期母亲营养不良影响胎儿和婴儿的心理功能，这是一种环境现象，是母体的化学物质、环境影响儿童智力的一种表现。在胎儿期或婴儿期，个体的身体和大脑都在迅速发育，大脑的机能活动依靠由脐带输送的和来自母亲乳汁的养料来维持，为细胞提供必要的化学养分，从而保证脑细胞的机能活动。

2. 早期经验

在儿童成长的整个过程中，智力发展的速度是不均衡的，有先快后慢的趋势。因此，早期经验对儿童智力发展起着极为重要的作用，很可能在一定程度上制约着人一生能力发展的水平，这应当引起家庭和幼儿教育学校的高度重视。

有人研究了家庭中环境刺激的质与量对儿童智力发展的影响，发现6个月婴儿的智力水平和母亲在与婴儿交往上所花的时间有很大的关系。生动的或社会性刺激比不生动的或玩具类的刺激对婴儿的心理发展更为有益。家庭成员与婴儿交往频繁，婴儿就有更多发音、牙牙学语的反应和指向性反应，特别是言语交往的机会增多，对其发展具有重要作用。

强调早期经验的重要性，绝不意味着这种影响是一成不变和不可弥补的。有些幼儿家长由于不懂得儿童智力发展的规律，忽视与儿童的交往，这些儿童早期的智力水平普遍低于在交往正常家庭中成长的儿童。但也有很多事例证明，曾在这样的环境中度过早期岁月的儿童，随着以后生活条件的改善，特别是心理交际环境的改变，智力的发展仍然可以得到很大的改善。

专栏 11-5

“母亲印刻”现象与儿童智力发展的“关键期”

儿童智力发展的“关键期”的概念，最初是从动物心理实验研究中发现的。行为学家在研究小鹅的行为时曾发现，小鹅在出生后的最初阶段，有一种对第一眼看到的动物进行追随的行为特点。心理学家将这种现象叫作“母亲印刻”现象。

动物行为学家在研究恒河猴的社交行为时发现，恒河猴出生后的头60天至90天被完全隔离，之后如果被重新放回到猴群中生活，其社交行为不受严重影响；如果被隔离长达6个月，重回猴群后其社交行为会显得不正常，但受到的损害是可以弥补的；而如果出生后的头两年被完全隔离，则其以后的社交行为不但不正常，且受到的损害也无法弥补。

因此，研究者认为，出生后第四个月到两岁前是动物获取正常社交行为能力的“关键期”。在动物的早期发展中，某一反应或某一组反应在某一特定时期或阶段最易形成，如果错过了这个时期或阶段，就不容易再出现这样的好时机，这个时期就称为关键期。后来，心理学家把这种现象应用到早期儿童智力发展领域进行研究，提出了儿童智力发展的“关键期”。例如，口语发展的关键期在2—5岁，书面语言发展的关键期在4—5岁，数的概念发展的关键期在5—5.5岁，词汇能力发展的关键期在5—6岁。如果这些能力在关键期得不到发展，就会使儿童智力的发展受到阻碍。

（资料来源：朱智贤，2003）

3. 教育内容与方法

人在接受前人创造的劳动工具和知识经验的过程中发展自己的能力。但怎样接受前人的经验才能使儿童得到及时的发展呢？这依赖于掌握知识、技能的具体途径与方法，即教育、教学和教学方法的问题。教育与教学不但使学生掌握知识和技能，而且通过传授知识和技能，能促进儿童能力的发展。例如，教师不仅运用分析、概括的方法去讲授课程的内容，而且引导学生把这样的方法作为遇到问题时进行思考的手段。这样，在教与学相互作用的过程中，外部的教学和学习方法就会逐渐转化为学生内部的概括的思维操作。

不同年龄的儿童具有不同的心理水平，教师把抽象难懂的数学运算或结构复杂的汉字教给儿童，需要寻求良好的方法。实验证明，运用发现法讲授小学数学知识，利用汉字结构规律进行汉字教学，不仅有助于儿童掌握知识，而且有助于儿童思维能力的发展。

教学方法是实现教学任务的手段，良好的教学方法可以把似乎是缺少能力的儿童塑造成才。苏联心理学家列昂节夫曾做过实验，他选择了一些似乎缺乏音乐才能的儿童，对他们实施特殊的教学方法，训练他们形成了比较好的音乐听觉。还有许多心理学家采用特殊的方法在较低的年级讲授高年级的教材，结果大多数学生不仅掌握了高年级的课程内容，而且思维发展的速度也提高了。

（三）实践活动对能力形成和发展的影响

环境与教育的作用不是机械地、被动地为人所接受的，外部条件对人发生作用必须通过本身的实践。这就是说，能力是在人与社会的互动中形成和发展的。很多知识和道理都来自劳动、来自生活（习近平，2023）。只有从小树立劳动观念，培养劳动习惯，提高劳动能力，才有利于学生更好地学习知识、培养能力。

劳动实践对各种特殊能力的发展起着重要的作用。职业劳动的性质和类型制约着能力发展的方向。例如，炼钢工人通过炼钢炉内火焰的颜色辨别炉温的能力要比一般人高，这与从事这一职业的特殊要求分不开；对于微小音高差别的识别，钢琴家的感受性不如调音师，这是因为钢琴家是在别人调节好音调的键盘上演奏，而调音师的工作要求他们不断用自己的听觉辨别各种音高。不同的实践任务向人们提出不同的要求，人们在完成任务的活动中不断地超越自己的感觉阈限，从而发展了自己的能力。

三、智力与学习成绩

国际学生评估项目（PISA，2018）提出，学习成绩不佳是一个常见问题。糟糕的学业成绩往往与更难找到工作、从事不稳定的工作和成年后收入较低有关（Eckert，2006）。此外，学习成绩差是学生提前离开学校、较早结束学业的主要原因（European Commission，2018）。人们进行了大量的研究，以确定哪些因素对学习成绩最为重要，在诸多认知因素中，智力的作用尤为显著（Roth et al.，2015）。智力与学业成绩之间的密切关联得到了众多研究的支持，对智商和学习成绩之间关系的分析结果表明，两者在统计学上存在显著的相关性（O'Connell，2018）。

1. 一般智力因素与学习成绩

一般智力因素得分较高的学生通常在所有领域的表现都很优异（Kaufman et al., 2012）。在以一般智力因素作为唯一预测因子的认知模型中，一般智力因素可以解释学生学习成绩存在着的较大差异（Gustafsson et al., 1993），一般智力因素对学生的阅读、数学和写作能力，以及考试的成绩都有很大的直接影响（Niileksela et al., 2016）。在卡特尔-霍恩-卡罗尔智力模型中，一般智力因素对学习成绩的影响是通过广泛认知能力间接产生的（Niileksela et al., 2016）。一般智力因素与广泛认知能力相互依赖、相互影响，最终对学习成绩产生一定的影响（Caemmerer et al., 2018）。

一般智力因素是学生学习成绩最有力的预测因素，但是一般智力因素不是影响学习成绩的唯一因素。学习成绩的好坏受多重因素的影响，如记忆力、认知刺激方式等认知因素，学习习惯、学习策略、家庭教育、教学质量、经济水平等非认知因素（Quilez-Robres et al., 2021）。

2. 流体智力与学习成绩

流体智力是个体通过有意识的心理操作（例如，归纳推理和演绎推理）解决复杂问题的能力（Cattell, 1971）。学生运用流体智力，可以通过深思熟虑的心理操作来提高个人解决复杂问题的能力，以获得新的能力和知识。学生的流体智力越高，他们的学习能力就越强，获得成就的潜力就越大（Saβ et al., 2021）。

流体智力对学生的数学成绩和阅读成绩的初始水平及其之后的增长有积极的预测作用（Lechner et al., 2019）。此外，学业成就对个体流体智力的影响比流体智力对个体未来学业成就的影响要大。擅长使用流体智力的学生容易获得更多的学习技能，在学校表现会更好，这些反过来又会促进其流体智力的发展（Saβ et al., 2021）。

□ 原理应用

航天员是怎样炼成的？

空间站任务对航天员的身心等综合素质和能力提出了更高的要求，航天员除了要进行身体训练、心理训练、航天环境耐力适应性训练等基础课目训练以外，还要完成航天专业技术训练、任务模拟训练以及大型联合演练。训练目标是要使航天员在思想、身体、心理、知识储备和技能方面都具备执行任务的能力。

航天员要经过八大类、百余个课目的高强度训练，以及近百次的工程研制和实验活动，不断强化综合实战能力。在模拟失重环境训练时，航天员身着水下训练服，被吊车放到10米深的水槽里。通过使用铅块增加或减少配重，使航天员达到中性浮力状态。由于水中阻力的存在和训练服的压力束缚，航天员训练时的每一次“举手投足”都非常吃力。

在水上救生训练场进行水上自主出舱训练中，航天员要在漂浮在水面上的返回舱中完成出舱、上充气床、发出求救联络信号等一系列操作。在出舱活动程序模拟器训练中，在尽可能模拟太空环境的情况下，航天员被吊在空中，要接受舱外服的使用、设备操作、舱外活动程序等一系列训练。这极大地考验了航天员对操作的熟悉程度和心理素质。

（资料来源：央视新闻网）

□ 复习与思考

1. 简述能力与知识和技能的区别与联系。
2. 有关智力的主要理论有哪些？
3. 如何理解智商？怎样根据智商来了解一个人在团体中的相对位置？
4. 先天素质、环境和教育以及实践活动对能力发展各起什么作用？怎样发挥主观因素在能力发展中的作用？
5. 能力的个体差异主要体现在哪些方面？
6. 影响能力形成和发展的主要因素是什么？
7. 智商和学习成绩有什么关系？学习成绩差就是智商低吗？
8. 智力有高低之分吗？先天因素和后天因素哪个对智力的影响更大？
9. 分析自己的能力特点，并思考在今后发展中如何更有效地发挥自己的能力。
10. 回忆本章内容，画出本章核心内容的概念图，与同伴进行交流分享后，加以完善。

□ 推荐阅读

[1] 伍德沃斯，2017. 动力心理学［M］. 高申春，高冰莲，译. 北京：中国人民大学出版社.

[2] 廖策权，梁俊，2018. 教育心理学［M］. 长春：东北师范大学出版社.

[3] 白学军，2020. 心理学基础［M］. 北京：中国人民大学出版社.

[4] 贯林祥，2019. 心理学基本理论研究［M］. 南京：南京大学出版社.

第十二章 人　　格

学习本章内容，将有助于你对以下问题的理解与思考：

- 什么是人格？它有哪些特征？
- 哪些因素影响着人格的形成和发展？
- 不同人格理论的主要观点是什么？
- 用什么方法可以对人格进行研究？
- 如何测量人格的特征？

在中国古典文学四大名著中，主要人物都形象鲜明，各具风采，如林黛玉的忧郁与聪慧，曹操的奸诈与多谋，孙悟空的顽皮与机智，李逵的鲁莽与耿直……这些特点相异的各类角色，给我们留下了深刻的印象。现实是文学的原型。在日常生活中，我们也会发现人们的性格迥异，有的人活泼开朗，有的人性情温柔，有的人冲动鲁莽，有的人畏惧退缩……心理学中关于个人或自我的独特性以及人与人之间心理与行为差异及其规律的研究，就属于人格研究的领域。什么是人格？个体的人格是如何形成的？人格差异的表现有哪些？如何研究和测量人格？本章将对此进行回答。

第一节　人格概述

由于人格的复杂性，不同的学者对人格的定义不尽一致，但都认为人格具有独特性、稳定性、统合性和功能性等特点。人格是一个复杂的结构系统，包含多种成分，这些成分互相影响、互相补充，决定了个体的行为方式。影响人格形成和发展的因素也是多种多样的，主要有生物遗传因素、早期童年经验、家庭环境因素、学校教育因素、社会文化因素、自然物理因素、自我调控系统、重大生活事件等。

一、什么是人格

人格（personality）一词源自古希腊语 persona。persona 最初是指古希腊戏剧演员在舞台演出时所戴的面具，与京剧中的脸谱类似，后来指演员本人，即一个具有特殊性质的人。现代心理学沿用 persona 的含义，转译为人格。人格包含两层意思：一是指个体在人生舞台上所表现的种种言行，个体遵从社会文化习俗的要求而作出的反应，即人格所具有的“外壳”，就像舞台上演员根据角色的要求而戴的面具，是个体的外在表现；二是指个体由于某种原因不愿展现的人格成分，即面具后的真实自我，是人格的内在特征。

[拓展阅读]
家庭品格教育

伯格（Burger，2004）认为，人格是个体稳定的行为方式和发生在个体身上的人际过程。这个定义包括两方面的含义：第一，人格是稳定的行为方式。人格是稳定的，具有跨时间和跨情境的一致性。当然，在某些特殊情境中，个体可能会有出人意料的行为表现。第二，人格是人际过程。人际过程是发生在人与人之间的过程，是发生在个体外部，影响着个体怎样行动、怎样感觉的所有情绪过程、动机过程和认知过程。

伯格等人（Burger et al.，2020）后来又提出，人格是个体所表现出的一系列持久的特质和风格。这些特质包括：第一，个体的性情，即自然倾向或个人倾向；第二，个体与社会所定义的“标准”行为的不同之处。特质是参与某种行为或体验某种情绪状态的倾向；风格是个体在其性格主导下如何处理各个事件。

人格具有丰富的内涵，具有以下主要特征：

一是独特性。个体的人格是在遗传、环境、教育等因素的交互作用下形成的，具有独特性。与此同时，人格的独特性并不意味着人与人之间在个性上毫无相同之处。人格作为个体的整体特质，既包括每个人与其他人不同的心理特点，又包括人与人之间在心理上相同的方面，如每个民族、群体的人都有其共同的心理特点。人格是共同性与差别性的统一，是生物性与社会性的统一。

二是稳定性。稳定性也称持久性，这是大多数人格定义中反复出现的典型特征（Feist et al.，2013；Larsen et al.，2017）。人格具有稳定性，个体在行为中偶然表现出来的心理倾向和心理特征并不能表征他的人格。当然，强调人格的稳定性并不意味着它在人的一生中是一成不变的。随着生理成熟和环境变化，人格也有可能发生或多或少的变化，这是人格可塑性的一面。正因为人格具有可塑性，才能培养和发展人格。人格是稳定性与可塑性的统一。

需要注意的是，外向性、攻击性和焦虑等特征只有在长时间内被观察到的情况下才能被预测为人格特征。如果表现出相同品质的行为或情绪只发生过一次或仅在短时间内发生，则称为表现出相关品质的“情节”或“状态”（Burger et al.，2020）。

三是统合性。人格是由多种成分构成的一个有机整体，具有内在统一的一致性，受自我意识的调控。人格统合性是心理健康的重要指标。当个体的人格结构在各方面彼此和谐统一时，人格就是健康的。否则，个体可能会出现适应困难，甚至出现人格分裂。

四是功能性。人格决定个体的生活方式，甚至决定个体的命运，因而是人生很重要的一个方面。当面对挫折与失败时，坚强者能发奋拼搏，懦弱者会一蹶不振，这就是人格功能的表现。

二、人格结构

心理学家认为，人格是一个复杂的结构系统，由许多要素构成。气质、性格、认知风格、自我调控等是人格的主要成分，其中，自我调控是人格的内部控制系统。

心理学家的一个重要目标是构建一个能够描述人格结构、解释人格特点的理论模型。从弗洛伊德的本我—自我—超我的人格结构，到卡特尔的16种人格因素，许多人格心理学家都提出了人格的结构模型。但是众多的人格结构模型各自所包括的因素数量和因素性质都有很大的不同，彼此之间的一致性较小。

人格结构的五因素模型即“大五”理论取得了令人瞩目的进展，被许多研究所支持，也被许多心理学家认为是一个好的人格结构范型。“大五”理论强调人格模型中每一维度的广泛性，五个维度因素分别是神经质（N）、外向性（E）、开放性（O）、随和性（A）和尽责性（C）。科斯塔（P. T. Costa）等人还编制了包括300个项目的测验五个因素的NEO-PI人格量表（NEO-PI Five-Factor Inventory）。

不同文化框架下，人格的结构也有一定的差异。在不同文化中，某种行为的含义、出现频率以及人们对该行为的描述都会存在差异，行为的归类也会有所不同。人格结构正是在对行为进行归类的基础上形成的，因此，人格结构会存在文化差异。

三、人格状态

人格状态是一定时间内与个体人格特质相关的行为、感觉和思想。通过直接对个人生活中与个体特质相关的、随着时间变化的行为进行评价，可以有效地预知个体的人格状态（于淼等，2018）。构建人格状态测量最关键的要素是确定对人格状态的现象和具体人格状态的定义。有学者（Baumert et al.，2017）认为，状态是一个量化维度，描述个体在特定时间内一致的行为、思想和感情的程度与水平；而状态水平是衡量个体某种状态的量表上的测试分数。大多数人格心理学家认为，状态是人格的表现，人格特质是个体在状态中的表达（Horstmann et al.，2018；Rauthmann et al.，2019）。人格状态与人格特质明显相关，这意味着人格状态必须服务于一个特定的目的或功能，用于满足某种人格特质的特定立场的需要（Denissen et al.，2008）。

人格状态是由多种因素决定的。接受人格状态的定义对评估心理测量学的特性具有深远的影响。人格状态不仅由个体的行为定义，还受到个体的思想和感情的影响（Horstmann et al.，2020）。有学者将人格状态定义为“连贯的行为、思想和感情”（Baumert et al.，2017）。由此推论，只有考虑个体的行为、思想和感情，才能充分理解个体当前人格状态的本质。例如，一个人正在跳舞，他需要思考怎样才能跳得更好，并努力记住各种动作。当他努力记住各种动作时，可能会感到有压力，这可能意味着他的人格状态的特质表现出责任心的功能。如果他在跳舞时不考虑记住任何动作，而只是随意尽情地舞蹈，这可能意味着他的人格状态的特质表现的是积极、外向的功能。威尔特和雷维尔（Wilt & Revelle，2015）研究了人格特质量表，认为人格特质是由不同成分构成的，人格特质可以通过情感（即神经质），公开或可观察到的行为（如外向或尽责），认知（即开放性），情感、行为和认知的混合（即宜人性）来定义。

四、影响人格形成和发展的因素

个体的人格状态会伴随时间的推移逐渐趋向于相对稳定的状态，但在整个生命周期中也会发生变化。在宏观分析层面上，人格受生物因素、环境因素、特定生活事件和社会角色投资等的影响，其发展模式具有规范性、差异性等特征。在微观分析层面上，杰克斯等人（Geukes et al.，2018）提供了一个完整的人格发展状态过程模型。该模型将微观分析状态视角融入对人格特质发展的宏观分析理解中。该模型分析了在日常和突发事件情况下，个体在三个层面的差异状态：（1）目标和策略；（2）行动和经验；（3）评估和反思。这三个层面构建了一个连续的序列，每个层面的范式在下一个层面的范式中呈指导状态。每个层面的范式相互依赖、相互继承，继而影响个体的人格发展。环境和生物结构、社会角色、年龄、生活事件等对人格特质发展的既定影响，可以通过这些宏观层面的决定因素与微观层面的状态过程的系统联系来解释。

在宏观分析层面上，许多研究已经确定了人格发展是由遗传与环境两种因素决定的，还包括一些更具体的因素，如生活事件和社会角色投资等（Bleidorn et al.，2014；Specht et al.，2014）。在微观分析层面上，相关研究仍显不足。杰克斯等人将长期人格发展归因于重复的、短期的人格发展框架，提出了一个更为完整的、以过程为导向的人格发展过程模型，将微观的人格状态过程视角融入对人格发展的宏观理解中（Wrzus & Roberts，2017）。

人格发展过程模型（见图 12-1）建立在先前关于遗传与环境因素作为人格发展的远端决定因素的研究基础上（Roberts et al.，2008；Specht et al.，2014），包括社会投资原则中个体的发展任务及其对应的社会角色。该模型结合了环境结构（如某些情境背景的概率、互动伙伴的类型）、生物结构（如基因表达、激素水平、身体能力）、社会角色（如作为母亲、朋友、雇员）、年龄和生活事件（如结婚、离婚、孩子出生、意外事故），作为影响人格发展的重要的宏观层面因素。

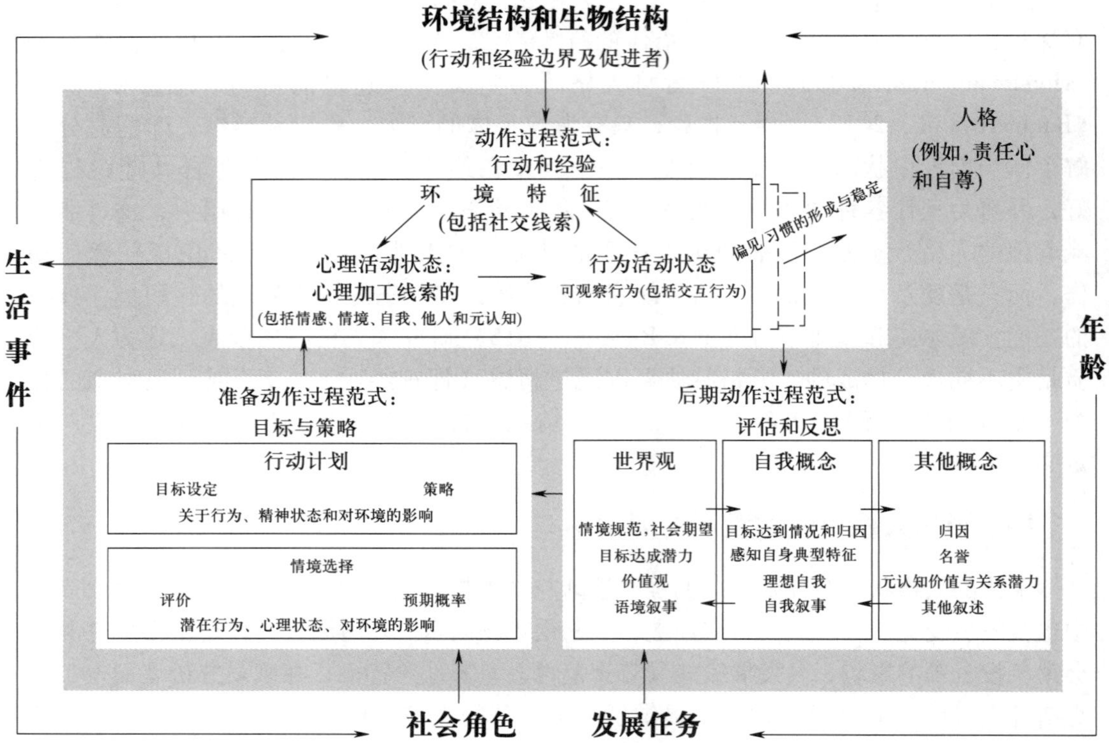

图 12-1 人格发展过程模型(资料来源:Geukes et al., 2018)

人格的形成与发展离不开先天遗传与后天环境的作用。人格是在遗传与环境的交互作用下逐渐形成并发展的。具体而言,人格的影响因素包括以下八个方面:

(一)生物遗传因素

人格具有较强的稳定性特征,遗传是人格不可缺少的影响因素。综合现有的研究结果,遗传对人格的作用主要表现在以下方面:

首先,遗传因素对人格的作用程度随人格特质的不同而异。在智力、气质等与生物因素相关较大的特质上,通常遗传因素的作用较重要;而在价值观、信念、性格等与社会因素关系密切的特质上,环境的作用可能更重要。

其次,人格的发展是遗传与环境两种因素交互作用的结果。人既有生物属性,又有社会属性。人在胚胎状态时,环境因素的影响就开始了,这种影响会在个体的一生中持续存在。环境因素是多种多样的,小到家庭因素,大到社会文化因素,这些因素对人格的形成与发展都有重要的影响。

最后,个体的遗传特征会影响其生活经历,而这些经历反过来可能会导致个体人格特征的变化。例如,神经质水平较高的人在经历许多消极和有压力的生活事件后,这些事件反过来可能会强化他们的价值观、人生观(Revelle et al., 2021)。

（二）早期童年经验

“早期的亲子关系定出了行为模式，塑造出一切日后的行为。”这是麦金农（Mackinnon，1950）有关早期童年经验对人格影响的总结。中国也有句俗语：“三岁看大，七岁看老。”生命早期所发生的事情对人格的影响，历来为人格心理学家所重视。需要强调的是，人格发展尽管受到童年经验的影响，但二者不存在一一对应的关系。此外，早期经验不能单独对人格起作用，它与其他因素共同决定着人格的形成与发展。

（三）家庭环境因素

研究人格的家庭环境因素，重点在于探讨家庭的差异（包括家庭结构、经济条件、居住环境、家庭氛围等）和不同的父母教养方式对人格发展的影响。

专栏 12-1

不同的父母教养方式

采用专制型教养方式的父母在子女的教育中表现得过于支配，孩子的一切都由父母来控制。在这种环境下成长的孩子容易消极、被动、依赖、服从、懦弱，做事缺乏主动性，甚至会形成不诚实的人格特征。采用放任型教养方式的父母易溺爱孩子，让孩子随心所欲，父母对孩子的教育有时出现失控的状态。在这种家庭环境中成长的孩子多表现为任性、幼稚、自私、野蛮、无礼、独立性差、唯我独尊、蛮横胡闹等。采用权威型教养方式的父母与孩子在家庭中处于一种平等和谐的氛围当中，父母尊重孩子，给孩子一定的自主权和积极正确的指导。这种教养方式能使孩子形成一些积极的人格品质，如活泼、快乐、直爽、自立、彬彬有礼、善于交往、乐于合作、思想活跃等。

由专栏 12-1 的内容可见，家庭确实是“人类性格的工厂”，它塑造了人们不同的人格特质。

（四）学校教育因素

学校是一种有目的、有计划地向学生施加影响的教育场所，是个体成长过程中重要的环境因素。教师对学生的人格常具有指导定向作用。研究表明，在不同的师生交往氛围中，学生常有不同的行为表现，教师的公正性对学生有非常重要的影响（李琼等，2008）。而教师的期望引起的效应称为**皮格马利翁效应**（Pygmalion effect）。另外，学校是同伴群体聚集的场所，同伴群体常对个体人格的形成产生较大的影响。

在学校教育中，教师对学生的态度将影响学生的人格特征发展，它们之间的关系如表 12-1 所示。

表 12-1 教师态度与学生人格特征的关系

教师态度	学生人格特征
专制的	情绪紧张，要么冷漠要么带有攻击性，不能自制
民主的	情绪稳定、积极，态度友好，有领导能力
放任的	无团体目标，无组织、无纪律，放任状态

（五）社会文化因素

每个人都处在特定的社会文化环境中，文化对人格的影响极为重要。社会文化塑造了社会成员的人格特征，使其成员的人格结构朝着相似的方向发展，这种相似性具有维系社会稳定的功能，又使得每个人能稳固地“嵌”在整个文化形态里。

与农村环境相比，城市环境易提供更多参与艺术活动、在新餐厅品尝美食或与来自不同社会、文化和民族背景的人互动的可能性。因此，城市环境可能对性格开放的人更有吸引力（Jokela et al.，2015）。

社会文化对人格具有塑造功能，还表现为不同文化的民族有其固有的民族性格。社会文化塑造了人的心理结构，并通过人的行为反映出与其成长环境相适应的文化特征。这种文化基因一旦根植于个体，将会伴随其终身。中华优秀传统文化强调个体的厚德载物、诚实守信、自强不息、好学不倦、忠孝、慈善、仁爱，也塑造了中华民族相应的民族性格特征。

专栏 12-2

经典研究

米德（M. Mead）等人研究了新几内亚的三个民族的人格特征，鲜明地体现了社会文化和自然环境对人格的影响。研究者发现，山丘地带的阿拉比修族崇尚男女平等的生活原则，成员之间互助友爱、团结协作，没有恃强凌弱，没有争强好胜，一派亲和景象；河川地带的孟都吉姆族以狩猎生活为主，男女间有权力与地位之争，对孩子处罚严厉，成员表现出攻击性强、冷酷无情、嫉妒心强、妄自尊大、争强好胜等人格特征；湖泊地带的张布里族，女性是社会的主体，每日操作劳动，掌握着经济实权，而男性则处于从属地位，其主要活动是艺术、工艺与祭祀活动，并承担养育孩子的责任，这种社会分工使女人表现出刚毅、支配、自主与快活的性格，男人则有明显的自卑感。

目前，社会传媒如电影、电视、网络、报刊等对儿童人格发展的影响受到广泛关注。这些社会传媒信息直接或间接地为个体所获得，渗透到个体的知识结构和思想意识中，从而影响个体人格的形成。研究发现，每天花时间观看攻击性动画片的 8—9 岁的儿童，其攻击行为有增多的现象，十年后的追踪调查表明，观看攻击性动画片的儿童仍然具有较强的攻击性（Freedman，1984）。

更多研究表明，媒介传播的信息对人格形成的影响是极其深远的，特别是对于辨别是非能力低的儿童来说更是如此。因此，成人有责任和义务向青少年提供积极的、有利于他们健康发展的社会文化信息。加强全媒体传播体系建设，健全网络综合治理体系，推动形成良好网络生态，才能为儿童青少年人格的形成和发展营造良好的社会文化氛围。

（六）自然物理因素

生态环境、气候条件、空间拥挤程度等这些物理因素也会影响人格的形成与发展。另外，气温会提高某些人格特征的出现频率，例如，天气炎热易使人烦躁不安，对他人采取负面反应，发生反社会行为。虽然自然环境对人格不起决定性的作用，但在不同的物理环境中，个体可以表现出不同的行为特点。

（七）自我调控系统

以上各种因素都是影响人格发展的外因，而外因是通过内因起作用的。研究表明，人格特征的形成是将外部的社会要求内化为个体的思想意识，并用来调节自己的行为的过程。

基因的倾向和自我概念等可能会影响个体的瞬间状态表达。有研究者（Wright et al.，2015）提出，个体在应激反应方面存在差异。不利状况或应激事件都会对个体产生负面影响。在面对压力时，由于自我概念和身份的不同，个体会做出不同的应对行为（Klimstra et al.，2017）。

人是一个高度的自我调节系统，一切外来的影响都要通过自我调节而起作用。自我调控系统是人格发展的内因。自我调控以自我意识为核心，包括自我认知、自我体验、自我控制三个子系统。自我调控系统对人格的各个成分进行调控，保证人格的完整统一与和谐，属于人格的内部控制系统或自我控制系统。从这个意义上说，每个人都在塑造着自己的人格。当个体的自我意识发生时，人格的发展也就开始了，个体就开始了自己教育自己、自己塑造自己的努力。这种自我塑造贯穿人的一生，需要个体不懈地努力。

（八）重大生活事件

近几十年来，研究人员一直试图了解重大生活事件是否能够影响以及如何影响人格特质的发展。创伤成长的理论强调，负面的生活事件可能会导致个体性格的变化（Calhoun et al.，2004）。突出强调假说认为，生活事件促进人格的一致性，而不是改变人格特质（Caspi et al.，1993）。事实上，特定的生活事件（例如丧偶或离婚）和人格特质发展之间的可复制关联很少（Bleidorn et al.，2018）。在现实中，生活事件是复杂的，人们对它们的看法不同。例如，离婚等事件可能会被一个人认为是消极的和令人震惊的事件，但另一个人可能会认为它具有积极的影响。这些认知可能会影响重大生活事件与人格特质的关系（Luhmann et al.，2021）。对生活事件的感知也可能与人格特质相互作用，从而影响最终结果。例如，恋爱经历（尤其是第一次恋爱的经历）与个体的情绪稳定、自尊和责任心等人格特征相关。

个体的人格与其经历事件之间的互动并不总是直接的。在一些假设的互动情景中，不同性格的人对相同的情景会作出不同的反应。对这些互动行为更复杂的解释是，人们的性格可能使他们倾向于体验某些事件，并以不同的方式感知这些事件（Buss，1987；Scarr et al.，1983）。个体对事件的期望、感知和解释可能是生活事件与人格发展相关的关键因素（Rakhshani et al.，2022）。

对重大生活事件的不同反应可能来自至少两个不同的过程。第一，人格可能会影响个体在事件发生后的反应和适应方式。这种类型的互动一直是研究人格与生活事件关系的主要焦点。事实上，证明人格与应对策略之间关联的证据已经确立（Connor et al.，2007）。第二，人格可能与个体对重大生活事件的感知方式有关。例如，在同一事件中，负性情绪较高的个体通常比负性情绪较低的个体更有压力感（Costa et al.，1990）。

□□□ 第二节 人格差异

我国心理学界一般认为，人格特征的差异主要表现在气质和性格两个方面。此外，认知风格的差异也在某种程度上反映了人格差异。

一、气质

（一）什么是气质

气质（temperament）是不以人的活动目的和内容为转移的心理活动的典型的稳定的动力特征。

心理活动的动力特征主要表现为心理活动发生的强度（如情绪的强弱）、速度（如反应时）、稳定性（如注意力集中的时间）、灵活性（如思维的灵活程度）和指向性（如外向性与内向性）。现实中，有人性情暴躁，容易冲动；有人遇事冷静，不动声色；有人活泼好动，能说会道；有人多愁善感，胆小怕事。这些都是气质特征的表现。

气质使个体的整个心理活动表现都涂上了个人独特的色彩。具有某种气质特征的人往往以同样的方式进行各种活动，而不以活动的目的、内容为转移。气质具有极大的稳定性。俗话说："江山易改，本性难移。"这里的本性指的就是气质。气质在很大程度上是由个体的遗传素质决定的，是具有天赋特性的人格心理特征。刚出生的婴儿就可表现出某些气质特征差异，如：有的大声啼哭，四肢活动较多；有的则安静，哭声较小。这是气质最早、最真实的体现。研究表明，年龄越小，气质的表现越明显；遗传素质越接近，气质的表现也越接近。例如，同卵双生子的研究显示，把两个同卵双生子分别放在两种不同的环境中抚养，其气质比放在同一种环境中抚养的异卵双生子相似得多。

气质虽有极大的稳定性，但也并不是一成不变的。在环境和教育的影响下，随着个体自身修养的提高、良好性格的形成，气质也会产生某些变化。如经常发火的人不再冲动，急性子的人变沉稳了。我们把这种现象称为性格对气质的掩蔽现象。从这个意义上说，气质具有一定的可塑性。但这种改变仅是表面上的，要使气质发生质的改变是很难的。

（二）气质的类型

气质类型是指表现为心理活动的动力特征与神经系统基本特性的典型结合。不同神经系统的基本特性构成了不同的气质特征，气质特征在个体身上的不同组合构成了不同的气质类型。在心理学中，大部分心理学家对气质类型都沿用了古老的“四分法”，即多血质、胆汁质、黏液质和抑郁质。

[拓展阅读]
优秀教师的人格特征

1. 多血质

多血质（sanguine temperament）又称活泼型，属于敏捷好动的类型。多血质的人情感丰富外露，不稳定，情绪体验不够深刻，善于交际，注意力容易转移。

2. 胆汁质

胆汁质（choleric temperament）又称不可遏制型，属于斗士类型。胆汁质的人情绪体验强烈，爆发迅猛，平息快速，思维灵活但粗枝大叶。

3. 黏液质

黏液质（phlegmatic temperament）又称安静型，属于缄默沉静的类型。黏液质的人态度持重，沉着稳健，主动性差。

4. 抑郁质

抑郁质（melancholic temperament）又称抑制型，属于呆板羞涩的类型。抑郁质的人反应缓慢、动作迟钝、缺乏生气、不喜社交、孤僻、情绪不外露，但内心体验深刻而持久，思维敏锐，想象力丰富。

由上可知，这四种气质类型的人在同一种情境下会有明显不同的行为反应。而事实上只有少数人是某种气质类型的典型代表，多数人是介于两种类型之间的中间类型或两种类型以上的综合类型。

专栏 12-3

气质与教育

由于人们的气质特征各不相同，教育工作者必须采取因材施教的方法。不同气质的学生对各种教育措施的适应程度是不同的，要想取得良好的教育效果就要区别对待。

对多血质的学生，要着重培养其朝气蓬勃、满腔热情、足智多谋等个性品质，防止朝三暮四、虎头蛇尾、粗心大意等不良品质。对其进行教育时，一定要“刚柔并济”，严格要求。

对胆汁质的学生，要着重培养其热情、豪放、爽朗、勇敢、进取和主动的个性品质，防止任性、粗暴、高傲等不良品质。对其进行教育时，要注意以柔克刚，切忌急躁，以免引起其过激的反应。

对黏液质的学生，要着重培养其以诚待人、工作踏实等优良品质，防止墨守成规、谨小慎微、执拗等不良品质。这种气质的学生，由于他们安静、守纪律、勤勉，易被教师忽视，因此要以满腔热情吸引他们多参加集体活动，激发他们的积极情绪，引导他们生动活泼、机敏地完成任务。

对抑郁质的学生，要着重培养其敏感、机智、认真细致等优良品质，防止怯懦、多疑、孤僻、被动等不良品质。要多给予关怀和帮助，切忌公开指责、严厉批评，要引导他们多参加集体活动，并不断鼓励他们，培养其自信心。

总之，每个学生气质类型特征的表现千差万别，关键在于教师了解学生的个别特点，并在此基础上施以有效的教育。

二、性格

（一）什么是性格

性格（character）是指表现在人对现实的态度和相应的行为方式中的比较稳定的具有核心意义的心理特征。

人们对现实的态度和行为方式总是统一于性格特征上。态度决定着行为方式，而习以为常的行为方式又体现着态度。性格是个体稳定的心理特征。一时的、偶然的态度和行为方式不能构成性格特征，只有经常、一贯表现出来的态度和行为方式才能构成性格特征。由于性格的这种稳定性，我们便能预见一个人在某种情况下的态度和行为方式（即做什么和怎样做）。性格具有直接的社会性和道德评价意义，有好坏之分。例如，我们常把诚实、勇敢、友好看成好的性格特征，而把狡猾、贪婪、吝啬看成不好的性格特征。因此，性格是一个人本质特征的体现，其中占主导地位的是思想和道德品质。性格鲜明地体现了人与人之间的差异，集中表现了个体的精神面貌。性格是人格中具有核心意义的部分，它直接影响着气质、能力的表现特点与发展方向。

综上所述，性格是具有核心意义的人格心理特征，表现了个体对现实比较稳定的态度和习惯的行为方式。

（二）性格的结构与特点

1. 性格的结构

性格是十分复杂的心理构成物。根据个体对现实的态度以及在心理过程上表现的特点，性格的结构特征包含以下四个方面：

（1）性格的态度特征

性格的态度特征是指个体在处理各种社会关系方面的性格特征。社会中的人总是不断地接受现实生活的影响，总是以一定的态度作出反应。由于客观现实的复杂性和多样性，人对现实的态度也是多种多样的，具体表现在对人、对事、对己三个方面的态度。

对人的态度主要包括对社会、集体和他人的态度（如关心集体或对集体漠不关心、诚实或虚伪等），对事的态度包括对劳动、学习、工作的态度（如勤劳或懒惰、节约或奢侈），对己的态度即对自己的态度（如谦逊或自卑，自信或自负）。

性格的态度特征在整个性格结构中占主导地位，其中对人的态度又居性格结构的“灵魂”地位，其他方面的特征都要受其影响。

（2）性格的意志特征

性格的意志特征是指个体对自己行为的自觉调节方式和调节水平方面的性格特征。主要表现在：行为目标的明确程度及其行为是否受社会规范约束的特征（如独立性或易受暗示性，有目的性或盲目性），行为自觉控制水平的特征（如主动性或被动性，自制力强或缺乏自制力），在紧急或困难情境下表现出的特征（如镇定或惊慌，果断或优柔寡断），对待长时间任务的特征（如坚持不懈或有始无终）。

性格的意志特征是受人的人生观和世界观制约的，在分析评价个体的意志特征时，必须和思想道德品质及所从事活动的社会意义结合起来加以考虑。

（3）性格的情绪特征

性格的情绪特征是指个体在情绪活动中所表现的强度、稳定性、持续性和主导心境方面的特征。情绪强度方面的特征主要表现为个体的行为受情绪感染和支配的程度，以及情绪受意志控制的程度；情绪稳定性方面的特征主要表现为情绪波动的程度；情绪持续性方面的特征指个体的情绪波动保持时间的长短；情绪对个体身心的稳定而持久的影响所形成的主导心境状态，显示着情绪的性格特征。

（4）性格的理智特征

性格的理智特征是指个体在感知、记忆、想象和思维等认知过程中表现出来的态度与活动方式上的差异，这些差异在个体的性格中具有一定的意义，构成性格的理智特征。性格的理智特征具体表现在：感知方面如快速型和精确型等，记忆方面如信心记忆型和无信心记忆型，想象方面如大胆想象型和想象阻抑型等，思维方面如深思型和粗浅型等。

以上各方面的性格特征相互联系、相互制约，构成一个统一的整体而存在于个体身上。不同的人其性格具有不同的结构，形成一个独特的性格系统。

2. 性格的特点

性格具有整体性、复杂性、可塑性和性格优势四个特点。

（1）整体性

性格各特征之间不是简单地堆积，而是相互联系、彼此制约的一个有机整体，即性格表现出一定的整体性。人的性格是以其社会态度为核心的各种心理特征的完整组织，各个特征之间有主次之分。由于性格特征之间的这种内在联系，我们可以根据个体的某一种性格特征来推测该个体其他的性格特征。

（2）复杂性

各种性格特征的不同组合使得性格结构变得复杂。性格特征在不同场合的不同组合，使得个体的性格表现出一定的多面性与矛盾性。例如，有的学生在学校努力学习、举止端庄，但在家里行为懒散、态度粗鲁。人的行为方式和对事物的态度并不总是一致的。例如，有的人表面粗暴严厉，内心却关心他人；有的人平时彬彬有礼，骨子里却自私自利、冷酷无情。性格结构的这种复杂性增加了了解个体性格的难度。

（3）可塑性

性格是在长期实践中逐渐形成的，一旦形成就比较稳定。但这种稳定性是相对的，当环境与主观因素发生变化时，已形成的性格就会发生变化。例如，当遭遇重大的不幸事件时，一个活泼开朗的人可能会变得沉默寡言。性格的可塑性为塑造良好的性格提供了可能。

（4）性格优势

个体的性格特征可以影响其认知、情感和行为（Seligman et al.，2004）。个体认知、情感和行为所体现出来的积极特征是个体的性格优势。与性格优势相关的是个体在道德、文化价值观和社会影响等方面表现出的优秀品质。随着时间的推移，这些积极特征会得到增强和强化。这表明性格优势是可以培养的（Park & Peterson，2006）。塞利格曼和彼得森（Seligman & Peterson，2004）认为，个体有 24 种性格优势。这 24 种性格优势可归纳为 6 种美德：知识与智慧的美德，包括创造力、好奇心、思想开阔、热爱学习和洞察力等；果敢的美德，包括勇敢、坚持、正直和热情等；人性的美德，包括爱、善良和社会智慧等；正义的美德，包括团队合作、公正和领导力等；节制的美德，包括宽容、谦逊、谨慎和自律等；超越自我的美德，包括审美、感恩、积极、幽默和灵性等。为了能够测量个体的性格优势，塞利格曼和彼得森开发了 VIA 性格优势量表和 VIA 青少年性格优势清单，分别用于评估 18 岁及以上成人和 10—17 岁的儿童青少年的性格优势。这种性格优势的分类已成为对性格概念化研究的主流观点（McGrath et al.，2020）。

人格特质涉及生物学基础和长期行动，其中一些特质是由基因决定的（Littman-Ovadia et al.，2012；McCrae et al.，1997）。例如，有学者认为，遗传对人格的影响在 40%～60%，其余 40%～60%可以用其他因素来解释，如环境和文化对人格的影响（Bouchard，1994）。人格特质和性格优势之间的关系在成人中已有广泛的研究（Littman-Ovadia et al.，2012；Noftle et al.，2011）。有文献表明，这种关系在儿童青少年中也有发现。帕克等人（Park et al.，2006）证实了与外向性显著正相关的性格优势是幽默和领导力；与责任心显著正相关的性格优势是坚持、谨慎、正直、感恩、公平、自律和热爱学习；与亲和力显著正相关的性格优势是善良、爱心、社交能力、团队合作、洞察力、宽容和谨慎；与开放性显著正相关的性格优势是创造力、热爱学习、思想开放和好奇心；与神经质显著负相关的性格优势是希望、热情和自我调节。

专栏 12-4

良好性格的培养

研究性格的特点及其形成、发展规律，就是为了培养具有良好性格、人格全面发展的人。在大力提倡德、智、体、美、劳全面发展的今天，学校和教师尤其应重视这一工作。那么，应如何培养学生的良好性格呢？

1. 加强世界观、人生观和价值观教育

世界观、人生观和价值观在整个人格结构中处于统帅的地位。要培养学生健全的性格，学校就必须利用各种形式开展教育，使学生形成正确的世界观、人生观和价值观，树立正确的人生目标。只有这样，学生才能正确处理好与他人及集体的关系，正确评价和引导自身的行为，形成积极的生活态度和行为方式，使性格得到健康发展。

2. 及时强化学生的积极行为

性格是在活动中逐步养成的。学校日常教学活动的合理组织，可使学生形成勤奋认真、遵守纪律等良好的性格品质。除此之外，学校还要组织各种活动，开阔学生眼界，丰富学生的经验，增加学生的锻炼机会。在各项活动中，教师要积极关注每一个学生的行为表现，对良好的行为要及时表扬、鼓励。

3. 充分利用榜样人物的示范作用

社会学习理论强调榜样示范在性格形成中的重要作用。在教育过程中，榜样人物对学生的教育往往能产生潜移默化的效果。因此，在性格教育中，教师要注意向学生介绍中华优秀传统文化中的榜样人物，引导学生向这些榜样人物学习。特别值得注意的是，在性格教育中，教师更应该遵循“身教重于言教”的教育原则，应该不断完善自己的性格，提高自己的人格魅力，成为学生在性格发展中能够直接模仿的榜样人物。

4. 利用集体的教育力量

一方面，集体教育不仅可以培养学生关心集体、维护集体利益的集体主义性格特征，而且能够培养许多其他优良性格特征，如诚实、助人、组织性、纪律性、责任感。马卡连柯（A. S. Makarenko）说：“只有当一个人长时间地参加了合理组织的、有纪律的、坚忍不拔的和有自豪感的那种集体生活的时候，性格才能培养起来。”另一方面，也只有使每一个人的个性（包括性格）都获得了充分的发展，才会有真正的集体和集体教育可言。总之，教育了集体，也就教育了每一个人；教育了每一个人，也必然会影响到集体。它们是相辅相成的。

5. 因材施教

学生的性格发展受他们已有人格特点的影响。同一种教育措施，会因学生的人格差异而有不同的效果。因此，性格教育必须针对学生不同的人格特点，因材施教。例如，对自尊心很强的学生，批评时需要顾及情面、留有余地，设法帮助其看到在工作和学习中存在的缺点，养成谦虚谨慎、戒骄戒躁的良好性格。

6. 提高学生的自我教育能力

良好性格的养成，并非简单地受外界因素的影响，而是内外因相互作用的结果。人是一个自组织系统，具有高度的自我调控能力，一切外界影响（包括教师的教育）只有通过自我调控才能发挥作用。要想培养学生的良好性格，教师就要在教育实践中提高学生的自我教育能力，通过具体的教育情境帮助他们客观、正确地认识和评价自己，促进他们自觉地发展控制和支配自己行为的能力，树立培养良好性格的意识，掌握塑造良好性格的方法。

（三）性格与能力、气质

性格与能力、气质一起构成个体的人格心理特征，它们相互制约、相互影响，密切联系。

1. 性格与能力

性格与能力是交织在一起发展起来的。它们发展的共同基础是实践活动和高级神经活动类型。它们的关系如下：

（1）能力影响着性格特征的形成和发展

良好的观察力对果断、勇敢等性格特征的形成与发展起着重要作用。很多具有特殊才能且在事业上有所建树的人，往往同时具有良好的性格特征，如具有科学研究才能的人，常常具有强烈的事业心和高度的责任感。在多种能力形成与发展的过程中，相应的性格特征也发展起来或巩固下来。例如，政治活动家、科学家、作家、艺术家，虽然他们所处的实践领域不同，但都具有高度发展的能力和坚强的、不屈不挠的性格。

（2）性格制约着能力的形成与发展

一方面，良好的性格特征如认真、勤奋、坚定、严于律己、富有责任感等能促进能力的形成与发展。因为能力的形成与发展是与克服困难、创新精神等密切联系的。同时，良好的性格特征也能补偿某种能力上的相对弱点。“勤能补拙”“笨鸟先飞”就说明了这个道理。另一方面，不良的性格特征或性格弱点，如马虎懒惰、狂妄自大等，足以成为能力形成和发展的障碍，甚至会使已形成的能力衰退。

由上可以看出，性格与能力相互联系、相互制约。在开展活动的过程中，性格与能力缺一不可。良好的性格与能力结合，是获得事业成功的必要条件。从某种意义上讲，性格在个体发展中更为重要，性格规定了能力能够达到的水平。爱因斯坦（A. Einstein）

曾经说过：卓越人物的道德品质，对于青年一代和历史的整个进程来说，可能比单纯智力上的成就具有更大的意义。智力上的成就，在很大程度上依赖良好的性格，这一点往往不同于人们的常识。

2. 性格与气质

性格与气质的关系更为密切，以至于人们往往易将它们混淆。如把活泼好动的气质说成性格活泼好动，把老实稳妥的性格说成气质老实稳妥。一些西方心理学家用“人格”一词概括性格和气质。性格与气质是既有联系又有区别的两个概念。气质是形成性格的基础，气质的特点在性格上打下自己的烙印；性格可以掩盖气质的特点，使其服从于生活实践的要求。气质和性格从不同侧面反映了人格的心理特征。

（1）性格与气质的区别

性格与气质的区别表现在以下三个方面：

从起源上看，气质是由人的高级神经活动类型决定的，表现为心理活动过程和行为中的动力特点，如心理过程和行为的速度、稳定性、灵活性等。性格是在后天的社会生活条件影响下形成的、对现实的稳定的态度和与之相适应的习惯了的行为方式，它几乎囊括了人的心理在社会性方面的所有特点。

从可塑性上看，气质与活动的内容和目的无关，受生物因素制约，因此在个体发展中发生得早、表现在先、难以变化、可塑性小。性格与活动的内容和目的有关，受社会因素制约，因此，在个体发展中，形成得晚、表现在后，虽具有相对稳定性，但与气质相比，可塑性较大。

在社会评价意义上，气质无好坏之分，在不同的社会生活条件下，人们的气质可能表现出相同的特点；而性格有好坏之分，在不同的社会生活条件下，人们的性格有明显的差别。

（2）性格与气质的联系

性格和气质又是相互渗透、相互制约的，体现在以下三个方面：

一是各种不同气质类型的人可以形成相同的性格特征，如都可以形成爱国、勤奋、乐于助人等性格特征，气质赋予这些相同的性格特征以独特的色彩。例如，都是勤奋的性格特点，胆汁质的人表现为情绪饱满、急切利索，多血质的人表现为兴高采烈、充满生机，黏液质的人表现为不动声色、从容不迫，抑郁质的人表现为认真仔细、默默无闻。相同气质类型的人可以形成不同的性格特征。如同是抑郁质的具有敏感气质特点的人，可以形成爱思考的性格特征，也可以形成好猜疑的性格特征。

二是气质可以影响某些性格特征形成和发展的速度。如自制力的形成，对胆汁质的人而言比较困难，需要做出极大的努力和克制；而对抑郁质的人则比较容易，无须特别约束自己就能办到。

三是性格可以掩盖或改造某些气质特点，使气质特点成为难以辨认的品质。例如，从事精细操作的外科医生所具备的沉着的性格特征，在其形成过程中，有可能改造胆汁质的冲动和暴躁的特点；个体由于连续的、长期的挫折经历形成的忧郁、自卑等性格特点，会掩盖多血质的活泼好动的气质特点，使人误认为是抑郁质。

三、认知风格

认知风格（cognitive style）是指个体所偏爱使用的信息加工方式，也称认知方式。人格心理学家普遍认为认知风格的差异在一定程度上反映了人格的差异。

（一）场独立型与场依存型

威特金（Witkin，1940）在对垂直视知觉的系列研究中，发现了认知风格的个体差异，即场独立型和场依存型的差异。这种差异主要表现在人对外部环境（“场”）的不同依赖程度上。用隐蔽图形测验（又称镶嵌图形测验）可以有效地测量场独立型和场依存型的人格差异。

场独立型与场依存型这一人格差异表现在心理活动的多个方面。场独立型的人认知改组的能力强，在认知中具有优势；而场依存型的人社会技能高，在人际交往中具有优势。从学习来看，两种认知方式也显示了不同的特点。在解决需要灵活思维的问题上，场独立型的人有优势，他们善于抓住问题的关键性成分，能灵活地运用已有的知识来解决问题；而场依存型的人在解决熟悉问题时没有困难，但运用已有知识解决新问题时则难以应付，缺乏灵活性。场独立型的学生比场依存型的学生更喜欢学习一些原理，但两者在获得的知识量上没有区别。认知方式可以通过一些针对性的训练得到改变。

（二）冲动型与沉思型

卡根等人（Kagan et al.，1964）区分了两种不同的认知风格：冲动型与沉思型。

冲动型的特点是反应快但精确性差。具有这种认知风格的人面对问题时总是急于求成，不能全面细致地分析问题，不管正确与否就急于表达出来，有时甚至没有弄清楚问题的要求就开始解答问题。他们使用的信息加工策略多为整体性策略。当学习任务要求作整体性解释时，他们的成绩较好。

沉思型的特点是反应慢但精确性高。具有这种认知风格的人，总是把问题考虑周全以后再做反应，他们看重解决问题的质量，而不是速度。他们回答熟悉、简单的问题时，反应比较快。这种人在信息加工时多采用细节性策略，在需要对细节进行分析时，他们的学习成绩较好。

在元认知知识、认知策略和学习能力上，这两种认知风格都存在差异。卡根等人还设计了匹配熟悉图形测验来鉴别这种认知类型。

（三）同时性与继时性

达斯等人（Das et al.，1975）根据脑功能的研究，区分了同时性与继时性两种认知风格。他们认为，右脑占优势的个体表现出同时性认知加工风格，而左脑占优势的个体表现出继时性认知加工风格。

同时性认知加工风格的特点是：解决问题时，采取宽视野的方式，同时考虑多种假设，并兼顾解决问题的各种可能性。其解决问题的方式是发散式的，许多数学操作、空间问题的操作都要依赖这种同时性的加工方式。一般来说，男性在同时性加工方面更有优势，这可能是男性在数学方面与空间能力方面优于女性的原因之一。

继时性认知加工风格的特点是：解决问题时，一步一步地分析问题，每一个步骤只考虑一种假设或一种属性，提出的假设在时间上有明显的前后顺序，第一个假设成立后再检验第二个假设，解决问题的过程像链条一样，一环扣一环，直到找到问题的答案。言语操作和记忆都属于继时性加工。一般来说，女性更擅长继时性加工，这可能是女性的记忆和言语能力比男性好的原因之一。

以上这三方面是认知风格的差异，不是加工水平的差异。但是，当学习方式与认知风格互相匹配时，不同认知风格的优势就能显示出来。

□□□ 第三节 人格理论

人格理论是关于人格的构成、特性及其形成过程的观点和假设。对人格的理解有多种理论模型，主要有精神分析理论、类型理论和特质理论，这三类理论从不同的侧面解释了人格的发展和结构。

一、精神分析理论

弗洛伊德的人格理论主要包括意识层次理论、人格结构理论和人格发展理论。

（一）意识层次理论

意识层次理论指出，人的心理可分为意识、前意识和潜意识（无意识）三个层次，好像一座冰山，露出水面的一小部分是意识，隐藏在水下的绝大部分是前意识和潜意识，它们对人的行为产生重要影响。

意识是人格的最表层部分，由能随意想到、清楚觉察到的主观经验组成。意识具有逻辑性、时空规定性和现实性。前意识位于意识和潜意识之间，由那些虽不能即刻回想起来，但经过努力就可以进入意识领域的主观经验组成。在弗洛伊德看来，意识和前意识二者虽有区别，但没有不可逾越的鸿沟，前意识的东西可以通过回忆进入意识，而当意识中的东西没有被注意时，也可以退回到前意识中。

潜意识处于人格结构的底层，是人格结构中最大、最有力的部分。弗洛伊德把潜意识定义为不曾在意识中出现的心理活动，或曾是意识中的但已受压抑的心理活动。潜意识的主要成分是原始的冲动和各种本能、通过遗传得到的人类早期经验、个人遗忘了的童年经验或创伤性经验、不合伦理的各种欲望和感情等。我们通常意识不到它的存在，但它对我们的一切行为都产生影响。在弗洛伊德看来，不存在任何自由意志的行为，有些行为表面上出自我们的意识和自由意志，但实际上是受潜意识力量驱使的。

（二）人格结构理论

弗洛伊德认为，人格由本我、自我和超我构成。

1. 本我

本我（id）是人格结构中最原始的部分，从出生之日起即已存在。本我由先天的本能、原始的欲望所组成，如饥、渴、性的需求等。本我与无意识概念接近，但不完全相同。凡本我的东西必然是无意识的，但无意识的东西未必是本我的，即本我包含在无意识之中。

本我中所具有的精神能量称为**力比多**（libido），弗洛伊德有时也用力比多特指本能所产生的能量。弗洛伊德认为人有两种基本的本能：一种是生存本能，如吃、喝、排泄等；另一种是性本能。后期弗洛伊德又提出了生本能和死本能。生的本能所提供的能量称为埃罗斯（Eros），代表爱和创造的力量。死的本能具有的能量称为桑纳托斯（Thanatos），桑纳托斯是一种破坏力，当它指向个人内部时，则表现为憎恨、攻击、侵犯和施虐等行为。

本我的唯一目标是追求快乐。本我像一个暴躁的婴儿，非常贪婪，为了满足自己的需要，一点儿也不听从现实和理性的指引。弗洛伊德把本我的这种活动准则称为“快乐原则”。

2. 自我

自我（ego）是在个体出生后，在现实环境中从本我中分化出来的。由本我而来的各种需求如果不能立即获得满足，个体就必须迁就现实的限制，并学习如何在现实中获得需求的满足。自我是帮助本我，而不是妨碍本我的，它总是力图根据现实的可能性来满足本我的需求。自我在本我与现实之间、本我与超我之间起调节、整合的作用，是人格中理智的、符合现实的部分。

与本我不顾一切地追求享乐不同，支配自我的是“现实原则”。自我总是根据现实来满足本我的需求。当现实条件允许时，及时满足本我的需求；当现实条件不允许时，暂时延缓甚至否定本我需求的满足，以求得与现实的协调，避免与现实发生冲突而带来痛苦的后果。自我的活动过程具有符合逻辑性、符合现实的特点。

3. 超我

超我（superego）是人格结构中居于管制地位的最高部分，是个体在生活中接受社会文化道德规范的教养而逐渐形成的。超我有两个重要部分：一为自我理想，是要求自己的行为符合自己理想的标准；二为良心，是规定自己的行为免于犯错。

自我在满足本我欲求的时候，不仅要考虑现实条件的可能性，而且要受到超我的制约。从支配人性的原则看，超我是社会道德的化身。支配超我的是“道德原则”，它总是与享乐主义的本我直接对立和冲突，力图限制本我的私欲，使它得不到满足。

弗洛伊德把个体比喻为三个暴君统治下的臣民：要尽力满足专横本我的欲求，要应付自我的现实，还要遵从神圣超我的规范。个体在这三者之间调停、周旋，力图使三者的要求都得到满足，以便达到一种相对平衡的状态。

通常情况下，本我、自我和超我是处于协调和平衡状态的，从而保证了人格的正常发展。如果三者失调乃至冲突，就会产生精神疾病，危及人格的正常发展。

（三）人格发展理论

弗洛伊德的人格发展理论总离不开性的观念，所以他的人格发展分期理论被称为心理性欲发展理论。弗洛伊德的心理性欲发展理论分为五个时期，其中前三个时期以身体的部位命名，原因是6岁以前的个体，其本我的基本需求是靠身体部位获得满足的，因此这些部位被称为动情区。心理性欲发展理论的五个时期为：

1. 口唇期（oral stage，0—1岁）

婴儿的欲望主要通过口唇的吸吮、咀嚼、吞咽等活动获得满足。婴儿几乎会将所有能拿到手上的东西放进嘴里。此时期的口唇活动若受到限制，会导致创伤经验的产生，从而可能会形成口唇性格（oral character）。成人中所谓的口唇性格，可能就是口唇期发展不顺利所致，表现为贪吃、酗酒、吸烟、咬指甲等，在性格上表现为悲观、过于依赖、以自我为中心。

2. 肛门期（anal stage，1—3岁）

肛门是这一时期最重要的动情区，此阶段的欲望主要靠大小便排泄时所产生的刺激及快感而获得满足。此时期卫生习惯的训练对儿童来说是非常关键的。如果管制过严，可能会导致形成肛门性格（anal character）。成人中的肛门性格者，在行为上表现为洁癖、过于守秩序、冷酷、顽固、吝啬等。

3. 生殖器期（phallic stage，3—6岁）

这一时期，阴茎或阴蒂成为最重要的动情区。儿童开始关注身体的性别差异，甚至偷看异性同伴或异性父母的生殖器官，触摸自己的生殖器官以获得快感。在这一阶段的后期，儿童将经历俄狄浦斯情结（Oedipus complex）——男童以父亲为竞争对手而表现出爱恋母亲的现象，也称为恋母情结，产生阉割焦虑，这种焦虑使他放弃对母亲的性渴求，并通过对父亲的认同作用产生超我，在这一过程中获得了许多与父亲相同的价值观，形成自强、自夸和攻击性等男性性格；裸露和攻击行为则是掩盖阉割焦虑的反向作用，也可以由升华作用而变得像母亲一样温柔。女童因有所谓阴茎妒羡而产生恋父情结，也称为厄勒克特拉情结（Electra complex），由于阴茎妒羡，她可能仿效父亲，变成“假小子”性格。如果女性冲动占优势，她就更倾向于模仿母亲，形成女性性格。

此阶段的以上困惑通常在成年之后会得到解决。若不能顺利解决，这些问题就会固着在无意识中，成为日后心理疾病的根源。如果人格发展停滞在这一阶段，会形成生殖器性格（phallic character）。男性表现为夸耀自己的男子气概和能力，好胜、好表现；女性为了对抗恋父情结，可能会过分认同母亲和女性形象，一方面以引诱或挑逗的表现吸引男性，另一方面又否认自己有性意图并表现出天真无邪的样子。

4. 潜伏期（latent stage，6—11、12岁）

7岁以后的儿童兴趣越来越广泛，注意从自己的身体和对父母的感情转向外部环境，转向学习和游戏，原始欲望呈现出潜伏状态。此一时期的男女儿童之间，在情感上较前疏远，团体活动多呈男女分离趋势。

5. 生殖期（genital stage，11、12岁以后）

此时期的开始时间，男生约在13岁，女生约在11岁。这个时期个体的生殖器官发育成熟，两性生理与心理特征差异开始变得显著。自此以后，性的需求转向相似年龄的异性，并希望与异性建立两性关系，有了婚姻家庭的意识。至此，性心理的发展已臻成熟，人格也趋于成熟。弗洛伊德认为极少数人能够达到生殖期，因为人们很难顺利、彻底地解决早期发展阶段所存在的各种心理矛盾和冲突。生殖期性格是弗洛伊德推崇的理想性格。

二、类型理论

类型理论是历史悠久的人格理论，往往根据个体的某一特征或者特质来描述人格。

（一）生理类型理论

最早的类型理论是根据人体的生理指标来划分人格类型的。

古罗马医生盖伦（C. Galen）提出的四种气质类型属于最早的类型理论。他根据希腊医生希波克拉底（Hippocrates）的“体液说”提出了四种气质类型，即多血质、胆汁质、抑郁质、黏液质。

体型说也是类型理论的一种。体型说中较有影响的观点有克雷奇默（E. Kretschmer）的三分法，他将人分为肥胖型、瘦长型和健壮型，并企图分别以几种典型的性格刻画具有某一种体型的人（如肥胖型与情绪不稳定相联系等）。体型说的另一位代表人物谢尔登（W. H. Sheldon）则将体型分为内胚叶型、中胚叶型和外胚叶型，并分别以不同的性格进行刻画（如快乐、喜好社交属于内胚叶型，好动、侵犯属于中胚叶型，思维退缩属于外胚叶型，等等）。

巴甫洛夫（I. P. Pavlov）用高级神经活动类型学说解释气质的生理基础。他依据的是神经过程的基本特性，即兴奋过程和抑制过程的强度、平衡性和灵活性。神经活动的强度是指神经细胞接受强烈刺激或持久工作的能力，有强弱之分；平衡性是指兴奋和抑制两个过程的强度是否相当；灵活性是指兴奋和抑制相互转换的速度。

巴甫洛夫根据这三种特性的独特结合，将高级神经活动分为四种基本类型：

第一种类型，强而不平衡的类型。兴奋过程强于抑制过程，以易兴奋、奔放不羁、不能抑制为特点，又称为“不可遏制型”。

第二种类型，强、平衡、灵活的类型。兴奋和抑制过程都较强，并且二者容易转换，以反应敏捷、活泼好动、迅速适应环境为特点，又称为“活泼型”。

第三种类型，强、平衡、不灵活的类型。兴奋和抑制过程都较强，但是二者不易转换，以安静、沉着、反应迟缓为特征，又称为“安静型”。

第四种类型，弱型。兴奋和抑制过程都较弱，以胆小、畏缩、敏感、消极防御为特征，又称为“抑制型”。

高级神经活动的四种类型，正好与体液说提出的四种气质类型一一对应，其对应关系如表 12-2 所示：

表 12-2 高级神经活动类型与气质类型对照表

高级神经活动类型	气质类型
强而不平衡（不可遏制型）	胆汁质
强、平衡、灵活（活泼型）	多血质
强、平衡、不灵活（安静型）	黏液质
弱（抑制型）	抑郁质

我国心理学界认为，巴甫洛夫的高级神经活动类型说揭示了气质的生理机制，较为科学地解释了气质问题。

德国心理学家斯普兰格（Spranger，1928）依据人类社会文化生活的六种形态，将人的性格划分为六种类型（见表 12–3）。不同的性格类型具有不同的价值观成分。

表 12–3　斯普兰格的性格类型

性格类型	主要行为表现	举例
经济型	注重实效，生活目的是追求利润和获得财富	实业家
理论型	具有探究世界的兴趣，能客观而冷静地观察事物，力图把握事物的本质，尊重事物的合理性，重视科学探索，以追求真理为人生的目的	思想家 科学家
审美型	对现实生活不太关注，富于想象，追求美感，以感受事物的美作为人生的价值	艺术家
权力型	追求权力意识和权力享受，支配性强，全部的生活价值和最高的人生目标就在于满足自己的权力欲望，得到某种权力和地位	公务员
社会型	关心他人，献身社会，助人为乐，以服务社会为人生追求的最高目标	社会工作者
宗教型	信奉宗教，相信神的存在，把信仰视为人生的最高价值	基督徒

克洛宁格（Cloninger，2004）的人格生物社会模型较好地检验了人格与学习的关联。气质和性格评价量表（TCI）通过衡量气质的四个维度和人格的三个维度来考察个体的成长程度、适应能力和精神症状。该量表可以测定气质的四个维度——求新（NS）、减少损伤（HA）、嘉奖依赖（RD）、坚持（PS），也可以测定性格的三个层次——个体导向（SD）、合作性（C）和个体超越（ST）。在气质的四个维度中，求新（NS）和减少损伤（HA）负责激活和抑制行为。求新是指对新奇刺激作出行为反应的倾向；减少损伤是指在存在厌恶刺激的情况下抑制行为的倾向。这些维度在理论上接近格雷（Gray，1970）概述的行为激活和行为抑制动机系统，相关研究（Mardaga et al.，2007）支持了它们这种密切的联系。剩下的两个维度与行为的维持有关。嘉奖依赖（RD）是指在存在奖励信号的情况下，个体积极响应并保持行为的倾向。坚持（PS）代表着尽管没有奖励，个体仍会继续进行某一行为的倾向。

人格是个体多个学习和记忆系统之间复杂的、相互作用的结果。莫雷拉等人（Moreira et al.，2021）提出，具有“稳定”气质的学生表现出对深层加工的学习偏好，性格一致性高的学生也有这种学习偏好。气质特征与性格特征之间的互动对于理解学生的学习方法偏好至关重要。

（二）心理类型理论

1. 荣格的心理类型理论

与体液说和体型说等生理类型理论不同的是，心理类型理论是建立在心理特质基础上的理论，是由瑞士心理学家荣格（C. G. Jung）首创的。在态度类型上，他将人格分为内倾型和外倾型两大类。前者在性格上喜沉静、易羞怯，富于幻想，对事物的本质和活动结果感兴趣；后者好活动、喜社交，对外部的各种事物感兴趣。在功能类型上，他提出思维、情感、感觉和直觉四种功能类型。思维用来评价事物正确与否，情感用来判断和确定事物的价值是否可以接受，二者是一对相互对立的功能；感觉用来确定事物存在与否，但不指明那是什么事物，直觉是对过去或将来事物的预感，这二者也是一对相互对立的功能。荣格将这两种态度类型与四种功能类型组合起来，描述了以下八种不同的人格类型：

① 外倾思维型——喜欢分析、思考外界事物，生活有规律，客观冷静，但比较固执己见，情感压抑。

② 外倾情感型——思维常被情感压抑，没有独立性，非常注重与社会和环境建立情感与和睦关系，多为女性。

③ 外倾感觉型——喜欢追求快乐，活泼又美丽，对客观事物感觉敏锐，精明而务实，但易变成寻欢作乐的酒色之徒，多为男性。

④ 外倾直觉型——喜欢追求外部世界的新感觉，易变而富有创造性，有多种嗜好，但难以坚持到底，做事常凭主观预感。

⑤ 内倾思维型——喜欢离群索居，独自追求自己的理想，常以主观因素为依据分析事物，待人冷漠，倔强偏执，情感受压抑。

⑥ 内倾情感型——沉默寡言，不易接近，给人一种神秘莫测的吸引力，但内心有非常丰富、强烈的情感体验。

⑦ 内倾感觉型——对事物有深刻的主观感觉，喜欢通过艺术形象表现自我，缺乏思想和情感，较被动，安静沉稳，自制力强。

⑧ 内倾直觉型——富于幻想，性情古怪，思想往往脱离现实，不易被人理解，常产生各种离奇的幻想和想象，体验奇特怪异。

这八种人格类型只代表极端的情况，事实上人们往往是在某种人格类型上得分较高，同时在其他人格类型上也有体现。

荣格的人格类型理论至今在教育、管理、组织行为学、医疗、文学等领域仍有着重大的影响。后人对其类型理论的不断改进和发展进一步深化了对人格的研究和人们对个体差异的了解。

2. 霍妮的神经症人格理论

霍妮（K. Horney）是精神分析社会文化派的领袖人物。她继承了弗洛伊德人格动力学的观点，认为需要决定人格，神经症的需要决定神经症的人格。她提出了神经症人格理论，归纳了以下三种神经症的人格类型：

① 顺从型（趋向他人）：对友爱和赞许、生活伙伴或狭窄空间怀有神经症需要。主要特征是甘居从属地位，常感到自我渺小可怜，总认为别人比自己强，倾向于以别人的看法来评价自己，认为如果依从了，别人就不会伤害自己。

② 攻击型（反对他人）：对权力、社会认可、剥削、自我赞许和成就怀有神经症需要。主要特征是将生活视为一种搏斗，认为适者生存，必须控制别人以掌握主动权；一

心想超群出众、事事成功以至功名显赫；想方设法地利用他人给自己带来好处；好斗但输不起；努力工作但并不真的喜欢工作；压抑感情，不愿为感情而“浪费时间”；彬彬有礼的外表下隐藏着老谋深算的狠毒。

③ 逃避型（逃避他人）：对自主、完美怀有神经症需要。主要特征是为逃避紧张关系而离群索居，与他人保持距离，不与他人发生情感上的联系，孤立自己，超然物外，与世无争，凡事力求完美，以避免他人的帮助或指责。

霍妮认为，在正常人身上，这三种倾向可以灵活变通和改变，而神经症患者却缺乏变通能力，往往依赖一种方式去应对一切生活问题，常常无法解决问题进而陷入焦虑。

3. A-B 人格类型理论

弗里德曼和罗斯曼（Friedman et al.，1974）提出了 A-B 人格类型理论。人们在研究人格与工作压力的关系时，常使用这种人格类型。A 型人格者的主要特点有：性情急躁、缺乏耐性、成就欲望高、上进心强、有苦干精神、做事认真负责、时间紧迫感强、富有竞争意识、外向、动作敏捷、说话快、生活常处于紧张状态、办事匆忙、社会适应性差。A 型人格属于一种不安定型人格，具有这种人格特征的人易患冠心病。B 型人格者则性情不温不火，举止稳当，对工作和生活的满足感强，喜欢慢步调的生活节奏，在需要审慎思考和耐心的工作中，B 型人往往比 A 型人表现得更好。

4. 人格建构理论

人格建构理论的代表人物是凯利（G. Kelly）。凯利（Kelly，1955）认为，人格的核心是建构。不同的人格结构是由独特的建构组合形成的，人格的发展就是建构系统的发展。建构有五种分类方式：按照建构的作用分为内核建构和外围建构；按照建构的通透性分为可渗透性建构和非渗透性建构；按照建构的可变性分为紧缩建构和松散建构；按照建构的表达方式分为言语建构和前言语建构；按照建构的层级分为主导建构和从属建构。人格建构理论的优点是丰富了人格理论在认知维度上的研究，其局限性是忽视了非认知因素的影响作用。

5. 社会认知理论

社会认知理论的代表人物是班杜拉。社会认知理论认为，个体通过学习促进人格的发展，观察学习与替代性学习是非常重要的学习方式。社会认知理论提出了自我效能感的概念。个体的自我效能感可以从替代经验、情境条件、言语劝说、情绪唤醒等方式中相继获得。社会认知理论重点研究人类的社会行为，突出个体认知因素与行为环境的建构作用。其理论的局限性是对个体系统化发展的忽视（Federmeier，2019）。

三、特质理论

人格特质理论起源于 20 世纪 40 年代的美国。特质理论认为，**特质**（trait）是决定个体行为的基本特性，是人格的有效组成元素，也是测评人格所常用的基本单位。

特质心理学家有两个前提假设：① 人格特征在时间上是相对稳定的；② 人格特征具有跨情境的稳定性。与其他学派的心理学家不同，特质心理学家通常没有兴趣预测个体在某个特定情境下的行为，相反，他们想要预测那些得分处在特质连续体上某一范围内的人有什么样的典型行为表现，他们通常也不会去研究行为机制。特质理论的一大优势是容易进行比较。当我们说某人具有女性化倾向时，就是说这个人比大多数人更女性化。

特质理论的主要代表人物是美国心理学家奥尔波特（G. W. Allport）、卡特尔（R. B. Cattell）和艾森克（H. J. Eysenck）。

（一）奥尔波特的人格特质理论

奥尔波特于1937年首次提出了人格特质理论。他采用个案研究法，从很多人的书信、日记、自传中分析出各种具有代表性的人格特质。他认为特质是人格的基础，但他反对弗洛伊德虚幻式的人格结构看法。他认为，人格特质是每个人以其生理特点为基础的一些持久不变的性格特征。他将人的特质分为以下三大类：

1. 首要特质

所谓**首要特质**（cardinal trait），是个体最典型、最具概括性的特质。小说或戏剧的中心人物往往被作者以夸张的笔法特别凸显其首要特质，如林黛玉的多愁善感。

2. 中心特质

所谓**中心特质**（central trait），是构成个体独特性的几个重要特质。在每个人身上有5～10个中心特质，如林黛玉的清高、聪明、孤僻、忧郁、敏感等，都属于中心特质。

3. 次要特质

所谓**次要特质**（secondary trait），是个体不太重要的特质，往往只有在特殊情境下才表现出来。如有些人虽然喜欢高谈阔论，但在陌生人面前则沉默寡言。

（二）卡特尔的人格特质理论

卡特尔的人格特质理论认为，特质可分为四层——表面特质和根源特质，个别特质和共同特质，体质特质和环境特质，动力特质、能力特质和气质特质。其中，表面特质和根源特质是最重要的一层。

1. 表面特质和根源特质

卡特尔认为区分表面特质和根源特质很重要。**表面特质**（surface trait）是指从外部行为直接观察到的特质；**根源特质**（source trait）是人格的内在因素，是个体行为的最终根源。每一种表面特质都源于一种或多种根源特质，且一种根源特质能够影响多种表面特质。表面特质是根源特质的表现。

卡特尔对人格特质理论的主要贡献在于提出了根源特质。1949年，卡特尔用因素分析法提出了16种相互独立的根源特质，如表12-4所示，并编制了**16种人格因素问卷**（Sixteen Personality Factors Questionnaire，16PF）。

表12-4 卡特尔的16种人格特质

编号	人格因素	低分者特征	高分者特征
A	乐群性	缄默孤独	乐群外向
B	聪慧性	迟钝、知识面窄	聪慧、富有才识

续表

编号	人格因素	低分者特征	高分者特征
C	情绪稳定性	情绪不稳定、易激惹	情绪稳定、沉静
E	恃强性	温顺与随和	支配与好斗
F	兴奋性	冷静、严肃	热情、活泼
G	有恒性	权宜敷衍	有恒、负责
H	敢为性	畏怯、犹豫	胆大、冒险
I	敏感性	讲求实际、自食其力	敏感、感情用事
L	怀疑性	信赖、接纳	怀疑、警觉
M	幻想性	现实、脚踏实地	幻想、狂放不羁
N	世故性	坦率、朴实	老练、精明
O	忧虑性	自信、沉着	不安、焦虑
Q_1	激进性	保守、传统	自由、求新
Q_2	独立性	依赖群体、遵从	自立、当机立断
Q_3	自律性	任性、松懈	受约束、自律严谨
Q_4	紧张性	心平气和	紧张困扰

卡特尔认为，每个人身上都具备上述 16 种特质，只是不同的人表现出各种特质的程度存在差异。

2. 个别特质和共同特质

某个人具有的特质是**个别特质**（unique trait），一个群体所具有的特质是**共同特质**（common trait）。虽然一个群体中的每个成员都有共同的特质，但是这些特质在个别人身上表现的强度和情况并不相同，而且这些特质在同一个人身上的表现也随时间不同而各异。

3. 体质特质和环境特质

卡特尔将根源特质进一步划分为体质特质和环境特质两类。**体质特质**（constitutional trait）由先天的生物因素所决定，如兴奋性、情绪稳定性等；**环境特质**（environmental trait）则由后天的环境因素所决定，如焦虑、有恒性等。

4. 动力特质、能力特质和气质特质

动力特质（dynamic trait）是指具有动力特征的特质，它使人趋向某一目标，包括生理驱力、态度和情操。卡特尔提出了 3 种主要的动力特质——**能**（erg）、**外能**（metaerg）和**辅助**（subsidization）。能是一种具有动力性质的素质根源，与内驱力、需求或本能极其相似；外能也是一种动力性根源特质，但它来自环境及外界因素，属于环境特质。能与外能的区别主要是来源不同，两者都是趋向于事物的动机性倾向。动力特质是层层从属的，它们之间有附属补助的关系，这种关系即为辅助。例如，情操是能的辅助者，态度是情操的辅助者。

能力特质（ability trait）是表现在知觉和运动方面的差异特质，包括流体智力和晶体智力。

气质特质（temperament trait）是决定个体情绪反应的速度和强度的特质。

（三）默里的心因性需要理论

大多数特质心理学家都反对精神分析理论，默里（H. A. Murray）却将精神分析与特质有机结合起来。默里的著作中对无意识的强调，以及他在主题统觉测验上的重要贡献，都表明精神分析对其影响重大。

默里把需要看作人格的基本成分，关注**心因性需要**（psychogenic need）而不是吃喝之类的**内脏需要**（viscerogenic need）。他把心因性需要定义为“在某种条件下以某种特定方式作出反应的可能性或者准备状态”（Murray，1938），他假定这些需要在很大程度上都是无意识的。

每个人都可以用人格的需求层次来说明。例如，你强烈地感到你需要拥有许多的朋友，那么你就会被看作具有高度亲和需求的人。你对亲和需求的重视程度不取决于你与他人在此项需求上的横向比较，而取决于和你自己的其他需求相比较时，亲和需求的强烈程度有多大。假如你明天要参加考试，你的朋友却有个重要的晚会，如果你的成就需求高于亲和需求，那么你可能就会待在家里读书。但默里认为这样线性的比较不足以预测行为，于是引入了**压力**（press）的概念，这是一种与需求相互作用，最终决定行为的力量。例如，你对秩序的需求在没有相当压力下不会影响你的行为。如果你对秩序有强烈的需要，在走进纷乱的房间时，你会情不自禁地动手收拾。若此项需求较弱，你就会等到乱得无法容身时才会清理。

专栏 12-5

默里提出的21种心因性需要

在默里看来，人的心因性需要可概括为21种，具体内容描述如下。

贬抑：屈从、顺从和接受惩罚、道歉、忏悔、和解、自我贬抑、自虐。

成就：克服障碍、行使权利、努力把事情尽快干好。

亲和：结交朋友、建立友谊、问候他人、友善交谈、合作。

攻击：袭击或伤害他人、惩罚、贬损、谋杀、非难、指责、嘲讽。

自主：抗拒影响与束缚、蔑视权威、寻求自由、捍卫独立。

逃避指责：通过抑制自我中心和反传统的冲动来逃避指责或惩罚，表现良好，遵纪守法。

抵抗：不服输，骄傲地拒绝承认失败，选择棘手工作，以行动维护荣誉。

辩解：保护自己不受责备和轻视，为自己的行为辩护。

遵从：钦佩并甘愿与优秀者合作，乐于为他人服务。

支配：控制、劝说、阻止、命令他人，领导、约束和规定群体行为。

表现：吸引他人注意，自我戏剧化，令他人兴奋、愉悦、不安、震惊和恐惧。

逃避伤害：逃避疼痛、疾病、危险和身体伤害，逃离危险境地，采取谨慎措施。

逃避受辱：逃避失败、羞辱和嘲弄，隐藏缺陷，限制活动于能力所及范围之内。

养育：养育、帮助或保护无助者，表达同情，对弱者抱有爱心。

秩序：安排、整理、规整物品，整齐、干净、一丝不苟。

游戏：放松和自娱，寻求消遣和乐趣，玩游戏或欢笑逗乐，避免严肃和紧张。

拒绝：排斥他人，与他人疏离，冷漠而孤僻。

感知：需求与享受美的事物。

性：建立并发展性关系，性交。

求助：寻求帮助、保护、同情，哭诉、恳求怜悯，在情感和生活上依恋。

理解：分析经验，对概念作抽象与区分，界定关系，把观点综合。

默里对人格心理学的贡献还在于他的人格理论所引发的后续研究。他提出的心因性需要后来成为学者广泛关注与研究的重要问题，特别是在权力需要和亲和需要方面有许多研究者进行了深入的研究。

（四）现代特质理论

1. “大五”人格理论

随着复杂统计检验方法和计算机的应用，研究者（Tupes et al., 1961）运用词汇学的方法对卡特尔的特质变量进行分析，发现了五个相对稳定的因素，即人格五因素模型，也称**“大五”**（the Big Five）。这五个因素是**神经质**（neuroticism）、**外向性**（extraversion）、**开放性**（openness）、**随和性**（agreeableness）和**尽责性**（conscientiousness）。这五个特质的首字母构成了 OCEAN 一词，代表“人格的海洋”，如表 12-5 所示。麦克雷和科斯塔（McCrae & Costa, 1989）还编制了“大五”人格因素的测定量表。

表 12-5 人格五因素模型的维度解释

维度	低分特征	高分特征
神经质	平静、安全感、自我满意	烦恼、不安全感、自怜
外向性	不好交际、严肃、含蓄	好交际、爱娱乐、感情丰富

续表

维度	低分特征	高分特征
开放性	务实、遵守惯例、顺从	富于想象、寻求变化、自主
随和性	无情、怀疑、不合作	热心、信赖、乐于助人
尽责性	无序、粗心大意、意志薄弱	有序、谨慎细心、自律

大量的研究评估了学生的学习方法与“大五”人格理论之间的联系。学生的学习方法可以分为深层学习方法和表层学习方法。深层学习方法是深入探究、基于理解、寻求意义的学习方法，具有高内在动机、高投资的策略特征。表层学习方法以记忆为基础，是机械性较强的信息复制的学习方法，具有低投资、低努力的策略特征。多项研究表明，开放性和尽责性人格因素与深层学习方法之间具有正相关关系，神经质人格因素与表层学习方法之间存在正相关关系（Chamorro-Premuzic et al.，2008；Rosander et al.，2012），与好奇心相关的开放性人格因素是理解学生动机和策略的主要因素（Chamorro-Premuzic et al.，2009）。

通过考察人格的心理生物学维度与“大五”人格理论之间的相关性，可以初步了解人格的心理生物学维度与学生学习方法之间的关系（De Fruyt et al.，2000）。开放性人格因素与深层学习方法相关，与新奇寻求、高奖励依赖、高合作性、高自我超越和低伤害回避相关。尽责性人格因素与深层学习方法相关，与低伤害回避、低新奇寻求、高坚持性和高自我导向性相关。神经质人格因素与高伤害回避、低自我导向相关（Moreira et al.，2021）。这些关联模式表明，考察人格的心理生物学维度可以帮助学生制订相应的学习策略。

2. “大七”人格

不少心理学家对“大五”模型的理论和方法，尤其是因素分析方法、因素的心理含义等提出了批评意见。“大七”模型的倡导者则在继承人格特质学派的基本思想的前提下，侧重指出了“大五”模型在选词方面的两个致命缺陷：第一，“大五”不能代表自然语言中人格的所有方面；第二，因素分析前的选词标准主观随意性大。针对于此，特里根和沃勒（Tellegen & Waller，1987）率先在理论和方法上进行探索和改进，提出了人格“大七”因素模型。

这七个因素是：① **正情绪性**（positive emotionality），标定词包括抑郁的、忧闷的、勇敢的、活泼的，等等；② **负效价**（negative valence），标定词包括心胸狭窄的、自负的、凶暴的，等等；③ **正效价**（positive valence），标定词包括老练的、机智的、勤劳多产的，等等；④ **负情绪性**（negative emotionality），标定词包括坏脾气的、狂怒的、冲动的，等等；⑤ **可靠性**（dependability），标定词包括灵巧的、审慎的、仔细的、拘谨的，等等；⑥ **随和性**（agreeableness），标定词包括慈善的、宽宏大量的、平和的、谦卑的，等等；⑦ **因袭性**（conventionality），标定词包括不平常的、乖僻的，等等。

一些心理学家在跨文化情境下对“大七”模型进行了验证，基本肯定了“大七”

人格的存在。阿尔马戈等人（Almagor et al.，1995）对使用希伯来语的以色列人的研究结果表明，他们发现的前六个因素名称与特里根等提出的因素名称基本相同，有些因素的标定词都有所重叠。贝尼特等人（Benet et al.，1995）研究发现，美国人用以自我描述的“大七”因素结构及其主要标定词，同样可以在西班牙人的自我或同伴描述中找到，但是个别标定词，如“不平常的”，在美国样本中为因袭性维度的负标定词，在西班牙样本中则被归入正价维度。这说明“大七”模型具有一定的普遍性，但对维度的不同理解则反映了两种文化价值观间的差异。

人格特质“大七”模型继承了“大五”的自然语言研究思想和因素分析的研究方法，同时也对“大五”模型特质词分类标准及筛选词的主观性作了批评和改进。它的人格结构分为七个维度，其中有两个评价维度（正价和负价），其余五个维度中至少有四个与“大五”模型有大致的对应关系。把评价维度引入人格结构研究，无疑能更好地体现从“自然”语言中研究人格维度的思想，但与此同时却与传统人格特质理论发生冲突。尽管“大七”模型依然采用非议颇多的因素分析方法，而且对自然语言的理解还仅限于词与词汇的静态结构，但它仍不失为一个比较全面、通俗易懂的人格结构模型。

3. 中国传统文化中涉及的人格特质

中国文化源远流长，博大精深，其中包含了丰富的心理学思想。

（1）自强人格

黄希庭等人对我国传统文化中的人格观进行了分析。他们在《四库全书》中的3 476种图书中归纳出个我、小我、大我三种自强人格。个我指个体的我，包括个人的身体及内在私欲等的自我；小我指人伦关系中的自我；大我指除小我以外的群体自我，包括社会、国家、自然界乃至宇宙关系中的自我。

他们还对大我自强人格作了进一步研究，发现它包含进德修业、盛德大业、天德圣业三方面特征，每一方面又包含若干亚特征。进德修业是对德、业孜孜以求的过程，流惠的范围是亲人、朋友、邻里、乡人等，包含进学无荒、求道不息、德性修为、去欲存刚、庄敬乐诚和立命成己六个亚特征。盛德大业指个体对民族、国家的巨大贡献，流惠范围及于国家，包含施德政、勤国事、御外侮、保独立和成功烈五个亚特征；为民族、国家和天下苍生谋福利所成就者即盛德大业。天德圣业则是指个体像天一般普惠天下万民、泽被所有生物，包含法天德、成圣人、具圣功、与天并运-与时偕行和中庸至诚五个亚特征。大我自强人格以进德修业为起点，进而发展到盛德大业，最终目的是达到天德圣业的境界。这与儒家理想人格具有相当大的一致性，它们都有大我价值取向，具体而言，都重视“内圣”，即内在自我德性提升的重要性。但大我自强人格对“外王”，即外在功业追求相对更重视一些，明显表现出“内圣外王”“德业双修”的行为特征。儒家的仁德思想可以分为仁、义、礼、智、信、恭、宽、敏、惠、诚、中庸等，因而形成仁者人格、智者人格、诚信人格、中庸人格等不同人格类型。

“健全人格”概念继承了中国传统文化中的大我价值取向，它根植于中华优秀传统文化同时又面向当今世界。所谓健全人格就是以正面的态度对待世界、他人与自己，过去、现在与未来，顺境与逆境等，做一个自立、自信、自尊、自强和幸福的进取者。人格健全属于高层次的心理健康，表现为有高尚的目标追求，发展建设性的人际关系，从事具有社会价值的创造，渴望生活的挑战，寻求生活的充实与人生意义。

（2）自立人格

我国传统文化一直将自立视为一种重要的优秀人格特征。黄希庭等人通过研究发现，青少年的自立人格涉及人际自立与个人自立两个方面，包括 10 种相对独立的特质，即人际独立、人际主动、人际责任、人际灵活与人际开放，以及个人独立、个人主动、个人责任、个人灵活和个人开放。

（3）自信人格

自信是个体对自己的品德、能力、体能和人际关系的认知和正面评价，即个体对自己的信任。通过文献分析和实证研究发现，大学生的自信人格是一个多维度、多层次的心理系统，具有复杂的结构。

此外，黄希庭等人（2007）还了解了当代大学生的自强状况，发现当代大学生的自强意识处于中上水平。从总体分布来看，大学生的自强意识呈现出一种 U 形曲线的年级发展趋势，其中社会取向的自强意识显著高于个人取向的自强意识，这可能与中国人的心理和行为以社会取向为主有关。许燕（2002）对大学生的核心人格结构进行了分析，发现北京大学生的核心人格结构由七个因素构成，依次为敢为性、随和性、道德感、开放性、责任感、务实性和兴趣性。

第四节 人格研究与测量

人格的科学研究和测量方法，不仅对于了解自我和他人的现实状况有帮助，而且对预测人的心理和行为具有很重要的作用。人格的研究和测量方法已经日益完善，并广泛应用于心理咨询、人才测评、人格教育等领域。

一、人格的研究方法

人格研究是心理学中的难点之一，而掌握其研究方法又是重中之重。目前在人格的研究中多采用个案法、相关法和实验法。

（一）个案法

[拓展阅读] 人格与飞行员的工作绩效

在人格研究中，个案法是通过谈话、测验、观察、收集有关个体的大量资料等，组成关于个体的传记，深刻描述研究对象，建立一个把个体的外部行为与内在主观状态相联系的整合模型，既说明其外在行为的原因，又说明外在表现与内在动力的差别。尤其是个案法搜集和提供有关个人历史的较全面的材料，对于考察个体在各种自然生活情境中的人格变化十分有用，对预测行为有一定的价值。个案法也存在一些明显的缺点：一方面，它对观察的内容缺乏控制，特别是它的资料有时采于事后，对内容的可靠性难以把握；另一方面，由于它针对具体的个体，所得到的结论难以比较和推广。

一般来说，心理学家用个案法研究个体人格的特殊规律。在这种研究中，每一种心理特征都被看成某种人格所特有的，因为它的作用取决于所有特质的总体模式。比如，一些临床心理学家通常运用自由联想的方式要求病人描述自己的思想和感受，以此研究特定人的特性。这就是说，一种心理特征在不同人身上可能有不同的意义。与此相反，考察一般化的普遍规律的研究假定，存在基本的人格结构，这种结构体现在每个人都共有的、普遍性的特征维度上，不同的人只是在人格特征维度上的表现程度不同。

（二）相关法

在人格研究中，相关法被用来确定在同样条件下所观察到的一组对象的两种或多种行为之间是否有一致性关系。例如，有心理学家用此方法考察某些人格特征与患心血管疾病的关系，发现具有高竞争性、时间紧迫感等特征的人，冠心病的发病率要高。由于相关法可以用于大样本数据，易于得到较精确的结果，故而被广泛使用。相关法也有不足：它不能说明两个对象的关系方向，不能确定谁是因、谁是果，或者也可能根本没有因果关系。因此，由相关法得到的结论虽然可以推广，适用于较大的群体，但其深刻性却不如个案法。

（三）实验法

在现代心理学中，对人格的研究越来越多地采用实验法。例如知觉与场依存-场独立的关系，这既是知觉特点的研究，又是有关人格的实验研究。实验发现，场独立者在知觉时更多依据个人内在标准，而不易被外界环境左右。实验法给人格研究注入了新的生机。实验法的优点在于，可探索刺激条件与能够表示人格的行为之间的因果关系，检验有关人格的假设。然而，实验法同样也有其不足：由于实验高度控制化、精确化、具体化，收集的信息量大大缩小，与现实生活中的真实情境差异较大，可推广性也就较差。

二、人格的测量

人格测量是用来确定个体人格特质或人格类型的心理测验手段。一方面，它有助于我们了解人格的本质和结构；另一方面，它是人才选拔、心理咨询与辅导、临床诊断、学术研究等方面相当有用的工具。人格测量是通过各种不同的方法来实现的，常用的方法主要有以下六种。

（一）自陈量表法

自陈量表法是让被试根据自己的真实情况，对自己的人格特质进行评价的一种方法。自陈量表，又称人格量表，以特质论为理论基础，测量人格特质。自陈量表通常由一系列问题构成，一个问题陈述一种行为，要求被试按照自己的真实情形来回答。问题一般有三种形式：① 是非式，即对问题回答“是”或“否”；② 迫选式，即在两个给定的问题回答中选择其一；③ 等级式，即把问题分成不同等级作答。著名的人格自陈量表有**明尼苏达多项人格测验**（Minnesota Multiphasic Personality Inventory，MMPI）、16

种人格因素问卷（16PF）、**爱德华个人兴趣量表**（Edward's Personal Preference Schedule，EPPS）等。

自陈量表法的优点是题目数量固定，题目内容具体清晰，施测简单，记分方便。但因编制自陈量表时缺乏客观的效标，量表的效度不高；而且测验内容多属于情绪、态度等方面的问题，每个人对同一问题常会因时空的改变而选择不同的方案；另外，使用这种方法会出现反应偏向。因此，人格自陈量表的信度和效度都不如智力测验。

（二）投射测验法

投射测验法以弗洛伊德的人格理论为依据，一般由若干个模棱两可的刺激所组成，被试可自由解释，使自己的动机、态度、情感以及性格等在不知不觉中反映出来，然后由主试对其反应进行分析，就可以推论出若干人格特征。在测验过程中，刺激并不决定被试的反应，它的作用就像屏幕一样，把被试的人格特征投射到这张屏幕上来。利用这种方法编制的测验被称为投射测验。著名的投射测验有罗夏墨迹测验和默里编制的主题统觉测验。

1. 罗夏墨迹测验

罗夏墨迹测验（Rorschach ink-blot test）是由瑞士精神医学家罗夏（H. Rorschach）在 1921 年设计的，共包括 10 张墨迹卡片，如图 12-2 所示。其中 5 张为彩色图片，另 5 张为黑白图片。施测时每次按顺序给被试呈现一张，同时问被试“你看到了什么”“这可能是什么东西”“这使你想到了什么”等，允许被试转动图片从不同的角度去看。这种测验属于个别测验，施测时主试一方面要记录被试的语言反应，同时还要注意被试的情绪表现和伴随动作。

图 12-2 罗夏墨迹测验图片之一

2. 主题统觉测验

主题统觉测验（thematic apperception test，TAT）最早由美国心理学家默里在 1938 年编制。这种测验与看图讲故事的形式相似。全套测验由 30 张模棱两可的图片构成，另有一张空白图片。图片内容多为人物，也有部分景物，不过每张图片中至少有一个人物，如图 12-3 所示。测验时，每次给被试一张图片，让被试根据所看到的内容编出一个故事。故事的内容不受限制，但必须回答以下四个问题：图中发生了什么事情；为什么会出现这种情景；图中的人物正在想些什么；故事的结局会怎样。

图 12-3　主题统觉测验图片之一

投射测验的优点是弹性大，被试可在不受限制的条件下随意做出反应。由于投射测验使用图片，因此可对无阅读能力的人进行测验。但这种测验的评分缺乏客观标准，对测验结果难以进行解释。而且这种测验对特定行为不能提供较好的预测。此外，因为投射测验适于个别施测，所以它需要花费大量的时间。

（三）情境测验法

情境测验法是主试在某种情境下观察被试的行为反应，进而了解其人格特点的方法。情境测验可用于教育评价、人事甄选上，前者如**性格教育测验**（character education inquiry），后者如**情境压力测验**（situational stress test）。

学校教育都要求学生具有诚实、合作、友爱、负责等品质，性格教育测验是为了检测这些品格教育的结果而设计的。例如，在一次考试之后，可将每张试卷复印一份，再发给学生并附上标准答案，要他们自己阅卷，打上分数，最后收回试卷。将教师评定的试卷与学生自己评定的试卷进行对照，就可以测出学生的“诚实”程度，这样有助于了解以往教育的绩效与有待改进的方面。

某些人格特征只有在特定情境下才会表现出来。情境压力测验就是设计一种情境，使被试面临一种情境下的压力，然后观察、记录被试如何应对，从而了解他们的人格特质。典型的例子是**无领导小组讨论**（leaderless group discussion）。具体做法是让几个互不相识的人完成一项必须合作才能完成的任务，如果在规定的时间内不能完成，每个人都会受罚。在这种情境压力下，其中某个人可能主动站出来带领大家完成任务，并得到其他人的支持和配合。由此可以知道，某人可能具有领袖特质。另外，野外生存测试也是一种情境压力测验。

情境测验法重视分析、实验和控制等程序，具有科学性，得到的结果也比较精确，且令人信服。但由于研究只重视现实因素，忽略了个体的行为经验与遗传因素，因此也受到了一些学者的批评。

（四）自我概念测验法

在人格理论中，**自我概念**（self-concept）是自我论的中心。在测量自我概念时，不仅要了解个人对自己的看法，还要了解个人的自我接受和自尊水平，比较现实我、社会我以及理想我三者之间的关系。心理学家常用以下两种方法测量自我概念。

1. 形容词列表法

形容词列表法（adjective checklist）是最便利的一种方法。准备一份描述人格特质的形容词表，如友善的、有野心的、羞怯的、紧张的等，让被试从中选出符合自己真实情况的词语，最后由主试分析、判别被试对自己的评价情况。这种方法的不足之处是，由于形容词的意义容易带有社会褒贬的性质，即具有**社会赞许性**（social desirability），被试可能不诚实作答。

2. Q 分类法

Q 分类法（Q-sort）是由美国心理学家斯蒂芬森（Stephenson，1953）创立的一种测验方法，后来被广泛应用于研究自我概念、人格适应、身心健康等方面。这种方法是给被试看很多张描述人格的词语卡片，要求被试按卡片上词语所描述的人格特质与自己对照，分为九个等级。根据所排列的描述与适合程度可以测量自我概念。此外，这个方法也可以用来鉴别人格特质的个体差异。

（五）行为评定法

行为评定法是主试在某些情境下通过观察了解被试的行为反应，确定其人格特征的方法。它是了解个体人格的最简单易行的方法，分为日常观察法和自然实验法。

日常观察法是主试在日常生活情境下有目的、有计划地收集被试的言语、行动、表情等方面的材料，并分析、研究、鉴别被试人格特征的方法。运用这种方法时，必须使被试处在正常的学习、工作、娱乐活动中，主试不干预、控制活动过程。主试在完全自然的情境中直接观察被试的行为表现。

自然实验法是实验法在自然条件下的运用。主试创设某种实验情境，引起被试相应的行为，使被试的人格特征表现出来，然后通过观察、记录、分析、整理，最后确定其人格特征。例如在人才测评和教育工作中，为了解对象是否诚实、正直，是否具有创新、批判精神，以及对他人的态度等，即可通过创设一定的情境加以研究。此方法兼有实验室实验法的控制条件和观察法的自然真实这两个方面的优点。

日常观察法和自然实验法都要求主试事先列出要观察的所有行为，对行为的频率、强度作出等级评定。评定一般采用 5 级、7 级、9 级或 11 级量表，用数字表征被试的行为特点。根据观察结果对被试的行为进行分析，然后确定其人格特征。

（六）人机交互技术研究法

计算机人机交互技术可以帮助研究者更精确地理解、预测和管理人类的行为，建立人机交互技术与人格特质之间的关系是理解人类行为的重大突破。有研究表明，通过个体与计算机之间建立互动关系，可以预测用户的行为方式与人格特质。人格的测量可以通过人类在人机交互技术中的理解、预测和管理等行为来获得（Al Moubayed et al.，2014）。与人格有关的人机交互技术的计算主要涉及三点：① 人格测量方法的选择；② 数据集的选择和构造；③ 人机交互技术计算模型的建立。目前，关于人格预测的研究主要包括基于数字文本（Wolffhechel et al.，2014）、基于社交媒体、基于电子产品用户体验、基于电子游戏等（Jia et al.，2018）。

巴特尔（Bartle，1996）提出了网络游戏玩家人格类型。依据网络游戏中玩家截然不同的目标、动机、行为和游戏风格，巴特尔将网络游戏玩家划分为四种人格类型：成就型、探索型、社交型和杀手型。成就型玩家（约10%的玩家）是由成就驱动的。例如，他们会尽可能多地收集分数和徽章，并将其展示出来。在现实生活中，这类人可能会关注自己的航空飞行里程等激励计划。因为航空里程每增加一次，就代表了一项成就。探索型玩家（约10%的玩家）对新事物充满好奇心。他们喜欢重复性的任务，只要他们能够最终“解锁”游戏的一个新区域，或者解锁游戏里的某个“彩蛋”，他们就会得到满足。社交型玩家（约80%的玩家）通过与其他玩家的游戏互动体验乐趣。他们通力合作，取得比自己独自行动更好的成绩。杀手型（不足1%的玩家）与成就型玩家相似，他们从得分和获胜状态中获得快感，具有竞争意识，希望通过游戏打败其他玩家，想在比赛中做到最好，获胜是他们的动力（Caci et al.，2020）。

贝特曼和布恩（Bateman & Boon，2005）创建了另一种网络游戏玩家人格模型。他们将网络游戏玩家分为四种类型：征服者、管理者、流浪者和参与者。后来他们将其扩展为七个类别：寻找者、幸存者、大胆者、策划者、征服者、社交者和成就者。寻找者受到兴趣和好奇心的驱使；幸存者享受惊悚和恐怖的游戏元素；大胆者愿意刺激和冒险；策划者倾向玩益智游戏；征服者喜欢逆境和击败其他玩家；社交者玩家和成就者玩家与巴特尔（Bartle，1996）的分类相似，社交者玩家喜欢与其他玩家交谈并帮助他们；成就者玩家会受到游戏中长期成就的激励。

人机交互技术可以作为一种探索网络用户人格的手段。卡尔普曼（Karpman，1937）在早期提供了一些探索国际象棋和人格关系的研究。他将国际象棋展示为不同人格之间的博弈，以及玩家如何在国际象棋比赛中表达自己的真实人格。杜（Dhou，2018）在卡尔普曼探索国际象棋和人格关系的研究基础上，利用人机交互技术模拟了国际象棋领域中的棋手。他根据棋手的不同的技能和人格，为棋手评级。评级是赋予每个棋手的数字指标，用来衡量其技能。通过评级，棋手可以与国际象棋界的其他棋手进行比较，从而更清楚地了解自己的水平和训练目标。人机交互技术已经成为国际象棋运动员进行心理训练的强力有效的工具（Caci et al.，2020）。

□ 原理应用

我国古代优秀传统文化中的理想人格思想

理想人格也叫人生境界，是指人们一生所追求的自我完善的目标。我国古代有许多关于理想人格的论述，特别是影响中国几千年的儒家文化。从《周易》开始，我国古代的一些思想家，如儒家学派的代表人物孔子和孟子以及道家学派的代表人物老子和庄子，都设计出了自己的理想人格模式。

燕国材（1994）将《周易》中的理想人格思想概括为以下18项心理特征：天人合一的主客观念；奋发有为的积极态度；自强不息的进取精神；仁义礼智的完整道德；谦虚逊让的美好德行；诚信不欺的正直精神；不怕困难的坚强意志；自我节制的调控能力；持之以恒的坚持精神；与人和乐的积极情感；与人和同的待人态度；光明磊落的宽广胸怀；认真负责的工作态度；刚柔并济的处事方法；胜不骄、败不馁的正确态度；趋时守中的处世原则；革新创造的变革精神；特立独行的完善人格。

孔子关于理想人格模式塑造的思想，主要表现在：发愤立志，笃行实践；仁智并进，全面发展；敢于负责，乐于奉献；拒绝平庸，追求不朽。从孔子的言论来看，教育的目的就是培养君子，即塑造出仁、义、礼、智相统一的理想人格。孟子提出“富贵不能淫，贫贱不能移，威武不能屈”和“穷则独善其身，达则兼济天下”的养浩然之气、做巍巍之人的理想人格思想。总之，仁、义、礼、智的统一是儒家崇尚的理想人格。

与儒家积极进取的思想不同，道家主张清净无为。在道家代表人物老子的理想人格思想中，无为是首要内容。无为是指一切顺其自然，遵循自然规律，不能强求。无为就不会有失败。无为首先要守弱，因为坚强会带来害处，而柔弱则有益无害，而且要不积累，不争取。老子曰：“我恒有三宝，持而宝之。一曰慈，二曰俭，三曰不敢为天下先。慈故能勇；俭故能广；不敢为天下先，故能为成器长。”

儒家提倡积极有为、治国平天下的理想境界，道家主张消极无为、出尘遁世。儒家和道家的理想人格一阳一阴，相反相成，构成了数千年来中国文人的人格内在的矛盾统一。

（资料来源：黄希庭，等，2020）

□ 复习与思考

1. 人格的主要成分包括什么？
2. 影响人格形成和发展的因素有哪些？它们对人格的作用是什么？
3. 什么是气质？什么是性格？二者的关系是怎样的？
4. 性格的结构包括哪四方面的特征？
5. 人格差异表现在哪几个方面？据此分析自己的人格特征。
6. 中国人的人格特质包括哪些？
7. 人格研究方法和测量方法有哪些？
8. 回忆本章内容，画出本章核心内容的概念图，与同伴进行交流分享后，加以完善。

□ 推荐阅读

[1] 伯格，2020. 人格心理学：第 8 版［M］. 陈会昌，译. 北京：中国轻工业出版社.

[2] 弗里德曼，舒斯塔克，2021. 人格心理学：经典理论和当代研究：第 6 版［M］. 王芳，等译. 北京：机械工业出版社.

[3] 郑雪，2022. 人格心理学［M］. 3 版. 广州：暨南大学出版社.

第十三章 心理健康与心理障碍

学习本章内容，将有助于你对以下问题的理解与思考：

- 什么是心理健康？
- 何为心理健康的基本标准？
- 什么是心理异常？
- 心理障碍的含义是什么？主要有哪些类别？
- 焦虑症、恐怖症、强迫症和抑郁症主要有哪些表现？应该如何治疗？

世界卫生组织数据显示，2005—2015 年，全球抑郁症确诊人数增加了 18.4%，而同期世界人口增长只有 12.7%，全球抑郁症发病增长速度明显超过人口增长速度。中国卫生健康委员会数据显示，我国抑郁症患病率呈上升趋势，抑郁症 12 月患病率达到 2.1%，终身患病率达 3.4%。

令人揪心的是，相比于较高的患病率，抑郁症的识别率、治疗率明显不足。2021 年《柳叶刀·精神病学》发表的数据显示，在患抑郁症的受访者中，仅 9.5%接受过精神心理相关服务，仅 0.5%得到了充分治疗。

（资料来源：《中国青年报》2021 年 12 月 28 日 10 版）

第一节　心理健康概述

如何判断个体的心理是否健康，并对心理健康和心理异常进行区分，是长期以来人们颇为关注的问题。本节将对心理健康与心理异常的概念加以界定，分析心理健康和心理异常的判断标准，并就心理异常的主要分析取向作简要介绍。

一、心理健康的含义

早在我国古代，人们对心理与身体健康之间的关系就有了初步的认识。《黄帝内经》一书中写道："恬淡虚无，真气从之，精神内守，病安从来。""故智者之养生也，必顺四时而适寒暑，和喜怒而安居处，节阴阳而调刚柔。如是，则辟邪不至，长生久视。"也就是说，如果一个人不能很好地调控自己的心理活动，便容易导致身体上的损坏，出现"喜伤心、怒伤肝、忧伤肺、思伤脾、悲伤心、恐伤肾、惊伤胆"的消极结果。由此可见，在我国古代医学中已经反映出了心理健康的思想，揭示出心理活动与生理健康之间的关系。到了当今社会，人们的生活节奏不断加快，学习、工作的压力日益增大，心理健康也受到不同程度的挑战。国民心理健康受到党和国家的高度重视，2016年，中共中央、国务院印发了《"健康中国2030"规划纲要》，其中第四章第三节的主题就是"促进心理健康"。2023年4月，教育部等十七部门联合印发了《全面加强和改进新时代学生心理健康工作专项行动计划（2023—2025年）》，进一步将加强学生心理健康工作提升到国家战略高度，提出将学生心理健康教育纳入全员育人、全过程育人、全方位育人的"三全育人"大格局和通过德、智、体、美、劳"五育并举"开展心理健康教育的工作路径。

（一）什么是心理健康

随着社会的不断发展，人们在对传统健康思想进行挖掘的同时，对心理健康理论的研究也越来越系统化、科学化，体现出心理健康的时代性和多样性的特点。1946年，第三届国际心理卫生大会将心理健康定义为："在身体、智能以及情感上与他人的心理健康不相矛盾的范围内，将个人心境发展成最佳的状态。"世界卫生组织（World Health Organization，WHO）对心理健康的界定是："人们在学习、生活和工作中的一种安宁平静的稳定状态。"（李蔚，2003）同年，第三届国际职业卫生发展大会提出，心理健康是指个体在一定范围内保证自己的身体状况、智力潜能和道德情感方面维持与他人的健康心理相一致，并逐渐将个体的心境发展提高到最佳的状态。有学者（胡伟坚等，2020）将心理健康重新定义为：当环境刺激作用于个体时，由于不同的个体具有不同的人格特征，因而会产生不同的结果。当个体感到自身的心理活动不能正常适应某些环境刺激时，会因此产生一些心理上的困扰；当个体的心理逐渐适应并接受外界活动的刺激时，困扰就能慢慢消失；当个体在适应后还能对自身心理素质有所提升或对周围环境有所促进时，身心可得到平衡发展。

从广义上讲，心理健康是指一种高效而满意的、持续的心理状态。从狭义上讲，心理健康是指人的基本心理活动的过程内容完整、协调一致，即认识、情感、意志、行为、人格完整和协调，能适应社会，与社会保持同步。个体能够适应发展着的环境，具有完善的个性特征，认知、情绪反应、意志行为等都处于积极状态，并能保持正常的调控能力。

（二）心理健康的标准

人的生理健康是有标准的，其心理健康也是有标准的。但心理健康的标准不如生理健康的标准具体与客观。了解与掌握心理健康的标准对增强与维护人们的健康有重要意义。人们掌握了标准后，可以此为依据对照自身，进行心理健康的自我诊断，发现自己心理状况的某个或某几个方面与心理健康标准是否存在距离，以针对性地加强心理锻炼，达到心理健康的水平。

在医学领域，心理健康的标准是没有心理疾病。在心理学领域，心理健康的标准有两种倾向和观点：一种是依据常模制订的标准，即把大多数人的心理状态设定为健康状态。以这种健康状态为标准，偏离标准的即不健康的心理状态。另一种是以少数社会精英达到的心理健康状态为标准。例如，马斯洛提出的自我实现者的标准。这些标准在社会中只有少数人能够达到。从思想政治教育领域看，心理健康的标准可以设定为最高标准和最低标准。最低标准就是没有心理疾病，最高标准就是达到“自由而全面发展”的状态（徐辉，2015）。

关于心理健康标准，不同学者有不同的理论依据和具体标准，我国学者根据国情和社会经济发展的需要，认为心理健康的主要特征应包括以下相互联系的八个方面：

1. 智力正常

智力是人们认识客观世界、学习知识和技能、适应社会环境、解决各种问题的综合能力，包括观察力、记忆力、注意力、思维与想象力以及各种操作能力等。智商的评定标准如下：130 以上为智力超常；110～129 为智力偏高；90～109 为中等智力；70～89 为智力偏低；70 以下为智力落后。智力正常或智力超常为心理健康的标志之一，而智力落后为心理不健康的表现。

2. 情绪反应适度

情绪反应适度是指情感表现乐观而稳定，心胸开阔，对一切充满了希望，既不为琐事耿耿于怀，也不冲动莽撞，能保持平常心，以愉悦的情绪去感染人。

3. 意志品质健全

意志品质健全是指对自己的言行举止有一定的自觉性、独立性和自制力，既不刚愎自用，也不盲从寡断；在实践中注意培养自己的意志力，经得起挫折与磨难的考验。

4. 自我意识正确

自我意识正确是指有自知之明，在集体中保持自信、自尊、自重，少有自卑之心，也不傲视他人；对自己的优缺点有正确的评价与要求；在实践中不断开发自己的潜力，以实现自己的理想与人生价值。

5. 个性结构日趋完善

个性结构日趋完善是指个性是个体经常的、本质的、与他人相区别的心理特点的总和，包括心理倾向性（如需要、动机、兴趣、意志、人生观等）和个性心理特征（如能力、气质、性格等）。人的生活条件、所受的文化教育、从事的生产与社会实践越是优越、丰富，人的个性结构的日益完善就越有保证。目前整个教育系统都在进行全面的改革，重视从应试教育向全面素质教育和培养核心素养的转化，为儿童青少年个性结构的日趋完善创造了更好的条件。

6. 良好的人际交往

良好的人际交往是指乐于和善于与人交往，能和大多数人建立良好的人际关系，重视友谊，也不拒绝他人的关心与帮助，与人相处时积极态度（如热情、坦诚、尊重、信任、宽容、融洽等）多于消极态度（如忌妒、冷漠、怀疑、计较等），在新环境中能很快地适应，与他人打成一片。

[拓展阅读] 心理健康与教师职业

7. 行为得体

行为得体是指生活态度积极，珍惜一切学习与工作的机会，行为上表现出独立自主，不以他人的好恶作为个人行为的依据，既不盲从，也不受诱惑，能做到有所为有所不为。

8. 反应适度

反应适度是指对外界事物的反应积极、主动而富有成效，不冲动、毛躁，也不敷衍、塞责。

心理健康并非超人的非凡状态，个体的心理健康也不一定在每一时刻、每一方面都有所表现，只要在生活实践中能够正确认识自我，自觉控制自己正确对待外界，使心理保持平衡协调，就已经具备了心理健康的基本特征。

专栏 13-1

五育并举促进心理健康

1. 以德育心。将学生心理健康教育贯穿德育思政工作全过程，融入教育教学、管理服务和学生成长各环节，纳入“三全育人”大格局，坚定理想信念，厚植爱国情怀，引导学生扣好人生第一粒扣子，树立正确的世界观、人生观、价值观。

2. 以智慧心。优化教育教学内容和方式，有效减轻义务教育阶段学生作业负担和校外培训负担。教师要注重学习掌握心理学知识，在学科教学中注重维护学生心理健康，既教书，又育人。

3. 以体强心。发挥体育调节情绪、疏解压力作用，实施学校体育固本行动，开齐开足上好体育与健康课，支持学校全覆盖、高质量开展体育课后服务，着力保障学生每天校内、校外各 1 个小时体育活动时间，熟练掌握 1~2 项运动技能，在体育锻炼中享受乐趣、增强体质、健全人格、锤炼意志。

4. 以美润心。发挥美育丰富精神、温润心灵作用，实施学校美育浸润行动，广泛开展普及性强、形式多样、内容丰富、积极向上的美育实践活动，教会学生认识美、欣赏美、创造美。

5. 以劳健心。丰富、拓展劳动教育实施途径，让学生动手实践、出力流汗，磨炼意志品质，养成劳动习惯，珍惜劳动成果和幸福生活。

（资料来源：《教育部等十七部门关于印发〈全面加强和改进新时代学生心理健康工作专项行动计划（2023—2025年）〉的通知》）

二、心理异常的含义

心理异常属于变态心理学的研究范畴。变态心理学是研究异常心理和行为及其规律的一门心理学分支学科，在心理学研究领域中处于重要地位。

（一）什么是心理异常

变态是指心理活动处于非正常状态。心理统计学显示，正常群体的心理特征测量结果为正态分布，即大多数人的心理健康状态处于中间的正常水平，小部分人的心理健康水平可能会偏离大多数人的水平，这种偏离如果超过了统计学上的意义，则可视为变态、异常。在心理学中，一般将变态与异常作为同义语使用，并没有贬义。

心理异常是指某个时期或长期因各种因素（如生物因素、社会因素等）导致没有能力按社会认可的适宜的方式行动，心理活动和行为不能与客观现实保持协调，以致产生不适应的心理状态。

广义来讲，心理异常可分为非病理性心理异常和病理性心理异常。非病理性心理异常称为心理失调，通常表现为“一般性心理问题”。这是一种轻微的心理异常，常为特定的情境所诱发，具有明显的偶发性和暂时性。例如，某个学生在考试现场突然感到思维反应迟钝，这种轻微的异常变化会随着特定情境的变化而消失。

狭义的心理异常通常指病理性心理异常，主要表现为心理障碍。心理障碍通常被称为心理疾病，多是心理状态病理性变化的突出表现。若一般心理问题脱离诱发情境后，仍然长期存在，并具有持久性特征，则演变为心理障碍。

如果是心理精神刺激或心理异常导致的躯体功能障碍或躯体疾病，则称为心身障碍或心身疾病，属于心理异常的特殊类型。心身障碍与心身疾病都是心理因素引起的。心身障碍并无器质性变化，也没有明显的精神活动障碍，主要表现为躯体功能失调。心身疾病是一种与个体情绪有关，并且有组织器官病理性损害的器质性变化的躯体疾病。

（二）心理正常与异常的判断标准

心理异常是一个非常复杂的现象，判断心理正常与异常受到多种因素的影响，包括主观经验、客观情境及社会文化等因素。因而心理正常和异常的界限有时会随时代变迁与社会文化的差异而变动，很难明确地界定心理活动是正常的还是异常的，它们之间的差别往往是相对的，很难找到一个固定不变的绝对标准。但是，心理正常与异常毕竟在本质上存在着明显差别，因此，人们根据研究结果和临床实践不断调整和修正，目前广泛使用四条标准进行心理正常与异常的判断。实践证明这四条标准是有效的，但没有一条标准是全面的、权威的，需要视情况合理运用。

1. 经验标准

人的心理怎样是正常的，怎样又是异常的？其实对这个问题的判断在每个人的心中都有自己的“模式”，或者说用自己的常识作为参照点来判断心理活动属于正常还是异常。经验标准有两种含义：第一，根据病人自己的主观经验进行判断，包括体验和感受。如自己感到不明的焦虑、抑郁、恐惧或自己突然产生某些难以控制的行为，并且这种心理状况妨碍了正常的生活以及社会功能。第二，根据精神医学工作者的临床经验进行判断，这是以一般人对正常状态的已有经验作为参照点，根据病人的心理状态和行为表现来判断其是否为心理异常。

实践中需要把这两种标准相结合进行考虑，但是以经验作为标准的主观性比较强，判断结果常因人而异，严格的训练和丰富的临床实践可使这种差异降到最低限度。

2. 社会适应标准

社会适应标准是指在社会常模的基础上，衡量个体对社会环境的顺应与应对，个体心理与行为是否与周围环境协调一致。判断者主要考察被判断者对人对己的态度、沟通和处理人际关系的方式是否恰当，是否能够按照社会准则和道德规范主动适应环境等。一个心理正常的人能与他人沟通与交往、相互理解，可以正确处理人际关系、为社会所接受。如果不能按照社会认可的方式待人接物，行为怪异离奇，有悖社会规则，也不符合自己的年龄、地位和身份而使他人难以理解，不能为社会所接受，就可以视为心理异常。不过，社会适应标准往往受到不同时代、不同地区、不同文化背景的影响，因而标准也不是绝对的、一成不变的。

3. 医学标准

医学把心理异常当作躯体疾病看待，以症状、病理改变和病因作为判断心理是否正常的依据。医学标准是临床医师最常用的判断标准。有些异常心理现象在正常人身上不会存在，如幻觉、妄想等严重的精神症状和行为障碍，有时物理化学检查和生理心理测定结果也是异常的。如果某人身上检查发现这些疾病症状，则被判断为心理异常。

这一标准结合了物理、化学与生理心理测定，比较客观可靠，但是应用范围比较狭窄，因为不少心理异常没有明显可查的生理学病因。

4. 统计分析标准

统计分析标准以人群中的心理健康状态呈正态分布为前提，确定个体心理与行为是否异常。这种标准以个体的心理特征是否偏离平均值，以及偏离程度来决定，偏离程度越大，心理异常的可能性越大。正常人身上也会或多或少表现出一些心理异常，但没有病人那样强烈、持久。所以，这种正常与异常的差异是相对的，是人为划定的统计学数据。

统计分析标准比较客观、方便，但也有其不足，如有些行为的分布不一定符合正态分布，按照正态分布原理确定界限不一定合理。

总之，在对异常心理进行判断时，应综合运用多种标准，因为每种标准都有一定的局限性，仅用一种标准难以判断心理异常问题。只有综合运用多种标准，才能对个体心理状态和行为表现进行科学的分析研究，也才能准确地了解个体的心理与行为是否异常，以及心理异常的性质与程度。

三、心理异常的分析取向

前面介绍了什么是心理异常及其判断标准，下面将进一步探讨心理异常的分析取向，即基于哪些理论和视角来分析心理异常现象。人的心理是一个极其复杂的动态过程，因而心理异常的出现往往是多种因素共同起作用的结果。长期以来，国内外众多学者对心理异常的影响因素进行了大量探索，取得了许多成果，至今形成了三种不同的分析取向：神秘主义的超自然分析取向、生物学分析取向和心理学分析取向。随着近代科学技术的发展与研究方法的革新，神秘主义的超自然分析取向逐渐退出历史舞台，后两者得到了更为深入的发展，并逐渐相互整合。下面主要介绍生物学分析取向与心理学分析取向。

（一）生物学分析取向

大脑负责调控人的心理活动，如记忆、思维、情感、行为等，其数以亿计的神经元和神经胶质细胞以突触为连接点在大脑内形成了许多环路，由此构成人的行为和心理活动的物质基础。当这些物质基础出现损伤或病变时，个体大脑结构的完整性会遭到破坏，从而导致个体出现心理异常。

1. 遗传学基础

心理异常是否遗传？对于这一问题，历史上出现过遗传决定论和环境决定论之争，争论双方的观点都有过于极端化的倾向。

双生子研究和寄养子研究的结果表明，许多精神疾病患者的亲属都具有患病率高于一般群体的特征，而且亲属与患者的亲缘关系越近，患病的风险越大。我国学者钱德盛在 1989 年的一项调查中发现，精神分裂症患者的一级亲属患病风险率为 4.25%，而正常群体的一级亲属患病风险率仅为 0.42%；情感性精神病患者的一级亲属患病风险率为 6.8%，正常群体的一级亲属患病风险率仅为 0.066%。双生子研究中，肯德勒（Kendleer，1983）等人发现，同卵双生子患精神分裂症的同病一致率为 31%～78%，异卵双生子的同病一致率为 0%～28%。我国学者方惠泰（1980）报告了对 50 对双生子的调查结果，显示同卵双生子的同病一致率为 46.4%，异卵双生子的同病一致率为 18.2%。在有关寄养子的调查报告中，赫斯顿（Heston，1966）报告了 47 例精神分裂症患者母亲所生子女自幼寄养后的随访结果，与 50 例正常母亲所生子女自幼寄养后的随访结果比较发现，患精神分裂症的母亲所生子女寄养后有 5 人患精神分裂症，而对照组无一例患精神分裂症，且其他精神障碍患者组的子女也比对照组的子女患病率高。

分子遗传学、分子生物学和细胞遗传学深入研究、揭示了遗传的物质基础。已有的研究表明，在精神疾病中，遗传因素对精神分裂症、躁狂抑郁症和癫痫性精神病等内源性精神病有着重要影响。与阿尔茨海默病、惊恐障碍、强迫症、酒精依赖、人格障碍等相关的研究也在进行着分子遗传学的探索。

2. 大脑结构

大脑表面是一层充满褶皱的“灰色物质”，称为大脑皮质。大脑皮质有许多沟回，将大脑分成若干区域。大脑半球可分为四个叶，即额叶、颞叶、顶叶和枕叶。额叶与语言功能、精细自主运动及高级认知功能有关，如判断、决策和信息处理等，额叶具有克服心理惰性的作用，是整合情感和认知的关键部位，对心理健康极为重要；颞叶控制听觉和部分视觉加工系统，而且在记忆中发挥作用；顶叶是感觉的内在整合中枢，调节躯体的运动和感觉功能；枕叶控制视觉的分辨和视觉记忆。四个脑叶的功能各有侧重，但都处于密切联系之中。

在大脑皮质下面是白质，内有基底神经核和边缘系统，边缘系统包括海马、杏仁核和下丘脑，与动机、情绪和记忆有关。下丘脑控制着饥渴和性方面的欲望，调节体温，参与情感唤醒状态。杏仁核参与情感的反应，包括积极和消极反应。海马作为边缘系统的一部分，同时控制记忆和情感。丘脑位于大脑的中间，主要接受来自外周神经系统的输入信息，再将其传入大脑的其他部分，如额叶和边缘系统。下丘脑与垂体相连，垂体是协调内分泌系统的主腺，它调节肾上腺皮质，肾上腺皮质分泌激素皮质醇，这一系统被称为下丘脑-垂体-肾上腺皮质轴，已证实其与某些心理障碍有关（张伯源，2005）。

3. 大脑神经递质

神经元之间传递信息的化学物质称为神经递质。研究表明，神经递质对心理异常的产生有着非常重要的影响，但这种影响并非特定的，通常只影响我们处理信息的方式。目前已发现的神经递质有 100 多种，大致可分为两类：一类为小分子，如单胺类；另一类为大分子，如内源性阿片肽、P 物质。常见的神经递质如乙酰胆碱、儿茶酚胺、去甲肾上腺素、多巴胺、5-羟色胺、神经肽等。

（二）心理学分析取向

弗洛伊德是心理学分析取向的开创者，他认为性本能受挫是个体出现心理异常的根本原因。在他以后，不同流派的心理学家纷纷依据各自的理论对心理异常进行了深入探讨。

1. 心理动力学

弗洛伊德是心理动力学的创始人，他强调内部的欲望和动机等动力因素的重要性，认为人的大多数行为是内部心理冲突的结果，人的内在矛盾冲突或情绪紊乱是心理异常和精神疾病的根源。

（1）被压抑的潜意识

人的心理可分为三个层次，即意识、前意识和潜意识（无意识）。意识是心理结构的表层，在心理结构中只占极少的部分，弗洛伊德将之称为浮出水面的冰山一角，它主要负责抵抗源于潜意识的本能欲望和冲动。前意识位于意识和潜意识之间，是我们加以注意便能觉察到的心理现象，从整体来讲，前意识更像意识而不像潜意识。前意识在一定意义上充当稽查者，其工作是除去不合适的潜意识内容，并把它们压回到潜意识中去。潜意识是人的深层心理结构，它包括意识层面无法接受的原始冲动和本能欲望，可以称为行为的推动力量，但由于其带有“性”的色彩，不为道德和社会文明所容，所以一直被压抑在潜意识中。但是这股推动力又总是在不断地寻找出路，试图突破意识的束缚并得到满足。这种潜意识的矛盾冲突正是各种心理异常的根源。

（2）失衡的人格结构

弗洛伊德认为人格结构由本我、自我和超我构成。本我由一切与生俱来的本能冲动所组成，遵循“快乐原则”，寻求无条件的、即刻的满足；自我是在后天环境中发展起来的，遵守“现实原则”，力争避免痛苦，又能获得满足；超我来源于自我，从父母那里学到，并且内化成为个体的价值观，以社会道德标准监督和控制自我。心理动力学认为个体产生的困惑、焦虑、失常主要有三个来源：一是外部环境的威胁，二是压抑在本我中的东西有冲出去的危险，三是超我产生的内疚和其他不舒服的感觉（王建平等，2008）。

（3）性心理发展阶段的固着与退行

弗洛伊德认为人有两种本能：一种是生本能，包括以食欲为基础的自我本能和以性欲为基础的性本能；另一种是死本能。性本能是弗洛伊德的一个重要理论观点，他认为以性欲为基础的种族保存的本能背后有一种潜力叫力比多，力比多是一种力量，在力比多的推动下，个体趋向有利于其生存的其他快感的满足。人的性心理的发展从婴儿期到青春期分为五个阶段，在不同的阶段，性欲满足的对象也随之变化。如果适应成功，个体就会走向成熟；如果不适应，个体就会固着在某个发展阶段，或遇到挫折后从高级阶段倒退到低级阶段，对其后续的发展产生深远和持久的影响，可能导致心理异常，成为各种神经症、精神病产生的根源。

（4）客体关系理论

克莱因（M. Klein）创立的客体关系理论虽然与弗洛伊德的理论有所不同，但都是使用心理动力的概念来分析人的心理活动，因此仍属于心理动力学派。客体关系理论认为，我们需要与他人建立关系，这是我们的动力所在。出生后，我们要与父母或其他看护者建立良好的关系，以获得他们的关爱与保护。在这个过程中，父母或看护者就是我们的重要客体。在成长过程中，我们对身边的重要人物会产生依赖，并在与他们接触的过程中将这些客体的形象、价值观内化为自我的组成部分。儿童与其父母或重要看护者之间的客体关系如果出现重大问题，就可能会导致异常发展或心理障碍（马莹，2009）。

2. 行为主义心理学

行为主义一改传统心理学对意识的重视，把可观察的客观行为作为研究的对象。行为主义心理学家信奉条件反射的观点，认为人的所有行为都可以通过条件反射或模仿习得，异常行为和正常行为都是通过过去的经验习得的，不同之处在于前者是对环境不适应的结果。

（1）经典条件反射理论

苏联生理学家巴甫洛夫创立了经典条件反射理论，认为可以在先天无条件反射的基础上，形成条件反射。行为主义创始人华生通过小男孩与白鼠的实验，证明了如何通过条件反射的方式形成恐惧情绪，根据其理论，恐惧、焦虑以及其他有关的精神症状等都是经典条件反射的结果。

（2）操作条件反射理论

操作条件反射理论是由行为主义学派的代表人物斯金纳（B. F. Skinner）创立的。操作条件反射中，有机体所要习得的行为（反应）是自发产生的，由于行为结果得到强化，有机体才学会在某种情境中作出特定的反应。人的行为是在强化的过程中形成的，人的异常心理是不恰当的行为受到强化的结果，也是一种特殊的习得性行为。如患有学校恐怖症的儿童，其恐惧学校的行为得到父母的特别关注，允许孩子待在家里，这种错误行为会强化儿童的恐惧行为。

（3）社会学习理论

操作条件反射重视强化的作用，但班杜拉（Bandura，1977）发现，在没有强化的情况下也可能出现学习，这种学习是通过观察他人进行的。同样，异常行为可以通过模仿习得，如经常目睹家庭暴力的青少年，会对婚姻有恐惧感，还可能出现更强的攻击性行为。

总之，行为主义理论认为，心理异常是我们在模仿与学习方面出现差错的结果。

3. 认知心理学

认知心理学集中研究人脑的内部活动，重视个体的内部心理状态对行为的决定作用，并认为心理和行为异常是认知歪曲的结果。当知觉由于某种原因得不到充分的信息，或个体由于某种原因对知觉作出错误的评价和解释时，就会对知觉的准确性或范围产生影响，使知觉受到限制或歪曲，从而导致适应不良的心理反应和行为。持这种观点的代表人物是艾利斯（A. Ellis）和贝克（T. Beck）。

（1）艾利斯的 ABC 模型

艾利斯的 ABC 模型是建立在他对人性的基本看法之上的。他认为人可以是理性的，也可以是非理性的。当人们在理性思考和行动时，会有积极的体验，而情绪是伴随着人的思维产生的，情绪或心理上的困扰有时是非理性的思维所导致的。艾利斯的 ABC 模型对这一理论进行了更为具体的解释：环境中发生的事件（A）会导致情绪性结果（C），但这个结果的性质是个体对事件所持的信念和看法（B）决定的。所以说，扰乱人的精神的，与其说是事件，不如说是人对事件的判断（Ellis，1985）。

（2）贝克的认知疗法

贝克潜心于对抑郁症的研究。在他看来，心理异常来源于消极的思维模式或歪曲的认知图式。个体的经历构成了其对事件的认识，并逐渐内化为影响其行为的认知图式。例如，个体早年经历了挫折，导致其形成了对世界不太积极的或错误的看法，这些看法就构成了其认知图式的一部分，当某一天出现类似的情境时，这些图式就被激活，产生消极思维，导致个体出现认知偏差，从而出现异常的情绪反应，如抑郁和焦虑（Beck，1993）。

4. 人本主义心理学

人本主义心理学的创立者是马斯洛和罗杰斯，他们重视人的价值和意义，相信人是自由的、能够独立自主的、具有无限潜能的；每个人都有自尊、自信、自我实现的需要。如果能给个体提供良好的环境，其潜能将得到最大程度的发挥，即自我实现的需要将得到满足。但是，如果个体遭受虐待或受到重大的打击，自我就会遭受创伤，内在的潜能不能发挥出来，导致个体出现心理失调。

罗杰斯认为，人总是愿意自己的行为受到他人的尊重。当个体的行为使其有积极的自我体验，同时又得到他人的肯定时，他的自我概念是准确的，其人格能得以正常发展。但如果他的个人体验与他对自己的评价相互矛盾，他就有可能采取歪曲或回避真实情感的办法，以缓和自尊的需要与个体体验之间的冲突。换句话说，个体如果一味重视他人的看法和评价，不惜改变自身的标准，其结果是使自己失去标准，使自我概念发生歪曲，从而可能导致心理上的混乱。自我概念歪曲得越严重，各种心理异常如焦虑、抑郁、罪恶感和精神错乱等就表现得越明显。

人本主义心理学对其他理论模式所忽略的心理生活层面给予了极大的关注，为人的心理异常的分析提供了新的分析取向与思路。

□□□ 第二节　心理障碍概述

临床上常采用“心理病理学”的概念，将范围广泛的心理异常或行为异常统称为“心理障碍”，或称为异常行为。本节首先阐述心理障碍的含义，然后就心理障碍的分类和诊断体系作简要介绍。

一、心理障碍的含义

通常所说的“心理障碍”有一个比较一般的定义，指个体由于生理、心理或社会原因而导致的各种异常心理过程、异常人格特征和异常行为方式，使个体表现为没有能力按照社会认可的适宜方式行动，以致其行为的后果对本人和社会都是不适应的。这种“没有能力”可能是器质性损害或功能性损害的结果，或两者兼而有之（钱铭怡，2006）。

二、心理障碍的分类与诊断体系

对疾病按病因、病理改变进行分类，是变态心理学所遵循的基本原则。心理障碍的分类是将纷繁复杂的心理现象，根据已拟定的标准加以分门别类的过程。疾病分类学的目的是把种类繁多的疾病按照各自的特点和从属关系，划分为病类、病种和病型，并归成系统。归类的意义在于彼此之间相互交流，合理地治疗、预防和预测疾病的转归。

由于精神障碍的多数病因和发病机制不明确，缺乏实验室诊断手段，因此对精神障碍的分类一般遵循病因病理学分类和症状学分类兼顾的原则进行。国际上通用的精神障碍分类与诊断标准，如世界卫生组织组织编写的《国际疾病分类》和美国《精神障碍诊断与统计手册》，均按这一原则处理。在我国，中华医学会精神科分会参考以上两种分类和诊断标准，结合我国实际情况，制订了《中国精神障碍分类与诊断标准》，这是我国精神病学工作者多年努力的成果。这一工作始于 1958 年，第一次制定了分类方案，即《精神疾病分类（试行草案）》；1978 年拟定《中国精神障碍分类与诊断标准》（CCMD），并于 1981 年公布；1989 年公布了《中国精神障碍分类与诊断标准》（第 2 版）（CCMD-2）；1994 年在广泛征求意见的基础上，公布了《中国精神障碍分类与诊断标准》（第 2 版修订版）（CCMD-2-R），于 1995 年正式出版；1995 年成立了《中国精神障碍分类与诊断标准》第 3 版工作组，在 1996 年到 2000 年期间，对 17 种成人精神障碍以及 7 种儿童和少年的精神障碍分类与诊断标准开展前瞻性现场测试与随访观察，完成了《中国精神障碍分类与诊断标准》（第 3 版）（CCMD-3）的编写工作，于 2001 年正式出版。该版本进一步向国际通用的疾病分类标准靠拢，多种疾病的命名、分类方法、描述、诊断标准都尽量与国际接轨。

CCMD-3 的分类：

0—器质性精神障碍；

1—精神活性物质与非成瘾物质所致精神障碍；

2—精神分裂症和其他精神病性障碍；

3—心境障碍；

4—癔症、应激相关障碍、神经症；

5—心理因素相关的生理障碍；

6—人格障碍、习惯、冲动控制障碍、性心理障碍；

7—精神发育迟滞、童年和少年期心理发育障碍；

8—童年期和少年期多动障碍、品行障碍、情绪障碍；

9—其他精神障碍和心理卫生情况。

第三节　一般心理疾病

心理疾病是指个体由于精神上的紧张、干扰，而使自己的思维、情感和行为发生了偏离社会生活规范轨道的现象。心理和行为上偏离社会生活规范的程度越严重，心理疾病也就越严重。心理疾病是很普遍的，只是存在着程度区别，而且现代文明的发展使人类越发脱离其自然属性，环境污染、生活节奏加快、信息量空前巨大、社会关系复杂、作息方式变化、消费取向差异等，都使心理疾病逐渐增多并恶化。心理疾病的种类很多，表现各异，本节主要介绍焦虑症、恐怖症、强迫症和抑郁症的主要表现和治疗方法。

一、焦虑症

（一）概述

对焦虑症的理解有广义和狭义之分。广义的焦虑症又名焦虑障碍，是人类焦虑情绪分布的一个极端，以过分的没有理由的担心为主要症状。广义的焦虑症包括以下几个障碍类型：广泛性焦虑障碍、恐怖症、惊恐症、强迫症、创伤后应激障碍等。其中恐怖症和强迫症的相关知识将在后文介绍，这里主要介绍狭义的焦虑症。

[拓展阅读]
创伤后应激障碍（PTSD）及其表现

狭义的焦虑症又名**广泛性焦虑障碍**（generalized anxiety disorder，GAD），是以持续性的紧张不安，伴有显著的自主神经功能兴奋和过分警觉为特征的一种慢性焦虑障碍。一般伴有不同程度的自主神经症状，如胸闷、气短、口干、眩晕、热汗、视力模糊、失眠、多梦，女性会有月经紊乱等症状；或表现出行为异常，如不自主震颤、坐立不安、颤抖、小动作多等（许围城，2021）。在美国精神病学会制订的《心理障碍诊断与统计手册》第4版（Diagnostic and Statistical Manual of Mental Disorders Ⅳ，DSM-Ⅳ）中，广泛性焦虑障碍被定义为对一系列生活事件或活动感到过分的、难以控制的担忧，并伴以六个月的相关负性或紧张症状中的至少三种，其基本症状是慢性的、不可控的担忧。

焦虑是一种内心紧张不安，预感到似乎将要发生某种不利情况而又难以应对的不愉快情绪。焦虑与恐惧情绪相近，只不过恐惧是面临危险时发生，而焦虑发生在危险或不利情况来临之前。心理学研究表明，焦虑虽然是一种痛苦的体验，但它具有重要的适应功能：第一是信号功能，焦虑向个体发出危险信号，提醒人们警觉已经存在的内部或外部危险，在人们的生活中起保护性作用；第二是动员机体处于战斗准备状态，为采取行动应对危险作出适当准备；第三是学习和经验积累的过程，焦虑帮助人们提高预见危险的能力，不断调整自己的行为，学习应对不良情绪的方法和策略。一般来说，个体适度焦虑时，行为的效能可能会更好。因此，焦虑并不都是有害的，只有焦虑过度时，才会被视为病理性的。

多数研究者调查后认为，本病患病率为2%～5%，如维特切恩等人（Wittchen et al.，1994）报告，在15—45岁的美国人口中，年患病率为3.1%，终身患病率为5%。在我国，由于患者对本病缺乏认识，常常到综合医院的神经内科或其他内科就诊，常以神经衰弱或失眠症来治疗，只有1/3左右的患者到精神科就诊。

（二）临床表现

广泛性焦虑障碍的核心症状是漂浮不定的焦虑，即经常性和持续性的无明确对象或具体内容的紧张不安，或对现实生活中的某些问题过分担心或烦恼。

1. 核心症状

患者总担心未来有什么不测的事情将要降临到自己或亲人的头上，终日心烦意乱，这称为期待性焦虑，它是广泛性焦虑障碍的核心症状。患者的症状与现实生活似乎有些联系，然而其担忧的内容及严重程度跟日常生活的琐碎又是很不相称的。焦虑的内容完全取决于日常生活环境中的变动，没有中心主题，也没有明显的社会倾向性。如果追问患者，他们自己也想不通整天害怕什么。与恐怖症不同，患者对担心的内容并没有明显的回避行为，但会表现出轻微的回避行为，如延迟做事、多次检查，然而广泛性焦虑障碍患者的这种行为并不能有效减轻他们的焦虑。

广泛性焦虑障碍患者常常表现出过度、持续、对象和内容不固定、无法摆脱等症状。“过度”即患者的焦虑强度远远超出正常的、可接受的焦虑范围，患者在预期心理上倾向于极端消极和恐惧。“持续”是指患者的焦虑表现不是偶然或在特定条件下发生的，而是经常、连续发生的，在几个月到几年的时间内，其焦虑程度不断发展，呈现越来越严重的趋势。“对象和内容不固定”说明患者发生焦虑行为的主要对象范围和发病条件均是不固定的，从原生家庭、朋友、社会关系再到爱情、事业、自我心理发展状况等多重因素都可能导致患者产生焦虑和持续焦虑的状态。“无法摆脱”是指患者在重新面对上述焦虑症状时，往往有逃避问题和寻求自我缓解的表现，患者在实际行动过程中常常存在反复确认、验证和寻求再确认的心理状态，表现出越陷越深、无法自拔的状况（崔越等，2020）。

2. 认知症状

患者在焦虑的同时常伴有易激惹、注意力集中困难、难以作决定和害怕犯错误的状况。病人常诉记忆力减退，实际上是注意力不能集中导致的识记困难。由于焦虑妨碍了工作、学习效率和生活，反过来加重了患者的焦虑，甚至患者害怕自己会因完全失控而发疯。

3. 躯体症状

患者的外在表现多为：表情紧张，双眉紧锁，姿势僵硬而不自然，可见眼睑、面肌或手指震颤，或患者自感震颤，同时有程度不等的运动性不安，包括小动作增加、不能静坐等。有些患者的语言能力也受到影响，严重者出现口吃。睡眠障碍较为多见，典型表现为患者入睡困难，睡眠浅而多梦。但早醒并非广泛性焦虑障碍患者的典型症状，如有发生，常提示焦虑是抑郁的继发症状。躯体症状主要是交感神经功能亢进的表现，可涉及许多系统，如心血管、消化、呼吸、泌尿等系统。其中的许多症状如心悸、胸闷、恶心、口干、尿频、面色苍白、多汗等，可能成为患者就诊的主诉。焦虑情绪容易使患者集中注意于他们的躯体症状，而躯体症状又会成为患者担忧的主要内容，加重他们的焦虑，形成恶性循环。

（三）焦虑症的治疗

焦虑症的治疗包括心理治疗和药物治疗两种方法。心理治疗又包括认知行为疗法、催眠疗法、森田疗法、精神分析疗法和综合心理治疗等多种方法。具体采用哪种心理治疗方法，需视具体情况而定。心理治疗既可单独使用，也可与药物合并使用。

1. 心理治疗

（1）认知行为疗法

认知行为疗法是通过改变患者的认知过程，矫正其不合理的认知观念，并时刻把认知矫正与行为矫正结合起来，努力在两者之间建立一种良性循环，取代原来存在的恶性循环，从而使不良症状减轻、消失，以达到疾病的改善。

（2）催眠疗法

采用催眠疗法治疗焦虑症就是通过与患者的潜意识进行交流，了解深藏于其潜意识中的焦虑根源，使其暴露于意识之中，让患者了解并宣泄，以缓解焦虑症状。

（3）森田疗法

20 世纪 20 年代，日本的森田正马创立了森田疗法，这种心理疗法被广泛应用于各种精神疾病的治疗。森田疗法的基本治疗原则是“顺其自然”。森田疗法认为焦虑情绪是一种自然现象，人人都有，不用特别理会，症状会自然消失，个体不会被焦虑情绪所束缚。森田疗法强调顺其自然的人生观、积极进取的生活态度。对于许多无能为力的客观事实，要承认自己无能为力。这对焦虑症患者常有的期望过高、缺乏自信等性格弱点是很好的启发。森田疗法通过引导患者不要介意自身焦虑症状的存在，转移其注意力，使患者由注意自身症状转向关注外部环境，阻断精神交互作用带来的恶性循环，达到减轻症状及治愈的目的（杨心宇，2021）。

（4）精神分析疗法

精神分析疗法认为焦虑是一种弥漫性的恐惧的体验。由于有焦虑体验者无法意识到其恐惧的具体对象，所以焦虑被称为“无原因的恐惧”。医生通过对患者的联想分析或梦的分析，唤醒患者早年的精神创伤和痛苦经历。一旦患者在分析中领悟自己害怕和焦虑的原因后，其紧张和恐怖就会大大减轻乃至缓解。

（5）综合心理治疗

众多的心理治疗学派由于发展不同的疗法，疗效也各有千秋，所以大家开始意识到不同的心理治疗存在共同的影响治疗变化过程的因素，于是出现了对心理治疗整合模式的探索。多种方法（如患者中心治疗、解释性心理治疗、支持性心理治疗和社会心理治疗等）并用，已成为心理治疗发展的趋势。

2. 药物治疗

广泛地用于治疗焦虑症的药物是苯二氮䓬类，常用的药物有阿普唑仑、罗拉、氯硝西泮。口服苯二氮䓬类药物可迅速增强体内 γ-氨基丁酸（gamma-aminobutyric acid，GABA）递质，抑制患者去甲肾上腺素能神经元的功能，降低体内部分神经元系统的兴奋性，减轻焦虑。临床证实这些药物能有效地降低焦虑水平，但它们的作用在短期（4～8周）内效果较佳，长期使用效果明显下降。应用时最好由低剂量起步，然后逐渐增加至治疗量。对于大多数患者而言，治疗最好持续 2～6 周，然后用 1～2 周时间逐渐减量直至停药。临床医生最常出现的错误就是无限期地使用此药。国内外患者广泛采用和临床治疗抑郁症的药物是选择性 5-羟色胺再摄取抑制剂，以及 5-羟色胺和去甲肾上腺素再摄取抑制剂。相关文献显示，抗抑郁药对治疗焦虑障碍效果显著且耐受性好，因此常作为治疗焦虑障碍的一线治疗手段（杨心宇，2021）。

二、恐怖症

（一）概述

恐怖症（phobia）是指接触到特定事物或情境时具有的强烈恐惧情绪，患者采取回避行为，并产生焦虑症状和自主性神经功能障碍的一类心理障碍。患者所害怕的事物或情境是外在的，尽管当时并无真正的危险，但患者仍然极力回避所害怕的事物或情境。患者知道自己的害怕是过分的、不应该的或不合理的，但这种认知并不能阻止恐怖发作（张伯源，2005）。

恐惧作为一种情绪体验，即对某种事物或情境产生焦虑和害怕，从种系发展来看，这对保存个体有重要意义。因为这能使有机体避免接触某些对个体有危害的事物或情境。一个完全没有恐惧情绪和无所畏惧的人，可能要比他人更多地处于危险的境地。所以，恐惧情绪并不都是不好的。但如果这种情绪影响到个体的行为和社会适应能力，那就成为一种病态了。可以引起恐惧的事物或情境非常多，多年来人们对恐惧对象一一给予命名。多数专家建议将形形色色的恐怖症简化为最新诊断标准（ICD-10、DSM-Ⅳ、CCMD-3）里的三种类型——广场恐怖症、社交恐怖症和特殊恐怖症。恐怖症在人群中大量存在，仅次于抑郁症和酒精依赖，是位于第三位的精神障碍（吉峰，2005）。

恐怖症的共同特征是：① 某种事物或情境常引起强烈的恐惧；② 恐惧时常伴有明显的自主神经症状，如头晕、昏倒、心悸、心慌、战栗、出汗等；③ 对恐惧的事物和情境极力回避；④ 知道这种恐惧是过分的或不必要的，但不能控制；⑤ 在预计可能会遇到的恐惧客体或情境时感到紧张不安，即预期焦虑。

（二）临床表现

1. 广场恐怖症

广场恐怖症（agoraphobia）又称场所恐怖症，它最初用来描述个体对聚会的场所感到恐惧的综合征，目前已不限于广场。广场恐怖症的特征是由于真实地或预期地接触某种情境而被激发的显著、强烈的害怕或极端焦虑。广场恐怖症不仅包括害怕开放的空间或者害怕离家（或独自在家），还包括害怕置身于人群拥挤的场合以及难以逃回安全处所（多为家）的其他地方如商店、剧院、车厢或机舱等。广场恐怖症的临床表现有以下三个特点：

① 焦虑症状。患者担心自己在公共场所中昏倒而无亲友救助，或失去自控又无法迅速离开。这种恐惧是对即将发生危险的一种预期，预感到自己或所爱的人即将遇到可怕的事情。另外还伴有自主性神经功能激活的表现，很多病人在焦虑程度严重时出现惊恐发作的现象。

② 焦虑均在特定的情境中发生。多数情境是拥挤的人群、封闭的场所、难以立即逃到安全地方的场合。

③ 回避行为。个体立即从恐怖情境中逃走或回避恐怖情境是广场恐怖症的一个重要特征。

2. 社交恐怖症

社交恐怖症（social phobia）主要表现为对一种或多种人际处境持久的强烈恐惧和回避行为。恐惧的对象可以是某个人或某些人，也可以相当泛化，包括除某些特别熟悉的亲友之外的所有人。具体可表现为：恐惧被他人注视，恐惧自己会作出丢脸的言谈举止或尴尬表情；或者害怕自己在他人面前张口结舌，害怕吃饭时由于有人注视而丑态百出，由于旁边有人而恐惧得手抖以致无法写字，在公共厕所里因害怕而解不出小便，等等。由于害怕，患者拒绝参加各类聚会，也尽可能回避所有公共场合，如餐厅、剧场和公共汽车等。在极端的情况下，可引起患者完全的社会隔离。除焦虑外，还会出现面红、心慌、震颤、出汗、恶心、尿急等症状。患者多数有自卑感，害怕他人评论自己。虽然也可见到抑郁、强迫症状，但不如广场恐怖症多见。社交恐怖症与广场恐怖症的不同在于，患者的先占观念是害怕他人给予自己不好的评价而使自己感到发窘，从而在行为上表现出避开与他人的接触或交谈，而不是因为害怕而无法离开。

3. 特殊恐怖症

特殊恐怖症（specific phobia）又称简单恐怖症，是指由于存在或预期存在某种特殊物体或情境而出现的不合理恐惧。常见的恐惧对象有：某些动物（如猫、狗、蛇、老鼠）、登高、雷电、黑暗、坐飞机、外伤或出血、锐器，以及特定的疾病等。特殊恐怖症在儿童中最为常见。成人特殊恐怖症中的动物恐怖常起源于儿童期，登高、幽暗、雷雨等恐怖则常见于青年或中年。病人在接触特殊的恐怖对象和场合时会感到焦虑，甚至出现惊恐发作，并伴有某些自主性神经症状，如心跳加快、出汗、头晕等。病人通常有回避恐怖情境的习惯，导致功能残缺的程度取决于患者回避恐怖情境的难易程度。如狗在人们的生活中较为常见，对狗恐惧的个体的社会功能受影响较大；而对一位患有蛇恐怖症的城市居民而言，其所受的影响就很小，一般情况下，只要避免去动物园就可以了。

（三）恐怖症的治疗

对恐怖症的治疗一般采用以心理治疗为主、适当药物治疗为辅的治疗方法。

1. 心理治疗

（1）行为疗法

在恐怖症的治疗中，被研究得最多同时也是最有效的治疗方法为行为疗法。目前常用的方法是系统脱敏法或暴露疗法，该疗法对治疗具体的恐怖症十分有效，但对复杂的恐怖症，如广场恐怖症，效果并不理想。此疗法让患者循序渐进地暴露于引起焦虑、恐惧的刺激面前，使患者对恐怖性刺激的敏感性逐渐降低。用系统脱敏法成功治疗恐怖症的关键是对恐怖症进行全面而精确的评定，确定恐惧的等级系统。为了使治疗更好地发挥作用，也为了使患者看清楚自己的进步，要求患者对每次暴露作记录。常见的问题是患者一次跨的步子太大，反而造成挫败感。记录有利于治疗者及时发现问题，并帮助解决问题。行为治疗的另一技术是满灌疗法，也叫冲击疗法。研究表明，该疗法不仅对治疗具体的恐怖症有效，而且对诸如广场恐怖症之类复杂的恐怖症也有明显的疗效。

（2）认知领悟疗法

在国内，认知领悟疗法也常用于恐怖症的治疗。其方法是引导患者将过去经历中已经被遗忘了的精神创伤体验引入意识或理智中加以领悟，即以成人的态度重新认识这些体验，从而使恐怖症状得以减轻或消除。对于社交恐怖症而言，目前最常用的是认知行为治疗，如暴露技术、社交技巧训练、松弛训练、认知重构等。研究认为，认知行为治疗的联合使用，不论是近期疗效还是远期疗效都要优于单独的行为治疗。

2. 药物治疗

对恐怖症而言，药物治疗从整体上说可作为辅助疗法，其作用往往是缓解患者的焦虑情绪或伴随的抑郁情绪。

三、强迫症

（一）概述

强迫症又称**强迫-冲动性障碍**（obsessive-compulsive disorder，OCD），以反复出现强迫观念和强迫动作为基本特征。强迫症状是有意识的自我强迫和自我反强迫同时存在，二者的尖锐冲突使病人焦虑和痛苦。患者认识到这些观念和行为是毫无意义、不合理的，以致引起显著的焦虑或痛苦。

一般情况下，患者都能够较快形成一定的自我心理行为认知，能够较为明确地认识到其中一些自己的主观心理想法倾向和自身心理行为模式存在较大的、普遍的不合规范和偏离理性，并且能够对自己的思想和行为进行监控（孙丹阳，2019）。

在20世纪80年代初期，人们还认为强迫症是一种罕见的疾病。但在1984年，美国运用DSM-Ⅲ诊断标准和定式精神检查方法在五个大城市进行了一次大规模流行病学调查，结果表明，强迫症在普通人群中的终身患病率为2.5%。在我国12个地区进行的调查结果表明，强迫症的患病率是0.03%，明显低于国外的数字。许多研究表明，强迫症的患病率比以前估计的要高很多，其终身患病率为2%～2.4%。此病大多于青春期前后或成年早期，也有些病例起病年龄更早，在儿童中也不少见。

情不自禁的强迫观念和强迫行为对个体的生活和社会功能造成的损伤巨大。强迫症的核心症状集中表现为过度的抑郁、焦虑、恐惧及紧张反应，并高度缺乏安全感。强迫症常与焦虑症、抑郁症、恐惧症和癔症等疾病产生共病（孙丹阳，2019）。

（二）临床表现

强迫症患者的临床表现复杂多样。强迫症的基本症状是强迫观念和强迫行为。强迫观念是患者意识中以刻板形式反复出现的表象或意向，如强迫回忆、强迫联想、强迫怀疑、强迫穷思竭虑、强迫意图和强迫表象等。对于患者来说，这些表象或意向是不必要的、多余的。患者很想摆脱，却又无能为力。强迫行为是患者反复出现的刻板动作或多余行为，如强迫检查、强迫清洗、强迫计算等。对于患者来说，这些刻板动作或多余行为是不必要的、多余的。患者却不得不做，以此来减轻内心的焦虑。90%以上的患者既有强迫观念又有强迫行为；但也有研究报告说28%的患者以强迫观念为主，20%的患者以强迫行为为主，50%的患者二者均很突出。强迫行为和强迫观念的共同特点是：① 症状反复、持续出现，患者能够完全觉察；② 症状具有“属我”性，既非外力所致但又“非我所愿”；③ 症状往往令患者内心焦虑、痛苦；④ 患者明知症状表现不应该、不合理、不必要或无意义，但难以摆脱；⑤ 患者往往采取相应的对抗性行为。

1. 强迫观念

强迫观念指反复进入患者意识领域的思想、表象、情绪或意向，这些思想、表象、情绪或意向对患者来说是没有现实意义的、不需要的或多余的；患者意识到这些都是自己的心理活动，很想摆脱但又无能为力，因而感到非常苦恼。

(1) 强迫思想

强迫思想是指一些字句、话语、观念或信念反复进入患者的意识领域，干扰了其正常的思维活动，但又无法摆脱。强迫思想是不受欢迎的、反复出现的、侵入人脑的欲望或意向，主要有以下四种表现形式：

① 强迫怀疑。强迫怀疑是指患者总是需要反复强制的自我质疑，怀疑自己先前的某种言行是否完全正确。例如，患者会反复怀疑自己在考试时，答题卡填写得是否完整、正确。强迫怀疑的个体即使知道其行为缺乏现实意义或可能存在某种危险后果，却仍然在不停地刨根问底。怀疑的同时常伴有焦虑不安，促使患者对自己的言行反复检查。

② 强迫性穷思竭虑。患者对日常生活中的一些事情或自然现象追根寻底、反复思索，明知缺乏现实意义、没有必要，但又不能自我控制。例如，反复思索"为什么1加1等于2，而不等于3""树叶为什么是绿色的而不是其他颜色"。有时甚至欲罢不能，以致食不甘味、卧不安眠、无法解脱。有的患者表现为与自己的头脑欲罢不能地进行无休止的争辩，分不清孰是孰非。

③ 强迫联想。强迫联想表现为，当患者脑海中浮现某一事物或观念时，便不由自主地联想到另一事物或观念。如果联想的观念或语句与原来的相反，如由"和平"联想到"战争"，由"拥护"联想到"打倒"，由"好人好事"联想到"坏人坏事"，等等，则称为强迫性对立思维。由于对立观念的出现违背患者的主观意愿，常使患者感到苦恼。

④ 强迫回忆。强迫回忆表现为即使在知道毫无意义的前提下，患者仍然会不由自主地反复回忆过去的经历或往事，无法控制和摆脱。因此，患者会感到极其苦恼。例如，即使是在参加重要的考试时，患者脑海中还会浮现亲人去世的痛苦回忆。

(2) 强迫表象

在头脑中反复出现生动的视觉体验（表象），常具有令人厌恶的性质，无法摆脱。

(3) 强迫情绪

强迫情绪表现为对某些事物的担心或厌恶，明知不必要或不合理，自己却无法摆脱。例如，担心自己会伤害别人，担心自己会说错话，担心自己会出现不理智的行为，担心自己受到毒物的污染或细菌的侵袭等。若看到棺材、出丧，甚至是某个人，立即产生强烈的厌恶感或恐惧，明知不合理，却无法克制，于是极力回避，这称为强迫性情绪。

(4) 强迫意向

强迫意向是指患者反复体验到想做某种违背自己意愿的动作或行为的强烈内心冲动。患者明知这样做是荒谬的、不可能的，努力控制自己不去做，但却无法摆脱这种内心的冲动。例如，走到高处，有一种想往下跳的内心冲动；抱着自己心爱的小孩走到河边，出现想把小孩往河里扔的意向；等红灯过马路时，想要冲向正在行驶的车辆；等等。尽管当时这种内心冲动十分强烈，但却从不会付诸行动。

2. 强迫行为

强迫行为是指反复出现的、刻板的仪式动作。通过这些动作，患者可以减少焦虑和痛苦。患者明知道这些动作不合理、无意义，但又不得不做。强迫行为往往是作为减轻强迫观念引起的焦虑不安而采取的顺应行为，以强迫检查、强迫清洗、强迫询问、对抗性或控制性强迫行为、强迫性迟缓等最为常见，常继发于强迫怀疑。

（1）强迫检查

强迫检查是指患者为减轻强迫怀疑引起的焦虑而采取的措施。如出门时检查门窗是否关好；寄信时反复检查信中的内容，看是否写了错字等。

（2）强迫清洗

强迫清洗是指患者为了消除对受到脏物、毒物或细菌污染的担心，常反复洗手、洗澡或洗衣服。有的患者不仅自己反复清洗，而且要求与其一起生活的人如配偶、子女、父母等也必须彻底清洗。

（3）强迫询问

强迫症患者常常不相信自己。为了消除疑虑给自己带来的焦虑，常反复要求他人不厌其详地给予解释或保证。有的患者表现为在自己头脑里自问自答，反复进行，以增强自信。

（4）对抗性或控制性强迫行为

对抗性或控制性强迫行为是一些重复出现的动作，在他人看来是不合理或荒谬可笑的，但却可以减轻或防止强迫观念引起的紧张不安。疾病初期，患者的强迫行为是简单的，只不过会采用某些动作以缓解焦虑和不安。渐渐地，原先的动作不足以缓解焦虑，于是增添了新的内容，逐渐形成了复杂的固有的行为组合，称为强迫仪式行为。如患者就座前，必须先用手指触一下座位才能坐下。强迫计数也属于强迫仪式行为，如患者每次上班总要数街上的电线杆数量，如中间发现漏计，要回头重新计数，还有患者要数台阶数、大楼层数或路边树木数。这种计数意在控制某些焦虑情绪。

（5）强迫性迟缓

强迫性迟缓是指患者可因强迫仪式行为而行动迟缓。例如患者早晨起床后反复梳洗很长时间，迟迟不能出门，以致上班经常迟到。强迫性迟缓也可能是原发的，例如，每当患者看书时，目光常停顿在第一行的第一个字，不能顺利阅读下面的内容。这种现象可能源于患者不确定自己是否已经看懂了这一行字，因而停滞不前。这类患者往往并不感到焦虑。

（三）强迫症的治疗

强迫症是比较难治疗的一种心理障碍，一般认为，采用心理治疗和药物治疗相结合的治疗方法，可收到良好的效果。

1. 心理治疗

治疗时要仔细了解强迫症的类型、程度、外界诱因和使症状固定的强化因素，帮助患者树立治疗的信心，尽力克服心理上的诱因，以消除焦虑情绪；同时鼓励患者多参加集体性活动，从事有兴趣的工作。此外，在治疗过程中，还要重视家庭在疾病的发生、发展以及治疗中的作用。

（1）心理分析疗法

心理分析疗法最早用于治疗强迫症，弗洛伊德对这种方法进行了详细的阐述。治疗的目的是揭示被压抑的欲望和冲动，并让患者面对自己真正害怕的东西——某种给他带来满足的冲动。由于强迫观念和强迫行为保护了自我免遭被压抑冲突的困扰，使得治疗的进程容易受阻，治疗难以达到有效的目标。这一缺陷促使一些心理分析治疗者采用更为积极的行为治疗方法。心理分析和行为治疗联合使用提高了患者的依从性。

（2）行为疗法

就行为疗法而言，已有多种行为治疗技术被应用于强迫症的治疗，其中包括系统脱敏疗法、反应预防、冲击疗法和厌恶条件化疗法等。据称这些方法对60%~75%的患者有效。其中反应预防要求患者推迟、减少甚至放弃能减轻焦虑的行为，尽可能地抑制强迫行为，如缩短洗手时间、降低洗手频度，甚至放弃洗手。

（3）认知疗法

认知上的过度扭曲会导致个体的错误思维，对这种错误思维的认可和肯定可能会使个体出现强迫认知行为。认知疗法的目标是使患者学会重新分配自身的注意力，恢复心理平衡，从而建立一个使患者认知更加合理、灵活、有效的思维世界。认知疗法要求患者学会面对容易引起其认知强迫症产生的各种情境或外部刺激，能够承受一定强度的精神痛苦。认知疗法常用的技术有三种：挑战强迫性的思维、思维阻断技术、挑战消极的自动式思维。前两种方法直接针对强迫思维，而第三种方法则针对伴随强迫思维出现的消极的自动式联想。研究证实认知疗法是有效的，其与暴露疗法的疗效相近，理性情绪疗法与暴露疗法结合的疗法也相当有效。

（4）森田疗法

森田疗法治疗强迫症也有较好的效果，可通过住院或门诊形式进行。森田疗法治疗原则的核心是对症状“顺其自然”，即对强迫观念不去对抗、排斥，并发挥患者原有的生活欲望，带着强迫观念该做什么就做什么。通过引导患者勇于正视自身疾病，以健康乐观与积极进取的乐观态度重新面对新生活，建立坚强自信、努力进取的精神世界，从而有效减弱他们对自身疾病带来的各种恐惧，由内而外地战胜疾病（薛竞雄等，2018）。森田疗法在治疗时要求患者任凭强迫观念出现，用积极有益的活动取代强迫行为。

2. 药物治疗

许多医生将药物治疗作为强迫症的一线治疗，而另一些心理社会取向的治疗师则将药物治疗作为辅助手段（张伯源，2005）。

临床用于治疗强迫症的药物较多，主要包括：三环类抗抑郁药、选择性5-羟色胺和去甲肾上腺素再摄取抑制剂、选择性5-羟色胺再摄取抑制剂，以及去甲肾上腺素能和特异性5-羟色胺能抗抑郁剂、抗谷氨酸类药物等（谭香玉，2021）。

（1）三环类抗抑郁药

三环类抗抑郁药较早被用于治疗强迫症。此类治疗药物中的氯丙咪嗪是第一个被药理试验研究证明对强迫症有用的治疗药物。其比较典型的药物有氯米帕明、阿米替林等。在作用机制方面，由于三环类抗抑郁药的选择性差，并且容易引发直立性低血压、心律失常等严重的副反应，所以限制了三环类抗抑郁药在强迫症治疗中的广泛使用。目前，三环类抗抑郁药已不再作为治疗强迫症的一线药物（刘洋，2019）。

（2）选择性5-羟色胺和去甲肾上腺素再摄取抑制剂

选择性5-羟色胺和去甲肾上腺素再摄取抑制剂（selective serotonin and norepinephrine reuptake inhibitors，SSNRIs）的代表药包括文拉法辛和度洛西汀。与其他药物相比，虽然选择性5-羟色胺和去甲肾上腺素再摄取抑制剂类药物的5-羟色胺再摄取抑制效应较弱，但它还具有去甲肾上腺素回收抑制效应，因此起效较快。选择性5-羟色胺和去甲肾上腺素再摄取抑制剂存在恶心、食欲不振、口干、失眠等不良反应。目前，选择性5-羟色胺和去甲肾上腺素再摄取抑制剂多作为治疗强迫症的二线药物使用（吴凯婷，2021）。

（3）选择性5-羟色胺再摄取抑制剂

选择性5-羟色胺再摄取抑制剂（selective serotonin reuptake inhibitors，SSRIs）能使40%—60%的强迫症患者明显减轻临床症状。该类药通过提高5-羟色胺的浓度来缓解强迫症状，其代表药物包括艾司西酞普兰、氟西汀、氟伏沙明等。由于强迫症需要长期的药物治疗，临床医生应关注该类药物动力学的变化以及相关的副反应。总体来说，选择性5-羟色胺再摄取抑制剂类药物治疗强迫症的疗效及安全性较好，较少发生严重的不良反应，逐渐成为治疗强迫症的首选药物（战玉华，2020）。

（4）其他治疗强迫症的药物

去甲肾上腺素能和特异性5-羟色胺能抗抑郁剂（noradrenergic and specific serotonergic antidepressants，NaSSAs）的代表药物为米氮平，是治疗强迫症的二线药物。对治疗明显焦虑、睡眠障碍和重度抑郁效果也较好。拉莫三嗪、丙戊酸钠、托吡酯、利鲁唑属于抗谷氨酸类药物，其机制为降低谷氨酸能纤维对前额皮质的激动来缓解强迫症状。此类药物辅助治疗强迫症有效，是治疗强迫症的三线药物（马明悦，2021）。

3. 外科治疗

外科治疗强迫症的方法主要有脑深部电刺激（deep brain stimulation，DBS）、经颅磁刺激（transcranial magnetic stimulation，TMS）等。脑深部电刺激术具有可逆性和可调性的优势，被认为是安全有效的手术治疗方法。经颅磁刺激术是一种非侵入性脑外刺激的治疗方法，用于强迫症的治疗，取得了良好的效果（薛竟雄，等，2018）。

四、抑郁症

（一）概述

现在我成了世上最可怜的人。如果我个人的感受能平均分配到世界上每个家庭中，那么，这个世上将不再会有一张笑脸。我不知道自己能否好起来。我现在这样真是很无奈。对我来说，或者死去，或者好起来，别无他路。

上面这段话是亚伯拉罕·林肯说的。没错，这段话说的就是抑郁症患者的感受。作为美国第16任总统，林肯饱受抑郁症的折磨。抑郁症毫无偏袒地发生于全球各个国家、各个社会阶层和各种文化环境中的各类人群中。无论种族、性别、年龄、成就、教育水平或财富，任何人都有可能患上抑郁症（王祖惕，等，2008）。

抑郁症是最为常见的精神障碍之一，被心理学家称为“精神感冒”。在人的一生中，没有人可以断言对抑郁症拥有绝对的免疫力。全世界约有 3.4 亿人受其影响。据报道，成年男性抑郁症患病率为 2%～3%，成年女性为 5%～9%。男性一生中患抑郁症的概率为 5%～12%，女性为 10%～25%（高颖，等，2003）。

抑郁症是各种原因引起的以抑郁为主要症状的一组心境障碍或情感障碍，是一组以抑郁心境自我体验为中心的临床症状群或状态，表现为心境显著和持久的低落超过两周，并伴有相应的思维和行为改变；具有反复发作的倾向，间歇期精神正常，不残留人格缺陷。抑郁症虽可多次发作，但很少出现精神衰退现象。抑郁症是指一种低落的情绪，具体表现为情绪持续低落、充满负能量、对任何事物都没有兴趣及思辨能力减退、迟缓等综合特征表现的心理障碍（张延丞，2021）。

世界卫生组织研究报告提出，全球大约有 3 亿患者正处于抑郁症状态之下的持续精神问题折磨。抑郁症患者长期处于情绪低落的状态，生活和工作受到严重影响。严重的抑郁症患者会产生自杀倾向。每年有超过 80 万人因为抑郁症自杀，大部分年龄在 15—29 岁（陈萱庭，2020）。

抑郁症属于精神类疾病。患者常出现意识和行为方面的改变，反复发作性较强，较难根除。抑郁症在临床诊断上主要表现为情绪悲观，具体表现为情感低落、思维迟钝和意志下降。抑郁症患者会出现失眠多梦、胸痛烦闷、头昏无力、饮食无规律、体重骤增或体重暴减等状况。

抑郁症对个体的危害很大，我国在 2010 年发布的《中国精神卫生工作蓝皮书》中已把抑郁症列为重大疾病分类。抑郁症的平均病程为 18 周。在没有得到系统治疗的情况下，抑郁症的单次病程会持续 6～15 个月。中医将抑郁症归属于“郁证”范畴，是患者情志郁积、气血不舒所致。“郁证”的临床表现为精神抑郁、脏腑机能不和、情绪不宁、易怒欲哭、胸部懑闷等（张延丞，2021）。

（二）临床表现

抑郁症的临床表现复杂多样，既有精神障碍，也有躯体功能障碍。许多抑郁症患者不了解这是一种心理疾病，因而延误了治疗时机。也有不少人把抑郁症伴发的头痛、头晕、乏力、记忆力下降等症状误认为是身体疾病所致。有关抑郁症的具体临床表现大致可归为以下四类：

1. 痛苦的情感体验

（1）情绪低落

情绪低落是抑郁症的特征性症状。所谓情绪低落，是指在一段时间内（通常为两周及两周以上），情绪持续消沉、不愉快。患者常常无明显原因便感到心情特别沉重，悲观压抑；说话时声音低沉缓慢，动作迟缓，行为减少，不愿与人交往；活动兴趣程度明显减退，精神快感明显缺失；觉得度日如年，有生不如死的感觉。但大部分患者都会巧妙地掩饰这些异常情绪，只有极少数患者会主动倾诉内心的抑郁情绪。

抑郁症患者在调节情绪时通常会使用不恰当的调节策略，因此难以进行有效的调节。例如，抑郁症患者在调节情绪时会使用“反刍思维”的调节策略。反刍思维是患者在经历消极事件后或者面对消极事件时，不由自主地重复思考的思维倾向。患者思考的范围多是负面情绪感受（吕嘉焕，2020）。反刍思维是一种不恰当的情绪调节策略，它会导致抑郁症患者持续的消极情绪，增加消极认知，降低有效解决问题的能力（陶雪，2020）。

（2）焦虑

焦虑是抑郁症常见的伴随症状之一，一般表现为紧张、不安、担心或过度惊慌。患者常会体验到一种不祥的预兆，如感到灾难、危险即将来临，亲朋好友即将死亡等，他们会因此而感到恐惧。同时，焦虑还会伴随一些自主神经系统的症状，如口干、出汗、心悸、眩晕、眼花、窒息、恶心或胃部不适等。由于这些躯体症状十分明显，经常会被误认为是身体疾病所致，而这往往又会加重患者的焦虑，形成恶性循环。

（3）激越

激越是指伴有运动不安的严重焦虑。患者多感到焦虑，不能安静下来。他们可能不停地咬手指，或是慌乱地找一件物品，又或不停地走动，严重时甚至完全不能静下来，但动作一般不具有突发性和攻击性。

2. 正常能力受损

（1）不能体验或表达情感

不能体验或表达情感是抑郁症的一种特征性表现，是指患者的内心体验不到或感受不到外界事物所引起的喜怒哀乐等情绪，尤其是不能体验或感受客观事物所带来的喜悦感或愉快感。也有些患者对亲朋好友亡故之类的事情丝毫体验不到悲伤。有一些患者对外界事物有内心体验，但却表达不出来。他们对所体验到的喜悦、愤怒、悲伤、恐惧等情绪不能通过表情、言行表达出来，他们的表情常显得淡漠、呆滞。

（2）兴趣丧失

兴趣丧失是指在学习、工作、娱乐消遣以及对外表的追求等方面的兴趣爱好的范围缩小、强度减弱，它是抑郁症的突出症状。兴趣丧失的患者的直观表现就是活动明显减少，他们常常叙述世界上没有什么事情能引起自己的注意，做什么都觉得没意思。

（3）行动迟滞

约 50%的抑郁症患者会行为缓慢，并在许多方面表现出来，如走路非常慢；说话缓慢，显得有气无力、犹豫不决，并且所说的每一句话都很简短，一般不超过 10 个字，回答问题时，也需要较长的时间，每个词句之间还有很长的停顿，并且很少超过一句话；经常呆坐在某个角落里，一动不动。

3. 躯体症状

（1）食欲减退

患者通常觉得食物没有味道或者对食物没有兴趣而不愿进食。患者食欲下降的程度各有不同，轻者不想进食，要在家人的竭力劝说和诱导下勉强进食，严重者则完全拒绝进食，甚至可能拒绝饮水。

（2）睡眠障碍

90%以上的抑郁症患者存在着不同程度的睡眠障碍。患者经常躺在床上数个小时不能入睡，或被痛苦的念头、混乱而焦虑的噩梦缠绕；患者一般比平时早醒 2～3 h，醒后难以继续睡。清晨醒来后，他们会感到头脑不清晰、困倦疲乏。抑郁症患者的睡眠障碍一般包括三种类型：一是入睡困难，上床后超过 1 h 才能入睡的称为睡眠初期障碍或入睡困难，严重的患者需要 2 h 以上才能入睡；二是中段睡眠障碍，通常表现为在睡眠中间经常醒来，醒后再入睡困难，或到临起床前才能入睡；三是早醒，比平时至少提前 1 h 醒来，若提前 2 h 以上醒来称为严重早醒，早醒后患者的情绪常处于一天中的最低点，这时发生自杀的可能性最大。

睡眠障碍往往伴有以下临床症状和躯体症状：剧烈的头痛、脖子酸痛无力、口内及咽部灼热、干燥和出汗、喉头黏膜轻微发炎肿胀、局部躯体的持续性疼痛、恶心、呕吐、便秘等（傅文，2021）。

4. 认知障碍

认知障碍的症状主要表现为：记忆力下降、反复思考、注意力水平下降、学习困难、眼手脑协调困难、抽象思维发展差等。认知障碍的主要特征是：患者的认知扭曲或负性认知偏差。患者对各种事物均做出悲观、消极的解释，表现出“偏向注意”的倾向。患者产生无用、无助、无望的症状，而此种认知症状与自杀密切相关（傅文，2021）。抑郁症患者认知功能损害的维度是多方面的。按照传统的划分方法，抑郁症患者的认知功能损害主要分为四种，即执行功能损害、记忆障碍、注意障碍和信息处理速度延迟（刘虹宏，2021）。

（1）执行功能损害

执行功能是指个体在达成某项目标的过程中，会根据特定场景主动作出灵活地变动，采取更加有效优化的执行方法。执行功能包括三个主要成分：工作任务的转换、反应能力的抑制与工作记忆能力的更新。抑郁症患者的执行功能如果受到损伤，在面对选择时就不能迅速作出决定，无法筛选所需要的信息，情感反应冷漠，行为懒惰，社会责任感下降，做事情缺乏主动性等。

（2）记忆障碍

记忆是个体进行思维、想象以及行为训练等高级认知心理活动的基础。临床上有不少抑郁症患者以“记忆力减退”为就诊的主诉。这些患者出现记忆障碍的主要特征是瞬时记忆及短时记忆明显下降，而长时记忆并没有受到较大的影响。抑郁症患者的症状越严重，其外显记忆能力会越加减退。

（3）注意障碍

注意是指个体对客观事物选择性地指向和集中。注意障碍是指个体在注意范围、强度以及持久性等方面的不足。注意障碍包括注意增强、注意减弱、注意迟钝、注意狭窄、注意转移、注意固定等。抑郁症患者的注意障碍主要表现为注意力不能持久，注意力集中于病态观念或妄想，负面情绪注意偏倚等。

（4）信息处理速度延迟

抑郁症患者常表现出思维迟缓，即信息处理速度延迟。患者的反应时间延长，反应速度变慢，进而表现为行动迟滞。使用韦氏成人智力量表对抑郁症患者进行词汇测试，与正常对照组比较后发现，抑郁症患者的考虑时间相对较长，言语流畅性更差。抑郁症患者反应时间的改善有助于抑郁症状的缓解，反应时间的长短可以作为判断抑郁症严重程度的依据（刘虹宏，2021）。

抑郁症患者的认知障碍主要表现在以下四个方面：

（1）感觉异常

抑郁症患者常常表现出感觉异常，主要有以下三个方面：一是感觉过敏。外界事物对部分患者的心境有很大的影响，他们可能感到马达声、小孩哭叫声，甚至说话声都很刺耳，从而觉得心烦意乱。二是感觉减退。有些患者对外界事物刺激的感受性下降，如他们对鲜艳色彩的感受性降低，一切景物在他们眼里都是昏暗不明、灰蒙蒙的。三是体感异常。患者常感到全身不适或难以忍受，如感到头部紧缩感、咽喉堵塞感、腹部胀痛感等，并在此基础上产生疑病观念，到处寻医问药，终日忧虑不安。

（2）疑病

抑郁症患者常担心自己患上任何一种曾听过、见过或知道的可怕疾病。他们从以前患躯体疾病时出现过的食欲差、疲乏等表现，联想到自己现在又旧病复发；也可能将抑郁情绪或肌肉紧张的感受视为头疼、胸闷等。

（3）无价值观和自我贬低

95%以上的抑郁症患者都有自卑观念，他们的自尊心下降，缺乏自信，过分低估自己的能力和价值，对他人宽容，对自己却过于严厉，甚至对自己的优点和已取得的成绩也加以否定。重度抑郁症患者还会认为自己一无是处、一文不值。

（4）厌世

大约 2/3 的抑郁症患者有自伤或自杀的观念。患者在自杀行为发生前多有一些先兆，如写遗书、安排后事等。也有部分患者担心自杀会影响到父母、配偶或孩子，所以先杀死这些亲人，然后再自杀。自杀观念是抑郁症患者最危险的症状，抑郁症患者身边人应提高警惕，避免不幸的发生。

（三）抑郁症的治疗

抑郁症的治疗方式主要有心理治疗和药物治疗。

1. 心理治疗

（1）行为疗法

行为疗法是指以条件反射原理为基础形成的一种心理治疗方法。具体而言，行为疗法就是根据条件反射和行为学习理论，消除或纠正患者不良的行为反应，帮助患者重建健康行为的治疗方法。这里所说的不良行为，是指个体在过去的生活历程中，由于条件反射作用固定下来的某种行为。行为疗法通常被细分为：行为塑造技术、行为分析疗法、系统脱敏疗法、厌恶疗法、生物反馈疗法、认知疗法和放松疗法等。下面重点介绍行为塑造技术。

行为塑造技术的理论基础是斯金纳的操作性条件反射。行为塑造就是通过不断强化，使个体逐渐形成某种新的行为的过程。行为塑造主要用于以下情况：① 产生一个新的行为；② 重新做出以前的行为；③ 改变现在行为的某些方面。

行为塑造的实施步骤如下：① 确定具体的目标行为。目标行为精确、清晰，有助于行为塑造的成功。② 判断行为塑造对患者是否合适。行为塑造是用来使治疗对象作出新的举动，或是达到已有行为中的一个新的层面。如果只是简单的示范就可以让患者学会，也就没有必要使用行为塑造技术。③ 选择合适的起点行为。起点行为必须是患者已经存在的行为，至少是偶尔出现的行为，而且这些行为必须和目标行为有联系。④ 设计塑造的步骤。在塑造过程中，患者必须掌握或基本达到上一个步骤的要求，才能进行下一个步骤，而且每一个步骤都应该比上一个步骤更接近目标行为，并且每个步骤之间的变化不能太大。⑤ 在每个趋近行为发生时，应及时强化。强化物的量要适度。强化物可以是物质的，也可以是精神的。采取哪种形式要视患者的具体情况而定。⑥ 对各个连续的趋近行为实施差别强化。从起点行为开始，对行为的每一个过程加以强化。当该行为能够持续出现的时候，应停止强化，直到出现下一个更加趋近目标的行为时，再对这个新的趋近行为进行强化。⑦ 塑造过程中，完成每个趋近行为的速度要适当。一旦患者掌握了某一个趋近行为，就要马上进入下一个趋近行为。对上一趋近行为强化过多会导致下一趋近行为难以出现。

（2）认知疗法

认知疗法是通过一些技术手段来帮助患者改变其消极的、歪曲的认知和想法，从而达到改善患者情绪和行为反应的一种治疗方法。认知疗法是基于以下原理发展起来的：认知是事件、情感和行为反应的中介，因而引起人们情绪和行为问题的真正原因是人们对事件的认知和解释，而非事件本身；认知、情感和行为相互联系、相互影响。情绪障碍往往是由于个体存在着严重的认知歪曲，而这些认知歪曲才是产生痛苦的真正原因。下面主要介绍艾利斯的理性情绪疗法。

理性情绪疗法是通过认知和情绪技术手段来改变患者对事件不合理的认知、解释和评价，进而达到改变患者抑郁情绪和不适应行为的一种治疗方法。理性情绪疗法的实施步骤如下：① 心理诊断阶段。心理治疗师首先需要了解患者所关心的各种问题，将这些问题进行分类，确定导致患者异常情绪和行为的核心问题之后，对该阶段的工作加以总结，即对患者的问题作出诊断。② 识别不合理的认知。心理治疗师通过辩论、布置家庭作业等方式，使患者识别自己存在哪些合理认知与不合理认知，并弄清不合理认知与情绪困扰之间的关系。③ 领悟阶段。心理治疗师引导患者形成对其自身的不良情绪和行为负责的意识，并促使其积极参与治疗。领悟的内容包括让患者认识到情绪障碍不是外界事件直接引起的，而是自己的非理性认知导致的；目前的情绪障碍是自己仍在沿用过去的非理性认知导致的；只有改变自己的非理性认知，情绪障碍才能消除。④ 修通阶段。这是使患者改变不合理思维、放弃非理性认知的阶段。心理治疗师主要以辩论的方法动摇患者的非理性信念。如用夸张式或挑战式的问题质疑患者，让其回答“你有什么证据对事件进行证明”，等等，然后通过反复不断的辩论，使其真正认识到，自己的非理性信念是不现实的、不合逻辑的，也是没有根据的。让患者开始分清什么是理性的信念、什么是非理性的信念，并逐渐用理性的信念取代非理性的信念。

认知疗法可以对患者进行不同阶段的干预，在对患者充分了解的情况下制订目标，通过归因式练习方法和心理综合训练，帮助患者更加直观地了解和认识抑郁症，达到更好的干预效果（蒋梦依，2021）。认知疗法有利于快速提高患者对治疗过程的依从性和治疗满意度，改善患者的临床负面情绪，有利于抑郁症的改善和恢复（张勤峰，2021）。

2. 药物治疗

除上述各种心理治疗外，对抑郁症的治疗一般结合药物综合治疗。单胺氧化酶抑制剂也可用于治疗抑郁症，但因副作用较大，国内已经很少使用。

现在比较常用的高效的临床治疗抗抑郁的药物有单胺环氧化酶抑制剂、去甲肾上腺素、路优泰等（陈萱庭，2020）。

有研究者探讨了各类常见抑郁症的致病机制，提出了与治疗抑郁症相关的药物：选择性5-羟色胺和去甲肾上腺素再摄取抑制剂、选择性去甲肾上腺素再摄取抑制剂、去甲肾上腺素能和特异性5-羟色胺能抗抑郁剂，以及氯胺酮（黄良峰等，2018）。艾氯胺酮是一种高效快速治疗抑郁症的药物，用于治疗重度抑郁症（王欢，等，2018）。伏硫西汀类药物可以有效地缓解抑郁症患者的症状（田姗姗，等，2018）。

中医对抑郁症的治疗也有一定的疗效。中医关于抑郁症的文献从唐代就有记载。中医将抑郁症归属于郁症。治疗郁症的经方在实践中得到了验证。抑郁症临床用中药多以疏肝理气、通畅气机的中药为主，以养心安神的药物为辅。川芎、五味子、柴胡、山茱萸等中药入肝经可疏肝理气，茯苓、人参、甘草等中药行心脾两经可安抚心神。中药成方如补肝散、逍遥散、疏肝理气丸等均对抑郁症的治疗具有显著疗效（张延丞，2021）。

有研究者在治疗青少年肝气郁滞型抑郁症时，采用柴胡桂枝干姜汤配合针刺的疗法。此疗法改善了青少年抑郁症患者的精神状态，且治愈率明显高于盐酸氟西汀（齐建华等，2019）。柴胡疏肝散与逍遥散联合使用，对产后抑郁症患者的疗效优于氟哌噻吨美利曲辛酯片，可大幅改善产后患者的抑郁症状（吴慧萍，2019）。老年抑郁症患者使用逍遥散联合帕罗西汀治疗，对患者的抑郁状况改善效果比较显著。小柴胡汤、柴胡疏肝散、柴胡加龙骨牡蛎汤等在老年抑郁症的治疗中均表现出良好的效果（宁婕，等，2022）。

□□□ 专栏 13-2

关注抑郁症患者不能只靠药物与医生

《柳叶刀—世界精神病学协会抑郁症重大报告：对抑郁症采取联合行动的时候到了》指出，没有任何一种身体疾病像抑郁症那样常见、带来如此巨大的负担，完全可以治疗，但它却很少得到政策关注和社会资源。中南大学公共卫生学院肖水源教授认为：“我认为最重要的一点，是抑郁症的预防、诊断和治疗，单纯依靠卫生系统是解决不了的。”

抑郁症单纯靠卫生系统的努力无法完全解决，缓解、治愈抑郁症需要整个社会的共同帮助。要逐步提升大众对抑郁症的了解，广泛普及抑郁症的相关知识。这不能只靠医生与研究人员的努力，同样需要政府与社会联手协作。政府需要加强《中华人民共和国精神卫生法》

等法律法规的实施，保护抑郁症患者的就业、隐私等合法权利，杜绝对该群体的歧视，让就诊患者没有后顾之忧。在社区、工作场所、网络空间等领域，社会力量也应以各种方式宣传抑郁症知识与就诊指南，让有需要的人得到相关信息，鼓励患者就诊。社区卫生中心可以依照相应规范，招募低成本的非专业人员，提供初步的咨询与就诊指导。这不仅可以解决精神卫生人员的严重短缺，同时能够降低患者的就诊成本。更重要的是，当抑郁症就诊普遍且方便时，患者的耻辱感会显著下降，他们会更愿意去医院精神科就诊。经验告诉我们，如果抑郁症患者得到足够的治疗，他们很可能得以康复。但他们需要的不仅是医生与药物，更需要法律和社会大众的支持、关心与保护。

□ 原理应用

通过绘画表达帮助学生调节情绪

运用绘画的方式可以帮助学生更自由、更简单地表达内心被压抑的情绪和情感，为自我赋能，帮助学生身心和谐发展。例如，在课堂上，教师引导学生选择一种想要改善的消极情绪，完成调节情绪的六宫格（表 13–1）。可以用各种图形、彩色笔或颜料以及其他手工材料等，丰富自己的六宫格。

表 13–1 调节情绪的六宫格

用线条、形状、颜色等画出这种消极情绪的情境	画出容易产生这种消极情绪的情境	如果有人送给你一件神奇的宝物，可以改善这种消极情绪，会是一件什么宝物？（可以参考你知道的童话故事）
运用该宝物以后，这种消极情绪会有什么变化？变成了什么样子？	你的生活中已经有哪些真实的宝物，使用效果接近这件神奇的宝物？	如果以一件礼物作为给这个人的回馈，你会选择什么作为礼物？

六宫格的设计主要从消极情绪具象化、产生消极情绪的情境、改善消极情绪的方法、改善之后消极情绪的变化、现实生活中的外部资源和自身的内部资源六个方面着手，帮助学生厘清自己和消极情绪的关系。进一步了解面对消极情绪时“我”是怎样的状态（I am），“我”有哪些途径或资源可以去改善这种负面情绪（I have），“我”能做些什么（I can），最终“我”会呈现出怎样的理想状态（I will be）。结合短期焦点技术中的“奇迹询问”，以未来为导向，戏剧性地开始构建解决问题、缓解情绪的过程。借由创作历程，帮助学生释放消极情绪，并协助其自我探索和洞察。学生通过对绘制内容的语言表达与分享，使潜意识里的部分内容意识化，认识到在日常生活中哪些情境会让自己产生消极情绪，而这种消极情绪又是怎样影响自己，自己又可以如何合理地处理与转化这些消极情绪，即听到自我消极情绪的声音，知道它的来处。

（资料来源：吴明霞，2023）

□ 复习与思考

1. 心理异常的分类标准都有哪些？
2. 什么是恐怖症？恐怖症有哪些临床表现？
3. 有哪些方法可以治疗强迫症？
4. 心理健康的含义是什么？
5. 强迫症的临床表现有哪些？
6. 焦虑症的临床表现有哪些？
7. 什么是抑郁症？有哪些方法可以治疗抑郁症？
8. 回忆本章内容，画出本章核心内容的概念图，与同伴进行交流分享后，加以完善。

□ 推荐阅读

[1] 刘新民，杨甫德，2018. 变态心理学［M］. 3 版. 北京：人民卫生出版社.

[2] 王建平，张宁，王玉龙，等，2018. 变态心理学［M］. 3 版. 北京：中国人民大学出版社.

[3] 陈福国，2019. 实用认知心理治疗学［M］. 3 版. 上海：上海人民出版社.

[4] 迪唐纳，2021. 正念疗法：认知行为疗法的第三次浪潮［M］. 郭书彩，范青，陆璐，等译. 北京：人民邮电出版社.

第十四章 社会心理

学习本章内容，将有助于你对以下问题的理解与思考：

- 什么是社会态度？
- 态度的功能有哪些？
- 归因理论有哪些？
- 影响人际吸引的因素有哪些？
- 什么是从众和服从？

我们常说，物以类聚，人以群分。人们在社会交往的过程中会产生各种各样的社会心理。有时人们希望通过在社会关系中寻求他人或团体的接纳来满足其社会需要；有时在与他人或群体发生交往时，人们经常会表现出固定的行为模式，也会去判断他人行为背后的原因；有时人们利用各种信息资料形成对他人的印象；有时人们的心理和行为由于受到群体的影响而发生变化。在这一章中，我们将主要学习社会态度、印象形成与归因、人际关系、群体心理和社会影响等内容。

□□□ 第一节 社会态度

面对森林里的一棵参天大树，植物学家说，这是一棵濒临灭绝的树，我们要好好保护它；木匠说，这真是一块难得的好材料，有了它，可以打一个漂亮的衣柜；工艺美术师说，这棵树具有极高的观赏价值；普通人说，这是一棵粗壮挺拔的大树。对于你来说，这棵树有什么特殊意义吗？当你面对一次失败、遇到生活中的坎坷、经历学业上的不如意时，你是将它看作人生中的一次磨炼，还是认为自己什么都不行，是一个倒霉蛋呢？为什么你会喜欢某个明星，却厌恶另一个明星呢？究竟是什么让有的人乐观大度，而让有的人悲观厌世？如果你吸烟但又知道吸烟有害健康，那么你会怎样戒烟呢？……

上面的这些问题都涉及社会心理学中的一个重要概念——社会态度。社会态度是社会心理学中一个重要的研究领域，是社会心理学家始终研究的热点问题，同时也是社会心理学研究和理论中的核心内容。19 世纪末，托马斯（W. I. Thomas）等人将社会心理学定义为“研究态度的科学”，由此可见，社会态度在社会心理学中处于重要地位。

一、什么是态度

我们认为，态度与社会态度是同一个意思。态度是个体指向一定对象的评价性反应倾向，而对象是具有社会性的。因此，当谈到态度的时候，其实就是指社会态度。

态度（attitude）源于拉丁文 aptus，基本含义是适合、适应，是指对个体行为主观的或心理的准备状态。态度是个体通过对外界刺激进行好恶评价而表现出的一种比较持久、稳定、内化了的心理反应倾向。态度是后天习得的，并且直接影响行为。态度能够改变吗？答案是肯定的，然而又是非常困难的。如果没有经过教育或是深刻的反省，我们不可能改变自己的态度。

态度作为一种内化了的心理反应倾向，包含**情感**（affect）、**行为**（behavior）和**认知**（cognition）三个基本要素。我们可以按照三个要素的首字母 ABC 进行识记，将之称为态度的 ABC 理论。

态度的认知成分是指人们作为态度主体对于一定态度对象或态度客体的知识、观念、意象或概念，以及在此基础上形成的具有倾向性的思维方式。形成一种态度的前提是对事物有充分的了解，如果对事物能够有全面、清晰的认知，那么就会形成一种可信度高的、精准的态度。态度的认知成分具有倾向性和组织性，这种倾向性和组织性会成为头脑中的既定模式或刻板印象，使人倾向于按照某类思维的轨道来认识态度对象，并对其进行思考。

态度的情感成分是指个体对态度对象所持有的一种情绪体验，如尊敬或鄙视、喜欢或厌恶、同情或嘲讽等。态度的情感成分与认知成分紧密相关。通常人们以肯定或否定、赞成或反对、接受或拒绝、选择或不选择为典型的态度反应方式，可称之为情感反应。不过，态度的反应或选择并不单纯是情感的反应，而是兼具认知和情感因素的综合性的态度反应。一切态度的反应即便看起来是情感的反应，其中也有认知成分的积极参与。

态度的行为成分是指个体对态度对象所持有的一种内在反应倾向，是个体做出行为之前所保持的一种准备状态。从理论上看，态度构成中的三个要素之间是协调一致的，如果出现了矛盾和不协调，个体就会采用一定的方法进行调整，使之重新恢复协调一致。在现实生活中，这三个要素在一定程度上往往存在着不协调和不一致。

二、态度的功能

人为什么要形成或持有某些态度？社会心理学家认为这涉及态度的功能问题。因为态度具有能够满足人们的某种需要，特别是心理需要的功能。

社会心理学家卡兹（D. Katz）等人认为，态度有以下四种基本功能：

（一）适应功能

态度是个体在社会环境中习得的。个体为了生存发展，获得他人的接受、认同与赞赏，必须判断所接触事物的价值，因而产生态度，态度可以保证个体对社会环境的适应。卡兹认为，个体对有利于满足自己需要的事物，会形成积极的态度；反之，对不利于满足自己需要的事物，会形成消极的态度。因此，我们通过态度表达自己内心的所思所想，他人通过我们的态度了解我们的情感、意见以及向往等。

（二）自我防御功能

态度的自我防御功能，使人倾向于选择有利于自我防御的态度。卡兹认为，个体往往为了保护自己的自我形象或维护自己的内部协调而形成或改变态度。在生活中，我们会经历各种各样的矛盾，遇到这样那样的压力与威胁，随即心里会产生许多紧张与焦虑。在面对压力与危险时，我们必须进行自我保护或自我防卫，维护自身价值不受威胁，从而保护个体的现有人格和心理健康。因而，人需要选择有利于自我形象和价值确立的态度来进行自我防御，使自己减少焦虑，并使情绪冲突转移方向。同时，态度作为一种自我防御机制，能让人在受到排挤与压力时保护自己。

（三）价值表达功能

通过态度，我们可以表达自己的内在价值观。在日常生活中，我们会对周围的人或事物产生具有自身特征的理解和看法。通过表明自己的态度，可以显示个体的社会价值观。主动表明态度、积极支持某一行为、实际帮助别人等，都是人们选择并表明一定态度的方式。我们往往通过态度的表达表明自己的价值，如人们支持某一明星，或是赞同某项政治措施，表明人们拥有这方面的价值观。因此，态度具有表达个人价值的功能。

（四）认识和评价功能

人为了适应周围世界，必须了解和控制周围世界。态度是个体认识世界、建构认识世界观念的重要途径。对于周围环境的一切客体，我们通过态度表达自己的价值观，以充分显示自己的人格以及对人生意义的追求。一个特定的对象，也只有在与我们的既有经验联系在一起，主体对其产生了一定的态度后，它与主体之间的关系才明确，主体与其有关的行为才有明确的引导。态度引导着我们如何认识未知的世界。通过态度，我们可以掌握许多知识及各类信息，并对它们加以分类，使其与各种事物相联系，从而获得对更多事物的认知与理解，并对这些认知与理解加工整合以形成自己的态度。

态度的上述四种功能是与个体不同的内在需要相联系的，不同个体的态度表现出强烈的差异性。因此，如果想要形成或改变某种态度，我们必须知道支配这种态度的内在心理机制。

三、态度与行为

社会心理学家认为，态度与行为的关系是非常矛盾的。二者之间到底是一致的还是不一致的？是态度决定行为，还是行为决定态度？社会心理学家通过一系列的研究证明，态度与行为不是一致的关系，态度可以预测行为，行为也可以反作用于态度。

态度有时与行为相一致，有时却表现得很矛盾，那么二者的关系到底是怎样的呢？

态度是由认知、情感和行为三个基本要素构成的，态度对行为具有动机功能和驱动作用。情感因素会影响人们的行为，积极的情感会使自己接受该态度的对象，消极的情感使自己更容易避开该态度的对象。

态度与行为有时是不一致的，这主要是因为构成要素之间的矛盾和冲突，特别是认知要素和情感要素产生冲突时，会导致态度与行为关系的不一致性。对于不同的个体来说，社会态度的三个要素的重要性是不同的，不同要素对行为的调节作用也是不一样的。

四、态度的形成与改变

态度不是与生俱来的，而是在后天的生活环境中学习形成的。婴儿经过他人的照料后发育成长，成为一个社会人；在成长的过程中，他们通过学习各种知识、技能等，逐渐形成了自己对周围事物的态度，以及自己比较稳定的世界观和价值观，态度成为人格的一部分，从而影响到人的整体行为。然而，随着年龄的增长和周围环境的改变，个体的态度也会发生相应的改变。新态度的产生是对旧态度的摒弃，而旧态度的改变往往是新态度形成的结果。生活在日新月异的今天，我们时刻都会接受许多信息，也会遇到许多压力，我们的态度会受到不同程度的影响，改变随即发生。

（一）态度的形成

个体的态度经过很长的时间孕育而成。态度一旦形成，就转化为一种内化了的心理反应倾向。这种心理反应倾向比较持久稳定。总体来看，态度的改变是非常复杂的。1961 年，凯尔曼（H. C. Kelman）提出了态度形成的三个阶段——服从、同化和内化。

1. 服从

人们为了获得某种物质、精神上的报酬或为了避免惩罚而采取的表面上的行为称为服从。服从行为往往是受到外界的压力或命令而被迫发生的。外界压力主要来自两个方面：一是他人，二是规范。在生活中，我们常常要服从地位高的人或权威的命令，父母、老师、警察、领导都是我们服从的对象。除对权威他人的服从之外，还有对规范的服从。社会靠规范维持，规范靠服从执行。政策法规、组织纪律、约定俗成的惯例，都是我们必须服从的。对权威与规范的服从是个体社会适应良好的重要标志。

服从行为并非出自个体内心的意愿，只是一时性的、为了达到自己的既得目的而被迫表现出来的表面的行为。这些行为可能仅限于在可能获得金钱、物资或得到他人认同与赞赏的社会报酬的情况下出现，也限于为避免惩罚、批评与处分等精神惩罚而出现。当外界的压力被解除时，行为或态度就可能马上终止。如有的人在大街上看到有城管监督就不会随手乱扔垃圾，但当没有人监管时，就会随手乱扔垃圾；又如有些小学生在教师的监督下会非常听话，很守规矩，但当教师不在场时就开始大声喧哗。

2. 同化

在同化阶段，个体不是被迫而是自愿接受他人的观点、信念，使自己的态度与他人的要求相一致。这时态度的形成和改变不是停留在外界压力的表面上，而是逐渐变为自愿的，向认知、情感等方面发展。在同化阶段，个体首先确定自己与所要认同的个人或团体之间的关系，进而采取一种与他人合作的态度和行为。同化能否顺利实现，他人或群体的吸引力至关重要，否则同化过程很难维持。

3. 内化

内化是态度形成的最终阶段。在这一阶段，个体从内心深处深信并接受他人的观点和情感，从而彻底转变自己的态度，将新的观点与思想纳入自己的价值体系，使其成为自己态度体系中的一个有机组成部分。当态度进入内化阶段时，就变得非常稳固且不易改变了。因此，在三个阶段中，内化是最稳固也是最持久的。

态度的形成经历了服从到同化再到内化的复杂过程，但并不是所有的人对所有的事物或人的态度都会经历这个过程。有的人对某一件事情的态度可能只停留在服从阶段，但对其他一些事情可能完成了态度的整个形成过程。也有人即使到了同化阶段，还要经过多次反复，才进入内化阶段，也可能一直停留在同化阶段徘徊不前。所以，个体的态度形成是一个非常复杂的过程。

（二）态度的改变

1. 态度改变的理论

（1）认知失调理论

这一理论由费斯汀格（L. Festinger）于 1957 年提出。他认为，人的认知是由许多认知元素构成的，如关于自我、自身行为以及环境方面的信念、看法或知觉等。这些认知元素之间存在三种情况：① 协调关系（如“吸烟危害我的健康”和“我不吸烟”）；② 不协调关系（如“吸烟危害我的健康”和“我吸烟”）；③ 不相关联（如“吸烟危害我的健康”和“今天刮风”）。当个体发觉自己持有两个或两个以上相互矛盾的认知元素时，便出现了不协调状态。不协调状态有程度的高低，主要取决于以下两个因素：① 认知对于个人的重要性，即不协调的认知元素对人是否重要；② 不协调认知数目与协调认知数目的相对比例。

当人出现了认知失调时，就会不由自主地驱使自己减少这种矛盾，力求恢复或保持认知元素之间的相对平衡和一致性。个体通常采取以下三种途径去实现认知上的平衡：

① 改变或否定两个认知元素中的一个，使之与其他认知元素趋于协调（改变对吸烟的看法与态度：将“我吸烟”改为“我不再吸烟”，或将“吸烟危害我的健康”改为“如果停止吸烟我会难受”）。

② 重新评价两个认知元素，强调某一认知元素的重要性（吸烟可以让我放松精神，这是最重要的，其他的我都不考虑，或吸烟有害健康，应该戒烟）。

③ 在不改变两个认知元素的情况下，增加新的认知元素，改变认知不协调的情况（如插入一种理由，“抽烟可以提高工作效率，个人安危是次要的”，或“世界上抽烟而长寿者不乏其例，我可能就属于这种人”）。以这种方式减少不协调，可以不改变原有元素，但会出现辩解性理由。有些理由常以歪曲事实为代价，所以往往有害。

（2）平衡理论

平衡理论又称为人际关系理论，是由海德（F. Heider）提出的有关人际关系和态度变化的一种社会认知理论。他认为，人的认知包括世上的各种人、事物和概念，人的心理活动是人在与社会因素（社会事件、他人、文化观念等）的相互作用中实现动态平衡的过程。个人在社会生活中与他人建立的关系是通过某些态度对象形成的。例如，甲喜爱音乐，乙也喜爱音乐，于是甲对乙会产生好感，并有可能相互建立友好关系。这里甲、乙、音乐就存在一种封闭的三角关系模式。由于三者之间是正向关系，即甲对音乐、甲对乙以及甲认为乙对音乐都具有肯定的态度倾向，所以就甲来说，心理上是平衡的。如果事情有了变化，如甲和乙两人已成朋友，甲支持和主张参加一个社团，而乙否定和反对参加这个社团。这时甲、乙、社团的三角关系就出现了两正一负的模式。甲会感到心理上的不平衡，产生紧张、焦虑，不舒适或不愉快。甲为了从不平衡状态恢复到平衡状态，一般可采取两种办法：一种办法是对乙进行劝说，希望他改变对这一社团的看法，由负变为正的平衡态。另一种办法是改变自己对乙（或社团）的态度，即疏淡或断绝和乙的关系，态度上由肯定转为否定，关系上由正转为负；或改变自己对社团的态度，即由赞成这个社团改为反对这个社团。

2. 改变态度的方法

态度的改变是指人对事物的态度发生一定的变化。态度的改变包括两个方面：态度强度的改变和态度方向的改变。态度强度的改变是指态度的方向不变，而仅仅改变原有态度的强度。如对某事的态度由有点反对变为非常反对，或对某人的态度由热爱变为一般的喜爱。态度方向的改变是指对事物的心理反应倾向发生了方向性的改变。如对某事的态度由反对变为赞同，对某人由喜爱变为厌恶等。改变态度的方法包括以下三种：

（1）说服宣传

说服宣传有多种方式，包括面谈，组织参观访问，组织观看电影、电视等。大众宣传是比较有效地改变人们态度的一种重要形式，它可以使信息在短时间内传递出去。同时，人们也可以通过观看电影、电视，阅读报纸、杂志，收听广播或上网浏览信息等方式接受宣传内容。正因如此，一个国家、一个民族的凝聚力和向心力，离不开积极、正确思想舆论的引导，主流思想的舆论越强大，人民为理想和梦想而奋斗的信仰、信念、信心也就越坚定。“人民有信仰，国家有力量，民族有希望。”我们要在全社会大力弘扬和践行社会主义核心价值观，将其内化于心、外化于行，成为我们生而为中国人的独特精神支柱。在说服宣传中应注意以下三点：

① 提高宣传说服者的可信度。宣传对象是否接受宣传内容，在很大程度上取决于说服者的可信度。说服者的受教育程度、社会经验、年龄、职业和社会地位、人格特征、外表仪态以及讲话的流利程度等，都是影响他人是否信服的关键因素。

② 说服宣传要实事求是。既不过分强调优点，也不过分缩小弊端。过分强调优点会使人产生怀疑与不信任，过分缩小弊端不容易引起人们的重视。例如，有两则广告，一则广告说：这种车门的内把手偏右了一点，用起来不太顺手，但除此之外，其他方面都很好；另一则广告中没有这一条，全都陈述优点。然而，顾客都相信前一则广告的内容。这说明实事求是地说服宣传能获得人们的信任，从而更容易改变其态度。

③ 说服要有针对性。要根据对象的特点有针对性地进行宣传。当人们和宣传者所提倡的方向保持一致，并且他们在这方面的知识经验不足时，单方面宣传比较合适。当人们早已具备比较充分的知识经验并且习惯于思考和比较时，多方面宣传可以在更大程度上改变其态度。例如，许多商业广告或售货员都是一味地进行单方面宣传，从社会心理学角度分析，这种宣传确实会让一部分消费者信服，但对一些知识经验丰富或教育程度较高的人来说并不会产生太大作用。

（2）积极参加活动

引导人们积极参加实践活动有助于改变其原来的态度。在现实生活中，对于不喜欢某一项活动的人，可以鼓励其参与到活动中，这往往能改变其原先的态度。

（3）群体规定

群体的公约、规则可以有效地改变人们的态度。20 世纪 40 年代，心理学家勒温（K. Lewin）曾做过这样一个实验：第二次世界大战时期，由于食品短缺，美国政府当局希望说服家庭主妇购买那些一向不受人欢迎的动物内脏做菜。根据这一情况，勒温采用了两种方法：一是对上述要求进行讲解与劝说，二是将上述要求变成群体规定。然后观察两种情境下人们态度改变的情况，并加以比较。他把主妇们分为 6 个小组，每组 13～17人，其中 3 个小组接受讲解与劝说，3 个小组采取群体规定。前三个组的主妇们听人们讲了这些食品的营养价值，以及采用这些内脏当食品对国家的贡献如何大后，还得到了一本烹调内脏的食谱。后三个组的主妇们被简单地告知，群体规定大家今后要改用动物内脏做菜。一周以后进行检查，前三个组中仅有 3%的人改变了态度，而后三个组中有 32%的人改变了态度。这是因为个人对所属群体具有认同感，希望与团体保持密切关系，愿意接受群体的约束与规范。因此，群体规定可以有效地改变人们的态度。

□□□ 第二节 印象形成与归因

人们在初次见面时，会形成对一个人的第一印象。那么你希望给他人留下一个什么样的印象呢？当参加招聘时，你希望给招聘方留下一个怎样的印象呢？你给人的感觉是温柔亲切，难以接触，还是阴险狡诈呢？我们对一个人的总体印象，往往取决于第一印象，我们都希望给他人留下一种美好而又深刻的印象。心理学的一些研究结果显示，初次见面的印象往往在某种程度上成为日后如何对待对方的依据。当贾宝玉第一次见到林黛玉时，不禁赞叹道："这个妹妹我曾见过。"不由得一种似曾相识的感觉涌上心头。如果不是黛玉美好的形象，又怎能引起宝玉的注意呢？然而，当见到一个穿着怪异、蓬头垢面的人时，我们不禁会产生厌恶心理。那么，在印象的形成过程中，我们会受到哪些因素的影响呢？

一、什么是社会印象

一般来说，社会印象就是我们常说的印象，简单地说就是我们对他人的看法。**印象**（impression）是指在社会知觉的基础上形成的一种社会心理现象，主要指人们利用各种可能的信息资料形成对他人的看法。但社会印象并不像社会知觉那样主要集中在对认知对象外表的一些直觉和零散的记忆上，它主要包括对人的行为、人格及情绪特征的深层次认识。与社会知觉相比，社会印象具有自己的基本特点。

（一）印象的特征

1. 表面性

印象主要是个体的认知因素和情感因素相结合的产物。个体在初次见到陌生人时，总是通过外表、言行举止、面容等方面获得对对方的表面印象。

2. 片面性

初次见面的陌生人，由于时间短暂，只能看到或是了解到其某些方面，不可能对其有一个整体的认识，因此，个体对陌生人的了解一般是片面的，经常会犯以偏概全、以貌取人的错误。

3. 归因

个体在认识他人行为、获得第一印象的同时，都会根据其外部表现的特征推测其内心的思想与情感。例如，当你见到一个新教师时，你会根据他表现出的行为，对他的性格、为人处世的风格作一个简单的推测。

（二）印象形成的心理效应

1. 首因效应

首因效应是指第一印象对人的认知具有强烈的影响。初次见面时的印象往往是双方是否继续交往的重要依据。如果初次见面，某人给对方留下了非常不好的印象，那么这种印象很可能会在很长一段时间内影响对方对其心理和行为特征的解释。类似的情况在我们的生活中时常发生，对我们的生活、工作和学习都有一定的影响。通过第一印象，我们往往会形成先入为主的观念。

1957 年，美国社会心理学家洛钦斯（A. S. Lochins）首先对首因效应进行了实验研究。洛钦斯杜撰了两段文字作为实验材料，内容主要是写一个名叫吉姆的学生的生活片段。这两段文字描写的情形是相反的，一段内容将吉姆描写成一个热情且外向的人；另一段内容则将吉姆描写成一个冷淡且内向的人。洛钦斯分别让水平相当的中学生阅读两段文字，并让他们对吉姆的性格进行评价。结果发现，在被试对吉姆的性格所进行的评价中，先阅读的材料起着决定性的作用。

洛钦斯的研究证明第一印象对认知有作用。初次见面时，双方了解的相貌、身材等一些表面特征只是与外表有关，而不是个体内在的本质特征，外表有时具有很大的欺骗性，单凭第一印象作为继续交往的基础是不牢固的。俗话说“人不可貌相”就是这个道理。了解了首因效应后，也会促使我们全面、深入地了解他人，不要“先入为主”地对他人形成偏颇的印象。

2. 近因效应

“近因”指最后的印象，近因效应指的是最后的印象对人的认知具有强烈的影响，也就是说，人们对新得到的信息比对以往所得到的信息感知更加强烈，新信息会给我们留下更为深刻的印象。洛钦斯做了有关近因效应的经典实验，他以不同的呈现方式重复了前面的实验，得出了不同的结果，即在被试阅读不同的材料后对吉姆的性格进行的评价中，被试后面阅读的材料对其影响更大。

那么，如何解释首因效应和近因效应这两个似乎矛盾的现象呢？洛钦斯认为，当两种信息连续出现时，首因效应明显；当两种信息断续出现时，近因效应较为突出。也有专家认为，在与陌生人交往时，首因效应起较大的作用；在与熟人交往时，近因效应有较大影响。

3. 晕轮效应

晕轮效应又称光环效应。出现这种现象是因为知觉者的情感引起对他人的一种主观倾向，因而会使人们对他人的评价出现偏差。这一偏差表现为当某人被人们赋予了一个肯定的、被人们喜欢的特征之后，那么这个人就可能被人们赋予了许多其他好的特征。这也就是为什么广告中会出现那么多帅哥美女的原因了。

晕轮效应时常出现在我们的日常生活中，古代也有许多这样的俗语，如“以偏概全”“爱屋及乌”“一叶障目，不见森林”等。因此，我们应注意对他人观察的客观性和全面性，避免偏听偏信和以貌取人。

4. 刻板印象

刻板印象也称类化原则，是指人们对某一类事物或某一社会群体形成的一种比较固定、笼统、概括的看法。如果人们生活的社会环境、民俗民风、经济条件、文化等方面大致相同，就会具有很多共同点。如生活在同一民族地区的人有大致相同的风俗习惯、性格特征和行为方式。认知过程中，人们会把这种相似的特点归纳、概括并固定下来，这样就形成了刻板印象。

在日常生活中，职业、性别、年龄、地区等都可以成为刻板印象形成的基础。我们时常认为在理科学习过程中女生不如男生，山东人都是豪放粗犷的，商人都是精明的，法国人都是浪漫的，英国人都是很有绅士风度的，等等。这些相似的特点被概括地反映到人们的社会认知中，并被固定化，便产生了所谓的社会刻板印象。对于从未谋面的人，我们也会根据以往的经验与信息等产生刻板印象。

刻板印象对人们的社会认知可以产生两方面的作用。从积极方面看，刻板印象本身包含了一定的真实合理的成分，能够在一定程度上反映认知对象的一些情况，简化人们的认知过程。然而，恰恰是简化了的过程会起到消极的作用。刻板印象一旦形成，便具有较高的稳定性，会使人们的认识变得僵化，阻碍人们对认知对象的全面了解。同时，将人群过度类别化会掩盖个体身上一些独特的东西。事实上，女生的理科成绩不一定比男生差，也并非所有的法国人都是浪漫的。

专栏 14-1

常见的刻板印象

1. 性别刻板印象

“女生玩洋娃娃，男生玩机器人”或是“男主外，女主内”就是一种性别刻板印象。这种印象常常造成在工作上对性别的歧视，例如，男护士或是女司机。

2. 地区或种族刻板印象

例如，“日本人都爱吃生鱼片”“住在布鲁克林区的人都是穷人”或“我国南方人精明细致、北方人豪爽耿直”等都是一种地区刻板印象。“所有的四川人都爱吃辣”也是地区刻板印象，因为也有不爱吃辣的四川人。

3. 外表刻板印象

例如，漫画中的人物造型，常以尖嘴猴腮作为坏人的形象特征，还有“体态肥胖的人都贪吃，体形消瘦的人都有疾病”等。实际上，并不是所有的肥胖都是因为贪吃造成的，而体形消瘦也不全都代表有疾病。

二、归因理论

[拓展阅读] 飞行员失误的主要原因

在日常生活中，当我们对他人形成了一些直观、外在的印象后，还可能想知道他人行为的真正原因。我们不仅想知道他人是如何行动的，还想知道他人为什么这样行动，这就是归因。归因是指人们对他人或自己的所作所为进行分析，指出其行为性质或推论其行为原因的过程。行为归因是人的社会认知活动的一个重要组成部分，标志着对他人进行深层认知的开始，也意味着根据感知获取的表面的、外在的特征和属性来进一步对他人的社会行为进行推论和判断的开始。

社会心理学有关归因的研究始于20世纪50年代。海德（F. Heider）是最早研究归因理论的学者。他在《人际关系心理学》一书中首次提到了归因现象，但由于当时人们过多地注意他的认知平衡理论，因而对他的归因思想没有重视。直到20世纪60年代，琼斯（E. E. Jones）和戴维斯（K. Davis）的《从行为到倾向性——人的知觉中的归因过程》以及凯利（H. H. Kelley）的研究论文发表之后，归因研究的重要性与必要性才引起广大社会心理学家的重视，从此，归因理论及其相关研究成为社会心理学领域中的热门课题。

（一）海德的自然心理学观点

海德首先将归因问题理论化。他认为，人们需要了解他人的行为，控制周围的环境，只有这样，才能更好地在复杂多变的社会中生活。因此，不只是心理学家，生活中的每一个人，都对各种行为的因果关系感兴趣，都试图解释别人的行为，海德称此为“自然心理学”——即每个人都具有的对人类行为的一般理论。

海德将个体行为的原因分为两种：一种是个体自身之外的原因，如环境、他人的影响和任务的难易，等等，若将行为的原因归于此就是外在归因或情境归因；另一种是个体自身的原因，如能力、动机、兴趣、性格、努力程度，等等，若将行为的原因归于此就称为内在归因或特质归因。“内因与外因”成为行为归因中的一个基本维度。大量事实表明，在寻找行为的原因时，许多人都倾向于作内在原因或外在原因的归属判断。心理学家认为，当人们把某个人的行为作内在归因时，就会增加人们预测其行为在类似情况下再次出现的可能性；反之，如果人们把某个人的行为多作外在归因，就很难断定在类似情况下其行为是否会再度出现。海德开创了有关归因的研究，他对行为原因所作的个人-环境的划分一直是归因理论研究的基础，其影响非常深远。

（二）韦纳的归因理论

韦纳（B. Weiner）认同海德将个体行为分为内因和外因的做法，在此基础上，他着重研究了人们对成功与失败的归因，并提出了成败归因的维度——“稳定—非稳定”的两个方面。当我们要知道成败是经常发生的（稳定的）还是偶然发生的（不稳定的）时，可以通过这两个维度作总结性的归因。有些外在原因非常稳定，如人的能力、人格、职业、工作难度、职业要求、法律法规，等等；有些外在原因非常不稳定，如天气、情绪、努力程度、环境，等等。由此可见，原因可以由“内因—外因”和“稳定—不稳定”两个维度任意组合而成。

两种维度在归因中都是很重要的，它们会导致不同的结果。在我们形成期望或预言某人将来的行为时，稳定—不稳定维度非常重要；当我们对他人行为进行评价时，内因—外因维度显得更有意义。

（三）凯利的三维理论

凯利的归因理论被称为三维理论或三度理论。他认为，人们思索行为原因的过程是复杂的，需要考虑三方面的因素：客观刺激物、行动者和环境。这三个方面构成了一个立体的框架，遵循共变性的原则协同作用，主要有区别性、一致性和一贯性。

区别性是指行为者的行为是否因对象而异，若因对象而异，则区别性高，反之则低。

一致性是指行为者的行为与他人相比是否特殊，相同则一致性高，反之则低。

一贯性是指行为者的行为是否因时因地而异，若不因时因地而异，则一贯性高，反之则低。

三个问题的不同答案组合起来会直接影响我们对事件的归因结果。这三种组合所产生的结果是：① 一致性低，一贯性高，区别性低，即与众不同，总是如此，不因人而异，此时行为的原因在行为者本身；② 一致性高，一贯性高，区别性高，即与众相同，总是如此，因人而异，此时行为的原因在行为者所指的对象上；③ 一致性低，一贯性低，区别性高，即与众不同，偶尔如此，因人而异，此时行为的原因在行为发生时的环境上。

社会心理学家麦克阿瑟（L. A. McArthur）首先对凯利的预测作了系统的研究。他给被试一个简单的假设事件：玛丽昨晚为什么对夜总会小丑笑得那么厉害？三种主要的预测和结果见表 14-1。

表 14-1 玛丽为什么发笑

条件	区别性	一贯性	一致性	归因
1	低——她总对小丑们发笑	高——她总是对小丑发笑	低——他人很少发笑	人：玛丽（86%）
2	高——她没对别的小丑发笑	高——她总是对小丑发笑	高——每个人都发笑	刺激物：小丑（61%）
3	高——她没对别的小丑发笑	低——她以前几乎没有对小丑发笑过	低——他人很少发笑	情境/环境（72%）

麦克阿瑟的实验较好地证明了凯利的假设。我们可以看到，凯利的多线索归因是在通过一个严密的逻辑分析模式寻找行为的结果，使整个归因过程都十分细致和合理。在多线索的情况下，应像上述实验一样，将区别性、一致性和一贯性三方面的信息综合考察。但这个理论也受到了质疑，因为在现实生活中，普通人不会有足够的精力和时间作如此烦琐而程式化的归因，我们往往都是结合自己的需要、期望等作出迅速、直观的判断。

□□□ 第三节 人际关系

在人生的舞台上，我们每时每刻都在扮演着一定的角色，与周围的人形成各种各样的关系。世界上的任何一个人都不是生活在荒岛上的鲁滨孙，每一个个体都渴望与他人交往，并形成和谐融洽的关系。如果不被他人接受或是被某个群体孤立，我们就会处于一种紧张、焦虑的负面情绪中。因此，人际关系对于我们任何一个人来说都非常重要。那么什么是人际关系？我们如何与他人形成良好的人际关系？又有哪些方法可以对人际关系进行测量？本节将对上述问题一一进行回答。

一、什么是人际关系

人际关系（interpersonal relation）是人与人之间心理上的关系，是人与人之间相互交往的结果，是社会关系中的一类。人际关系反映了个体或团体寻求满足其社会需要的心理状态。人际关系的变化与发展取决于双方社会需要满足的程度。如果双方在相互交往中都获得了各自的社会需要的满足，相互之间就能发生并保持接近的心理关系，建立友好的情感。相反，如果其中一方对另一方表示不友好、不真诚或做出不利于另一方的行为，就会引起另一方不安，这时，双方的友好关系就会中止或关系变得疏远，甚至产生敌对关系。无论是亲密关系、疏远关系还是敌对关系，都是心理上的距离，这些统称为人际关系。

不同的人际关系会引起不同的情绪体验。人与人之间心理上的距离近，则双方都会感到心情舒畅，无所不谈。若人与人之间发生了矛盾或冲突，心理上的距离很远，则彼此都会产生不愉快的情绪体验，从而影响个体的身心健康。

人际关系是人们社会交往的基础，对于我们的日常生活和各种社会活动来说都是不可缺少的。

二、人际吸引

人际关系的结构是非常复杂的，受许多心理因素的制约，其中既有认知成分，也有情绪和行为的成分，其中情绪的成分即对人的喜爱或不喜爱，表现为人际吸引。人和人相互间的吸引力程度是人际关系的主要特征。不同层次的人际关系反映了人和人之间相互吸引的程度，心理上的距离越近，人们相互之间越吸引；心理上的距离越疏远，则人们相互之间越缺乏吸引力。人际吸引有五个影响因素。

（一）接近性

推测两个人是否是好朋友，最简单的方法就是看他们之间的空间距离。空间上的距离越小，就越容易成为知己，尤其是在交往的早期阶段。接近性是人际吸引的重要因素。20 世纪 50 年代，一些社会心理学家在一个大型住宅区研究人际吸引的接近性效应。住宅区有 17 栋独立的两层小楼，每栋楼有 10 个单元（每层 5 个）。每个单元的样式几乎相同。居民不能决定住在哪里，他们完全被分配住处。每位住户都被问道：“在小区内经常与你有机会接触的三个人是谁?”在住户的回答中，有 41%的隔壁邻居、22%两门之隔的邻居被提到，而走廊另一端的邻居被提到的概率只有 10%。住户的回答表明他们与住得近的人经常交往，与住在自己同一楼层的住户比与住在不同楼层的住户更容易成为朋友。研究表明，人们居住得越近，越容易成为朋友。

接近性因素并不是始终如一的，随着时间的推移，其发挥的作用会越来越小。当双方关系紧张时，空间距离越接近，人际吸引反而可能越消极。

（二）相似性

我们常说“物以类聚，人以群分”，人们倾向于喜欢在态度、价值观、职业、社会地位、兴趣爱好、背景以及人格上和自己相似的人。这种相似性效应经常体现在交朋友、约会和婚姻中。

那么，如何解释相似性效应呢？为什么在人际吸引中相似性如此重要？首先，相似性通常是有回报的。与我们相似的人倾向于同意我们的观点，可以增强我们对自己观点的信心；如果有人不赞同我们，批评我们的观点、品味和判断，我们会感到很不愉快。相似的价值观和兴趣提供了与他人共同活动的基础。其次，认知失调理论认为，喜欢一个人的同时又在基本问题上不同意这个人的看法，会在心理上造成不适。为了避免心理上的不适，我们会喜欢那些同意我们观点的人，而不喜欢那些观点与我们不同的人。最后，人们有意地选择在态度和社会欢迎性上与自己相似的人作为伙伴。我们可能喜欢与漂亮、有名望的人约会，不过最后我们的伴侣通常是那些与我们相似的人。

（三）互补性

当双方的需要以及对对方的期望正好成为互补关系时，就会产生强烈的吸引力。脾气暴躁的人和脾气温和的人、主动型的人和被动型的人都可以成为好朋友，说明人不仅有认同的倾向，还有从对方身上获得自己所缺乏的东西的需要，这就是互补性。我们用“反向吸引”来描述具有不同知识和技能的人们共同做一件事情的互补角色关系。一般来说，大多数的互补需要双方有近似的价值观和目标。克克霍夫（A. Kerckhoff）等人提出择偶的过滤假说，他们认为，两个不相识的男女要结成终身相托的婚姻伴侣，必须经过几道过滤关卡：① 时空距离的接近；② 人身因素，主要指当事人的社会经济地位、教育水平、信仰等；③ 态度与观念的相似；④ 需要的互补。但是，并非所有的婚姻都必须经过这样一系列的过滤。

（四）能力与特长

如果个体有过人的外貌、能力与特长，表现得与众不同，其本身就有一种吸引力，使他人对此产生钦佩感并欣赏其才能，愿意与其接近。有研究表明，一个看起来过于优秀的人，如果某一方面表现得不尽如人意或犯了点小错，反而会使人们喜欢他。一个人如果表现得十全十美，反而会使人们感到高不可攀，对其敬而远之。

（五）仪表

虽然我们都知道不能以貌取人，但是很难避免在外貌基础上形成对他人的印象。当其他条件相同时，我们更喜欢仪表好的人。个人的长相、穿着、仪态等，都会影响人们彼此间的吸引。尤其在第一次见面时，由于第一印象的作用，仪表因素占有重要的地位。但是，社会交往的时间越长，仪表因素的作用就越小，吸引力将会从外在的仪表逐渐转入人们内在的道德品质。

三、亲密关系

人际吸引力是人类关系发展的前提条件和主要物质基础。在人际吸引力的基础上，人们之间的关系会由一般的人际关系逐渐发展为更加亲密的关系。亲密关系对每个人的生命都是至关重要的。

（一）亲密关系的定义

心理学家认为，亲密关系主要是指两个亲近的人互相依靠和影响。有研究者提出，亲密关系是一种相互依赖的模式。随着相互依赖程度的提高，人际关系的变化表现出一些基本特征。研究者以两个人之间的关系进展阶段为例，将双方的关系分为四类：一是两个人均不了解对方的存在，或双方并没有其他关联，我们称之为**零联系**（zero contact）；二是彼此知道对方的存在，即一方了解另一方的相关信息，但未进行刻意的接触和了解；三是两个人建立起了**表层联系**（surface contact），即两个人之间有了一定的交往，如通过谈话或书信相互沟通；四是两个人建立了相互关联的**亲密关系**（mutuality），即两人的相互依赖程度加深。在双方的共同关系中，如果两人的相互依赖程度变得很高时，人们就将这种关系叫作**亲近关系**（close relationship）。

然而，像爱情一样，亲近关系也是较难精确定义的常用词之一。自我表露是亲密的一个成分，但是仅仅表露个人信息不足以形成心理上的接近感。只有当我们觉得被同伴理解、认可、关心时，才会体验到亲密感；当我们觉得对方关注我们、给予我们回应并且支持我们时，亲近关系才会产生（Taylor et al.，2008）。亲密关系的共同特征主要有三种：一是两个人之间有长期的频繁交往；二是在这个亲密关系中涉及了很多不同类型的活动以及事情，双方有兴趣共同参与；三是两个人之间的相互影响力越来越大（侯玉波，2018）。

（二）亲密关系的维持与终结

在友谊与恋爱这种关系确立起来之后，人们会期望可以长期地保持这种关系。但是事实上，保持这种关系需要双方做出很大的努力。怎么样才能良好地保持这种关系，我们需要关注下列六个方面：

1. 公平

公平原则是社会关系维持的主要前提条件之一。根据社会公平理论，在各种形态的社会关系中，个体的付出应当与其所获得的利益成正比。例如，在恋爱和婚姻等关系中，人类并没有以最少的支出换来最高的利益，而只是要求一个大体的均衡，即付出多少与获得了什么大体相当。在一个家庭中，经常会出现因为劳动分配不合理，造成夫妻双方心理不平衡，由此产生一些矛盾和分歧的现象。因此，为了确保公平，承担家务劳动多的人就会享有多一点的话语权。但要是丈夫或妻子在家里一点家务都不干，只会挑三拣四，那么这种夫妻关系就容易产生矛盾和分歧，甚至可能出现问题（侯玉波，2018）。

2. 归因

有研究认为，幸福和谐的夫妻经常会做强化归因。也就是说，幸福和谐的夫妻会把对方做出的优秀表现归纳为对方本身具备的优点，而把对方做出的不好表现归纳为对方暂时没做好的心理情境。相反，如果是关系不和谐的夫妇，经常会做抑郁式归因，把对方优秀的表现看作一时的、心血来潮的行为，而把对方做出的不好表现归因于对方本身具有的缺点。

3. 沟通

除由不公平所引起的焦虑和消极的归因倾向外，在夫妻关系或其他家庭关系中发生问题的另一种归因是缺少沟通。研究表明，关系趋于破碎的夫妻往往无法或不喜欢再向对方传达负性的情感，甚至根本懒得再和对方交流情感。一个长达四年的夫妻关系调查的研究表明，在最终破碎的婚姻中，常常蕴藏着很多抱怨，以及对对方关心与沟通的置之不理。夫妻双方在交流的时候也常常进入消极的恶性循环，双方积极正面的交流活动往往被忽视，而消极负面的交流活动则往往被夸大（侯玉波，2018）。

幸福、和谐的夫妻之间往往会利用辩论来了解对方的想法，这对于夫妻之间维持和谐健康的关系至关重要，也被称为**换位思考**（perspective-taking）。在夫妻双方的辩论中，女性通常会投入更多的精力来表达自己的观点、吐露自己的情绪。通过这种辩论，可以使夫妻之间更加理解和信任，亲密关系也更加长久。

4. 妒忌

有研究者认为，妒忌是指当与个人自我概念相关的重要社会关系遭遇现实的困难或想象的危险时，个人所产生的一种消极情绪反应。妒忌的指向非常广泛，包括对他人的社会地位、工作、兴趣爱好、女友或男友以及穿着打扮，等等。妒忌产生时常常会导致个体产生消极心态和行为。当这些消极情绪聚积起来时，是非常恐怖的事情。

尽管妒忌是一种消极表现，但是在恋爱中，一方为引起对方注意，有时会故意做出激发对方妒忌心的行为。一项研究指出，大学生中 1/3 的女同学和 1/5 的男同学，都向他们的同伴展示了他们曾经的好朋友，以激发对方妒忌，并以此来增进彼此的关系。在爱情交往中，妒忌心越强的人，在二人关系当中投入的感情就越大。需要注意的是，在有些情形下，这种妒忌的后果会使亲密关系遭到破坏，也不利于二人关系的改善（Hupka，1991）。

5. 策略

当双方的关系没有价值的时候，他们不得不结束这段关系。有研究者认为，个体在终止一段关系时，通常会选择两种不同的策略来挽救或结束这段关系。这两种策略都和人们对这段关系的满意程度和承诺水平直接相关，满意程度越高、承诺水平越大，那么这个关系就越难结束。这两种策略分别为积极的策略和消极的策略。

（1）积极的策略

积极的策略包括**真诚**（loyalty）和**表达**（voice）。

真诚：具体表现为积极主动地修补双方出现的情感裂缝，期待通过诚恳的行动使对方回心转意。

表达：积极与对方探讨所面临的问题，寻求妥协，并尽量保持与对方较为亲密的联系，这是一个有益的、建设性的策略。

（2）消极的策略

消极的策略包括**忽视**（neglect）和**放弃**（exit）。

忽视：这是许多男人常常使用的一种消极策略。他们会有意忽视对方，和对方在一起时，总是在某些不相干的议题上挑剔对方的缺点。而忽视的策略也往往被一些不知怎样解决自己的消极情绪、无意改变但又无意结束双方关系的人所采用。

放弃：当双方觉得没有必要挽回这个关系时，他们往往会采取放弃的方法。这是一个具有破坏性的策略。

6. 吵架

吵架分为两种：一种为毁灭性的吵架；另一种为和好的吵架。在进行和好的吵架时，应注意以下几点：不能不辨别对错而只是向对方道歉；不能对所争执的事情保持静默，无动于衷；不能随意贬低对方；不能过多提及与吵架不相干的事情；不能为维持和谐关系而违心地接受他人的看法；不可以间接抨击他人的优点；不可以为了威胁他人而故意制造意外和麻烦；明确表示自己赞成什么、不赞成什么；吵架时不应让孩子听见；提出一个能够让彼此关系得到缓和的有效意见（侯玉波，2018）。

四、爱情

爱情具有排他性与专一性。爱情不只由个体的天然性质或生物学特征所决定，还由个体的社会特征——在社会中的生活方式、地位、思想、物质需求、伦理、价值观等决定。所以，爱情在爱的方式、具体内容、求爱手段等方面，都有着特定时期、族群、阶层和地域中的某些具体特点。

对艺术家来说，爱情也许是一个谜，但对社会心理学家来说，它是一个可以研究的因变量。为了在社会心理学的框架中考察爱情，我们需要给出爱的衡量标准，提供爱的可操作性定义，并将人们对爱的感觉与一些公开的行为联系起来，从科学的角度审视一种深埋在心里的感觉。对个体而言，恋爱关系中的问题对社会的影响不亚于毒品和犯罪。对爱情的社会心理学分析至少有可测试的优势；如果测试是不正确的，至少也有可证伪的优势（Goldstein，1980）。

（一）喜欢与爱的区别

有研究者区分了喜欢和爱：喜欢只是指对另一个人的有利评价，爱需要关心和感受到对另一个人的依恋，也包括亲密关系的组成部分。爱情是喜欢的一种方式，代表了一种更加强烈的喜欢。根据这个观点，我们可以把从喜欢到爱看作一个连续的变化体。从轻微喜欢到强烈喜欢，再从轻微的爱到炽烈的爱情。喜欢和爱是两种大不相同的情感，但在一定程度上二者又有密切联系（Goldstein，1980）。有研究提出，喜欢的产生有两个主要原因：一是人际吸引中的双方具有较为一致的认识和看法；二是喜欢的双方对彼此都有着积极良好的印象、较好的评价与尊重。爱的产生有三个主要原因：一是眷恋。陷入爱情的个体对恋人具有很强的眷恋感。尤其在独处时，会主动寻求恋人的帮助和宽慰，而其他人则不会有相同的慰藉效果。二是关心与包容。恋人之间会高度关心对方，乐意不计回报地为对方付出，高度包容恋人的缺点。三是亲近。恋人之间具有很高的情感依赖，会自然产生心理和躯体上的亲近。

关于爱的概念及其重要性的认识存在着历史和文化上的差异。有研究者回顾了关于爱情的人类学研究，并对这一概念进行了跨文化研究。虽然婚姻制度似乎在人类文化中普遍存在，但研究者发现浪漫爱情却不是所有婚姻的基础。例如，在有些地方存在着被安排婚姻的文化。与被安排婚姻的文化相比，那些对配偶有自由选择权的文化更有可能拥有浪漫爱情。在这种文化中，配偶之间少有经济上的相互依赖，对特定配偶的选择更注重情感的需求，爱的重要性更为突出。

由此可以看到，文化可能鼓励浪漫爱情的发展，也可能阻碍浪漫爱情的发展。文化可以为配偶提供或阻止他们相互交往、独处和花许多时间在一起的机会。当然，我们鼓励可以拥有浪漫爱情的文化。在拥有浪漫爱情的文化中，那些试图通过设置障碍来干扰恋人的做法往往以失败而告终，有研究者把这种状况称为“罗密欧与朱丽叶效应”。当彼此之间的爱情关系受到外在因素的影响时，这种情况反而会更加增进恋人之间的爱情关系，让双方关系更加浓厚，爱情关系也因此更加紧密。

（二）相似与互补

信仰、价值观、外表、态度、需求和社会特征等相似性构成了持久关系的基础。然而，这种相似性还不足以解释浪漫的爱情。在需求互补理论中，相似性可能会导致最初的吸引，但互补的个性特征对于稳定、成熟的亲密关系来说更为重要（Goldstein，1980）。

首先，在良好的婚姻中，夫妻双方是互相尊重的。夫妻双方都在对方身上发现了一些值得尊重的重要品质或能力。例如，好脾气、赚钱能力强、为人谦和，等等。夫妻双方相互尊重的方面越多，婚姻就越幸福。

其次，夫妻之间能够相互包容。他们通常能够理解、谅解对方的不足和错误，因此可以接受彼此的缺点并包容对方。

最后，成功婚姻的关键因素是夫妻双方最大限度地经营和管理好他们的良好关系。夫妻双方拥有共同的文化价值观、理想和目标，并共同努力去实现这些目标。夫妻双方应当认识到，婚姻关系是一个不断变化的过程。在这个不断变化的过程中，夫妻双方必须学会经营并维持他们的关系。

五、人际关系的测量

通过测量人际关系，可以反映一个团体的凝聚力以及一个团体的生产力和各种效率等。常见的人际关系测量方法有两种。

（一）贝尔斯测量法

美国社会心理学家贝尔斯（R. Bales）通过对群体互动的长期观察研究，提出了一种分析团体内人际关系的方法。这种方法是在对研究对象有了一定认识的基础上，对团体人际互动的行为表现进行实验研究和观察研究的。贝尔斯将团体内人与人相互作用的行为表现分为：恭维、同意、帮助、给予指示、给予方向、给予资料、问资料、问方向、问指示、问帮助、不同意、有些敌意。贝尔斯将这 12 种行为表现或动作又分为两类，每一类都规定了正负方向。一类是可以满足对方的交往需要、感情需要的动作，包括恭维、同意、帮助、不帮助、不同意、有些敌意。另一类是协调性动作，包括给予指示、给予方向、给予资料、问资料、问方向、问指示等。它们都对团体中的人际关系起着协调的作用。贝尔斯指出，团体中的每一次人际交往过程，都具有以上 12 种动作，在不同阶段这些动作的强度不一样。对于不同性质团体中的人际交往和人际关系来说，这些动作的分布具有不同的特点，在有的团体中协调动作会多一些，在另一些团体中感情交流则占主要部分。

（二）社会测量法

社会测量法也称社交测量或社会测量。它是从群体的角度定量地揭示整个群体的人际关系状况，以及各成员在该群体内人际关系状况的一种方法。该方法是由后来移居美国的奥地利社会学家与心理学家莫雷诺（J. Moreno）于 20 世纪 30 年代最先提出的。莫雷诺在这一时期内，在与社交测量法相联系的一系列领域中都做了开创性的工作。

社会测量法一经问世，就受到许多心理学家、社会学家的广泛注意。社交测量法认为人与人之间的相互选择反映着他们之间心理上的联系，肯定的选择意味着接纳，否定的选择意味着排斥。如果一个人在更多的方面都对另一个人作出肯定的选择，那么就意味着这个人对另一个人有高度的接纳性。如果肯定的选择是相互的，那么接纳也是相互的，双方之间的心理距离也会减小。因此，我们可以通过考察人与人之间在不同方面进行选择的情况，定量地测量每一个人在某个特定群体内的人际关系状况，也可以测量整个群体的人际关系状况。

社会测量法的具体实施包括明确测量目的、确定被测量者进行选择的各个方面、确定选择方法、将选择的各个方面转化成问题和编制成问卷、实际施测与结果处理六个步骤。

□□□ 第四节 群体心理

当你在操场上训练时，你会发现有他人陪伴或在群体中一起训练会使自己的成绩好于一个人训练时的成绩。你也会发现，在与多名对手实际比赛时，你会取得最佳的成绩。当你一个人在屋子里进行模拟演讲时，你可以表现得非常流利，但当你站在坐满同学的教室里时，你可能演讲得不尽如人意。这是为什么呢？同样是有他人在场或在一个群体中，为什么有时会取得好的成绩，有时又表现欠佳呢？群体对个人绩效的影响有哪些规律可循呢？这是社会心理学一直以来非常重要的研究课题之一。社会心理学家对群体心理一直怀有浓厚的兴趣，认为群体是表露个人才能、表现个人特征的领域，是在社会价值观念和规范影响下培养积极的社会成员的领域。群体在社会关系体系和结构中占有特殊地位。

一、群体的含义与分类

（一）群体的含义

我们的一生都是在不同的群体中度过的，我们始终是群体的一员，不仅从属于许多群体，而且在不同的群体中占有一定的地位，扮演一定的角色，形成独特的个性。那么，什么是群体呢？生活在一栋楼里的住户，坐在一辆公交车上的乘客，教室里一起上课的同学，围在路边看热闹的人群，我们在日常生活中都习惯性地认为这些是“群体”。然而，在社会心理学的研究中，“群体”是一个更为狭义和专业性的术语。社会心理学家认为，只有当个体按某个特征结合在一起，并进行共同活动、相互交往时，才形成了群体，比如家庭、社团、班级、宿舍等。由此可知，住在同一栋楼里的人，即便每天都见面，但由于他们之间缺少了群体的一个核心特征，即成员之间的互动性，也不能构成社会心理学研究的群体。

群体（group）作为社会心理学体系中的一个范畴，是指那些成员间相互依赖、彼此间存在互动的集合体。在大部分群体中，成员之间存在面对面的直接接触，彼此相互影响。

一般来看，要构成一个群体必须具备以下条件：首先是有频繁的互动，即成员间有生活、学习和工作上的交往，有信息、思想、感情上的交流；其次是有共同的目标与利益，群体内有相互协作与配合的组织保证，有群体意识。

群体是介于个体与组织之间的人群。个体在群体中的活动，巩固了群体的关系，增强了群体的凝聚力，鼓舞了群体的士气。群体精神造就了群体成员，促进群体成员能力的发展和发挥。群体与个体的关系是互相促进、互相增强的。组织是一种社会内部关系的结构或体系，是权力的表示，是社会秩序的基础，群体和个体是社会组织不同层次的组成部分。

（二）群体的分类

群体有很多分类方法，可以根据群体的目的、群体成员相互联系的机制、影响群体成员的方式、群体成员亲密和团结的程度等进行分类。其中，最常见的方法是将群体划分为正式群体和非正式群体、统计群体和实际群体、成员群体和参照群体、大型群体和小型群体。

1. 正式群体和非正式群体

这种划分最早是由美国心理学家梅奥（E. Mayo）在霍桑实验中提出的。人的社会活动主要分为两种：一种是正式的社会活动，另一种是非正式的社会活动。正式的社会活动是指人们在群体中按照计划完成公开的、特定的、有目标的活动。非正式的活动主要是指人与人之间自发的思想感情交流活动。与此相应的是，群体根据自身在社会生活中所发挥的作用，可划分为正式群体和非正式群体两种。

正式群体是指那些有明确的规章制度、成员地位与角色，权利与义务都很清楚，并具有稳定性的、正式编制的群体，如机关的科室、工厂的班组、学校的班级等。正式群体按其存在时间的长短又可分为永久性正式群体和暂时性正式群体。永久性正式群体前面已提到，如科室、班组等。暂时性正式群体是指新产品设计组、毕业生分配组等临时性组织。

非正式群体是指那些自发产生的，无明确规章制度，成员的地位与角色、权利与义务都不确定的群体。人们除了完成工作和学习任务，还有交友、娱乐、消遣等各种各样的欲望与需要，非正式群体往往借助同乡会、集邮爱好者协会、诗社、绘画小组等形式，帮助其成员获得某种或某些需要的满足。非正式群体往往以共同的利益、观点为基础，以感情为纽带，有较强的内聚力和较高的行为一致性。

非正式群体普遍存在于正式群体中，特别是在正式群体的目标与其成员的需求与愿望不一致，正式群体不能发挥正常的功能，缺乏合理的领导机构时，非正式群体更容易产生。例如，在大学中，由于班级不能充分发挥其功效，同乡会、各种形式的联谊会便可以吸引大量学生。

2. 统计群体和实际群体

根据群体是否真实存在，可以将群体划分为统计群体和实际群体。所谓统计群体，是指实际上并不存在，只是为了研究和分析的需要，把具有某种特征的人在想象中组织起来而成的群体。这种群体主要存在于统计学中，如老年群体。实际群体是指在一定空间和时间范围内存在的群体。这类群体有着明显的界限和实际交往，如学校的班级。

3. 成员群体和参照群体

成员群体是指个体为其正式成员的群体，如个人所在的班级、球队等。参照群体是指个体自觉接受其规范准则并以此来指导自己行为的群体，如最佳球队、优秀班集体等。在一个人的心目中，常会出现两个或更多的参照群体。如果这些参照群体的规范、准则及目标是一致的，那么对个体会起到增强行为动机的作用；反之则会引起个体内心的冲突动机和斗争。

参照群体通常包含三种含义：第一是作为比较的标准。例如，一名普通工人认为自己的地位已经不错了，但与工程技术人员相比，又感到相形见绌。第二是期望晋升。例如，在印度等级社会中，较低等级的人总希望成为较高等级的一分子。第三是指个体以其他群体的价值和观念为行为准则。例如，一个菲律宾人长期生活在美国，逐渐学会了用美国人的价值和观念去为人处世。总之，参照群体是其他群体成员向往的一类群体，当群体成员对其所属群体感到不满时，往往会寻找其他群体为参照，有时甚至在心目中树立起两个以上的参照群体。注重参照群体研究，认识、分析人们心目中的参照群体，能更好地发挥先进群体的带头作用，及时发现和制止不良团伙的破坏作用。

4. 大型群体和小型群体

根据群体成员之间有无直接的、面对面的联系和接触，可以把群体分为大型群体和小型群体。

大型群体是指群体成员之间只是以间接方式取得联系的群体，如通过群体的共同目标、通过各层组织机构等，使成员建立间接的联系。小型群体是指相对稳定、人数不多、为共同目的而结合起来的、成员直接接触的联合体。它有共同目标，全体成员为此目标做共同努力。在这个群体中，每个人都相互熟悉，其规模不能少于 2 人，一般不超过 40 人。家庭、班级等都可以看作小型群体。一个人可以同时参加若干个小型群体。

二、群体心理

（一）群体心理的内容

群体心理的内容纷繁复杂，大致可分为两个层次：一是不稳定的心理成分，如群体成员共有的需要、情绪、气氛、舆论、牢骚、流言等，它们易发生变化；二是相对稳定而不容易改变的心理成分，如风气、习惯、传统、偏见等。

（二）群体心理对个体的影响

群体心理对个体的行为和心理发生着影响和制约作用，主要表现在以下三个方面：

一是群体归属感。群体成员会自觉地归属于所参加的群体。个体的归属意识越明确，在群体中就越能接受该群体的规范，并在活动中遵循群体的行为准则。

二是群体认同感。这是一种群体中的成员在群体心理的影响下，与群体内的其他成员在情感上产生共鸣，从而在认知和评价上基本保持一致的情感。

三是群体的支持力量。群体无形中会给个体一种支持力量，个体在群体中常常会表现出一个人独处时所表现不出来的举动。

（三）群体心理与个体心理的关系

群体心理有其独特的研究领域，诸如群体规范、群体凝聚力、群体对个体的积极影响或消极影响等。

群体心理与个体心理相互联系、相互制约，不是其成员个体心理的简单相加。群体心理是其成员所共有的心理成分，却又从个体心理和行为中表现出来。没有个体心理就不会有群体心理；离开群体心理，个体心理也会失去重要来源。

（四）群体心理效应

个体在群体中的心理和行为会受到群体的影响而发生变化，这就是群体心理效应。这种影响有长期的也有短期的，并会使人格发展受到影响。下面是其中的三种主要现象：

1. 社会助长

社会助长是指个体的活动由于其他人同时参加或者有其他人在场旁观而效率提高。心理学家特里普利特（M. Triplett）最早揭示了社会助长作用。

特里普利特注意到：自行车手在一起比赛时，成绩要比各自单独和时间赛跑时的成绩好。后来的实验也发现，儿童一起完成在卷轴上绕线的任务比单独完成这项任务更快。但在后来的心理学实验中人们却发现：他人在场会降低人们学习无意义音节、走迷宫游戏以及演算复杂乘法问题的效率。社会心理学家扎伊翁茨对此的解释是：他人在场会增加个体的驱动力或动机，但是否可以提高绩效取决于任务的性质。社会助长可以提高简单任务的作业成绩，而会降低困难任务的作业成绩。在完成有挑战性的任务时，一群支持性观众的在场可能会引发个体作出比平常更差的表现。

当个体处于群体之中时，群体对个体的积极或消极反应都会有增强作用。这一现象的出现主要是由于三个因素：评价顾忌、分心、单纯在场。人们通常想知道别人是如何评价自己的，这种接受别人评价的意识会干扰熟练掌握的行为。当我们考虑共事者在做什么或者观众怎么反应的时候，就已经分心了。注意他人和注意任务之间的矛盾会给认知系统带来负荷。

2. 社会懈怠

在 10 个人一组的拔河比赛中，队员们所出的力气与他们独自一人参加拔河比赛时所出的力气相同吗？法国工程师林格曼（M. Ringelmann）发现，在团体拔河比赛中，集体的努力仅有个人单独努力总和的一半。这与“团结就是力量”的普遍观念完全相反。实际上，在集体任务中，小组成员的努力程度反而比较小。因为当他人在场时，个体的行为能力或水平会有所下降，这就是社会懈怠。拉特纳（B. Latane）、威廉姆斯（K. D. Williams）和哈金斯（S. Harkins）等研究者注意到：六个人一起尽全力叫喊或鼓掌所发出的喧闹声还没有一个人单独所发出喧闹声的三倍响。有趣的是，所有被试都承认发生了懈怠，但是没有一个人承认是自己制造了懈怠。在社会懈怠实验中，个体认为只有他们单独操作时才会受到评价，群体情境降低了个体的评价顾忌。如果人们不用单独为某件事负责或者不会被单独评价，群体内成员的责任感就会被分散。如果不考虑个人贡献，而是在群体内一味地采用平均分配，那么群体内“搭便车”的行为就会出现。

群体活动一定会引发社会懈怠吗？有证据表明，答案是否定的。当任务具有挑战性和吸引力时，群体成员的懈怠程度会减弱。当面临挑战性的任务时，人们可能会认为自己付出的努力是必不可少的。如果人们认为群体内的其他成员靠不住或者没有能力作出过多贡献，那他们也会付出更大努力。

3. 去个体化

群体情境可能会使人失去自我觉知能力，并导致个体丧失自我和自我约束。

社会助长实验表明群体能够引发人们的唤起状态。社会懈怠实验表明群体能分散责任。一旦唤起和责任分散结合到一起，常规的约束就会变小，后果可能让人震惊。

当个体的身份被隐藏时，就会出现去个体化；当个体所在的群体越大时，去个体化的程度就越大。群体活动有时候还会引发一些失控的行为，群体一方面能对个体产生社会助长作用，同时也能使个体身份模糊。这种匿名性使个体的自我意识减弱、群体意识增强。在群体中，当个体看到他人和自己做出同样的行为时，会对自己做出冲动性的举动产生一种自我强化的愉悦感；当个体看到他人和自己做得一样时，会认为他人也和自己想的一样，而这又会强化个体的感受。

三、群体间的关系

每个人从出生开始就是社会的一员，与周围的人发生着各种形式的相互影响。作为一个有自身需求的个体，许多时候都会面临是共享资源还是独占资源、在群体间的互动过程中是进取还是让步的问题。在全球化和社会变化更为迅速的时代，生存环境也越来越具有开放性。合作、竞争、冲突等问题从来没有像今天这样渗透到人们生活的各个层面。

（一）合作与竞争

群体成员间与群体内部的交流方式是影响群体规范的主要原因，而合作与竞争则是群体内两个主要的交流方式。**合作**（cooperation）是指两个人或更多人通过相互的、达成共同目标的协作。合作的结果不仅有益于本人，也会使对方获益。在群体内部，成员可以彼此以合作的方式互动，通过互相帮助、互相沟通，为群体的共同目标、共同利益协调行动。

竞争（competition）是和合作相对立的概念和范畴。竞争是指个人或群体间为了最大限度地获得利益，采用各种手段胜过或压倒对方的行为活动。个人或群体间的竞争行为在体育比赛中最为常见。在体育比赛过程中，个人或群体间主要以相互竞争的方式互动，他们将个人或群体的利益放在首位，努力战胜对方，表现自己的超人之处。

群体间的互动可以是合作的，如互利互惠的沟通、交流和贸易等。然而，由于群体间的互动常包含更多的竞争因素，因此，群体间的互动也有可能表现为冲突和暴力。群体内部和群体之间的相互依存结构，以及个人如何适应这些相互依存结构，是理解群体间合作与竞争关系的重要因素。

（二）合作与竞争的影响因素

1. 人际交互作用

在人际交往的过程中，如果双方的行为能够形成一种公平的、相互获益的关系，那么双方的关系就会继续发展；否则，双方的关系就会减少或停止。人际交往过程中的合作和竞争遵守着相同的道德准则：一旦对方表现出友好、有利的行为，另一方会觉得有偿还的义务，更倾向于与对方进行合作；相反，如果对方表现出贪婪、自私自利甚至侵犯的行为，另一方会倾向于用同样的或更激烈的方式反击，采取一切手段与对方竞争（Kerr et al.，1994）。良好的合作关系的建立需要通过双方主动的沟通和心甘情愿的付出。

2. 交流和沟通

良好的合作关系常常是通过充分的交流和沟通促成的。群体成员之间良性的交流和沟通会促进群体战略性行为的形成。有研究者提出，在完成群体任务的协作行为中，会产生多个阶段的合作博弈过程。在这个过程中，每个阶段的反馈信息都是管理者进行策略选择的关键线索。

3. 个体特点

群体成员的年龄、性别、民族、学习经历、角色地位等社会特征，都会影响群体成员间合作与竞争关系的产生。有研究表明，个体在与他人合作的倾向性上存在着很大的差异（Tjosvold et al.，1997）。这种差异与个体的特质相关，具有跨情境的稳定性；差异越大，个体在看法、态度上与他人越对立。李布兰德等人发现，在与他人相处时，个体表现出三种不同的价值倾向或策略：① 合作倾向，这类人倾向于使包括自己在内的所有成员获得最大利益；② 竞争倾向，这类人倾向于比他人获得更多的利益，并比他人做得更好；③ 个人主义倾向，这类人倾向于使自己所得的利益最大化，且不顾他人的利益得失。

4. 奖惩结构

群体的奖惩结构对群体成员选择竞争或合作关系有着重要的影响。在个人式的奖励结构中，群体成员获得奖励的机会均等，在一定条件下能使群体成员为了共同的目标而努力；但也可能让群体成员产生不顾他人的利己情绪，给群体带来消极合作的后果。在竞争性的奖励结构中，尽管群体成员都很努力，但只有极少数最优秀者才能获奖。如奥运会上，只有金牌、银牌、铜牌三个奖项，许多运动员即使付出了努力，也很难获得奖牌。在合作性的奖励结构中，强调群体协作、团队合作，注重奖励群体或集体。在这种奖励结构中，群体成员更愿意选择合作关系。

（三）冲突及其平息

除合作与竞争外，冲突也是个体与群体间常见的关系。冲突是人际关系间带有负面情绪的碰撞或冲撞，是指个体或群体因受到其他个体或群体施加的不利于己方利益的对立行为时进行反击的现象。冲突具体表现为个体与个体之间的冲突、个体与群体的冲突、群体内的冲突等。冲突往往由利益争夺而产生，以下四种情形可能会产生冲突：① 双方有着相互对立的利益关系；② 双方都认为对方已经损害或将会损害己方的利益；③ 双方都认识到与对方之间存在着的矛盾对立关系；④ 一方采取了损害对方利益的行动。需要注意的是，由于其他因素的干扰，有时双方就算出现了利益纠葛，冲突也不会发生；有时双方并没有利益关系，冲突也会发生。各种潜在的威胁变量（如个体或群体的情绪状态、认知偏差等）对冲突的发生和升级也会起到推波助澜的作用。

平息冲突的途径有以下三点：

1. 共同目标

科学研究已经证实，接触能够帮助人类进行沟通降低敌意，从而减少社会冲突。几个群体同时面对具有较大困难的目标，或某项任务依靠单一群体无法完成时，群体间的协作就会产生，群体间的冲突和敌对有可能消除。在一个夏令营的实验中，要求两个有冲突的群体一起修建夏令营基地、一起修建可以给双方供水的蓄水池、合力将卡车拖出泥潭。通过这些具有共同目标的活动，冲突双方逐渐建立起合作与融合的关系，消除了冲突和敌对（罗宾斯，1997）。

2. 谈判

当合作发生问题或遭受挫折时，个人或群体常常会用谈判、协商的方式来避免冲突，减少争端。谈判是一个直接的、正式的、公开化的处理冲突的方法。通过谈判，冲突双方进行了互惠交换，建立起良好的信任合作关系。谈判对于冲突双方的利益获得和良好关系的发展起着十分重要的作用（罗宾斯，1997）。

3. 第三方的介入

当冲突双方无法直接谈判、协商陷入僵局、合作失败时，邀请第三方的介入可能会帮助解决问题。第三方的介入通常采用**调解**（mediation）、**和解**（conciliation）、**仲裁**（arbitration）等方式，帮助冲突双方达成一致的解决方案和意见，化解矛盾，平息冲突。

□□□ 第五节 社会影响

生活中有如下一些场面：当一场音乐会或者表演结束时，全场观众都起立鼓掌喝彩。尽管有人并不欣赏刚才的表演，但是当全场观众都起立鼓掌喝彩时，这个人也起立鼓掌了。消防员接到了指挥中心的命令，要他进入着火的楼内营救被困者。尽管火势很大，很有可能危及生命，消防员也仍然选择服从命令。这两种现象分别是从众与服从。

一、从众

从众（conformity）指的是改变个体的观念和行为，使之与群体的标准相一致的一种倾向性。个体在社会群体一致性的压力下，会寻求一种试图解除自身与群体之间的冲突、增强安全感的手段，转而放弃自己的意见，转变原有的态度，采取与大多数人一致的从众行为。我们常说的“随波逐流”“人云亦云”就是很好的例子，在日常生活中，从众是非常普遍的现象。

[拓展阅读] 青少年的从众心理与流行音乐

（一）有关从众现象的实验研究

社会心理学家对从众进行了大量的实验研究，其中最为经典的研究是谢里夫（M. Sherif）和阿希（S. Asch）的实验。

1. 谢里夫的实验

20 世纪 30 年代初，谢里夫利用“游动错觉”研究个体的反应如何受其他多数人反应的影响。所谓游动错觉，是指在黑暗的环境中，当人们观察一个固定不动的光点时，由于视错觉的作用，这个光点好像会前后左右移动。被试坐在暗室里时，实验者在其前面呈现一个固定的光点，被试会产生游动错觉。先让被试单独判断亮点移动的距离，发现个体的判断差异极大，从 2.54 cm、5.08 cm 到 25.4 cm、50.8 cm 不等。过了一段时间后，让这些被试在一起判断，会发现他们的判断逐渐趋向一致，即大家判断结果的平均数。这表明个体的判断会受到群体的影响。

谢里夫的实验表明，个体对于外界的认识或见解，会受到他人的或众人的见识和见解的影响。同时，也揭示了群体规范的形成过程，当一个群体面临模糊不清的事态时，会出现可供了解和把握事态、采取适当方式予以处理的共同判断标准——群体规范，并且各个成员都会依据这一规范采取相应的行动。

2. 阿希的实验

美国社会心理学家阿希在 20 世纪 50 年代做过多次关于知觉方面的从众实验，获得了一系列重要的研究结果。

该实验包括 18 套卡片，每套 2 张，分标准线段与比较线段（见图 14-1）。例如，在阿希的一次实验中，共有 7 名被试，其中 6 人是实验者的助手（假被试），只有 1 人是真被试，而且总是安排真被试在倒数第二个回答。几个被试面对 2 张卡片，依次比较判断 a、b、c 三条线段中的哪一条线段与标准线段等长。18 套卡片共呈现 18 次，前几次判断，大家都做出了正确的选择，从第 7 次开始，假被试故意做出错误的选择，实验者观察被试的选择是独立的还是从众的。

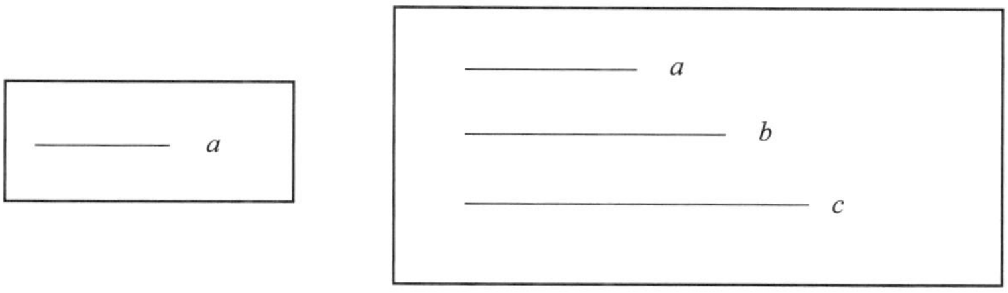

图 14-1　阿希从众实验的线段卡片

通过多次实验，阿希得到了以下研究结论：① 有 1/4～1/3 的被试保持了独立性，没有发生从众行为；② 大约有 15% 的被试，在回答次数中平均有 75% 的从众行为；③ 所有被试的平均从众行为是 34%。

在社会生活中，从众行为非常普遍。从众有三种形式：① 表面从众，内心接纳；② 表面从众，内心拒绝；③ 表面不从众，内心却接纳。

从众现象的产生主要来源于群体的压力：① 可能因为他人的行为使个体觉得自己最初的判断是错误的；② 可能希望在群体中免受惩罚，或得到奖赏。

（二）影响从众的因素

1. 群体规模

从众行为与群体规模密不可分。群体规模越大，赞成某一观念或采取某一行为的人数越多，则群体对个体的压力就越大，个体越容易采取从众态度。反之，群体规模越小，个体感受到的心理压力越小，则越容易产生抵制行为。

2. 群体凝聚力

群体的凝聚力越强，群体成员之间的依恋性即对群体规范和标准的从众倾向也越强，个体会为了群体的利益而与群体的意见保持一致。

3. 个体在群体中的地位

个体地位的高低可在群体结构中得到反映。居于较低地位的群体成员常常感到来自高地位者施加给他们的从众压力，人们往往愿意听从权威的意见，而忽视一般成员的观点。高地位者能影响低地位者，是因为高地位者比低地位者显得更加自信能干、经验丰富，拥有更多的信息，所以赢得了低地位者的信赖。“人微言轻，人贵言重”就是这个道理。

二、服从

学生服从老师，司机服从警察，孩子服从父母，下级服从上级，少数服从多数，人的一生处于无数的服从之中。从小到大，服从意识不断被强化，使服从几乎成为我们的一种习惯。

服从（obedience）是指由于受到外界的压力，而使个体做出符合外界要求的行为。外界压力主要来自他人和规范两方面。对他人的服从，实质上也是对权威的服从，是出于对权威的崇敬或惧怕而采取的相符行为。社会靠规范维持，规范靠服从执行。政策法规、纪律惯例都是我们必须服从的。

（一）米尔格拉姆服从实验

1936 年，美国社会心理学家米尔格拉姆（S. Milgram）进行了一项服从实验，以探讨个人对权威人物的服从情况。这个实验是有关服从的经典实验，在当时的社会心理学界产生了强烈反响。

米尔格拉姆首先在报纸上刊登广告，公开招聘受试者，最后有 40 位市民应聘参加实验，其中有教师、工程师、工人等。实验者告诉他们将参加一项研究惩罚对于学习效果影响的实验。他们两人一组，抽签决定一人当教师，一人当学生。教师的任务是朗读配对的关联词，学生则必须记住这些词，然后教师呈现某个词，学生在给定的四个词中选择一个正确的答案。如果选错，教师就按电钮给学生施以电击，作为惩罚。事实上，实验事先安排每组只有一个真被试，另一个是实验者的助手，即假被试。真被试总是当教师，假被试总是当学生。

实验开始后，充当学生的假被试与当教师的真被试被分别安排在两个房间里，中间用一堵墙隔开。在“学生”的胳膊上绑上电极，这是为了在“学生”出现错误选择时，可由“教师”施以电击惩罚。而且，实验者把“学生”用带子拴在椅子上，向“教师”

解释说是为了防止学生逃走。“教师”与“学生”之间不能直接相互看到，用电讯传声的方式保持联系。

安排好“学生”后，“教师”被带回到另一间屋子，坐在一台有30个电键的电击控制器前面。每个电键上都注明了电压的伏特数，并有各自显示相应电压正在工作的指示灯。此外，每个电键都有编号，并按15 V的幅度递增，直至450 V。同时，设备上每四个编号为一组，标明了电击的严重程度，从“轻微电击（编号1—4，电压15～60 V），一直到“危险：严重电击”（编号25—28，电压375～420 V），最后的两个电键标明了“×××”。

实验开始后，“学生”故意频频出错，“教师”就打开电键，从15 V开始给予电击，并随着错误次数的增加逐渐增加电击强度。如果“学生”不愿继续实验，“教师”就告诉被试，由于实验需要，你必须继续，一切后果由实验者承担。

在这种情况下，有26名被试（占总人数的65%）服从了实验者的命令，坚持到实验最后，但表现出不同程度的紧张和焦虑。另外14人（占总人数的35%）作出种种反抗，拒绝执行命令。

在实验结束之后，米尔格拉姆把真相告诉了所有参加实验的被试，以消除他们内心的焦虑和不安。

（二）影响服从的因素

1. 命令者的权威性

命令者的权威性越高，越容易导致服从现象。职位较高、权力较大、年龄较大、能力突出甚至是财富较多等，都是构成权威影响的因素。

2. 服从者的道德水平

在涉及政治、道德等问题的时候，人们是否服从权威，并不单独取决于服从心理，而与个体的世界观、人生观、价值观等密切相关。道德判断水平越高，服从权威的可能性就越小。一个道德高尚、立场坚定的人，往往知道什么时候该服从、什么时候不该服从。

3. 服从者的人格特征

米尔格拉姆服从实验发现，服从的被试具有明显的权威主义人格特征。有这种权威人格特征或倾向的人，往往十分重视社会规范和社会价值，主张对于违反社会规范的行为进行严厉惩罚；他们往往追求权力并使用强硬手段，毫不怀疑地接受权威人物的命令，表现出个人迷信和盲目崇拜。同时，他们会压抑个人内在的情绪体验。

4. 情境的压力

首先，是权威的靠近程度。权威的压力由于距离的增加而减小，如果距离非常小，权威的压力会非常大。如果你想拒绝他人的要求而又没有足够的勇气，以打电话或写信的方式比较好。其次，是受害者的靠近程度。个体给他人造成的伤害越直接，感受到的内心压力就越大。

服从在社会生活和学校教育中的重要性是不言而喻的。强调服从可以维持社会和学校等各类组织的秩序，协调人际关系。现代文明的发展与法制的健全更强调对社会规范的服从，而不是对权威人物的服从。

□ 原理应用

国外曾有一个心理学教师找到一个学习化学的班级做“权威效应”的心理实验。他请该班的教师向学生引荐时说：这位教授是国际上知名的化学家，最近他研究出一种新的化学品，由于我与他很熟悉，专程请这位教授向同学们展示一下这项新的研究成果，让大家“先睹为快”。于是，“国际上知名的化学家”拿出了一个瓶子，里面装着透明的液体，然后告诉同学们，他正在研究一种化学药品的感知效应。现在他所展示的化学药品是一种新药，其味道可以在空气中迅速传播，只有对化学药品有敏锐感知的人，才能通过空气中的传播感受到。然后，“国际上知名的化学家”打开瓶子，同学们小心地呼吸，用心体验“只有对化学药品有敏锐感知的人”才能得到的感受。接着，大家开始谈论自己的感觉。有的说，这是一种与过去所有的化学药品味道完全不同的东西；有的说，教授打开瓶子后，立即就会感受到一种由前至后扑鼻而来的清香，“味道好极了”；等等。全班没有一位同学表示不同看法。待大家讨论得差不多了，“国际上知名的化学家”告诉同学们，他不是什么化学家，而是本校一位普通的心理学教师，瓶子里装的不过是刚刚从学校自来水管里流出来的自来水。接着，这位教师表示他的心理学实验圆满完成，“谢谢大家的真诚合作！”

□ 复习与思考

1. 对于个体来说，态度都有哪些功能？
2. 你能够根据态度预测一个人的行为吗？说明你的理由。
3. 选择一个你熟悉的人，分析评价你对他的印象以及你是如何形成这种印象的。
4. 回忆一下你是如何与某人成为好朋友的。
5. 群体心理的效应都有哪些？结合生活中的例子加以说明。
6. 举一个生活中从众的例子。
7. 服从受到哪些因素的制约？
8. 回忆本章内容，画出本章核心内容的概念图，与同伴进行交流分享后，加以完善。

□ 推荐阅读

[1] 阿尔科克，萨达瓦，2020. 社会心理学入门［M］. 张志超，程雨凡，李园园，译. 北京：中央编译出版社.

[2] 迈尔斯，2016. 社会心理学：第11版［M］. 侯玉波，乐国安，张智勇，等译. 北京：人民邮电出版社.

[3] 杨莉萍，2019. 社会心理学经典研究［M］. 2版. 南京：南京师范大学出版社.

[4]《社会心理学概论》编写组，2021. 社会心理学概论［M］. 北京：高等教育出版社.

[5] 侯玉波，2018. 社会心理学［M］. 4版. 北京：北京大学出版社.

主要参考文献

[1] 白学军，1996. 智力心理学的研究进展［M］. 杭州：浙江人民出版社.

[2] 陈晓宇，杜媛媛，刘强，2022. 积极情绪提高背景线索学习的适应性［J］. 心理学报，54（12）：1481-1490.

[3] 戴耘，2022. 教育心理学的危机：挑战和定位［J］. 华东师范大学学报（教育科学版），40（11）：4-24.

[4] 高觉敷，1982. 西方近代心理学史［M］. 北京：人民教育出版社.

[5] 侯玉波，2018. 社会心理学［M］. 4 版. 北京：北京大学出版社.

[6] 黄希庭，2006. 时间与人格心理学探索［M］. 北京：北京师范大学出版社.

[7] 霍涌泉，魏萍，2011. 试论西方马克思主义心理学取向的特点及成就［J］. 心理学报，43（12）：1468-1475.

[8] 梁漱溟，1987. 中国文化要义［M］. 上海：学林出版社.

[9] 林崇德，2021. 创造性心理学［M］. 北京：北京师范大学出版社.

[10] 刘宇平，周冰涛，杨波，2022. 情绪如何引发暴力犯的攻击？基于情绪调节理论的解释［J］. 心理学报，54（3）：270-280.

[11] 刘泽如，1983. 马克思论心理学［J］. 心理学探新（1）：2-3.

[12] 鲁忠义，彭聃龄，1990. 故事图式在故事理解中加工机制的初步实验研究［J］. 心理学报（3）：247-254.

[13] 马克思，恩格斯，1995. 马克思恩格斯选集：第 1 卷［M］. 中共中央马克思恩格斯列宁斯大林著作编译局，译. 北京：人民出版社.

[14] 马庆霞，郭德俊，2003. 情绪大脑机制研究的进展［J］. 心理科学进展（3）：328-333.

[15] 毛泽东，1991. 毛泽东选集：第 1 卷［M］. 北京：人民出版社.

[16] 莫雷，1986. 关于短时记忆编码方式的实验研究［J］. 心理学报（2）：166-173.

[17] 潘菽，1987.《马克思主义与心理学》一书序言［J］. 心理学探新（2）：1-2.

[18] 钱铭怡，2006. 变态心理学［M］. 北京：北京大学出版社.

[19] 时蓉华，1989. 现代社会心理学［M］. 上海：华东师范大学出版社.

[20] 司马贺，荆其诚，1983. 关于心理学的发展道路和展望［J］. 心理学报（4）：375-379.

[21] 斯滕伯格，2000. 超越 IQ：人类智力的三元理论［M］. 俞晓琳，吴国宏，译. 上海：华东师范大学出版社.

[22] 王潇，吴国榕，吴欣然，等，2020. 语言功能偏侧化及其与利手、功能连接的关系［J］. 心理科学进展，28（5）：778-789.

[23] 习近平，2018. 习近平谈治国理政：第1卷［M］. 北京：外文出版社.

[24] 夏凌翔，黄希庭，2008. 青少年学生自立人格量表的建构［J］. 心理学报（5）：593-603.

[25] 许燕，2002. 当代大学生核心人格结构的研究［J］. 心理学探新（4）：24-28.

[26] 许政援，闵瑞芳，1992. 汉语儿童人称代词的获得［J］. 心理学报（4）：337-345.

[27] 杨向东，2022. 作为理论构念的素养及其模型构建［J］. 华东师范大学学报（教育科学版），40（11）：41-57.

[28] 杨治良，1991. 内隐记忆的初步实验研究［J］. 心理学报（2）：113-119.

[29] 张爱卿，1999. 动机论：迈向21世纪的动机心理学研究［M］. 武汉：华中师范大学出版社.

[30] 张文喜，2020. 在学术和体系建构中的当代中国马克思主义哲学［J］. 中国社会科学（2）：4-24，204.

[31] 中共中央文献研究室，2008. 十六大以来重要文献选编：下［M］. 北京：中央文献出版社.

[32] BADDELEY A，2012. Working memory：theories，models，and controversies［J］. Annual review of psychology，63：1-29.

[33] BANDURA A，SCHUNK D H，1981. Cultivating competence，self-efficacy，and intrinsic interest through proximal self-motivation［J］. Journal of personality and social psychology，41（3）：586-598.

[34] BERGNER R M，2020. What is personality? Two myths and a definition［J］. New ideas in psychology，57：100759.

[35] CHAPMAN H A，KIM D A，SUSSKIND J M，et al，2009. In bad taste：evidence for the oral origins of moral disgust［J］. Science，323（5918）：1222-1226.

[36] EKMAN P，1992. An argument for basic emotions［J］. Cognition & emotion，6（3-4）：169-200.

[37] FEDERMEIER K D，2019. The psychology of learning and motivation［M］. Pittsburgh：Academic Press.

[38] GARDNER H，1983. Frames of mind：the theory of multiple intelligences［M］. New York：Basic Books.

[39] GROSS J J，1998. Antecedent-and response-focused emotion regulation：divergent consequences for experience，expression，and physiology［J］. Journal of personality and social psychology，74（1）：224-237.

[40] IZARD C E，et al.，1993. Stability of emotion experiences and their relations to traits of personality［J］. Journal of personality and social psychology，64（5）：847-860.

[41] LAI C S L，et al.，2001. A forkhead-domain gene is mutated in a severe speech and language disorder［J］. Nature，413（6855）：519-523.

[42] LAZARUS R S，FOLKMAN S，1984. Stress，appraisal，and coping［M］. New York：Springer publishing company.

[43] LEVELT W J M，1989. Speaking：from intention to articulation［M］. Cambridge：MIT press.

[44] LUHMANN M，FASSBENDER I，ALCOCK M，et al，2021. A dimensional taxonomy of perceived characteristics of major life events［J］. Journal of personality and social psychology，121（3）：633-668.

[45] RAUTHMANN J F，HORSTMANN K T，SHERMAN R A，2019. Do self-reported traits and aggregated states capture the same thing? A nomological perspective on trait-state homomorphy［J］. Social psychological and personality science，10（5）：596-611.

[46] REVELLE W，DWORAK E M，CONDON D M，2021. Exploring the persome：the power of the item in

understanding personality structure [J]. Personality and individual differences, 169: 109905.

[47] PETERSON C, SELIGMAN M E P, 2004. Character strengths and virtues: A handbook and classification [M]. Washington, DC: American Psychological Association.

[48] SIEGEL D J, 2020. The developing mind: How relationships and the brain interact to shape who we are [M]. New York: Guilford Publications.

[49] SIMON H A, 1974. How big is a chunk? By combining data from several experiments, a basic human memory unit can be identified and measured [J]. Science, 183 (4124): 482-488.

[50] GAZZANIGA M S, 1995. The cognitive neurosciences [M]. Cambridge, MA: MIT Press.

读者意见反馈

为收集对教材的意见建议，进一步完善教材编写并做好服务工作，读者可将对本教材的意见建议通过如下渠道反馈至我社。

咨询电话　400-810-0598

反馈邮箱　gjdzfwb@pub.hep.cn

通信地址　北京市朝阳区惠新东街4号富盛大厦1座

　　　　　高等教育出版社总编辑办公室

邮政编码　100029